JN441679

새로운 패러다임

# 행정학

**정정길**

이시원 정준금 김재훈

권혁주 문명재 김두래

 大明出版社

# 새로운 행정학을 찾아서

**1** 이 책은 공직자를 양성하는 행정학과에서 행정학의 핵심적 교과목으로 가르쳐야 할 내용들을 간략하게 정리한 책이다. 행정학이 무엇인지를 처음 배우는 학생들에게 입문서로서 쓰여 진 교과서이다. 행정학은 공직자를 육성하는 학문이다. 공공행정을 담당하여 국정운영에 참여하는 공직자들이 알아야 할 지식과 갖추어야 할 능력 및 마음자세를 가르치는 실천적 학문이다.

**2** 한국사회는 무수한 문제들이 정부의 해결을 기다리고 있다. 좋은 일자리들이 계속 사라지면서 고통 받는 대학졸업생들, 조기 퇴직하여 새로운 일자리를 찾아 방황하는 중년들, 끊임없이 늘어나는 가계부채에 시달리는 중산층들, 주거문제를 해결할 수 없어 결혼을 늦추는 젊은 세대들, 사교육과 대학입시에 짓눌린 학부모와 중고등학생들, 가정불안의 스트레스로 약한 친구들을 괴롭히는 불량학생들 등등 무수한 문제들이 사람들을 고통스럽게 하고, 좌절시키고 있다. 여기에 더하여 북한 핵문제를 비롯한 미국, 중국, 일본, 러시아 등과의 어렵게 꼬여가는 국제관계가 무역의존도가 높은 한국경제를 근본적으로 불안하게 만들고 있다.

그런데도 불구하고 이 무수한 문제들을 주도하여 해결해야 하는 정부는 제대로 작동을 하지 못하고 있다. 사회가 양극화되면서 정치권은 외부인주도정치(Outsider Politics)와 인기영합선동주의(Populism)에 휘말려 단기적이고 근시안적이며 집단이기주의적 행태를 벗어나지 못하고 있다. 올바른 방향의 정책결정을 할 수 없음은 물론이고 효율적인 정책집행마저 방해하고 있다. 기업들이 중심이 되는 민간부문은 각자 자신들의 문제해결에 몰두하여 국가적 차원의 문제를 걱정할 여유가 없고 또 이를 주도할 입장도 아니다. 결국 행정부만이 장기적 안목으로 전문성 있는 판단으로 국정운영을 담당할 수밖에 없다.

이러한 상황에서 행정부의 곳곳에서 중요한 결정을 담당하는 책임자들을 보좌하거나 스스로 결정을 담당해야 하는 공직자들은 국가운영을 위하여 무엇에 보다 큰 비중을 두고 무엇을 위하여 정책결정을 하고 집행을 해야 하는지를 판단해야 한다. 생활에 위협을 받는 약자들을 위한 복지가 중요하다는 주장과 일자리를 만들고 미래의 발전을 위한 경제성장이 무엇보다 중요하다는 주장이 격돌할 때 어느 주장을 얼마만큼 수용해야 하는지를 판단할 수 있어야 하고, 자신의 판단이 근거하는 공익이 도대체 어떤 내용의 것인지를 알고 있어야 한다. 즉 다양한 국가기능 간의 우선순위와 이 우선순위를 결정하는 근본 척도가 되는 공익의 내용을 이해해야 한다. 그리고 이를 근거로 합리적으로 정책을 결정하고 효율적으로 집행할 수 있는 논리와 그 논리가 현실에서 어떠한 난관에 봉착하는지, 이를 극복하기 위해서 필요한 전략이 어떤 것이 있는지 등을 이해해야 한다. 즉 국가기능, 공익, 정책결정과 집행의 논리 등을 이해해야 한다.

뿐만 아니라, 이러한 일들을 추진하기 위하여 어떠한 능력이 필요하고, 또 어떠한 윤리적 자세가 필요한지 이해해야 한다. 행정능력 중에서는 합리적 정책결정과 효율적 집행에 필요한 전문성이 가장 중요한데, 이를 강화하기 위해서 필요한 제도적 장치로서 조직, 인사, 재무, 정보 관리에 관한 내용과 그 논리 및 한계에 대해서도 알고 있어야 한다. 즉 행정윤리와 행정의 내부관리에 관한 지식이 필요하다.

이상에서 보듯이 국정관리의 중추기관으로서 행정부가 담당해야 하는 일들을 제대로 추진할 수 있는 능력과 정신자세를 가지려면, 국가기능, 국가기능수행을 통해 달성하려는 공익, 그리고 이를 실행하기 위하여 정책결정과 집행의 합리적 수행방법과 그 한계 등을 이해해야 하고, 조직, 인사, 재무, 정보 관리 등의 내부관리를 통하여 행정능력을 강화하는 방법과 행정윤리를 통하여 올바른 공직자의 자세를 익히도록 해야 한다. 이들 각각이 행정학의 핵심교과목으로 적어도 한 학기 3학점으로 가르쳐야 한다. 이 책에서 취급하지는 못했지만, 환경문제나 교통문제 등 도시문제가 중요해짐에 따라 지방행정론도 당연히 행정학의 핵심과목으로 가르쳐야 한다. 지방행정을 이번에 취급하지 못한 것은 유감이지만, 개정판에서는 반드시 논의할 것이다.

**3** 국정관리를 올바르게 담당하려면, 행정학의 핵심교과목만이 아니라 추가

적으로 많은 것을 알고 있어야 한다. 주로 국가기능의 구체적인 내용을 이해하기 위한 것이다. 일자리 부족을 해결하기 위해서 경제학적 지식, 미국 중국 등 국제관계 문제를 취급하기 위해서는 국제정치학적 지식 등등으로 각각의 분야에서 필수적인 지식들이다. 각각의 분야를 담당하는 부처에서 일하려면, 각 분야에 대한 깊이 있는 지식이 필수적이지만, 분야 하나하나가 각각 대학의 학과 수준에서 4년 동안 교육시키는 방대한 내용이다. 그래서 이들을 모두 행정학과에서 가르칠 수는 없다.

그러나 외교 국방·치안·경제·교육·복지·보건·환경 등 국가기능의 어느 한 분야라도 올바르게 수행하기 위해서는 이들 기능간의 갈등과 조화 관계의 기본적 내용을 이해해야 한다. 어느 한 분야의 중요한 문제는 언제나 다른 분야의 기능과 복잡하게 얽혀 있기 때문이다. 정책결정과정에서 이념이 다른 좌파와 우파가 경제발전과 복지문제를 둘러싸고 대립하거나 교육문제가 경제발전과 복지향상과 얽혀져 있는 관계를 큰 틀에서 먼저 이해해야 한다. 이것이 제 2장에서 검토하는 국가기능 또는 행정기능론이다. 국가기능에 대한 공부를 조금 더 하려면 각각의 중요 국가기능 분야에서 논란이 많은 잇슈들을 중심으로 1주 내지 2주에 걸쳐서 간략하게 보는 과목이 크게 도움이 된다. 한 학기에 정부 전체적으로 논란이 되는 각 분야의 중요 이슈들을 개관하는 것이다.

그러나 위의 두 가지 과목만으로 국가기능을 이해하기에는 턱없이 부족하다. 경제가 성숙되고 사회 전체가 복잡하고 다양해지며, 정치적으로 민주화가 진전되면, 국정을 관리 할 정부에서 일하는 사람들은 사회과학 전반의 기본적인 이론들을 알고 있어야 한다. 그렇다고 해서 모든 중요분야의 이론들을 다 공부할 수는 없다. 현재까지 알려진 바로는 사회과학의 핵심 과목인 정치학·경제학·법학·사회학의 기본적 이론들을 터득하면, 나머지 구체적인 지식은 실무경험을 하는 과정에서 습득해도 웬만한 행정문제는 처리할 수 있다. 다만 기초이론들만은 나이가 들어서는 터득하기가 쉽지 않기 때문에, 한참 기억력이 왕성한 청년시절에 터득해야 한다.

그래서 행정학과에서는 행정학의 핵심과목을 필두로 정치학·경제학·법학·사회학의 기본이론들을 가르쳐야 한다. 이 분야들의 기본과목들에 투입하는 시간을 적어도 행정학의 핵심과목과 비슷하게 하거나 좀 더 많이 가르쳐야 한다. 다른 분야의 이론들을 터득하는 것이 쉽지 않기 때문이다.

**4** 그러나 현재 행정학과에서 가르치는 교과목들을 보면, 대학에 따라 약간의 차이는 있지만, 많은 부분이 잘못 되어 가고 있다. 사회과학의 기본 이론들을 터득할 과목들이 교과과정에서 보이지 않거나 소수에 머물고 있음은 말할 것도 없고, 행정학의 핵심과목도 제대로 가르치지 못하고 있다. 내부관리에 지나치게 치중하여 불필요하게 내부관리과목을 세분하거나, 심지어는 행정윤리를 제외하는 경우도 있고, 공익이나 국가기능에 관한 것은 완전히 망각되는 경우가 많다. 1960년대에 만들어진 교과목의 틀을 크게 벗어나지 못하고 있는 셈이다. 한국의 경제·사회·정치가 완전히 바뀌고 한국정부가 부닥친 국정관리문제는 본질적으로 달라졌는데도 말이다.

이 책은 행정학과의 교과목을 획기적으로 변화시키기 위하여 쓰여 졌다. 대학에 따라 곳곳에서 부분적으로 이미 변화되고 있는 내용들을 종합하여, 행정학의 핵심과목이 되어야 할 내용들을 정리한 행정학과의 기본 교과서이다. 공익, 국가기능, 국가기능 수행활동(정책결정과 집행), 이 활동에서 지켜야 할 행정윤리, 그리고 이들을 수행하기 위하여 필요한 행정능력을 위하여 조직·인사·재무·정보 관리 등 내부관리에 대하여 기본적인 내용들을 소개하는 행정학의 입문서이다. 이들 하나 하나가 한 학기 내지 두 학기에 걸쳐서 학생들이 습득해야 하는 핵심 교과목이다.

**5** 이 책의 상당부분은 이미 쓰여 진 교과서의 내용들을 발췌하거나 요약한 것이다. 물론 저자들의 양해를 받아 정리한 것이다. 정책형성론과 정책집행론은 정정길 외 4인 공저인 〈정책학원론〉에서 발췌한 것이고, 행정학설사, 공익론, 행정윤리론, 행정능력론, 행정개혁과 신공공관리론 등은 정정길 저 〈행정학의 새로운 이해〉에서 발췌한 것이다. 〈정책학원론〉과 〈행정학의 새로운 이해〉는 내용이 방대하고 심도 있게 논의를 하기 때문에 대학원학생들에게 적합하지만, 학부생들에게는 지나치게 부담을 준다. 그래서 이 책에서는 중요한 내

용만 골라서 가급적 간략하게 소개하기 위해서 노력하였다. 그러므로 내용을 좀 더 깊이 있게 이해하고 싶은 독자는 앞의 두 책을 참고로 하는 것이 좋다.

**6** 이 책의 마지막 장은 제목이 〈행정의 역할과 공직자의 소명〉이다. 전혀 교과서와는 어울리지 않는 결론을 쓴 것이다. 그러나 이 책을 다 공부한 후에는 자연스럽게 이해가 되고, 또 심각하게 고민해 보아야 할 이야기를 쓴 것이다. 한국의 현실이 너무나 어렵고, 공직자들이 기둥역할을 하여 이 어려움을 극복해야 한국의 미래가 있기 때문에, 이 책을 다 공부한 공직자들에게 소명의식을 가져 달라고 호소한 내용이다.

2017년 1월
저자 일동

# 목 차

## 제 1 장 행정과 행정학

## 제 2 장 국가기능론

## 제 5 장 공익이론과 행정의 지도원리

## 제 9 장 재무행정

## 제 10 장 정보관리와 전자정부

# 제 11 장 행정개혁 신공공관리 행정능력론

## 표 목차



## 그림 목차

# 제 1 장

# 행정과 행정학

§ 들어가는 말 §

행정은 국정관리의 중추이다. 대립과 갈등을 조정하여 국민통합을 이루면서 국정의 방향을 잡는 것이 정치의 주된 기능이며, 이를 구체화하여 실현하는 것이 행정의 기능이다. 이 과정에서 행정은 정치기능을 대행하기도 하고, 필연적으로 정치적 성격을 내포하게 된다. 이 때문에 흔히 정치가 행정을 침범하여 국정의 혼란을 초래하기도 한다. 이러한 사태를 해결하기 위하여 현대행정학이 등장하였다. 행정은 왜 정치성을 내포하는가? 현대행정학은 무엇을 연구하려고 하는가? 국정관리의 중추기능을 올바르게 수행하기 위해서 행정학에서는 무엇을 공부해야 하는가? 이러한 행정학의 기본적 질문을 풀어 나가는 것이 이 장에서 다루어질 내용이다.

◆ Section ◆

Section

# 제 1 절
## 행정이란 무엇인가

행정학에서 연구하는 사회현상은 행정이다. 상식적으로 행정이라고 하면 행정부가 하는 일 또는 활동이다. 민주국가에서 삼권분립을 전제로 입법부, 사법부가 아닌 행정부가 하는 일이다. 행정부 가운데, 국방부에서는 국토방위를 담당하고, 교육부에서는 교육을 담당하고 있다. 또 예산담당부처는 이들에게 필요한 예산을 확보하여 배정해주고, 필요한 관료는 인사담당부처에서 선발하여 충원해 주는 일을 하고 있다. 전자는 성질상 국민들에게 직접 서비스를 제공하는 본원적 역할이고 후자는 이들의 행정업무추진에 도움을 주는 보조적 역할이지만 이들은 모두 행정이다. 전자는 행정조직이 사회를 위하여 수행하는 기능이므로 기능적 행정활동이라 부르고 후자는 이러한 활동을 위한 조직, 사람, 돈을 관리하는 활동이므로 관리적 행정활동이라고 부를 수 있다. 양자 중에서 고전파 행정학에서부터 시작하여 전통적인 행정학은 후자에 초점을 두고 연구하여 왔다.

관리적 활동으로서의 행정은 공동목적을 위하여 협동적 집단행동을 할 때 보다 효율적으로 일하기 위한 각종 활동이다. 많은 사람들이 힘을 합쳐 일을 해야 하는 경우에는 해야 할 일을 분업화하고 이를 조정하기 위해 거대한 조직이 필요해진다. 국토방위업무를 예를 들면, 우선 바다, 하늘 그리고 육지를 방어하기 위하여 해군, 공군, 육군으로 나누어 일을 맡고, 육군은 몇 개의 군사령부로 나누고 군사령부는 몇 개의 군단으로, 군단은 몇 개의 사단으로 나누어서 지역을 각각 방어하는 것과 같다. 이렇게 나누어진 하위조직들의 업무를 조정하는 것은 계층제에 따라 상층부로 가면서 이루어진다. 분업과 조정이 합리적으로 이루어져야 국토방위가 효율적이 된다. 능력 있는 장교와 튼튼한 병사가 있어야 하고, 또 필요한 군수물자를 적절히 공급하기 위해서는 조달과정이 합리적이어야 하며, 이를 뒷받침하는 예산의 배정이 적절해야 한다. 즉 조직관리, 인사관리, 예산관리 등이 합리적이어야 한다. 이들이 전통적으로 행정학에서 취급해온 관리론의 핵심이며, 흔히들 관료제의 내부관리라고 불러왔다. 최근에는 컴퓨터의 활용이 보편화되면서 정보의 확보와 정리 및 보관 그리고 분석과 전달을 합리적으로 하여 행정조직의 효율성을 강화하는 정보관리가 중요해지고 있다.

관리적 행동활동에서는 능률성이 가장 중요한 가치로 존중된다. 즉 행정조직이 정부기능을 수행할 때, 무엇보다 효과적으로 목표를 달성하고, 가급적이면, 경비를 적게 들여 일을 할 수 있도록 하는 것이 가장 중요한 가치라고 볼 수 있다. 30명의 1개 소대가 일반적인 군수품을 사용해가며, 적군을 막아내는 것이 2개 소대가 동일한 일을 하는 것보다 바람직하다. 그러기 위해서는 전투에 유능한 소대장이 있어야 하고, 소대원들이 힘을 합하여 열심히 적군을 막을 마음자세가 갖추어져야 한다. 동일한 다리를 1년 만에 100억원에 건설하는 것이 1년 6개월에 걸쳐서 120억원에 건설하는 것보다 능률적이다. 그러기 위해서는 보다 나은 전문가가 설계를 하고, 보다 의욕적인 관리자가 좋은 리더십을 발휘하여야 한다.

그런데, 이렇게 당연한 일을 왜 굳이 학자들이 심혈을 기울이며 연구하고 강하게 주장하게 되었을까? 미국의 경우를 보면 대통령이 되기 전 교수로서의 윌슨(W. Wilson)이 행정개혁을 주장하던 1880년대 당시에는 비합리적인 일들이 무수히 벌어지고 있었기 때문이다. 선거에서 당선된 시장이나 지사가 선거운동에서 도움을 준 사람들을 능력이나 전문성과는 관계없이 공직에 임명하는 사태가 곳곳에서 일어났다. 건설 업무를 전혀 모르는 직업정치꾼을 건설국장이나 과장으로 임명하여 다리건설이나 댐 건설과정에서 엄청난 경비를 횡령하고 부실공사를 하는 일들이 너무나 흔했던 것이다. 전문성이 없는 사람들이 엉터리로 일을 하여 건축물 자체를 훼손하는 것도 모자라 경비의 상당부분을 횡령해서 상납하는 일이 발생하여 이중으로 타격을 입힌 것이다. 그래서 전문성이 없는 사람이 정치직인 시장이나 지사, 대통령에 의하여 공직에 임명되는 것을 방지하기 위하여 실적주의적 인사제도를 도입하고자 하였던 것이다.

윌슨은 행정의 관리활동에서 정치적인 요소를 제거하기 위한 논리적 근거로서 정치·행정이원론(二元論)을 주장하였다. 즉, 행정이 담당하는 업무는 정책결정이 아니라 대통령의 명령을 받아 수행하는 정책집행 업무인데, 이는 정치적 성격이 전혀 없고, 오로지 전문적인 판단에 의하여 기술적으로 관리되어야 한다고 주장한 것이다. 행정과 정치는 뿌리가 전혀 다른 별개의 것이라는 주장이다. 정치성이 없는 업무를 담당하는 공무원은 업무에 필요한 전문성을 기준으로 선발되고, 승진되고, 보직을 받아야 하며, 선거운동과 같은 정치적인 활동을 잘 했다고 임명되거나 승진되어서는 안 된다고 주장한 것이다. 즉 공무원의 인사관리에서는 정치적 정실주의가 아니라 전문성, 기술성 등을 인사기준으로 삼아야 한다는 것이다. 조직의 구조를 결정하거나 업무를 조정하는 등 또 다른 행정의 내부관리도 전문성을 기준으로 수행되어야 한다고 주장한 것이다.

이 주장이 당시에는 강력한 이론적인 무기가 되었지만, 논리적으로 보면, 몇 가지 약점을 지니고 있다. 그리고 이 약점이 시대가 바뀌어 20세기 후반기를 넘어서면서 더욱 심각한 문제가 되었다.

Section

# 제 2 절 행정의 정치적 성격

## 1. 행정 속에 내재된 정치적 결정과 전문 - 기술적 결정 -

과연 전문가인 행정공무원들이 하는 일이 전부 정치성이 없는 업무인가? 즉 행정공무원은 정치적 결정을 하지 않는가? 이 질문에 답하기 위해서는 정치적 결정이란 무엇인지, 관리적 결정과 어떻게 다른지 이해해야 한다.

원래 정치적 결정에 가장 대립되는 말은 전문적 또는 기술적 결정이다. 기술적 결정은 결정에 필요한 최종적 판단기준이 단 한 개 있기 때문에 여기에 해당되는 최선의 대안은 하나만 존재하는 경우이다. 여러 가지 조건을 충족하는 복수의 대안이 있을 때 최종적 결정기준이 하나만 있으면, 최선의 대안은 하나 밖에 없기 때문에 결정은 이 대안을 찾아내는 과정이고 기술적으로(technically) 결정된다. 부연하면, 국민 전체를 보고 통치하는 대통령의 결정행위나 작은 부서업무의 일부를 일시적으로 맡아보는 인턴 공무원의 결정행위나 양자 간에 아무런 차이가 없다. 물론 전문기술이 있어야 이 최선의 대안을 발견할 수가 있다. 예를 들면, 100억 정도의 예산으로 강을 건너는 다리를 건설할 때 후보지가 3개 정도 있는데, 곳곳에 흩어져 살고 있는 동네 사람들이 전체적으로 가장 집에서 가깝게 건너간다는 판단기준을 채택한다면, 셋 중의 하나가 최선의 대안이 되고, 전문가들이 이를 발견해 낼 수가 있을 것이다. 기술적 결정은 그래서 최선의 대안을 결정하는 것이 아니라 발견하는 것이다. 외교부에서 아프리카 오지에 근무할 요원을 채용하면서 그 지방 언어에 가장 능통한 언어능력을 판단기준으로 한다면, 후보자가 수 백 명이 있어도 단 한 사람을 찾아낼 수 있을 것이다. 인사채용과 같은 내부관리적 결정은 이런 식으로 전문적 지식에 의거하는 기술적 결정이 많다.

한편 정치적 결정은 전혀 다르다. 최종적 판단 기준이 하나 이상이 있는 경우이다. 다리를 건설하면서, 주민들은 사람들이 가장 집에서 가깝게 건널 수 있는 장소를 원하고, 도로공사에서는 큰 도로에서 가장 가까운 곳을 원하는 경우를 상상해 보라. 일정한 예산으로 경제부처에서는 R&D에 더 많이 투입하자고 주장하고, 복지부처에서는 유아복지비를 더 많이 써야 한다고 주장할 때의 결정도 마찬가지이다. 이런 경우의 결정은 대립되는 주장 간에 타협을 하여 결정하든지 아니면 한 쪽이 다른 쪽을 억눌러서 결정하는 수밖에 없다. 타협을 하는 경우에도 얼마만큼 씩 차지할 것인가를 두고 밀고 당기기를 계속할 것이다. 어느 경우이든, 객관적으로 존재하는 최선의 대안은 없다. 정치적 결정의 전형적인 경우이다.

그래서 정치적 결정과 전문·기술적 결정은 전혀 성격이 다르다. 예를 들면, 연구자금보다도 어린애들을 위한 보육시설에 보다 많은 예산을 배정할 것인지에 대하여 결정을 하는 것은 정치적 결정이다. 보육시설을 감독할 행정공무원을 선발하면서 전문지식이 가장 풍부한 사람을 채용하는 것은 기술적 결정이다. 전자의 경우는 이해대립의 조정과정에서 결론이 나지만, 후자의 경우에는 최적의 전문가를 발견하는 결정이다. 전자는 정답이 없지만, 후자는 객관적인 정답이 존재한다. 그러므로 정치적 결정은 선거에서 정치적 책임을 지는 정치인들이 밀고 당기기를 하면서 내용을 결정하고, 전문·기술적 결정은 전문지식을 사용하여 객관적으로 존재하는 최선책을 찾는 것이 결정의 핵심이다. 내부관리나 행정활동은 정치성이 없는 경우가 많으므로 전문·기술적 결정을 관리적 결정, 또는 행정적 결정이라고 부르기도 한다.

정치적 결정은 밀고 당기는 힘의 크기에 의하여 대안이 만들어지고 또 선택된다. 이 힘이 정치권력이고, 제도적으로 어떤 범위의 일에 얼마만큼 정치권력을 행사할 수 있는가는 정치적 직위에 따라 헌법으로 정해져 있다. 대통령, 국회의원, 도지사, 선출직 시장 등등이 정치적 권력을 행사하는 직위이고, 이 자리를 담당하는 사람이 정치인이다. 다리건설의 경우에서 보는 동네사람들 같은 일반 시민이나, 시민단체 등등도 비공식적이지만, 실질적인 정치권력을 행사한다. 이들은 자신들의 대표로서 선출된 정치인들을 통해서 권력을 행사하는 것이 원칙이지만, 현실에서는 정치인들에 대한 영향력을 이용하여 직접적으로도 권력을 행사한다.

왜 정치인들이 정치권력을 공식적 제도적으로 행사하게 하는가? 너무 많은 사람들이 정치적 결정에 참여하는 것이 불가능하거나 혼란을 초래하므로 대표를 뽑아서 이들에게 대신하여 결정권을 행사하도록 하고, 선거구민들의 뜻과 달리 결정을 하는 경우에는 다음 선거에서 낙선시키도록 하여 정치적 책임을 지우는 것이다. 민주적으로 국민을 대신할 수 있는 자리를 담당할 자를 선거에 의해서 선출하고, 다음 선거에서 책임을 지도록 하면서 결정을 담당시키는 것이 정치적 결정의 논리이다. 이것이 대의제(代議制)민주주의의 핵심적 원리이다. 그러므로 정치적 결정은 제도적으로 선출된 정치인들이 정치적 책임을 지면서 담당하는 것이다.

## 2. 행정이 지닌 정치적 측면

행정관리에서 이루어지는 내부 관리적 결정은 많은 부분이 전문·기술적 결정이다. 그리고 고전파 행정학에서는 국가기능 수행활동인 정책집행도 비정치적이라고 보고 전문가가 담당하여야 한다고 주장한 것이다.

그러나 현실의 경우에는 고전파 행정학이 주장하는 두 가지 근거가 다 정확한 것이 아니다. 무엇보다도 전형적인 정책집행으로 볼 수 있는 행정의 내부 관리적 결정도 정치적 성격을 지니는 경우가 많다. 보육전문가를 행정공무원으로 채용할 때 얼마만큼의 공적 교육경력을 가진 자를 적격자로 볼 것인가를 결정하는 것은 유사업종의 전문가들과 보육전문가들 사이에 이해가 첨예하게 대립되는 경우이다. 보육전문 공식교육기관에서 자격증을 획득한 사람들은 자신들만이 채용되어야 한다고 주장하지만, 초등학교의 교사자격증을 지닌 사람들이 보육기관에서 일을 한 경력이 있으면, 자신들도 자격이 있다고 주장한다. 이런 경우에 어느 주장을 받아들이는가는 정치적 결정이다.

이상의 예에서 보듯이 정치적 결정은 대립되는 이해관계자들 사이에 추구하는 가치기준이 다를 때 불가피하게 발생한다. 그러므로 행정이 국가기능을 수행하면서 담당하는 정책집행에서는 정치적 결정이 많을 수밖에 없다. 고전파 행정학에서는 왜 정책결정은 정치적 결정인데 비하여 정책집행에서는 비정치적 결정이 이루어진다고 보았을까? 이를 이해하기 위해서는 정책결정과 정책집행의 차이를 정확하게 이해해야 한다.

결론부터 말한다면, 고전파 행정학자들의 생각과 달리 정책결정과 정책집행은 정치성이 개입하는가라는 측면에서 논리적으로 명확하게 구분할 수 있는 본질적 차이가 없다. 말 그대로 보면 정책의 내용을 결정하는 것이 정책결정이고 그 결정된 내용을 실현하는 것이 정책집행이다. 겉으로 보기에는 양자가 엄격히 구분되는 것이다. 그러나 정책을 집행하려면, 결정된 정책의 내용을 보다 구체화시켜서 실현해야 한다.

원래 정부가 기능을 수행할 때에는 달성해야 할 목표나 수단 등에 대한 개략적 방침을 결정하고, 다음 단계에서는 이를 좀 더 구체화하고, 그 다음 단계에서는 더 세부적으로 구체화하는 작업이 계속되어 마지막에는 구체적인 사업이나 정부지침 등으로 결정하고 이를 실현하는 식으로 진행된다. 국민경제를 활성화하는 목표를 지닌 경제정책을 농업, 제조업, 서비스업 등등으로 나누고, 농업의 발전을 위해서 식량작물, 축산물, 과수, 원예작물의 지원 등등으로 나누고, 식량작물을 위하여 ---- 등을 하고 맨 마지막에는 가뭄에 대비하여 저수지 건설을 하는 사업 등으로 구체화된다.

이러한 업무의 구체화는 흔히 목표-수단의 계층제라고 불린다. 위의 것이 목표가 되고 밑의 것이 수단이 되지만, 이 밑의 것도 더 밑의 것에 대해서는 목표 역할을 한다. 이러한 연결고리가 계속되어 맨 마지막에는 행동으로 실현할 수 있는 부분까지 구체화된다. 저수지건설이 이러한 물리적 행동으로 실현할 수 있는 부분이 된다. 이 목표-수단의 계층제에서 어디까지를 정치적으로 결정해야 하는지는 두 가지 각각 다른 요인에 의하여 결정된다. 첫째는 업무의 성격이고, 둘째는 제도적 장치이다. 업무의 성격으로 보면, 이해관계가 충돌되는 많은 사람들이 있고, 그래서 정치적으로 결정될 필요가 있는 것은 계층제의 윗부분이다. 저수지를 어디에 건설해야 하는가 까지가 이해관계자 간에 갈등이 있는 부분이다. 그래서 정치적으로 결정해야 한다. 저수지 위치가 결정된 후에는 전형적인 관리적 결정이 이루어진다. 즉 설계도 작성이 이루어져야 하고, 다음으로 건설장비 확보, 관리인들 확보, 근로자 확보, 건설자재 확보 등이 되어야 작업을 시작할 수 있다. 이렇게 성질별로 보면, 정치적 결정과 전문·기술적 결정이 이루어져야 하는 업무의 성격이 일단은 구분된다.

그런데 제도적 장치의 측면에서 보면, 정치적 결정인지 기술적 결정인지의 여부는 국가의 성격이나 주변 환경에 따라 달라진다. 예를 들면, 저수지 건설을 몇 개를 해야 하는가 부터 구체적인 위치를 정하는 것도 행정조직에서 결정하도록 하는 경우가 많다. 물론 이러한 경우는 관리적인 결정은 당연히 행정조직에서 담당하도록 제도화 되어 있다. 과거 개발시대의 우리나라가 그러했다. 저수지 건설에 투입될 예산 총액을 행정부에서 결정하고 위치 선정도 행정부에서 결정하도록 한 것이다. 두 가지가 모두 경제적 능률성이라는 단일 기준을 적용하여 결정했기 때문이다. 사실은 계층제의 맨 위에서부터 행정부가 결정하던 시기도 오랫동안 계속되었다.

그런데 개발시대의 우리나라는 정치적 결정을 거의 전부 행정부에서 담당했는데, 이러한 행정부 우위의 제도적 장치는 그 이유가 있었다. 예를 들면, 100억 정도의 저수지를 5개 정도 건설하기로 예산을 배정하고 구체적으로 어디에 건설할 것인지를 경제적 능률성만으로 결정하는 것이 전형적인 경우이다. 여러 저수지 후보지 중에서 가장 농산물 증산효과가 큰 후보지를 순서대로(B/C Ratio 즉 효과/비용 비율이 높은 순서대로) 결정하면 전형적인 기술적 결정이며, 정치성이 끼어들지 못 한다. 그리고 이러한 판단은 전문기술자만이 할 수 있다. 그러나 지역구 국회의원들은 자기 구역에 저수지를 건설할 것을 주장하고 강력한 로비 활동을 한다. 결과적으로 여러 개의(예를 들면 5개가 적정한데 20-30개를 선정하여) 저수지 공사를 시작하여 어느 것도 완공을 보지 못하고 태풍이 한번 지나가면 다 파괴되어 해마다 새로이 시작하는 경우가 많았다.

그러나 다시 생각해 보면, 저수지 건설을 오로지 능률성만으로 결정해서는 안 되는 경우도 많다. 예를 들면, 어느 후보지는 B/C ratio는 낮지만, 가난한 사람들이 집중적으로 살고 있으므로 형평성을 기준으로 한다면 당연히 포함되어야 하기 때문이다. 이렇게 능률성과 형평성의 두 가지 기준이 충돌하게 되면 전형적인 정치적 결정의 사례가 된다. 윌슨 등의 고전파 행정학자들이 걱정했던 것은 능률성이나 형평성 중 어느 하나 합리적인 기준도 없이 힘으로 누르거나 돈으로 매수하거나 하여 자신들이 원하는 곳에 다리, 수도, 도로 등을 건설하는 정치인들의 횡포 때문에 정치인들이 개입하지 말고 전문가들이 기술적으로 결정해야 한다고 주장한 것이다. 어쨌든 얼른 보면 전문 기술적 결정이 되어야 할 것 같은 것도 여러 가지 기준이 충돌하여 정치적으로 결정될 필요가 많다.

한 걸음 더 나가서 전형적인 관리적 결정도 정치적 결정이 필요할 때도 있다. 저수지를 건설하는 과정(집행업무의 전형적인 기술적 결정으로 알고 있는)에서도 정치적 결정이 개입하는 경우도 생기는 것이다. 건설에 필요한 기자재 중에서 외국제품에 비해서 성능이 약하지만, 중소기업의 육성을 위하여 국내제품을 구매해야 된다는 주장이 나올 수 있다. 건설을 감독할 전문가를 외국인 중에서 채용해야 한다는 주장과 능력은 모자라지만, 일자리가 부족한 사정을 보아 내국인을 채용해야 한다는 주장도 나올 수 있다. 이런 식으로 정책을 구체화하여 집행하는 과정에서도 정치적 성격의 결정을 해야 하는 경우가 많이 발생한다.

정책집행의 거의 마지막 단계에서까지 발생하는 정치적 결정을 어떻게 비정치인인 행정공무원이 담당하는가? 원칙적으로는 행정조직에서 정치적 결정의 필요가 발생하면, 정치적 책임을 지는 정치인에게 결정을 맡겨야 한다. 예를 들면, 행정부에서는 대통령이 유일하게 선거에서 뽑힌 정치인이다. 그렇다고, 농수산부에서 저수지 건설에 필요한 기자재를 외국제와 국산품 중에서 어느 것으로 할 것이냐를 대통령에게 결정해달라고 할 수는 없다. 이러한 일이 너무나 많기 때문에 대통령이 감당할 수가 없기 때문이다. 그래서 대통령의 정치적 책임을 대신 감당할 수 있는 행정공무원을 정무직이라는 이름으로 임명한다. 장관, 차관, 차관보 등이 대표적인 정무직이고, 이들은 대통령의 정치적 책임을 분담하기 때문에 대통령이 원하는 사람으로 실적주의 원칙과는 무관하게 임명한다. 대표적인 정실임명이고 꼭 필요한 정치적 임명이다.

정책집행단계에서 정치적 결정이 필요한 경우에는 원칙적으로 정무직이 결정을 담당해야 한다. 그러나 이러한 경우가 너무 많기 때문에 정무직의 과도한 업무를 경감하기 위하여 비정무직인 국장 이하의 공무원에게 결정을 위임하는 경우도 많다. 흔히 위임전결(委任專決)이라고 불리는 것이다. 한편 정치적 책임을 지지 않고 신분보장을 받는 공무원이 정치적 결정을 하게 되면, 정무직에 의한 지도와 감독, 즉 행정통제가 불가피하게 된다.

## 3. 행정국가화 현상

지금까지 설명한 것을 요약하면, 윌슨 이후 고전파에서의 주장, 즉 행정은 정치적 성격이 없다는 이론들은 21세기의 시점에서 타당성이 없다고 볼 수 있다. 더욱이 국가적으로 해결해야 할 정책문제가 많아지고 내용이 복잡해지면서 정책의 내용을 행정부에서 실질적으로 담당하는 경우가 많아지자 행정국가화 현상이 가속되고, 정치·행정이원론은 급속하게 근거를 상실했다.

행정국가화 현상이란 과거 의회 중심의 정부가 행정부 중심으로 변화한 현상을 말한다. 유럽에서 등장하기 시작한 민주주의는 군주의 전제주의적 국정운영을 방지하기 위하여 시민의 대표들로 구성된 의회에서 정부운영에 대한 통제를 강화하면서 출발하였다. 처음에는 세금을 부과하거나 전쟁을 하는 경우, 그리고 시민들의 신체, 재산의 자유를 보장하기 위한 각종 법률을 제정하여 국왕이 지배하는 행정부로 하여금 이를 준수하게 하는 것으로부터 출발하여 점차 국가운영의 전반에 걸쳐 국정의 기본방침을 의회가 결정하는 식으로 발전하였다. 그리하여 국정의 거의 모든 부분에 대하여 기본방침과 상당히 구체적인 정책내용까지 의회에서 법률의 형태로 의결하여 행정부에게 이를 준수하도록 하였다. 즉 행정부는 의회의 뜻을 충실히 반영하여 정책을 집행하는 것이 국민의 대표들을 통하여 국민이 원하는 바를 실현할 수 있다는 논리가 지배하였다. 바로 의회민주주의의 전형적인 모습이다. 윌슨이 정책은 의회라는 정치권에서 결정하고 집행은 전문적 지식을 동원하여 행정부에서 담당하는 것이라고 주장할 때 전제하였던 이론이다. 즉 정치·행정이원론은 의회민주주의를 전제한 이론이다.

그러나 산업화가 대대적으로 진행되면서 이러한 의회민주주의는 심각한 한계에 봉착하였다. 산업화로 인하여 도로 교량 항만 시설이 필요해지고, 도시화가 진행됨에 따라 도시생활에 필요한 상수도 하수도만이 아니라 전염병에 대비하는 보건업무 등이 대폭 증가하였는데, 이들을 처리하기 위한 전문지식이 국회의원들에게는 거의 없었기 때문에 전문가를 보유한 행정부가 이들 업무의 계획에서부터 집행에 이르기 까지 모두 담당할 수밖에 없게 되었다. 즉 정책결정에서부터 집행까지 실질적인 결정을 행정부가 담당하지 않을 수 없게 되었다. 이러한 현상이 누가 보아도 알 수 있듯이 두드러지게 나타난 것이 1930년대 미국에서 대대적으로 추진한 뉴딜 정책이었다. 세계 대공황을 극복하기 위하여 루즈벨트(F. Roosevelt) 대통령이 재정지출을 확대하여 테네시 계곡에 발전용 댐을 건설하는 등 정부가 당시까지의 소극적 대응에서 적극적인 시장개입을 추진한 정책이었다. 이 정책은 보수주의자들로부터 미국의 자유주의와는 상반되는 사회주의적 정책이라고 맹렬한 비난을 받았는데, 의회가 아닌 행정부에서 마스터 플랜을 만들고 이를 구체화하여 집행까지 담당하였던 것이다. 행정국가화 현상이 본격화한 것이다.

이러한 행정국가화 현상은 2차 세계대전이후 더욱 심화되었다. 영국을 비롯한 유럽 국가들은 국민들 모두가 전쟁에 이기기 위하여 협력하였으며, 이에 따라 저소득층을 위한 복지업무가 크게 증가되고, 이어서 보건, 교육, 경제 등 각 분야에서 정부의 적극적 역할이 증가되었다. 이들 업무들은 전문적 지식과 정보를 갖춘 행정의 주도적 역할을 불가피하게 하였다. 미국의 경우는 흑인폭동의 충격과 월남전의 악화가 심화된 1960년대부터 정부역할이 크게 증가되어 비슷한 행정국가화 현상이 크게 진행되었다.

이러한 행정국가화 현상은 두 가지 영향을 미쳤다. 첫째는 국민의 대표들이 모인 의회가 아니라 신분보장을 받고 실적주의적 인사원칙에 따라 움직이는 행정이 중요한 정책을 실질적으로 결정하기 때문에 행정의 민주성이 우려의 대상이 되었다. 즉, 정치적 책임을 지지 않는 공무원들이 국민의 의사와 다른 결정을 할 때 이를 통제해야 한다는 민주적 행정통제의 문제를 제기한 것이다. 이에 따라 미국에서는 행정에 대한 시민참여 필요성과 형평성이 크게 논란이 되었다. 또 다른 한편으로는 복잡한 문제를 제대로 해결하기 위한 정책내용을 결정하고 집행할 수 있도록 행정이 전문성을 더욱 강화해야 할 필요성이다. 비록 정치·행정이원론은 무너졌지만, 고전파 행정학에서 강조되었던 조직, 인사와 재무 관리능력이 전혀 다른 맥락에서 강조된 것이다.

Section

## 제 3 절

## 행정과 경영의 차이 – 공공재의 특성 –

앞에서 보았듯이 고전파 행정학자들은 집행활동의 능률성을 확보하기 위하여 행정조직의 구조나 인사관리, 예산관리 등을 집중적으로 연구하였기 때문에 결국 행정관료제의 내부관리를 연구하게 되었다. 그런데 이러한 관료조직의 내부관리는 사기업체의 내부관리와 유사한 점이 아주 많다. 행정관리에서 정치성을 제외하면, 두 가지는 거의 같다고 해도 과언이 아니다. 그래서 공행정과 사행정이 동일하다는 공·사행정일원론(公私行政一元論)이 나오게 되었다.

공·사행정일원론은 1880년대에 윌슨이 고전파 행정학을 창도한 이후, 1950년대의 사이몬(H. Simon)의 행정행태론에 이르기 까지 광범한 지지를 받았다. 그러나 1930년대부터 시작된 뉴딜 정책이 행정부에 의하여 주도되면서 행정의 정치성이 부각되자 정부행정과 기업경영은 차이가 많다는 주장이 수용되기 시작하였다.

사이몬은 행정(administration)을 가장 넓은 의미로 정의하여 "공동목적을 달성하기 위한 협동적 집단행동"이라고 하였다. 두 사람 이상이 모여 돌멩이를 옮기는 경우나, 동창들이 모여 학교발전을 위한 기금을 모금하거나, 교회에서 많은 사람을 위해서 전도회를 개최하는 경우나, 60만 대군이 힘을 합쳐 국토방위를 하는 경우나 모두 행정에 해당되는 셈이다. 사이몬은 정부행정과 기업경영은 본질적으로 차이가 많이 있지만 조직의 관리라는 점에서 동일한 부분이 있으므로 행정학은 이들 공통점을 중심으로 조직의 관리를 연구하여 정부행정과 기업경영에 다 같이 적용되는 이론을 구축하여야 한다고 주장했다. 그래서 사이몬은 경영학자로서도 커다란 업적을 남기고 노벨경제학상을 수상하기도 했다.

행정이 본질적으로 경영과 차이가 나는 점은 정치성이다. 왜 행정에는 경영에 없는 정치적 성격이 뒤엉켜 있는가? 담당하는 기능의 차이 때문이다. 행정은 국가기능, 즉 정부가 해야 할 기능을 수행한다. 외부의 적으로부터 국가를 방어하고, 외국과의 친선을 도모하며 국내적으로는 치안을 유지하고, 생계능력이 없는 사람들을 보호한다. 이러한 일들은 그 성격이 사기업에서 국민들의 개인적 생활에 필요한 자동차, 주택 등을 생산하는 것과 다르다.

정부에서 수행하는 기능으로 제공되는 서비스나 재화는 공공재(公共財)로 불리는데, 민간기업에서 제공하는 사적 재화와 성격이 다르다. 사적 재화는 일반적으로 나의 소비가 타인의 소비를 제한할 수 있으며, 소비하기 위해서는 해당 재화 혹은 서비스 소비의 대가를 지불하여야 한다. 예컨대 연필의 수량이 한정되어 있을 경우, 내가 연필을 소비하게 되면, 타인은 그 연필을 소비할 기회가 줄어들며, 연필의 소비를 위해서는 연필 주인에게 값을 지불하고 구매하여야 한다. 사적 재화의 이러한 특성을 각각 경합성(競合性)과 배제성(排除性)이라고 한다.

이와는 달리 공공재는 비경합성(非競合性)과 비배제성(非排除性)의 특성을 갖는다. 예를 들면, 국가가 외국의 침략을 막는 국방서비스를 제공하면, 이 서비스에 대한 특정인의 소비로 인하여 다른 사람들의 소비가 위축되는 등의 영향을 받지 않는다. 외적의 침략을 방지하여 얻게 되는 국방의 효과는 소비하는 국민의 숫자가 늘어나도 개인이 얻게 되는 효과가 감소하지 않는다. 가로등의 경우도 마찬가지이다. 피자 한 판을 사서 친구들이 나누어 먹는 경우와는 완전히 다르다. 이처럼 사적 재화인 피자와 다른 이러한 공공재의 경우에는 한 사람당 얻게 되는 소비효과가 소비자의 숫자가 늘어나도 줄어들지 않는다는 점에서 비경합적이다.

또한, 이 서비스에 대한 별도의 대가 지불 없이도 국민 누구든지 소비할 수 있다. 즉, 누구든지 외국군의 약탈과 살해로부터 보호된다. 군대에 가서 외국군과 싸우는 자식을 가진 부모나 가족만이 아니라, 군대에 아무도 보내지 않은 가족도 그 혜택을 입는다. 시정부에서 큰 길에 가로등을 세우면, 밤에 지나가는 시민들은 누구나 그 혜택을 받는다. 피자의 경우는 돈을 내고 사는 사람에게만 공급할 수 있지만, 가로등의 효과는 그렇지 않다. 지방정부가 지방세로 조달하여 세운 가로등에서 나오는 불빛을 지나가는 사람 중에서 세금 낸 사람에게만 비추게 할 수는 없다. 이처럼 대가를 지불하지 않은 사람들을 소비로부터 배제하여 이들에게만 서비스를 제공하지 못하는 성격을 공공재의 비배제성이라고 한다.

공공재의 비배제성과 비경합성 때문에 민간기업에서 생산하려고 하지 않는다. 피자는 돈을 내는 사람에게만 제공하고 돈은 벌 수 있지만, 가로등을 설치하고 돈을 내겠다는 사람에게만 불빛을 켜 줄 수 없다. 공공도로를 지나가는 사람은 누구나 가로등이 켜지면 공짜로 혜택을 볼 수가 있다. 컴컴한 길이 위험하다고 하여 동네사람들이 돈을 모아서 가로등은 설치하면, 돈을 안 낸 사람도 그 혜택을 볼 수가 있다. 이런 식으로 다른 사람들이 노력을 하여 제공하는 공공재를 공짜로 이용하는 사람들을 무임승차자(free rider)라고 부른다. 많은 사람들은 무임승차자가 되려고 하기 때문에 공공재는 다른 방법을 써서 제공되는 수밖에 없다. 이 다른 방법이 지금은 정부에서 세금으로 제공하는 것이다.

사적 재화는 민간기업이 이윤을 얻기 위하여 생산하여 제공한다. 시장에서 가격이 매개작용을 하여 소비자들이 원하는 상품을 원하는 만큼 생산하여 제공한다. 햄버거보다 피자를 먹고 싶은 사람이 많아지면, 햄버거보다 피자의 가격이 상승하고(물론 이는 시간적으로 오래 경과하는 경우이다), 가게에서는 피자를 더 많이 제공하게 된다. 돼지고기보다 닭고기가 인기가 좋아지면, 닭고기의 가격이 상승하고 닭고기의 공급이 증가한다. 이런 식으로 민간기업이 제공하는 재화는 가격의 등락에 따라 제공되는 양이 결정되고, 그 재화를 생산하기 위하여 투입되는 재료의 양도 결정된다. 소비자가 원하는 상품 쪽으로 자원이 이동되어 국가 전체적으로 보면 필요한 재화는 필요한 만큼 생산되는데, 이는 시장에서 거래를 하면서 가격이 우리 눈에는 보이지 않지만(보이지 않는 손이 되어), 중개 역할을 하기 때문이다. 이와 같이 가격이 매개하는 시장이 재화의 종류와 수량을 결정하고, 이에 따라 자원의 최적배분을 이룬다고 보는 것이 시장메카니즘의 원리이다. 물론 이는 여러 가지 전제조건을 수반하는 완전경쟁시장의 경우이다.

그런데 공공재의 경우는 민간기업이 생산하여 판매할 수 없기 때문에 그 생산을 담당하려고 하지 않는다. 그래서 정부가 세금으로 생산하여 제공한다. 국토방위는 중앙정부가 담당하고, 가로등은 지방정부에서 담당한다, 문제는 사적 재화와 달리 공공재는 어떤 종류를 얼마만큼 생산해야 하는지를 알려주는 가격시스템이 없다는 점이다.

그래서 정부에서 결정해야 한다. 그런데 정부의 결정에 참여하는 사람들의 생각이 다르다. 국토방위에 보다 많은 돈을 써야 한다는 사람들이 있는가 하면, 경제발전을 위한 R&D, 대학교육, 또는 어린애들의 보육에 돈을 더 많이 써야한다는 사람들이 있다. 사람들마다 생각이 다르기 때문에 같이 의논을 해서 결정해야 하지만, 너무나 많은 국민들이 참여할 수는 없기 때문에 대표자들을 뽑아서 이들에게 담당시키는 것이다. 이러한 대의제 민주주의를 채택하고 있는 우리나라는 대통령, 도지사, 시장, 군수들과 국회의원, 시도의원 들을 대표자로 선출하고 있다. 이들이 정부운영에서 정치적 역할을 담당하는 주체들이다. 이들은 자신들을 뽑아준 국민들을 대신하여 정책(정책, 정부사업, 정부방침 등등)과 예산을 결정하고 다음 선거에서 심판을 받아 정치적 책임을 지게 된다. 즉, 정치적 결정을 한다. 앞에서 보았듯이 행정의 내부관리에서도 정치적 성격을 띠는 결정을 많이 하게 되고, 이러한 결정은 정치적 책임을 분담하는 정무직이 원칙적으로 담당한다. 그리고 너무나 많은 사안을 장관, 차관, 차관보 등의 정무직이 감당하기 어려우므로 행정직인 국장이나 과장에게 결정을 위임하기도 한다. 국장, 과장 등 경력직 행정공무원은 실적주의에 의하여 채용, 승진 등 인사관리의 대상으로 신분보장을 받는다. 이런 경우 정치적 결정을 정치적 책임을 지지 않고 신분보장을 받는 행정관료가 담당하기 때문에 엉뚱한 결정을 못하도록 방지하고 감독하여야 한다. 즉 행정통제를 해야 하는 것이다.

행정통제는 정책결정에서의 정치적 기능 때문만이 아니다. 정치인과 달리 신분보장을 받고 있는 행정관료가 4년 정도의 선거 때마다 바뀌기 쉬운 정치인들로부터 지도와 감독을 받는 것으로는 행정통제가 불충분하다. 그래서 각종 법규를 만들어서 행정을 제도적으로 통제한다. 결과적으로 행정은 사기업의 경영과 달리 지켜야 할 법규가 엄청나게 많다. 즉, 행정(행정부)을 통제하기 위해 ⅰ) 각종 법규를 만들어 행정이 이에 따르도록 하고, ⅱ) 법규의 범위 내에서도 행정의 횡포나 재량권남용을 억제하기 위해 대통령과 국회의원이 통제하도록 하며, ⅲ) 이들 정치 및 특수이익과 행정의 결탁을 방지하기 위해 국민들이 직접 행정을 통제하도록 한다. 따라서 경영에 비해서 행정은 지켜야 할 법규가 엄청나게 많아진다.

행정이 경영과 달리 법규, 규정이 많은 것은 이상의 논리에 따른 행정과 경영의 본질적 차이 때문이다. 이러한 본질적인 차이 때문에 행정에서는 경영과 달리 정치성, 공익성, 법규의 구속, 많은 내부 통제 등의 외견상 차이가 나타난다.

Section

제 4 절

# 현대행정학의 변화

동양에서는 춘추전국시대에 등장한 법가사상이나 유학의 상당부분이 행정업무를 합리적으로 수행하기 위한 여러 가지 아이디어를 담고 있다. 서양에서도 아주 가까운 19세기 후반의 독일에서 등장한 슈타인(L. Stein)의 행정학이 중요한 생각들을 담고 있다. 그러나 이들은 우리나라의 현대 행정과 행정학에 별다른 영향을 미치지 못하였다. 19세기 말엽에 등장하여 그 후에 변화를 거듭하고 있는 미국의 행정학이 결정적인 영향을 미쳐 지금 우리가 공부하고 있는 행정학의 주요 내용을 이루고 있다. 이들 시대에 따라 변화된 내용들이 집적되어 지금의 행정학을 만들었기 때문에 변화의 큰 흐름을 미리 알아두면, 행정학의 구체적 내용을 이해하는데 큰 도움이 된다.

## 1. 고전파 행정학의 등장

### 1) 실적주의 확립운동과 정치 · 행정 이원론

우리가 논의하고 공부하는 현대 행정학은 대통령이 되기 전 교수로서의 윌슨(W. Wilson)이 1887년에 발표한 「행정의 연구」(the study of administration)를 시발점으로 한다. 윌슨은 당시 펜들톤(Pendleton)법의 제정에 따라 추진되기 시작한 공무원인사제도의 개혁에 대한 이론적 뒷받침을 시도하였다. 인사행정 뿐만 아니라, 정부의 조직과 운영방법도 개혁이 되어야 함을 강조하였는데 몇 가지 이유가 있다.

첫째, 19세기 말엽의 미국 정부는 남북전쟁 이후에 시작된 고도성장의 결과로 과거와는 비교가 되지 않는 많고 복잡하며, 어려운 업무를 담당할 수밖에 없었다. 그러나 이런 새롭고 어려운 문제들을 해결할 수 있는 행정관료, 행정조직, 재무관리 등이 거의 뒷받침되지 않았다.

둘째, 당시의 행정은 새로운 도전에도 불구하고 여전히 과거의 행태를 반복하고 있었는데, 잭슨민주주의(Jacksonian Democracy)에 따라 행정직위는 선거에서 승리한 자들의 몫이 되어 경험도 부족하고 관리 분야에 전혀 지식이 없는 사람들이 공직을 차지하게 되었다. 한마디로 전문성이 없는 관료들이 복잡하고 까다로운 문제를 담당하게 되어 행정의 무능이 극에 달했다.

셋째, 보스 중심의 타락한 정당이 시장, 지사, 의원 등등의 고위공직자 후보를 지명하는 관행 때문에 정치적 부패가 극심하여, 이것이 행정무능과 행정부패를 심화시키고 있었다. 당시 고도경제성장을 주도했던 철도건설사업, 도시의 상하수도, 도로 등의 토목사업에서 건설비의 엄청난 부분이 힘 있는 정치인들과 행정관료들에게 뇌물로 바쳐졌다. 그러므로 선거에서 승리하면 공직뿐만 아니라 엄청난 돈을 차지할 수 있었다. 자연히 해야 할 행정업무는 뒷전으로 밀리고 선거운동준비, 뇌물획득, 공금횡령에만 우선적으로 관심을 쏟았다.

윌슨의 연구는 타락한 정당정치가 행정공무원의 인사에 개입하지 못하게 하여 무능하고 부패한 행정으로부터 전문성 있고 효율적인 행정으로 전환시키는 이론적 기초를 제시하고자 한 것이다. 정치의 개입으로부터 행정을 보호하기 위해서 정당정치의 피해를 행정으로부터 추방시킬 수 있는 확고한 논리를 제시하고자 했다. 이것이 바로 '정치·행정 이원론'이다. 정치와 행정은 그 본질이 다른 활동이기 때문에 서로 분리되어야 한다는 주장이다. 즉 정당 중심의 정치인은 정치만 하고, 행정에는 간섭하지 말아야 한다는 것이다. 행정공무원의 임용, 승진, 보직은 물론이고 행정업무의 추진방법 등은 모두 행정공무원이 재량을 지니고 할 일이라는 것이다.

### 2) 고전파 행정학의 경영학적 기초 - 과학적 관리론과 인간관계론 -

정통파 행정학이 성립된 것은 위에서 지적한 정치학자들만의 기여가 아니다. 기업경영의 혁신을 주장한 테일러의 과학적 관리운동과 프랑스 관리전문가 페이욜(H. Fayol) 등의 조직이론도 커다란 또 하나의 기둥역할을 하였다.

이 시기에 관리자 테일러(F. Taylor)는 공장노동자의 노동능률향상을 위한 연구에서부터 출발하여 기업경영의 능률화를 위하여 과학적 관리(scientific management)를 주장하고 있었다. 작업에는 반드시 최소의 시간과 경비를 들여도 되는 최선의 방법이 있다고 믿고, 과학적 관찰과 분석을 통해서 이를 밝혀내야 한다고 주장하였다. 과학적 방법에 의하여 발견한 최선의 관리원칙을 지키는 것이 과학적 관리라고 생각하였다. 구체적으로 그는 동작연구(motion study)를 통하여 육체노동자의 작업동작 중 불필요한 부분을 제거하고, 필요한 동작을 가장 합리적인 순서에 따라 배열하고, 시간연구(time study)를 통해서 평균적인 노동자가 피로를 최소화시키면서, 이들 동작을 순서대로 행할 경우에 필요한 시간을 계산해야 한다고 주장하였다. 이를 기초로 하루의 작업량, 일주일의 작업량, 한 달의 작업량을 계산할 수 있다고 생각하였다. 작업량이 결정되면 이를 근거로 노동자의 성과급 임금을 결정하여, 즉 평균작업량보다 적게 작업한 사람은 적게, 많이 작업한 사람은 많이 임금을 지불해야 인센티브가 된다고 생각하였다.

노동조합은 이러한 테일러의 견해에 대해 맹렬하게 반대하였다. 과학적 관리운동이 결국 노동자들의 느슨하고 편안한 작업을 용납하지 않기 때문이다. 즉 노동자들을 기계에 조이듯이 빈틈없이 묶어서 노동의 강도와 정신집중을 강화시킬 뿐만 아니라, 작업능률의 향상은 불필요하거나 과잉된 인력을 해고시킬 가능성이 크다고 믿었기 때문이다. 사실 당시의 기업경영도 행정만큼이나 부패하고 무능하였다. 노동자들의 작업태도나 근무규율도 엉망이었고, 공과 사를 구분하지 않는 의식도 만연해 있었다. 테일러는 이를 근본적으로 개혁시키려는 의도를 가지고 있었다.

근무규율의 해이와 같은 원시적 경영문제가 어느 정도 해소되자, 과학적 관리운동의 지나친 기계주의적 능률 향상이 부작용을 일으키면서 이에 대한 반성이 인간관계론이라는 이름으로 제기되었다. 메이요(E. Mayo)를 중심으로 한 경영학자들이 호손 공장의 노동자들을 대상으로 1920년대부터 1930년대에 이르기까지 10여 년에 걸치는 실험과정에서 과학적 관리운동에서 기대했던 것과는 다른 측면이 부각되었다.

근로자는 기계의 부품과는 달리, 감정을 지니고 있고 심리적 안정을 추구하기 때문에 직장에서의 동료들과의 관계를 원만하게 하고, 같이 어울리는 소집단에서의 소속감을 중시한다는 것이다. 그래서 임금을 조금 더 받는 것도 좋지만, 지나치게 동료들보다 열심히 일하는 것은 좋지 않다고 판단하여, 작업량을 적당한 수준에서 멈추어, 동료들을 곤란에 빠뜨리지 않는다는 사실이 밝혀졌다. 또한 자신의 작업이 중요하다는 인식이나 자신에 대한 인정감이 작업능률에 커다란 영향을 미친다는 사실도 밝혀졌다. 그래서 작업능률을 향상시키기 위해서는 노동자의 인간적인 대우와 소집단의 중요성을 확인하는 것이 필요하다는 인식이 확산되었다.

인간관계론은 고전파 행정학에 두 가지 측면에서 커다란 영향을 미쳤다. 첫째, 능률지상주의에 대한 신념을 강화시켰다. 과학적 관리론의 기계적 능률이 인간관계론의 사회적 능률로 전환되기는 하였으나, 기업에서도 능률향상을 위한 노력이 상당히 성과를 얻으면서 진행되고 있기 때문에 행정조직에서도 그것이 가능하다는 믿음을 심어 주었다. 둘째, 이보다 더욱 중요한 것은 호손 공장 실험이 테일러가 주장한 과학적 방법에 의해 능률향상을 위한 연구가 가능하다는 확신을 심어 주어 고전파 행정학에서의 과학주의적 연구에 대한 신념을 강화시킨 것이다. 고전파 행정학은 이러한 과학주의의 신념에 힘입어 원리탐구에 몰두하게 된 것이다.

### 3) 원리추구의 정통파 행정학의 확립

이러한 과학적 낙관주의는 1930년대에 이르러 더욱 원리추구의 정통파 행정학에 커다란 영향을 미쳤다. 행정에는 과학적인 원리가 존재하고 이를 발견하여 행정에 적용하여야 한다고 믿고, 원리발견을 위한 노력을 귤릭(L.H. Gulick)등 고전파 행정학자들이 계속하였다. 이들의 주장 중 가장 유명한 것이 명령통일의 원리, 통솔범위의 원리, 분업과 조정의 원리 등이다. 구체적으로 살펴보면, 명령통일의 원리는 부하가 여러 사람으로부터 명령을 받으면 서로 상반되는 것들이 얼마든지 있을 수 있기 때문에 명령은 오직 한 사람의 상관, 즉 직근 상관으로부터만 받아야 한다는 것이다. 통솔범위의 원리는 부하의 업무들 간에 마찰과 중복이 있으면 이를 조정하고 지휘해야 하는 지위에 있는 사람이 상관이므로 한 사람의 상관이 통솔할 수 있는 부하의 숫자도 적정해야 한다는 내용이다.

얼른 보면 누구나 알 수 있는 당연한 것인데, 학자들이 이러한 상식과 같은 주장을 열심히 하게 된 것은 당시의 국가적 필요성이 너무 강했기 때문이다. 1890년대는 물론이고, 1900년대에 들어서도 미국의 행정기관들은 대통령의 지휘나 통제를 받지 않고 의회의 상임위원회에 법안을 제출하거나 예산안을 제출하여 승인을 받는 경우가 많았다. 이러한 상태에서는 대통령이 행정부의 수장으로서 정부 전체의 예산을 종합적이고 거시적인 관점에서 편성하는 것이 불가능하였고, 법안이나 정책도 다른 부처나 조직과 연관성이 있는 경우가 많은데도 각각 따로 결정되는 난맥상이 극도에 달했다. 그리하여 비슷한 기관들을 모아 동일한 부처의 지휘 감독을 받게 하여 궁극적으로는 대통령이 행정의 수장으로서 모든 행정기관을 지휘 감독하게 하려고 대대적인 행정 통폐합을 시도했다. 대통령의 감독 없이 의회 의원들과 법안, 예산 등등을 결정하다가 갑자기 위에 두 세 단계의 감독자가 생기므로 밑의 기관이 극도로 싫어하는 것이 당연하다. 의회의 상임위원들도 상부기관의 간섭도 싫지만, 정부 전체의 종합적 시각에서 모든 것을 결정하는 상황을 극도로 싫어 할 수밖에 없었다. 행정학자들은 이러한 반대를 극복하기 위한 논리를 개발하여야만 하였다.

행정전체의 유기적 관련성을 확보하고 종합적 시각에서 행정을 운영하기 위하여 모든 행정기관에 대하여 대통령이 최종책임을 지도록 계층제의 원리에 따라 기관들을 배치해야 한다는 것이다. 그리고 명령통일의 원리를 적용하여 일관성 있는 지휘 감독권을 확보하되, 대통령이 혼자서 너무 많은 기관들을 직접 지휘할 수 없으므로 적정한 숫자의 기관만을 지휘해야 한다는 것을 통솔범위의 원리 등으로 정당화했던 것이다.

이왕 대통령의 지휘 감독 아래에 들어간다면, 대통령의 직접 지휘를 받는 것이 대통령 밑에 있는 장관의 지휘 감독을 받는 것보다 훨씬 바람직하기 때문에 모두들 대통령의 직접 산하에 들어가려고 했다. 이 때문에 지금 생각하면 누구나 당연하다고 생각할 통솔범위의 원칙도 학자들이 큰 소리로 주장하지 않을 수 없었다. 윌슨이 정치·행정 이원론으로 실적주의제도 도입을 정당화한 것과 완전히 동일한 상황이 전개된 것이다.

당시 가장 지도적인 행정학자였던 귤릭이 조직상층부에서 담당해야 할 중요한 기능으로서 POSDCORB로 약칭되는, 즉, 기획(planning), 조직화(organizing), 인사(staffing), 지휘(directing), 조정(coordinating), 보고(reporting), 예산(budgeting)을 제시하였는데, 이 또한 마찬가지의 필요성 때문이었다.

요약하면, 고전파 행정학은 윌슨이 정치·행정 이원론을 제시하여 타락한 정치로부터 행정을 이론상으로 독립시켜 독자적인 연구대상으로 만든 것을 기반으로 하였다. 그리고 테일러의 과학적 관리운동과 인간관계론에 의해 과학적으로 연구하여 능률을 향상시키는 원리들을 발견할 수 있다는 확신을 얻었다. 이를 토대로, 행정을 능률적으로 수행할 수 있는 관리상의 원리를 연구함으로써 정치학과 구분되는 독자적인 학문으로서 확고한 위치를 구축하였다.

## 2. 행정국가의 등장과 고전파 행정학의 붕괴

귤릭 등 진보주의 개혁론자들이 행정의 원리를 탐구하고 정부뿐만 아니라 기업에도 커다란 영향을 행사하던 1930년대는 역설적으로 고전파 행정학이 붕괴되는 정치 경제적 여건이 마련되고 있었다. 이 시기에 자본주의체제 자체를 위협하는 세계적 대공황이 루즈벨트 대통령의 뉴딜 정책에 의하여 겨우 수습되고 있었다. 뉴딜 정책은 불경기를 극복하기 위해 재정자금으로 토목사업 등 공공사업을 추진하여 실업자를 구제하였는데, 케인즈 식의 논리를 적용한 이 정책이 성공을 거두면서 자유방임주의적 자본주의체제를 유지해 오던 미국 사회에 정부가 경제에 개입하는 선례와 논리 및 정당성을 제공하게 되었다.

그리고 정부기능의 질적인 변화와 더불어 복잡화 대규모화를 촉진시켰다. 즉, 행정국가로의 대변화를 시작한 것이다.

제2장의 국가기능론에서 자세히 보겠지만, 제2차 세계대전은 경제에 대한 개입 등 정부의 기능을 더욱 확대시켰다. 전쟁이 끝난 후에도 계속된 냉전체제는 미국정부의 역할을 계속 팽창시켰다. 그리하여 누구든지 "큰 정부"(big government)가 불가피하다는 생각을 하게 되었다. 1930년대부터 1940년대, 1950년대에 이르기까지 행정이 주도하는 거대한 국가가 미국사회에 확고하게 뿌리내린 것이다.

이리하여 고전파 행정학의 대전제인 정치·행정이원론이 비판의 대상이 되었다. 원래 정치·행정이원론에서의 정치는 법안의 형태를 지니는 정책의 결정에 관한 활동으로 주로 의회가 담당하고, 정책의 집행은 법안의 충실한 실현으로 행정부가 담당하는 행정활동으로 주장되었다. 그러나 뉴-딜 정책 등 중요한 정책의 내용을 행정부에서 결정함으로써 행정(행정부의 활동)이 정책을 실질적으로 결정하고 있음이 주목의 대상이 되었다. 정치·행정이원론이 현실과 너무나 다르다는 점이 명백해진 것이다.

그래서 행정이 정책결정활동 즉, 정치기능을 담당함을 인정하고 행정이론을 다시 구축하는 방법이 제시되었다. 이것이 바로 정치·행정일원론이다. "행정이론은 바로 정치이론"이라고 지적한 고스(J. Gaus)를 비롯한 대부분의 행정학자들이 정치·행정일원론을 주장하였다. 행정이 정치기능을 담당하면서, 실제로 활동을 담당하는 행정공무원이 실적제에 따라 채용되고 승진하면서 신분보장을 받는다는 사실은 이론상 모순을 가져온다. 왜냐하면, 정책결정기능은 국민들에게 직접적으로 중대한 영향을 미치는 국가의 운영방향을 결정하는 것이므로, 국민들에게 선거를 통하여 책임지는 정치인들에게 담당시켜 왔기 때문이다. 즉 정치기능을 행정이 담당하면 민주정치의 원리와 충돌되는 것이다. 이러한 충돌과 모순을 해결하기 위해서는 행정에 대한 여러 가지 통제방법을 채택해야 하는데, 무엇보다도 중요한 것은 정치담당자들의 행정관료에 대한 통제이다. 즉 정치가 행정에 개입하는 것이다. 이리하여 애플비(P. Appleby), 고스(J. Gaus)등이 주도하는 정치학적 행정학이 등장하게 된다.

정치학적 행정학(1940년대와 1950년대)은 정치·행정일원론에 따라 행정의 정치적 측면을 강조하고 이를 연구하는 것이다. 행정의 정치기능수행과 행정에 대한 통제를 중심으로 연구한 것이다. 행정의 정책결정에 대한 역할, 공익을 위한 행정, 정치성이 강한 예산과정과 재무행정, 행정의 민주적 통제 등이 연구되었다. 연구대상도 정부관료제인 행정조직으로 돌아오게 되었다. 연구대상을 행정조직으로 삼아 경영학과는 분리되기 시작하였다.

그럼에도 불구하고 1940년대와 50년대의 행정연구는 정치학으로부터 큰 도움을 받지 못하였다. 1950년대의 다원론과 행태주의 열풍에 휩싸여 있던 주류정치학은 주된 관심이 정부조직이 아니었기 때문이다. 주류정치학자들이 팽개친 중요 과제들은 1960년대 후반기에 정책학 그리고 신행정학의 이름으로 크게 주목을 받게 된다.

## 3. 행태주의 행정학

고전파 행정학의 붕괴 이후 1940년대에 나타난 두 번째 대안적 패러다임은 사이몬(H. Simon)이 제안한 '행정과학(science of administration)'이다. 행정과학은 귤릭 등의 조직원리 탐구에 대한 비판으로부터 출발하였다. 사이몬은 보다 신뢰할 수 있는 행정상의 법칙을 발견하기 위해서는 좀 더 정확한 과학적 방법의 적용이 필요하므로 논리실증주의적 방법을 채택해야 한다고 주장하였다. 사이몬이 주장한 행정과학으로서의 행정학은 다음과 같은 내용을 지니고 있다.

첫째, 연구대상을 조직으로 삼고, 조직의 실제 움직임을 연구함으로써, 행태론적 조직이론의 기초를 만들었다. 사이몬은 공식적으로 기대하는 것과는 전혀 별개인 실제로 움직이는 조직의 행태를 연구하는 것이 행정과학의 임무라고 생각하였다. 그리하여 기업조직의 실제 행태를 분석하여 과거와는 전혀 다른 조직이론을 수립하여 행정학은 물론 경영학에 새로운 바람을 일으켰다. 웨버를 비롯한 사회학자들의 관료제이론과는 전혀 별도의 것으로 이후 새로운 조직론의 출발점이 되었다.

둘째, 의사결정의 측면을 중시한다. 조직의 행태를 연구하되, 의사결정의 측면을 집중적으로 연구함으로써, 조직 내적인 의사결정 뿐만 아니라, 1960년대 이후 폭발적으로 등장한 정책결정의 경험적 연구에 새로운 시각을 부여하기도 하였다.

셋째, 사이몬은 행정조직과 기업조직을 구분하지 않고 조직론을 전개하였는데, 고전파 행정학의 정치·행정이원론과 비슷하기 때문에 흔히들 신정치·행정이원론이라고 부르고 있다.

넷째, 고전파 행정학자들과는 달리, 연구방법은 철저한 자연과학적 방법을 따른다. ① 현상과 현상 사이에 존재하는 인과관계를 법칙(law)으로 밝혀내는 것을 연구의 목적으로 삼는다. 우선 현상들 사이에 존재하리라고 짐작되는 인과관계를 밝혀내는데 이를 가설(hypothesis)이라고 부른다. 가설이 수립되면, 이것이 과연 모든 경우에 적용되는 법칙인지를 밝혀내야 하는데, 통계학적 방법에 의한 가설검증에 의한다. ② 가설을 검증하려면, 현상들을 관찰해야 한다. 그러므로 논리실증주의에서는 관찰할 수 없는 현상은 연구대상에서 제외한다. 신이나 영감, 사랑, 자유나 평등 같은 것은 관찰이 되지 않으므로 연구대상에서 제외한다.

행태주의가 채택한 논리실증주의적 접근은 가치와 사실을 엄격히 구분하고, 가치문제를 연구대상에서 제외시킴으로서 많은 문제를 발생시켰다. 사이몬의 논리대로 한다면, 행정에 결정적인 영향을 미치는 정치권력의 작동이나 민주행정의 필요성과 그 대책, 행정윤리 등이 연구대상에서 제외된다. 행정학자들이 도대체 무엇을 연구하고 있느냐의 회의감에 빠진 것은 당연한 결과였다. 이 행태주의적 방향감각 상실은 1960년대에 접어들어 심각한 정책문제의 해결에 학계가 아무런 도움을 주지 못하게 됨으로써 행태주의에 대한 반성과 도전이 대대적으로 전개되었다.

## 4. 미국사회의 대전환과 행정학 연구범위의 팽창

### 1) 비교행정과 발전행정

1960년대에 접어들어 행정학은 현실적인 문제해결 중심으로 폭발적인 성장과 팽창을 하게 된다. 그리고 이 상태는 70년대에도 계속된다. 행정학의 연구대상을 미국의 행정에서 다른 나라, 특히 후진국의 행정까지 포함시킨 비교행정과 발전행정이 그 시발점이다.

비교행정과 발전행정은 모두 2차 세계대전 이후 세계를 제패한 미국이 공산권의 확장을 막기 위해서 후진국들을 지원하는 과정에서 본격화한 연구이다. 원조의 목적이 효과적으로 달성되려면, 원조를 관리하는 책임을 지는 정부의 행정이 합리적이어야만 한다. 그러므로 국가발전을 위한 합리적인 행정을 연구하게 되었고 이를 발전행정론이라고 부르게 된 것이다.

발전행정론자들은 미국의 행정을 후진국에 적용하여 이를 통해서 후진국의 발전을 이룩할 수 있다는 기대에 부풀어 있었다. 행정은 일종의 마술이고, 행정전문가는 마술사로 환영을 받았던 분위기였다. 그리하여 이들은 미국식의 인사행정, 예산 및 재무행정, 행정기획, 기록관리 분야의 기술과 기법을 후진국에 열심히 수출하였다. 한국의 행정학도 이러한 과정에서 크게 성장하게 된 것이다. 그러나 미국행정 기술을 후진국에 적용하려는 시도가 있은 지 얼마 지나지 않아서, 후진국의 행정환경이 미국과는 너무나 다르기 때문에 미국식의 행정기술이 후진국에 그대로 적용될 수가 없다는 사실을 발견하였다. 이에 따라 후진국의 행정환경이 미국과 다른 점이 무엇이며 행정체제는 어떻게 다른지, 미국과 후진국, 또는 후진국들 간의 행정체제상 차이가 무엇인지를 연구하는 비교행정론이 발전전략수립을 위해서 필수적인 정보를 제공하게 되었다. 이런 과정에서, 비교행정론의 대표적 학자인 리그스(F. Riggs)의 프리즘적 모델 등 비교행정이론이 후진국에서 커다란 주목을 받게 된 것이다.

### 2) 미국사회의 대혼란(1960년대)과 학문적 대전환

2차 대전 이후 유사 이래 최대의 번영을 누리던 미국도 1950년대 말이 되면서 새로운 도전에 부딪치기 시작했다. 먼저 1957년도에 소련이 인류사상 처음으로 인공위성을 쏘아 올렸다. 당시 미국은 경제적으로 세계 여러 나라를 압도했을 뿐만 아니라, 국방력과 이를 뒷받침하는 과학 기술의 측면에서도 모든 나라보다 월등하게 앞서 있었다. 이런 상황에서 전략무기와 깊은 관계가 있고, 과학기술의 총합으로 인식되는 인공위성을 적대국가인 소련이 먼저 성공시켰다는 사실은 미국 국민들에게 엄청난 충격을 주었다. 무엇인가가 크게 잘못되어 가고 있으며, 정부가 어떻게 해서든 과학기술수준을 향상시켜야 한다는 생각이 미국사람들의 머릿속에 자리 잡았다.

1960년대에 접어들면서, 또 하나의 국제적 사건이 미국을 괴롭히기 시작하였다. 베트남에 미국이 개입하여 진퇴양난의 딜레마에 빠지게 된 것이다. 미국이 베트남 국민들의 자주적 판단을 무시하고, 자신의 세력 확장을 위해서 민족주의자들을 억압하는 제국주의 전쟁을 하고 있다고 세계의 지성인들이 맹렬하게 비난하였다. 베트남전쟁은 명분과 목적을 둘러싸고 미국사회를 분열시켰으며, 합리적인 해결책을 찾지 못해서 우왕좌왕하게 만들었다.

무엇보다도 60년대의 미국사회를 뒤흔든 사건은 흑인폭동이다. 이 사건이 기폭제가 되어 사회과학 전반에 걸친 혁명적 변화가 시작되었다. 남북전쟁이후 자유인이 되기는 하였으나, 100여 년이 지난 1960년도까지도 흑인들은 미국 시민으로서의 대우, 인간으로서의 대우를 받지 못하고 있었다. 더욱 심각한 것은 흑인들의 경제적인 어려움이었다. 변변한 직장을 얻지 못해 빈민가에서 비참한 생활을 하는 사람들이 대부분이었다. 어릴 때부터 마약과 절도에 빠져드는 것이 당연한 운명처럼 여겨졌다. 경찰이 사건만 터지면 흑인을 무조건 잡아들이고, 이들을 폭력과 고문으로 억지 자백시키는 것도 당연시 되었다. 백인과 다툼이 있을 경우, 법원이 내리는 결론은 언제나 한결같이 백인의 편을 들어주었다. 이런 상태였기 때문에 흑인 폭동이 한번 터지자, 순식간에 전 미국에 확산되었다. 결국 연방군이 출동하여 많은 사상자를 내고서야 폭동이 진압되었다.

흑인 폭동사건은 월남전과 맞물려 미국 지성인들에게 스스로를 반성하는 계기를 만들어 주었다. 흑인을 인간답게, 그리고 동등한 미국 시민으로 대우하기 위한 각종 정책을 대대적으로 시작하면서 미국 사회가 처음으로 복지국가로의 획기적인 움직임을 보이게 되었다.

사회과학자들에게도 혁명적인 학문적 전환을 강요하였다. 두 가지 측면에서

혁명적이었다. 첫째, 이론중심으로부터 실천적 문제해결중심으로의 방향전환이다. 여기에서 정책학이 부상하였다. 둘째는 사회과학에서 가치문제를 다시 부각시킨 점이다. 행정학에서 신행정학운동이 대표적인 전환노력이다.

### 3) 정책학의 폭발적 성장

이론구축에 열중하던 사회과학을 실천적인 지식창출로 전환시키는 과정에서 정책학이 폭발적인 성장을 하게 되었다. 이러한 대변화는 정치학, 행정학에서 두드러지게 나타났다. 여기에는 두 가지 이유가 복합적으로 작용하였다. 첫째, 해결해야 할 수많은 정책문제가 한꺼번에 등장하여 이를 해결하기 위한 지식이 갑자기 필요해졌으며, 둘째, 기존의 학문에서 이러한 지식을 충분히 제공할 수 없었던 것이다.

1960년대 초의 미국에서 복잡하고 수많은 정책문제가 갑자기 등장한 것은 바로 위에서 말한 세 가지 대사건 때문이다. 미국보다 앞선 소련의 성공적 인공위성발사는 미국 과학기술의 낙후성을 대변하는 사건으로 인식되어 이 분야의 획기적 발전을 위한 각종 정책적 사업을 추진하게 만들었다. 월남전에서의 교착상태, 세계적인 비난, 그리고 청년들의 징집거부와 반전 및 반체제운동 등은 모두 과거에 없던 일들로서 해결해야 할 정책문제가 되었다. 그 중에서도 가장 심각한 정책과제는 흑인폭동을 초래한 원인들을 밝혀내고 이들을 극복할 수 있는 방법을 찾아내는 것이었다. 흑인들의 주택문제, 고용문제, 보건문제, 마약 절도문제, 교육문제 등 무수한 문제들이 해결을 기다리고 있었다.

이런 문제들을 해결하기 위해서 미국정부가 엄청난 예산으로 시행착오를 거듭하고 있는 데도 학자들은 도움을 크게 주지 못하였다. 당시 사회과학분야 중에서도 정책문제해결에 앞장서야 할 정치학자와 행정학자들이 현실적인 문제와는 동떨어진 이론만을 추구하고 있었기 때문이다. 당시 정치학을 압도하고 행정학에도 엄청난 영향을 미치던 행태주의가 실천적인 문제해결이 아니라, 과학적 방법을 통한 보편적인 이론구축에 노력을 기울이고 있었기 때문이다. 앞에서 본대로 과학적 방법이 계량적 분석을 강조하고 가치문제를 연구대상에서 제외시켰기 때문에 정책문제의 해결을 위한 연구는 완전히 외면당했던 것이다.

이리하여 정책문제를 올바르게 파악하고 최선의 정책수단을 탐색하여 합리적인 정책을 결정하는데 도움을 줄 수 있는 연구가 획기적으로 진전되었다. 정책학은 합리적인 정책결정을 위한 처방적 연구에서 본격적인 출발을 하게 된 것이다.

그러나 이러한 합리적, 분석적인 결정이 현실적으로 수용되지 못하는 상황이 분명해지고, 이러한 사태의 원인에 대한 연구가 추진되었다. 흑인의 비인간적인 대우와 같은 심각한 사회문제가 정책적인 해결을 위해서 본격적인 검토가 벌써 있었어야 함에도 불구하고, 거론조차 되지 않았던 이유에 대한 연구가 정책의제설정이론으로서 확대되어 넓은 의미의 정책결정론이 정책학에 크게 추가되었다. 더욱이 1960년대 말이 되면서 대대적으로 추진되던 정책이나 사업들이 곳곳에서 실패하는 사태가 전개되어 이 원인을 탐색하는 연구가 커다란 주목을 받게 되었다. 실패하는 복지사업들을 추진할 필요가 없다는 보수주의자들과 사회적 약자인 수혜자들을 대변하는 진보주의자들 간의 논쟁 때문에 중요한 사업이 과연 소기의 효과를 거두고 있는지를 판단하는 사업평가 또는 정책평가 작업이 대대적으로 진행되었는데, 여기에서 어떠한 평가의 방법이 최선인지를 연구하는 정책평가론이 등장하게 되었다. 또한 정책실패의 원인을 정책집행단계에서 탐색하고 효율적인 정책집행방법을 찾으려는 정책집행론도 1970년대 초에 등장하여 대단한 인기를 모았다. 정책학의 내용은 아주 중요하므로 제3장과 제4장에서 따로 자세히 검토한다.

#### 4) 신행정학(New Public Administration)

1960년대에 발생한 월남전문제와 흑인폭동사건이 전통적 행정학에 두 번째로 일으킨 변화는 소장학자들이 중심이 되어 추진한 신행정학 운동이다. 신행정학의 중심인물이었던 마리니(F. Marini)와 프레데릭슨(G. Frederickson)에 의하면, 신행정학은 적실성 있는 연구와 규범적, 가치 중심적 연구의 두 가지로 그 특징을 나타낼 수 있다.

신행정학도 정책학과 마찬가지로 현실문제를 해결하는 처방적 연구를 중시한다. 월남전 수행에 따라 발생하는 많은 문제들이 있었지만 무엇보다도 흑인들의 비참한 생활수준을 향상시키는 데에 도움이 되는 행정이론을 제공하고자 하였다. 그러나 신행정학자들의 주류는 정책학자들과 달리 정책연구보다는 전통적인 관리현상에 초점을 맞추었다. 이들은 정책의 결정이나 집행의 합리성보다는 그 과정에서 정치적 약자들의 어려움과 절실한 요구가 무시되고 있음을 주목하였다. 이 때문에 신행정학자들은 고객중심주의와 행정의 대응성(responsiveness)을 중시한다. 일선현장에서의 대응성이 고객중심으로 움직여 약자들에게 도움이 되기 위해서는 일선현장 관료들의 재량권이 확대되어야 하고, 이는 바로 분권화를 의미한다. 한 걸음 더 나아가 신행정학자들은 시민의 행정에 대한 참여(participation)를 귀중한 행정요소로 주장한다. 결국 이들의 주장은(정통파행정학이 암암리에 강조하던) 전체를 내다보고 조정하는 중앙집중식, 하향식 행정관리를 배격하고, 일선에서의 고객요구를 쉽게 수용할 수 있는 분권화된 현장 중심적 관리체계를 주장하는 것이다.

신행정학자들은 행정학이 가치문제를 공개적으로 논의하고 연구대상으로서 검토해야 한다고 주장한다. 당시의 관료들은 능률성을 대안선택의 기준으로서 당연히 받아들이고 있는데, 과연 이것이 가난한 하류층들을 위한 복지 정책적 사업들의 선택에서도 바람직한 것이냐를 행정학자들이 판단해야 한다고 주장하는 것이다. 신행정학자들이 행정학에서 가치문제를 연구하면서 가장 강조한 가치는 공평성 또는 형평성이다. 즉 능률성이나 효과성 등에 못지않게 형평성이 중요한 행정목표로 취급되어야 한다는 주장이다. 신행정학자들은 소외집단의 정치적 힘을 키워주고 소득과 생활수준을 향상시키기 위하여 현존상태를 개혁해야 한다고 믿는다. 이것은 현존의 상태에서 보다 형평성 있는 사회로의 변화를 추구함을 의미한다. 물론 신행정학자들이 과거의 행정학에서 중요하게 추구해온 능률성을 연구하지 않아야 한다고는 말하지 않는다. 과거의 것에 더하여 형평성도 강조해야 한다는 것이다.

## 5. 행정환경의 변화와 행정학의 계속적 확장(1970년대 이후의 미국행정학)

### 1) 행정윤리론

행정윤리에 대한 연구는 닉슨 대통령의 1974년 워터게이트 사건에서 계속 거짓말을 한 이후부터 본격화되었다. 닉슨의 전임자인 존슨대통령도 월남전 수행과정에서 국민들에게 많은 것을 숨기고 있었다는 사실이 뒤늦게 밝혀져서 워터게이트사건과 맞물려 대통령에 대한 국민의 신뢰를 극도로 하락시켰다. 뿐만 아니라 80년대를 이끈 레이건 대통령도 이란과의 무기비밀공급 등의 사건으로 국민들을 크게 실망시켰으며, 클린턴 대통령도 성추문 사건으로 탄핵의 궁지에까지 몰렸다.

미국의 대통령은 조지 워싱턴(G. Washington) 이래로 많은 비판이 있기는 했지만 국민들의 정신적 지주 또는 도덕적 지도자로서의 역할을 어느 정도 수행하여 왔다. 국민들이 대통령을 신뢰한 것이다. 그러나 워터게이트사건과 이후의 대통령들의 행태에 대한 각종 사건의 폭로는 이러한 신뢰를 뿌리째 흔들어 놓았다. 대통령이 이끄는 행정에 대한 신뢰도 동시에 추락하였다. 이에 따라 70년대 중반 이후 미국 행정개혁의 초점도 행정의 투명성과 관련인들의 적절한 참여 및 정보확보 등이 보장될 수 있도록 하는데 맞추어 졌다. 즉 의회나 국민들이 감시할 수 있는 방안들을 주로 강구하였다.

1970년대 중반 이후 1980년대 말까지는 정부와 행정관료를 불신하는 많은 행정개혁들이 추진되어 행정관료들의 바람직한 의식과 행태에 관한 학자들의 관심도 커지게 되었다. 이와 같은 행정상의 윤리규범에 관한 연구가 등장하여 행정이론의 한 분야로서 확고한 지위를 차지하게 되었다.

### 2) 대통령론

대통령에 관한 연구는 과거 의회와의 관계를 중심으로 그 권한과 이의 행사방법에 대한 연구들이 많았다. 그러나 행정과 관련하여 대통령이 행정과의 관련에 대한 연구는 1970년대부터 본격화되었다.

대통령들이 선거공약을 실행하기 위하여 새로운 정책을 추진할 때에 부딪치는 장애나 저항 중에서 행정관료 조직으로 부터 오는 것을 극복하기 위해서 행정부 장악 노력을 체계적으로 시작했고 이것이 학자들의 관심을 끌게 되었다. 의회의 저항이나 이익집단의 저항은 대통령의 권한 바깥의 것이지만 행정부처들이 새로운 정책에 저항하는 것은 행정부의 우두머리인 대통령의 리더십에 도전하는 것이므로 당연히 대통령들은 행정부를 자신의 뜻대로 움직이려고 시도한다. 닉슨대통령은 수많은 복지사업들을 대폭 축소하고 정리하려고 하였고, 관료들의 저항을 막기 위하여 행정부를 장악하려는 시도를 하였다. 이러한 시도는 그 후 카터(J. Carter)나 레이건(R. Reagan) 대통령 등에 의하여 계속 추구되었다. 행정고위공직자를 대통령의 사람으로 임명하려는 시도가 많았는데 이것이 실적관료제를 위협하는 것으로 인식한 학자들의 우려를 불러일으켰다. 반대로 국민에게 약속한 정책을 제대로 집행하기 위해서는 대통령의 행정부 장악노력이 정당하다는 인식도 확산되었다. 이리하여 실적관료제의 붕괴를 걱정하는 학자들과 팽팽한 논쟁을 하게 하였다.

이리하여 행정부 장악 노력을 둘러싼 대통령의 리더십행사를 이해하지 않고는 행정부의 정책결정이나 조직개편 노력, 예산관리 및 인사행정을 이해하기 어렵게 되었다. 대통령연구가 행정학의 한 분야로서 유기적 결합을 하게 된 것이다.

### 3) 신공공관리론(New Public Management)과 뉴거버넌스론(New Governance)

1980년대는 20세기의 역사가 대전환을 하는 시기였다. 소련과 동구권이 붕괴하면서 냉전체제가 무너지고 자본주의적 시장경제체제가 세계를 지배하는 계기가 만들어졌다. 한편 미국과 영국은 극도의 보수주의적 방향으로 선회하면서 행정도 고객 중심적, 시장 지향적 운영의 방향으로 대개혁을 시도하였다. 자본주의적 시장메커니즘이 공공영역까지 장악하려는 분위기가 선진국들을 지배한 시기이다. 즉, 행정도 기업과 같이 능률적으로 경영하기 위하여 각종 규칙들을 제거하고, 가능하면 민간에게 기능을 이양하여 시장주의가 지배하도록 하는 등 전통적인 행정원칙들을 획기적으로 수정하는 내용이다. 신공공관리는 아주 중요한 영향을 미치고 있으므로 제11장에서 보다 자세히 검토될 것이다.

거버넌스는 매우 다양한 의미로 사용되고 있는데 일반적으로는 공공서비스 연계망(network)에 초점을 두어 서비스 연계망의 활동이 바람직스럽게 이루어지도록 정부가 책임을 지고 관리하는 행위나 과정을 의미한다. 대도시의 교통문제 해결을 위하여 지방정부기관만이 아니라 지하철 공사, 버스회사, 택시회사 등 많은 비정부조직들이 참여한다. 이들 정부기관과 비정부조직 간에 계층제적 위계가 없고 상당히 자율적이며 다중심적인 연계망이 형성된다. 이 때 연계망이란 이렇게 비교적 수평적인 관계에 있는 무수한 조직이나 개인들이 상호작용하면서 맺게 되는 느슨하지만 상호연결된 관계를 말한다. 연계망의 구성 조직들은 서로 경쟁도 하지만 신뢰의 기반 위에 협조하는 관계를 유지한다. 이 부분도 중요하므로 신공공관리론과 함께 제11장에서 보다 자세히 살펴볼 것이다.

#### 4) 신개입주의론(New Interventionism)

1970년대까지 확대와 팽창을 거듭해온 영국과 미국 등 선진제국에서의 정부의 역할은 1980년대에 들어서면서 다소 소극적으로 변하였다. 1979년에 등장한 영국의 대처 정부와 1981년에 등장한 미국의 레이건 정부는 그동안 누적되어온 경제위기와 재정적자를 극복하기 위해 정부의 역할을 축소하고 시장의 기능을 중시하는 정책을 실시하였던 것이다. 또한 1980년대 이후 냉전체제의 붕괴로 자본주의적 시장경제 체제가 세계를 지배하는 신자유주의 사조가 본격적으로 등장하기 시작하였다. 이러한 신자유주의 사조는 정부의 역할과 운영방식에도 영향을 미쳐 행정학에서는 신공공관리론이라는 이론이 정립되기에 이르렀다. 제11장에서 보다 자세히 살펴보겠지만, 신공공관리론은 국가운영의 능률을 도모하기 위해 국가가 수행하던 일부의 기능을 민간에 이양하고, 정부내부의 관리방식도 성과를 중시하는 민간의 경영기법을 대대적으로 도입하는 것을 중요 내용으로 하고 있다. 이러한 신공공관리론은 1980년대 이후 대부분의 서구 선진국에서 추진된 정부혁신의 아이콘 역할을 하였다. 이 당시 서구 선진국들은 당면한 경제위기와 재정위기를 정부의 방만한 운영과 비효율적인 행정으로 인한 정부의 실패로 규정하고 신공공관리론을 처방적 이론으로 삼아 대대적인 정부혁신을 추진하였던 것이다.

그러나 1990년대 들어 시장의 능력에 대한 맹목적인 찬사와 정부를 기업과 같은 방식으로 운영해야 한다는 정체성이 모호한 운영방식에 대해 반성이 일기 시작하였다. 신자유주의 이념과 신공공관리론적 개혁에 충실하던 영국의 보수당 정권과 미국의 공화당 정권은 각각 블레어의 노동당 정권과 클린턴의 민주당 정권으로 바뀌어 제3의 길을 모색하는 방향으로 전환되었다. 즉, 시장의 논리에 근거한 민간부문의 활력과 정부의 적절한 개입의 조화를 통한 국가운영을 제3의 길이라고 보았으며, 일부 학자들은 이를 1990년대의 실용주의라고 부르기도 하였다. 또한 신공공관리론의 핵심적인 가치인 성과주의가 공공부문에서 성공적으로 작동하기가 쉽지 않으며, 공적 영역을 담당하는 정부활동은 능률성이라는 가치 외에도 다양한 가치가 추구되어야 한다는 주장이 점차 힘을 얻게 되었다. 신자유주의와 신공공관리론에 의해 위축되었던 정부의 역할도 2001년 9.11사태와 2007년과 2008년의 세계적인 금융위기 국면에서 커질 수밖에 없었다. 이와 같이 신자유주의와 신공공관리론에 의해 위축되었던 정부의 역할이 다시 강조되기 시작한 현상을 학자들은 신개입주의(New Interventionism)라고 지칭한다.

신개입주의는 1930년대 대공황을 계기로 정부가 광범한 영역에 걸쳐 개입하게 된 현상을 개입주의(Interventionism)라고 부른데서 유래한다. 다시 말해 1930년대 대공항을 계기로 시작된 개입주의가 1970년대 말까지 지속되다가 신자유주의 사조와 신공공관리론에 의해 시들해진 후, 2000년대에 다시 정부의 적극적인 역할이 강조된 것을 일컬어 신개입주의라고 부르게 된 것이다. 1930년대의 개입주의와 2000년대의 신개입주의는 몇 가지 측면에서 차이가 나지만 행정학적인 이론과 관련해서 언급되어야 할 것은 정부의 활동방식에 대한 차이이다. 즉, 1930년대의 개입주의는 정부 특히 중앙정부의 관료제를 중심으로 광범한 정부의 활동이 이루어졌으나, 2000년대의 신개입주의는 정부관료제 중심이 아닌 거버넌스 방식에 의한 정부의 활동이 강조되고 있다는 점이다. 이것을 공공문제의 해결방식과 관련지어 보면 개입주의는 정부

관료제에 의한 수직적 통치방식에 의해, 신개입주의는 정부를 비롯한 다양한 이해관계자들 간의 네트워크와 협력에 바탕을 둔 수평적 협치에 의해 이루어진다는 것을 시사한다.

Section

제 5 절

## 행정학의 연구대상과 이 책의 순서

이상에서 보았듯이 130여 년 전에 윌슨에서부터 본격화된 미국행정학은 그때 그때의 미국행정이 부딪친 시대적 문제해결을 위하여 그 연구 내용과 초점을 달리 해 왔다. 그러나 이러한 연구초점이나 연구대상의 변화는 과거의 것을 버리고 새로운 것만 연구하는 식이 아니라 기존의 것에 새로운 것을 추가하는 식으로 진행되어 왔다. 그래서 2016년 현재로 보면 행정학의 연구대상은 과거의 것들이 누적되어 크게 확대되었다, 이하에서는 이러한 연구대상을 개략적으로 검토하여, 행정학에서 논의하는 내용에 대한 전체적인 이해를 하고자 한다.

**<그림 1-1>**에서는 새로운 패러다임의 관점에서 논의해야 할 행정학의 주된 연구대상들을 보여주고 있다. 제일 밑에 있는 큰 세모꼴은 행정부를 의미하는데, 행정부에서는 조직 인사 재무 정보관리를 적절히 하여 행정조직의 행정능력을 강화한다. 이렇게 행정조직의 내부관리에서 강화된 행정능력과 건전한 행정윤리를 바탕으로 삼아 구체적인 행정활동을 전개하게 된다. 행정활동은 정책의제의 설정 및 정책결정(정책형성)활동과 이를 구체화시키는 정책집행활동으로 이루어진다. 이를 통하여 정부가 담당해야 할 국가기능을 수행하여 공익을 달성하는 것이 행정의 궁극적 목표이다. 공익에 더하여 행정활동의 길잡이 역할을 하는 것이 능률성 민주성 등의 행정의 이념 또는 지도원리라고 불리는 것이다. 이는 공익과 비슷하면서도 약간 다른 측면이 있다. 이제 새로운

그림 1-1 행정학의 연구대상

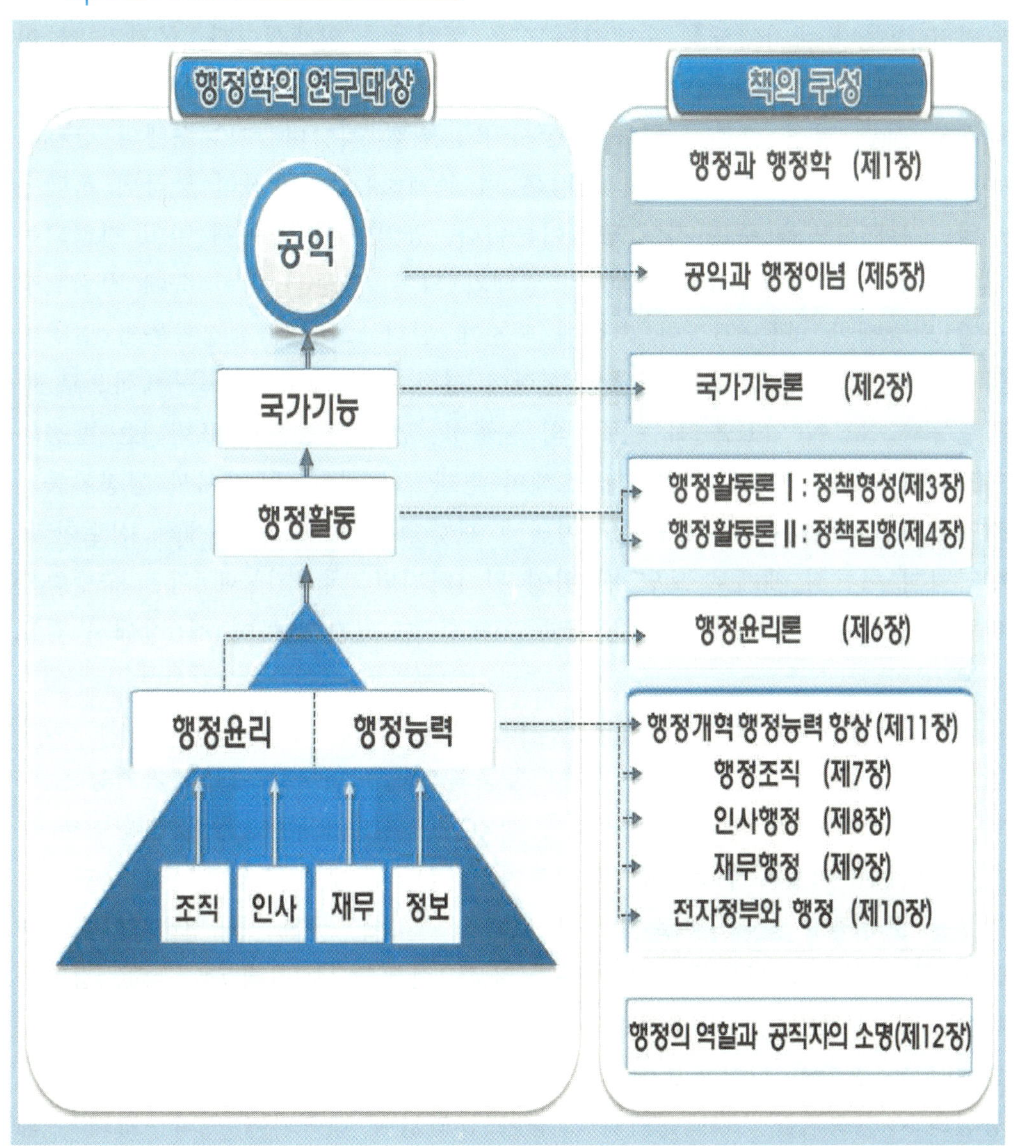

패러다임의 관점에서 소개한 행정학의 주된 연구대상들을 이 책의 구성과 연계하여 보다 자세히 살펴보기로 하자.

먼저 정부가 국가기능을 수행하는 것은 국민들을 위해서이다. 국가기관들이 동원되어 예산을 투입하여 국토방위, 치안, 보건위생, 교육, 경제, 복지를 위해 노력하는 것은 바로 공익을 향상시키기 위한 것이다. 기능수행의 궁극적 목적은 공익인 것이다. 도대체 행정은 왜 존재하는가. 행정의 궁극적 목적은 무엇인가에 답변을 주는 것이 공익이론이다. 공익에 대한 이해 없이 진행되는 행정은 목적을 상실한 채 방황하는 형태가 되어, 갈등과 대립 속에 정책결정까지 담당해야 하는 행정이 혼란에 빠지게 된다. 그런데 행정활동의 길잡이 역할을 해야 할 공익이 그 개념상 혼란이 심하다. 그래서 보다 구체적으로 행정활동의 길잡이 역할을 하는 행정의 능률성, 민주성 등으로 표현되는 행정의 지도원리, 또는 행정의 이념을 검토해야 한다. 이 책의 제5장에서 행정활동의 길잡이 역할을 하는 공익과 행정이념에 관한 내용을 보다 자세히 검토한다. 행정학의 이론적 체계로 보면 맨 위에 위치하지만, 국가기능과 이를 수행하기 위한 행정활동을 알아야 공익을 쉽게 이해할 수 있기 때문에 제5장에서 검토하는 것이다.

공익달성을 위한 국가기능은 행정기능, 또는 정부기능으로 불리는데, 국토방위, 치안, 교육, 경제, 보건, 복지 등등의 기능이다. 정부의 국가기능은 사회 또는 국민이 정부에게 수행하도록 맡긴 기능이다. 국가공동체가 당면한 무수한 문제를 원활하게 해결하기 위하여 엄청난 조세를 부담하면서 국민들은 정부를 보유하고 있다. 바로 정부가 사회를 위하여, 국민들을 위하여 꼭 수행해야 할 역할, 즉 기능이 있기 때문이다. 그런데 1980년대부터 작은 정부운동에 따라 세계적으로 행정기능의 급격한 변화를 보이고 있기 때문에 이를 두고 대립과 갈등이 이어지고 있다. 사실은 과거부터 행정기능의 규모나 행정기능간의 우선순위를 두고 대립과 갈등이 끊임없이 계속되어 왔다. 도대체 왜 복지비와 경제성장비의 규모를 두고 갈등이 발생하는지, 현실에서 예산배정은 어떻게 결정되는지, 더 근본적으로는 정부가 국가기능을 왜 수행해야 하는지 등에 대한 이해가 필요하다. 우리는 이 책의 제2장에서 국가기능과 관련된 다양한 논의를 다룬다.

국가기능을 수행하기 위해서는 행정부의 활동이 필요한데, 이를 행정활동이라고 한다. 행정활동은 보통 정책활동으로 불린다. 정책활동은 의제를 설정하여 정책을 결정하는 활동 즉, 정책형성 활동과 이를 구체화하는 정책집행 활동이 핵심이다. 행정학설사에서 누누이 강조했듯이 고전파 행정학의 초기에는 행정은 정책집행만을 담당하는 것으로 생각하였으나 1930년대에는 행정이 실질적인 정책결정을 담당하고 있다는 사실이 주목을 받았다. 그러나 정책결정과 집행에 대한 본격적인 연구는 정책학이 폭발적으로 성장한 1960년대 이후부터 시작되었다. 어떻게 해야 정책을 합리적으로 결정하고 효율적으로 집행할 수 있는지, 현실에서는 왜 이러한 합리성이 제약을 받는지 등이 연구되어 보다 바람직한 행정활동을 하기 위한 지식을 얻기 위한 것이다. 이 책에서는 행정활동을 정책형성과 정책집행 활동으로 나누어 각각 제3장과 제4장에서 살펴본다.

**<그림 1-1>**에는 행정윤리와 행정능력이 나란히 그려져 있다. 행정관료는 도덕적으로 올바르게 행정활동을 해야 할 뿐만 아니라, 문제를 해결할 수 있는 능력을 갖추고 일해야 하기 때문이다. 어떤 행동이 비윤리적인지, 윤리적 행동의 기준이 무엇인지에 대한 논의는 도덕철학의 중심과제였기 때문에 인류문명의 개화 이후부터 많은 연구가 축적되어왔다. 하지만 행정학에서는 이러한 연구를 개략적으로 살펴본 후, 윤리적 행동을 확보하기 위한 덕성교육과 훈련의 내용과 한계, 그리고 공직윤리 확보를 위한 법적, 제도적 장치의 내용과 한계 등을 주로 다루는데, 이 책의 제6장에서 보다 자세히 검토한다.

한편 행정관료의 능력을 키우는 것은 전통적 행정이론의 내부관리론이 암암리에 목표로 삼아 온 것이다. 조직, 인사, 재무, 정보 관리는 모두 행정조직의 업무수행에 필요한 행정능력을 강화하기 위한 것이다. 그러나 행정이 정치와 깊이 연계되고 민간과 협력을 하면서 또 다른 능력이 요구된다. 또한 행정조직의 내부관리 체제가 문제를 일으키면 이를 수정하고 보완하여야 한다. 이러한 활동이 행정개혁이다. 행정환경이나 행정기능의 변화에 따라 행정조직을 축소 혹은 확대하거나, 내부의 구조를 바꾸는 개혁이 가장 보편적이다. 작은 정부운동에 따라 정부조직을 축소하는 개혁이 1980년대의 신공공관리에서 대대적으로 진행되었다. 이와 같은 행정개혁 그리고 보다 포괄적인 의미의 행정능력 향상 문제를 별도의 논의로 삼아 이 책의 제11장에서 검토한다.

<그림 1-1>에서 밑에 있는 큰 세모꼴은 행정조직을 의미한다. 세모 꼴 안에 행정조직을 운영하는 4가지 주요 관리활동이 나타나 있다. 전통적 행정학에서 강조해온 조직의 구조, 조직의 운영을 위한 지휘, 조정, 통제 등 여러 가지 관리활동을 조직관리라고 부른다. 이 책에서는 행정조직이라는 주제로 제7장에서 다룬다. 자격 있는 사람을 선발하고 배치하며 훈련시키는 인사관리도 전통적 행정학이 가장 중요하게 강조하던 내용이다. 이에 관해서는 제8장의 인사행정에서 살펴본다. 그리고 정부활동에 필요한 재원을 어떻게 조달하고 배분하여 사용할 것인가 하는 문제 역시 전통적 행정학에서 다루어온 핵심적인 주제이다. 우리는 이 문제를 제9장의 재무행정에서 논의한다. 급속히 진행되어 온 정보 및 통신기술의 발달로 정부의 행정활동도 엄청난 영향을 받게 되었다. 그래서 컴퓨터를 활용한 합리적 정보관리는 행정활동의 효율성을 가늠하는 매우 중요한 요소로 다루어지고 있다. 이 책에서는 전자정부와 행정이라는 주제로 제10장에서 정보관리에 관련되는 내용들을 구체적으로 살펴본다.

이상에서 새로운 패러다임의 관점에서 제시한 행정학의 연구대상과 이 책의 구성과의 관계를 살펴보았다. 행정학의 연구대상과 이 책의 구성과의 연계와는 별도로, 마지막 장인 제12장에서 행정의 역할과 공직자의 소명에 대한 문제를 결론적으로 제시하면서 이 책을 끝맺는다. 행정이 국가적으로 담당하는 역할이 너무나 중요하고, 현재의 행정환경이 극도로 열악하더라도 공직자들이 소명의식을 가지고 일하지 않으면 국가의 운명에 치명적인 영향을 미친다고 생각하기 때문이다.

## 요 약

흔히 정치는 대립과 갈등을 조정하여 국정의 중요방향을 정책의 형태로 결정하고 행정은 이를 구체화시켜서 실현하는 전문 기술적 결정을 하는 것으로 생각한다. 그러나 행정도 정치적 결정을 하는 경우가 많고, 더욱이 행정국가화가 진행되면서 정치적 기능을 대행하기도 한다. 그래서 행정은 기업경영과 달리 정치적 성격을 원초적으로 내포하게 되는데, 이러한 기업경영과 정부행정의 차이는 본질적으로 담당하는 기능상의 차이에서 나온다. 기업은 국민들이 소비하는 사적 재화나 서비스를 생산하는데 비하여 행정은 공공재를 공급한다. 공공재는 국토방위, 환경보호와 같이 제공되면 누구나 소비할 수 있고, 또 더 많은 사람들이 소비하여도 그 효용이 감소되지 않으며, 공급을 할 때도 특정의 사람들에게만 공급하지 못하는 성격을 지니고 있기 때문에 대가를 받고 시장판매를 하는 기업들이 담당하지 않는다. 이를 행정이 담당하지만, 사적 재화의 종류와 수량이 시장메카니즘에 의하여 자동적으로 결정되는 것과 달리 정부에서 결정해야 하고, 국민들의 대표가 정치적 책임을 지고 결정하는데 이것이 정치적 결정이나 행정적 결정의 핵심이다.

그래서 행정은 필연적으로 정치적 결정을 담당하게 되는데, 이 때문에 국민에게 선거를 통하여 책임을 지는 정치가 행정을 감독 통제하여야 한다. 그러나 이러한 감독이나 통제가 본연의 역할을 초과하여 행정을 침범하는 경우가 흔히 발생한다. 이 때문에 국정이 무능, 비능률, 부패에 허덕이게 되고, 이를 극복하기 위하여 정치가 행정에 개입하지 못하게 하는 이론을 탐색하게 되었고, 이 탐색이 현대행정학의 시발점이 되었다. 즉 대통령이 되기 전 학자로서의 윌슨이 정치와 행정은 본질적으로 다르기 때문에 정치가 행정에 개입해서는 안 된다고 하는 정치·행정이원론을 1880년대에 주장하였는데, 이것이 현대행정학의 출발점이 된 것이다. 테일러의 과학적 관리론과 이의 약점을 극복하기 위한 인간관계론이 능률적 조직관리를 보장하는 원리를 탐색하도록 하여 계층제의 원리나 통솔범위의 원리 등을 추구하는 고전파행정학이 틀을 잡게 되었다.

1950년대를 휩쓴 행태주의 풍조가 행정행태론을 탄생시켰는데, 사이몬은 행정에서 정치를 배제하여 공사행정에 다 같이 적용될 수 있는 행태주의적 조직이론을 창도하여 새로운 조직론을 출범시켰다. 그러나 1930년대에 뉴-딜정책이 추진되면서 행정이 정부의 중요정책을 실질적으로 담당하는 행정국가화 현상이 등장하였고, 2차 대전을 계기로 국가기능이 팽창하면서 행정의 정치적 성격이 더욱 심화되었다. 더욱이 1960년대에 접어들어 미국사회를 뒤흔든 흑인폭동사건, 월남전의 딜레마 등을 효과적으로 해결하는데 도움을 주지 못하는 행태주의가 맹렬한 비판을 받으면서 정책학과 신행정학이 등장하게 되었다.

정책학은 정책문제를 효과적으로 해결하기 위하여 합리적으로 정책을 결정하기 위한 지식을 사회과학을 중심으로 한 학문세계에서 제공해야 한다는 목표를 내세우고, 현실적인 문제해결 중심의 처방적 지식을 추구하게 되었다. 1970년대에 이르러서 흑인들의 생활수준향상을 위한 각종 복지정책과 사업들이 실패하고 있다는 인식이 집행과정에서의 잘못을 찾고 이를 극복하려는 정책집행론과 정책의 실패여부를 판단하려는 정책평가론이 대대적으로 연구되었다.

한편 흑인을 비롯한 저소득층이 행정에 쉽게 접근하고 제대로 된 서비스를 받을 수 있도록 행정관리를 개선해야 한다는 신행정학이 등장하였다. 신행정학자들은 사회적 약자를 위한 형평성이 전통적인 행정지도원리로서의 능률성과 마찬가지로 존중되어야 하고, 이들의 의사결정에서의 참여(시민참여)와 행정내부의 직위를 보장해야 한다는 대표관료제 등을 주장하였다. 이러한 신행정학적 가치들은 그 이후에도 꾸준히 행정의 개혁에 영향을 미치고 있다.

1970년대에는 닉슨대통령의 사퇴를 가져온 워터게이트 사건을 계기로 행정과 정부에 대한 국민의 신뢰가 하락하고 행정통제를 위한 각종 조치를 하면서 행정윤리론이 등장하였고, 대통령의 리더십에 대한 연구가 증가하였다.

1980년대에는 신공공관리론이 세계를 휩쓸었는데, 1970년대 말까지 미국이나 영국을 괴롭힌 지나친 복지주의와 노동운동과 경제침체가 반작용을 불러일으켜서 신자유주의가 등장하였기 때문이다. 신공공관리론은 정부기능 수행에도 기업과 같은 경쟁원리를 도입하려는 시도인데, 정부기능을 민영화나 민간위탁 등으로 시장으로 넘기기도 하고, 이것이 안 되면 공공조직 내부에서라도 경쟁의 원리와 성과주의적 관리를 하려는 운동이다. 지금도 세계 곳곳에서 신공공관리가 적용되고 있으면서도 신공공관리의 부작용을 극복하기 위한 새로운 노력이 신개입주의 방식으로 일어나고 있다.

이 장에서는 마지막으로 이 책에서 취급하는 공익, 국가기능, 정책결정과 집행, 행정윤리, 행정능력과 행정의 내부관리로서 전통적 행정학에서 취급해 온 조직, 인사, 재무, 정보 관리에 대한 간단한 소개를 하였다.

# 제 2 장

# 국가기능론

## § 들어가는 말 §

행정은 국가기능을 수행하는 중핵 활동이다. 국가기능은 국가가 국민을 위해서 하는 일이고, 국가의 존재명분이 된다. 과거에는 국방과 치안만을 담당했던 국가가 현대에 접어들어서는 경제·교육·복지 등등의 다양한 업무를 담당하고 있다. 그래서 한정된 자원 때문에 예산배분이나 국정방향에 대해서 국민들 간에 대립과 갈등이 심하다. 앞의 장에서 보았듯이 이들은 정치적 결정을 통하여 해소되어야 한다. 경제발전과 복지정책의 대립과 갈등이 대표적이지만, 곳곳에서 벌어지는 갈등을 조정하여 국정수행의 우선순위를 수립하는 과정에서 정치를 보좌하면서 행정은 어려운 결정을 해야 한다. 어떻게 국가는 현재와 같은 많은 기능을 담당하게 되었을까? 그리고 경쟁하는 기능들 간에 어떻게 자원을 배분하는가? 이러한 행정의 가장 기본적인 문제들을 이 장에서 먼저 살펴본다.

◆ Section ◆

Section

# 제 1 절 국가기능과 행정기능을 둘러 싼 과제들

행정이 왜 중요한가? 국가 사회를 위하여 꼭 필요한 일들을 하고 있기 때문이다. 국방부에서는 국토방위를 하고, 교육부에서는 교육을 위해 여러 가지 일을 하고 있다. 이렇게 행정은 외교, 치안, 경제, 복지, 환경보호 등등 국민생활에 필수적인 일을 수행하고 있다. 이러한 일들은 행정부가 국가 사회를 위하여 수행하는 필요한 활동으로서 이들을 국가기능이라고 부르고, 행정의 차원에서 보면 행정기능이라고 부를 수 있다.

국가가 다양한 기능과 역할을 수행하면서 시민들의 삶을 더 풍요롭게 하고 그들이 자유롭게 생활하도록 기여하고 있는 측면도 있지만, 오히려 개인의 사생활을 침해하거나 경제적 비효율을 유발하기도 한다. 혹은 권위주의적 정권이 국민을 억압하는 국가들도 많다. 역사적으로, 타락한 세력들이 국가의 이름으로 국민을 괴롭히는 일들이 매우 많았다. 재산을 강탈하고 심지어는 생명까지 빼앗는 일들도 비일비재했다. 민주주의적 정치제도를 정착시키고 생명과 신체의 자유나 재산권의 보호를 헌법상으로 보장한 것은 바로 이렇게 국가권력을 악용하는 자들로부터 국민을 보호하기 위한 것이었다. 이런 측면에서 보면, 국가가 가급적이면 아무런 일들을 하지 않는 것이 국민을 위하는 것이다. 근대국가의 등장 초기에 자유방임적 최소국가가 최선이라는 주장이 나오게 된 이유이다.

현대 민주주의 정치제도가 정착된 이후에는 이러한 전근대적 국가의 횡포는 사라지고 있지만, 전혀 다른 측면에서 국가가 국민생활에 간섭하지 않는 것이 바람직하다는 통치철학이 등장하기도 했다. 1980년대부터 부활한 신자유주의 경제이론은 시장에 대한 정부의 역할은 최소한에 그쳐야 된다고 주장한다. 이를 계기로 국가기능과 역할의 범위에 대해 많은 논쟁이 제기되었다. 그렇다면, 정치적으로 국민의 권리를 보호하고 자유를 신장하기 위해 국가가 해야 할 기능과 역할은 무엇인가? 경제적으로 개인과 기업의 자유로운 생산과 교환활동의 진작하기 위해 국가는 무엇을 해야 할 것인가? 오히려 국가보다는 시민이나, 사회단체가 자율적으로 판단하고 추진하는 것이 더 효과적으로 국가 목적을 달성할 수 있는가? 공동체의 관점에서 국가가 해야 할 일은 무엇인가? 경제 복지 중 어떤 기능에 더 많은 자원을 배분해야 하는가? 더 본질적으로 국가 기능 간에 어떻게 자원을 배분해야 하는가? 이러한 질문들을 중심으로 다양한 견해와 주장들이 대립과 갈등을 계속하고 있다.

이렇게 지속적인 갈등과 대립을 겪으며 행정부에서는 한 해의 예산을 수립하고 국회의 의결을 거쳐서 최종 결정을 한다. 정책을 결정해야 하는 행정조직의 상층부로 이동할수록 이러한 갈등과 대립 속에 예산을 어떻게 수립해야 하는가에 대한 지식이 필수적이다. 이러한 지식 중에서 가장 중요한 것은 행정기능의 성격과 자원배분에 따르는 어려움을 이해하는 것이다. 자신이 속한 부서에서 담당하는 행정기능만이 아니라 다른 부서들의 것도 이해해야 균형 잡힌 의사결정을 할 수 있다. 이 장에서는 이를 위해 정부에서 담당하는 행정기능이 어떻게 변화되어 왔으며, 어떻게 자원을 배분하는지를 검토하게 된다.

원래 행정기능은 국가가 수행하는 기능의 일부이지만, 국가기능의 거의 전 부문에서 행정기능의 역할을 찾아볼 수 있다. 다만, 국회, 사법부와 활동상 역할 분담을 하고 있어서 국가의 활동방향이나 기능의 기본 내용은 국회가 국민의 대표로서 결정하고, 행정부가 이를 구체화하고 실현시키는 활동을 하며 사법부에서는 이러한 행정부의 활동에 대한 법적 판단을 한다. 물론 사법부는 이러한 행정부의 활동에 대한 판단 이외에도 법질서 유지를 위한 활동을 하고 있지만, 어쨌든 행정기능은 국가기능의 전부분에 걸쳐 가장 중요한 부분으로 볼 수 있으므로 국가기능에 대한 검토를 해야 행정기능의 성격을 정확하게 이해할 수 있다.

Section

# 제 2 절 근대국가의 특징

국가는 특정 지역을 영토로 하여 거기에 살고 있는 주민에게 정치적 권력을 행사하는 독특한 공동체로서 인류의 역사만큼이나 오랜 역사를 갖는다. 국가는 다른 정치공동체나 사회조직과 구별되는 것으로서 독특한 제도를 통해 다양한 기능을 수행한다. 그런데 이러한 기능을 수행하기 위한 토대는 근대국가에서 구축되었다. 따라서 이 절에서는 먼저 근대국가가 정치공동체로서 지속성과 안정성을 확보하는 제도와 기능을 어떻게 갖추게 되었는가에 대해 살펴보기로 한다.

지금 우리가 검토하는 근대국가는 19세기 후반 유럽에서 그 전형적인 모습이 완성된 것으로서, 이러한 근대국가(the modern state)를 효과적으로 구축한 나라들은 군사적으로나 경제적으로 앞서서 변화와 발전을 이끌어 20세기에 걸쳐 선진국이 되었다. 하지만 국가 체제를 효과적으로 갖추지 못해 정치적, 경제적으로 낙후되어 아직까지도 국민들이 빈곤에서 벗어나지 못하고 고통을 받고 있는 나라들이 많다. 물론 이렇게 국가 체제를 잘 갖추었던 나라들이 반드시 긍정적인 발전만을 경험한 것은 아니다. 20세기 전반 독일은 나치 독재정권을 경험하기도 하였으며, 일본은 천황체제를 통해 제국주의 침략을 감행하여 주변국에 많은 피해를 주기도 하였다. 그러나 커다란 흐름으로 보면, 발전을 위하여 근대국가적 제도를 갖추는 것이 비록 충분조건은 아니지만, 필수적인 것만은 확실하다.

## 1. 물리적 강제력의 독점과 국방.치안기능의 강화

국가의 가장 큰 특징은 물리적 강제력을 합법적으로 행사하고 국민들은 이를 수용한다는 점이다. 힘이 강한 자가 남의 재산을 함부로 훼손하거나 남을 폭행하는 경우 경찰이 국가의 이름으로 체포하려고 할 때, 체포명령을 따르지 않고 총으로 경찰에게 저항한다고 상상해 보라. 적군을 막기 위해 방어선에 방해가 되는 가옥을 불태우려고 할 때, 집주인이 저항을 하는 경우를 상상해 보라. 이런 경우에 물리적으로 폭력을 가하여 저항을 억눌러야 하고, 이러한 물리적 폭력은 당연히 수용되어야 한다. 외부의 위협으로부터 국민을 보호하기 위한 국방을 담당하고 대내적으로는 치안과 질서를 유지하는 일이 국가의 가장 기본적 기능이다. 그런데 이 기능을 제대로 수행하기 위해서는 물리적 강제력을 소유하고 행사해야 할 뿐만 아니라 이를 독점적으로 행사하여야 한다. 국가 영토 내에서 물리적 강제력을 국가와 경쟁적으로 사용할 수 있는 다른 주체가 존재해서는 이것이 불가능하기 때문이다. 국가가 필요에 의해서 무력을 동원하여 물리적으로 강제를 하는 경우에 상대방은 이를 저항 없이 따라야 하고, 그러려면 국가만이 물리적 강제력을 동원할 수 있어야 한다. 이는 국방과 치안만이 아니라, 국가의 활동에서 강제력을 발동해야 하는 모든 경우에 해당되는 것이다.

그렇기 때문에 국가는 국민들이 합리적이라고 판단하여 이를 동의하는 경우에만 강제력을 동원해야 한다. 그래서 흔히들 〈국가의 권력(公權力) = 물리적 강제력(physical force) + 국민의 동의(people's consent)〉라고 정의한다. 근대국가 이전에는 군주나 봉건영주가 함부로 폭력을 행사하여 국민들의 재산과 신체의 자유를 빼앗았는데, 근대국가를 등장시킨 주도세력들이 군주세력들과 싸우면서 가장 중요하게 추진한 것이 공권력의 행사를 국민이 동의하는 경우로 한정시키는 일이었다. 국민의 동의는 국민의 대표기관에서 결정하는 법률로 표현이 된다. 그래서 법적으로 허용되는 경우에만 국가는 물리적 강제력을 행사할 수 있다. 국가기구를 장악한 군주나 집권세력이 물리적 강제력을 남용하거나 악용할 수 없도록 신체, 재산 등 자유권적 기본권을 헌법적 권리로 확보했던 것이다. 원래 자유권은 국가권력으로부터 시민을 보호하기 위한 것이다.

과거 자기 영토를 방어할 국방력을 갖추지 못해 외국의 식민지로 전락한 수많은 국가들이 있었고, 최근 탈리반과 같은 무장세력과 내전으로 국가의 주권이 흔들리는 아프가니스탄이나 러시아계 분리주의자들의 무장투쟁에 시달리는 우크라이나 등 정부군과 반정부군이 싸우는 내란상태에 빠진 나라들도 많다. 후자의 사례는 영토 내의 물리력을 효과적으로 독점하지 못하여 국가가 위기에 처하는 경우이다.

## 2. 관료제를 통한 국정운영과 법치주의

물리적 강제력의 독점적 행사가 국가의 가장 기본적인 요건이라고 한다면 근대국가의 핵심적인 특징은 관료제를 통한 국정운영이다. 국가가 국정을 전반적으로 관리하기 위해서는 공공관료 조직이 반드시 필요하다. 베버는 합법적 절차에 따라 합리적으로 운영되는 체계적인 관료조직을 근대국가의 정수이며 또한 국가권력 정당성의 원천으로 파악하였다. 관료는 정실이나 정치적 편의가 아니라 능력에 따라 선발되어야 하며, 관료로 선발되면 직업으로서 그 업무에 전적으로 봉사해야 한다. 공공관료 조직은 국정을 수행하는 데 있어서 법에 따라 모든 국민에게 동등한 공공 서비스를 제공하여야 한다. 이러한 주장은 1880년대의 미국에서 채택한 실적주의제도 속에 그대로 반영되어 있다.

근대국가의 두 번째 특징은 법에 의한 통치이다. 민주주의의 지배원리가 확립된 현대에는 모든 사람이 법 앞에 평등하고 법에 따라 통치한다는 법치주의가 국가운영의 기본적 방식으로 확고히 자리 잡고 있다. 또한 법률은 국민의 참여라는 민주주의 원리에 따른 정치적 의사결정에 따라 결정되고 운영된다. 즉 근대 국가는 주권자인 국민의 의사에 기초하여 헌법과 법규에 따라 물리적 강제력을 기반으로 권력을 행사하는 정치적 조직이라고 정의할 수 있다.

## 3. 조세제도의 확립

법치주의가 국가가 운영되는 규범의 틀을 표현한다면, 국가운영에 필요한 물질적 토대를 제공하는 것이 조세제도이다. 조세제도의 확립은 쉽게 짐작하기 어려운 여러 가지 영향을 미쳤다. 이는 국가기능을 이해하기 위해서도 필수적으로 검토해야 하므로, 자세하게 논의하기로 한다.

토지에 대한 조세제도가 중국이나 우리나라와 같이 농업을 중심으로 한 아시아 국가에서는 상대적으로 일찍부터 갖추어져 있었던 것에 비해 유럽에서는 국가의 체계적인 조세제도가 늦게 발전하였다. 역사적으로 유럽에서 체계적 제도를 통하여 국가가 일반 국민을 대상으로 조세를 거두기 시작한 것은 16세기부터였다. 당시 오스트리아의 합스부르크 왕조와 그에 대항하는 유럽 국가들이 유럽 대륙의 주도권을 놓고 전쟁을 치루는 과정에서 조세제도가 본격적으로 발전하는 계기가 마련되었다. 오스트리아와 스페인을 영토로 삼고 있던 합스부르크 왕조는 여전히 봉건적 세습국가의 성격을 갖고 있었으며, 국가가 필요로 하는 재원을 봉건영주로서 왕가가 소유한 재산이나 주종 관계에 있는 다른 영주에게 부과되는 세금으로 조달하였다. 그러나 짧은 시기에 많은 재원이 필요한 전쟁에서는 이러한 방식보다는 직접 전쟁에서 획득한 전리품에서 조달했다. 스페인-합스부르크 왕조는 조세보다는 남미 지역 등 식민지를 확보하여 토착민으로부터 금과 은을 착취하는 등 정복과 수탈을 통한 재원 마련에도 크게 의존하였다.

그런데 이와 같은 제국주의적 착취 대상이 없었던 국가들은 외국의 침략으로부터 국가를 방어하기 위해 군사력을 확보하고 실제로 전쟁을 치르기 위해 소요되는 재원을 국가 영토 내에서 마련해야 했다. 16세기에 이르러 과거와 같이 영토 내의 국민들의 재산을 권력자가 자의적으로 탈취하는 형태가 아닌 적합한 기준에 따라 재산과 소득에 부과하는 조세제도를 체계적으로 도입하기 시작했다. 프랑스가 합스부르크 왕조와의 전쟁에서 예상 밖으로 크게 승리할 수 있었던 것도 조세를 통해 전쟁 비용을 효과적으로 마련했기 때문이었다. 이렇게 처음에는 전쟁으로 인해 발생한 예기치 못한 재정수요에 대해 임시방편적으로 마련되었던 조세제도는 점차 전쟁 비용뿐만 아니라 그 밖의 국가가 다른 일을 수행하는 데 필요한 재원을 조달하는 제도로서 자리 잡게 되었다. 결국 조세제도는 전체 국민을 대상으로 한 조세를 부담시키고 징수하는 제도가 되었다.

조세를 통해 안정적인 재원을 마련하는 과정에서 국가는 그 조직과 기능에서 중요한 변화를 겪게 되었다. 그러한 변화는 크게 네 가지 측면에서 국가의 조직 원리와 운영에 대해 커다란 영향을 끼치게 된다.

첫째, 제도 운영 측면에서 정책을 집행하는 정부와 이에 소요되는 재원을 마련하기 위한 조세를 결정하는 의회가 분리되는 계기를 마련하게 되었다. 이는 조세를 통해 마련된 재정을 사용하는 정부(행정부)와 조세를 부담하여야 하는 국민을 대표하는 의회를 분리하여 자의적이고 편의적으로 조세를 부담시키지 못하게 하도록 하는 것이었다. 이러한 원리는 1215년 영국에서 국왕이 국가의 중대사를 결정하거나 새로운 세금을 부과하려면 반드시 의회의 동의를 받아야 한다는 대헌장(magna carta)에서 비롯되었다.

둘째, 조세제도가 확립되고 발전되어 가면서 시민들의 경제생활에 대한 국가의 침투가 점점 더 심화되게 되었다. 공평하고 정확한 조세를 부과하기 위해서는 시민들의 복잡하고 다양한 경제활동에 대해 국가가 이를 정확히 파악해야하기 때문이다. 더 나아가 생산 활동을 통해 부를 창출하는 기업이나 이들이 원활하게 활동할 수 있도록 하는 금융기관들의 활동에 대해서도 국가의 감독과 관리가 필요하게 되었다.

셋째, 국가가 안정적인 재정확보를 마련함에 따라 국방 치안과 같은 가장 기본적인 국가기능 외에도 국민들이 경제, 사회생활을 영위하는 데 필요한 다양한 분야로 기능을 확대해 나갈 수 있게 되었다. 산업화 도시화에 따라 필요한 도로, 상・하수도와 같은 사회간접자본의 구축 등으로 국가의 역할이 확대되었다. 국가가 정치적 공동체로서 물리적 강제력을 통해 구성원인 시민들의 자유와 권리를 보호하는 최소한의 역할을 넘어서서 정치경제 공동체로서 물리적 풍요를 추구하고 사회적 공동체로서 문화적 정체성을 확보하는 역할을 수행할 수 있게 된 것이다. 이러한 국가의 기능영역의 확대는 다시 국가의 재정적 수요를 확대하는 현상을 가져왔다.

넷째, 재원이 확보되면서 모든 국민에게 기본적 안녕과 복지를 보장하는 역할이 국가의 중요한 기능으로 새롭게 자리 잡게 되었다. 1945년 2차 세계대전의 종전과 함께 유럽과 북미를 중심으로 복지국가가 구축되면서 국민들에게 기본적인 소득의 보장과 기초적인 사회서비스를 제공하기 시작하였는데, 이리하여 시민다운 최저한의 생활을 보장받는 사회적 권리는 민법적 권리, 정치적 권리와 함께 시민권의 하나로 자리 잡게 되었다. 모든 국민과 자원이 총동원되었던 2차 세계대전을 통하여 영국을 비롯한 유럽의 국가들은 모든 국민이 공동운명체라는 사회적 연대를 새롭게 경험하였으며, 전쟁이 끝나자 복지제도를 통하여 사회적 연대를 유지 강화하기 위한 제도로서 복지국가가 구축되었다. 이러한 복지국가는 국가의 안정적인 재정능력과 행정관리 능력을 필수 조건으로 하는 것이었다.

Section

## 제 3 절 경제성장과 사회발전을 위한 국가기능의 변화

### 1. 중상주의 국가에서 최소주의 국가로의 변화

조세제도가 확립되면서 국가 경제를 확대하고, 그를 통하여 국가의 물질적 재원을 조달하여 국방, 치안과 행정 등 국가의 기능과 역할을 효과적으로 수행할 수 있게 되었다. 그러나 국가의 정치권력을 획득한 집권세력이 국가의 부를 확대하려는 노력을 처음부터 시도한 것은 아니다. 이미 지적한 것처럼 권력자들은 국가 내·외부에서 부와 노동력을 약탈하거나 착취하는 데 집중하기도 하였다. 그러나 이러한 약탈과 착취는 저항과 위험이 따르고, 더욱이 예측가능성도 낮았다.

그런데 신대륙이 발견되고 무역이 증가되자 무역을 통하여 국부를 증대시키는 방법이 효과적이라는 사고가 등장하였다. 부국강병을 위한 중상주의 철학이 등장한 것이다. 이것은 더 많은 자원과 상품을 다른 나라와의 무역에서 높은 가격으로 수출하여 많은 이득을 올려, 국부를 축적하는 것을 기본적 목표로 하는 정책이다. 이를 위해 농산품, 공산품 등 상품 생산에 국가가 통제와 관리를 하고 해외무역을 국가가 독점하거나 특별히 관리하여 금, 은과 같은 재화를 더 많이 축적하고자 하였다. 해외무역의 주도권과 식민지 획득을 둘러싸고 벌어지는 국가 간의 대립과 갈등에서 이기기 위하여 강한 군대를 육성하여야 했기 때문에 부국강병은 중상주의의 특징이 되었다.

중상주의는 자유주의자인 아담 스미스로부터 맹렬한 비판을 받았다. 스미스는 국부론에서 중상주의 정책이 국가의 강압적 권력을 통한 지대(rent)를 수취하는 것에 불과하여, 더 많은 부의 창출을 유도하지는 못하는 것이라 비판하였다. 오히려 국가의 간섭이 최소화한 상태에서 자발적인 생산과 거래가 더 많은 국부를 축적할 수 있을 것이라고 강조하였다. 이 주장이 자유주의 경제 이론의 출발점이 된다.

생산력의 급격한 향상으로 경제가 팽창하고 국부가 급격히 확대할 수 있게 한 18세기 후반 영국의 산업혁명은 국가가 뚜렷한 목적을 갖고 정책적으로 만들어낸 결과가 아니라 과학적 발견과 기술적 진보에 기초하여 자연스럽게 발생한 생산력의 급속한 확장의 결과였다.

그러나 국가는 경제에 대하여 아무 것도 해서는 안 된다고 주장하는 고전적 자유방임주의 이론도 문제가 있다. 과학적 발견과 기술적 진보가 이루어지고 이것이 경제적 부를 창출하는 산업혁명으로 연결되었지만 이 과정에서 억압적이고 자의적인 전근대적 국가에서 근대국가로의 제도적 변화가 중요한 역할을 하였던 것이다. 아세모글루(Acemoglu)와 로빈슨(Robinson)은 산업혁명이 영국에서 태동하게 된 배경에 대해 법치주의 확립과 권력의 분점에 따른 새로운 정치적, 경제적 제도의 형성을 강조한다.

영국에서 명예혁명으로 권리장전(Bill of Rights)이 제정되어 법 앞의 평등의 원칙과 개인 인신과 재산의 보호라는 원칙이 성립되어, 국가는 물리력의 독점을 통하여 단순히 폭력과 무질서로부터 국가를 방어하는 것뿐만 아니라 국민의 인신과 재산을 지키는 역할을 하게 되었다.

사람들이 자신의 생명과 재산을 다른 사람이나 국가 권력으로부터 자의적으로 빼앗기는 위험으로부터 벗어나, 다양한 방법을 통해 부를 창출하고, 그것을 향유하고자 노력하게 되었다. 이 시기에 과학적 발견과 새로운 기술을 활용한 생산기술의 혁신은 산업혁명이라는 거대한 변화를 유발하게 되었다. 그런데 여기서 국가의 제도적 기반이 이러한 변화에 중요한 역할을 하였음을 기억해야 한다. 아세모글루(Acemoglu)와 로빈슨(Robinson)은 영국에서 일어난 산업혁명이 비슷한 수준의 과학과 기술의 발전을 경험하고 있었던 오스트리아 합스부르크 왕조나 독일의 여러 공국들에서는 선도적으로 나타나지 않은 점을 주목한다. 이 지역에서는 여전히 전근대적 절대왕조가 부와 자원을 자의적으로 전유하여, 사람들이 과학 기술을 활용한 새로운 생산기술을 개발하고, 부를 창출하려고 시도하지 않았다는 것이다.

요약하면, 근대국가가 법치주의를 통해 시민들의 신체의 자유와 사유재산의 보호라는 역할을 하게 되자, 이를 기반으로 사람들이 본격적으로 경제적 부의 창출을 위해 노력했으며 이 같은 변화가 국가 발전의 구심점이 되기 시작했던 것이다.

그러므로 국가가 국민들의 경제활동에 대하여 아무런 간섭도 하지 않고 방임하였기 때문에 자유로운 시장적 관계를 통해 산업혁명이 발생하고 경제적 발전이 이루어 졌다는 해석은 크게 수정이 되어야 한다. 시민들의 창의적인 활동에 방해가 되었던 것은 전근대적 국가 체제에서 권력자들이 부를 축적하기 위하여 자의적인 간섭과 약탈을 했던 일들이며, 이들이 국가의 이름으로 약탈과 횡포를 부렸기 때문에 그러한 세습주의적 국가의 간섭이 없어야 한다는 의미로 자유주의가 사용된 것으로 해석해야 한다.

## 2. 후발국가의 국가기능: 국가주도의 산업혁명

영국에서 태동한 산업혁명은 다른 나라에게 충격적 변화로 받아들여졌다. 산업혁명으로 사람들은 부유하게 되었고, 국부는 획기적으로 증가했다. 산업혁명에 성공한 영국은 이를 기반으로 대영제국을 건설할 수 있었다. 반면에 산업혁명에 뒤쳐진 국가들은 강력한 위협에 직면한 것이다. 이러한 상황에서 경제발전은 근대국가가 반드시 추진해야만 하는 당위적 과제가 되었다.

독일은 후발주자로서 이러한 도전에 성공적으로 대처했다. 18세기 말에 이르기 까지 독일은 여러 개의 공국(dukedom)으로 나누어져 독일 민족을 기반으로 하는 하나의 근대국가를 형성하지 못하였고, 유럽의 국제질서에서도 중요한 위상을 차지하지 못하고 있었다. 이러한 상황에서 프러시아가 하나의 독일을 건설하는 목적을 추구하였다. 프러시아는 19세기 초 나폴레옹의 프랑스에게 전쟁에서 패하면서 독일 민족이 분열에서 벗어나 주권을 지키고 국제적 위상을 확보하기 위해서는 독일의 통합이 중요하다고 판단했다. 프러시아는 근대적 관료 제도를 구축하여 국력을 하나로 모으고 국가를 통합하고자 하였다.

내부적으로 독일을 통합하고 외부적으로 프랑스·영국·합스부르크 등과 겨루어야 했던 프러시아가 관료제 구축을 하면서 가장 중점을 두고 추진한 것이 산업혁명이었다. 영국과는 대조적으로 19세기 후반 비스마르크 시대의 프러시아는 국가가 정책적으로 산업혁명을 유도하기 위해 적극적으로 나선 것이다. 영국의 산업혁명을 배우기 위해 사람들을 영국에 파견하기도 하였으며, 새로운 생산기술을 적용한 산업을 육성하기 위해 기업을 지원하였다. 이러한 프러시아의 정책은 종래의 중상주의와는 다른 국가 주도적 산업화의 시초이다. 프러시아는 효과적으로 산업화를 추진하기 위해 네 가지 획기적인 정책을 취하였다.

첫째, 사회간접자본에 대한 국가의 투자를 시작했다. 프러시아는 산업혁명을 효과적으로 이끌기 위해서 상품을 생산하는 기업을 지원하는 것뿐만 아니라 도로, 철도, 전기 등 산업혁명에 필수적인 사회간접 자본을 국가가 직접 건설하기 시작했다. 앞서 영국에서는 이러한 사회간접 자본을 국가가 직접 투자하여 건설하지 않고 필요한 기업들이 스스로의 필요에 따라 구축하여 사용하였던 것과 대비된다. 프러시아는 국가의 재정으로 뒷받침하는 은행 등을 통하여 사회적 간접자본시설을 구축하여 산업혁명이 신속하게 이루어질 수 있도록 적극적 역할을 하였다.

둘째, 공장을 짓고 제조품을 생산하는 초기에는 제품의 품질 등이 선진국의 제품과 경쟁할 수가 없었기 때문에 선진국 제품의 국내시장 유입을 가급적 막아야 했다. 그 수단으로 관세를 높게 부과하여 수입품의 가격이 비싸도록 했는데, 이를 흔히 보호관세에 의한 보호무역이라고 부른다. 즉 국내의 유치산업

(infant industry)을 보호하기 위하여 관세를 높이 부과하는 방식을 채택한 것이다.

셋째, 산업혁명을 이루기 위한 또 다른 필수적인 요소는 질 높은 노동력이다. 그래서 정부는 잘 교육받고 훈련된 노동력을 정책적으로 양성하기 시작했다. 프러시아는 이미 개발된 지식과 기술을 빠르게 습득하여 이것을 현장에서 활용할 수 있는 교육을 한다면 빠르게 산업혁명을 진행할 수 있다고 믿었다. 이에 따라 프러시아는 대중교육을 국가가 체계적으로 실시하였다.

넷째, 이미 개발된 지식과 생산기술을 활용해 산업혁명을 치루면서 노동계급의 산업재해 방지와 치료를 위하여 산업재해 보험과 의료보험을 도입하였다. 이것은 급속히 확대되는 산업현장에서 다수의 노동자들이 산업재해로 부상을 당하여 생계를 이어가기 어려운 상황이 자주 발생하자 이를 위해 산업재해보험 제도를 처음 도입하였다. 사회보험의 도입은 경제발전을 위한 국가의 역할과 더불어 사회적 보호와 복지라는 새로운 국가의 정책영역을 여는 획기적 전기였다.

후발국가의 이러한 적극적인 역할은 산업혁명이라는 역사적 변혁기에서 국가라는 정치공동체를 외부의 위협으로부터 보존하기 위한 노력에서 비롯된 것으로 주권의 수호라는 국가의 가장 핵심적인 기능을 수행하기 위한 것이었지만, 근대국가의 기본적 성격을 뛰어 넘는 현대국가의 태동을 알리는 것이었다.

## 3. 복지국가의 대두와 국가기능의 확대

19세기 후반 독일이 산업현장에서 일하는 노동자를 보호하기 위한 사회보험 제도를 처음으로 도입하였지만, 국민의 안녕과 복지를 위해 본격적으로 복지제도를 구비하고 사회정책을 실시하기 시작한 것은 제2차 세계대전 종전이후의 일이다. 2차 세계대전은 총동원 전쟁으로서 국가의 역할 확대뿐만 아니라 국민 모두가 함께 노력하고 단결해서 전쟁에 참여해야 하며, 그럴 때만이 승리할 수 있다는 국민적 연대의식이 확산되는 계기가 되었다. 젊은이들은 군인으로서 목숨을 걸고 전투에 참가했고, 후방에서는 여성들도 공장에 동원되어 군수물자를 생산해야 했다. 지금까지 지배층과 피지배층, 자본가와 노동자 계급으로 나뉘어 갈등과 대립을 하던 국민이 국가를 지키기 위해 함께 노력해야 했다.

2차 대전의 종전을 앞두고 처칠이 이끄는 영국의 거국내각 정부는 전후 경제를 재건하고 사회발전을 도모하기 위해 다양한 계획을 수립하였다. 특히 전쟁에 승리하기 위해 희생을 감내하고 노력한 국민들의 생활을 안정화시키는데 초점이 맞추어지면서 소득보장, 교육, 의료보장 등 복지에 대한 정부의 정책대안이 다양하게 준비되었다. 그 가운데 소득 보장을 위해 윌리엄 비버리지가 준비했던 비버리지 보고서는 전후 영국 복지국가의 초석이 되었으며, 이후 많은 국가에서 복지국가를 구축하는 데 커다란 영향을 끼쳤다(비버리지 보고서의 제목은 Social Insurance and Allied Service로서 영국 정부간행물 6404로 출판되었다).

영국 복지국가의 가장 중요한 근간인 국립의료서비스도 2차 세계대전 이후 시행되었다. 국립의료서비스는 모든 의학적 진단과 의료서비스는 서비스가 제공되는 지점에서 국민에게 무료로 제공되어야 한다는 원칙에 따라 제도가 만들어졌다. 민간중심의 미국 의료제도와 극명하게 대립되는 영국의 국립의료체제가 구축된 것이다. 이러한 변화를 통하여 의료분야가 국가의 가장 중요한 복지정책영역의 하나로 설정되게 되었다.

이렇게 도입된 사회보험, 국민의료서비스는 영국 복지국가의 근간을 형성하였는데, 이밖에도 교육, 주택, 복지서비스 등도 복지국가의 주요한 정책내용을 이룬다. 이러한 복지제도를 검토하여 보면 전후 영국이 건설한 복지국가는 다음 세 가지 원칙에 근거하고 있음을 알 수 있다. 첫째, 보편성의 원칙이다. 복지제도는 모든 국민을 대상으로 한다는 점이다. 즉 어떤 국민은 보호를 받는데 어떤 국민은 그러한 사회적 보호를 받을 수 없는 차별적 제도가 아니라 모두가 복지혜택에 대한 접근이 가능(accessible)하다는 것이다. 둘째, 국가의 재정책임의 원칙이다. 복지정책을 수행하는 데 소요되는 재원을 국가가 조달한다는 원칙이다. 즉 국민들은 복지를 제공받는 시점에서 무상으로 혜택을 받고, 그 재원은 조세를 통해 마련된 재정에서 제공된다는 것이다. 셋째, 국가의 행정적 책임이다. 정책에 따라 중앙정부 혹은 지방정부가 그 역할을 한다는 점에서 차이가 있지만, 복지제도를 운영하고 집행하는 주체는 국가라는 것이다. 이러한 세 가지 원칙은 사회적 통합이라는 가치로 요약된다. 영국이 건설한 전후의 복지국가는 영국뿐만 아니라 스칸디나비아 국가들을 포함하여 다른 유럽 국가들로 이전되었고, 이후 UN이나 ILO와 같은 국제기구들을 통하여 전 세계 국가에게 전파되었다. 경제발전을 위한 국가의 적극적인 역할과 함께 국민의 복지와 안녕을 추구하는 복지국가는 근대국가가 현대국가로 전환되는 중요한 계기가 되었다.

그러나 복지제도에 문제가 없는 것이 아니다. 사실 영국의 노동당 정부가 추구한 중요산업의 국유화, 복지제도의 확충, 노동운동의 활성화 등은 서로 맞물려 1970년대에 이르러 그 부작용을 심각하게 들어내게 되었다. 1970년대 중반에 국가부채문제를 해결하기 위하여 IMF로부터 구제 금융을 받아야 하는 국가 경제적 어려움과 파탄지경에 이른 국가재정, 그리고 지나친 노동운동이 1980년의 대처(Thatcher) 수상으로 하여금 신자유주의적 대 전환을 하게 만들었다. 이러한 조류 속에서 행정에서도 신공공관리(new public management)라는 새 흐름이 나타나는데, 이에 대해서는 이 책의 11장에서 자세히 논의할 것이다.

## 4. 산업화 이후 국가기능의 확대 : 규제기능

한편 산업혁명 이후 산업화가 급속히 진행되면서 기업들 간의 과당경쟁, 독과점 기업의 출현으로 인한 소비자 이익의 침해, 환경오염 등 여러 경제적·사회적 문제가 대두하게 되었다. 이러한 문제를 해결하기 위해 정부는 민간의 자유로운 경제활동에 개입하는 규제기능을 강화하게 되었다.

가장 일찍이 경제적 규제(economic regulation)를 실시한 미국의 경우, 규제가 처음 시작된 것은 철도산업이었다. 19세기 초반에 시작된 미국의 철도산업은 산업화와 함께 급속히 성장하였으나, 소수의 철도회사가 이를 과점하기 되어 이들 간에 경쟁이 치열해 지면서 많은 문제가 발생하였다. 철도회사들이 화주들에게 부당한 가격차별 등 횡포를 부려 제조업자들과 상인들의 불만이 고조되었으며, 철도회사는 회사대로 지나친 경쟁으로 인한 부채 증가에 허덕이게 되었다. 이에 미국 연방정부는 1887년 주제(州際)통상위원회(Interstate Commerce Commission)를 설치하여 철도산업에 대한 가격규제와 진입규제를 통해 경제적 약자를 보호하고 철도산업의 보호·육성을 도모하고자 하였다. 이와 같이 초기의 경제적 규제는 소비자를 보호하기 위한 것인지 아니면 산업을 보호하기 위한 목적에서 이루어진 것인지가 불분명한 것이 사실이었다.

이후 기업결합과 합병을 통해 대기업이 등장하고 이들에 의한 시장의 독과점화가 심화되자 이를 규제하기 위해 독점금지법(Sherman Antitrust Act)이 제정되었다. 또한 근대적인 대형유통업체들이 등장하면서 소규모 영세소매상들이 커다란 위협을 받게 되자 1914년에는 기업들의 불공정 거래를 규제하기 위해 연방공정거래위원회(Federal Trade Commission)가 설립되었다. 이와 같이 미국은 독과점 기업의 횡포를 막고 경쟁을 촉진하기 위해 독과점 규제를 강화하는 방향으로 국가기능을 전환하였다.

하지만 제1차 세계대전 이후 미국에서 대기업의 출현이 더욱 두드러지면서 대체로 친기업주의 또는 자유기업주의적(corporate liberalism) 인 경향이 등장하면서 독과점 규제 등 대기업들을 대상으로 하는 정부규제는 후퇴하게 되었다. 더욱이 이러한 사회적 분위기에서 도래한 대공황(1929~1933)은 뉴딜(New Deal)정책을 낳게 되었고, 도산 위기에 처한 많은 산업을 보호하기 위한 정부의 개입은 더욱 큰 폭으로 확대되었다. 따라서 이 당시의 정부규제의 방향은 주로 기업들을 보호하기 위한 것으로 바뀌었다. 이 결과 기존의 독과점 규제는 정지되었으며, 어려움에 처한 많은 산업들이 협회 등을 조직하여 다양한 카르텔(담합행위)을 도모할 수 있도록 허용하였다. 이러한 뉴딜시대의 산업보호적인 정부개입의 추세는 제2차 세계대전으로 더욱 강화되었고, 경제가 고도성장단계에 들어간 1950년대까지 계속되었다.

1960년대에 들어서 대기업의 기업합병 추세가 거세지고 독과점의 폐해가 커지기 시작하자 독과점 규제가 다시 강화되었다. 또한 이 시기부터 1970년대 말에 이르기까지 환경보호, 소비자보호 등을 위한 사회적 규제(social regulation)가 폭발적으로 증가하였다. 당시 환경문제, 소비자 문제, 작업장에서의 노동자의 안전 문제 등을 망각한 무책임한 기업경영에 대한 국민적인 관심이 고조되면서 기업의 사회적 책임을 강조하는 사회적 규제를 강화해야 한다는 요구가 고조되었다. 특히 특정 집단의 사적 이익을 추구하는 이익집단이 아니라, 공적 이익을 추구하는 공익단체(public interest organization)와 공익운동가들이 폭발적으로 증가하였다. 이들은 정치인, 언론 등과 사회적 연합을 형성하여 광범위한 정치적·사회적 지지 세력을 확보한 다음, 기업의 사회적 책임을 망각한 기업의 행태로 야기되는 환경, 소비자 안전, 근로자 안전 등의 문제에 대한 강력한 대책을 요구하였다.

이 결과 사회적 규제 관련 입법이 폭발적으로 증가하였으며, 이를 집행하기 위한 대규모의 규제기관들이 속속 설치됨으로써 기업 활동에 대한 정부의 개입이 양적·질적으로 엄청나게 확대되었다.

## 5. 발전국가

서구의 국가들은 다른 지역에 비해 빨리 근대국가의 구축과 함께 산업혁명에 성공하면서 19세기 이후 선진국으로서 세계에서 주도적 위상을 확보하였다. 그 밖의 지역에서는 효과적인 국가를 형성하지 못하고 경제, 사회개발에 성공하지 못하여 많은 국가들이 서구 제국주의의 식민지로 전락하거나 그렇지 않더라도 선진국으로서 세계 질서 형성에 별다른 영향력을 행사하지 못했다. 하지만 일본만은 예외로서 명치유신 이후 독일과 비슷한 시기에 산업화에 성공하여 선진국으로 진입하였다. 그러나 이러한 비서구 지역 국가의 발전의 지체에도 불구하고 1960년대부터 한국·대만 등 동아시아 국가들은 짧은 시기에 압축적 성장에 성공하여 선진국 대열에 합류하는 데 성공하였다. 이들의 이러한 성공적인 발전은 발전국가(the developmental state)체제를 통하여 국가의 자원을 효율적으로 동원하고 경제발전에 전력을 다한데 힘입은 것이다.

한국은 발전국가라는 국가의 역할 수행방식에 있어서 새로운 모형을 제시하였는데, 이 체제에서 국가는 경제발전을 최우선의 정책목표로 설정하고 모든 국가적 역량을 집중시켰다. 이러한 특징은 1960년대부터 1980년대까지의 기간 동안 두드러지는 현상이었다. 너무나 자원이 부족한 상태에서 경제발전을 추진하였기 때문에 투자재원의 조달에서부터 중요산업의 육성과 관리에 이르기까지 정부가 중심이 되고 정부에서는 대통령의 강력한 지원 하에 경제제일주의라는 통치철학을 추진하여, 이에 방해가 되는 요소는 가차 없이 제거하거나 억제하였다.

구체적으로 정부 내에서는 대통령의 강력한 리더십에 따라 각 부처가 일사불란하게 움직이는 정책수행 방식을 보여주었다. 이러한 정부주도의 공격적 경제발전방식은 1960년대 1970년대 1980년대에 계속되다가 경제가 성숙단계에 접어든 1990년대부터 시장중심의 경제체제로 서서히 변화되기 시작하였다.

발전국가 체제에서는 다른 나라에서도 정부 부처 가운데 선도 기관(pilot organization)이 핵심적 역할을 한다. 경제발전 계획(planning)을 수립하고 이를 일관성 있게 추진하기 위해 각 부처를 조정하는 선도 기관으로서 대표적인 예로 한국의 경우 경제기획원을 들 수 있는데, 이들은 국가의 장기적 정책비전과 구체적인 산업발전 전략을 수립하는 역할을 담당했던 것이다. 한국의 경제기획원은 정부 안팎으로부터의 제도적 자율성과 대통령으로부터의 정치적 신임을 바탕으로 장기적인 경제발전계획을 수립했으며 단순히 기업에게 목표를 지시하는 기능에 머무르지 않고 실제로 집행에 개입하여 탄력적으로 정책을 변화시키는 기능을 수행했다.

발전국가가 국가주도 산업화를 추진하는 데에는 정부와 기업의 독특한 관계가 중요하게 작용하였다. 특히 한국의 발전국가는 정부와 기업, 금융이 긴밀하게 결합한 발전지배연합을 형성하며 성장하였다. 정부는 성장을 주도할 육성산업을 지정하고 금융지원을 통해 기업이 정부 정책과 성장 목표에 부응하도록 유도했다.

그러나 이러한 국가의 강력한 지도와 통제에도 불구하고 기업들은 궁극적으로 세계 시장에서 경쟁해야하기 때문에 국가의 정책적 보호에 안주하지 않고 끊임없이 경쟁력을 제고해야 했는데, 존슨(Johnson)은 이를 시장 순응적(market conforming) 국가개입이라고 설명하였다. 더욱이 우리나라는 국내시장이 협소하여 처음부터 수출주도형 발전전략을 채택하였기 때문에 국제경쟁력이 기업의 생사를 좌우하게 되었다. 2010년대에 들어서면 국민총생산의 50%가까이를 수출하는 무역국가가 되었기 때문에 기업의 경쟁력이 국가경제를 좌우하게 되어 민간주도경제로 탈바꿈하게 되었다.

저개발상태의 국가에서 추구하는 수출주도형 경제는 저임금 등 생산비절감으로 가격경쟁력을 유지할 수밖에 없는데, 이 때문에 열악한 근로환경과 저임금에 항의하는 근로자들의 반발이 클 수밖에 없었다. 이러한 상황에서 정부는 노동에 대한 탄압과 정책과정으로부터 노동의 지지 세력을 배제시키는 전략을 사용하였다. 특히 유신체제가 시작되고 중화학공업화로 전환하면서 임금억제와 노동탄압은 더욱 심화되었다.

여기에 더하여 환경보호를 위한 시민운동도 오염방지시설의 가격부담 때문에 강력히 억제되었다. 또한 수출주도를 위하여 추진되는 수출기업에 대한 재정 금융적 지원은 내수기업의 반발과 불만을 야기하고, 중화학공업에서 소외된 중소기업도 불만을 가지게 되었다. 이러한 여러 가지 불만은 강력히 통제되었는데, 이는 개발독재라는 권위주의적 통치체제였기 때문에 가능하였다.

이렇게 독재체제하에서 억압되고 배제된 집단을 대변하는 지식계층과 야당정치인들의 저항이 끊임없이 계속되었는데, 이들이 1980년대 후반의 민주화운동에 주도역할을 담당하였다. 다행스럽게도 경제가 성숙단계에 접어들면서 정치적 민주화가 대대적으로 진행되어 한국은 경제발전과 정치발전을 빠른 시간 안에 달성한 경이적인 국가로 부상하였다.

한편 한국의 경제발전 경험은 선진국들이 발전과정에서 구축했던 근대국가의 주요한 요소들이 여전히 필수적이라는 사실을 잘 보여준다. 바로 사회질서의 확보, 관료제도, 조세확보를 통한 국가기능의 효과적 수행 등이 그것이다. 특히 능력 있는 실적관료제의 구축은 아주 중요한 역할을 하였다. 1950년대부터 대중교육과 대학교육이 대대적으로 확대되면서 젊은 인재들이 국가 관료제로 모여들 조건이 갖추어졌다. 그리고 1960년대부터 박정희 정부는 대대적인 공개채용, 공무원의 보수 인상, 신분보장 강화, 연금제도 개선, 교육훈련 등으로 전문적인 관료 능력을 확보하였다. 결국 한국의 경제발전을 수행하기 위한 국가기능은, 국가주도의 사회간접자본에 대한 투자, 보호무역주의, 교육에 대한 투자 등을 강조한 독일의 발전모델과 매우 유사하다고 할 수 있다.

Section
제 4 절

# 국가의 기능과 역할, 국가역량과 통치철학

## 1. 다양한 국가기능

지금까지 근대국가의 형성과 발전 그리고 현대국가가 대두되는 과정을 논의하면서 국가가 다양한 역사적 도전에 대응하기 위해 어떠한 역할과 기능을 수행하게 되었는지를 살펴보았다. 질서를 유지하기 위한 물리력의 독점, 정책을 효과적으로 수행하기 위한 수단으로서 관료제, 그리고 재원을 마련하는 조세

표 2-1 국가기능의 분류

| 핵심 기능 | 경제 발전 기능 | 복지기능 | 규제기능 |
|---|---|---|---|
| 국방과 치안 | 사회기간시설 구축 | 소득보장 | 경쟁정책 |
| 사유재산 보호 | 산업정책 | 의료보장 | 환경규제 |
| 공공행정 | 교육정책 | 아동·노인·장애인 보호 | 소비자 보호 |
| 조 세 | 노동정책 | | 위험·안전 규제 |
| 공공의료 및 안전 | | | |
| 빈곤 구제 | | | |

와 이를 집행하는 재정능력이 국가의 근대국가가 가장 기본적으로 수행한 기능임을 살펴보았다. 이러한 기능은 근대국가에서는 물론 현대국가에서도 국가가 유지되고 그 밖의 기능을 수행하기 위해 필요한 핵심적 기능이라고 할 수 있다. 현대국가가 대두되면서 국가가 정치공동체의 발전을 위해 발전기능, 복지기능을 수행한 것을 논의하였는데, 이러한 다양한 정책적 기능을 다음과 같은 방법으로 분류하여 볼 수 있다. <표 2-1>은 지금까지 우리가 논의한 국가의 기능을 핵심기능, 경제발전기능, 복지기능, 규제기능으로 분류한 것이다.

근대국가가 형성되면서 나타난 국가의 기능은 대부분 국가의 핵심기능에 해당되고, 현대국가로 전환되면서 국가가 수행하기 시작한 것은 발전기능과 복지기능이다. 이 가운데서도 발전기능이 후발국가의 경제발전 전략 수행과정에서 먼저 대두되었고, 복지기능은 이에 대한 정책수단으로 처음 활용되다가 세계 2차 세계대전 이후 유럽에서 복지기능이 전형을 갖추기 시작했다. 규제기능은 산업화 이후 과당경쟁, 독과점을 막아 원활한 시장기능을 확보하기 위해 도입되기 시작했다는 것은 이미 살펴보았다.

## 2. 국가역량과 국정철학

그러나 국가가 이러한 기능에 해당되는 일들을 똑같은 비중으로 수행하는 것은 아니다. 당면한 국가적 과제나 추구하는 미래 비전과 전략에 따라 국정을 맡은 정부가 이러한 국가의 기능 중에서 취사선택하여 우선적인 정책을 추진하게 된다. 그렇다면 어떠한 국가의 기능을 우선적으로 수행하는가? 후쿠야마는 국가의 역할을 소극적·적극적 역할로 나누었다. 국가가 적극적으로 발전, 복지정책을 수행하는지, 혹은 소극적 입장에서 필요한 역할만 수행하는 지로 구분한 것이다. 정부는 작을수록 좋다는 자유방임주의 사상이 국정운영을 지배하면, 정부는 소극적 역할만 하게 되고, 가난하고 약한 국민들도 시민다운 생활을 하도록 정부가 지원하여야 한다는 사상이 지배하면, 국가의 역할은 커지게 된다는 것이다. 국정운영의 철학에 따라 국가의 기능 전체가 커지거나 작아지거나 한다는 생각이다.

그러나 아무리 큰 정부 사상을 강조해도 국가역량이 부족하면, 국가가 큰 역할을 할 수 없다. 현대에 와서 선진국이 된 성공적인 근대국가가 축적한 국가역량은 앞에서 본 바와 같이 물리적 폭력의 독점, 합리적인 관료제, 그리고 효과적인 조세체계를 통한 풍부한 조세의 확보능력 이었다. 반란군이 세력을 얻어서 정부를 공격하면, 물리적 폭력을 정부가 독점하지 못하는 사태가 되어 질서유지 기능이나 심지어는 외적으로부터의 국토방위기능도 제대로 수행하지 못한다. 부패하고 무능한 관료들이 정부를 장악하고 있으면, 공금횡령이나 사업추진 능력부족으로 경제발전기능을 제대로 수행하지 못 할 뿐만 아니라, 모든 기능 수행이 비효과적 비능률적이 된다. 부패한 관료집단이 왕조를 파괴시킨 가장 큰 원인이 되었음은 동서양 역사에서 공통적으로 나타나는 현상이다. 다행스럽게도 우리나라는 이 물리적 폭력의 독점이나, 관료제의 확립이라는 두 가지 측면의 국가역량부족으로 이렇게 파괴적인 상황에 빠지지는 않고 있다. 그리고 선진국에 진입한 모든 현대국가들도 마찬가지이다. 문제는 조세능력에 있다.

조세능력이 부족하면, 국가기능 수행 모두가 축소된다. 비록 폭력의 독점적 행사가 가능하여도, 봉급을 지불할 재정능력이 약하여 경찰이나 군대가 부족하면, 국방과 치안도 흔들릴 수밖에 없다. 봉급부족으로 시달리는 관료집단이

**그림 2-1** 국가의 역량과 역할에 따른 국가의 분류

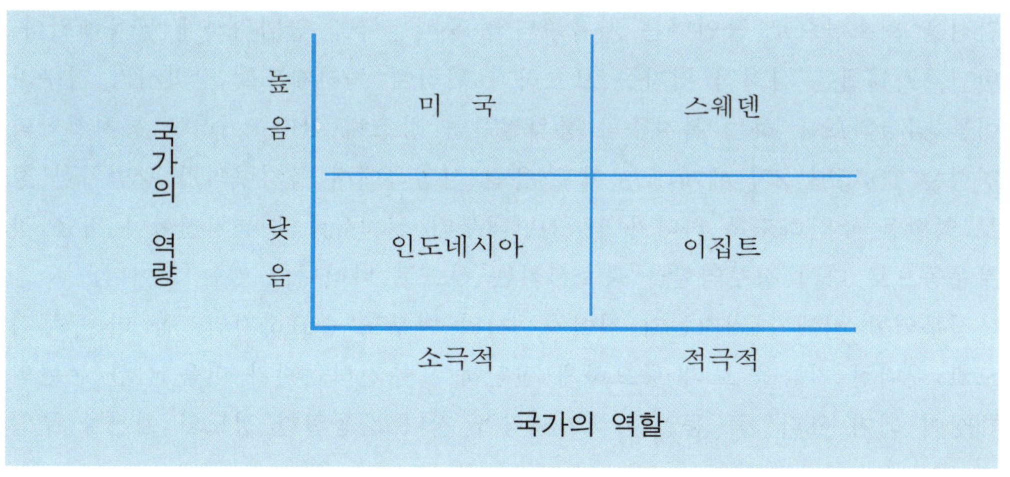

합리적인 관료제를 운영하기는 어렵다. 그래서 조세능력이 현대에 와서 가장 중요한 국가역량이 된 것이다.

그러나 국가역량과 국가기능이 언제나 같이 움직이는 것은 아니다. 즉 국가역량이 크다고 언제나 국가기능이 확대되는 것은 아니다. <그림 2-1>은 후쿠야마의 논리에 따라 국가의 역할과 국가의 역량이라는 두 가지 측면에서 국가들을 분류해 본 것이다. 전형적인 예로 미국은 국가의 역량은 높으나, 국가의 역할은 소극적이고 브라질은 국가가 적극적인 역할을 하려고 하나 국가의 역량이 낮다고 분류되었다. 이에 반해 스웨덴은 국가가 적극적인 역할을 수행하고 국가의 역량도 높은 나라에 포함되는 반면 인도네시아는 국가의 역할도 소극적이고 국가의 역량도 낮다는 것이다.

왜 동일한 국가역량을 지닌 나라들이 국가역할에서 차이를 보이는가? 미국과 스웨덴은 국가역량이 다 같이 높은데 국가역할은 다르다. 마찬가지로 브라질과 인도네시아는 국가역량은 다 같이 낮은데 국가역할이 다르다. 국가를 운영하는 리더십 집단의 국가역량을 활용할 능력이나 생각이 다르기 때문이다. 이 중에서도 리더십은 개별적 요건에 해당되어 큰 주목을 받지 못했지만, (예외적으로 싱가폴의 리콴유수상이나 한국의 박정희대통령의 리더십은 논의가 많지만) 리더들의 생각에 대해서는 많은 논란이 있어왔다. 즉 리더십 집단의 국가운영에 대한 기본생각, 즉 통치철학이 무엇이냐에 따라 국가의 역할이 크게 달라진다는 주장을 둘러싼 논란들이다. 미국은 전통적으로 국가가 민간의 생활에 간섭을 최소한으로 줄인다는 자유주의적 통치철학을 광범위하게 공유해왔다. 반면, 스웨덴은 사회적 약자를 보호하기 위하여 복지제도를 강화시켜 정부가 이를 담당하도록 하는 복지주의 통치철학을 강조해 왔다. 이러한 통치철학의 영향은 1945년 2차 세계대전 이후 유럽 선진국에서 복지주의가 광범위한 정부 역할을 추진하도록 하다가 1980년대부터 신자유주의 통치철학이 작은 정부운동으로 다시 정부역할을 축소시키는 식으로 나타나고 있는 것이다.

정부역할 전체가 커지는지 작아지는지의 여부도 중요하지만, 좀 더 구체적으로 어떠한 기능을 보다 중요하게 판단하여 추진하는지가 더욱 심한 논란의 대상이 되어 왔다. 즉 동일한 국가역량을 지니고 동일한 정도의 예산을 투입하여 국가기능을 수행하면서도, 경제발전에 더욱 많은 예산을 투입할 것인지, 아니면 복지비에 더욱 많은 예산을 투입할 것인지가 통치철학이 다른 집단들 간에 대립과 갈등의 대상이 되어 왔다. 그리고 이 갈등은 그 정도가 심각할 뿐만 아니라 앞으로도 계속될 성격의 것이기 때문에 공직자들은 반드시 자세히 알고 있어야 한다. 그러므로 절을 바꾸어 자세히 검토하기로 한다.

Section 제 5 절

# 국가기능간의 자원배분: 재정지출의 결정요인

## 1. 국가기능수행과 재정지출을 결정하는 요인 1 - 국가역량과 재정능력 -

앞 절에서 국가기능 또는 행정기능을 어디에, 어느 정도 중점을 두고 추진하느냐는 결국 기능추진을 할 수 있는 국가능력과 국가를 운영하는 국정담당자들의 정치이념과 국정철학에 좌우된다는 것을 논의하였다. 구체적으로 어떻게 결정이 되는지를 좀 더 자세히 검토하기로 한다.

민주국가에서의 재정지출이 확대되거나 축소되는 것은 국민의 선호에 따른다. 특정한 국가기능은 그것을 요구하는 국민들이 많아지면 당연히 확대되어야 하고, 요구가 줄어들면 축소되어야 하는 것이다. 외적이 침입할 것 같으면 국방기능이 강화되고, 평화가 유지되면 축소되는 것이다. 도둑이나 강도가 극성을 부리면, 치안에 대한 요구가 커지고 그 기능이 강화된다. 국방이나 치안기능은 국가기능으로서의 중요성이 너무나 크다. 국가가 등장하게 된 가장 큰 이유가 이 두 가지 기능을 수행할 체제가 필요했기 때문이라고 해도 과언이 아니다. 그러므로 이 두 가지는 국가의 원초적 기능·기본적 기능·근원적 기능 등으로 불리는데 우리는 이를 핵심적 기능이라고 정의했다. 이 두 가지 기능은 국가역량의 한도 내에서 최선을 다하는 경우가 대부분이다. 그러나 경제발전기능이나 복지기능 등 다른 기능들은 근대국가 등장 이후에 추가된 것이 대부분이고, 이들에 대해서는 얼마만큼의 노력을 기울여서 추진해야 하는가에 대해서 논란이 심하다. 더욱이 이들 추가적 기능들을 확대하면, 정부기능 전체가 확대되므로, 작은 정부를 주장하는 집단으로부터 강력한 저항을 받게 된다. 그러나 역사적으로 보면, 정부기능은 꾸준히 확대되어 왔다.

정부기능의 확대는 한편 특정 기능에 대한 요구가 커지고, 또 다른 한편으로 이를 수행할 수 있는 국가역량이 커져야 가능하다. 국가역량에는 앞에서 본 바와 같이 물리적 폭력의 독점적 행사 능력, 합리적 관료제의 업무수행능력, 그리고 이들 모두에 필요한 물적 자원의 확보능력이 가장 중요하다. 물리적 폭력이 제대로 행사되려면 국민들이 국가에 의한 폭력행사를 인정하고 수용해야하기 때문이다. 근대국가가 민주적 정통성을 확보하면서부터 물리적 폭력의 독점적 행사에서 가장 중요한 국민들의 동의와 지지 문제가 해결되어 이 때문에 국가역량이 위축되거나 강화되지는 않는다. 국가기능을 수행하는 관료제의 경우도 실적주의적 인사제도가 거의 모든 선진국에 확립되어 있기 때문에 관료제 때문에 국가기능의 크기가 결정적으로 변화되는 일은 적다. 물론 이 두 가지가 크게 변화되면, 국가기능의 규모도 크게 변화되겠지만, 역사적으로 보면, 세 번째의 것, 즉 재정능력이 국가역량을 가장 크게 좌우한 것으로 나타난다.

국가기능을 수행하는데 필요한 물적 자원의 확보능력은 재정능력이 핵심이다. 즉 국가재정이 풍부하면, 여러 가지 국가기능을 수행할 수 있는 것이다. 그리고 군대나 경찰이 중심적으로 수행하는 물리적 폭력의 독점적 행사능력이나, 관료제의 업무수행능력도 국가재정에 의하여 크게 영향을 받는다. 그런데, 재정능력에서는 국민들의 조세부담능력이 핵심이다. 즉 국민소득이 많아야 조세부담능력이 커진다. 그래서 국민들이 부유하여 세금을 많이 낼 수 있으면, 교육, 복지, 환경보호 등등의 기능도 충분히 추진할 수 있다. 이 사실은 많은 재정학자, 경제학자들에 의하여 연구되어 확인되었다.

## 2. 국가기능과 재정지출을 좌우하는 요인 2 - 국가기능의 필요성과 국민들의 요구 -

재정지출에 대한 경제학자들의 연구는 재정지출이 끊임없이 증가하게 되자 그 원인을 찾기 위해서 시작되었다. 특히 독일의 재정학자인 와그너(Wagner)의 연구를 시작으로 활발해지기 시작하였다. 와그너는 경제가 산업화되면서 재정적 여력이 커질 뿐만 아니라 기능수행을 위하여 필요한 재정지출의 수요도 증가한다고 주장하였다. 이 연구를 기점으로 재정지출의 필요성, 즉 재정수요부분이 많이 연구되었다. 그에 의하면, 좀 더 효과적이고 효율적으로 경제성장을 추진하기 위해 도로, 항만, 전기, 항공 등 사회간접 자본시설의 구축이 필요하며, 이러한 필요에 부응하기 위한 정부의 정책 사업이 결과적으로 재정지출을 확대시키게 된다. 정부가 다양한 정책을 통해 공공서비스를 제공하면서 재정지출이 확대된다는 것이다. 산업화는 필연적으로 도시화를 가져오는데, 도시에 집단적으로 모여 살게 되면, 상하수도도 필수적이 되고, 전염병에 대한 보건문제도 해결해야 한다. 또한 산업화에 따라 근로자들의 숫자가 급격하게 증가하면서, 사회 복지에 대한 필요도 더욱 커지게 되자 산업재해보험, 공적의료보험, 공적연금, 실업보험, 사회부조 제도 등 다양한 사회정책을 실시하게 되었다. 이러한 사회정책들은 대부분 국가의 재정을 통한 재정지출을 필요로 하는 것들이어서 재정지출의 확대를 가져오는 데 큰 영향을 미쳤다.

한편 후기산업사회가 되면서 인구구조의 고령화 등과 같은 사회적 변화도 재정지출 확대에 커다란 영향을 주고 있다. 산업화를 통한 경제성장으로 시민들이 풍요로운 생활을 하고, 보다 나은 의료서비스를 향유하게 됨에 따라 대부분의 선진국에서는 수명의 대폭적인 신장을 가져왔으며 이에 따라 고령인구의 급속한 증가를 경험하고 있다. 고령인구의 비율이 증가하면 이들에게 필요한 공공서비스가 확대되어야 하고 이에 따라 재정지출이 늘어나게 된다. 특히 고령화에 따라 급속히 확대되는 재정지출은 공적연금이다. 공적연금제도는 근로하는 동안 보험료를 납부하고 가입자가 60세 혹은 65세 등 연금개시 연령에 도달하게 되면 연금을 지급하는 제도이다. 복지국가가 장기간 운영되고 잘 정착되어 있는 선진국들의 경우 재정지출의 가장 커다란 비중을 차지하는 것이 공적연금 지출이다. 이러한 공적연금에 대한 지출은 현재의 시민이나 정부가 정책적인 결정을 내린 결과가 아니라 과거의 정책과 제도를 운영하면서 누적되어온 결과이며, 시민들이 이미 획득한 권리를 보호해야하기 때문에 갑자기 축소하기가 쉽지 않은 경직된 성격을 갖는다.

인구구조의 고령화로 인한 재정지출이 확대되는 또 다른 분야는 공공의료이다. 기대수명의 증가로 많은 사람들이 과거에 비해 훨씬 더 오래 살게 되었지만, 이에 따라 만성질환 등 각종 질환에 시달리는 고령인구도 늘어나게 되었다. 이러한 만성질환 등은 또한 상대적으로 더 많은 의료비용을 유발하는 경향이 있다. 뿐만 아니라 한 사람이 생애에서 사용하는 의료비용의 거의 대부분이 생의 마지막 3-5 년 동안 집중되어 있다. 그래서 인구구조의 노령화는 공적의료 보험 등 재정지출을 크게 증가시킨다.

위에서 본 바와 같이 현대사회가 되면서 산업화 도시화가 심화되고 고령화가 진행되면서 재정지출은 팽창을 계속하고 있다. 그래서 재정능력의 한도를 넘어서는 사태가 발생하기도 한다. 이러한 파국을 막기 위한 노력이 각 국에서 계속되고 있다.

물론 단기적으로는 정부가 경제상황에 따라 재정을 확대하거나 축소하기도 한다. 예를 들어 경제가 불황일 때 정부는 경기를 진작시키기 위해 공공지출을 과감히 늘리기도 한다. 때로는 정부는 재정수입보다도 더 많은 재정지출을 집행하여 재정적자를 시현하기도 한다. 재정적자를 적절히 활용하여 경제성장을 촉진한다거나, 필요한 정책을 효과적으로 수행하기도 하는 것이다.

그러나 중·장기적으로는 재정능력의 범위 내에서 재정지출을 억제해야 하는데 이것이 쉽지 않다. 만성적인 적자로 재정적자가 크게 누적되면 정부의 신뢰도가 하락하게 되며, 이것이 더욱 심각한 상태로 악화되면, 정부가 부채를 감당하지 못해 파산에 이르게 된다. 2008년 경제위기 이후 정부의 재정상태가 극도로 악화되어 파산위기에 빠진 그리스가 이와 같은 경우이다. 일본과 같이 만성적인 재정적자 상태에서 재정운영을 하고 있지만 기본적으로 경제가 건실하여 국가의 신뢰도 하락이나 국가 부도와 같은 큰 어려움에 부딪히지 않고 국가재정을 운영하는 경우도 있기는 하지만, 일반적으로 만성적인 재정적자는 국가부도에 이은 경제파탄으로 연결될 수 있다.

유럽과 북미 국가들의 공공지출은 2차 세계 대전 이후 복지국가의 구축 및 성장으로 지속적으로 확대되었다. 1970년대에 이르러서는 공공지출은 여전히 증가하는 추세를 유지하였지만, 유럽과 북미의 국가들이 장기적인 경제 불황에 빠지면서 이들 국가의 재정수입이 정체되거나 축소되면서 공공재정은 어려운 상황에 빠지게 되었다. 이와 같은 상황은 중동 석유수출 국가들의 두 번에 걸친 석유가격의 급속한 인상에서 비롯된 측면도 있었다. 이와 같이 외적 요인에 의한 인플레이션과 내적인 경기침체라는 이중고로 유럽 국가들의 경제는 좀처럼 침체에서 벗어나지 못했다. 이와 같이 경기침체와 만성적인 재정적자를 정부가 적절히 통제하지 못하자 서구 유럽국가의 정부들이 국정을 효과적으로 운영할 능력을 상실한 것이 아닌가 하는 점에서 통치불가능성(ungovernability)이 제기되었다. 링겐(Ringen)은 1970년대 유럽의 국가들이 직면한 재정적자의 규모가 너무 크고, 일시적인 현상이 아니라 만성적인 것이며, 가까운 장래에 이를 적절히 통제할 정책적 수단이 많지 않다는 점에서 통치불가능성의 문제가 제기되었다고 지적한 바 있다.

이와 같은 통치불가능성의 상황을 극복하기 위해 1980년대 영국과 미국을 중심으로 하여 여러 국가들이 공공부분의 개혁과 공공지출을 축소를 위한 다양한 정책을 추진하였다. 영국에서 대처가 수상이 되고, 같은 시기에 미국에서 레이건이 대통령이 되어, 신자유주의적 작은 정부 운동을 대대적으로 추진하였다. 영국의 대처 정부와 미국의 클린턴 정부 등은 국가 부채를 줄이는 가시적 효과를 보이기도 하였다. 예를 들어 정부의 각 부처가 집행하는 공공지출을 세부적으로 검토하여 지출을 축소하는 행정내부의 효율성을 증대하고자 하였으며, 또한 사회복지에 소요되는 비용을 줄이고자 노력하였다. 이러한 노력에도 불구하고 장기적인 추세를 보면 정부의 공공지출은 크게 줄지 않았다. 공공지출을 통제하기 위해 많은 노력을 한 영국의 보수당 정부의 경우 <그림 2-2>에서 보는 바와 같이 GDP 대비 50% 아래로 재정지출을 축소하였으나 장기적 추세를 보면45%를 상회하는 수준을 오고 가면서 변화를 거듭하였다.

**그림 2-2** 보수당 정부 시기의 영국 재정지출 추이

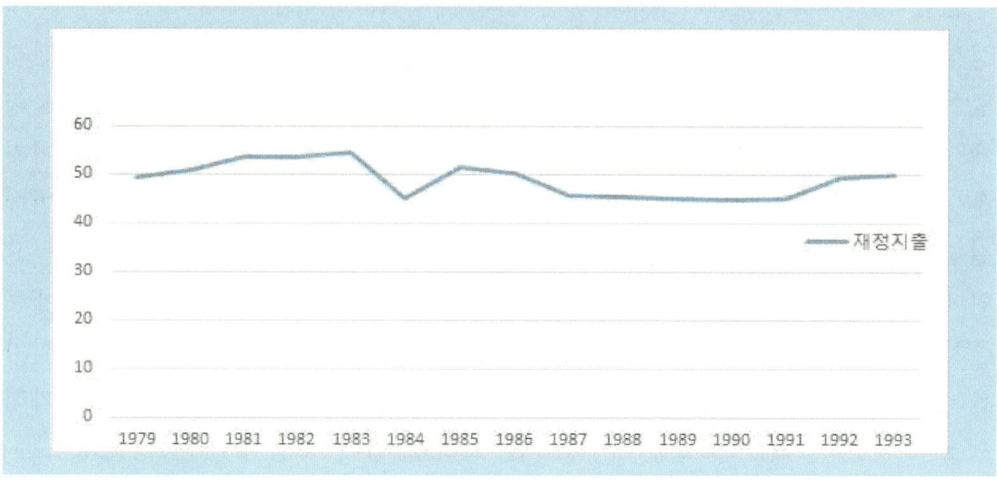


## 3. 국가기능과 재정지출을 결정하는 요인 3 - 정치적 세력과 정치이념 -

왜 이렇게 재정지출은 팽창을 계속하는가? 국가기능이 계속 팽창하면서 재정수요를 증가시키기 때문이다. 그렇다면, 1980년대의 영국이나 미국에서와 같은 분야별 재정축소를 할 수는 없는가? 그러나 누구든지 자기 분야의 예산은 삭감하지 않으려고 한다. 그래서 어떤 기능을 얼마만큼 추진해야 하는가를 둘러싼 대립과 갈등이 빈번해졌다. 어떻게 하는 것이 바람직한지에 대한 논쟁이 심화되면서 학자들 간에도 당위적인 주장과 더불어 각 국가들이 실제로 어떻게 기능들 간에 재정자금을 배분하는지에 대한 연구도 증가되었다.

가장 큰 논쟁은 사회복지비의 규모가 국가에 따라 크게 차이가 나는데, 그 원인이 무엇인지에 대한 것이었다. 파브리칸트(Fabricant)는 미국의 각 주(州)정부사이에 사회복지비 지출액수의 차이가 왜 나는지에 대한 연구결과를 발표하였는데, 커다란 파문을 일으켰다. 그는 주민들의 소득수준, 산업화, 도시화의 정도 등 사회경제적 요인이 복지비 지출의 차이를 일으키는 가장 중요한 원인이라고 발표한 것이다. 앞에서 본 바와 같이 결국 재정능력(조세부담능력)을 결정짓는 소득수준과 각 종 사회적 문제를 발생시켜 사회복지비 지출을

요구하는 요인들을 좌우하는 산업화와 도시화가 중요하다는 결론이다. 즉 앞에서 본 와그너(Wagner)의 연구와 비슷한 결론이었다. 브레이저(Brazer)는 시(市)정부를 대상으로 연구하여 비슷한 결과를 얻었으며, 이어진 재정학자들의 각종 연구에서도 앞의 결론을 확인하였다.

유럽에서 오래 전에 수행되었던 와그너(Wagner)의 연구와 달리, 1950년대와 1960년대의 미국에서 계속된 재정학자들의 이러한 연구결과는 미국의 정치·행정학자들에게 커다란 충격을 주었다. 사회복지비는 원래 빈곤한 서민들의 인간다운 생활을 위하여 지출되는 정치적으로 민감한 분야이다. 그래서 연방의회의원이나 주의원 주지사 등 정치인들이 서민들의 표를 얻기 위하여 경쟁적으로 증가시키는 것으로 생각해 왔었다. 그런데, 선거와는 관계가 없이 소득수준이 높고 도시화가 높은 지역에서 지출이 많다는 결과는 정치적 요인이 아닌, 즉 사회 경제적 요인에 의해서 복지비가 결정된다는 뜻이다. 정부의 중요한 결정은 정치·행정적 요인에 의하여 좌우된다는 이유로 피 흘리는 혁명을 하면서까지 정치·행정 체제를 합리적으로 만들기 위해서 무수한 사람들이 희생되었는데, 복지비 지출이라는 중요한 결정이 비정치적 요인에 의하여 좌우된다는 연구결과는 이들의 희생이 보람이 없다는 의미를 함축하고 있다. 정치·행정학자들에게는 충격적일 수밖에 없다. 이리하여 1960년대와 1970년대 전반에 이르기까지 많은 미국의 정치·행정 학자들이 재정학자들의 연구결과가 잘못 되었을 것이라고 믿고 정치 행정적 요인의 영향을 분석하게 되었다. 그러나 미국에서 진행된 이러한 연구들은 결국 정치적 변수의 영향력이 미미한 수준이라는 결론밖에 얻지 못하였다. 즉 경쟁이 치열한 선거를 치루는 지역에서 사회복지비 지출이 보다 많이 될 것이고, 이 영향이 소득수준이나 도시화의 정도에 못지않게 클 것이라는 기대는 완전히 깨어진 것이다.

그러나 이 연구들은 정치적 요인의 실질적 영향을 간과하여 편향된 결과로 밝혀졌다. 미국에서 진행된 재정학자나 정치학자, 행정행자들의 연구결과는 미국이라는 국가 내부에서 주정부나 시정부를 비교했기 때문인 것으로 밝혀진 것이다. 즉 연방제, 대통령중심제의 민주주의 정치체도, 정치적 이념 등의 요인들이 거의 차이가 없는 주정부나 시정부를 비교했기 때문에 오로지 선거에서 경쟁이 치열한지 아닌지 만이 미미한 영향을 미치는 것으로 나타나게 되었던 것이다. 반면에 유럽의 다양한 복지국가들의 정책을 정권변화와 관련하여 비교한 연구들은 정치적 요인의 중요성을 확인하였다. 이러한 연구들은 선거의 경쟁성 등의 요인보다는 정치이념과 대립되는 정치이념을 지지하는 정치세력의 크기가 사회복지비 지출의 크기에 커다란 영향을 미친다는 점을 밝혀내었다.

이들 비교정책론자들이 유럽의 자본주의 국가들을 대상으로 연구한 결과를 보면, 정치이념과 지지 세력이 누구냐에 따라 사회복지비 뿐 아니라, 재정지출 전반의 크기가 달라진다. 노동자들과 그들의 경제적·정치적 이해관계를 대변하고자 하는 사회민주주의 정당이 집권을 하게 되면 다양한 공공서비스를 제공하고 이에 따라 공공지출이 늘어나게 된다. 따라서 노동자들이 조직한 노동조합과 조합원의 수, 노동자들을 대변하는 노동당 혹은 사회민주주의 정당과 그들을 지지하는 시민, 사회민주주의 정권의 집권 기간 등 다양한 측면을 공공지출과 연관시켜 보면 상당한 상관관계가 있다는 것을 알 수 있다. 스테펜스(Stephens)는 유럽, 북미 국가들을 대상으로 국방비를 제외한 재정지출이 노동자의 조직력과 상관관계가 있음을 제시하고 있다. 카메론(Cameron)의 연구도 노동세력의 지지를 기반으로 하는 사회민주당의 정부 참여가 높을수록 재정수입이 늘어나는 것으로 보여주고 있다. 이러한 통계적 결과를 추론해보면 노동조합이나 사회민주주의 정당의 권력자원이 큰 나라일수록 더 많은 공공지출을 한다는 것을 알 수 있다.

그런데 역사적으로 동일한 시점에서 비슷한 산업화의 정도에 있으면서도 공공지출의 성격이 전혀 다를 수 있다. 에스핑-앤더슨(Esping-Andersen)은 유럽과 북미 대륙의 국가들을 세 개의 복지체제로 나누면서 이들의 복지비에 대한 공공지출이 서로 다른 성격을 갖고 있음을 밝히고 있다. 독일이나 프랑스는 사회적 계층과 지위를 유지하는 데 초점을 두고 사회정책을 유지하는 반면 스웨덴 등과 같은 북구의 국가들은 사회적 연대와 통합에 초점을 둔 사회정책 제도를 실시하고 있다는 것이다. 예를 들어 독일은 공적연금이나 소득보장 정책에 있어서 기여금과 연금액의 연계가 높은 소득 비례형에 비중을 두는 반면 스웨덴은 모든 국민에게 일정한 수준의 사회적 보장을 하는데 초점을 둔다는 것이다. 즉 독일은 개인의 기여를 중시하는데 스웨덴은 소득보장에 초점을 맞춘다. 이러한 차이가 나타나는 것은 스웨덴에서는 사회민주주의 정당의 오랜 집 권과 함께 노동자와 농민 그리고 중산층의 정치적 연합이 강하여 사회민주주의적 정치이념이 국민들에게 광범하게 공유되고 있는데 비하여, 독일에서는 사회적 질서와 사회적 화합을 강조하는 보수주의적 정치이념이 강하기 때문이다.

이와는 대조적으로 영국이나 미국과 같은 나라는 시민들이 가능하면 국가의 공공지출에 의존하여 생활하지 않도록 하고 스스로 노동시장에서 생활에 필요한 소득을 획득하도록 하는데 초점을 맞추고 있다. 그러한 노력에도 불구하고 시장에서 필요한 소득을 획득하는데 실패한 사람들에게 국가가 최소한의 지원을 한다는 정치이념을 기조로 하여 국가의 복지제도를 구성하고 있다. 즉 자유주의적 정치이념을 바탕으로 한 복지시스템이다. 자유주의적 체제에서는 시장경제가 원활하게 작동하도록 하는 것을 목적으로 최소한의 복지제도를 운영하며, 보수주의 체제에서는 사회질서와 화합을 강조하는 반면, 사회민주의 체제에서는 사회적 연대와 재분배를 강조한다. 이러한 정치이념은 역사적으로 오랜 기간에 걸쳐 형성되어 국민들에게 널리 지지를 받고 있기 때문에 장기적으로 복지제도와 복지비 지출을 좌우한다.

## 4. 재정지출 결정요인들의 종합적 검토
### - 소득수준, 사회적 수요, 통치이념, 정치적 요인의 상대적 역할과 중요성 -

이상에서 논의한 내용을 요약하면, 국가기능의 필요성이 커지고, 국민적 수요가 커지면 거기에 대한 재정지출이 증가하게 된다. 이러한 재정수요는 산업화와 도시화, 인구의 고령화 등으로 증가된다. 그러나 재정능력이 뒷받침하지 못하면 불가능하다. 재정능력은 국민들의 조세 부담능력에 의하여 거의 대부분 결정되는데, 조세부담능력은 국민들의 소득수준에 크게 의존한다. 그래서 소득수준이 재정지출의 규모를 좌우하게 된다. 산업화는 국민들의 소득수준을 높여서 재정능력을 키우는 한편, 노동자의 증가로 복지수요를 증가시키고, 도시화를 유발하여 각종 도시문제 해결을 위한 비용을 증가시키므로 이중의 역할을 한다고 볼 수 있다. 여기까지는 경제 사회적 요인의 역할이다. 그렇다면 통치이념과 정치적 요인은 어떻게 영향을 미치는가? 다음의 그림을 보기로 한다.

**그림 2-3** 소득수준과 재정지출과의 관계

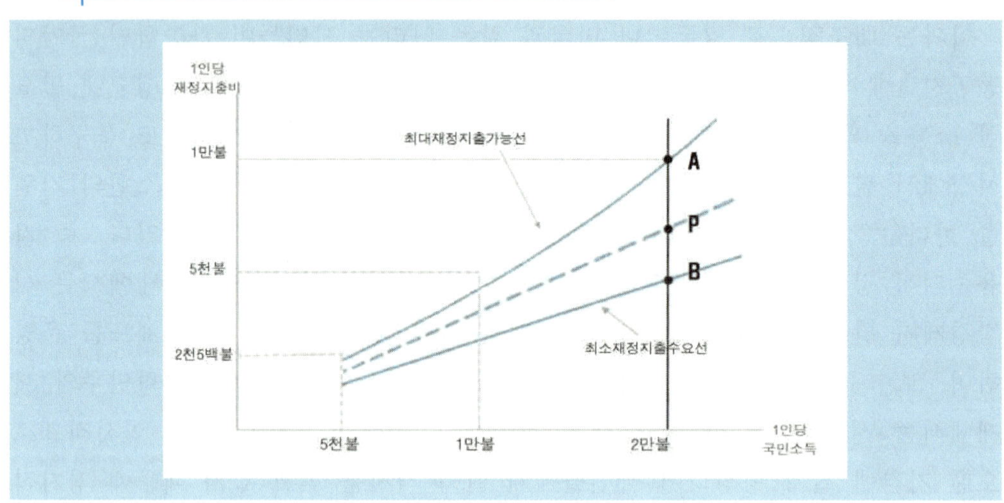


<그림 2-3>에서는 국민소득수준을 2만 $로 가정하여 최대재정지출가능액수를 1만 $(점 A)로 가정한다. 즉 총 조세부담을 포함해 국민소득이 감당할 수 있는 최대 재정지출비용이 국민소득의 50%라고 가정한 것이다. 최대재정지출가능액수는 국민경제가 최저한의 지속가능한 성장을 하면서 최대한으로 부담할 수 있는 조세 등의 공공지출이라고 정의한다. 지속가능한 성장이란 미래의 성장을 해치지 않으면서 현재의 재정지출을 감당하는 성장을 의미한다. 즉 미래세대를 위하여 성장잠재력을 해치지 않는 범위 내에서 재정지출을 최대화하면 그 액수가 1만 $라고 가정한 것이다. 재정지출의 최소치 4천 $(점 B)는 사회적 약자들도 최소한의 시민다운 생활을 할 수 있게끔 지원하는 복지비 등을 포함하여 국방·치안·교육 등등의 국가적 관리에 필요한 최소한의 경비를 가정한 것이다.

현실에서 최대치와 최소치를 정확하게 알 수는 없다. 그러나 하나의 가정으로 이렇게 설정하기로 하자. 여기까지는 지출수요를 좌우하는 사회적 요인과 공급능력을 좌우하는 국민소득 등의 경제적 요인에 의하여 결정된다. 즉 재정지출의 큰 범위는 사회 경제적 요인에 의하여 결정되는 것이다.

작은 정부와 자유주의를 주장하는 사람들은 재정지출이 최소치가 될 것을 요구하고 적극정부와 복지주의를 주장하는 사람들은 최대치가 될 것을 주장한다. 국가 통치이념이 미국과 같은 자유주의라면, 대강 B와 P범위 내에서 재정지출을 결정하고 스웨덴과 같은 복지주의 통치이념을 가진 나라들은 대강 A와 P범위 내에서 결정한다. 통치이념은 단 시간에 바뀌지 않기 때문에 미국과 스웨덴은 장기간 서로 다른 지출을 하게 된다. 짧은 시간에 변화가 있어도 그 범위를 벗어나지 않는다.

미국정부에서도 민주당은 비교적 적극정부를 주장하는 편이기 때문에 A에 가까운 점에서 지출을 결정하고 공화당은 자유주의를 강조하기 때문에 B에 가까운 점에서 결정한다. 단기간의 정치적 영향은 바로 이렇게 지배적인 통치이념이 허용하는 범위 내에서 작동한다. 정권이 바뀌거나 국회의원을 선출하는 총선에서 변화가 있어도 사회전체의 지배적인 통치이념이 허용하는 범위 내에서 영향을 미치는 것이다. 국민들의 대부분이 수용하는 지배적인 통치이념이 없는 경우, 그리고 정권이 바뀜에 따라 통치이념이 시계추 운동을 하는 경우는 A와 B사이에서 널뛰기를 하게 되겠지만, 현실에서는 확고하지는 않지만 장기적으로 영향을 미치는 통치이념이 있기 마련이다. 선진국의 경우는 거의 그러하다.

## 5. 재정지출을 둘러싼 갈등

위에서는 현실의 정치가 통치이념의 범위 내에서 움직인다는 일반적인 현상을 검토하였다. 즉 정치가 비교적 안정적인 민주화된 선진국에서의 일반적인 현상을 검토한 것이다. 그러나 우리와 같이 겨우 선진국 문턱에 들어선 나라들은 말할 것도 없지만, 선진국에서 조차도 간혹 범위를 벗어나는 정치적 결정이나 주장을 보게 된다. 즉 B보다 적은 지출을 주장하거나 실행하려는 극우주의적 정권이 등장하기도 하고 A보다 더 많은 지출을 시도하는 극좌주의적 정권이 등장하기도 한다. 그리하여 정치권에서의 논쟁은 간혹 지배적인 통치이념의 허용범위를 벗어나려고 한다. 그래서 자유주의적 소극정부를 강조하면서 경제를 중시하는 우파와, 복지주의적 적극정부를 강조하면서 복지를 중시하는 좌파 사이에는 끊임없는 논쟁이 계속된다. 이들의 논쟁의 핵심은 경제와 복지의 어디에다 중점을 두느냐이다. 이러한 논쟁의 내용을 간단하게 검토하기로 한다.

정치이념으로 보아 우파들은 사회복지비를 축소하고 법인세를 축소시켜 기업들의 재투자와 연구개발비 증가를 하도록 해야 경제가 발전하고, 경제가 발전해야 미래의 증세도 되고 실업자들이 취업을 할 수 있게 되어 경제위축과 재정파탄을 막을 수 있다고 주장해 왔다. 같은 논리로, 마련된 재정자금은 가급적 경제발전을 위한 기초연구 개발투자 등의 공공투자를 증가시켜야 경제발전을 가져온다고 주장했다. 이러한 우파들의 주장은 1990년대의 공산권 붕괴와 더불어 심화되기 시작한 무역자유화의 조류 속에 기업경쟁력이 국가경제 전체의 운명을 결정하면서부터 더욱 강력해졌다. 그래서 우파들은 조세축소, 기업경쟁력강화, 경제성장으로 국민소득증가와 취업자 증가를 도모해야 한다고 주장하는 것이다. 그리고 이에 따라 작은 정부를 강조하는 신자유주의적 국정운영을 주장한다.

한편, 좌파들은 사회적 약자들의 인간다운 생활을 강조한다. 여러 가지 이유로 경쟁에서 낙오되거나 일을 할 수 없는 사람들, 일할 직장을 갖지 못한 사람들, 태어날 때부터 경쟁력을 갖추지 못한 사람들도 시민다운 최저생활은 보장해야 인간다운 국가가 된다고 주장한다. 이를 위해 법인세, 소득세 등을 인상하여 사회복지비를 조달할 것을 강조하고 있다. 그런데 1980년대부터 컴퓨터와 로봇이 인간의 일자리를 대신하는 정도가 심해지기 시작해서 2010년대 현재로 보면, 너무나 많은 사람들이 정부의 지원을 받아야 하는 처지가 되었다. 대학졸업생들이 제대로 된 직장을 찾지 못하고, 격렬한 경쟁으로 조기 퇴직이 급증하는 속에서 앞에서도 보았듯이 고령화가 여러 가지 복지수요를 증가시키고 있다. 엄청난 숫자의 사람들이 경제적 고통을 당하는 양극화현상이 보편화되었다. 그래서 사회복지비지출이 증가되어야 한다는 주장도 절실하다.

가급적이면 미래세대를 위하여 연구개발 등의 투자를 늘리고 일자리를 만들어서 지금 배고픈 것을 참고라도 미래세대에 부담을 주는 연금 등의 복지비를 감소시키자는 주장이 한 쪽에서 나온다. 아무리 어려워도 지속가능한 성장을 위한 대비를 해야 한다는 주장이다. 그러나 미래도 중요하지만, 지금 당장의 고통이 너무 크다고 호소하는 것을 외면할 수도 없다. 여기에 더하여 극우파와 극좌파의 과격한 주장도 나오는 것이 우리나라의 현실이다. 이리하여 정책결정자들은 양쪽으로부터 공격을 받으면서 대립되는 주장 사이에서 균형을 찾아야 하는 어려움에 고통을 당한다. 이런 고통을 겪으며 해마다 정부에서는 어떻게 예산을 결정할까? 해마다 이루어지는 예산결정의 과정에 대해서는 제9장의 재무행정에서 보다 자세히 살펴보게 될 것이다.

## 요 약

국가는 다양한 기능과 역할을 수행하면서 시민들의 삶을 더 풍요롭게 하고 그들이 자유롭게 생활하도록 기여하고 있는 측면도 있지만, 오히려 개인의 사생활을 침해하거나 경제적 비효율을 유발하기도 한다. 정치적으로 국민의 권리를 보호하고 자유를 신장하며 경제적으로 개인과 기업의 자유로운 생산과 교환활동의 진작하기 위하여 국가는 여러 가지 기능을 수행하고 있다. 그리고 이러한 기능들 간에 정책적 우선순위와 보다 많은 자원배분을 둘러싸고 끊임없는 갈등이 발생한다.

국토방위, 치안, 외교, 경제, 교육, 보건, 복지 등등의 기능은 한꺼번에 채택되어 수행된 것이 아니라 원초적 기능인 국토방위와 내부질서유지를 시작으로 서서히 추가되어 왔다. 이들의 발전과정을 보기 위해서는 근대국가의 등장과 특징을 먼저 이해해야 한다. 현재의 우리나라의 정치체제와 국가기능수행은 선진 유럽국가들의 영향을 압도적으로 받아왔기 때문에 유럽에서 근대국가가 등장하고 진화된 과정을 살펴 보았다. 오늘날 국가의 제도와 기능의 원형이 되는 근대국가는 물리적 강제력의 독점과 관료제를 통한 법치주의를 통해 형성되었다. 국방과 치안을 위해서 인력을 동원하고 물자를 확보하는 경우에 이에 저항하거나, 범죄를 방지하고 질서을 유지하기 위해서는 국가가 물리적 폭력을 행사해야 하고 국민은 이를 수용해야 한다. 폭력의 행사는 국민의 대표기관인 의회의 결정인 법률에 근거해야 하고, 조세의 징수등도 법률에 근거해야 하는 등 법치주의가 다른 또 하나의 기초역할을 하며, 국가의 모든 활동을 규칙과 규정에 따라 움직이는 관료조직을 통하여 행하게 하여 관료제가 또 다른 국가기능의 기반 역할을 하게 되었다. 그리고 국가의 모든 활동에 필요한 재원은 과거의 방식인 국민재산의 임의적 탈취나 전쟁에서의 전리품, 외국식민지에서의 조달 등의 방식에서 탈피하여 국민의 대표기관으로부터 권한을 부여받아 조세를 징수하여 확보하게 되어 근대국가의 또 다른 기능수행의 조건을 충족하였다. 조세제도는 국가운영에 필요한 재정을 확보하는 수단으로서 중요할 뿐만 아니라, 조세의 세원을 확보하기 위한 각종 행정제도를 통하여 국민들의 경제생활에 깊이 침투하고 파악하는 등 부수적인 영향을 미쳤다. 이리하여 근대국가는 기능수행을 위한 기본적 역량으로서 물리적 폭력의 독점적 행사, 법치주의, 관료제 및 법률에 근거한 조세제도를 지니게 되었다. 그리고 이들을 기반으로 하여 국방, 치안 등의 핵심적 국가기능을 수행하게 되었다.

그리고 근대국가에서 형성된 핵심적 국가기능의 토대 위에서 경제발전기능, 복지기능과 규제기능 등으로 국가의 기능이 확장되었다. 시기적으로 보면 가장 먼저 영국이 법치주의와 사유재산 제도의 확립을 통해 산업혁명을 선도하여 정부의 직접적 개입이 없는 경제발전기능수행으로 선진국에 진입하였는데, 독일과 같은 후발국가들은 영국을 추격하기 위해 국가주도적 산업혁명을 추진하여 일류국가로 발돋움하게 되었다. 특히 독일과 같은 후발국가는 선진국인 영국과 달리 유치산업을 육성하기 위해 보호관세로서 선진외국 상품의 국내유입을 억제하는 등으로 국가가 경제에 적극적으로 개입하였다. 그 후 이들 선진국들은 모든 국민이 총동원되어 전쟁을 치루었던 2차 세계대전을 계기로 빈곤층들도 인간답게 생활할 수 있는 복지제도를 대대적으로 도입하여 복지기능을 본격적으로 추진하였다. 한편 자본주의 체제가 독점자본주의로 변질되고 1920년대 말에는 세계대공황을 겪으면서 시장질서의 유지를 위한 독점기업을 통제하기 위한 규제기능을 확대하였다. 한편 서구에 비해 발전이 지체되었던 동아시아에서는 1960년대에 접어들어 정부가 적극 경제발전을 주도하여 성공적으로 경제를 성장시켰는데, 한국이 대표적인 경우로서 검토되었다.

이렇게 역사적으로 진화하면서 확대되고 심화된 기능들은 성격상 핵심기능, 경제발전 기능, 복지기능, 규제기능으로 분류되는데, 구체적으로 국가에 따라 수행하는 기능이나 우선순위가 다르다. 상식적으로는 조세수입, 관료제의 능력 등 국가의 역량에 따라 국가가 중점을 두고 추진하는 기능들의 조합이 결정될 것으로 생각하기 쉬우나, 국가기능 수행양태는 국가역량만으로서 결정되지는 않는다. 예를 들면, 국가의 통치철학도 커다란 영향을 미친다.

국가기능은 역사적으로 끊임없이 확대되어 왔는데, 이는 특정 기능에 대한 요구가 커지면서 이를 수행할 수 있는 국가역량이 커져야 가능하다. 국가역량에는 여러 가지 요소들이 있지만 물적 자원의 확보능력, 즉 재정능력이 제일 중요하다. 국가재정이 풍부하면, 여러 가지 국가기능을 수행할 수 있는 것이다. 그런데 재정능력에서는 국민들의 조세부담능력이 핵심이다. 즉 국민소득이 많아서 조세부담능력이 커지면, 교육・복지・환경보호 등의 다양한 기능을 충분히 추진할 수 있다.

재정지출에 대한 연구 결과, 산업화와 함께 재정적 여력이 커지고 정부가 다양한 정책을 통해 공공서비스를 제공하면서 재정지출이 확대되는 것으로 나타났다. 즉 산업화・도시화가 심화되고 고령화가 진행되면서 재정지출이 팽창되었다. 하지만 이로 인해 정부의 재정능력의 한도를 넘어서는 사태가 발생할 수도 있다. 이와 같은 위험한 상황을 회피하기 위해 1980년대 영국과 미국을 중심으로 한 선진제국들이 공공부분의 개혁과 공공지출축소를 위한 다양한 정책을 추진하였으나, 장기적인 추세를 보면 정부의 공공지출은 크게 줄지 않은 것으로 나타났다.

왜 억제노력에도 불구하고 이렇게 재정지출은 팽창을 계속하는가? 이는 국가기능이 계속 팽창하면서 재정수요를 증가시키기 때문이다. 그렇다면, 1980년대의 영국이나 미국에서와 같은 분야별 재정축소를 할 수는 없는가? 그러나 누구든지 자기분야의 예산은 삭감하지 않으려고 한다. 그래서 정부가 어떤 기능을 얼마만큼 추진해야 하는가를 둘러싼 대립과 갈등이 빈번하게 나타난다.

이 과정에서 통치이념과 정치적 요인이 큰 영향을 미친다. 즉 재정지출의 큰 범위는 조세부담능력 등 사회 경제적 요인에 의하여 결정되지만 그 범위 내에서의 구체적인 지출수준은 통치이념의 영향이 크다. 즉 국가의 통치이념이 작은 정부와 자유주의인 경우에는 재정지출의 최소치가 요구되겠지만, 적극정부와 복지주의인 경우에는 지출 가능한 최대치가 요구될 것이다. 그래서 자유주의적 소극정부를 강조하면서 경제를 중시하는 우파와 복지주의적 적극정부를 강조하면서 복지를 중시하는 좌파 사이에는 끊임없는 논쟁이 계속된다. 즉 우파들은 조세축소, 기업경쟁력강화 등 경제발전을 통하여 일자리를 만들 것을 강조하면서 작은 정부를 지향하는 국정운영을 주장한다. 한편, 좌파들은 사회적 약자들의 인간다운 생활을 강조하며, 이를 위해 법인세, 소득세 등을 인상하여 사회복지비를 증가시킬 것을 강조하고 있다. 이러한 갈등 속에서 구체적으로 어떻게 예산을 배분하는지는 제9장 재무행정에서 검토한다.

# 제 3 장

# 행정활동론 I: 정책형성

§ 들어가는 말 §

수십 년간 고도성장을 누려오던 한국 경제가 유례없는 저성장의 함정에 빠지게 되면서 무수한 사람들이 일자리를 찾지 못해 큰 고통을 겪고 있다. 정부도 일자리 창출을 가장 시급하고 중요한 국정과제로 내세우고 노력을 집중하고 있지만 경제 상황은 호전의 기미를 보이지 않고 있다. 많은 학부모들은 지나친 사교육비의 부담으로 힘겨워하면서 정부가 올바른 교육정책으로 문제를 해결해 주기를 희망해 왔지만 상태가 나아질 것 같지도 않다. 도대체 국가가 본연의 기능을 수행을 위하여 정책을 결정하고 집행하는 과정에서 무엇이 제대로 되지 않았는가? 정책을 올바르게 결정하고 집행하려면 무엇을 어떻게 해야 하는가? 이 장과 다음 장에서는 국가가 행정기능을 수행하기 위하여 펼치는 활동인 정책결정과 집행이 어떠한 과정으로 전개되고 있으며, 현실적으로 극복해야 하는 어려움들은 무엇인지를 살펴보고자 한다.

◆ Section ◆

Section

# 제 1 절 행정활동과 정책과정

우리가 제2장의 국가기능론에서 살펴본 것처럼 현대국가에서 정부는 국토방위, 치안 등의 전통적인 기능뿐만 아니라 교육, 사회, 경제, 환경 등 광범위한 분야에서 다양한 문제를 해결하기 위해 인적·물적 자원을 획득하고 배분하는 기능을 수행하고 있다. 행정활동은 정부가 이러한 기능을 적절하게 수행하기 위해 계획을 수립하고 구체적으로 실행하는 일련의 노력이라 할 수 있다. 이러한 행정활동은 당초에 의도하였던 효과뿐만 아니라 의도하지 않았던 결과도 초래하면서 국민의 삶에 직접적으로 영향을 미친다. 만일 정부가 잘못된 방식으로 행정활동을 펼치게 되면 막대한 공적 자원의 낭비와 사회적 갈등을 유발하여 오히려 국민들의 일상적인 생활에 어려움을 주고 궁극적으로는 인류의 운명에도 부정적인 영향을 미칠 수 있다.

오래 전인 1962년 당시 소비에트러시아연방(소련)이 사회주의 혁명으로 새로 들어선 쿠바 정부를 방어한다는 명분을 내세워 장거리 탄도미사일을 배치하려고 시도한 적이 있다. 미국 영토의 바로 코앞에 치명적인 전략무기를 배치하려고 한 것이다. 이를 저지하기 위하여 당시 미국 케네디 행정부는 소련과의 군사적 마찰을 각오하고 미사일을 운반하는 함정이 쿠바에 진입하지 못하도록 해상봉쇄(blockade) 조치를 취하기로 결정하였다. 이 당시 케네디 행정부의 논의 과정에서 미사일이 배치된 이후에 전투기를 보내 정밀타격(surgical strike)을 하자는 대안도 나왔으나 자칫 잘못되면 소련이 보복에 나설 가능성도 있기 때문에 채택되지 않았다. 사실 해안봉쇄도 소련의 대응여부에 따라 핵전쟁으로 확대될 수도 있었다. 다행히 소련이 군사적 대응을 자제하여 핵전쟁의 재앙은 사라졌으나 2차 세계대전에서 히로시마 원폭의 처참함을 기억하던 수많은 지식인들에게 엄청난 불안감을 안겨주었다. 만일 두 나라의 정책결정자들이 잘못된 선택을 하였더라면 핵전쟁으로 인류 전체가 돌이킬 수 없는 재앙에 빠질 수도 있었다.

사실 라스웰(Lasswell)이 1950년대 초에 정책연구를 크게 강조한 이유도 정책이 잘못 결정되는 경우에 나타날 수 있는 핵전쟁과 같은 치명적 위험을 피하기 위해서였다. 제1장 4절 현대행정학의 변화에서 자세히 보았듯이 1960년대에 이르러 월남전의 교착과 국론의 분열, 흑인폭동 이후의 복지정책 추진에서 나타난 난맥상 등이 겹치면서 올바른 정책결정에 도움을 줄 수 있는 연구가 미국을 중심으로 폭발적으로 증가하게 된 것이다.

## 1. 정책이란 무엇인가?

정책(public policy)이란 무엇인가? 국방정책 · 외교정책 · 교육정책 · 복지정책 등 여러 가지들이 지니고 있는 공통점은 무엇일까? 이들의 공통적 요소를 뽑아보면 다음과 같이 정의할 수 있다. 정책은 "바람직한 사회 상태를 이루려는 목표와 이를 달성하는 데 필요한 수단에 대하여 공적 권위를 지닌 정부기관이 공식적으로 결정한 기본방침"이다. 이러한 정책은 정부가 어떤 목표를 위해 적극적으로 노력하기로 하는 결정인 경우가 대부분이다. 그러나 항상 그러한 것은 아니다. 경우에 따라서 정부는 어떤 문제에 대해서 의도적으로 대응하지 않기로 하는 부정적인 결정을 내릴 수도 있다.

어떠한 목표를 달성하기 위한 결정은 개인이나 사회의 조직도 내릴 수 있다. 예를 들어 대기업이나 주요 대학들도 미래의 성장을 위한 투자방침이나 우수한 인재를 발굴하기 위한 대입전형에 대해 사회적으로 중요한 결정을 내린다. 그러나 이러한 결정이 모든 시민에게 강제되거나 적용되는 것이 아니다. 반면에 정부의 정책은 정치적으로 민주적인 절차와 국가의 헌법과 법령으로 정당성을 공인받은 공적 권위(public authority)에 의해 뒷받침되기 때문에 사회의 모든 구성원들에게 적용되어 구속력을 갖는다. 이러한 점에서 정책은 다른 사회 조직의 결정과 본질적으로 분명하게 구별된다. 그러므로 해당 정책과 관련된 국민들이 그 내용에 영향을 미치려고 노력하게 되는 것이다.

정책은 흔히 대책, 시책, 방침, 계획 등으로 불리기도 하는데 이들은 공통적으로 세 가지 핵심적인 요소들을 포함하고 있다. 즉, 정책목표, 정책수단, 그리고 정책대상집단이다. 먼저, 정책목표는 정책을 통하여 도달하고자 하는 바람직한 상태(desirable state)를 의미한다. 대부분의 정책은 심각한 사회문제를 해결하기 위해서 채택된다. 정부가 미세먼지로 인해 대기오염이 악화되는 문제를 해결하여 청정한 환경을 복원하고자 노력할 수 있다. 이 경우에 바람직한 상태는 사회의 문제를 해결하여 이전의 상태로 회복하려고 하는 치유적 목표에 해당된다. 다른 한편, 과거에 경험하지 못한 새로운 바람직한 상태를 달성하려는 적극적 의미의 창조적 목표도 내세울 수 있다. 예컨대, 정부가 미래 정보기술의 혁신에 맞게 새로운 산업정책을 수립할 수 있는데, 이때 정부는 과거에 경험하지 않은 새로운 바람직한 상태를 달성하려는 적극적 의미의 목표를 세우고 있는 것이다. 이러한 정책목표는 정책과정에서 전개되는 정부의 제반 활동에 대하여 전반적인 방향을 제시하게 된다. 즉, 정책목표는 최선의 정책수단을 선정하는 기준이 되고, 정책집행을 위한 지침이 되며, 정책평가의 기준이 된다.

정책수단은 정책목표를 달성하기 위하여 사용되는 구체적인 도구이다. 정책의 추상적인 목표는 정책수단을 통해 구체적으로 구현되고 정책의 내용도 실질적으로 구성된다. 즉 정책목표와 정책수단은 논리적 상하관계를 바탕으로 하는 목표-수단의 계층제(end-means hierarchy)를 이루게 된다. 예를 들어 정부가 '청정한 환경'을 최상위 목표로 추구한다면 이를 달성하기 위해서 '대기', '물', '에너지'의 분야별로 하위 목표를 설정하고, 다시 각 하위 목표를 달성하기 위해 구체적인 수단을 강구하게 된다. '대기'의 질을 관리하기 위해서 산업시설의 오염물질 배출에 대한 규제, 매연 배출 차량에 대한 환경개선부담금, 대도시 교통량의 억제 등의 실질적 수단이 활용될 수 있다. 이러한 정책수단들은 목표달성의 원인이 된다는 의미에서 목표와 수단 사이에는 인과관계가 있다고 본다.

그런데 정부가 환경정책의 수단을 실제로 실현시키기 위해서는 실질적 수단만이 필요한 것이 아니다. 여기에 더하여 실행적 수단이 필요하다. 실질적 수단을 결정했다고 해서 그 수단이 저절로 실현되는 것이 아니기 때문이다. 매연가스 배출에 대한 규제를 결정했다고 해서 자동차 운전자들이 모두 매연가스 배출을 자발적으로 당장 중단하지는 않는다. 정부가 강제해야 한다. 즉, 정부가 환경부·지방환경청·지방자치단체의 관할권을 정립하고, 조직, 인력 및 자원을 확보하여 추진체계를 갖추고, 매연가스 배출에 대한 조사, 검사, 처벌 등의 직접적 활동을 펼쳐야 한다. 이와 같이 정부가 정책수단을 실현시키기 위해 필요한 조직, 인원, 자원, 권한 등을 실행적 수단이라고 한다. 실질적 수단이 해당 분야의 목표에 따라 달라지는 것에 비해서 실행적 수단은 분야와 상관없이 보편적으로 활용된다고 할 수 있다. 이와 관련하여 실질적 수단을 파악하기 위해서는 분야별 전문지식이 필요하고, 실행적 수단을 마련하기 위해서는 행정학적 지식이 필요하다는 것을 인식할 필요가 있다.

정책대상집단 또는 정책대상은 정책의 내용이 적용되는 집단이나 개인을 의미한다. 매연가스 배출 규제 정책에서 자동차 소유자나 운전자들, 자동차 공장 소유주들이 정책대상집단이다. 여기서 알 수 있듯이 정책은 일부의 사회구성원에게는 혜택을 제공하지만, 다른 집단에게는 손해나 비용을 부담시키게 된다. 전자의 경우에는 정책이 제공하는 서비스나 재화 혹은 보호와 같은 혜택을 누리는 수혜집단이 존재하게 되고, 후자의 경우에는 정책으로 인해 권리나 이익이 제한되거나 희생되는 비용부담집단이 존재하게 된다. 예컨대, 정부가 환경정책의 일환으로 기업의 오염배출을 억제하도록 강제하거나 환경부담금을 부과하게 되면 시민들은 청정한 환경으로 인한 혜택을 향유하게 되지만 기업은 적지 않은 비용을 추가적으로 부담해야 한다. 따라서 사회의 집단이나 개인은 정책의 혜택을 확보하거나 경우에 따라서는 정책으로 인해 발생하는 비용을 부담하지 않기 위해 서로 대립하거나 경쟁적으로 정책결정에 영향을 미치려고 한다.

## 2. 정책의 유형

정부는 수많은 사회적 문제에 직면하고 있고 다양한 목표를 달성하기 위해 노력하고 있다. 따라서 현실에서 정부는 무수하게 많은 정책들을 추진할 수밖에 없다. 국방정책·경제정책·농업정책·교육정책 등은 모두 각각 추구하는 정책목표의 종류에 따라 구별된다. 다른 한편으로 이러한 정책들은 모두 목표와 수단 등의 기본요소를 포함한다는 공통점도 보인다. 정책이 지닌 개별적인 특징에 따라 이를 합리적으로 결정하고 집행하는 방법이 달라지는가 라는 질문이 이론적으로나 실천적으로 중요한 의미를 지닌다. 로위(Lowi)의 정책분류는 이러한 질문에 답하기 위하여 제시되었다. 비록 그 이후에도 다양한 정책유형들이 출현하였으나, 가장 선도적으로 제시되어 중요한 의미를 지니고 있는 로위의 분류를 중점적으로 이해할 필요가 있다.

우리가 가장 익숙하게 알고 있는 유형은 재분배정책(redistributive policy)이다. 정부가 사회계층간 경제적 격차를 완화시키기 위해 사회적 재화를 부유한 계층에서 가난한 계층으로 이전시키는 정책의 유형이다. 대표적으로 누진세를 적용하여 고소득층으로부터 많은 세금을 거두어서 저소득층에게 복지혜택으로 돌아가게 하는 소득정책이 있다. 이러한 재분배정책의 유형은 민간부문의 개인에 대한 정부의 개입이 두드러지게 나타나고 재산을 가진 사람들과 궁핍한 서민들의 이해가 충돌하므로 사회적으로 가시성이 높은 편이다. 그러나 정책 중에는 이와 같이 재분배를 목적으로 하지 않는 다른 유형들도 많다.

배분정책(distributive policy)은 정부가 소득계층에 관계없이 국민들에게 권리나 이익 또는 재화나 서비스를 제공하는 유형이다. 예를 들어 도로, 항만, 댐 등의 사회간접자본 건설, 기업에 대한 보조금 혹은 융자금 지원, 국공립학교의 교육서비스, 보건소의 의료서비스 등이 모두 이 유형에 해당된다. 흔히 공공재를 공급하는 정책이 전형적으로 이 유형에 속한다. 이러한 정책은 계층이나 소득의 차이와 관계없이 다양하고 이질적인 서비스나 혜택을 개별적으로 수혜자들에게 제공한다는 특징을 갖는다. 로위가 주목한 점은 배분정책이 재분배정책과는 다른 양상의 과정을 통해 결정된다는 것이다. 재분배정책은 사회의 경제적 계층에 따라 공통적 이해를 확산시켜 계급적 대립까지 초래할 수 있다. 따라서 재분배정책의 영역에서는 노동조합을 포함한 저소득층의 계급이익을 대변하는 정상조직들과 기업가와 사업가 연합의 정상조직들, 그리고 최고위 정부지도자들이 정치적 타협을 통해 정책을 결정한다고 보았다. 분배정책의 영역에서 정책결정의 양상은 전혀 다르다. A지역에서는 고속도로를 건설하고, B지역에서는 큰 다리를 건설하고, C지역에서는 바이오센터를 건립하는 식으로 예산을 배정할 때에 지역의 국회의원들과 자치단체장들이 서로 도와주고 타협한다. 이 경우에는 마치 여러 마리의 돼지들이 구유(pork-barrel)에 머리를 박고 먹이를 나누어 먹는 것처럼 관련자들이 예산의 범위 내에서 정책의 혜택을 나누어 갖는다. 당연히 정책의 혜택을 둘러싸고 계급이나 계층의 대립도 없고 심각한 정치적 갈등도 발생하지 않는다.

규제정책(regulatory policy)의 영역은 위의 두 가지 정책유형과 전혀 다른 결정의 양상을 보인다. 공장이 유해한 화학물질을 함부로 배출하지 못하게 강제하는 환경정책이나 자동차가 과속하지 못하도록 하는 교통안전정책 등이 대표적인 예이다. 즉 규제정책은 일부 개인들과 집단을 대상으로 재산권의 행사나 행동의 자유를 구속하거나 억제하여 다수의 편익을 보호하는 것을 목표로 한다. 기업 간의 불공정 경쟁에 대한 규제, 환경보호를 위한 규제, 소비자 보호를 위한 규제 등과 같은 정책의 영역에서는 규제의 수혜집단과 비용부담집단의 구별이 명확하여 이들 간의 정치적 갈등이 나타날 가능성이 높다. 대부분의 경우 규제의 각 영역에서 관할권을 가진 의회의 위원회와 행정부의 부처가 이러한 상충적인 이해관계를 조정하게 되고 이러한 과정에서 서로 타협과 흥정을 할 수도 있다. 그러나 소득계층에 관계없이 규제를 받는 경우가 대부분이므로 규제정책에서의 정치적 갈등은 계급적 대립과는 상이하다. 고소득층에 속하는 환경오염업체의 주주들은 강한 규제를 반대하지만, 다른 고소득층 주민들은 강한 규제를 원할 수 있다. 이렇게 힘이 강한 수혜자와 비용부담 집단의 갈등과 대립은 많은 사람들의 주목을 받으면서 공개적인 논쟁과 타협을 통해 정책을 결정하게 된다. 그리고 교육정책이나 보건정책 등 다른 영역에서는 또 다른 찬성과 반대집단이 출현할 수 있다. 즉, 당면한 정책문제에 따라 찬성-반대집단의 구성원이 달라지면서 다원적인 정책결정의 양상이 나타나게 된다. 누구라도 공개적으로 토론과 논쟁이 활발하게 일어나는 규제정책의 결정과정만을 본다면 사회가 다원주의적이라는 결론을 내리기 쉽다.

로위의 분류는 당시 미국 사회를 누가 지배하는가에 대한 엘리트주의자들과 다원주의자들 사이에서 벌어지고 있던 맹렬한 논쟁 속에서 나왔던 것이다. 한편에서는 미국 사회가 소수 상위계층의 엘리트에 의하여 지배되고 정책도 이들에 의해 좌우된다는 엘리트주의가 있었고, 다른 한편에서는 미국은 다원주의 사회로 정치권력이 분산되어 있고 다양한 사회세력들이 대립하고 타협하며 정책을 결정한다는 다원주의가 있어서 서로 충돌하고 있었다. 로위는 다원주의자의 관점이 규제정책의 결정과정에서는 타당하지만, 재분배정책에서는 엘리트주의가 더욱 타당하다고 지적한 것이다. 한걸음 더 나가서 분배정책과 같이 매우 다양하고 이질적인 서비스나 혜택을 다수의 수혜자에게 별다른 경쟁이나 갈등이 없이 나누어주는 유형도 존재한다. 따라서 엘리트주의나 다원주의의 어느 것도 모든 유형의 정책과정을 설명할 수 있는 유일한 관점은 아니라고 주장하였다.

이러한 로위의 관점은 정책의 특성에 따라서 한 국가에서도 다양한 사회적 이익들이 표출되고 경쟁하는 다원주의적 양태도 나타날 수 있고 소수의 정책결정자들과 특권적 사회집단이 주도하여 정책의 방향을 결정하는 엘리트주의적 양태도 나타날 수 있다는 것을 보여 주고 있다. 따라서 현대사회에서 정부가 대응해야 하는 사회적 쟁점들이 무수히 많고 정책의 영역도 다양하므로 정책과정에 참여하는 행위자들의 범위와 상호작용에 대해서 다원주의 혹은 엘리트주의의 특정 관점을 적용하여 편협하게 이해할 수 없다는 점을 시사한다.

## 3. 정책과정과 정책학의 연구대상

정책학은 정책을 올바르게 결정하고 집행하기 위한 논리나 지식을 탐구하는 학문이다. 이를 위해서는 정책이 결정되고 집행되는 과정을 체계적으로 이해해야 한다.

<그림 3-1>은 정책학의 대상인 정책과정의 제반 활동을 도식화한 것이다. 정책과 관련하여 활동을 수행하는 주체는 정치체제이다. 이때 정치체제는 정책의 결정 및 집행과 관련된 여러 가지 활동을 수행하는 정부기구의 집합체로 정의할 수 있다. 다음 그림에서 점선으로 표시된 큰 사각형이 정치체제 또는

**그림 3-1** 정책과정의 개요

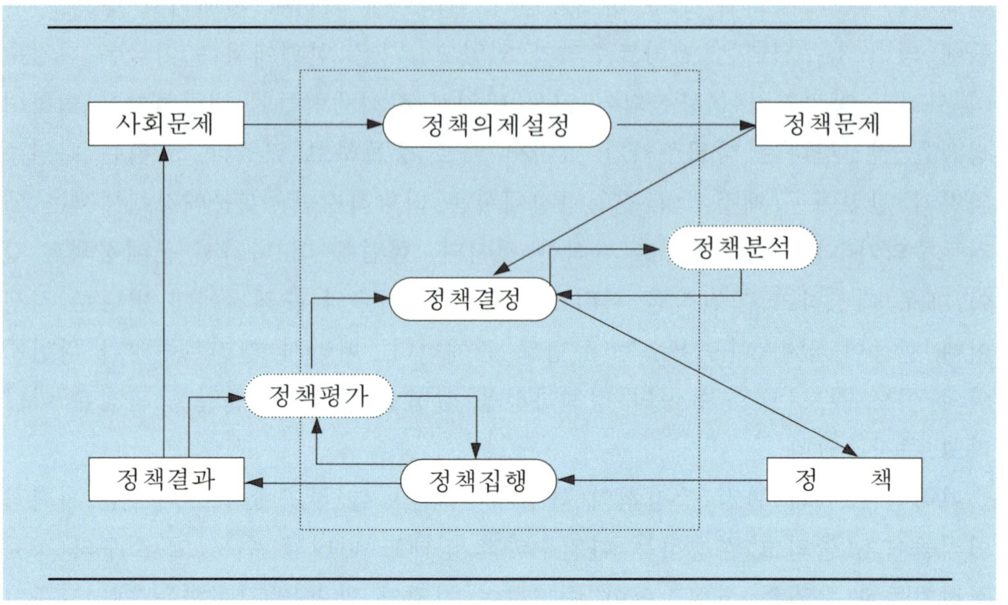


출처: 정정길 외(2010: 14)

정부기관을 상징적으로 표시한다. 그림에서 작은 사각형들은 각각 환경에 존재하거나 정치체제가 환경으로 내보낸 산출을 의미한다. 작은 타원형들은 정치체제가 공식적으로 수행하는 핵심적인 활동이다. 즉 의제설정 · 정책결정 · 정책집행 등은 정치체제의 공식적인 활동이다. 한편, 점선으로 나타낸 타원형은 정책과정의 정부활동에 필요한 지식을 제공하는 분석적 활동을 나타낸다. 이 점선의 타원형이 정치체제와 환경의 양쪽에 다리를 걸치고 있는 것은 정책분석과 정책평가가 정치체제의 공식적 활동이기도 하지만 민간부문에서 이를 수행하여 정치체제에 결과를 반영시킨다는 것을 나타낸다. 이러한 정책과정의 각 단계별로 주요 활동을 간단히 검토하면 다음과 같다.

정부는 사회적으로 대두된 심각한 문제를 해결하기 위해 정책을 수립하고 집행한다. 그런데 사회에는 무수하게 많은 문제들이 발생하기 때문에 정부는 제한된 자원과 능력으로 인해 그 중에서 극히 일부만을 고려할 수밖에 없다. 정책의제설정(agenda setting)은 정부가 무수하게 많은 사회문제의 일부를 선별하여 해결하기 위해 공식적인 고려의 대상으로 정하는 의사결정이다. 이러한 정책의제설정은 정책과정의 첫 단계로서 이후의 과정에 큰 영향을 미치게 된다. 정부가 어떤 문제를 고려의 대상으로 선택하는지에 따라 정책의 내용과 수단이 달라질 수 있는 것이다.

정책결정은 정부가 공식적인 의제로 정한 사회적 문제를 해결하기 위해 목표를 설정하고 이를 달성하는 데 필요한 여러 대안들을 검토하여 최선의 방안을 선택하는 활동이다. 이때 보다 바람직한 정책결정을 위해서 정책분석이 필요한 지식을 제공하게 된다. 이상적으로 정책결정은 합리적인 분석에 바탕을 두는 것이 바람직하다. 즉, 정부가 해결해야 할 문제와 달성하고자 하는 목표를 명확히 제시하고, 정책대안을 광범위하게 탐색하며, 각 대안의 미래 결과를 예측·비교하여 최선의 대안을 선택하는 절차를 따르면 좋다. 그러나 현실의 정책결정에서는 다양한 제약요인으로 인해 합리적인 과정으로 대안을 찾으려는 노력이 좌절되는 경우가 많고 심지어는 합리적으로 대안을 탐색하려는 시도조차 없는 경우도 많다.

정책집행은 정책결정자들이 만든 정책의 내용을 실제로 이행하는 과정을 의미한다. 즉, 행정기관의 담당자들이 주어진 정책목표를 달성하기 위해 필요한 정책수단들을 구체화하고 이를 시민과 집단에게 적용하는 활동을 포함한다. 구태여 말할 필요도 없이, 정책의 훌륭한 목표를 달성하기 위해서는 정책집행이 성공적으로 이루어져야 한다. 아무리 바람직하고 합리적인 정책이라 하더라도 집행활동이 부실하면 목표를 달성하기 어렵고 의도하였던 효과도 거둘 수 없다.

정책평가는 집행활동으로 정책목표가 어느 정도 달성되었는지 또는 집행과정이 계획한 대로 충실하게 이루어졌는지를 판단하는 활동이다. 이를 위해서 정책집행의 과정과 결과에 대해 과학적이고 체계적인 평가가 이루어진다. 정책분석이 사전적으로 정책대안의 미래 결과를 예측하고 이에 근거하여 정책대안을 비교·평가하는데 반해서 정책평가는 정책이 결정되고 집행된 이후에 사후적으로 검토한다는 측면에서 구별된다. 이러한 정책평가는 향후 후속적인 정책결정과 집행에 유용한 정보를 제공하고 해당 업무를 수행한 담당자의 책임성을 확보하는 데 근거를 마련해 준다.

정책학의 형성을 선도한 라스웰(Lasswell)은 정책 연구의 주된 관심이 정책과정에 집중된다고 보았다. 그는 정책학의 연구내용은 정책과정에 '관한' 연구와 정책과정에서 '필요한' 연구로 나눌 수 있다고 보았다. 이 중에서 정책과정에 관한 연구는 실제로 정책이 어떻게 결정되고 집행되는지에 대한 실증적인 연구이다. 이론상으로 합리적인 결정방식이 있는데도 현실에서는 비합리적으로 진행되는 이유가 무엇인가? 왜 현실에서는 효율적으로 집행이 이루어지지 못하는가? 등과 같은 질문에 대해 답을 얻기 위해서 현실의 정책의제설정·정책결정과 집행활동을 연구하는 것이다. 현실의 정책과정에 대한 실증적 지식은 정책과정이 전개되는 실태를 정확하게 이해하고 이를 개선하기 위해서도 필수적이다.

일반적으로 정책과정에서 필요한 지식은 크게 세 가지로 나누어 볼 수 있다. 첫째, 정책이 결정되고 집행되는 방식을 개선하는 데 사용될 수 있는 규범적·처방적 지식으로서 다양한 정책에 공통으로 적용될 수 있는 각종 분석기법이나 평가기법 등을 포함한다. 둘째는 구체적인 분야에서 개별 정책에서의 해결해야 할 문제, 해결방안, 그리고 실질적 정책수단에 관한 이론적 지식이다. 국방정책·교육정책·경제정책 등등에 관한 지식으로서 제1장에서 국가기능에 관한 분야별 전문지식으로 논의했던 것이다. 이들은 개별 학문분야에서 축적된 지식과 정보를 활용하기 때문에 과정중심의 정책학에서 크게 다루어지지는 않는다. 셋째, 개별 정책에 관한 정보나 실제의 해법이 아니라 다양한 정책의 결정·집행·평가의 제반 과정에 공통적으로 적용할 수 있는 보편적인 이해이다. 이 셋째의 것은 앞에서 언급한 정책과정에 '관한' 연구에 해당된다. 정책학은 이상의 세 가지 지식 가운데 첫째와 셋째 것을 주로 연구하여 축적한다. 즉, 정책학은 현실의 정책과정에 관한 실증적 지식(정책의제설정·정책결정·정책집행)과 정책과정에서 활용할 수 있는 정책분석 및 평가의 엄정한 절차와 기법(정책분석·정책평가)을 주로 취급한다.

Section

# 제 2 절 정책과정 참여자와 주도집단

정책은 일부 국민에게는 혜택을 주지만, 다른 국민들에게는 비용이나 희생을 부담시키기도 하므로 국민들 각자는 자신에게 유리한 방향으로 정부가 정책을 결정하고 집행하기를 원한다. 이 과정에서 사회적 갈등과 대립이 당연히 발생하게 되고 이를 민주적인 결정 과정을 통해 완화하게 된다. 국민은 선거를 통하여 대표자들을 선출하고 이들이 국민들의 의사를 대변하지 못하면 다음 선거에서 낙선시켜 정치적 책임을 지게 한다. 정책과정의 공식적인 참여자는 이와 같이 국민에 의해 선출되거나 권한을 위임받은 공직자들이다. 일반 국민이나 단체들은 비록 공식적 권한을 지니지 않았으나 정책과정에 참여하거나 영향을 미칠 수 있다. 최근에는 정보통신수단의 다양화와 인터넷의 발달로 정책과정에서 시민들의 참여가 크게 확대되고 있는 추세이다.

## 1. 공식적 참여자

정책과정에 가장 중요한 역할을 하는 것은 공식적 권한을 지닌 참여자들이다. 바로 대통령과 국회가 정책결정과 집행 등의 활동에서 정치적 책임을 지고 가장 핵심적인 결정권을 행사한다. 대통령은 행정 각 부처의 장·차관 등 정무직과 일반 행정관료에게 자신이 보유한 권한의 일부를 위임하므로 행정부의 관료조직도 정책과정의 공식적 참여자이다. 흔히 권력분립 체제에서 의회는 정책의 일반적인 방향을 결정하고 대통령과 행정부는 집행을 담당하는 것으로 생각하기 쉬우나, 현대에 이르러서는 행정부가 정책의 내용을 실질적으로 결정하가나 의회가 구체적인 집행과정에까지 끊임없이 관여하는 경향도 강해지면서 권력분립뿐만 아니라 권력분담(separate but shared powers)이 국가운영의 기본방식이라고 이해하게 되었다.

국회는 국민의 직접 선거를 통해 구성되는 대표기관이다. 국회와 국회의원들은 사회의 다양한 요구를 반영하여 의제를 정하고 법률을 제정하여 정책의 근간을 형성하는 기능을 한다. 뿐만 아니라, 국회는 정책집행 과정에서도 예산 및 결산 심의, 정기적으로 행하는 국정감사, 정책질의 등을 통해서 행정부의 활동에 커다란 영향을 미친다. 과거 우리나라의 권위주의 시대에는 국회가 너무 위축되어 정책결정에서 제 기능을 하지 못하였으나, 민주화 이후 2016년 현재로 보면 행정부에 대한 간섭이 너무 심해서 지장을 준다는 지적까지 나올 정도로 정책과정에 대한 국회의 영향력이 커졌다. 정책에 관한 의회의 관할권은 각 영역별로 상임위원회에 부여되어 있어 분권적이라 할 수 있다. 이러한 국회의 분권적 관할체제는 각 정책영역에서 민주성과 전문성을 증진시키기도 하지만 국가 전체적인 관점에서 다양한 정책들을 조율하는 데에는 한계를 보이기도 한다.

대통령은 정부의 최고책임자로서 국정의 전반적인 방향을 정한다. 이는 대통령이 유일하게 국가 전체 선거구에서 수렴되는 광범위한 지지를 바탕으로 선출되어 강력한 정치적 정당성을 보유하고 있기 때문에 가능하다. 또한 대통령 중심제에서 행정부의 수반으로서 광대한 관료제 조직을 통솔하기 때문에 정책의 실질적 이행에 대해서도 책임과 권한을 갖는다. 정책과정에서 대통령의 영향력은 헌법기관의 구성, 입법적 권한, 행정적 권한 등의 공식적 자원과 국민의 지지, 의회 원내정당의 지원과 같은 비공식적 자원에 의해 그 수준이 결정된다. 대통령을 직접 보좌하는 청와대 비서실 조직의 정치적·행정적 능력에 따라서도 실질적 영향력의 수준이 크게 좌우된다.

행정부의 관료조직, 즉 행정기관은 국회와 대통령이 결정한 정책을 집행하는 것을 주된 임무로 하고 있다. 그러나 실제로 행정기관의 영향력이 정책의 집행에 국한되는 것은 아니다. 행정조직의 상층부에 있는 장관·차관 등의 정무직 공직자들은 비록 선거로 선출되지는 않지만 대통령의 권한의 일부를 직접 위임받아 행사하면서 대통령의 정치적 책임을 분담한다. 이들이 다시 행정관료들에게 자신의 권한의 일부를 위임하여 업무를 수행하므로 어떻게 보면 행정부 전체가 직·간접적으로 대통령과 정치적 책임을 공유하는 셈이다. 행정기관은 정무직 행정가들의 정치적 리더십과 해당업무 분야에서 축적한 관료들의 전문적 지식과 정보를 바탕으로 대통령의 의사결정에 상당한 영향을 미친다. 또한, 행정기관은 정부법안제출, 위임입법, 규칙제정 등을 통해 법령의 내용을 구체화함으로써 국회의 정책결정에도 영향을 미칠 수 있다.

사법부도 정책과정에 영향력을 행사하는 제도적 장치를 지니고 있다. 구체적으로 사법부는 의회의 법령 및 행정행위의 합목적성과 합헌법성에 대해 공식적인 판단을 내림으로써 정책과정에 영향을 미친다. 우리나라에서 법원과 헌법재판소의 독립적 위상과 역할이 증대함에 따라 행정부 및 국회에 대한 사법적 통제도 강화되었다고 할 수 있다. 그러나 정책과정에 대한 사법부의 개입은 법령이 제정되거나 행정행위가 이루어진 이후에 사후적(ex post facto) 판단으로 제한된다는 점에서는 한계를 보인다.

## 2. 비공식적 참여자

국민들은 대부분의 경우 대통령, 국회의원 등을 선출하여 이러한 대표자들로 하여금 공식적인 결정권을 행사하도록 한다. 그러나 당면한 사안에 따라서는 국민들도 정책과정에 직접적으로 참여하거나 공식적 결정자들에게 영향력을 행사하여 간접적으로 참여하기도 한다. 비공식적 참여자로서 시민들은 개인으로 영향력을 행사하기도 하지만 유의미한 정책의 변화를 위해서는 이익집단이나 시민단체에 참여하거나 정당과 같은 정치집단의 활동에 참여하여 조직적으로 강한 영향력을 행사하기도 한다.

정당은 비슷한 정치적 성향을 지닌 사람들의 결사체로서 다양한 사회구성원들의 요구를 정책대안으로 묶어서 의회와 대통령 및 행정부에 요구하는 이익결집 기능을 수행한다. 즉, 공식적 결정권자들에게 국민들의 다양한 이해관계를 단순화시켜 정책결정을 보다 쉽게 해주는 역할을 한다. 그러므로 정당은 사회구성원들의 요구를 정책문제로 전환시키는 의제설정에 큰 영향을 미친다. 최근 주요 정당들이 산하 정책연구소를 확대하는 등 전문적 정책역량을 제고하기 위해 노력하고 있으나 아직도 합리적인 토론과 타협을 통해 정파적 이해의 균형을 찾는 능력은 부족하다. 뿐만 아니라 우리나라의 정당은 통치이념과 중요 정책에 대한 입장에 따라 대립하는 정치인들의 결사체라기보다는 정치지도자들의 개인적인 인기와 능력에 따라 이합집산을 반복하고 있어 발전된 민주체제의 보수–진보의 이념적 구도나 다당제 국가의 다양한 이념적 대표와는 다른 모습을 보인다.

비슷한 이해관계를 가진 사람들이 모여 이익집단을 구성하고 자신들의 이익을 추구하기 위해 활동한다. 민주국가에서는 국민들이 주권자이지만 개인으로서는 아무런 영향력을 행사할 수 없기 때문에 같은 처지의 사람들이 힘을 모으고 세력을 키우는 것은 당연하다. 이러한 연유로 경제인연합회, 자동차공업협회, 의사회, 노동조합 등 무수한 이익집단들이 생겨나게 되었다. 이들은 자신들을 괴롭히는 사회문제를 해결해 달라고 요구하여 의제설정에 압력을 가하고, 문제해결을 위한 정책내용이 자신들에게 유리하도록 결정과정에 영향력을 행사한다. 과거에 약국에서 의사의 처방도 없이 의약품을 조제하는 것을 둘러싸고 의사회와 약사회가 대립하여 오랫동안 갈등을 일으켰던 사례에서 볼 수 있듯이 특정 이익집단이 격렬하게 반대하여 국가의 정책이 결정되지 못하고 표류하는 사태도 흔히 발생한다. 이익집단의 과도한 개입은 공익을 해치기도 한다. 미국에서는 이익집단과 담당행정부서, 그리고 국회상임위원회가 철의 삼각(iron triangle)을 구축하고 각 분야에서 정책과정을 독점하다시피 하면서 좌우한다는 주장이 강력하다.

이익집단과 비교되는 것이 전체의 이익을 위하여 결성된 공익집단이다. 공익집단 혹은 비정부기구(NGO)는 시민의 자발적인 참여와 연대를 기초로 공익을 추구하는 사회조직을 의미한다. NGO는 공익을 증진시키기 위해 사회적 이슈에 대한 시민의 입장을 정부에 전달하고, 전문적·정치적·중재적 수단을 활용하여 정책결정에 참여한다. 또한 최근에는 정부의 공공서비스 전달을 위한 협력적 거버넌스의 파트너로서 중요한 역할을 한다. 반면에 이러한 공익집단의 일부는 대외적으로 공익의 추구를 표방하면서 내부적으로는 사익을 추구하거나 특정한 이슈에 대하여 매우 편향된 입장을 고집하면서 비합리적인 행태를 보이기도 한다.

미디어와 언론도 정책과정에서 공익집단과 유사한 기능을 한다. 신문·방송 등 미디어와 언론기관은 잘 알려지지 않은 사건이나 문제를 보도하여 사회적 이슈로 쟁점화하고 확산시키기도 한다. 이러한 사실과 정보의 전달도 정책의제를 형성하는 데 결정적인 역할을 한다. 또한 언론은 여론을 형성하고 전달하는 기능을 통해 정책과정에도 참여한다. 언론은 행정부·의회·이익집단 등 정책주체들의 다양한 입장을 소통시키는 과정에서 독자적인 관점과 해석의 프레임(frame)을 구성하고 정책문제와 해법에 대한 여론이 형성될 수 있도록 주도할 수 있다. 최근에는 온라인 미디어가 오프라인 언론기관에 필적할 정도로 상당한 영향력을 행사하고 있다. 이러한 신생 미디어 매체의 문제는 제10장의 전자정부와 행정에서 언급하게 될 것이다.

사회의 문제가 다양하고 복잡해지면서 문제를 해결하기 위해서 전문적인 지식이 더욱 필요하게 되었다. 이에 따라 정책과정에서 분야별 전문가들의 영향력이 커지고 있다. 다양한 분야에서 활동하는 전문가들이 중심이 되는 싱크탱크와 정책공동체들이 부상하고 있다. 싱크탱크는 전문적 연구를 통하여 정책과정에 아이디어와 지식을 제공하며 행정부에 진출할 정책전문가의 풀(pool)로서 기능하기도 한다. 또한 분야별로 대두되는 현안에 대해 서로 관심을 공유하면서 비교적 느슨하게 연결된 정책공동체의 활동은 정책내용의 합리성을 제고할 뿐만 아니라 다양한 관점과 요구를 취합하는 통로로서 기능한다.

## 3. 정책과정의 주도집단

### 1) 전통적인 지배집단 논쟁: 대중민주주의와 엘리트지배

오래전 19세기 중반 서구의 사회주의자들은 자본주의 국가에서 보편적인 시민권의 확립과 민주적 정부운영이 궁극적인 정치적 이상으로 내세워졌으나 실제로는 특권 귀족과 신흥자본가들이 국가기구를 장악하여 노동자 계급을 착취하고 있다고 주장하였다. 즉, 경제적 지배계급이 자본을 축적하고 자신들의 하수인을 정부의 지도자들로 만들거나 포획하여 자신들만의 계급이익을 증대시킨다고 비판한 것이었다. 물론 그 당시에는 현재 우리들이 알고 있는 수준에서 민주주의에 기반을 두고 정부를 운영하였던 국가는 거의 없었다고 볼 수 있다. 심지어 정치적으로 가장 선진적이라고 알려진 영국·미국·유럽의 국가들도 오늘날 우리가 기대하는 수준의 민주적 제도를 확립하여 운영하지는 못했다.

고전적 엘리트주의자들도 서구의 여러 국가에서 등장한 대중민주주의의 이상은 사회의 지도계급(leadership class)이나 엘리트에 의한 정치·경제적 지배를 정당화하기 위해 내세워진 보기 좋은 허울에 지나지 않는다고 비판하였다. 미헬스(Michels)와 같은 학자는 대규모 사회조직이나 정치체제에서 모든 구성원이 직접 참여하는 민주적 운영은 불가능하다고 보았다. 실제로 대부분의 구성원들은 공적인 문제에 대해 무관심하여 관여하지 않으려 하고 소수의 엘리트들만이 공적인 결정을 내리는 권한을 행사하게 되는 경향이 있다고 보았다. 결국 아무리 민주주의를 표방하는 정치조직과 사회에서도 거의 예외 없이 소수의 엘리트가 다수의 일반 구성원들을 지배하는 과두체제(oligarchy)가 출현할 수밖에 없다는 것이다.

이러한 유럽의 사조에 영향을 받아 1950년대 일군의 학자들이 당시 미국도 겉으로는 대중민주주의를 표방하고 있으나 실질적으로는 일반시민들이 아니라 소수의 엘리트가 정치·경제·사회의 모든 영역에서 지배력을 행사한다고 주장하였다. 대표적으로 밀즈(Mills)는 정부·군대·기업의 다양한 분야의 핵심적인 엘리트들이 학연, 경제적 이해, 혈연을 기반으로 긴밀한 공생관계를 유지하고 자신들의 기득권을 유지할 수 있도록 현재의 사회질서를 보전한다고 주장하였다. 즉, 거대한 군산복합체, 고등교육기관, 정치·행정기구 등 각 부문에서 최상위층을 장악한 권력엘리트(power elite)는 정부로 하여금 자신들의 특권적 지위와 특수한 이해를 보호하는 정책을 수립하도록 강력한 지배력을 행사한다는 것이다. 특히 거대하고 강력한 군산복합체(military-industry complex)가 당시 미국 사회와 정치에 엄청난 영향력을 행사한다고 보았다. 거대 군수산업체의 자본가들과 군부엘리트들이 연합하여 불경기가 심해지면 전쟁을 일으켜 군수물자의 생산을 늘리고 자본주의 경제체제를 유지한다는 것이다. 기본적으로 과거 식민지에서 저렴한 원료를 공급받아 비싼 완성품을 팔아먹기 위해 벌인 제국주의 쟁탈전은 물론이고 강대국들 간에 벌어진 세계대전도 이러한 군산복합체의 음모로 촉발되었다는 것이다.

### 2) 실증적 지역사회 연구를 통한 논쟁: 엘리트주의와 다원주의의 격돌

사회의 지배구조에 관해 엘리트주의에 맞서는 다원주의는 지역사회에 대한 실증주의적 연구를 통해 나타나게 된다. 헌터(Hunter)는 1950년대 미국 조지아주 애틀란타의 권력구조(power structure)를 심층적으로 연구하였다. 그는 당시 애틀랜타에서 공식적으로는 정부의 공직에 있지도 않은 기업인, 정치인, 성직자 등 40여명의 명망가들이 실질적으로 권력을 행사한다는 연구결과를 발표하였다. 특히 이러한 엘리트의 대부분은 기업과 은행의 명망가들이었다. 당연히 지역 엘리트는 경제와 금융에 관련된 이익을 보호하는 것에 관심을 집중하였고 노동자·사무원·전문직, 흑인 및 여성의 이익을 배제하였다. 이후 이러한 연구결과를 일반화하여 당시 미국 사회 전체도 애틀랜타와 유사한 권력구조를 가지고 있으며 기업과 금융의 엘리트의 지배를 받는다고 보았다. 그러나 이 연구는 저명인사들에게 누가 큰 영향력을 행사하는가를 직접 물어보는 방식의 조잡한 조사에 의존하는 방법론의 문제가 기업엘리트(corporate elite) 지배론의 치명적인 한계로 지적되었다.

이러한 헌터의 연구에 맞서 미국 다원주의를 대표하는 달(Dahl)은 자신이 근무하던 예일대학이 소재하고 있는 소도시 뉴헤이븐의 사례를 치밀하게 조사하였다. 그는 이 도시의 150여 년에 걸친 역사 기록을 분석하여 과거에는 이 지역에서 소수의 부호 가문들이 정치와 경제를 지배하였으나 20세기에 들어서면서 폴란드와 이탈리아 등에서 건너온 후발 유럽이민자들이 정치를 장악하게 되었다는 것을 밝혔다. 이 지역에서 전통적 유력가문은 자신들의 이해와 직결되는 아주 작은 분야에서만 영향력을 행사하고 있었고, 이들의 자손 중에서 우수한 자들은 지역보다는 연방정부의 정치에 더욱 관심을 가지고 있다는 것을 발견하였다. 이러한 지역엘리트는 도시의 구성원들을 지배하는 것이 아니라 오히려 이들의 이해를 대표하는 정치적 책임성(political accountability)

을 추구하였다. 결국 다양한 지역과 분야를 대표하는 엘리트들이 각양각색의 선호와 이해를 의사결정에 투입하는 폴리아키(polyarchy)를 형성하고 있다고 보았다. 즉, 당시 미국 사회가 비록 모든 대중이 직접 국가의 정책결정에 참여하는 완전한 민주주의를 갖추지는 않았지만 다양한 분야와 지역을 대표하는 지도자들이 저마다 국가의 운영에 참여하고 영향력을 행사하는 다원적 체제라고 해석하였다.

다원주의의 관점에서 미국 사회는 유럽국가에서 흔히 볼 수 있는 것처럼 좌-우 혹은 보수-진보의 이념적 대결로 인해 극단적으로 대립하지는 않는다고 해석된다. 다원화된 사회의 시민들은 국가의 정책결정 과정에서 갈등을 일으키는 여러 집단들에 중복적으로 가입하고(overlapping membership), 하나의 이슈에서 대립되는 집단들이 다른 이슈에서는 연합을 형성하는 식으로 역동적으로 변화하기 때문에 사회의 정치적 균열구조도 서로 얽히게 된다(cross-cutting cleavages). 따라서 다원화된 사회에서는 특정 이슈를 중심으로 장기적이고 극단적인 충돌이나 대결의 양상이 지속되기보다는 다양한 이슈를 둘러싸고 상이한 이해관계를 가진 집단들이 상호 타협과 조정을 통해 사회적인 균형(equilibrium)을 유지하게 된다고 본다.

### 3) 권력의 부정적 의제 통제: 신엘리트주의

앞에서 살펴본 것처럼 달(Dahl)의 연구는 미국 다원주의의 이론을 체계화한 것으로 높이 평가되었다. 그러나 그의 연구가 발표된 지 불과 1년이 지난 후에 뉴헤이븐에서 흑인 폭동이 발생하였다. 1960년대 초 미국 전체를 휩쓴 인종 갈등의 일부였으나 정작 본인도 자신의 연구에서 아무런 조짐도 발견하지 못했던 것이다. 도대체 당시 미국 학계의 대표적인 학자가 왜 이러한 실수를 하였을까?

많은 학자들이 내세운 이유 중에서 가장 설득력 있는 주장이 바흐라흐(Bachrach), 바라츠(Baratz)와 같은 신엘리트주의자들이 제시한 권력의 양면성(two faces of power) 논리이다. 이들의 주장에 따르면 정치권력에는 두 가지 측면이 있다. 하나는 토론과 논쟁을 하면서 결정권을 행사하는 공개적이고 공식적으로 작동하는 측면인데, 이 부분에 대해서는 다원주의의 실증적 지역연구가 파악하였다고 볼 수 있다. 다른 한편은 은밀하고 비밀스럽게 작동을 하는 어두운 측면의 권력인데, 이것은 특정이슈가 표면화되어 공개적인 정책문제가 되는 것 자체를 방지하는 방식이므로 쉽게 관찰되지는 않는다.

상식적으로 일단 무슨 문제든지 이슈로 부상하여 언론에서 크게 취급하고 많은 사람들이 관심을 갖게 되면 자연스레 정책결정자들이 이에 대해 공개적으로 토론과 논쟁을 벌이게 된다. 이 과정에서 문제의 해결에 찬성하는 집단과 지식인들이 정책적인 방안을 제시하게 된다. 이때 엘리트들은 자신들에게 불리한 정책이 결정될 가능성이 큰 문제에 대해서는 아예 사회적 관심을 받지 못하도록 이슈화 자체를 막아버리려 한다. 이러한 어두운 측면의 권력은 기득권 계층을 중심으로 사회의 지배집단들이 휘두르는 숨겨진 무기라 할 수 있다. 과거에 상당한 기간 동안 흑인들의 비참한 생활과 비인간적인 처우 문제가 공개적으로 거론되지 않거나 여성의 참정권이나 생존을 위한 최저임금에 대해 아예 초보적인 인식과 논의조차 없었던 것처럼 사회 전체의 지배적인 통치이념도 어두운 측면의 권력을 형성하기도 한다. 이러한 어두운 권력의 은밀한 작동을 관찰하기 어렵기 때문에 객관적이고 명백한 증거를 중시하는 실증적 연구가 포착할 수 없었던 것이다. 이러한 비판이 이슈가 어떻게 사회적으로 부상하고 정책의제로 채택되는지에 대한 연구로 이어지게 되었다.

### 4) 절충론과 국가자율성 이론

지금까지 살펴 본바와 같이 정책과정에서 어떤 집단이나 계층이 주도적으로 최종 결과에 영향을 미치는가에 관해 다양한 관점들이 상충하고 있다. 만약 우리가 엘리트론자의 관점을 따르면 사회의 일반대중들과 사회적 약자들이 일상생활에서 겪게 되는 여러 가지 문제와 고통에 대해서 정부가 적극적으로 해결하려고 나서는 것을 기대하기 어렵다. 반면, 우리가 다원주의자들의 관점을 취하면 엘리트의 특권적 이익이 아니라 다양한 사회적 이익이 조직화되어 다양한 채널을 통해 결정과정에 접근하고 정부는 이러한 사회적 영향에 반응할 것이라고 생각하게 된다. 이러한 지배집단 논쟁에서 핵심 쟁점은 사회·경제적으로 우위를 점하고 있는 집단이 정치권력과 국가기구에 배타적으로 영향력을 행사하여 사회 전체의 균형을 깨뜨리느냐의 문제로 귀결된다. 여기에서는 이 문제와 관련하여 두 가지의 비판적인 주장만을 살펴보기로 한다.

첫째는 로위(Lowi)의 절충론이다. 이미 앞에서 살펴본 바와 같이 로위는 정책문제의 특성과 이를 해결하려는 정책과정의 양태가 모두 다양하다고 주장한다. 재분배정책의 영역에서는 고소득층과 저소득층이 상충하는 계급적 이익을 중심으로 대립구도를 형성하고 이들을 대표하는 정상조직과 국가의 최고책임자가 타협을 통해 갈등을 해소한다는 엘리트론자들의 관점이 어느 정도 타당하다. 그러나 규제정책의 영역에서는 정책수혜집단과 피규제집단이 서로 대립하게 되고 당면한 이슈에 따라서 해결주도 집단이나 해결 방식이 다양하므로 다원주의자들의 설명이 타당하다. 더 나아가 배분정책의 영역에서는 이질적인 혜택의 성격을 지닌 분배가 집단이나 지역 사이에 서로 충돌하지 않는 상호불간섭(mutual non-interference)의 양태로 나타난다. 결국 로위는 한 국가에서도 정책영역의 특성에 따라서 다양한 정치적 양태가 나타나기 때문에 엘리트론, 다원주의, 상호불간섭 중의 어느 하나만이 타당하다는 주장은 성립하지 않는다고 본다.

둘째는 국가론자들의 자율성 이론이다. 이들은 마르크스주의자들과 엘리트론자들의 주장과 달리 국가권력과 정부기구가 경제 사회적 지배집단에 종속되는 것은 아니라고 본다. 또한 이들은 다원주의 관점이 설명하는 것처럼 사회의 다양하게 조직화된 이익집단들이 저마다 다양한 경로로 국가기구에 영향을 미치는 것도 아니라고 본다. 정부기관을 핵심으로 하는 국가권력은 사회의 지배적 집단이든지 다양한 이익집단이든지 그들의 영향력으로부터 벗어나 자율적으로 기능한다는 것이다. 이때 정부는 사회의 엘리트 혹은 대중의 투입에 수동적으로 반응하는 존재가 아니고 그 자체로 추구하는 이익과 목표를 가진 독립적이고 적극적인 행위자로 간주된다. 따라서 정부는 국가의 목표와 이익에 따라 사회의 조직과 대중을 선도하기도 하고, 규율하기도 하며, 때로는 억압하기도 한다. 이러한 국가자율성의 관점에서 정부는 사회의 압력과 영향에 소극적으로 반응하는 역할만을 수행하는 것이 아니라 국가의 목표를 제시하고 사회로부터 이에 대한 지지와 자원을 동원하여 적극적으로 추진하는 역할을 한다고 본다.

역사적으로 정치적 발전에 따라 권력은 다양한 분야와 집단으로 점차 분산되어 온 것이 사실이다. 정치권력을 직접 행사하는 당국자들의 권위도 약화되었고, 사회에서 강력한 힘을 발휘하던 자본가 계급이나 노동조합의 영향력도 이전만 못하다. 이와 같이 사회가 다원화되어가면서 정책의 유형이나 문제의 성격에 따라 정책과정을 주도하는 집단도 달라진다. 이렇게 권력이 분산되고 주도집단도 유동적으로 변화하는 상황에서 정부가 장기적으로 국가발전의 계획을 세워 일관되게 추진하거나 사회문제의 현안들을 해결하기 위해 정책을 결정하는 일이 과거와 같이 일사천리로 이루어지지 않는다. 정부가 정책과정에서 이해관계와 입장이 복잡하게 얽혀 있는 다양한 사회 세력들로부터 지지나 동의를 구하기 때문이다. 이러한 거시적인 사회 환경의 변화를 감안하면서 과연 정부는 어떻게 정책의제를 설정하고, 정책을 결정하는지를 아래에서 살펴보기로 한다.

Section

## 제 3 절 정책의제설정(Agenda Setting)

### 1. 정책의제설정이란?

사회에는 무수히 많은 문제들이 출현하기도 하고 사라지기도 한다. 다양한 이해와 가치를 추구하는 사람들이 서로 다른 조건에 처해있으면서도 한 공동체의 일원으로서 함께 살아가기 때문이다. 우리가 일상생활 속에서 옆집 부부가 밤늦게 자주 다툼을 벌여 잠을 설칠 때도 있고 출근길의 전철에서 눈이 마주친 맞은 편 사람이 불쾌한 표정을 지어 곤혹스러울 때도 있다. 이렇게 개인적으로 이런저런 불편을 겪는다고 해서 그럴 때마다 마음 편하게 살 수 있도록 정부에게 대책을 세워달라고 요구할 수는 없는 노릇이다. 그래서 수많은 사회문제들 중에서 극히 일부만이 정책문제로 정해지고 정부는 이를 해결하고자 공적인 자원과 인력을 투입하고 노력하게 된다.

정책의제설정은 정부가 다양한 사회적 쟁점과 문제들 중의 일부를 공식적 해결의 대상인 정책문제로 선별하는 과정을 의미한다. 정책의제는 정부가 해결을 위하여 심각하게 검토하기로 결정한 사회적 문제와 쟁점들이다. 앞의 예에서 보듯이 모든 사회문제를 정책문제로 채택하지는 않는다. 여기에는 여러 가지 이유가 있지만 현실적으로 정부가 보유한 자원, 지식, 능력이 제한되어 있기 때문이다. 앞의 절에서 지적했듯이 사회 전체의 분위기나 지배적인 통치철학도 그러한 선택에 영향을 미친다. 따라서 사회적 문제와 이슈들이 한정된 정책의제의 목록에 포함되기 위해서 서로 치열하게 경쟁할 수밖에 없다. 일단 어떤 사회적 문제가 정책의제로 채택되면 문제해결을 둘러싼 지지 세력과 반대 세력의 대결 구도가 형성되고 개인이나 조직의 정치적 활동이 촉진되어 다음의 정책과정에까지 지속적으로 영향을 미치게 된다. 정책의제화의 결과에 따라서 정책대안의 실질적인 범위가 한정되고 후속적인 정책결정과 정책집행이 달라질 수 있는 것이다.

## 2. 정책의제설정의 과정

정책의제설정도 사회문제가 정부의 공식적인 의제로 채택되기까지 일련의 단계로 더욱 세분하여 구분할 수 있다. 즉, 개념적으로 정책의제설정의 단계는 사회문제(problem)-사회적 쟁점(issue)-공중의제(public agenda)-정부의제(governmental agenda)의 순서로 이루어져 있다. 사회에는 무수히 많은 문제들이 존재하지만 이들이 모두 사회문제인 것은 아니다. 어떤 문제의 관련 당사자가 많고 유사하게 고민하거나 고통 받는 사람이 많아지면 개인이나 집단의 차원을 넘어서 일반대중이 그 심각성을 인식하게 되는 사회적 차원의 문제가 된다. 이렇게 잠재된 문제는 대중의 관심사로 부상하는 과정을 통해 사회문제로 증폭된다.

사회적 쟁점은 일반대중으로부터 관심을 끌지만 그 본질적 원인과 속성에 대한 구체적 정의나 해결 방법에 대한 합의가 어려워 사회구성원 사이에 논쟁의 대상이 되는 문제를 의미한다. 끊임없는 논쟁의 대상이 되는 대학입시제도나 지나친 과외수업 등이 대표적이다. 개인과 집단의 가치관과 시각이 다양한 다원주의 사회일수록 이러한 사회적 쟁점이 나타날 가능성이 높다.

콥(Cobb)과 엘더(Elder)는 의제의 유형을 크게 공중의제와 정부의제로 구분하고 있다. 공중의제(혹은 체제의제-systemic agenda)란 사회적 쟁점 중에서 사회구성원의 대다수가 관심을 보이고 정부의 개입과 해결을 정당하다고 인정하는 사회문제들이다. 이러한 공중의제 중의 일부가 선별적으로 정부의제(혹은 제도의제-institutional agenda)가 되는데, 이것은 정부가 문제해결을 위해 심각하게 고려하기로 공식적으로 채택한 사항들이다. 어떤 문제로 고통 받는 집단은 자신과 관련되어 있는 공중의제를 정부의제로 변환하기 위해서 상징을 활용하거나, 집단행동에 나서거나, 언론에 호소하는 다양한 방식으로 대중적 관심을 확대하는 이슈확산(issue expansion)의 전략을 사용한다. 일반적으로 민주적인 국가에서 공중의제가 이슈확산의 과정을 통해 사회적으로 그 시급성과 중요성이 부각되고 정치적 지지와 압력을 축적하게 되면 정부 당국이 그것을 공식적인 정부의제로 채택할 개연성이 높아진다.

## 3. 정책의제설정에서 정치권력의 영향

정책의제설정과정은 주도집단과 참여자, 정치적 요소, 문제의 특성 등 다양한 요소에 의하여 영향을 받는다. 앞에서 상세하게 살펴본 바와 같이 사회의 지배집단 또는 주도적 참여자에 관련된 논쟁이 정책의제설정에 대한 이론적 논의의 시발점이 되었다. 이를 정책의제설정의 맥락에서 다시 한 번 간략하게 살펴볼 필요가 있다.

엘리트주의는 소수의 특권계층이 정책과정에서 주도적으로 참여하고 이들이 국가의 정책을 좌우한다고 보는 입장이다. 특히, 다원주의를 비판하면서 등장한 신엘리트주의자들은 의제설정 과정에서 작용하는 엘리트 권력의 양면성에 주목한다. 이들에 따르면 권력에는 두 측면이 있는데, 표면적으로 드러나는 측면과 표출되지 않은 잠재된 측면이 있다. 특히 표출되지 않은 어두운 측면의 권력은 주로 정책결정 이전에 이루어지는 정책문제의 선정과 의제설정에 큰 영향을 미치게 된다. 앞에서도 검토하였지만, 엘리트들은 자신들에게 유리한 이슈들이 정부의 정책의제에 포함되도록 하고, 자신들에게 불리한 문제들에 대해서는 논의되지 않도록 아예 봉쇄한다는 것이다. 이렇게 엘리트들이 자신들에게 불리하다고 생각되는 문제들이 부상하지 않도록 사전에 막는 것을 무의사결정(non-decision)이라고 한다. 요컨대 신엘리트론자들은 사회의 특권집단이 일반대중이나 약자의 목소리를 차단하여 자신의 지위와 이익을 보존하려 한다고 본다.

반면 다원주의론은 소수의 엘리트가 정부의 모든 정책영역에서 지배적 영향력을 행사한다는 주장에 반대한다. 즉 정책과정에서 정치적 영향력과 권력이 사회의 다양한 영역에 분산되어 있다고 본다. 그리하여 다원주의자들은 어떠한 사회문제에 대한 요구도 정치체제에 투입될 수 있다고 주장한다. 국가의 권력을 장악한 엘리트라 할지라도 이들은 내부에서의 경쟁 때문에 일반시민들의 요구에 민감하게 반응할 수밖에 없다. 분권화되고 준독립적인 기능을 하는 정부기구들은 이러한 경향을 더욱 강화시키게 된다. 즉 형식적으로 정책결정의 권한이 소수에게 집중된 상태일지라도 실질적으로는 다수에 의한 정치가 이루어진다고 본다. 일반시민의 다양하고 상충적인 이해는 이익집단의 활동을 통해 정책과정에 투입되고 정책결정자들은 중개자나 중립적인 심판자의 역할을 하는 데 머무를 수 있다. 따라서 다원주의론자들은 사회문제가 정책의제로 설정되는 것은 엘리트에 의해 통제되지 않고 다양한 사회집단의 상호작용에 따라 결정된다고 본다. 교육문제는 학부모와 교육계 인사들과 지도자들이, 노사문제는 기업대표와 노동조합이, 환경문제는 시민단체와 공해배출업체들이, 교통문제는 운수업체, 지방정부 등이 주도하는 것과 같다.

## 4. 정책의제설정 과정의 다양성

현실에서 정책의제설정과정이 반드시 사회문제-사회적 쟁점-공중의제-정부의제의 순차적으로 동일한 경로를 따르는 것이 아니라 다양한 양태로 전개될 수 있다. 정책의제설정은 그것을 주도하는 집단이 누구인가에 따라 전개과정이 달라질 수 있다. 이러한 다양한 과정은 다음과 같이 몇 가지 유형으로 분류된다.

외부주도형은 정부 외부에 있는 집단이 자신들에게 피해를 주고 있는 사회문제를 해결해 달라고 요구하여 사회적으로 쟁점화하고 공중의제로 전환시켜 결국 정부로 하여금 공식적 의제로 채택하도록 하는 의제설정과정이다. 이슈에 대한 사회적 관심이 증폭되고 확산되는 과정에서 언론과 정당의 역할도 중요하다. 이 유형은 이익집단의 활동이 활발하고 정부가 외부의 요구에 민감하게 반응하는 특징을 보이는 다원화된 사회의 민주적인 정치체제에서 가장 빈번하게 나타난다.

동원형은 외부주도형과 정반대로 정부 내부의 정책결정자가 주도하여 정부의제를 만들어 내고 이에 대한 일반대중의 관심과 지지를 확산시키는 과정이다. 정부의 지도자들의 지시에 의해 하향식으로 특정한 사회문제가 먼저 정부의제로 채택되고 그 이후에 일반대중의 지지를 확보하기 위해 정부 당국의 선전과 교육을 통해 공중의제로 변환된다. 이러한 양태는 주로 정부의 권력이 엘리트에게 집중되어 있고 민간부문의 이익집단이 취약한 권위주의체제에서 많이 나타난다. 우리나라도 경제개발 시대에 이러한 경우가 많았다. 국가적으로 시급한 경부고속도로 건설의 필요성을 제기하거나 중화학공업 발전을 추진하는 사례에서 대통령을 중심으로 하는 동원형 의제설정의 과정이 있었다.

내부접근형은 정부기관 내의 고위 관료집단이나 외부에 있는 소수의 특권집단이 최고정책결정자에게 접근하여 자신들이 관심을 갖는 문제를 정부의제로 변환하는 과정이다. 동원형의 경우에는 최고통치자나 고위정책결정자가 의제형성을 주도하는 데 반해 내부접근형은 이들보다 낮은 지위의 고위관료와 특권계층이 의제형성을 주도하여 최고결정권자들에게 비공개적으로 제시하는 특징을 보인다. 또한 동원형에서는 정부 당국자들이 정부의제를 일반대중에게 확산시켜 공중의제로 전환시키는 데 반해, 내부접근형에서는 정부의제에 대한 일반대중의 접근을 차단하고 공중의제화의 과정을 억제하는 매우 불투명한 과정이 나타난다. 따라서 일종의 음모형이라 할 수 있다.

## 5. 다원주의적 사회에서의 의제설정: Kingdon의 다중흐름모형

권력이 분산된 다원주의적 사회에서 정부가 새로운 정책의제에 대해 관심을 갖게 되는 과정을 체계적으로 이해하고, 이 과정에서 작용하는 영향 요인들과 그들 간의 인과적 관계를 파악하는데 도움이 되는 것이 킹던(Kingdon)이 다년간의 연구를 통해 발전시킨 다중흐름모형(multiple streams framework)이다. 이 이론은 의사결정을 설명하는 쓰레기통 모형－이에 대해서는 나중에 상세하게 살펴본다－에 기반을 두고 정립되었다. 다중흐름모형에 따르면 정책의제의 설정은 문제(problems), 대안(policy proposals), 정치(politics)의 세 가지 요인에 의해 결정된다. 이들 세 요인들은 상호독립적인 상태에서 시간의 경과에 따라 유동적으로 움직인다고 보아 '흐름'(stream)으로 표현된다.

많은 사회문제들이 주목도 받지 못하고 해결되지 않은 채로 시간이 지나가도 계속 존재하는데 이를 비유적으로 문제의 흐름이라고 한다. 예를 들면 학교폭력은 언제나 존재하는 문제이다. 평소에는 별 주목을 받지 못하다가 매를 맞던 약한 학생이 자살하여 언론에 보도되면 비로소 일반대중의 주목을 받게 된다. 남해안을 지나다니는 여객선들은 평소에도 많은 안전문제를 지니고 있다. 간혹 대형여객선의 침몰과 같은 큰 재난이 발생해야 비로소 해양안전 문제에 대한 사회적 관심이 생겨난다. 즉 특별한 계기가 없다면 이러한 문제들은 사회적 관심에서 벗어난 채 수면 아래에 계속 머물러 있다.

어떤 문제를 해결할 방안에 대한 아이디어도 다양하게 존재하면서 시간을 따라 흐르고 있다. 여객선 안전문제를 해결하기 위해서 선박의 수리와 점검을 철저히 해야 하고, 낡아빠진 선박을 제때에 폐기시키고, 과다한 인원의 승선을 금지시켜야 한다. 이러한 대책들은 이미 과거부터 알려져 있는 대안이다. 다만 실제로 정부의 정책으로 채택되어 강력하게 이행되지 않았을 뿐이다. 대안의 흐름은 주로 개별 이슈를 중심으로 형성되어 있는 정책공동체(policy community)에서 관료, 학자, 연구원 등의 전문가들이 정책에 대한 다양하고 창의적인 아이디어들을 제시하고 서로 의견을 수렴하면서 내용이 풍부해지고 다듬어진다. 교통 혹은 해양안전 분야에서 특별하게 현안이 되는 문제가 없더라도 주무부처의 관료, 대학, 국책연구소의 전문가들이 상시적으로 학술세미나나 공청회를 열어 안전정책의 다양한 대안에 대해 수시로 토론하고 의견을 수렴하곤 한다.

어떤 문제에 대한 해결책이 강구되기 위해서는 그러한 정부의 선택이 이루어질 수 있는 정치적인 지지와 정당성이 확보되어야 한다. 정치의 흐름은 의제 설정에 영향을 미칠 수 있는 정치세력, 전반적인 이념적 성향, 조직화된 압력의 변화를 의미한다. 구체적으로 정치의 흐름은 국정의 전반적인 방향에 대한 국민여론의 변화, 선거주기에 따라 나타나는 정치적 연합의 변화, 사회적으로 조직화된 압력의 발생에 따라 흘러간다. 거시적으로 국민여론은 한동안 보수적인 방향으로 흘러서 지나친 정부개입의 확대에 걸림돌이 되기도 하고 반대의 방향으로 변화하기도 한다. 4년 혹은 5년에 한 번씩 규칙적으로 돌아오는 선거 때가 되면 기존의 여당이 의회를 계속 장악하기도 하고 야당 세력이 새로운 다수당으로 등장하기도 한다. 이와 같은 거시적인 정치환경의 변화는 비록 개별 이슈에 직접 닿아있지는 않더라도 잠재적인 아젠다들이 수면위로 부상할 수 있는 조건을 조성해 주는 것이다.

이러한 문제, 대안, 정치의 세 흐름은 평상시에 서로 독립적으로 흘러간다. 특정한 사회문제가 큰 주목을 받지 않아도 정책공동체에서는 무수히 많은 정책아이디어들이 생산되고 토론될 수 있다. 또한, 문제가 생겨나고 해결책에 대한 아이디어들이 있어도 결정적인 정치적 계기가 없으면, 이들은 서로 결합되지 않은 채 독자적인 흐름이 지속된다. 이러한 상태에서 새로운 정책의제가 채택되기 위해서는 상호독립적인 세 흐름들이 결합(coupling)되어야 한다. 이러한 문제, 대안, 정치 흐름의 결합은 오직 '기회의 창'(window of opportunity)이 열렸을 때에만 가능하다. 킹던(Kingdon)에 따르면 기회의 창은 주로 문제의 흐름에서 대중의 광범위한 관심을 끌어내는 초점사건이나 대규모 재난과 같은 위기가 발생하는 경우에 열린다. 또한 정치의 흐름에서 선거주기를 통해 집권세력의 교체가 이루어질 때에도 열릴 수 있다. 예를 들면 교통이나 해양안전에 대해 강한 정부규제를 주장하는 정당과 해당 업계의 자율적인 관리를 주장하는 정당이 서로 경쟁하다가 특정 세력이 집권하게 되면 기존의 안전정책에 대폭적인 변화가 생길 수 있는 기회가 되는 것이다. 따라서 문제의 흐름에서 열리는 기회의 창에 대해서는 예측하기 어려운데 반해서, 정치의 흐름에서 선거주기에 따라 열리는 기회의 창에 대해서는 상대적으로 예측이 가능하다.

이러한 독립적인 흐름의 결합과정에서 중요한 역할을 하는 행위자의 부류가 정책창도가(policy entrepreneur)이다. 이들은 사회적 이슈에 대한 관심, 전문적인 지식, 정치적 역량을 갖추고 있는 관료, 전문가, 정치인들이다. 이들은 비록 성공적인 정책의 결과에 대한 불확실성이 크다고 하더라도 지속적으로 자신의 자원과 역량을 투입하여 기회의 창이 열리도록 노력한다. 또한, 이들은 미리 예견하지 못한 계기에 기회의 창이 열리는 순간을 놓치지 않고 문제, 정책, 정치의 흐름을 결합시키기 위해 항상 준비한다. 예를 들어 재난안전 전문가들은 대형 해양사고로 인해 재난안전 문제가 사회적으로 부각되고 재난과 위험에 대한 규제를 강화해야 한다는 정치세력의 목소리가 높아질 때 그러한 기회를 놓치지 않고 이미 준비하였던 강력한 안전규제의 방안을 제시함으로써 정부가 새로운 정책방향으로 선회하도록 한다.

Section

## 제 4 절 정책결정 I: 합리적·분석적 관점

정부의 당국자들이 무수히 많은 사회적 문제들 중에서 특정한 것에 대해 관심을 갖고 공식적인 정책의 의제로 채택하면, 다음 단계에서는 그렇게 의제화된 문제들을 해결하기 위해 대책을 수립하는 정책결정을 해야 한다. 정부는 정책문제의 본질을 파악하여 이를 해결하거나 완화하기 위한 정책수단을 선택하게 된다. 누누이 지적했듯이 정책학은 '어떻게 하면 보다 합리적으로 정책을 결정할 것인가'라는 질문에 대한 답을 얻기 위해 등장하였고, 이러한 문제의식이 심각하게 제기된 1960년대를 기점으로 미국을 중심으로 폭발적으로 성장하였다. 합리적-분석적 결정은 해결해야 할 문제의 속성을 밝히는 것으로부터 시작하여 해결 방안의 선택에 이르는 과정에 이르기까지 정책결정자가 지적 능력을 최대한 발휘하여 과학적으로 분석하고 최선의 방안을 선택하는 일련의 과정이다. 이는 의사결정의 합리모형이 제시하는 과정과 일치한다.

합리모형은 정책결정자가 문제를 분석할 수 있는 지적인 능력을 갖추고 최선의 방안을 선택할 수 있는 합리적인 행위자이라고 가정한다. 합리적인 의사결정자는 해결해야 할 문제와 달성해야 할 목표를 명확하게 정의하고, 다양한 정책대안들을 포괄적으로 탐색하며, 각 대안의 모든 기대되는 결과를 예측하고, 정책대안을 정확하게 비교 평가하여 최선의 방안을 선택한다. 요컨대 체계적이고 분석적인 활동을 통해 해결해야 할 문제를 정확히 파악해서 올바른 정책목표를 설정하고 이를 달성할 수 있는 최적의 정책수단을 선택하는 일련의 과정이 합리적-분석적 정책결정이다. 여기서는 규범적으로 정책결정자들이 따르면 바람직한 것으로 보이는 합리-분석적 정책결정의 내용과 논리를 과정적인 측면에서 다루어 보고, 현실적으로 의사결정자가 봉착할 수 있는 여러 가지 제약요인과 한계는 무엇인지에 대해 살펴보기로 한다.

## 1. 정책결정에 대한 합리적-분석적 이론의 내용과 논리

### 1) 정책문제의 정의와 목표설정

합리적-분석적 정책결정의 첫 번째 단계는 정책결정자가 당면한 사회적 쟁점이 어떤 본질을 내포하는지를 규명해서 정책문제로 정의하고 이를 토대로 달성하고자 하는 목표를 설정하는 과정이다. 대도시 교통문제가 심각하여 많은 시민들이 고통을 당하고 있다면 우선 이를 정책문제로 정의해야 한다. 즉 시민들이 정확하게 왜 불편을 겪는지 알아야 한다. 이를 위해서는 정책문제의 구성요소를 판별해야 한다. 대중교통을 이용하는 서민들은 출퇴근 시간에 지하철이나 버스가 꽉 차서 고통스러운가 하면, 자가용을 이용하는 중산층은 차량이 너무 많아서 발생하는 교통혼잡으로 장시간 운전대를 잡고 있기 때문에 고통스러워 한다. 단순히 교통문제라고만 인식하지 말고 두 가지 측면 중에서 어느 것을 우선적으로 해결해야 하는지 밝혀야 한다. 이러한 문제의 정의는 어떤 상황이나 조건으로 인해 고통 받는 피해집단의 규모와 성격 그리고 피해의 강도 등을 명확하게 밝혀야 제대로 정의할 수 있다. 그리고 문제의 각 측면들을 초래하는 원인을 파악하여 이를 해결할 수 있는 수단들을 탐색할 때 고려해야 한다.

이와 같이 문제나 그 구성요소를 해결하여 상황이나 조건을 개선하는 것이 정책의 목표이다. 위의 예에서 대중교통의 서비스 질을 향상시키거나 교통혼잡을 해소하려는 것이 구체적인 정책목표가 된다. 두 가지를 모두 중요한 목표로 설정할 수 있으나 대부분의 경우에는 그 중에서 어느 것에 우선적으로 집중해야 하는지를 정하는 것이 핵심인 것이다. 그래서 문제에 대한 명확한 정의가 바로 정책목표를 설정하는 것이라고 볼 수 있다. 이때 문제의 어떤 측면에 우선순위를 두면 다른 측면이 희생될 수밖에 없다. 따라서 목표설정을 둘러싸고 사회적 갈등이 발생하게 된다. 의료서비스의 문제를 해결하기 위하여 비싼 치료비를 인하시키는 것이 아니라 서비스의 질을 향상시키는 데에 집중하면 의료서비스 가격이 상승하여 치료비가 인상되고 고소득층과 저소득층의 이해 대립을 초래하는 것과 같다. 본질적으로 정책목표의 설정은 대립되는 가치 사이에서 선택을 해야 하는 가치판단의 영역이다. 그러한 이유 때문에 결국 정책목표의 설정은 이해관계와 가치의 대립을 조정하는 정치적 과정을 거치게 된다.

정책과정의 모든 단계에서 사회적 쟁점을 정책문제로 명확하게 정의하고 바람직한 정책목표를 설정하는 것은 가장 중요한 과제이다. 그 이유는 정책목표가 최선의 정책수단을 선정하는 기준이 될 뿐만 아니라 정책집행과 평가를 위한 길잡이가 되기 때문이다. 이러한 역할을 제대로 하려면 정책목표는 사회구성원들에게 규범적으로 바람직한 것으로 수용되어야 함은 물론이고 관련당사자들이 쉽게 이해할 수 있을 정도로 가능한 구체적이고 명확해야 한다.

합리적-분석적 관점에서 정책목표가 얼마나 바람직하게 설정되었는지를 판단하는 기준으로 적합성과 적절성을 고려할 수 있다. 정부가 사회 전체의 차원에서 가장 심각하고 시급한 문제요소를 해결하는 것을 목표로 설정하였다면 그러한 정책목표는 적합성이 높다고 평가할 수 있다. 다른 한편, 정책목표가 문제해결의 의도하였던 효과를 거둘 수 있는 수준보다 지나치게 높거나 혹은 낮게 설정되지 않았다면 적절성을 확보하였다고 본다. 만약 정책목표가 적합성과 적절성을 확보하였다면 그러한 목표는 합리적으로 설정되었다고 판단할 수 있다. 그러나 현실에서 과연 문제의 어떤 측면을 우선적으로 해결하는 것이 사회 전체적으로 바람직한지에 대해 쉽게 판단할 수는 없다. 오히려 정부의 당국자들이 오해나 편견에 사로잡혀 편향된 목표를 설정할 수도 있고, 설령 사회적으로 바람직한 목표를 안다고 하더라도 정치적 압력에 밀려서 엉뚱한 방향으로 비합리적으로 설정하기도 한다.

### 2) 정책대안의 탐색

정책결정자가 문제를 정의하고 해결하고자 하는 목표를 설정하고 나면 이를 달성하기 위한 수단들을 탐색하여 이들을 적절하게 배합하는 정책대안들을 마련해야 한다. 즉 정책문제의 정의와 정책목표의 설정에 이어 다음 단계에서 진행되는 활동이 정책대안의 탐색이다. 여기에서 정책수단(policy means)과 정책대안(policy alternative)의 차이를 명백히 할 필요가 있다. 정책수단은 정책목표의 달성에 직접적인 원인이 되는 개별적인 방법들을 말한다. 반면에 정책대안은 정책목표와 이를 달성하기 위한 수단들의 다양한 배합 혹은 묶음을 지칭한다. 예컨대 대도시의 교통을 원활하게 하겠다는 정책목표를 달성하기 위해 당국자는 지하철 건설, 버스노선의 신설, 도로의 확장 등을 검토할 수 있다. 이 때 지하철 건설, 버스노선의 신설, 도로의 확장은 각각 개별적인 수단이다. 교통소통의 원활화는 이러한 개별적 수단으로 각각 추진될 수도 있고

'지하철+버스', '지하철+도로', '버스+도로', '지하철+버스+도로'와 같이 개별수단들을 다양한 방식으로 묶어서 여러 가지 정책대안을 도출할 수도 있는 것이다.

합리적-분석적 관점에서 의사결정자는 수단에 대한 폭넓은 탐색을 통해서 정책목표를 달성할 수 있는 가능한 많은 정책대안들을 도출하여 포괄적으로 고려해야 한다. 가능한 다양한 정책대안을 도출하기 위해서는 먼저 정책목표와 인과적인 관계로 연결되어 있는 다양한 정책수단을 광범위하게 탐색해야 한다. 이때 정책결정자가 고려할 수 있는 정책수단에 대한 탐색의 범위는 창의적인 아이디어, 과거의 경험, 다른 지역이나 나라들의 경험, 이론적인 연구결과 등 다양한 원천을 활용해야 대폭 확대될 수 있다.

### 3) 정책대안의 결과예측

합리적-분석적 정책결정의 세 번째 단계는 정책대안의 결과를 예측하는 것이다. 결과예측은 정책 대안이 채택되어 집행되었다는 것을 가정하고 미래에 나타날 수 있는 효과를 대안의 실현 이전에 미리 추정하는 활동이다. 사실 정책대안의 미래 결과를 미리 예측하는 것은 합리-분석적 정책결정에서 가장 어려운 과제라고 할 수 있다. 전문적인 능력과 시간이 부족한 정책결정자들을 위해 전문적인 분석능력을 가진 분석가들이 도움을 줄 수 있는 단계이기도 하다. 이러한 필요성 때문에 학자들과 연구기관들이 결과예측을 위한 다양한 분석기법을 지속적으로 개발하고 있다.

정책결정자는 대안들이 가져올 결과에 대해 정확하게 예측하기 위해 해당분야 전문가들의 도움을 받아 다양한 방법을 활용하게 된다. 정책대안이 가져올 결과를 예측하는 방법은 크게 비분석적인 방법과 분석적인 방법이 있다. 비분석적 방법으로 흔히 사용되는 것이 주먹구구식의 직관적 판단과 과거의 정책이나 외국의 정책결과에 의존하는 모방이 있다. 이러한 비분석적인 방법이 많은 약점과 한계를 지니고 있음은 두말할 나위가 없다. 분석적인 방법으로는 모형을 이용하는 방법, 정책 실험의 방법, 그리고 전문가들의 지식과 식견을 활용하는 집단토의 및 델파이 방법이 있다. 이러한 분석적인 방법을 통한 예측결과를 토대로 할 때 정책결정이 보다 합리적으로 이루어질 것으로 기대하는 것이다.

모형(model)은 현실의 본질과 특성을 간명하게 추상화한 것이다. 우리가 관심을 가지고 있는 현실의 현상이나 상황은 매우 복잡한 요소들로 구성되어 있다. 이 중에서 가장 중요하고 특징적인 요소만을 선택하여 간명하게 추상화한 것이 모형이다. 정책대안의 결과예측을 위해 모형을 활용하려면, 먼저 정책분석의 목적에 따라 문제 상황과 관련한 인과구조의 모형을 구성해야 한다. 이를 위해서는 첫째, 해결해야 할 정책문제를 명확히 정의하고, 정책문제 발생의 원인 및 정책대안의 가능한 결과들을 판별해야 한다. 둘째, 문제의 개별 원인들과 결과변수 사이에 존재하는 영향관계의 방향과 강도를 파악해야 한다. 정책수단은 모형에 나타난 특정 원인변수를 조작하는 것이고, 예측되는 결과는 의도하는 정책목표로 모형에서 결과변수의 상태로 관측된다. 이때 원인변수의 수준과 인과관계의 강도를 나타내는 파라미터를 알면 정책대안의 결과를 예측할 수 있는 것이다. 외환시장의 혼란으로 외국인 투자가 급속도로 해외로 유출되면서 달러 가치가 폭등하는 상황을 가정해 보자. 정부는 이를 정책문제로 인지하여 외환시장에서 달러 가치의 안정을 정책목표로 설정하고 이를 달성하기 위해 금융기관이 보유하고 있던 달러를 시장에 공급하는 정책수단을 검토할 것이다. 정부는 외환시장에 공급해야 하는 금융기관의 달러의 규모를 정해야 한다. 이때 적절한 달러 공급이 바로 대안이고, 이에 대해 결정을 내리기 위해서 이용하는 달러의 등락을 좌우하는 수요-공급의 도식이 인과모형이다. 이를 토대로 일정 규모의 달러 공급이 외환시장이 어떻게 변화될지 결과를 예측하는 것이다.

정책실험을 통한 결과의 예측은 전면적인 정책을 실시하기 이전에 소규모로 일정 정책대상집단에게 시험적으로 실시하여 정책대안의 결과를 파악하는 방법이다. 정책실험은 앞에서 살펴본 모형에 기반을 둔 결과의 예측이 극히 불확실할 때 사용하게 된다. 모형 자체의 오류나 상황에 대한 정보의 부족으로 결과의 예측이 불확실한 경우가 많은데, 이때는 사회적 실험 방법을 통하여 특정 정책대안의 결과를 추정할 수 있는 것이다. 그러나 이러한 실험에 의한 예측 방법은 많은 시간이 소요되고, 실험대상에 대한 윤리적인 문제가 제기될 가능성이 있기 때문에 흔히 활용되지는 않는다. 이러한 정책실험의 방법에 대해서는 제4장에서 다시 상세하게 다룬다.

앞에서 살펴본 바와 같이 정책대안의 결과는 여러 가지 방법을 활용하여 예측할 수 있다. 하지만 합리적-분석적 결정에서 가장 어려운 과제가 바로 정책대안의 결과예측이다. 현실에서는 매우 다양한 요인들이 복합적으로 작용하고 영향을 미쳐 순수하게 대안의 실현을 통해 얻을 수 있는 결과를 예측하는 것이 매우 불확실하기 때문이다. 그래서 분석적 결정의 한계를 지적하는 비판적 논리들은 주로 이러한 부분에 공격을 집중한다. 실제로 의사결정자의 분석 능력은 현실적으로 크게 제약되어 있기 때문에 합리적-분석적 관점이 이러한 비판에서 벗어나기도 어렵다. 정책결정자이 지닌 지적능력의 한계-이를 합리성의 한계라고 한다-를 인정하고 현실의 정책결정이 실제로 이루어지는가를 설명하는 다양한 이론들은 나중에 제5절에서 상세히 검토한다.

### 4) 정책대안의 비교·평가 및 선택

정책대안들의 결과를 예측하고 나면 다음 단계에서는 대안들을 서로 비교할 수 있는 기준을 확립하고 적용하여 상대적인 우열을 평가해야 한다. 이를 합리-분석적 정책결정의 네 번째 단계인 정책대안의 비교·평가라고 한다. 정책결정자가 대안들의 미래 결과를 비교하기 위해 적용하는 기준은 크게 소망성의 차원과 실현가능성의 차원으로 나누어 생각해 볼 수 있다. 소망성의 차원은 정책대안이 현실의 문제를 해결하는데 얼마나 효과적이고 바람직한 사회적 가치에 부합하는지를 가늠한다. 실현가능성의 차원은 정책대안이 현실의 주어진 여건과 제약 속에서 어느 정도 채택가능하고 실행가능한지를 평가한다.

우선 소망성(desirability) 차원의 평가 기준으로는 목표에 대비하여 실제 달성한 정도를 의미하는 효과성(effectiveness), 비용에 대비하여 효과 및 편익의 수준을 나타내는 효율성(efficiency), 정책 효과와 비용이 사회의 계층과 집단에 고르게 배분된 정도를 가늠하는 형평성(equity)이 있다. 이 평가기준은 아주 중요하기 때문에 제5장의 공익이론과 행정의 지도원리에서 자세히 검토할 것이다. 여기서는 간단히 보기로 한다. 우선, 정책대안에 대해 결정하는 본질적인 이유가 설정된 정책의 목표를 달성하는 것이므로 효과성이야 말로 가장 중요한 기준라고 볼 수 있다. 둘째, 그러나 아무리 효과성이 높은 대안이라 하더라도 목표 달성에 지나치게 과도한 비용과 희생이 따른다면 바람직하다고 할 수 없다. 따라서 목표 달성을 통해 거둘 수 있는 효과뿐만 아니라 대안의 실행에 소요되는 비용도 함께 고려하는 효율성도 중요하다. 효율성의 기준을 적용하면 편익(B)/비용(C)의 비율이 가장 높은 대안이 최선으로 평가된다. 셋째, 효율성도 정책의 효과와 비용이 사회의 집단과 계층에게 어떻게 배분되는지에 대해서는 고려하지 않는다. 따라서 편익과 비용의 배분 상태가 사회적 정의에 부합하는지를 따지는 형평성이 또 다른 평가 기준이다. 대안 중에서 사회적 약자에게 편익이 돌아가도록 하여 계층 및 집단 사이의 격차를 감소시키는 것이 형평성의 기준에서 최선이라고 평가된다. 현실적으로 소망성 차원의 세 기준을 모두 충족시키는 대안을 찾는 것은 매우 어렵다. 실제로는 분석적인 측면에서 부각되는 효과성 및 능률성과 정치적 측면에서 강조되는 형평성을 두고 사회 세력들이 충돌하는 경우가 많고 어느 대안이 좋은지를 둘러싸고 서로 다투게 된다.

어떤 대안이 소망성의 차원에서 아무리 효과적이거나 능률적이고 심지어 형평성의 기준에도 부합한다고 해도 만약 주어진 여건에서 이를 실제로 구현할 수 없다면 아무런 소용이 없다. 실현가능성(feasibility) 차원의 기준은 각 대안들이 현실적인 제약 아래에서 실제로 채택되거나 집행될 수 있는지를 평가하는 것이다. 설사 어떤 대안이 소망성 차원에서 아무리 바람직하더라도 실현가능성 차원에서 기준을 충족시키지 못한다면 정책으로 채택되기조차 어려울 것이다. 실현가능성의 차원에서는 대안을 실제로 구현하는 데 필요한 기술적 제약을 극복할 수 있는 정도(technical), 지배적인 정치세력의 지지를 확보할 가능성(political), 실행에 필요한 행정조직을 구성하고 인력을 동원할 수 있는 가능성(administrative), 대안의 실행에 소요되는 재원을 확보할 수 있는 가능성(financial)이 대안을 평가하는 중요한 기준이다.

합리적 · 분석적 정책결정의 마지막 단계는 최적의 대안을 선택하는 단계이다. 위에 살펴본 것처럼 정책의 내용에 따라 적절하다고 판단되는 기준을 적용하여 대안들의 미래 효과를 예측하고 이를 서로 비교 평가하여 상대적 우수성을 판별한다. 이를 근거로 최적의 대안을 선택하게 된다.

## 2. 합리적-분석적 정책결정론의 한계

이상적으로 정부가 좋은 정책을 만들기 위해서는 위에서 살펴 본 합리적-분석적 정책결정의 단계들을 어김없이 따라야 한다. 그러나 현실에서 대부분의 정책결정이 합리적이고 분석적인 과정을 통해 이루어지지는 않는다. 왜 그런가? 현실에서는 합리적 결정에 필요한 분석적 방법 자체가 불완전하기도 하고, 완벽한 결정에 필요한 시간과 자원이 부족할 수도 있고, 사회의 다양한 이해관계와 관점이 서로 충돌해서 조정하는 것이 어렵기 때문이다.

무엇보다 정책결정자의 지적 능력의 제한과 분석 방법의 불완전성으로 인해 합리적 결정은 크게 제약될 수밖에 없다. 앞에서 지적했듯이 대안의 결과에 대한 예측이 불완전하다. 예를 들어, A지역에 저수지를 건설하는 대안과 B지역에 저수지를 건설하는 대안을 비교할 때에 건설비는 설계에 따라 비교적 정확하게 추정된다. 그러나 대안의 효과를 계산하는 것은 너무나 어렵다. 농사를 지을 때 사용하는 농기구, 비료, 농약 등은 동일하다고 가정할 수 있지만, 지역별로 강우량이 얼마가 될 것인지, 그 때 부족한 강우량에 비하여 저수지에서 공급할 수 있는 물의 양은 얼마인지, 물의 공급에 따라 각 지역에서 쌀이 얼마만큼 증산될 것인지를 예측해야 한다. 이러한 예측은 불완전할 수밖에 없다. 다른 예로서 정부가 매년 예산을 편성할 때 일정한 수준의 세입 규모를 가정하게 되는데, 이때 기초가 되는 경제성장률이 정부의 예상과 다른 경우가 허다하다. 정부가 지나치게 낙관적인 경제성장률에 대한 예측에 기대어 예산을 편성하면 세수의 부족으로 재정의 적자가 발생하게 된다.

둘째, 정책결정자는 합리적-분석적 의사결정에 필요한 시간, 노력, 능력을 충분하게 갖추고 있지 않다. 급박하게 문제를 해결해야 하는 상황에서 분석전문가의 도움도 없이 정책에 대해 결정을 내리는 경우도 많다. 현대 사회에서는 수많은 문제들이 발생할 뿐만 아니라 다양하고 이질적인 원인들이 복합적으로 작용하기 때문에 인과관계를 명확하게 규명하기 어려운 경우가 많다. 이에 반해 정부는 동원할 수 있는 자원과 능력이 제한되었기 때문에 모든 정책문제를 합리적으로 분석하여 완벽하게 결정을 내릴 수는 없다. 대신 습관적으로 과거에 사용하던 간편한 방식에 의존하거나 다른 사례를 단순히 모방하거나 또는 자신의 직관에 따라 주먹구구식으로 결정을 내릴 수도 있다.

셋째, 정치적으로 민주화되고 다원화된 사회에서는 정책을 둘러싸고 다양한 사회세력이 경쟁적으로 이익을 추구하면서 자신들에게 유리한 결과를 얻기 위해 정치적으로 영향을 미친다. 국가와 사회의 전체적으로 가장 바람직하다고 판단되는 대안이 있어도 오해나 편견에 의해서 공익과 거리가 먼 대안을 선택하는 경우도 많고, 어느 일방이 강한 힘으로 밀어붙여서 어이없는 대안을 선택하는 경우도 적지 않다. 기본적으로 정책대안에 대한 결정은 정치적으로 다수의 국민에게 합당한 것으로 수용되는 것이 바람직하다. 그러나 흔히 정치적으로 합리적인 결정은 형평성을 확보하여 국민통합과 화합을 증진시킬 것이라고 하나 실제로 형평성이나 국민통합의 구체적인 기준이 불분명한 경우가 많다. 특히, 정치적 합리성이 효과성과 능률성과 같은 분석적 기준과 충돌할 때 조화를 이룰 수 있는 방안을 찾기는 더욱 어렵다. 이러한 규범적 가치와 조화에 관한 논의는 제5장의 공익론에서 좀 더 자세히 살펴본다.

## Section 제 5 절
## 정책결정 II: 현실적 관점

지금까지 제4절에서 합리적-분석적 정책결정의 기본적인 논리와 절차, 그리고 한계에 대하여 살펴보았다. 만약 현실에서 정책결정이 여러 가지 제약요인의 영향 때문에 합리적-분석적 관점에서 이상적으로 제시하는 단계에 따라 이루어지기 어렵다면, 실제의 정책결정은 어떤 방식으로 이루어진다고 이해할 수 있는가? 지금부터는 실제의 정책과정에서 정책결정자와 정부조직의 결정방식에 영향을 미치는 주요 요인들이 어떻게 작용하는지에 대해 우리의 이해를 높여줄 수 있는 다양한 이론들을 살펴보기로 한다.

## 1. 현실적 행정인의 의사결정: 만족이론

현실의 정책결정은 여러 가지 요인에 의하여 합리적이고 분석적으로 결정하지 못한다. 현실에서는 어떻게 정책결정이 이루어지는가에 대하여 다양한 이론적 설명이 제시되었는데, 이들은 지적 능력의 한계를 지닌 개인이 의사결정을 하는 과정에 대하여 선도적으로 연구한 사이몬(H. Simon)의 이론에 토대를 두고 발전되었다.

앞에서 살펴본 바와 같이 합리모형은 의사결정을 둘러싼 환경과 선택 가능한 대안에 대한 완전한 지식, 대안의 결과에 대한 정확한 예측에 필요한 정보와 계산능력, 의사결정자의 일관되고 명확한 선호체계를 지니고 있어야 적용이 가능하다. 즉 이러한 조건들이 충족될 것을 가정하는 것이다. 사이몬은 이러한 합리모형의 가정들이 지닌 한계를 지적하고 그 대안으로 만족이론을 제시한다. 현실의 정책결정자는 인지능력, 시간, 자원의 부족으로 모든 가능한 대안을 탐색할 수 없고, 상황에 대해 완벽하게 정보를 수집할 수 없으며, 복잡하고 동태적인 변화로 인한 불확실성에 봉착하게 된다. 즉 대안의 결과예측에 대하여 자신이 없다. 만족이론은 이러한 '제한된 합리성(bounded rationality)'의 조건아래에서 정책결정자가 당면한 문제를 해결하기 위한 최적의 대안을 선택할 수는 없다는 사실을 인정하고 차선의 방법을 찾는다는 데에서 출발한다.

사이몬은 인지과정(cognitive process)의 특징을 감안할 때 최적(optimum)의 대안을 끊임없이 탐색하기 보다는 주관적으로 만족할 만한(satisficing) 대안을 발견하는 정도에서 탐색을 멈추게 된다고 주장한다. 즉 의사결정자는 인지능력의 제약으로 인해 완전한 합리성을 추구하기 보다는 제한된 범위 내에서 어느 정도의 합리성을 추구한다고 보는 것이다. 그래서 합리모형에서는 의사결정자를 경제인(economic man)으로 가정하는데 반해 만족모형에서는 합리성의 제약을 받는 행정인(administrative man)으로 구별한다.

경제인은 목표달성의 극대화를 추구하지만 행정인은 만족하는 수준을 받아들인다. 이러한 행정인은 모든 대안을 포괄적으로 비교하지 않고 어느 정도 만족할 만한 대안이 발견되면, 더 이상의 탐색을 하지 않고 선택하게 된다. 둘째, 행정인은 경제인과 달리 모든 대안이 아니라 한정된 범위의 대안만을 탐색하고, 이러한 대안의 탐색은 무작위적인 순서에 따라 차례로 이루어진다. 셋째, 경제인이 정책의 상황을 포괄적으로 고려하여 결과를 예측하려고 하는 데 반해 행정인은 자신의 제한된 능력으로 처리할 수 있는 수준으로 복잡한 상황을 단순화시키고 중요한 요소들에 선택적으로 집중한다.

사이몬의 만족이론은 의사결정자의 제한된 자원과 인지 능력을 고려하여 실제의 개인적 결정이 이루어지는 과정을 잘 설명하고 있다. 그리고 이러한 개인적 결정방식을 정책결정자의 경우에도 적용할 수 있다. 그래서 현실의 정책결정에 대한 우리의 이해를 증진시키는데 획기적인 공헌을 하였다. 그러나 만족이론을 현실적인 설명의 논리가 아니라 바람직한 정책결정을 위한 당위적 규범으로 받아들이게 되면 약점도 두드러지게 나타날 수 있다. 첫째, 대안에 대한 만족의 수준은 주관적인 기대에 의해 유동적으로 정해지므로 객관적이지 못하고, 정책결정자의 잘못된 결정을 합리화시킬 가능성이 크다. 둘째, 현실적으로도 국가적으로 중대한 사안에 대해서는 만족모형이 제시하고 있는 제한된 범위를 넘어서 보다 포괄적으로 대안을 탐색하고 합리적으로 분석하여야 하고 또 그렇게 하는 경우가 많다.

## 2. 다원화된 사회의 정책결정방식: 점증주의

린드블롬(Lindblom)은 현실적으로 아무리 새로운 정책이라 하더라도 기존의 정책과 크게 다르지 않고 이러한 점증적 변화가 바람직하다고 주장하였다. 그는 점증주의(incrementalism)를 실증적 이론이자 정책결정자들을 위한 규범적 처방이기도 하다고 보았다. 사이몬이 개인의 인지과정의 제약을 인정하고 개인적 의사결정에 대한 이론을 발전시킨데 비해서 린드블롬은 다원화된 사회에서 정책결정에 내재된 가치와 사실적 판단의 상호작용, 정책결정 상황의 복잡성, 정책결정의 정치적 제약에 관심을 두고 있다.

점증주의의 관점에 따르면, 정책결정자들은 분석능력, 시간, 정보가 제약되어 있고, 대안비교의 기준으로 무엇을 이용해야 하는지 불분명한 상황에서 정책결정을 해야 한다. 이런 경우에 가장 무난하게 사용할 수 있는 방식은 기존의 정책에서 크게 벗어나지 않는 약간의 변화를 추구하여 상황과 맞지 않는 부분요소를 지속적으로 수정하여 보완하는 방법이다. 즉, 상황 변화에 따라 제한된 범위 내에서 오류의 수정(error correction)을 계속하는 양태가 실제의 정책결정에서 가장 흔히 나타난다고 주장한다. 한편, 윌다브스키(Wildavsky)는 예산의 결정에서도 점증주의가 나타난다고 보는데, 이에 대해서는 예산결정이론에서 자세히 검토할 것이다.

첫째, 합리모형은 기존의 정책과 다른 대안들을 광범위하게 탐색하는 '근본적 방법(root method)'을 옹호하고 있으나, 점증주의는 기존의 정책에서 크게 벗어나지 않고 지속적으로 일부를 수정하고 보완할 수 있는 대안으로 탐색의 범위를 제한하는 '지엽적 방법(branch method)'를 제안한다. 합리모형과 달리 점증주의는 정책결정자가 고려하는 정책대안의 범위가 제한될 뿐만 아니라 각 대안의 예상되는 결과에 대해서도 포괄적으로 분석하지는 않는다고 본다.

둘째, 정책결정자는 능력, 시간, 정보의 자원이 충분하지 않는 상황에서는 기존의 정책과 수정된 대안의 두 가지를 비교하여 정보처리의 부담을 줄이고, 그것이 불만족스러우면 다음 대안을 고려하는 식으로 수정 대안과의 비교를 반복해서 계속하는 연속적-순차적(successive-sequential) 방식으로 분석을 하게 된다고 본다.

셋째, 복잡한 문제와 정책대안을 분석할 때 전체보다는 다수의 하위요소로 분해하고 이를 다수의 결정자들이 저마다 다양한 입장과 관점에서 자기와 관련 있는 하위요소만 검토하여 결정한다. 즉 부분-분할적인(piecemeal-disjointed) 결정이 이루어지는 것이다. 버스와 같은 대중교통노선을 결정할 때, 많은 사람들이 이용할 수 있는 지역(A)을 우선하여야 하지만, 가난한 사람들이 흩어져서 살고 있는 지역(B)을 소홀히 하면 안 되고, 또 노인들이 집중적으로 살고 있는 지역(C)도 배려해야 한다. 이 모든 조건들을 한꺼번에 충족시킬 수 없으므로, 우선 승객이 많은 A지역을 중심으로 노선을 정하고, 다음에 시에서 보조하는 버스를 B와 C 지역에 배치하는 식으로 문제를 분할하여 대처한다.

넷째, 정책목표와 수단이 명확하게 구분된다고 보는 합리모형과는 달리 점증주의에서는 양자가 상호의존적이며 이에 대한 결정도 단선적이지 않다고 본다. 다원화된 사회에서 정책목표에 대해서 합의가 어렵고, 상충하는 가치를 통합하기도 불가능하다. 이러한 상황에서 정책결정자는 다수가 지향하는 공통의 목표를 찾기보다는 다양한 입장의 차이에도 불구하고 서로 용인할 수 있는 대안이 있는지를 판단의 기준으로 삼는다.

점증주의는 정책결정자 개인의 인지적 능력의 한계, 문제와 상황의 복잡성, 다원적인 가치의 공존과 같이 현실적인 조건을 감안하는 이론이므로 현실의 정책결정에 대한 설명력을 높이는 데 기여하였다. 그러나 실제로 국가나 사회의 급격한 변화를 초래하는 중대한 정책결정이 이루어지는 경우도 있기 때문에 점증주의가 모든 중요한 정책결정을 제대로 설명한다고 볼 수는 없다. 더욱이 이러한 방식의 정책결정이 규범적으로 바람직하다는 주장에 대해서 다양한 비판이 있다. 무엇보다 점증주의의 접근은 정책결정자들이 규범적으로 이상적이라 할 수 있는 종합적이고 합리적인 분석을 위해 노력하지 않는 행태를 정당화하는 논리로 악용될 수 있다. 또한 사회가 빠르게 변화하고 시급한 문제가 발생하는 상황에서 점증적 정책결정이 기존의 정치·사회적 질서를 유지하는 수단으로 악용될 수 있다는 비판도 받는다.

## 3. 조직의 집단적 의사결정: 기업조직이론

기업조직이론은 싸이어트와 마치(Cyert & March)가 조직의 내부에서 진행되는 의사결정의 행태에 관한 설명으로 발전시킨 것으로 기업조직이 실제로 어떻게 의사결정을 하는지－회사모형(firm model)이라고도 불린다-에 초점을 두고 있다. 이들의 연구는 기업조직의 행태에 관한 고전경제학적 접근에 대한 비판에서 시작하였다. 기업조직의 의사결정 행태에 관한 고전경제학의 설명은 두 개의 대전제에 기초하고 있는데, 기업은 순익 극대화를 유일한 목표로 설정한다는 것과 이를 달성하기 위한 최적의 수단(투입과 산출의 균형)에 대해 완전한 정보를 가지고 있다는 것이다. 따라서 기업은 가격이 상승하면 공급을 늘리고 반대가 되면 감소시키는 결정을 합리적으로 내리게 된다는 것이다.

싸이어트와 마치는 이러한 가정들이 내포하고 있는 가장 큰 오류가 조직을 합리적 의사결정자로 의인화하는 데에서 비롯된다고 보았다. 즉 합리적인 개인이 자신의 목표를 극대화하기 위하여 결정을 하듯이 기업조직도 전체 목표를 극대화하기 위하여 그렇게 결정할 것이라는 가정을 하는 것이다. 그러나 기업조직은 단일한 의사결정자가 아니라 조직 내부의 많은 개인이나 집단의 연합으로 간주해야 한다고 본다. 그래서 조직의 하위집단들은 저마다 조금씩 다른 목표들을 추구하고 이러한 목표들은 서로 충돌하여 내부적으로 갈등을 초래할 수도 있다. 기업조직이론은 조직내부의 하위조직들이 조직 전체의 목표가 아니라 각기 하위목표들을 독립적으로 추구한다고 본다. 그러므로 여러 하위조직이 관련된 사항에 대하여 구체적인 결정을 할 때 갈등이 발생하게 된다.

신발을 생산하여 판매하는 기업을 예로 살펴보자. 영업부는 판매량을 증가시키기 위하여 시장을 개척하려고 노력한다. 그런데 생산부는 품질 좋은 신발을 싼 가격으로 생산하려고 한다. 영업부가 외국으로부터 현재 판매량보다 50%를 더 주문받았다고 해 보자. 영업부는 만세를 부르겠지만, 생산부는 전혀 아니다. 생산량을 50% 증가시키려면, 원료도 더 확보해야 하고, 근로자도 더 확보하고 훈련시켜야 하며, 부족하면 야간 근무도 시켜야 한다. 생산부는 펄쩍 뛰면서 반대할 것이다. 이런 경우에 회사 사장은 어떤 결정을 할까? 합리모형은 회사 전체를 위한 가장 최적의 해답이 존재하며(과연 이 생각이 옳을까 여러분도 판단해보시라), 회사의 최고지도부는 이를 발견할 수 있다고 가정한다. 그러나 현실적으로는 그러하지 않다. 아마도 한 달 동안은 10% 증산을 하고, 3개월까지 30%, 그리고 6개월까지 50%를 증산한다는 결정을 내릴 것이다. 품질도 어느 정도 유지하고 납품 기일도 어느 정도 지키는 결정이다. 이에 대하여 생산부 영업부 모두 만족하지 못하더라도 수용하는 수밖에 없다.

이와 같이 회사조직은 목표를 둘러싼 내부의 갈등을 완벽하게 해소하지는 못하더라도 모든 구성원들이 어느 정도 넘어갈 수 있는 준해결(quasi-resolution)의 상태로 관리한다.

갈등의 준해결을 위하여 조직은 다양한 방법을 사용한다. 문제와 과업을 분해하여 하위조직들에게 할당함으로써 각각이 단순화된 과업을 합리적으로 처리할 수 있도록 한다. 예를 들면 재능이 있지만 학비부담이 어려운 미술학도를 우수한 학생으로 육성하는 과업을 상상해보라. 이를 우수한 학생을 육성할 수 있는 미술교육과 가난한 학생을 지원하는 장학 사업으로 나누어 각각 다른 하위조직이 담당하도록 할 수 있다.

하위목표들의 비일관성에 대해 신축적인 규칙을 적용하거나 조직의 잉여자원을 활용함으로써 허용할 수 있는 수준에서 상충이나 불일치를 용인하는 방법도 있다. 예를 들어 정부가 중소기업을 육성하면서 근로자의 최저임금을 인상하면 두 가지 목표가 상충하게 된다. 이러한 경우 정부가 최저임금을 어느 정도 인상하면서도 인건비의 상승으로 운영이 어려워지는 한계 소기업에게는 별도의 재정지원을 할 수 있다.

둘째, 조직은 언제나 외부 환경의 불확실성 때문에 어려움을 겪는다. 합리모형에서는 최대한 과학적 방법을 도입하여 의사결정을 위한 미래 예측을 해야 한다고 하지만, 실제로는 매우 어렵다. 그래서 조직은 불확실한 장래의 환경을 예측하여 수립하는 장기적인 전략이나 계획을 회피한다. 그리고 당장의 시급한 문제나 위기를 해결하기 위해 신속하게 결정을 내리는 단기적 대응으로 환경에 적응해 나간다. 예를 들어, 중국시장이나 EU시장이 1년 또는 5년 후에 어떻게 될지 예측하기보다는 1개월 또는 5개월 후의 상태를 예측하여 수출 전략을 수립하는 식이다.

셋째, 조직은 당면한 문제를 해결하기 위해 대안에 대한 정보를 탐색한다. 이때 대안의 탐색은 문제 상황을 야기하는 원인에 대해 단순하고 소박한 이해를 기반으로 시작된다. 따라서 주로 문제 징후의 주변에서 직접적 원인을 찾으려하거나, 기존의 대안에서 크게 벗어나지 않는 범위에서 새로운 해결방안을 모색한다. 이러한 초기의 단순한 탐색이 효과적이지 않으면 점차 탐색의 범위를 확장하게 된다.

넷째, 조직은 구성원과 하위집단의 경험을 통해 점차 환경의 변화에 대한 학습을 하게 된다. 이러한 학습의 결과 중에서 가장 중요한 역할을 하는 것이 표준운영절차(standard operating procedure)이다. 반복적인 일을 하는 경우가 많은 조직은 시행착오 후에 가장 적절하다고 생각되는 일의 순서를 만들어 이를 계속 사용한다. 종합병원에 환자가 왔을 때 처음 접수부에서 어느 부서(외과, 안과, 소화기과 등)로 갈 것인지 정하고, 환자를 담당의사에게 보내고, 진료실 앞에서 차례를 기다리고, 다음 진료 날짜를 정하고, 마지막으로 치료비를 지불하고 나갈 때까지 일련의 과정을 정해서 따르도록 한다. 대표적인 SOP의 예인데 조직론에서 다시 자세히 검토할 것이다. 표준운영절차는 과거의 누적된 경험을 통해 학습한 일의 적절한 방식으로 조직이 당면한 문제와 외부의 요인들을 단순화하고 신속하게 대응할 수 있도록 한다. 이러한 표준운영절차는 조직 구성원이 과업을 수행하는 방법을 세세하게 밝힌 과업수행규칙만이 아니라, 업무수행의 성과에 대한 지속적인 기록과 보고, 정보의 선택과 전달의 경로에 관한 정보처리규칙 등 다양하다.

기업조직이론은 조직을 하나의 의사결정자로 보지 않고 구성원의 연합으로 간주해야 한다는 관점을 제시하여 현실의 결정과정에 대한 설명력을 높였다고 평가된다. 현실에서 조직의 행태는 합리적으로 설계된 체계의 이상적인 산출과정과는 너무 다른 모습을 보인다. 기업조직이론은 일견 비합리적으로 보이는 조직의 행태가 실제로는 문제의 복잡성과 환경의 불확실성에 대한 적절한 대응이라고 설명한다. 즉 조직은 해결해야 하는 문제를 중심으로 대안을 탐색하며, 복잡한 문제를 단순화하여 분권화된 의사결정 단위들이 저마다의 SOP를 통해 처리할 수 있도록 하며, 지속적인 환류와 단기적인 대응을 통해 예측하기 어려운 환경의 변화에 적응할 수 있는 것이다.

## 4. 조직화된 혼돈상태의 의사결정: 쓰레기통 모형

코헨, 마치, 올센(Cohen, March &Olsen)이 제시한 쓰레기통 모형(garbage can model)은 조직의 의사결정이 구성단위나 구성원 사이의 응집성이 매우 낮아 혼란스럽고 구조화되지 않은 '조직화된 무정부(organized anarchy)'의 상태에서 이루어진다고 본다. 회사조직의 편제와는 다르게 단과대학이나 학과가 서로 독립적이고 협조도 하지 않으면서 업무를 추진하는 상태나, 국회의원들이 비록 같은 정당이나 상임위원회에서 서로 협조도 하지만 각자 정치적 이해에 따라 독립적으로 움직여서 전체적로 질서정연하지 않는 조직이나 집단을 상상하면 된다. 즉 조직이 일관되고 공유된 목표가 없는 상황에서 결정을 내리거나 조직의 일부 구성원만이 산발적으로 현안에 대해 관심을 보이고 결정과정에 참여하는 경우이다. 그래서 이 의사결정 이론은 중앙집권적인 통제와 조정이 약한 대학조직, 개별 의원의 자율성이 높은 의회, 그리고 여러 행정기관들이 관여하는 부처합동회의 등에 적용될 수 있다.

이러한 혼란 상태에서 이루어지는 의사결정의 모호성과 불합리성을 상징적으로 강조하기 위해 어떤 결정이 내려지는 과정이 마치 쓰레기통에 온갖 문제와 해결에 대한 아이디어들이 아무렇게나 내던져져 있는 상태와 다를 바 없다고 설명한다. 쓰레기통 모형에 의하면 합리성을 극도로 제약하는 세 가지 전제조건 아래에서 네 가지 요소들이 서로 결합되어야만 의사결정이 이루어진다. 먼저 세 가지의 전제조건을 살펴보면 다음과 같다.

첫째, 문제 있는 선호(preference)라는 조건이다. 의사결정자는 문제해결을 하여 자신이 좋아하는 결과(즉, 선호)를 얻기 위하여 노력한다는 것이 합리모형에서 가정하는 전제 조건이다. 그러나 쓰레기통 모형에서는 자신이 무엇을 좋아하는지를 모르는 상태에서 집단적 의사결정에 참여하는 자들이 있다고 전제한다. 또는 알고 있어도 시간이 흐르면서 바뀌기도 한다. 예를 들어 대학의 교무위원회에서 생명공학대학의 학장이 예술대학의 교과과정에 대한 안건을 다룰 때 명확하고 일관된 선호를 가지고 논의에 참여하기 어려울 것이다.

둘째, 불명확한 기술(technology)이다. 어떤 목표를 달성하기 위해서 어떤 수단을 선택해야 하는지 잘 모르는 경우를 말한다. 지나친 학원과외를 감소시키기 위하여 무엇을 해야 하는지 잘 모르는 것과 같다. 그래서 과거의 우연한 경험에 기대기도 하고, 시급한 필요에 대해서는 응급처방으로 대처하는 경우가 많다.

셋째, 유동적인 참여자(participants)이다. 집단의 구성원이라 할지라도 대두되는 문제의 속성에 따라 의사결정과정에 참여하기도 하고 참여하지 않기도 한다. 예술대학의 교과과정에 대하여 잘 알고 지원을 하는 인문대학장이 출장을 가서 교무회의에 빠지기도 하고, 임기가 끝나서 바뀌기도 한다. 따라서 누가 단순한 참여자이고 누가 주도적 결정자인지가 수시로 변해서 조직의 경계도 불명확해질 수 있다.

이러한 무질서의 상황에서 의사결정이 이루어지려면 다음의 네 가지 요소가 모두 결합되어야 한다. 즉, 해결할 문제(problem), 문제의 해결책(solution), 결정의 참여자(participants), 결정의 기회(opportunity) 등이다. 합리모형에서는 문제가 생기면 해결책을 탐색하고, 해결책이 나오면 회의를 소집하는 등 의사결정을 위한 기회를 만들어 참여자들이 모여 의사결정을 하는 것으로 가정한다. 그러나 쓰레기통 모형에서는 네 가지가 각각 독립적으로 움직인다고 본다.

쓰레기통 모형에서는 해결책이 있어도 문제를 방치하여 문제는 시간에 따라 혼자 계속 흘러가는 경우도 있다고 본다. 공기정화 기술이 있었지만, 공장의 공해를 방치하던 시절을 생각해 보라. 해결책도 문제도 각각 따로 흘러가는 강물이나 마찬가지였다. 또한, 합리모형과는 정반대로 해결책에 대한 아이디어가 오히려 적당한 문제를 탐색하기도 한다. 다른 문제를 해결하기 위하여 등장한 컴퓨터가 보편화되면서 시간이 많이 걸리고 복잡한 대면결재의 문제를 전자결재로 해결하고 있다. 교무회의를 연 김에 예술대학 교과과정만 검토하지 않고 법과대학 고시생들을 위한 장학금 문제를 논의해보자고 제안하는 경우와 같이 의사결정의 기회가 문제를 추적하기도 한다.

이러한 조직화된 혼돈의 상황에서 의사결정은 합리적인 계획이나 목표보다는 의사결정의 요소들이 우연히 등장하거나 서로 결합하는 시기(timing)가 가장 큰 영향을 미치게 된다. 즉 독자적으로 움직이는 네 가지 흐름을 결합시키는 계기가 있어야 의사결정이 이루어진다. 의제설정론에서 보았듯이 세월호 사고와 같은 대형사건이 터졌을 때 지지부진하던 안전문제에 대한 의사결정이 신속하게 이루어질 수 있는 것이다.

쓰레기통 모형의 비합리적인 과정을 통해 산출되는 결과라도 할지라도 기본적으로 조직의 구조적 요인에 의해 제약된다. 우선, 어떤 문제가 어떤 결정의 기회와 만날 수 있는지는 조직의 접근구조(access structure)에 의해 제약된다. 조직의 구성원이 서로 다른 기능을 수행하는 하위단위로 나눠지지 않는 비분할적 구조에서는 어떤 문제든 모든 결정의 기회와 결합할 수 있지만(예를 들어, 응급환자를 다루는 비상구급팀), 조직구성원이 권위와 권한에 따라 수직적 상하관계로 구별되는 계층적 구조에서는(예를 들어, 대부분 행정기관의 관료제 조직) 문제의 중요성에 따라 결정의 기회와 결합할 수 있는 순서가 정해지고, 조직의 구성원이 특화된 전문분야에 따라 부서로 나눠지는 전문화된 구조에서는(예를 들어, 대학조직의 단과대학과 학과) 문제의 유형에 따라 결합할 수 있는 결정의 기회가 서로 다르게 된다. 유사한 설명이 조직의 결정구조(decision structure)에도 적용될 수 있다. 비분할적 구조에서는 모든 구성원이 모든 결정의 기회에 참여할 수 있으나, 계층적 구조에서는 높은 지위의 의사결정자에게 더욱 다양한 결정의 기회가 주어지고, 전문화된 구조에서는 구성원이 특정한 분야에 대한 결정의 기회에만 참여할 수 있게 된다.

쓰레기통 모형은 무질서한 상황에서 선호나 지식이 모호한 참여자들이 어떤 결정을 산출해 내는 과정에 대해 설명한다는 점에서 합리모형에 기반을 두고 있는 의사결정 이론들과 극명하게 대비된다. 그러나 이러한 혼돈의 상황에서 어느 정도의 질서를 부여하는 조직의 구조나 제도의 제약이 존재하는 이유도 밝히고 있다는 점에도 주목해야 한다. 의사결정의 본질이 의도나 계획을 반영하는 데 있지 않고 요소들이 결합할 수 있는 우연한 기회와 시기에 의해 정해질 수 있다는 데 있다는 것을 밝혔지만 이러한 쓰레기통의 과정도 조직의 제도적 맥락에 의해 제한된다는 것을 시사하고 있는 것이다.

## 5. 현실적 정책결정의 다면성: 앨리슨(Allison) 모형

지금까지 본 바와 같이 정부가 정책의 대안을 선택하는 과정에서 합리적 의사결정의 이상이 어느 수준까지 구현될 수 있는지에 대해서 다양한 관점이 존재한다. 현실의 정책결정과정에서는 합리모형적인 방식뿐만 아니라 점증주의의 방식, 그리고 조직모형의 방식, 심지어는 쓰레기통 모형의 방식도 나타날 수 있다. 이렇게 이질적인 성격의 요소들이 복합적으로 작용하기 때문에 정책결정의 양태도 다양하다고 볼 수 있다. 정부에서 이루어지는 의사결정의 다양한 양태를 크게 3가지 유형으로 정리한 것이 앨리슨(Allison)의 모형이다.

앨리슨은 1960년대 초 쿠바의 탄도미사일 도입 시도로 촉발된 국제적 위기에 대처하기 위해 미국 케네디 행정부가 정책결정을 하는 과정을 이론적으로 설명하고자 하였다. 소련이 미국의 바로 코앞에 있는 쿠바에 미사일을 배치하려고 하였으니 3차 대전이 촉발될 수도 있는 상황이었기에 케네디 행정부는 소관 부처인 국방부와 합동참모본부, 육·해·공군성 만이 아니라, 중앙정보부, 국무부, 법무부, 백악관 대통령실 등의 최고위 관리들을 총동원하여 대응방안을 마련하게 된다. 여러 부처가 한자리에 모였으니 당연히 갖가지의 대응방안들이 제시되었다. 그 중에서 최종적으로 채택된 것이 해군성이 주장한 대책이었다. 즉, 소련으로부터 오는 미사일을 운송하는 함정이 접근하지 못하게 쿠바 근해를 해양봉쇄하기로 한 것이다.

앨리슨은 이러한 결정이 이루어지는 과정을 설명하기 위해 정책결정이론을 크게 3 가지로 정리하여 다각도로 적용하였다. 즉 정부의 결정과정은 하나의 특정한 이론적 관점으로서 설명될 수 없다고 본 것이다. 그는 합리적 행위자 모형(model I: rational actor), 조직행태 모형(model II: organizational behavior), 정부정치 모형(Model Ⅲ: governmental politics)의 이론적 렌즈를 통해 정책결정의 다양한 측면을 파악하고자 하였다.

어떤 대안을 선택하는지에 따라서 미국의 운명은 물론이고 3차 세계대전으로 확대되어 인류의 명운도 갈릴 수 있었기 때문에 당연히 케네디 행정부는 가장 합리적인 방안을 선택해야만 했다. 더더구나 역대 대통령 중에서 가장 뛰어난 참모진들을 보유한 케네디 행정부이니 틀림없이 최선의 결정을 내릴 것이라고 기대할 수 있었다. 앨리슨이 분석한 바에 의하면 실제로도 당시 결정과정에서 이러한 합리적인 고려가 굉장히 중요한 역할을 하였다. 공군성은 핵미사일이 쿠바에 도입된 후에 그 시설만을 정밀 폭격하여 파괴하자는 대안을 제시하였으나, 자칫 실수하면 바로 3차 대전이나 핵전쟁으로 비화될 가능성이 있어서 배제되었다. 국무성이 주장하는 외교적 협상을 통한 해결방안도 소련 지도부를 움직일 만큼 큰 충격을 주지 못해 앞으로 유사한 도발이 반복될 수 있다는 이유로 핵심 전략에서 제외되었다. 즉 국가의 이익을 사수하기 위해 합리적인 계산과 토론을 통해 대안을 선택하는 측면이 있었던 것이다.

그러나 왜 해군성의 해상봉쇄인가? 공군성은 정밀타격 이외에 다른 대안을 제시할 수 없었는가? 등에 대해서는 합리모형이 전부 설명할 수 없었다. 이들 대안이 제안된 과정은 조직행태모형에서 주장하는 내용과 일치한다. 행정부처의 조직들은 비슷한 문제가 반복될 때 이를 가장 적절하게 해결하는 방안을 저장하는데, 이 때 문제와 해결책을 한 묶음으로 하여 프로그램(program)이라고 부른다. 그리고 이러한 프로그램을 저장해 둔 것을 프로그램 목록(program repertory)이라고 한다. 외국과의 관계에서 위기가 발생하면, 외교담당 부처에서는 수뇌부들의 외교적 협상을, 공군성에서는 정밀 폭격을 프로그램으로 준비하고 있다가 비슷한 사태가 발생하면 프로그램 목록에서 이들을 꺼내 오는 것이다. 즉, 위기가 발생할 때 합리적인 검토를 거쳐서 만들어지는 것이 아니다. 쿠바 미사일 사례에서도 각 부서들은 나름대로 지니고 있었던 해결책들을 나름대로의 표준운영절차에 따라 제시하여 채택하기를 건의하는 것이다.

그러나 조직모형으로도 설명이 되지 않는 부분도 많이 남았다. 엘리슨은 이를 정부정치모형으로 설명하였다. 대통령, 국무부 장관, CIA 국장, 공군성 장관, 해군성 장관 등 주요 참여자들은 자신들의 이미지, 개인적 명성, 조직 리더로서 역할 등을 고려하여 자신들이 주장하는 대안을 선택하도록 서로 설득, 타협, 협상 등의 정치적 게임을 벌리게 된다. 예를 들면 외교적 해결책이 아니라 강경한 해상봉쇄를 채택한 것은 케네디 대통령이 이번 기회에 강력한 지도자임을 과시하려는 - 당시 소련의 후르시초프 수상과 지도부는 젊은 케네디 대통령을 만만하게 보고 있었다 - 정치적 동기에 의해 이루어진 것으로 보였다. 마찬가지로 공군의 정밀폭격을 채택하지 않은 것은 대통령이 결코 무모한 지도자가 아니라는 점을 인식시켜야 한다는 대통령의 동생 로버트 케네디 법무부 장관의 계산이 작용한 결과였다. 이러한 방식으로 정책결정의 주요 참여자들이 정치적 게임을 벌이는 측면도 강했다. 엘리슨은 이를 관료정치모형으로 설명하였다.

이 세 가지 모형은 정책과정에서 주도적인 역할을 하는 정부조직의 특성에 대한 가정에 따라 달리 적용된다. 즉 합리적 행위자 모형은 정부가 유기적으로 잘 통합된 의사결정자로 보일 경우, 조직행태 모형은 정부가 준독립적인 하위조직들이 느슨하게 연결된 집합체로 보이는 경우, 그리고 정부정치 모형은 정부의 유력한 정치적 행위자들이 벌이는 게임으로 보이는 경우에 잘 적용된다. 즉 의사결정자의 합리성, 가용한 정보의 수준, 의사결정 참여자의 범위, 내부 목표의 공유 정도 등에 대한 가정에 따라서 정부의 정책결정 과정에서 부각되는 국면도 달라진다.

합리적 행위자 모형(model Ⅰ)은 목표극대화를 추구하는 개인 차원의 의사결정을 설명하는 합리모형의 논리를 집단적으로 결정되는 국가의 정책과정에 적용한 것이다. 정책결정의 주체인 정부는 여러 부서로 구성되어 있지만, 대통령은 머리, CIA는 눈과 귀, 해군·공군 등 군인부서는 싸울 때 휘두르는 주먹과 팔 다리 등과 같이 한 사람의 인간이 행동을 결정하듯이 서로 긴밀하게 연결되어 통일적이고 일관된 행동을 결정한다는 가정이다. 즉 정부는 단일적 행위자로 의인화되며, 일관된 선호, 목표, 평가기준을 지니고 있는 합리적 의사결정자로 간주된다. 이러한 경우에 정부는 개인이 자신의 목적을 달성하기 위해 합리적으로 행동하듯이 국가의 목적과 전략적 목표를 극대화할 수 있는 최적의 대안을 탐색하고 선택한다고 본다. 특히, 국가가 다른 나라에 맞서 목표를 달성하고자 할 때 정부의 구성원과 참여자들은 국가의 최고책임자인 대통령을 중심으로 최선의 정책을 합리적으로 채택하기 위해 일사불란하게 최선을 다해 노력하는 것이다.

조직행태 모형(model Ⅱ)은 정부를 단일의 결정주체가 아니라 준독립적인 하위조직들이 느슨하게 연결된 집합체로 보았다. 대통령을 비롯한 최고지도자는 이러한 집합체의 정점에 있지만 정책은 하위조직들의 입장과 내용을 조정하는 제한된 역할을 한다. 문제를 구성하고 있는 각 요소들은 분해되어 다양한 하위조직들로 배정된다. 정부의 구체적인 정책은 하위 조직들이 과거부터 준비해온 해결방안들 중에서 당면한 문제에 적합한 것을 선택하거나 조정과정에서 수정된 내용을 반영하게 된다. 정부조직은 수평적으로 여러 부처로 나뉘어져 각각 분할된 영역에서 기능하며, 수직적으로 하위조직이라도 독자적으로 전문적·기능적 능력을 보유하여 준독립성을 지닌다. 쿠바의 미사일 배치에 대처하기 위해서 국무부, 육군성, 해군성, 중앙정보부 등이 저마다 독자적으로 해결방안을 모색하고 제시하였다. 이들 하부조직들은 각각 나름의 하위목표를 설정하고 있으며 국가적 목표보다는 자신의 조직목표에 우선순위를 둔다. 또한 하부조직들은 유사한 과업을 반복적으로 수행하면서 학습을 통하여 저마다의 표준운영절차와 프로그램목록을 구축하고 이것에 따라 주어진 문제에 관한 의사결정을 하게 된다. 하위조직들이 새로운 문제에 대해서 이미 구비하고 있는 해결방안들과 상례화(routinized)된 절차에 따라 대응하기 때문에 정부의 정책결정은 점증주의의 양태를 보이게 된다.

셋째, 정부정치 모형(model Ⅲ)은 정부의 정책결정을 참여자들 간의 타협과 흥정에 의해 이루어지는 정치적 과정으로 간주한다. 이 모형은 정책을 결정하는 주체가 독립적인 선호와 정치적 영향력을 지닌 개별 참여자들이라고 가정한다. 이때 모든 사안에 대해 모든 행위자들이 참여하는 것은 아니라고 본다. 당면한 문제에 대한 결정과정에 주도적으로 참여할 수 있는 행위자들의 범위는 기본적인 게임규칙인 행위채널(action channel)에 의해 정해진다. 결정과정에서 주도적 참여자들의 상대적 영향력의 크기는 각자가 지닌 전문적 지식, 정부 내에서의 지위, 정치적 수완, 상대방 영향에 대한 평가 등의 요인에 의해 결정된다. 이러한 경우에 정부의 정책은 단일주체인 정부 혹은 하위조직들의 연합체가 채택한 해결책이 아니라 개별 행위자들의 타협과 흥정에 의한 정치적 게임의 결과인 것이다. 정책결정 게임의 행위자들은 집단의 목표, 자신이 속한 하위집단의 목표, 개인의 선호와 이해가 혼재된 고유한 가치를 추구하기 때문에 의사결정에 참여하는 구성원들이 정책의 방향에 대해 공유하는 정도는 매우 낮다. 따라서 정책결정에 참여하는 개인들은 자신이 보유한 정치적 자원을 동원하여 서로 경쟁하고 게임의 규칙에 따라 저마다의 목표달성을 위해 노력하게 되는 것이다.

이상에서 본 엘리슨 모형에서 두 가지의 함의를 도출할 수 있다. 첫째, 정부의 정책결정에서 합리적인 요소, 조직과정적인 요소, 그리고 정치과정적 요소들이 모두 복합적으로 작동한다는 것이다. 둘째로, 그럼에도 불구하고 정책결정의 구체적인 맥락에 따라 각각의 모형이 유용하게 적용되는 범위가 달라진다는 것이다.

## 요 약

이 장에서는 국가가 행정기능을 수행하기 위해 펼치는 활동인 정책과정에서 형성단계를 중점적으로 다루었다. 정책은 정부가 사회의 바람직한 상태에 도달하기 위해 결정한 공식적인 기본방침이다. 이러한 정책은 민주적인 절차와 국가의 헌법과 법령에 의해 정당성을 인정받은 공적 권위에 의해 뒷받침되기 때문에 사회의 모든 구성원에게 적용되고 구속력을 갖게 된다. 대부분의 정책은 어떤 목표를 달성하기 위해 적극적으로 추진되기도 하지만 어떠한 문제에 대해서는 의도적으로 대응하지 않기로 하는 부정적인 결정도 포함한다.

정부는 국가기능을 수행하기 위해 매우 다양한 정책을 추진한다. 이러한 정책들은 공통적으로 정책목표, 정책수단, 정책대상집단의 기본요소를 포함하고 있다. 정부는 사회문제를 해결하여 원래의 상태를 복원하고자 하는 치유적 목표도 세울 수 있고 아직 실현되지 않은 미래의 바람직한 상태를 이루고자 하는 창조적 목표도 설정할 수 있다. 정부가 목표를 달성하기 위해서 구체적인 수단을 강구해야 한다. 정부는 목표를 달성할 수 있는 실질적인 하위목표와 수단들뿐만 아니라 이를 실제로 이행하는 데 필요한 조직, 인원, 자원, 권한과 같은 실행적 수단도 확보해야 한다. 정책대상집단은 정책의 시행으로 혜택이나 서비스를 향유하기도 하지만 공공선을 위하여 자신의 행동과 선택이 제한되거나 비용이나 손해도 감수하기도 한다. 따라서 사회구성원들은 정책을 둘러싸고 경쟁하거나 대립할 수 있다.

정책과정에서 정부와 사회구성원들이 상호작용하는 양태는 다양하다. 사회의 재화를 부유한 계층에서 빈곤한 계층으로 이전시켜서 사회적 격차를 줄이고자 하는 재분배정책은 계급적 갈등을 초래하여 사회의 정상조직들과 정부의 최고위결정자들이 정치적 타협을 시도하게 된다. 다양한 지역과 집단에게 개별적으로 혜택이나 서비스를 나누어주는 분배정책은 사회구성원들의 경쟁이나 갈등을 촉발시키지 않는다. 사회전체의 이익을 위하여 특정한 사회집단이나 영역을 대상으로 행동을 제약하거나 비용을 부담하게 하는 규제정책은 사회적 편익을 향유하는 수혜집단과 비용이나 희생을 부담하는 피규제집단의 대립이 여러 영역에서 발생하고 이를 완화하려는 노력도 여러 곳에서 동시다발적으로 나타나게 된다.

정책을 형성하는 과정에는 많은 행위자들이 직접적 혹은 간접적으로 간여한다. 국회, 대통령, 행정기관, 사법부와 같이 공식적인 권한을 지니고 직접적으로 참여하는 공식적 행위자들도 있고, 시민, 정당, 이익집단, 시민단체, 미디어, 싱크탱크와 같이 간접적으로 영향을 미치는 비공식적 행위자들도 있다. 이러한 행위자들이 모두 정책과정에서 주도적인 역할을 하는 것은 아니다. 누가 주도적인 역할을 하는가와 관련하여 대중민주주의, 엘리트주의, 다원주의와 같이 다양한 관점들이 형성되어 서로 충돌하고 있다.

정부가 정책을 형성하는 과정은 크게 정책의제설정과 정책결정으로 구분된다. 정부는 사회에 존재하는 수많은 모든 문제들에 대하여 일일이 관심을 갖고 해결책을 강구할 수는 없다. 다양한 사회적 쟁점과 문제들 중에서 극히 일부만이 정부가 해결의 대상으로 공식적으로 고려하는 정부의제로 선택된다. 사회적 문제는 사회구성원들이 서로 관심을 갖고 토론하는 쟁점으로 부상하고 폭넓은 사회적 관심을 받아 가시성이 높아지는 과정으로 거쳐 비로소 정부의제로 설정될 수 있다. 이러한 과정에서 사회의 집단이 주도적으로 이슈를 제기하고 사회적 관심을 증폭시켜서 정부로 하여금 정부의제에 포함하도록 하거나, 정부의 당국자들이 선도적으로 사회문제를 정부의제로 채택하고 이를 일반시민에게 널리 알려 관심과 지지를 확보하기도 하고, 일부 특권적 집단이 정부의 최고결정자에게 접근하여 대중이 전혀 모르는 상태에서 자신들의 관심사항을 정부의제로 채택하도록 할 수도 있다.

정책결정은 정부의제로 선정된 사회적 문제들에 대하여 해결하고자 하는 목표를 세우고 적절한 수단을 탐색하여 선택하는 과정이다. 이상적으로 가장 바람직한 정책결정은 의사결정자가 충분한 분석적 능력을 갖추고 해당 문제의 주요원인을 명확하게 판별하고, 이를 해결할 수 있는 모든 대안들을 포괄적으로 탐색하고, 대안의 미래 효과에 대하여 정확하게 예측하는 과정을 거쳐 최선의 방안을 선택하는 것이다. 그러나 이러한 합리적이고 분석적인 정책결정의 이상이 현실에서 구현되기에는 많은 제약요인들이 있다. 따라서 현실의 정책결정의 본질과 양상에 대한 설명이 다양한 관점에서 제시되었다.

만약 정책결정자의 지적 능력이 제한되어 있다면 실제의 정책결정은 어떻게 이루어지는가? 만족이론은 제한된 능력과 합리성을 지닌 의사결정자가 어느 정도 받아들일 수 있는 수준에서 목표를 달성하려 하고 정책수단에 대해서도 자신이 고려할 수 있는 범위 내에서 순차적으로 탐색하여 적당한 것을 선택하게 된다고 설명한다. 정책목표와 수단에 대해 다양한 입장이 충돌하는 사회에서 정책결정은 합의가 용이하도록 부분적인 해결을 강구하거나 기존의 정책에서 크게 벗어나지 않은 대안을 선택하는 대신 지속적으로 상태를 개선하는 점증적인 양태가 나타날 수 있다. 실제 정책은 조직에서 집단적으로 결정되기 때문에 저마다의 목표를 추구하는 하부조직들이 표준운영절차에 따라 시급한 문제에 대한 단기적 대응을 강구하여 내부갈등을 봉합하려 한다. 심지어는 당면한 문제의 속성도 잘 알려져 있지 않고 어떤 방법으로 누가 해결해야 하는지도 불분명한 상태에서도 우연한 계기에 정책은 결정될 수 있는 것이다.

제 4 장

# 행정활동론 II: 정책집행과 평가

4

§ 들어가는 말 §

정부가 아무리 좋은 정책을 설계한다고 해도 이를 제대로 집행하지 않으면 아무런 소용이 없다. 소용이 없는 정도가 아니고, 아예 좋은 정책을 결정하기 위해 노력하지 않은 것보다도 못하다. 정책결정 과정에서 무수한 사람들이 참여하여 서로 싸우고 타협하며 보낸 시간도 허비하게 되고, 앞으로 정책이 집행될 것을 예상하고 이에 맞게 자신의 미래를 준비한 사람들도 엄청난 피해를 입게 된다. 그러므로 규범적으로 일단 결정된 정책은 성공적으로 집행되는 것이 가장 바람직하지만, 실제로 그렇게 하는 것이 매우 어렵다. 이 장에서는 정책의 성공적 집행을 위하여 정부는 무엇을 해야 하고 현실에서 그것이 왜 어려운지를 검토하기로 한다.

◆ Section ◆

Section

제 1 절

# 정책집행의 중요성과 정책결정과의 관계

## 1. 정책집행의 중요성

정책집행(policy implementation)은 정부가 소기의 목표를 달성하기 위하여 정책의 내용을 실현하는 활동이고 정책의 구체적 수단을 국민과 대상집단에게 실제로 적용하는 과정이라 할 수 있다. 즉 집행은 정책에 내포되어 있는 정책결정자들의 의도를 실현하기 위해 추상적이거나 형식적인 정책의 목표를 구체화하여 실질적으로 내용을 정하는 것이다. 무수한 사람들이 참여하여 형성한 정책은 집행을 통하여 의도하였던 결과를 얻을 수 있기 때문에 만일 이러한 과정이 제대로 진행되지 않는다면 그 동안의 모든 노력이 결국 수포로 돌아가는 것이다.

정책집행이 왜 그렇게 중요한가? 이는 정책이 결정된 후에 집행이 제대로 되지 않는 경우를 생각하면 쉽게 이해가 된다. 첫째, 만일 집행이 제대로 이루어지지 않는다면 정책이 존재하게 되는 근본 이유라 할 수 있는 정책목표가 실현되지 않는다. 당연히 정책결정자들의 의도가 좌절된다. 정책목표는 국가의 중요한 기능이나 그러한 국가기능을 수행하는 데 필요한 하위목표를 정한 것이기 때문에 정책목표의 구현이 좌절된다는 것은 곧 국가기능의 상실을 의미한다.

둘째, 정책집행은 대상집단이나 국민의 삶에 직접적으로 영향을 미치기 때문에 정부의 역할이나 정부 자체에 대한 시민의 태도를 결정하게 된다. 정부가 정책의 목표를 달성하는 데 실패하면 당연히 시민의 신뢰를 잃을 수밖에 없다. 실제로 세계의 많은 국가들에서 정부가 장기적인 경제 침체를 극복하고자 추진하였던 주요 정책들이 연이어 큰 성과를 얻지 못하고, 오히려 교육, 치안, 복지 등 다양한 분야에서 사회적 문제가 심각해지면서 정부의 역할과 능력에 대한 시민의 신뢰도가 크게 하락하였다. 심지어 시민의 자유권과 참여가 보장된 된 민주주의 국가들에서도 예외 없이 사회문제를 해결할 수 있는 역량이 부족한 정부에 대해 시민의 부정적 태도가 급속히 확산되고 있다.

셋째, 정부의 정책이 집행될 것으로 믿고 앞으로의 사회적 변화에 맞게 자신의 미래를 준비하는 국민들이 엄청난 피해를 입게 된다. 노인복지를 확대한다는 정부의 정책을 믿고 개인적으로 노후대책을 소홀히 하는 은퇴자들이나 지하철역이 건설될 것으로 믿고 인근 지역에 주택을 마련한 가장들의 곤란한 사정을 상상해 보라. 또한 정부의 정책집행에 필요한 물자나 서비스를 제공하려고 계획한 기업들도 타격을 입게 된다. 정부의 공공사업계획에 따라 큰 도로가 건설될 것으로 믿고 토목사업에 필요한 장비를 대대적으로 구입한 건설회사도 회복하지 못할 피해를 입을 수 있다. 차라리 정부가 그러한 정책을 추진조차 하지 않았더라면 집행의 실패로 인한 피해는 막을 수 있었을 것이다.

## 2. 정책결정과 정책집행의 관계

정부가 정책을 추진하여 구현하고자 하는 궁극적인 목표들은 집행을 통하여 구체화되고 실질적으로 결정된다. 즉 정책의 실질적인 내용이 집행과정에서 구체적으로 결정된다고 볼 수 있다. 물론 정책결정자들이 정책의 세세한 내용까지 미리 결정하는 경우도 있다. 그러나 이는 예외적이다. 실제로는 정책집행자들이 세세한 정책수단들은 말할 것도 없고 구체적인 정책목표까지 결정해야 하는 경우가 더욱 흔하다고 할 수 있다. 정책의 내용이 정책과정의 어느 단계에서 실질적으로 정해지는지는 정책결정자와 집행자의 관계에 의해 크게 영향을 받는다.

통상적으로 정책결정과 정책집행은 일련의 순차적인 과정으로 이어진다고 본다. 고전적 행정학자들은 정치·행정이원론과 정책단계론의 관점에서 먼저 정책결정이 이루어진 이후에 정책집행이 뒤따르게 되며, 두 단계는 명확히 구분된다고 보았다. 즉 정책결정은 국민의 일반적인 선호에 따라 정치적 과정을 통해 정부가 달성하고자 하는 목표, 내용, 계획을 구성하고 설계하는 과정인데 반해 정책집행은 이미 정해진 정책목표를 구현하기 위해 구체적 업무를 충실하게 수행하는 관리적이고 기술적인 과정으로 구분된다는 것이다. 따라서 기능적으로 전자는 의회와 정당을 중심으로 하는 정치권에서 담당하는 일이고 후자는 행정부와 관료조직을 중심으로 하는 행정의 영역에 속한다고 해석되었다.

그러나 실제의 정책과정에서 결정과 집행 단계의 경계는 모호한 경우가 많다는 것을 이미 제1장에서 자세히 보았다. 정책결정 단계에서 정책의 내용은 추상적이거나 절차적인 골격만을 정하는 데 머무르고 집행의 과정을 통하여 실질적으로 내용이 구체화되는 경향이 있다. 따라서 집행의 과정에서도 정책의 구체적 내용에 관한 대안들을 검토하고 선택하는 의사결정이 이루어지게 되는 것이다. 더 나아가 집행의 과정에서도 다양한 이해관계자들이 참여하여 서로 대립, 경쟁, 타협하면서 영향을 미치게 되므로 불가피하게 정치적 투입의 특성이 나타나게 된다.

정부의 공식적인 체계에서 정책결정자는 집행자의 상관인 경우가 일반적이다. 그러나 나카무라(Nakamura)와 스몰우드(Smallwood)는 정책결정자가 공식적으로 권위 및 직위의 우위에 있다고 하더라도 실제의 정책과정에서는 오히려 정책집행자가 더욱 중요한 역할을 수행하는 경우도 적지 않다고 보았다. 이러한 관점에서 정책결정자와 집행자의 권력 관계를 다섯 가지의 유형으로 구분하였다.

첫째, 고전적 기술관료형(classical technocracy)은 정책결정과 정책집행이 서로 엄격히 구분된다고 가정하여 정책집행자는 정책결정자가 결정한 정책목표와 내용을 충실히 수행한다고 본다. 즉 정책결정자가 정책목표를 명확하게 설정할 수 있으며 정책집행자는 이를 지지하여 기술적인 역량을 발휘하여 달성하고자 노력한다. 정책결정자는 분명한 계층제의 구조를 확립하고 목표를 달성하기 위해 해결해야 하는 기술적 문제에 관한 역량을 지닌 관료를 지정하여 이들에게 집행권한을 부여한다. 따라서 정책결정자는 정책과정 전반을 통제하고 집행자를 지휘할 수 있는 것이다. 바로 고전파 행정이론이 가정하였던 상황이다.

그런데 이 유형은 현실에서 보기 어려운 이상적인 조건들을 가정하고 있다. 즉 정책결정자와 집행자가 정책의 목표와 내용에 대해 완벽하게 동의하고 있고 결정자들이 집행에 필요한 예산이나 자원을 충분하게 지원할 수 있다는 가정이다. 이러한 상황에서 정책집행이 실패하는 경우는 정책집행자가 임무를 수행하는 데 필요한 기술적 역량이 부족할 때이다. 예를 들어, 1960년대 미국에서 원자력발전 사업은 연방정부 정책결정자들의 충분한 지원에도 불구하고 집행담당자들이 방사능 누출 위험, 핵폐기물 처리, 환경오염과 관련된 기술적 역량을 보유하지 못해 결국 국민 신뢰를 상실하고 실패하게 된 사례가 있다.

둘째, 지시적 위임형(instructed delegation)은 고전적 기술관료형과 마찬가지로 정책결정자가 정책목표를 명확하게 설정하고 지시하며 집행자도 이를 지지한다고 가정한다. 그러나 이때 정책결정자는 집행자에게 목표를 달성하는 데 필요한 수단을 선택하고 관리하는 업무에 대해 재량권을 부여한다. 문제는 정책수단의 선택에 관한 재량권이 다수의 집행자들에게 부여된다고 가정하기 때문에 적정한 수단에 대해 정책집행자들이 협상하고 합의에 이르러야 비로소 집행이 성공할 수 있다는 점이다.

이러한 상황에서 정책집행의 실패는 정책집행자의 기술적 역량이 부족할 때 발생할 수 있다. 이보다 더욱 심각한 경우는 다수의 집행자들이 적절한 수단에 대하여 합의에 도달하지 못할 때이다. 다음에 자세히 살펴보겠지만, 정책집행론의 시발점이 되는 프레스만과 윌다브스키(Pressman & Wildavsky)의 연구가 이러한 경우를 잘 보여준다. 미국 캘리포니아 오클랜드에서 실업자를 구제하기 위하여 추진한 연방정부의 정책이 초기의 높은 기대와 달리 많은 집행기관들이 서로 입장을 조율하지 못해 결국 실패하고 말았던 사례가 있다.

셋째, 협상형(bargaining)은 정책결정자가 정책목표를 설정하여 제시하지만 정책집행자가 정책목표와 수단에 대해 반드시 동의하지는 않는다고 가정한다. 따라서 정책의 원활한 추진을 위해서는 정책결정자와 정책집행자가 목표와 수단에 대하여 협상하게 된다. 이러한 협상과정에서 정책집행자가 정책결정자의 일방적인 지시를 그대로 따르기 보다는 오히려 상대방에게 영향력을 행사할 수 있는 위치에 있을 수도 있다. 결국 정책과정에서 협상의 결과는 양자의 상대적인 권력분포에 따라 달라질 수 있다.

이 경우에도 정책집행상의 기술적 문제 때문에 집행이 실패할 수 있는 것은 앞의 두 유형과 같다. 그러나 심각한 실패는 정책집행자와 정책결정자 간의 협상의 실패로 인한 교착상태, 지연, 미집행 등으로 나타난다. 더욱 심각한 실패는 정책집행자가 정책결정자의 입장에 동조하지 않고 자원을 다른 목적으로 사용하는 기만적인 행동으로 초래될 수 있다. 즉 정책집행자들이 표면상으로는 정책목표를 추구하는 척하면서 실제로는 다른 목적으로 자원과 예산을 사용하는 현상인데, 중앙정부의 포괄보조금을 지방정부들이 당초의 약속과 다른 목적을 위해 사용하는 경우가 이에 해당한다고 볼 수 있다.

넷째, 재량적 실험가형(discretionary experimentation)은 정책결정자는 추상적인 정책의 방향을 제시할 뿐이고 정책집행자로 하여금 목표를 구체화하고 이를 달성하기 위한 정책수단을 개발하도록 광범위한 재량권을 부여하는 경우이다. 이와 같은 폭넓은 권한의 위임은 두 가지 이유 때문에 나타난다. 우선은 정책결정자가 관련된 지식과 역량이 부족한 경우이다. 심각한 정책문제가 있고 정책결정자들이 이를 해결해야 할 필요성을 절실히 느끼고 있지만, 문제와 해결책에 대한 지식이 부족한 경우이다. 다음으로 다수의 정책결정자들이 구체적인 정책목표나 수단을 둘러싸고 심한 갈등을 겪어 결국 막연하고 추상적인 방향만을 간신히 결정하여 집행자에게 구체적인 내용을 정하도록 떠넘기는 것이다.

이때에는 정책집행자의 전문성과 지식의 부족으로 인한 기술적 문제가 정책실패의 원인이 된다. 또한 정책결정자 의도의 모호성과 정책집행자의 태만 혹은 기만도 나타날 수 있다. 여기에 더해서 권한이 정책결정자와 정책집행자 사이에 분산되었기 때문에 정책실패에 대한 책임 소재도 불분명해지게 된다.

다섯째, 관료적 기업가형(bureaucratic entrepreneurship)은 집행자가 모든 정책과정을 주도하는 극단적인 경우이다. 즉 정책결정자가 아닌 정책집행자가 주도적으로 정책의 목표를 결정하고 정책결정자로 하여금 이를 수용하도록 압력을 가하고, 집행에 필요한 자원을 적극적으로 획득하는 경우이다.

1980년대 초 우리나라 정부가 추진한 정보화 정책이 대표적인 경우이다. 해당 분야의 전문가와 관료들이 정부의 최고위 정책결정자들을 설득하였고 정책내용의 수립에서부터 필요한 자원의 확보에 이르기까지 모든 과정을 주도하였다. 전문가와 관료들이 시대의 흐름에 맞는 정책을 선도적으로 인식하여 추진하였던 것이다. 이와 같이 우리나라에서는 헌신적인 관료들이 전문지식을 동원하여 정책결정자들을 설득하고 새로운 정책을 도입한 경우가 많다. 관료들이 1960년대 고도성장과 그 이후 사회 환경의 빠른 변화에 대처하기 위해 정보와 지식을 학습하고 축적하여 정책결정자들에게 정책의 방향과 방법을 제시하였던 것이다.

만약 관료들이 정책수단의 기술적 문제를 해결하지 못하거나 결정자의 신뢰를 상실하게 되면 정책집행은 실패하게 된다. 집행자가 정책결정자의 공식적 권한을 무시하는 행태가 결정자들을 자극할 수도 있다. 또한 정책의 반대세력이 집행관료들을 공격하여 이들에 대한 결정자들의 신뢰를 깨뜨릴 수도 있다. 결국 집행을 주도하는 관료들의 정치적 능력과 헌신적인 노력이 결합되어야 성공할 수 있는데 실제로 이러한 조건을 갖추기 어렵다.

## Section 제 2 절 정책집행에 대한 연구

### 1. 집행연구의 출발

앞에서 언급한 것처럼 만일 훌륭한 정책이 실패하지 않으면 집행의 문제에 대해서 많은 사람들이 주목도 하지 않았을 것이다. 대부분 정책이 어떤 과정으로 형성되는지에만 몰두하였기 때문이다. 처음으로 집행의 문제로 인해 발생하는 정책실패에 대하여 본격적으로 연구한 〈정책집행론 Implementation〉

이 1970년대 초에 출간되자 많은 사람들이 커다란 충격을 받았다는 사실이 이를 상징적으로 보여준다. 누구나 당연히 성공할 것으로 기대하였던 국가의 좋은 기획과 정책도 집행의 잘못으로 실패할 수 있다는 것을 프레스만(Pressman)과 윌다브스키(Wildavsky)가 집필한 수년간의 체계적인 분석을 통해 밝혀내었던 것이다.

이들의 연구는 미국 경제개발청(EDA)이 1966년에 샌프란시스코 근교에 있는 오클랜드를 대상으로 시행한 실업자 구제를 위한 시범사업이 어떠한 과정으로 집행되었는지를 분석하였다. 당시 미국 정부는 흑인폭동의 파도가 어느 정도 진정되자 그 원인을 찾아 해결하고자 하였다. 사회적 불안정을 야기하는 원인으로 도시빈곤 문제가 지목되었다. 연방정부가 도시지역에서 제대로 된 직업도 없이 살고 있는 흑인과 히스패닉 등 소수인종 빈곤계층에게 일자리를 제공하고 직업훈련을 실시한다는 훌륭한 의도와 목표는 많은 시민의 열렬한 환영과 관심을 이끌어 내었다. 그러나 예상과 달리 이 정책은 결국 집행의 현장에서 좌초되어 많은 사람들을 어리둥절하게 만들었던 실패의 대표적 사례로 전락하였다.

당시 EDA는 중소도시인 오클랜드에 2,300만 달러라는 막대한 자원을 공공시설 - 비행기 격납고와 항구의 하역시설 등 - 건설 사업에 투입하여 2,200개의 일자리를 창출하고, 160만 달러를 민간 기업에 대출하여 800개의 일자리를 추가적으로 만들겠다고 발표하였다. 그러나 이 사업이 개시된 이후 4년이 지났을 때 많은 사람들의 기대와 다르게 배정된 예산의 상당액이 집행되지 않았고 총 3,000개의 일자리를 만들겠다는 목표도 턱없이 달성하지 못했다는 것이 밝혀졌다. 1970년까지 EDA 사업을 통해 흑인과 히스패닉을 포함한 빈곤층에게 돌아간 일자리는 공공시설 건설과 민간투자 사업을 통틀어 500여개에 불과했다.

프레스만과 윌다브스키는 이 연구를 통해 정책의 궁극적인 목표달성과 성공의 여부가 결국은 현장에서 그 정책이 어떻게 집행되느냐에 따라 좌우된다는 관점을 제시하게 되었다. 이들이 사례분석을 통해 밝힌 정책실패의 원인은 다음과 같다.

첫째, 집행과정에 너무 많은 공식적 및 비공식적 행위자들이 참여하였다. 오클랜드 개발정책 사례에서 연방정부에서는 EDA뿐만 아니라 회계감사원(GAO), 노동부, 해군성 등이 관여하였고, 오클랜드 시정부, 오클랜드 항만청, 지역 공공사업체, 은행, 흑인공동체 등 다양한 지역행위자들도 참여하였다. 이렇게 다양한 연방정부와 지역의 참여자들이 정책의 목표와 내용에 대하여 서로 다르게 인식하였고 상이한 편익을 추구하였기 때문에 집행기관이 이들의 입장을 조율하고 협조를 구하는 데 많은 시간과 에너지를 소모할 수밖에 없었다.

둘째, 집행과정에서 이러한 다양한 참여자들은 연속적인 의사결정의 단계를 구성하였고 각 단계에서 이들의 동의와 합의가 있어야 다음 단계로 진행될 수 있는 지점(clearance points)으로 작용하게 되었다. 오클랜드 개발사업 사례에서 연방정부 행정기관인 EDA의 헤드쿼터로부터 운영기관, 시애틀의 지역사무소, 오클랜드로 내려오면서 정책의 집행과정에 참여하는 다양한 행위자들이 서로 상대방에게 의존하는 연계활동의 복잡성(complexity of joint action)이 발생하게 되었다. 결과적으로 정책이 이와 같은 다단계의 의사결정을 모두 성공적으로 통과할 수 있는 확률이 기하급수적으로 낮아지게 되었다.

셋째, 중요한 직위에 있는 핵심적 참여자들이 빈번하게 교체되어 정책에 대해 구축되었던 지지 기반을 와해시키게 되었다. 경제개발프로그램을 수립할 때 중추적인 역할을 하였던 연방정부 EDA 국장이 이 정책이 집행되던 중에 사임하고 다른 사람으로 교체되었다. 새로 부임한 담당자가 당초의 정책목표를 새로운 관점에서 이해하고 과거의 진행 방식을 대폭 변화시키려 하였기 때문에 기존의 참여자들과 적지 않은 갈등을 겪게 되었던 것이다.

넷째, 정책목표를 달성하기 위해 필요한 정책수단이 적절하게 선택되지 않았다. 공공시설 건설과 직업훈련 프로그램을 통해 지역경제를 활성화시키겠다는 간접적 지원 방식이 목표달성에 효과적이지 않았다. 또한 정책집행의 주관기관을 선정하는 데 오류가 있었다. EDA는 원래 농촌지역의 낙후된 경제를 부흥시키기 위한 목적으로 개발되었던 프로그램을 오클랜드의 도시지역 빈곤문제를 해결하기 위해 그대로 차용하였던 것이었다.

## 2. 하향식 접근방법

정책실패의 원인을 분석하는 것으로 시작된 정책집행 연구는 두 가지 방향으로 발전하였다. 즉 정책결정의 단계에서 목표와 수단이 어떻게 설계되었고 이후 집행과정에서 이를 얼마나 충실히 수행했느냐에 따라 정책의 결과가 달라질 수 있다고 보는 하향식(top-down) 접근방법과 집행현장에서 상황의 변화, 일선관료의 재량권, 그리고 정책대상집단의 영향을 중시하는 상향식(bottom-up) 접근방법으로 구분된다.

하향적 접근방법은 정책결정자들이 설정한 정책의 내용이 현장에서 집행의 결과를 좌우한다고 보는 관점이다. 즉 정책결정자들이 어떠한 내용의 정책을 만들고, 이를 집행하기 위하여 얼마만큼 준비를 하여 집행자들에게 지시하고 감독하는가에 따라 정책의 성패가 판가름된다고 본다. 따라서 연구의 초점을 결정자에서 집행현정으로 이동시키면서 영향을 미치는 요인들을 검토하는 방법이다.

하향적 접근방법의 대표적인 학자인 사바티어(Sabatier)와 마쯔마니언(Mazmanian)은 정책집행과정에 영향을 미치는 요인들을 크게 정책문제, 집행구조의 법제, 기타 비제도적 변수로 구분하였다. 문제의 용이성은 정책대상 집단의 규모, 이질성, 행태의 변화 정도 등으로 나타나지만 그 중에서도 문제의 원인에 대한 타당한 인과이론이 확립되었고 해결에 필요한 기술이 가용한지에 따라 그 정도가 달라진다고 보았다. 효과적인 집행을 위해서는 문제의 특성을 감안하여 집행구조와 체계를 갖출 수 있는 역량이 무엇보다 중요하다. 집행체계는 명확하고 일관성 있는 정책목표의 설정, 타당한 인과이론에 근거한 적절한 수단의 선택, 충분한 재원의 확보, 집행기관의 계층관계, 의사결정규칙, 그리고 인력의 충원, 외부자의 참여범위에 관한 정책설계에 의해 확립된다. 이와 같이 하향적 접근법에서는 정책문제에 대응하기 위하여 정책의 목표와 수단 및 수행체계를 잘 설계하는 것이 정책집행의 성패를 결정한다고 보았다.

이러한 하향적 접근방법은 정책설계의 내용을 통해 집행의 과정을 체계적으로 이해할 수 있도록 하고, 집행과정의 영향 요인들을 사전에 포괄적으로 판별할 수 있으며, 공식적으로 설정된 정책목표에 비추어 집행과정을 평가할 수 있는 기준을 제공한다는 측면에서 긍정적으로 받아들여지고 있다. 반면, 하향적 접근방법이 가진 설명력의 한계에 대한 지적도 많다. 정책목표를 명확하고 일관성 있게 설정해야 한다는 전제는 다양한 행위자들의 상충적 입장을 극복하기 위한 정치적 방법으로 전략적으로 모호한 가치를 내세우는 현실을 반영하지 못한다. 또한 정책집행자의 역량과 정책목표에 대한 동조 수준에 따라 나타날 수 있는 기회주의적 행태의 가능성을 고려하지 않고 있다. 마지막으로 일선관료와 대상집단의 전략적 상호작용으로 당초의 집행계획에서 벗어날 수 있다는 것도 간과하고 있다.

## 3. 상향적 접근방법

상향적 접근방법은 정책결정자가 집행과정을 통제하기 보다는 전문성과 기술 및 지식을 가진 일선관료들이 현장의 문제를 해결하는 데 가장 큰 역할을 한다고 본다. 엘모어(Elmore)는 집행과정을 이해하기 위해서 정책설계가 아닌 일선관료와 대상집단의 행태에 집중해야 한다고 본다. 실제 정책과정에서 명확하고 일관된 정책목표를 설정하는 데 많은 제약이 있으므로 집행의 현장에서 발생하는 문제를 해결하는 과정에 초점을 두어야 한다는 것이다. 립스키(Lipsky)는 일선관료가 시간, 정보, 기술, 자원의 부족, 권위에 대한 도전, 역할에 대한 상충적인 기대 등이 중첩되어 있는 열악한 환경에서 업무를 수행한다고 보았다. 이에 대응하기 위해서 일선관료들은 현장의 상황에 맞게 자신들의 과업을 자의적으로 조정하게 된다. 즉, 일선관료들은 복잡한 환경과 업무를 단순화(simplification)하여 의사결정의 부담을 스스로 줄이거나, 과업과 고객집단의 범위를 임의로 재정의하여 책임의 범위를 축소하기도 하며, 자신의 과업을 기존의 상례(routine)와 절차에 적합하게 정형화(codification)하여 처리하려 한다는 것이다.

따라서 효과적인 정책집행을 위해서는 일선관료가 불명확한 정책내용이나 지침을 현장의 상황에 적합하게 구체화시키고, 정책의 적용범위를 신축적으로 수정하거나, 예상치 못한 상황에 대비할 수 있도록 재량권을 행사할 수 있어야 한다. 또한 다수의 참여자가 정책집행과정에 개입하는 경우 이들과 타협하고 흥정할 수 있도록 집행담당자에게 재량을 부여하는 것이 필요하다. 일선관료에게 적정한 수준의 재량권이 부여되지 않으면 집행현장에서 저항과 형식적인 순응이 나타날 수 있으며 현장의 구체적인 문제를 해결하기 못해 결국 정책이 실패할 가능성이 높다.

상향적 접근방법은 실제적인 집행과정을 상세히 기술하여 정책집행과정의 인과관계를 보다 잘 설명할 수 있다는 장점이 있다. 즉 집행현장에서 일선관료와 대상집단이 인식하고 있는 문제의 성격과 해결 전략을 파악할 수 있으며, 공식적인 정책목표와 달리 집행과정에서 발생하는 예상치 못한 효과를 이해할 수 있다. 반면에 상향적 접근방법의 설명력이 가진 한계도 있다. 우선, 일선관료의 행태와 영향을 과도하게 강조하고 정책결정자가 집행의 거시적인 구조를 설계하여 통제할 수 있다는 점을 경시한다. 또한 공식적인 정책목표의 중요성을 인정하지 않으므로 결과적으로 집행의 성과를 평가하는 것도 어렵다. 사실 정책과정에는 정책성패에 영향을 미치는 많은 요인들이 있는데도 불구하고 집행현장의 문제에만 집중하여 근시안의 오류에 빠질 수 도 있다.

## 4. 상황론

앞에서 본 바와 같이 정책집행의 연구에서 정부가 정책을 결정하고－구체적인 수단들을 선택하고—필요한 지침을 만들고－인적·물적 자원을 확보하고—현장에서 실현하는 일련의 과정을 분석할 때 정책결정이 이루어지는 정부의 상층부에서 집행현장으로 내려가면서 연구하는 방식이 하향식이고, 반대로 집행현장에서 상층부로 올라가면서 분석하는 방식이 상향식이다. 엘모어(Elmore)는 이러한 접근방법을 시간의 흐름에 따라서 정책결정에서 시작하여 마지막 단계인 집행활동으로 초점을 움직이며 연구하는 전향적 분석(forward mapping)과 그 반대 방향의 분석을 후향적 분석(backward mapping)으로 구분하기도 한다.

이러한 집행연구에 대한 두 가지 접근방법의 유용성을 대립적인 관점에서 단정적으로 평가하기는 어렵다. 그 보다는 정책의 특성과 집행의 조건에 따라서 적절한 접근방법을 선택할 수 있다는 관점이 상황론이다. 즉 어느 조건에서나 하향식 혹은 상향식 중에서 어느 하나의 접근방법을 배타적으로 채택할 필요가 없다는 것이다.

전국적으로 집행현장이 매우 동질적인 상황에서는 중앙정부의 정책결정자들이 상세하고 명확한 지침을 만들고 현장에서 집행담당자들이 그러한 상부지침에 따라 업무를 수행하도록 정책과정을 설계할 수 있다. 이 경우에는 전문성이 없는 일선관료라 하더라도 무난히 집행활동을 펼칠 수 있으므로 비교적 작은 경비로도 효율적으로 집행할 수 있다. 이러한 조건에서 이루어지는 집행과정에 대한 연구는 하향식 접근방법을 채택하여 정책결정에서 얼마나 명확하게 지침을 만드는지, 이를 정부조직의 계층에 따라 현장의 일선관료에게 제대로 하달하는지, 일선관료들이 얼마나 충실하게 지침을 따르는지 등을 순차적으로 분석하는 것이 적절하다.

그러나 정책의 대상집단이 이질적이고 다양한 특성을 지니고 있고, 집행과정에 많은 참여자들이 관여하고 있으며, 필요한 자원의 확보 수준도 현장에 따라 격차가 심한 상황이라면 위에서와 같이 중앙정부에서 표준화된 집행지침을 작성하거나 지원할 수 없다. 따라서 하향식 접근방법으로는 집행의 주요 요인들을 분석하기 어렵다. 문제 학생들을 선도하는 교육 현장이나, 공장지대와 축산농가가 뒤섞인 지역에서 환경오염을 방지해야 하는 경우, 그리고 수급자의 구체적인 사정을 감안해야 하는 복지전달 현장에서는 중앙정부의 집행지침보다는 집행담당자들의 재량과 상황에 맞는 신축적 대응이 필요한 것이다. 만약 이와 같이 집행현장에서 실질적인 정책내용이 결정되고 실현된다면 실제 현장에서 어떤 일이 무슨 이유로 발생하고 있는지를 우선적으로 분석해야 집행과정의 상태를 제대로 이해할 수 있는 것이다.

더 나아가서 상황론의 관점은 연구방법으로서 뿐만 아니라 효과적인 집행을 위한 처방으로서도 중요한 함의를 제시한다. 정부는 상황의 특성을 고려하여 적합한 정책집행의 전략을 채택해야 한다는 것이다. 만약 집행현장의 조건이 비교적 동질적이라면 중앙정부에서 명확하고 세밀한 지침을 만들어 이를 현장의 일선담당자들에게 신속하게 하달하는 것이 효율적인 집행을 위한 전략이지만, 반대로 집행현장이 이질적이고 다양한 요소들로 둘러싸여 있다면 일률적인 중앙정부의 지침보다는 일선담당자들이 자신의 재량적 판단에 따라 신축적으로 업무를 수행할 수 있도록 하는 것이 효과적인 전략이다.

Section

제 3 절

# 정책집행을 좌우하는 주요 요인

지금까지 살펴 본 바와 같이 정부의 정책이 어떠한 과정으로 집행되는지에 대한 연구는 주로 하향식 혹은 상향식 접근방법에 따라 이루어졌다. 이러한 연구들이 집행과정의 다양한 측면에 관심을 두고 새로운 결과들을 축적하면서 정책의 성패에 영향을 미치는 많은 요인들을 확인하게 되었다. 여기에서는 이러한 집행요인들을 크게 정책의 특성과 자원, 정책의 정당성 및 지지 동원, 집행기관과 관료, 정책순응의 기제의 범주로 구분하여 살펴보고자 한다.

## 1. 정책의 특성과 필요자원의 확보

정책집행은 실현되어야 할 정책내용의 특성에 따라 그 성공의 여부가 결정될 수 있다. 우선 정책의 내용이 관련 행위자들에게 명확하게 제시되고 전달되어야 성공적인 집행을 기대할 수 있다. 모호하거나 상충적인 목표들이 우선순위 없이 나열되거나, 과도하게 빈번한 수정이 이루어지는 경우에는 정책집행자와 대상집단이 정책의 의도를 제대로 파악할 수 없어서 소기의 성과를 달성할 수 없다. 정책의 목표와 수단이 명확하게 제시되고 일관성을 유지할 때 정책결정자, 정책집행자 및 대상집단이 소통의 왜곡으로 인한 갈등을 회피할 수 있다.

물론 상향식 접근에서 보았듯이 정책수단이나 방식이 지나치게 자세하게 규정되면, 현장의 상황과 맞지 않는 경우가 나타날 수가 있다. 이러한 문제는 집행현장이 다양한 전국적 규모의 정책에서 아주 심각하게 대두될 수 있다. 집행 현장의 조건이 이질적인 경우에는 중앙정부가 정한 공통적인 수단이나 지침이 적용되기 어렵기 때문이다. 오히려 이러한 경우에는 현장에서 집행담당자가 융통성을 발휘할 수 있도록 중앙정부는 중요한 원칙과 방향을 제시하고 세밀한 것은 현장에서 일선담당자의 재량적 판단에 따라 결정될 수 있도록 해야 한다.

또한 성공적인 정책집행을 위해서는 정책수단을 실현시킬 수 있는 물적·인적 자원을 안정적으로 확보하여야 한다. 정책집행에 필수적인 자원의 동원을 위한 계획이 집행이전에 명확하게 규정되어 있을수록 성공의 가능성이 높아진다. 그리고 대상집단의 지지와 순응을 확보할 수 있는 다양한 정책수단도 미리 계획되어야 한다. 즉, 정책의 정당성에 대한 설득, 정책의 수단을 합리적으로 수용할 수 있는 유인, 기준과 절차에 따라 행태의 변화를 강제하는 강압 등의 요소들이 준비되어야 한다. 대상집단의 순응문제는 중요하므로 후에 자세히 검토될 것이다.

## 2. 정책에 대한 지지 동원

정책의 내용이 바람직스럽다는 인식은 집행에서 가장 중요한 요소이다. 정책집행자와 정책대상집단, 그리고 일반시민들이 정책의 의도와 목표가 바람직스럽다고 평가할 때 성공적인 집행의 가능성이 높아진다. 정책수단에 대해서도 마찬가지이다. 정책집행자가 정책의 목표를 바람직한 것으로 보지 않고 채택된 수단을 효과적이라고 판단하지 않는다면 집행을 의욕적으로 추진하기 어렵다. 정책의 목표와 수단에 대한 정책집행자와 대상집단의 수용도가 높아야 집행의 성공가능성이 높아진다. 이를 위해서는 정책의 형성 및 결정이 개방적이고 민주적인 절차에 따라 이루어져야 한다.

정책에 대한 정책대상집단의 태도가 집행의 성공여부에 크게 영향을 미친다. 교통신호를 준수하도록 하는 규제에 대해서는 누구라도 바람직스럽다고 생각하겠지만, 교통량이 적은 심야시간에는 교통신호를 귀찮아 하거나 고속도로에서 속도제한을 무시하는 경우가 다반사이다. 그러나 정책 때문에 손실이나 피해를 입지만 사회전체를 위해서나 사회정의의 차원에서 개인적 부담을 참고 정책을 수용해야 한다는 사람들도 많다. 즉 정책대상집단도 사회전체의 편익을 위해서 정책의 내용이 바람직스럽다는 판단을 할 때 집행이 순조로워지는 것이다.

정책집행자, 정책대상집단 뿐만이 아니라 일반시민들도 정책의 집행에 협조적이 되려면 정책목표나 수단이 최선은 아니더라도 그런대로 바람직스럽다고 평가하고 받아들여야 한다. 이를 위해서는 정책집행의 과정과 현장의 담당자를 감독하고 통제하는 정책결정자는 물론이고, 정책집행의 방식과 성과에 관심을 갖는 언론과 일반지식인들이 협조적인 태도를 확보해야 한다.

특히 사회적으로 현저성이 높은 문제와 관련해서는 정부가 정책의 정당성에 대한 입장의 차이를 극복할 수 있도록 일반시민과 언론을 대상으로 하는 홍보와 설득의 노력이 필수적이다. 이와 같이 정책의 정당성에 대한 긍정적인 태도를 확산하고 지지의 저변을 확대할 때 정책집행이 원활하게 수행될 수 있다.

그리고 대통령, 의회, 장·차관 등 고위정책결정자가 무수하게 많은 정책들 중에서 특정 정책에 대하여 어느 정도 관심을 표명하고 우선순위를 두느냐에 따라 현장의 일선관료가 갖는 의욕과 태도가 현저하게 달라진다. 뿐만 아니라 고위 정책결정자들의 관심과 우선순위가 높을수록 집행에 필수적인 인적·물적 자원의 확보도 용이해진다.

## 3. 집행기관과 관료

집행을 위한 모든 외부적 조건이 갖추어 져도 결국 현장에서 정책을 직접 실행하는 업무를 담당하는 집행기관과 일선관료가 제대로 역할을 하지 않는다면 성공적인 결과를 얻을 수 없다. 즉 정책집행을 실제로 주도하는 주체인 집행기관과 일선관료의 능력과 태도, 조직적 규범과 절차, 집행체제의 구조 등이 집행의 성패에 미치는 영향이 결정적인 것이다.

우선 효과적인 정책집행을 위해서는 정책집행자가 업무수행에 필요한 능력을 갖고 있어야 한다. 유능한 정책집행자는 정책의 내용과 문제 상황을 정확히 분석하고 전문적 기술을 활용할 수 있는 지적 능력, 복잡하고 변화하는 상황에서 신축적으로 대응하고 리더십을 발휘할 수 있는 관리능력, 집행과정에서 야기되는 이해당사자들의 갈등을 조정하고, 자원 및 지지를 동원하거나 확보할 수 있는 정치적 능력을 갖추어야 한다. 이 부분은 제11장에서 행정능력에 관한 논의를 하면서 다시 검토하게 될 것이다.

관료의 부족한 능력을 보완하는 방식을 조직들은 터득하여 보유하고 있다. 대표적인 것이 표준운영절차(standard operating procedures)이다. 업무수행을 위한 표준화된 절차가 확립되어 있으면, 일선관료들에게 업무처리의 구체적인 지침이 된다. 흔히 매뉴얼(manual)이라고 불리는 이러한 지침은 집행과정에서 유사한 유형의 활동이나 반복적 작업에 대하여 미리 절차를 표준화한 것으로 일선담당자의 시간과 노력을 절약할 수 있게 한다. 또한 집행이 공통적인 절차와 기준에 따라 진행되므로 대상집단에 대한 공정성을 확보할 수 있도록 한다. 반면, 일선관료들이 지나치게 표준운영절차에 의존하게 되면 재량적 판단과 대응을 제한하여 개별 사안의 특수한 상황에 신축적이고 창의적으로 대처하는 것이 불가능해진다. 표준운영절차는 제7장의 행정조직에서 보다 자세히 검토한다.

집행체제는 다수의 조직과 기관들로 구성되어 구조적으로 복잡한 경우가 많다. 이러한 구조적 특성이 집행에 부정적인 영향을 미칠 수 있다. 부처할거주의는 수평적인 관계에 있는 다수의 조직들이 공동으로 업무를 수행할 때 공통의 목표를 위해 협조하기 보다는 각각의 배타적인 목적을 우선시하는 현상이다. 이러한 상황에서는 기관들 간에 협조와 조정 부족, 책임의 분산, 업무의 중첩 등의 문제에 봉착할 수 있다. 또한 공식적 상하관계에 있는 정책결정자와 집행자도 느슨하게 연계되어 있어 상부의 결정내용이 집행현장에 제대로 전달되지 않고 의도대로 집행되지 않는 결과를 초래하게 된다. 따라서 정책이 통과해야 하는 집행체제의 연속적인 의사결정 체인이 지나치게 많아지지 않도록 구조를 설계하는 것이 필요하다. 이 부분도 제7장에서 검토될 것이다.

마지막으로, 업무를 수행하는 담당기관이 전반적으로 정책의 정당성에 대해 높은 수준의 동조를 보이고 과업 달성을 위한 긍정적인 태도를 보유하고 있어야 한다. 특히 집행현장이 다양해서 추상적인 집행지침만이 제공되어 일선관료가 재량권을 행사해야 하는 경우에는 집행조직의 분위기와 관료적 규범이 집행을 좌우하는 중요한 요소이다. 조직의 구성원들이 바람직하다고 보고 공유하는 암묵적 규칙이나 관행을 관료적 규범(bureaucratic norm)이라고 한다. 관료들은 목표달성을 위한 업무추진의 방식과 수용가능한 행동의 범위에 대해 묵시적인 합의를 유지할 때 이러한 요소들이 현장의 집행 활동을 이끌거나 제한할 수 있다. 특히 관료들은 현재의 상태에서 크게 벗어나는 변화를 회피하려는 성향은 새로운 정책의 집행을 제약하는 경우가 많다. 과거의 관행이나 지배적 규범이 새로운 상황에 적합하지 않는데도 그대로 지키려는 분위기나 태도는 새로운 정책을 강력하게 추진하는 데 저해 요인이 될 수 있다.

## 4. 정책순응의 기제

순응(compliance)이란 정부가 공적권위를 행사하여 정책을 통해 요구하는 바를 정책대상집단과 일반시민이 따르는 행위를 의미한다. 정책이 집행과정을 통해 의도한 효과를 거두기 위해서는 관련 행위자들의 순응이 필수적이라 할 수 있다.

특히 정책집행의 성패에는 정책대상집단의 순응이 큰 영향을 미친다. 정책이 해결하고자 하는 사회문제는 사회구성원들의 바람직하지 않은 행태로 인해 발생하는 경우가 많다. 따라서 정책의 내용은 이러한 문제를 야기하는 사회구성원의 일부에게 행태의 변화를 요구하게 된다. 규제정책이 대표적이다. 규제정책은 대상집단의 행태의 변화를 통해 그 내용이 구현될 수 있는 것이다. 예를 들어, 근로기준법에 따라 근로자에게 적절한 대우를 하게 하거나, 환경오염방지를 위하여 오염방지시설을 갖추게 하는 경우는 기업주의 행태를 규제하는 것이고, 근로자가 일정한 규칙에 따라 파업을 하도록 하는 것은 근로자의 행동을 규제하는 것이다. 이러한 행태변화는 비교적 용이한 경우도 있지만, 피규제자에게 큰 불편을 주거나 엄청난 비용을 부담시키는 경우에는 순응의 문제가 발생한다.

현장에서 집행을 담당하는 일선관료의 순응도 중요하다. 일선관료가 정책의 의도와 내용에 동조하고 의욕적으로 임무를 수행할 때 현장에서 서비스의 제공이나 규제 활동이 계획과 달리 왜곡되거나 지체되지 않는다. 뇌물을 받고 규제대상자의 불법행위를 눈감아 주는 것은 범법행위이기 때문에 엄격한 통제를 하지만, 사소한 태만은 쉽게 통제에서 벗어날 수 있다. 따라서 정책결정 시에 일선담당자들의 순응을 확보할 수 있는 다양한 방안을 미리 마련하는 것이 필요하다.

일반적으로 효과적인 정책집행에 필수적인 순응을 확보하기 위해서는 정책내용이 형식적·실질적인 측면에서 모두 소망성의 기준을 충족하는 것으로 인식되어야 한다. 형식적으로 보아 정책목표나 수단이 분명하고 일관성이 있으며, 정책지침 등이 명확해야 한다. 실질적으로도 정책목표나 수단 등이 바람직하다고 인식되어야 한다. 또한, 정책결정자와 집행기관의 정통성과 신뢰성이 확보될 수 있도록 개방적이고 민주적인 절차에 따라 결정되고 집행되어야 한다. 정책에 순응하고자 하는 의지에 비해 실제로 이행할 수 있는 자원이나 능력이 부족하다면 최대한 이를 보완해주어야 한다.

정부 당국이 이와 같은 노력을 기울였음에도 불구하고 순응주체들이 의욕이 부족하거나 부담을 회피하기 위해 순응하지 않는 경우에는 이를 확보할 수 있는 수단들을 강구하여야 한다. 이러한 순응 확보 수단에는 설득, 유인, 처벌의 유형이 있다.

첫째, 도덕적 설득(normative persuasion)은 정책의 의도와 목표가 사회적 또는 윤리적 차원에서 정당하다는 것을 관련 행위자들이 수용하도록 하는 노력을 의미한다. 설득의 수단이 효과를 발휘하기 위해서는 집행되는 정책의 내용이 객관적으로 타당성이 있고 정책결정 및 집행기관이 정통성과 신뢰성을 확보해야 한다. 정통성과 신뢰성을 확보한 정책담당자들이 정책에 대한 도덕적 설득을 할 때에만 정책에 대한 순응을 기대할 수 있다.

둘째, 유인(incentives) 또는 보상(rewards)은 정책순응에 대한 혜택을 제공할 것을 보장함으로써 관련행위자들이 자발적으로 정책에 순응하도록 하는 방법이다. 즉 순응의 이익(benefit)을 제공하여 행위자들의 합리적 판단을 유도하는 것이다. 이 수단의 최대 장점은 정책대상의 자발적인 선택에 의한 순응을 유도한다는 것이다. 반면에 물질적 유인은 도덕적 자각을 통해 자발적으로 순응하는 사람들의 자부심을 고려하지 않거나 사람들을 도덕적으로 타락시킬 수 있고, 많은 비용을 수반한다는 문제가 있다.

셋째, 처벌(penalty) 또는 강압(coercion)은 정책에 의해 정해진 허용의 범위를 벗어나는 행위를 처벌함으로써 정책대상의 순응을 확보하는 방법이다. 결국 처벌은 순응하지 않는 행위에 불이익을 부과하여 비용(cost)을 지불하도록 하는 것이다. 이러한 수단은 실제의 처벌보다는 심리적 압박을 가하여 불응을 억제(deterrence)하는 효과를 갖게 된다. 하지만 처벌은 개인의 인권, 재산 등을 침해할 수 있고, 감정적 저항이나 회피의 반응을 유발할 수 있으며, 불응에 상응하는 적정 수준의 처벌을 파악하기 어렵다는 한계를 보인다.

Section

# 제 4 절 정책평가

## 1. 정책평가의 등장

정책평가는 다양한 의미를 내포하지만 가장 일반적으로 정책내용-즉, 정책목표와 정책수단-이 좋은 것인지 나쁜 것인지를 판단하는 것으로 이해되고 있다. 그러나 우리가 검토하고자 하는 정책평가는 이런 일반적인 의미의 용어가 아니라 학술적으로 특수한 의미를 지닌 개념이다. 이것은 학술적인 연구 영역으로서 정책평가가 미국을 중심으로 대두하게 된 역사적 배경을 살펴보아야 이해할 수 있다.

미국 사회를 뒤흔든 흑인폭동이 지나간 이후 연방정부는 1970년대에 소수인종 빈곤계층의 생활수준을 향상시키기 위해 소위 '위대한 사회(great society)'를 위한 사회재건사업들을 대대적으로 추진하였다. 그 중에서도 전문가들과 일반시민이 가장 열렬히 환영하였던 것이 빈곤계층 가정의 취학 이전 아동들을 대상으로 추진한 헤드스타트(head start) 프로그램이었다. 이 프로그램의 핵심적 내용은 대도시 슬럼가에 방치되었던 초등학교 입학 전의 빈곤가정 아동들을 공립유치원에 수용하여 교육시키는 것이었다. 정부는 흑인가정의 불우한 아이들도 유아시절부터 교육을 받으면 중산층 백인가정의 아동들에 못지않은 지적 능력을 갖게 된다는 많은 전문가들의 주장을 받아들였다. 정부는 헤드스타트를 통해 흑인가정의 아이들이 나중에 상급학교에도 진학하고 결국 미국사회의 중산층으로 성장할 것이라고 기대한 것이다. 매일 아침마다 스쿨버스가 와서 아이들을 유치원으로 데리고 가고 퇴근 시간에 다시 집으로 데려다 주니 학부모들은 너무나 고마워하였다. 많은 지식인과 젊은이들도 아이들의 미래를 위해 기꺼이 자원봉사자로 나섰다.

그러나 헤드스타트가 시행된 후 몇 년이 지나면서 유치원을 마친 아동들의 지능이 이 사업의 혜택을 받지 못했던 이전 아이들에 비해 별반 나아지지 않았다는 소문이 돌기 시작하였다. 이런 실망스런 소문이 급속도로 퍼지면서 정치적 쟁점으로 비화되었다. 막대한 재정적 지원으로 운영된 사업이 아무런 효과를 얻지 못하니 당장 그만 두어야 한다는 극단적인 비판이 나오게 되었다. 다급한 정부는 이 사업의 효과성을 평가하기 위해 전문가들에게 상당한 연구자금을 지원하였다. 그런데 이 연구조차 〈사업의 효과가 없다〉고 결론을 내렸다. 당연히 커다란 회오리바람이 일었다. 그럼에도 불구하고 많은 전문가들은 이론상으로 유아기에 교육을 받으면 그렇지 않은 경우에 비하여 지능개발의 수준이 현격하게 높아야 하는데 그러한 효과가 없다는 평가결과에 의구심을 가졌다. 특히 분석방법론의 오류가 의심된다고 주장하였다. 이와 같이 헤드스타트 프로그램의 효과성에 대한 평가는 정부가 막대한 재정을 투입하여 시행한 정책이 어느 정도 소기의 목표를 달성하였는지를 판단하기 위해 엄정한 분석방법론을 개발하고 이를 정책에 적용하여 다시 분석해보려는 시도가 확산되는 계기가 되었다. '정책평가'가 하나의 분야로 부상한 것이다.

이러한 역사적 배경에서 알 수 있듯이 정책평가는 정부가 정책의 내용을 이행하기 위해 집행활동을 펼친 이후에 원래 정책결정자들이 의도하였던 효과가 발생하였는지를 판단하는 작업에서 출발하였다. 즉 정책평가는 정책목표나 수단이 사회적으로 바람직하다거나 그러하지 않느냐 등과 같은 가치적 판단을 하는 것을 주된 목적으로 하지 않는다. 정책평가는 결정자들이 나름의 절차와 과정으로 설정한 특정의 목표를 행정부의 담당자들이 집행을 통하여 얼마나 달성하였으며 실제로 기대하였던 효과를 어느 정도 거두었는지를 밝히는 실증적 분석의 활동이다. 그 이후 정책평가는 연구대상을 확장하여 정책효과가 발생하지 않았을 경우 그 원인이 어디에 있는지 판단하기 위해 정책을 집행하기 위한 계획, 절차, 활동의 제반 과정도 분석하게 되었다.

## 2. 총괄평가(summative evaluation)

정책평가는 정책이 집행된 후에 과연 의도하였던 효과를 거두었는지를 판단하기 위하여 시작되었다. 만약 어떤 정책이 집행된 이후에 아무런 효과가 나타나지 않았다고 판단된다면 그렇게 낮은 성과를 보인 정책은 더 이상 추진되어야 할 명분을 잃게 되어 결국 폐기될 수 있다. 이러한 정책의 실패는 주어진 목표를 달성하기 위한 정책수단 자체가 잘못 선택되었거나 정책집행의 과정에서 무엇인가 잘못되었기 때문에 발생할 수 있다.

정부의 일선담당자들이 정책의 내용을 성실하게 집행하였는데도 불구하고 애초에 정책결정자들이 의도하였던 효과가 나타나지 않을 수 있다. 왜 이런 사태가 발생하는가? 우선 의심할 수 있는 것은 정책목표를 달성하기 위한 수단을 제대로 선택하지 않았을 가능성이다. 교통소통을 원활하게 하려는 목표를 위하여 엄청난 경비를 투자하여 공항을 건설하였는데, 비행기를 이용하는 사람이 적어서 거의 없이 놀고 있는 공항이 많다. 비행기 대신 고속도로를 많이 이용하여 벌어진 사태이다. 수단의 선택이 잘못된 경우이다. 이는 정책문제와 이를 발생시키는 원인의 인과관계에 대하여 오해하였기 때문에 발생한다. 정책수단이 충실히 집행되었는데도 의도하였던 효과가 나타나지 않는 것은 정책수단과 목표 사이에 인과관계가 존재하지 않는데도 마치 있는 것으로 착각하기 때문이다.

총괄평가는 과연 정책목표를 달성하기 위한 수단을 제대로 선택하였는지 따져보는 것을 1차적 목적으로 한다. 수단의 선택이 정책내용의 핵심이기 때문에 만약 기대한 정책효과가 발생하지 않으면 정책을 지속할지의 여부를 판단하고 이를 폐기하든지 다른 수단으로 바꾸어야 한다. 총괄평가는 이러한 후속 판단을 위해 필요한 정보를 제공한다. 정책효과는 정책을 결정할 때 의도한 목표가 달성되면 나타나리라 기대할 수 있는 사회적 영향을 의미한다. 이러한 정책의 효과에 대한 기대 때문에 정부의 당국자, 사회의 조직과 집단, 일반시민들이 서로 경쟁하거나 갈등을 겪으면서 정책과정에 참여하여 정책의 형성에 영향을 미치려 하는 것이다.

총괄평가를 위해서는 정책이 집행된 후에 정책이 사회에 미친 영향을 추정하여 전반적인 성과의 수준을 판단해야 한다. 그런데 실제로 대부분의 정책은 어느 정도의 효과를 거둔다. 정책이 사회에 미친 영향에는 정책에서 의도한 효과도 있고, 의도하지 않은 부수적인 효과도 있게 마련이다. 총괄평가는 이러한 요소들을 포함하여 정책이 사회에 어떤 결과를 가져왔는지를 총체적으로 평가하는 것이다. 그러나 비록 어떤 정책이 어느 정도 기대하였던 효과를 거두었다고 하더라도, 정책을 추진하는데 과도한 비용이 소모되거나 투입한 막대한 비용에 비해 효과가 미미할 때에도 그 정책을 수정하거나 폐기해야하는 경우가 있다. 따라서 총괄평가는 효과만을 추정하는 것이 아니라 정책의 집행에 소요된 비용도 파악하여 이를 효과와 비교하는 작업도 포함한다. 이때 정책비용에는 간접적 비용도 포함시켜서 전체적으로 효과와 비용을 비교하게 된다. 총괄평가는 평가대상과 목적에 따라 다음과 같이 크게 세 가지로 구분할 수 있다.

첫째, 정책의 목표달성도를 판단하는 효과성(effectiveness) 평가이다. 이러한 효과성 평가는 의도했던 정책효과가 그 정책 때문에 발생했는지, 정책효과의 규모가 당초 목표와 대비하여 어느 정도인지, 정책효과가 정책문제의 해결에 충분한 정도인지 등을 판단하는 활동을 포함한다. 효과성 평가에서 가장 중요한 문제는 정책효과를 정확하게 판별해 내는 것이다. 이때 정책효과에는 매우 다양한 요소들이 포함된다. 우선, 정책의 집행기관이 업무를 수행하면서 생산한 산출(output)과 영향(impact)을 구별할 수 있다. 예를 들어 환경규제기관이 연간 수행한 현장검사, 위반사항 확인, 처벌 등의 조치들은 산출이다. 이에 반해 이러한 집행활동이 오염물질 농도, 공중보건의 개선 등과 같이 환경의 질에 미친 영향으로 구분해서 추정한다. 일반적으로 정책의 산출에 비해서 영향을 측정하는 것이 더욱 어렵다.

정책의 효과성 평가에서 가장 중요한 작업은 바로 정책효과를 측정하는 것이라고 볼 수 있다. 이러한 정책의 결과에는 특정 정책의 시행으로 인해 발생한 주요(primary) 효과뿐만 아니라 이로부터 파생된 부수적(secondary) 효과도 포함된다. 주요효과는 정책의 설계 단계에서부터 예견된 결과인 경우가 많고 파급된 영향은 예견되지 않은 결과도 포함한다고도 볼 수 있다. 또한 정책의 효과는 계량화의 가능성을 기준으로 양적인 측정(quantitative measurement)이 가능한 것과 쉽게 계량화되지 않은 것을 모두 포함한다. 예를 들어 대기오염의 변화는 비교적 측정이 용이하지만 공중보건의 개선 정도는 쉽게 측정하기 어렵다. 마지막으로 정책의 효과는 발현되는 기간을 중심으로 단기적인(short term) 효과와 장기적인(long term) 효과를 포함한다. 어떤 정책이 시행된 이후에 어느 정도 시간이 경과해야 효과가 나타나는지에 대한 판단에 따라 단기·장기적 영향의 크기도 다르게 추정될 수 있다. 또한 미래 가치는 실현과정의 불확실성이 있으므로 현재 가치에 비해 할인율(discount rate)을 적용하여 조정하게 되는데 이때 적용되는 할인율에 따라서 효과도 달리 추정될 수 있다.

둘째, 효율성(efficiency) 평가는 정책의 효과뿐만 아니라 정책을 추진하기 위해 소요된 비용도 추정하여 효과와 비용을 비교한다. 효율성 평가의 특징은 효과와 비용을 모두 재화의 가치(monetary values)로 측정한다는 데 있다. 문제는 효과의 화폐 가치를 산정하기 어렵다는 것이다. 앞에서 살펴 본 것처럼,

정책의 효과에는 양적 측정이 가능한 것과 불가능한 것이 모두 포함된다. 정책의 긍정적인(positive) 효과 중에서 양적 측정이 가능하고 시장 가치로 환산할 수 있는 것을 편익(benefit)이라고 한다. 마찬 가지로 정책을 추진하기 위해 투입된 자원과 정책이 집단이나 개인에게 미친 부정적(negative) 영향이나 사회적 부작용을 시장가치로 환산한 것이 비용(cost)이다. 이러한 편익과 비용을 각각 추정하고 양자를 비교하여 정책의 효율성을 평가하는 대표적인 방법이 비용-편익(cost-benefit) 분석이다. 비용-편익 분석에서 정책의 효율성을 평가하는 기준으로는 비용대비 편익의 비율(benefit/cost)이나 순편익(net benefit)을 사용하게 된다.

만일 정책의 효과를 시장가치로 환산하는 것이 어려운 경우에는 비용-편익 분석을 사용하기 어렵다. 이러한 경우에 주로 사용하는 평가 기법이 비용-효과성(cost-effectiveness) 분석이다. 앞서 효과성 평가에서 살펴본 바와 같이 다양한 정책의 효과를 추정한 결과를 사용한다. 다만 이때에는 정책효과의 모든 요소를 화폐 단위로 측정하지 않으므로 비용 대비 효과의 비율을 평가의 기준으로 삼을 수 없다. 대신 정책에 소요된 비용이 고정되어 있다고 간주한 후 효과의 크기를 비교하여 최대효과를 달성했는지를 평가하거나(maximum-effectiveness criterion), 효과의 크기를 특정 값으로 고정한 후 이를 달성하는데 투입된 비용의 크기를 비교하여 최소비용을 사용하였는지 판단하는 방식(least-cost criterion)으로 평가한다.

셋째, 형평성(equity) 평가는 정책의 편익과 비용이 사회구성원들에게 공평하게 배분되었는지에 초점을 둔다. 즉 정책의 주된 향유집단이 누구인지, 정책의 효과가 지역별, 계층별 필요를 적절하게 충족시키고 있는지, 정책비용이 부담능력에 따라 적절하게 배분되어 있는지 등을 판단하게 된다. 이러한 형평성 평가는 앞에서 살펴 본 효과성과 효율성 평가와는 대비되는 철학적 관점에 토대를 두고 있다. 효과성과 효율성은 모두 사회 전체적으로 편익과 비용의 총합에 관심을 두고 있다. 즉 편익과 비용이 어느 집단에 어떻게 배분되는지는 상관없이 개별의 효용이 극대화되고 사회 전체적으로 취합된 총효용을 최대로 얻을 수 있으면 바람직하다는 공리주의적 관점에 바탕을 둔다. 즉 극단적인 경우에는 사회의 취약계층이 정책의 편익을 전혀 향유하지 못하거나 비용이 특정 집단에만 집중되어 있어도 사회적 총효용이 극대화된다면 전혀 문제가 되지 않게 된다. 반면 형평성 평가는 사회를 구성하고 있는 모든 개인이나 집단이 인간으로서 존엄성(dignity)의 근본적 가치를 보편적으로 차별 없이 갖는다고 본다. 따라서 정책의 편익은 사회의 구성원들 사이에서 가능하면 격차 없이 배분되어야 바람직한 것이다. 형평성 평가에서 가장 널리 사용되는 기준이 롤즈(Rawls)의 최대최소 원칙(maximin principle) 이다. 즉 사회에서 가장 취약한 집단(the least advantaged)에게 최대의 편익(greatest benefits)이 돌아가게 하는 정책이 바람직하다는 것이다.

## 3. 과정평가(process evaluation)

정책이 의도한 효과를 거두지 못하는 두 번째 이유는 집행이 제대로 되지 않았다는 데 있다. 정책목표를 달성하기 위하여 좋은 수단을 선택하였다 하더라도 이를 제도로 적용하여 실현하지 못하면 의도한 효과를 거둘 수 없다. 학교폭력을 없애기 위해서 폭력을 자주 행사하는 문제 학생들을 선도하는 임무를 담당한 교사가 과중한 업무에 시달려서 제대로 학생상담을 하지 않으면 학생의 행동변화는 기대하기 어렵다. 정책이 소기의 목표를 달성하기 위해서는 교사가 언제, 어디서, 얼마나 오랫동안, 그리고 얼마나 자주 문제 학생을 상담할 것인지를 집행 계획을 세워서 충실하게 수행해야 한다. 이렇게 정책을 실제로 집행하는 과정이나 절차가 제대로 되었는지를 점검하는 것이 과정평가이다.

즉 과정평가는 일단 정책의 집행이 종료된 이후에 집행계획, 집행절차, 집행활동을 전반적으로 검토하고 점검하는 것이다. 따라서 엄밀한 의미에서는 사후적(ex post facto) 혹은 회고적(retrospective) 과정평가라고 하는 것이 정확하다. 즉 평가 단계에서 집행 과정에 개입하여 상태를 변화시키는 것이 불가능하다는 것을 전제하는 것이다. 특히 과정평가는 집행을 담당하는 조직이나 부서가 정책집행에 관련된 다양한 정보를 지속적으로 획득하고 체계적으로 관리하는 체계를 구축하였을 때 더욱 용이하게 수행될 수 있다. 이러한 과정평가는 다음과 같이 두 가지로 구분될 수 있다.

첫째, 좁은 의미의 과정평가로서 정책수단이 구체적으로 어떤 경로를 거쳐서 정책효과로 전환되는지를 파악하려는 것이다. 정책수단과 정책효과 간의 인과관계를 파악하되 그 과정에 개입하는 매개요인이나 환경적 조건의 영향을 종합적으로 확인한다. 예를 들어 교사가 문제 학생을 지도하면서 학부모도 면담하여 협조를 요청하면 행동 개선의 성공가능성이 높아질 수 있다. 이 경우 정책수단인 교사의 상담과 효과인 학생의 행동변화의 관계가 학부모 면담이라는 변수에 의해 더욱 긍정적으로 강화되는 것이다. 이와 같이 정책수단이 정책효과로 전환되는 경로가 무엇인지, 정책효과가 발생하지 않는 경우 어떤 경로에 문제가 있었는지, 상대적으로 강한 영향을 미치는 경로는 무엇인지 등을 구체적으로 분석하게 된다.

둘째, 집행분석은 정책이 의도했던 대로 집행이 되었는지를 점검하는 것이다. 이때 집행과정의 제반 활동이 원래의 집행계획이나 설계에 따라 이루어졌는지를 확인하고 이에서 벗어난 부분이 없는지를 파악하는 것이 핵심이다. 이와 함께 집행과정에서 자원 투입의 규모와 시기, 대상집단에 전달하는 체계, 대상의 범위 등도 면밀하게 분석하게 된다. 이러한 집행과정에 대한 분석을 통해 집행 계획과 설계의 약점을 보완하고 바람직한 집행을 위한 전략을 수립하도록 한다. 그리고 경우에 따라서는 이러한 과정평가의 결과를 반영하여 정책목표와 정책수단의 내용 자체를 수정할 수도 있다

이러한 과정평가는 기대하였던 정책의 결과를 얻는데 긍정적 혹은 부정적으로 작용한 활동, 단계, 조건 등을 밝히게 되므로 담당자의 책임성(accountability)을 확보하게 한다. 과정평가는 집행활동이 제반 절차와 법규에 맞도록 수행되었는지를 따져서 법적인 책임성을 확보할 수 있고, 집행에 필요한 자원과 노력을 능률적이고 효과적으로 투입하거나 수행하였는지를 밝혀서 관리적 책임을 확보하는데 도움이 된다. 또한 과정평가를 총괄평가와 함께 진행하여 전반적인 정책의 성과가 일반국민의 기대에 부응하였는지를 판단하여 정치적 책임도 확보하게 한다.

## 4. 정책평가의 논리와 타당성

만약 정책평가가 제대로 수행되지 않는다면 어떠한 사태가 발생하는가? 훌륭한 정책을 나쁜 것이라고 잘못 판단하면 어떤 결과가 나타날지는 쉽게 짐작할 수 있다. 아마도 멀쩡한 정책을 폐기하거나 엉뚱한 방향으로 크게 수정할 것이다. 과정평가는 집행과정에서 활동이나 산출물을 점검하는 것이므로 크게 잘못되는 경우는 없다. 반면에 총괄평가의 경우에는 사정이 완전히 다르다.

정책효과의 발생여부를 정확하게 판단하는 것은 무척 어렵다. 2008년 말에 글로벌 경제위기가 닥쳤을 때, 정부가 위기에 처한 중소기업을 위해 긴급자금을 지원하였으나 결국 무수한 기업들이 도산하였다. 과연 정부의 지원이 효과가 없었다고 단정할 수 있을까? 현실에서는 해결하고자 하는 문제에 관련된 외부적 요인이 개입하여 정책효과에 영향을 미치는 경우가 너무나 많기 때문에 정부의 정책으로 인해 순수하게 발생한 효과가 어느 정도인지 파악하기 무척 어렵다.

앞에서 보았던 헤드스타트의 사례에서 공립유치원의 조기교육이 저소득층 아동들의 지능개발에 도움이 되지 않았다는 평가보고서는 엄청난 논란의 대상이 되었다. 그 이유는 간단했다. 집행과정을 분석한 결과, 사업에 참여한 사람들이 모두 열심히 노력하여 별다른 문제는 발견되지 않았다. 그렇다면 '어린 시절의 교육이 지능개발에 긍정적으로 영향을 미친다'는 가정 자체에 문제가 있다고 의심할 수밖에 없다. 즉 정책수단과 정책목표 사이에 인과관계가 존재하지 않을 가능성이 있는 것이다. 그런데 이것은 교육심리학에서 대부분의 전문가들이 타당하다고 받아들였던 이론이었다. 그렇다면 마지막으로 정책의 효과를 측정하고 평가하는 데 활용된 방법론에 무언가 오류가 있어서 틀린 결론을 내리게 되었다고 의심할 수 있다. 그래서 학자들이 다양한 분석 방법론을 적용하여 다시 검증한 결과 불완전한 방법론의 오류로 인해 정책효과를 과소평가한 것으로 결론지었다. 이러한 재평가는 정책 자체의 생존과 직결되었기 때문에 격렬한 논쟁을 유발하였고 정책평가의 올바른 방법론에 대한 관심을 폭발적으로 증가시키는 계기가 되었다.

정책평가는 정책수단이 실현된 이후에 정책목표가 어느 정도 달성되었는지를 판단하는 것이다. 즉 정책수단을 원인으로 하여 정책목표가 결과로서 구현되는지를 분석하는 작업이다. 정책수단과 정책목표 사이의 인과관계를 가설로 간주하고 이를 검증하려는 것이다. 따라서 정책평가는 가설이나 모형을 검증하는 과학적 분석의 절차와 방법을 활용하여 이루어진다.

정책평가가 올바른 방법으로 옳은 결론을 내릴 때 타당성(validity)을 갖는다고 간주된다. 이때 정책평가의 타당성은 내적 타당성과 외적 타당성으로 구분된다. 내적(internal) 타당성은 특정한 상황에서 정책이 집행된 이후 가시적인 변화나 효과가 나타났을 때 이것이 정책의 집행으로 인해 발생했는지 아니면 다른 요인에 의해 발생했는지를 정확하게 구별하고 확인하는 정도를 의미한다. 즉 정책수단의 이행과 정책효과 사이에 존재하는 인과관계를 명확하게 판별할 수 있는 평가는 내적 타당성을 확보하였다고 볼 수 있다. 환자가 효과적인 약을 처방받아서 독감에서 치료되었는데 이를 다른 건강식품의 섭취로 오인하지 않고 정확하게 판단한 평가는 내적 타당성이 있다. 반대로 교사의 상담 때문이 아니라 학생의 가정환경이 좋아져서 문제 행동이 개선된 줄 모르고 이를 정책의 효과로 잘못 판단하였다면 이러한 평가는 내적 타당성이 없다.

이와는 달리 특정한 상황에서 내적 타당성을 확보한 정책평가가 다른 상황에서도 적용되는 정도를 외적(external) 타당성이라고 한다. 즉 특정한 상황에서 확인된 정책수단과 정책효과 사이의 인과관계에 대한 판단이 다른 상황에서도 일반화될 수 있는지를 판단하는 기준이다. 미국에서는 우리나라에 앞서서 성과급 제도가 도입되면 공공부문의 효율성을 제고할 것이라고 기대하였으나 실제로는 그러한 성과를 거두지 못하고 실패한 것으로 평가되고 있다. 그러나 한국에서는 이러한 결과가 나타나지 않을 것으로 기대하고 유사한 제도를 새로 도입하여 시행하고 있다. 이때 미국에서 공공부문 성과급 제도에 대한 평가는 한국에서 외적 타당성을 확보하지 못한 것이다. 만약 한국에서 새로 개발된 감기약을 먹으면 감기에 특효가 있다는 것이 세계 어느 곳에서나 공통적으로 확인된다면 한국에서 신약 효과를 긍정적으로 평가한 결과는 외적 타당성을 지닌다.

위의 예에서 짐작할 수 있듯이 바람직한 정책평가는 일차적으로 내적 타당성을 확보해야 한다. 다른 장소나 시기에 어떨지는 몰라도 2008년도 직후의 경제위기 대책이 그 당시 한국에서 효과적이었는가를 정확하게 판단해야 한다. 비유적으로 표현하면 어떤 감기약이 다른 인종에게는 어떨지 몰라도 한국사람에게 효과가 있는지를 제대로 평가하는 것이 우리에게는 더욱 중요하다. 정책평가가 외적 타당성을 갖느냐는 우선 내적 타당성이 확보된 이후의 문제이다. 물론 다른 곳에서 시행되었던 유사한 정책을 도입하고자 할 때에는 시기나 장소에 관계없이 의도한 효과가 있는지 평가하여 외적 타당성을 확보하는 것이 필요하다.

## 5. 정책평가의 주요 방법

정책평가의 방법은 매우 다양하지만 타당성을 확보하기 위해서는 과학적이고 체계적인 절차를 따라야 한다. 이러한 정책평가의 방법은 크게 비실험적 방법과 실험적 방법으로 구별될 수 있다. 이를 구별하는 가장 큰 기준은 정책의 효과를 측정할 때 사회의 환경과 맥락적 요소들의 영향을 통제하지 않은 자연스러운 상황(natural settings)에서 분석하는가의 여부이다. 비실험적 방법은 자연적 상황에서 효과에 대한 측정을 하고 실험적 방법은 환경이나 맥락의 영향을 최소화하는 통제된 상황에서 측정을 한다. 일반적으로 비실험적 방법에 비해서 실험적 방법이 순수하게 정책으로 인해 발생하는 효과를 더욱 정확하게 추정할 수 있다는 장점을 보인다. 반면에 비실험적 방법이 실험적 방법에 비해 적은 비용으로 용이하게 활용할 수 있다는 장점을 지닌다.

### (1) 비실험적 평가

비실험적 정책평가는 맥락과 환경의 영향이 통제되지 않은 상태에서 정책의 효과를 측정한 데이터를 다양한 통계기법을 활용하여 분석하는 방식으로 이루어진다. 즉 정책의 도입 혹은 정책집행의 활동을 독립변수로 하고 이로부터 영향을 받아 발생한 효과를 종속변수로 측정한 후에 양자 간에 통계적으로 유의미한 인과관계가 있는지를 검증하는 접근방법을 사용하게 된다. 예를 들어, 환경규제의 효과를 평가하기 위해서 지방자치단체의 일선규제담당자들이 1년간 수행한 현장검사나 위반사항 적발의 수를 측정하여 독립변수로 하고 각 지역의 연간 오염물질 배출량을 종속변수로 측정한다. 만약 독립변수가 종속변수에 미친 영향이 통계적으로 유의미하다면 환경규제의 오염물질 감소효과가 있다고 평가하는 것이다. 이때 환경규제 이외에 오염물질 배출량에 영향을 미칠 수 있는 다른 요인들－지역 작업장의 수, 공해유발 산업의 비중, 도시화의 정도, 지리적 조건 등－도 변수화해서 이들의 영향을 통제하는 통계분석의 방법을 사용한다.

이러한 비실험적 평가에서 데이터를 수집하는 단순한 방법이 동일한 정책대상을 두고 정책 시행의 이전과 이후의 상태를 비교하여 그 차이를 측정하는 사전-사후(pre-post) 비교가 있다. 예를 들어 어느 지역에서 쓰레기 종량제의 도입으로 인한 환경개선 효과를 검증하기 위해 먼저 해당 정책의 도입 이전에 연간 쓰레기 배출량을 측정하고 도입 이후의 연간 쓰레기 배출량을 측정한 후에 양자의 차이를 파악하여 쓰레기 종량제의 효과를 추정하는 방법이다. 이와 같이 동일한 정책의 대상을 두고 정책의 시행시점을 기준으로 전후의 상태 변화를 파악하고 이러한 사전-사후의 차이가 통계적으로 유의미한지를 따져보는 방법이다. 이때 평가의 엄정성을 높이기 위해 장기간에 걸쳐서 측정값을 모아서 과연 정책의 도입으로 장기적인 추세에 유의미한 변화가 발생하는지를 검증하는 시계열(time-series) 분석의 방법을 사용할 수도 있다.

또 다른 데이터의 수집방법은 집단비교에 의한 분석이 있다. 이 방법은 정책으로 인한 효과가 실제로 존재하는지를 판단하기 위하여 정책이 시행된 이후 일정한 시점에서 정책이 적용되었던 대상집단과 정책이 적용되지 않았던 다른 집단의 상태를 비교하여 그 차이를 측정하는 방식이다. 즉 정책의 시행 이후 두 집단의 상태를 동시에 비교하여 효과를 측정한다. 예를 들면 쓰레기 종량제의 효과를 추정하기 위해서 이 정책을 도입한 지역 A와 도입하지 않은 지역 B를 선정한 후 두 지역의 연간 1인당 쓰레기 배출량을 비교하는 것이다.

만약 지역 A의 1인당 쓰레기 배출량이 지역 B에 비해 작다면 이를 정책 도입의 효과로 보는 것이다. 이러한 비교의 논리를 확장하여 다수의 지역을 대상으로 정책도입의 효과를 추정하는 횡단면(cross-sectional) 분석의 통계방법론이 주로 사용되고 있다.

이러한 비실험적 평가는 사회 환경의 영향을 통제하지 않았기 때문에 과연 평가대상이 되는 상태의 변화가 정책으로 인해 발생한 것인지 아니면 다른 요인들에 의해 발생한 것인지 분명하게 구별하지 못하는 한계가 있다. 이렇게 통제되지 않은 환경 및 맥락 요인들이 정책과 효과 간에 실제로 존재하는 인과관계를 교란시켜 마치 정책의 효과를 실제보다 미미한 것으로 보이게 할 수 있다. 반대로 실제로는 정책과 효과 간에 인과관계가 존재하지 않는데 불구하고 마치 그것이 존재하는 것처럼 보이게 하여 정책의 효과를 과대평가하도록 할 수도 있다.

또한 정책의 효과를 파악하기 위해 정책대상집단과 비교집단을 비교할 때 문제가 되는 것이 선택편의(selection bias)이다. 실제로는 제대로 통제되지 않은 집단의 내부속성으로 인해 나타나는 집단 간의 차이를 마치 정책으로 인해 발생한 효과인 것으로 잘못 판단하는 경우이다. 예를 들어 쓰레기 종량제를 도입한 지방자치단체는 도입하지 않은 지역에 비해 원래부터 환경오염 문제를 해결하고자 하는 의욕이 더욱 강했기 때문에 설사 쓰레기 종량제를 시행하지 않았더라도 쓰레기를 덜 배출했을 수 있는 것이다.

### (2) 실험적 평가

실험적 정책평가는 정책의 효과에 영향을 줄 수 있는 사회 환경 및 맥락 요인을 차단한 환경을 구성하고 일정한 절차에 따라 선정한 소규모 대상자에게 정책을 적용하는 방식으로 진행된다. 이때 실험실과 인공적 환경에서 진행할 수도 있지만 실제로는 어느 정도 통제된 사회적 환경에서 진행할 수도 있다. 대부분의 실험적 정책평가는 후자에 해당하는 사회실험(social experiment)을 활용한다. 원칙적으로 실험적 방법을 적용하기 위해서는 실험집단(experimental group)과 통제집단(control group)을 사전에 미리 확보하고, 실험집단에는 일정한 처리(정책의 적용)를 하고 통제집단에는 그러한 조치를 취하지 않고 일정한 시간이 경과한 후에 두 집단의 결과를 비교하게 된다. 이러한 실험적 방법은 실험집단과 통제집단의 동질성을 확보하기 위한 절차를 거쳐 실시하는 진실험(true experiment)과 집단간 동질성을 확보하지 않고 실행하는 준실험(quasi-experiment)으로 구분된다. 실험집단과 통제집단의 동질성을 확보하였는지의 여부는 집단을 구성하는 방법으로 판단한다. 즉 두 집단에 대상자들을 무작위로 배정하는 절차를 밟았는지의 여부를 기준으로 동질성을 판단한다.

첫째, 준실험에서는 정책이 적용되는 실험집단과 적용되지 않은 통제집단을 무작위로 배정하지 않는다. 대표적인 예가 비동질적 통제집단설계이다. 이때 집단의 배정이 무작위로 되지 않아서 통제집단이 실험집단과 동질적이지 않기 때문에 비동질적 통제집단이라고 한다. 예를 들어 어느 고등학교에서 시범적으로 실시하는 심화학습 프로그램의 효과를 알아보기 위해 무작위가 아니라 희망하는 학생들을 선발해서 특별학급(실험집단)으로 편성하고 다른 학생들은 일반학급으로 편성한다. 한 고등학교 학생들을 대상으로 하기 때문에 주변 환경과 교육 여건의 차이가 상당부분 통제되어 있다고 할 수 있다. 이러한 조건에서 특별학급에만 1년 동안 심화교육을 실시하고, 프로그램을 시작하는 이른 봄에 치른 시험의 성적과 프로그램이 종료된 겨울에 치른 시험의 성적을 비교한다. 만약 특별학급의 평균성적이 15점 상승하였고 일반학급의 평균성적이 10점 상승하였다면 심화학습 프로그램으로 인해 나타난 효과는 5점으로 측정된다.

이러한 준실험 방법의 한계는 실험집단과 통제집단이 무작위로 배정되지 않았고 두 집단의 동질성이 확보되지 않았기 때문에 두 집단의 성숙효과가 다를 수 있다는 점이다. 성숙효과는 특정한 처리(정책의 적용)가 없어도 시간의 경과에 따라 관측대상에서 나타나는 상태의 변화를 의미한다. 예를 들어 평범한 고등학생이 1년간 공부하면 거둘 수 있는 성적의 향상이다. 여기에서 문제가 되는 것은 실험집단인 특별학급의 학생들은 통제집단인 일반학급 학생들에 비해 학습능력이 뛰어나기 때문에 1년의 기간에 더욱 큰 성숙효과를 보일 수 있다는 것이다. 따라서 특별학급의 높은 성숙효과를 오인하여 심화프로그램의 효과를 과대평가할 수 있는 것이다.

둘째, 진실험(true experiment)은 실험집단과 통제집단의 동질성을 확보하기 위하여 두 집단을 무작위로 배정한다. 만약 고등학교에서 학생들을 제비뽑기로 두 집단으로 나누어 그 중 한 집단에만 심화프로그램을 운영하고(실험집단) 다른 집단은 일반교육을 받게 하였다면(통제집단), 두 집단의 동질성이 확보되었다고 볼 수 있다. 따라서 이때에는 앞의 준실험의 한계가 나타나지 않는다. 이러한 진실험 설계에서는 두 집단의 동질성이 확보되었기 때문에 1년 후 실험집단과 통제집단의 성적을 비교하여 차이를 확인한다면 이를 실험효과로 보는 것이다. 물론 좀 더 엄정한 평가를 위해서 진실험에서도 실험집단과 통제집단의 사전·사후 변화를 비교하는 방법을 사용할 수 있다.

진실험의 효과측정 방법은 추론의 논리로 볼 때 우월하다. 그러나 진실험도 한계를 보인다. 첫째, 사람들은 실험의 대상이라는 것을 인식하여 관찰이 되는 자신의 행동과 태도를 변화시킬 수 있다. 미국에서 저소득층 1,350가구를 대상으로 실시한 근로동기실험(work incentives experiment)을 예로 들 수 있다. 저소득층에게 사회복지 혜택을 주면 그들이 일할 의욕을 잃고 직장 생활을 하지 않을 것이라는 주장을 검증하기 위해 실시한 사회실험이다. 이 사회실험은 진실험 설계에 따라 대상자들을 무작위로 실험집단과 통제집단으로 배정하였고 실험집단에게만 소정의 세금감면과 생활수당을 지급하였다. 그리고 실험집단이 실험 전후에 얼마나 근로의욕의 변화를 보였는지를 통제집단과 비교하였다. 예상과 달리 두 집단 사이에 유의미한 차이가 나타나지 않았다. 이러한 결과를 다시 검증하였더니 실험집단의 가구들이 정부보조가 일시적 시험적으로 지급된다는 사실을 알고 전혀 보조를 받지 않았던 통제집단 가구들과 마찬가지로 직장을 구하기 위해 노력하였다는 것이다. 실험을 당하고 있다는 사실을 알게 됨으로서 몰랐을 경우와는 다른 행동을 하는 것이다.

둘째, 진실험을 비롯한 모든 사회실험이 지닌 근본적 한계이다. 실험적 정책평가는 자연과학의 실험실과 달리 사회 환경과 맥락에 대한 통제가 불완전하기 때문에 엄정하게 실험을 실시하기 어렵다. 우선, 사회실험에서는 실험집단과 통제집단의 접촉을 완벽하게 차단할 수 없다. 따라서 두 집단이 영향을 주고받아서 유사한 태도나 행동이 전파될 가능성이 있기 때문에 정책의 효과를 제대로 측정하기 어렵다. 예를 들어 정부가 정책실험을 실시하기 위해 시험적으로 지급한 생활수당을 받은 사람이 그중 일부를 떼어 통제집단의 친구에게 나누어 줄 수 있다. 또한 사회에서 예기치 않은 사건이나 급속한 변화가 발생하여 대상자에게 영향을 미친다면 정책의 효과를 제대로 측정하기 어렵다. 만약 정책실험의 도중에 갑작스레 강추위가 들이닥쳐 예년보다 기온이 낮아진다면, 실험 대상자들이 부담해야 할 난방비가 급격하게 늘어나 정책실험으로 제공했던 정부보조의 효과를 실제보다 과소평가할 수 있다.

### (3) 정책효과 추정의 한계

정책평가에서는 진실험이 현실적으로 어렵기 때문에 준실험이나 비실험적 방법이 사용되는 경우가 많다. 그러나 앞에서 본대로 사회 환경의 영향을 완벽하게 통제할 수 없기 때문에 정책으로 인해 발생한 순수한 효과를 판별하는 데 어려움이 크다. 사회실험에서 현실적 제약으로 무작위 배정의 절차를 따르지 않고 희망자에게만 정책을 적용하고 나머지는 비교집단으로 취급하면 선택편의로 인한 오류가 발생하게 된다. 이때 실험 전후의 상태변화를 추적한다고 하더라도 일정한 시간이 지난 후 두 집단의 성숙효과도 달라질 수 있다. 그래서 환경 및 맥락의 교란효과, 선택편의, 성숙효과와 이들의 복합적 작용으로 인해 순수한 정책의 효과를 분리시키는 방법을 찾아내는 것이 큰 과제로 던져졌다. 이미 오래전부터 정책효과 측정의 근본적 문제를 해결하기 위하여 많은 연구자들이 자연과학과 통계학의 기법을 수용하여 다양한 방법을 탐색해왔다. 그러나 현재까지 상당한 분석방법의 진보를 이루었음에도 불구하고 정책평가에서 적용할 수 있으면서 정확하게 효과를 추정할 수 있는 '완벽한' 방법을 찾았다고 할 수는 없다. 아직까지도 정책평가는 상당한 수준까지 효과 추정의 오류를 줄이는 통계적 방법을 적용하는 선에 머무르고 있다. 아마도 앞으로도 정책효과에 대한 정확한 추정은 우리가 해결해야 할 숙제로 남을 가능성이 크다.

## 요 약

이 장에서는 정부가 사회의 중요한 문제를 정책의제로 선정하고 정책의 목표와 해결방안에 대한 정책결정을 내린 이후에 어떠한 과정으로 집행하고 효과를 평가하는지를 살펴보았다. 정책결정자의 훌륭한 의도와 목표도 집행을 통해서만 현실에서 효과를 갖게 되고 이에 대한 사후적인 평가를 통해 정책의 성과를 가늠할 수 있기 때문에 정책집행과 평가도 정책형성에 못지않게 중요한 정부활동이다.

일반적으로 정책집행은 일단 정책결정이 이루어진 이후에 이미 정해진 목표와 수단을 이행하는 과정으로 이해된다. 그러나 정책결정자들이 미래의 모든 상황과 조건 그리고 변화를 예견하여 정책의 내용을 세세하게 정하는 것은 현실적으로 불가능하다. 대부분의 경우에 정책결정의 단계에서 형성된 정책의 내용은 현실의 복잡다기한 상황에 비해서는 추상적이다. 정책집행단계에서 정책의 내용이 구체화되는 것은 불가피하다. 따라서 정책결정과 정책집행을 기능적으로 분리할 수 있다는 설명은 한계를 갖는다.

정책집행과 정책결정의 관계에 대한 설명은 정책형성의 주도권을 누가 행사하는가에 대한 다양한 관점에 바탕을 두고 제시된다. 즉 정책결정자가 공식적 위계관계에서 정책집행자에 비해 확실하게 우위를 점하고 정책집행까지 통제할 수 있다는 관점에서부터 정책집행자가 심지어는 정책목표와 수단을 주도적으로 결정하고 형식적인 정책결정자에게 이를 수용하도록 한다는 관점에 이르기까지 다양한 설명이 있다. 이는 우리가 현실에서 당면한 문제의 속성과 행위자들의 권력관계에 의해서 실제로 정책의 내용이 정책결정 단계에서 정해질 수도 있고 정책집행 단계에서 실질적으로 결정될 수도 있다는 것을 폭넓게 이해해야 한다는 것을 시사한다.

정책집행에 대한 연구는 정부가 훌륭한 목표를 세우고 대규모의 자원을 투입하여 추진한 정책이 왜 실패하는가의 질문에 대한 관심이 고조되면서 부상하였다. 집행실패의 원인을 정책결정과 정책설계의 오류로부터 발견하고자 하는 것이 하향식 접근방법이다. 하향식 접근방법에서는 성공적인 집행은 문제원인에 대한 정확한 진단에 바탕을 두고 해결방안이 선택되고 이를 집행하기 위한 계획과 조직체계를 미리 제대로 설계하였을 때 가능하고 훌륭한 정책성과로 이어진다고 본다. 반면 상향식 접근방법에서는 집행의 현장에서 일선관료의 업무처리에 직접적으로 영향을 미치는 구체적인 조건과 상황이 중요한 요인이라고 본다. 이때 정책의 성공은 집행담당자의 재량권과 신축적인 대응 능력에 달려있다고 본다. 물론 우리는 이러한 상이한 접근방법이 갖는 설명력과 실천적 함의가 정책의 특성과 업무조건에 따라 달라진다는 것을 이해해야 한다.

이러한 연구들을 통해 밝혀진 정책집행의 주요요인은 정책설계의 질과 수단적 자원의 확보, 공식적 비공식적 행위자들의 수용도와 지지, 일선관료의 능력과 규범 및 집행기관의 조직적 체계이다. 더 나아가서 정책집행에 대한 정책대상집단과 시민의 순응이 정책의 실효성을 결정하는 요인이다. 정부가 집행에 대한 순응을 높이기 위해서는 다양한 정책적 수단을 활용해야 한다. 정부는 도덕적 설득을 통해 관련 행위자들이 정책의 의도와 목표가 정치적으로나 윤리적으로 정당하다고 인정하도록 노력한다. 이때 정책내용의 타당성도 중요하지만 정책결정자와 집행기관의 정통성과 신뢰성이 더욱 핵심적인 요인이다. 정부는 유인의 기제를 활용하여 정책에 순응하는 행동에 대해 보상과 혜택을 보장함으로써 관련행위자들이 스스로 바람직한 선택을 하도록 유도할 수도 있다. 반면에 정부는 순응을 강제하기 위해 허용된 행위의 범위를 정하고 이로부터 벗어나는 경우에는 처벌이나 강압적 조치를 취해 일탈을 억제할 수도 있다.

정책이 집행된 이후에는 정부의 조치와 노력이 어느 정도 성과를 거두었는지를 평가한다. 정책이 충실히 이행되었음에도 불구하고 의도한 효과가 나타나지 않는다면 정책목표를 달성하기 위해 선택된 수단 자체가 적절하지 않았다고 의심할 수 있다. 이러한 동기에서 총괄평가는 정책수단을 평가한다. 효과성 평가는 정책의 수단이 사회적으로 미친 영향을 측정하고 이를 목표와 대비하여 달성 정도를 판단한다. 효율성 평가는 정책의 효과뿐만 아니라 비용도 고려한다. 일반적으로 집행의 소요비용과 편익의 비율로 평가하기도 하고, 고정비용에 대비하여 최대효과를 거두었는지 혹은 고정효과에 대비하여 최소비용이 소모되었는지도 평가할 수도 있다. 형평성 평가는 정책의 편익과 비용이 사회집단에 균등하게 배분되었는지를 따진다.

정책평가의 핵심은 정책효과에 대한 정확한 측정이다. 이를 위해서는 과학적이고 체계적인 분석의 방법론이 필요하다. 정책평가의 방법은 크게 비실험적 방법과 실험적 방법으로 구별된다. 비실험적 방법은 사회환경과 맥락의 영향을 통제하지 않는 상태에서 정책효과를 측정한 데이터를 다양한 통계기법을 활용하여 분석하는 방식이다. 이때 효과의 측정은 동일한 대상을 정책시행의 이전과 이전에 변화를 시계열적으로 비교하거나 정책이 시행된 지역/집단과 정책이 시행되지 않은 지역/집단을 횡단면적으로 비교하는 통계적 분석방법을 활용한다. 실험적 방법은 사회환경과 맥락의 영향을 통제하는 조건에서 정책효과를 측정하는 방식으로 자연과학의 실험논리를 사회적 실험에 적용하는 경우가 많다. 정책이 적용되는 실험집단과 적용되지 않는 통제집단을 무작위 배정의 절차를 거쳐 집단간 동질성을 확보하는 진실험과 그러한 절차를 밟지 않은 준실험으로 구별된다. 이러한 실험적 방법은 비실험적 방법에 비해 정책효과를 더욱 정확하게 측정할 수 있다는 장점이 있다. 그러나 이렇게 진보된 방법론도 사회실험이 가진 근본적인 제약에서 벗어나지 못하므로 아직도 정책효과에 대한 평가는 개선의 여지가 많다고 볼 수 있다.

제 5 장

# 공익이론과 행정의 지도원리

§ 들어가는 말 §

국가기능을 올바르게 수행하기 위하여 합리적으로 정책을 결정하고 효율적으로 집행하기 위하여 노력하지만, 결정이 필요한 곳곳에서 갈등과 대립이 속출하여 타협과 조정을 해야 한다. 대립되는 주장 중에 어느 것을 좀 더 반영해야 하는가? 자칫 잘못하면 약자가 희생되거나, 국가 전체적으로는 국가발전에 역행하는 결과가 초래될 수도 있다. 대립되는 주장 중에서 선택을 하거나 균형적인 결정을 할 때 무엇을 기준으로 해야 하는가 ? 국민 전체의 행복, 국가의 발전 등등 최종적인 판단기준이 다양하게 등장한다. 합리적·분석적 결정론에서는 효과성, 능률성 등을 기준으로 보았다. 하지만 보다 포괄적으로는 공익이 행정활동의 최종적인 선택기준이 되어야 한다고 주장되고 있다. 그러나 '공익'이란 용어 자체가 무척 혼란스러운 내용들을 담고 있다. 이 장에서는 행정이 추구해야 할 가치인 공익이 무엇인가를 살펴보기로 한다.

◆ Section ◆

Section

제 1 절

# 공익개념의 등장과 개념적 기초

## 1. 공익의 다양한 개념

공익(公益)은 말 그대로 공공(公共)의 이익이다. 공익은 후생경제학에서의 사회후생(social welfare), 최근에 많이 일반화된 공공복지(public welfare 또는 general welfare), 또는 국민복지 등의 용어와 혼용되기도 한다. 이러한 사용에서 알 수 있듯이 국민의 복지를 향상시키려는 국가목적은 그 자체가 공익이다. 즉 국민들 전체에게 도움이 되는 것은 모두 공익에 해당된다. 그리고 민주정부가 하고 있는 모든 일들은 국민들 전체에게 도움이 된다는 것을 가정하고 있다. 이런 식으로 보면 국가목표, 정부기능, 기능수행을 위한 정책내용 등이 모두 공익이다. 이렇게 공익의 의미하는 바가 확대되면서 개념상의 혼란을 가져오게 되었다.

공익(public interest)은 문자 그대로 보면, 사익(private interest)과 대립되는 개념으로서, 공적이익, 국가이익, 전체이익, 일반이익, 대중이익, 다수이익 등 추상적이면서도 너무나 다양한 내용을 지닌 용어로 표현되고 있다. 그래서 구체적으로 누구를 위하여 무엇을 하는 것이 공익을 위한 것인지가 분명치 않는 경우가 대부분이다.

현대 민주국가에서 논란이 되는 공익개념을 이해하기 위해서는 이 용어가 등장하게 된 배경을 이해해야 한다. 이와 관련하여 국가이익과 공동선 두 가지 개념을 보기로 한다.

공익과 가장 유사한 개념이 서유럽의 역사에 처음 등장한 것은 군주(prince)의 이익이라는 용어였다. 국민과 국토를 국왕의 소유로 생각하던 시절이다. 여기서 한 걸음 더 나가 국가이익(state interest)이라는 용어가 사용되었는데, 민주화의 요구가 강해지던 영국에서 국왕이 조세징수나 전쟁수행을 위해서 시민계급의 지지를 얻기 위한 명분이 필요했기 때문이었다. 그러나 오랫동안의 내란 끝에 의회파가 왕당파를 격파하여 의회우위를 확립하자 상황은 또 달라졌다. 이때까지 국왕의 이익을 교묘하게 감추기 위하여 사용되던 국가이익이라는 용어가 자취를 감추고 대신에 공익(public interest) 또는 국민들에게 진정한 이익이 된다는 뜻으로서 국민이익(national interest)이라는 용어가 사용되기 시작했다.

한편 공동선이라는 용어는 종교적 의미를 강하게 띠고 선(善)하게 살아가야 한다는 도덕적 지침이었다. 공동선은 국가이익이 군주에 의하여 악용된 것과 같이 종교지도자들에 의하여 악용되었다. 공동선이라는 용어는 아이러닉하게도 성직자의 탈을 쓰고 있는 타락하고 부패한 종교지도자들이 약한 신도들을 착취하거나 억압하고, 또 자신들에게 반대하는 지성인들을 탄압하기 위하여 사용하던 명분이었던 것이다.

그러나 종교개혁에 의하여 가톨릭의 정통성이 도전 받고, 신교도와의 갈등이 심화되는 동시에 구교지도자들의 횡포에 대한 투쟁이 격렬해지면서 전체를 위한다는 명분으로 개인의 생명, 신체, 재산을 유린하고 수탈하던 공동선에 대한 저항도 커졌다. 그래서 청교도가 주축이 된 의회파가 왕당파를 격파하여 영국의 내란이 끝난 17세기 말엽쯤에는 공동선이라는 용어는 사라지게 되고, 대신에 공익(public interest)이라는 용어가 사용되기 시작하였다. 공동선이 개인이익을 무시하고 전체이익을 강조한데 비해서 공익은 개인이익을 떠나서 전체이익은 존재할 수 없다는 정치적 이념을 내포한 개념이다. 이렇게 보면 공익이라는 용어 속에는 종교개혁과정이나 내란에서 목숨과 재산을 잃고 고통을 당하면서 타락한 봉건적 종교지도자와 횡포한 군주로부터 시민들이 획득한 귀중한 권리와 이를 뒷받침하는 논리가 담겨 있는 것이다.

## 2. 민주적 공익개념의 기본요소

이런 식으로 17세기에 영국에서 사용한 공익의 개념은 당시 영국의 역사적 상황에서 형성되었다. 영국의 시민혁명이 현대민주주의의 뿌리가 되었기 때문에 당시 형성된 공익의 내용은 지금도 자유주의적 공익론에 그대로 계승되고 있다. 민주적 공익개념의 기본 요소는 혁명과정에서 형성된 다음 세 가지의 논리를 기반으로 하고 있다.

첫째, 사익을 보호하고 증진시키는 것이 공익이다. 사익을 떠난 공익이 있을 수 없다는 현대공익이론의 대전제이다. 이 주장은 공익의 이름으로 개인의 권리를 유린하고 사익을 침해하는 군주의 횡포를 막기 위한 정치적 의미에 더하여 다른 의미도 지니고 있다. 즉 아담 스미스(Adam Smith)로 대표되는 자유주의적 경제원리를 천명하고 있다. 공익의 이름으로 국가가 개인이익을 억압할 것이 아니라, 개인이익을 위해서 자유스럽게 활동하도록 하는 것이 국익, 즉 공익을 극대화시킨다는 주장이다.

둘째, 공익을 대립되는 집단이익 간의 조화와 균형에서 찾을 수 있다는 관례를 남겼다. 이것도 현대의 자유주의적 공익이론의 또 다른 기둥 역할을 하고 있다. 이 관념은 다양한 종교적 집단들 간의 갈등과 대립, 그리고 정치적 대립으로 인한 사회적 불안을 해소하기 위하여 등장하였다. 종교와 정치적 이해관계로 인한 갈등이 심해지면서 상대의 입장을 이해 또는 용인하여 평화를 유지하는 것이 사회적 안정(공익의 중요부분)을 위하여 너무나 절실했고, 상호이해와 양보를 바탕으로 한 타협이 공익에 필수적이라는 인식이 확산된 것이다.

셋째, 공익의 기본요소에서 도덕적 선을 제거하고 대신에 이익을 그 핵심으로 삼는 입장이 확립되었다. 즉 국민들의 덕성을 함양하는 것이 국가가 해야 할 바람직한 역할이라는 관념이 퇴조하고, 이익이 정부의 이상주의적인 기초는 아니라도 가능한 최선의 기초라는 관념이 정착된 것이다. 이에 따라 공동선이라는 용어대신에 공공의 이익 즉 공익이라는 용어가 일반화된 것이다.

Section

# 제 2 절

# 공익이론 (1)

## – 사익의 집합이 공익이라는 이론 –

### 1. 공익이론의 개요

전체이익, 국가이익 또는 공동선의 이름으로 국민을 착취하던 군주나 성직자들의 횡포 때문에 시작된 공익과 사익의 관계에 대한 논쟁은 다른 이유들 때문에 현대에 와서도 끊이지 않고 계속되었다. 자유주의적 전통을 강조하는 쪽에서는 공익은 사익의 집합에 불과하다는 주장을 계속하고 국가나 정부의 역할을 강조하는 쪽에서는 공익은 사익과 다른 특수한 요소가 있다고 주장한다.

공동체와 개인의 관계 및 공익·사익의 차이를 기준으로 공익이론을 개략적으로 정리하면 다음 표와 같다.

표 5-1 공익이론의 분류

| | 공익=사익의 합계 | 공익=사익과 다른 특성적 이익 |
|---|---|---|
| 공동체=개인의 집합 | 개인주의적 과정론 | – |
| 공동체=특수한 실체 | – | 공동체적 실체론 |

공익이론상의 논쟁은 상호 밀접하게 연관된 두 가지 측면에 대한 다른 견해에서 나온다. 첫째, 공익이 개인이익의 합계에 불과한가? 아니면 여기에 더하여 공익의 특수성이 있는가에 대한 것이다. 둘째, 공익을 향유하는 국민전체나 시민 전체가 형성하고 있는 공동체를 개인들의 단순한 집합으로 볼 것이냐?

아니면 개인들의 집합과 다른 공동체의 특성이 존재하며, 이 때문에 공동체라는 것이 하나의 실체로 인정할 수 있는가에 관한 것이다. 기존의 공익이론은 개략적으로 보면 위의 표에 나와 있는 두 가지, 즉 개인주의적 과정론과 공동체적 실체론이다. 이를 이해하기 위해서는 공익=사익의 합계인가? 아니면 공익은 사익과 별개의 특성을 지닌 것인지의 문제부터 보아야 한다. 사실은 이 문제가 공익이론의 핵심이 되어 왔다.

## 2. '공익 = 사익의 합계'라는 주장의 논거

먼저 공익은 사익의 집합에 불과하다는 주장을 보기로 한다. 이 주장은 '공익 = 개개인들의 사익의 총합계'로 요약된다. 이는 또 다음과 같은 약간씩 상이한 측면을 지적하고 있는 셈이다.

첫째, 많은 국민들에게 혜택을 주는 공공 서비스에서 전형적으로 보듯이 공익은 국민들이 향유하는 사익의 합계에 불과하다는 주장이다. 사익을 떠난 공익이 있을 수 없다는 근대 민주주의적 공익론의 핵심을 강조하는 것이다. 환경오염을 방지하여 얻게 되는 환경보호라는 공익은 국민 개개인들이 향유하는 효과의 합계라는 것이다. 정부가 제공한 서비스를 소비하는 국민들이 효과를 얻어야 공익으로 불릴 수 있음을 강조하는 논리로서 여기서 주장하는 세 가지 중에서 유일하게 타당한 논리임을 다음의 글을 읽는 동안 이해하게 될 것이다.

둘째, 사익들 간의 갈등이나 대립이 있을 때에 갈등 주체들의 이익을 상호 조절하여 이들이 획득하는 사익의 합이 공익이라는 주장이다. 양약을 취급하는 약국에서는 한약을 판매할 수 없다고 한의사는 주장하고, 약사는 판매할 수 있다고 주장하여 양자가 격렬하게 싸운 적이 있었다. 결국 양자가 약간씩 양보하여 타협이 이루어졌는데 이 경우에 얻게 된 두 집단의 이익의 합이 공익이라고 보는 것이다. 이 주장의 문제점은 대립되는 당사자만이 아니라 제3자의 이익을 고려하지 않는다는 점이다. 약사와 한의사의 타협내용에 따라 약국을 이용하는 소비자가 큰 영향을 받게 되고 이들 다수대중의 이익이 공익에 더 가까움에도 불구하고 이들의 이익이 무시되는 것이다.

셋째, 사익의 극대화추구가 공익의 극대화를 가져온다는 주장이다. 이는 공익=사익의 합계라는 공식을 타당한 것으로 주장한다. 이 주장은 경제학에서 스미스(A. Smith) 이래 강조되어 온 논리로서 자유스러운 개인들이 각자 개인 이익을 최대로 추구할 때, 국가이익 즉 공익도 극대화된다는 주장이다. 이들의 논리는 결국 공익이 사익의 집합이상으로는 의미가 없다는 것이다. 그럼에도 불구하고 개인의 자유로운 사익추구가 전체이익의 극대화를 가져온다는 시장경제의 논리가 모든 분야에 적용되지는 않는다. 이는 시장실패(market failure)라는 근본적인 문제를 지니고 있기 때문이다. 대표적으로 자유주의적 시장경제는 소득분배 문제를 비롯한 형평성을 고려하지 못하는 치명적인 약점이 있으며, 비배제성과 비경합성이라는 특성을 가진 공공재를 공급할 수 없는 한계를 가지고 있다. 결국 공익은 개인 이익의 집합에 불과하다는 주장은 잘못된 것이다. 공익은 개인 이익의 합계에 추가하여 특수성 있는 공익도 존재하는 것이다.

Section

# 제 3 절 공익이론 (2) – 공익 실체설 –

## 1. 공동체의 실체설과 공익의 실체설

이제 공익은 사익의 단순한 집합이상의 특성을 지닌다는 주장을 검토하기로 하자. '사익의 단순한 집합이 아닌 공익이 존재하는가'에 대한 논쟁은 '구성원의 단순한 집합이 아닌 공동체가 존재하는가'의 논쟁과 결합되어 진행되어 왔다. 공익의 실체설을 주장하는 학자들은 대부분이 공동체의 실체를 주장하고, 실체가 있는 공동체가 추구하는 이익이 공익이라고 주장하는 경향이 강한 것이다. 먼저 공동체의 실체설을 보기로 한다.

공동체의 실체설을 주장하는(또는 이를 근거로 공익의 실체설을 주장한) 학자들 대부분은, 공동체는 구성원 개개인과는 구별되는 자신의 의지를 지니고 있다고 주장한다. 현재 공동체주의를 강조하는 학자들은 크게 두 부류로 나눌 수 있다. 행정학에서는 형평성과 시민참여를 강조하는 학자들, 특히 1960년대 말에 신행정학을 주창하였던 프레데릭슨(Frederickson)과 같은 학자들이 대표적이다. 과거에는 극우 보수주의적 국가주의자들이 공동체주의를 강조하였으나, 이제는 복지와 참여를 강조하는 진보주의자들이 이를 주장하는 셈이다. 그런데 우파인 신공공관리론자들도 공동체주의를 주장한다. 바로 자원봉사자들의 노력이나 지역주민에 의한 '지역사회 경찰화' 등의 노력이 정부의 예산이나 인력을 감소시키면서도 행정기능을 수행할 수 있는 것으로 찬양하고 정부가 이를 잘 활용하여야 한다고 주장하는 것이다. 우파는 정부기능축소를 위해서 좌파는 형평과 참여를 위해서 공동체주의를 주장하는 것이다.

이와 같이 현재의 공동체주의자들은 자유로운 개인의 집합으로서의 공동체를 상정하고, 이 공동체가 보람 있는 사회생활을 위한 터전이 될 수 있게끔 시민들이 노력하여 구축해 나가야 함을 강조하고 있다. 즉 현재의 공동체주의는 실천적인 필요를 위해서 시민의 노력으로 바람직한 공동체를 형성하자는 주장으로서, 과거의 존재론적이고 형이상학적인 실체설과는 구별이 된다.

## 2. 실체적 공익의 내용

사익의 합과 구분되는 공익이 존재한다면 무엇을 실체적 공익으로 볼 것인가. 이에 대해서는 다음 두 가지를 제시할 수 있다.

첫째, 위에서 본 공공재의 존재와 형평성 문제를 해소하려면 구성원들의 약속에 의하여 구성원 각자가 지켜야 할 규칙을 만들어야 한다. 고소득층이 더 많은 세금을 내는 누진세 제도나, 국방을 위해서 적령기의 건강한 남자는 군복무를 의무적으로 수행하고, 군대 유지에 필요한 경비는 국민들이 세금을 내어서 충당한다는 것을 규칙으로서 약속하고 이를 지켜야 하는 것이다. 이와 같이 공익의 실현을 위해서는 이를 가능하게 하는 상호협조와 규칙이 존재해야 하므로 상호협조나 규칙을 공익의 실질적인 내용으로 볼 수 있다. 즉 구성원들의 약속에 의하여 수용되는 규칙은 공익을 향상시키는 수단이 되기도 하면서 그것이 없으면 공익이 실현될 수 없기 때문에 그 자체가 공익의 실질적 내용이 되기도 한다.

둘째, 인간의 힘으로 이해하기 힘든 신비주의적인 개념으로서의 공동선이나 국가이익이라는 용어가 사라지고 난 후에 등장한 전통적인 공익 실체설은 기본권을 중요한 공익으로 생각하여 왔다. 국민 개개인의 기본권을 보장하는 것이 모든 국민들에게 도움이 됨으로 공익으로 보는 것이다. 즉 자유, 평등 등의 기본권과 정의, 안정 등과 같은 사회적 가치는 중요한 공익의 내용으로서, 이들은 사익의 합계로서 공익이 되는 것이 아니라 본질적으로 사회가 추구해야 할 중요한 가치인 것이다.

## 3. 실체적 공익론의 한계

사익의 집합 이상인 공익이 실체적으로 존재한다는 주장은 타당한 측면이 있다. 하지만 실제로 공익이라는 이름으로 공동체에 부정적인 영향을 미치는 결정을 하는 예, 즉 공동체의 의지가 공익이 아닌 엉뚱한 것을 추구하는 예는 너무나 많다. 개개인의 합리적 의사와는 무관하게 관행에 의해서 움직이는 관료조직, 엄청난 세금으로 생활에 도움도 되지 않는 상징물을 건축하는 지방정부, 국민들에게 어려움을 강요하면서 영토확장을 위해 전쟁을 계속하는 제국주의적 국가 등이 모두 그러한 예이다.

뿐만 아니다. 중요한 가치에 대해서는 다수로 나타나는 공동체의 의지에 의한 선택을 공익이라고 볼 수 없는 경우가 많다. 전체인구의 10~20% 정도밖에 되지 않는 흑인들 때문에 너무나 골치가 아파진 백인우월주의자들이 흑인들을 미국에서 몰아 낼 생각을 한 적이 있었다. 미국 인구의 70%를 넘는 백인들이 다수의 의지로 흑인들을 몰아내기로 하는 것을 공익적 결정이라고 할 수는 없을 것이다. 인간의 존엄성을 위하여 존중되어야 할 기본권은 공동체의 의지로도 파괴할 수 없는 공익이라는 점은 분명하기 때문이다.

한편 실체론적 공익론자 중에서는 기본권을 자연법이 보장하는 것이므로 인간의 힘으로 제약해서는 안 된다는 주장을 하는 사람들이 많다. 이들은 기본권적인 공익은 다수이건 소수이건 관계없이 인간이 결정할 수 있는 것이 아니라 자연이 제공한 것이라는 주장을 한다. 자연법적 공익론자들이다. 이들은 당연히 공익은 공동체의 의지와는 관계가 없고, 구성원들에 의한 이익추구활동이나 정치활동과는 관계가 없다고 주장한다.

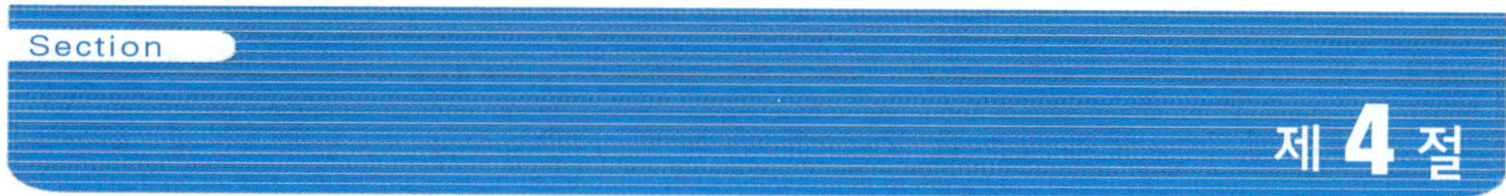


# 공익이론 (3) – 과정설 –

## 1. 과정론적 공익이론

과정론적 공익이론은 크게 세 가지 주장을 하고 있다. 첫째, 공익은 개인이익 또는 집단이익들의 집합에 불과하다. 둘째, 공익은 정책결정과정에서 결정되는 것이다. 그러므로 셋째, 공익의 극대화를 위해서는 결정과정을 합리화해야 한다. 이를 좀 더 자세히 보기로 한다.

먼저 공익은 사익의 합계에 불과하다는 주장으로 다시 한 번 돌아가 보자. 과정론자들은 왜 공익이 사익의 집합에 불과하다는 주장을 하는가? 여기에 답변을 주는 것이 이익집단론을 근거로 다원론자들이 주장하는 내용이다. 즉 공익은 국민"전체"의 이익이라고 하지만, 현실적인 정책결정과정을 보면, 국민전체가 아니라 일부 집단이익들의 합계에 불과하다는 주장이다.

대부분의 정책에는 반드시 효과와 비용이 발생하며, 비용부담자의 희생 위에서 수혜자가 혜택을 보는 것은 모든 정책의 결정에서(즉 정책목표를 달성하기 위한 구체적인 정책수단을 결정하는 과정에서는) 나타나는 현상이다. 따라서 당연히 비용부담자와 수혜자간의 갈등과 대립은 불가피하다. 그러므로 자신에게 좀 더 유리한 정책대안을 채택시키려는 집단들 간에, 또는 보다 많은 혜택을 받으려는 집단과 보다 적은 경비를 부담하려는 집단 간에 끊임없는 대립과 갈등이 민주국가에서는 당연하게 발생한다. 민주국가에서는 정책상(정책목표나 정책수단)에서 대립되는 측면(즉 이익)을 지니지 않는 이익이 없기 때문에 모든 이익은 특수이익이며, 모든 국민에게 혜택을 주는 이익은 없기 때문에(국방, 치안과 같은 일부 예외가 있기는 하지만) 모든 이익은 부분이익이다. 즉 정책결정 과정에서 국민이라는 추상적인 실체는 정책을 둘러싸고 서로 약간씩 다르거나 심지어는 극단적으로 대립하는 몇 개의 특수이익집단으로 분해된다. 추상적인 공익은, 이를 달성하기 위한 정책내용을 둘러싸고 대립되는 이익집단들이 타협과 흥정과정에서 구체적으로 합의한 내용에 불과하다. 그래서 이 주장은 현대 이익집단론자들(대부분의 다원론자들)이 강력하게 주장하는 공익이론이 되어 있다. 또 이들 주장은 공익의 이름으로 등장한 각종의 정책이 실질적으로 결정되는 과정을 주목하는 것이므로 공익에 관한 과정론, 또는 과정론적 공익이론이라고 부른다.

그러나 이러한 이익집단론적 과정론은 문제가 많다. 이익집단론을 기반으로 하는 과정론에 의하면, 공익은 정책내용을 둘러싸고 갈등 대립하는 집단이익들의 조정된 결과에 불과하다. 대립되는 집단들 간의 타협으로 정책이 결정되면 두 집단의 구성원들이 얻게 되는 사익의 합계가 공익이라는 주장이다.

하지만 우리는 이미 앞에서 사익의 합계가 공익이 될 수 없음을 살펴본 바가 있다. 즉 엄밀하게 보면, 양자의 타협의 내용에 따라(한의사가 한약조제의 전체를 맡든지, 약사가 전체를 맡든지, 아니면 양자가 경쟁적으로 맡든지 등) 양 집단이 아니라 일반 소비자가 얻게 되는 이익은 크게 달라질 수 있다(양 집단이 경쟁하는 것이 일반 소비자에게는 유리할 것이다). 노사대립이 어떤 식으로 타협이 되는지에 따라 노동자와 사용자가 아니라 제3자인 일반 국민이 얻게 되는 효과도 완전히 달라질 수 있다. 한마디로 대립되는 집단들 간의 타협으로 정책이 결정될 때 집단들이 얻게 되는 이익의 합계가 전체가 얻게 되는 이익, 즉 공익이 되는 것이 아니다. 공익은 그 이상의 것이 포함되어 있다. 제3자가 얻게 되는 이익도 포함되어 있는 것이다. 많은 경우에 제3자가 다수 대중으로서 이들의 이익이야말로 공공의 이익, 즉 공익이라고 볼 수 있다. 즉 대립되는 양 집단의 이익은 부분 이익, 또는 특수이익이고, 일반 대중의 이익이 공익이라고 보는 것이 상식에도 맞고 보편적으로 사용되는 개념이다.

## 2. 정책결정과정에서 결정되는 공익

과정론적 공익론이 공익실현을 위한 정책결정과정의 합리화를 추구하려는 이유는 공익이 객관적으로 존재하는 것이 아니라 정책결정과정에서 만들어지는 것으로 암암리에 가정하기 때문이다. 이 가정은 실체론과 정면으로 충돌되는 것이다. 실체론에서는 공익은 객관적으로 존재하는 것이고, 정책결정자의 역할은 공익을 발견하는 것이다. 그러나 과정론에서는 공익이 참여자들의 상호작용 속에서 결정되는 것이므로 정책결정자는 합리적인 결정으로 바람직한 공익을 만들어 내어야 한다. 과정론자들의 이러한 가정은 정책결정활동에 포함된 가치판단 때문에 타당성이 있다.

정책결정은 대립되는 이익들 간의 타협과 조정으로 이루어지는데, 서로 비교할 수 없는 가치들 간의 비중을 결정하는 가치판단적인 성격을 지니고 있다. 첫째, 정책대안의 결과(정책비용과 정책효과)에 다양한 가치가 포함되어 이들을 비용과 효과로 집계할 때에 가치판단이 작용한다. 둘째, 정책대안별로 비용, 효과가 집계된 이후에도 대안의 비교평가기준들의 상대적 중요성을 판단할 때에 가치판단이 불가피하다. 이런 이유 때문에 공익이론은 행정의 지도원리, 정책대안의 평가기준 등의 행정가치론과 깊이 연결되어 있다. 좀 더 구체적으로 검토하자.

첫째 측면부터 보자. 앞에서 본 바와 같이 국민 전체에게 도움이 되고, 객관적으로 존재한다고 믿는 기본권이나 공공재와 같은 공익도 그것을 실현하기 위한 구체적인 방안을 결정하려면, 대립되는 다양한 가치가 관련된다. 이런 경우에 하나의 대안을 선택하는 것은 관련된 가치들의 우선순위와 비중을 결정하는 것과 같다.

둘째, 비용이나 효과의 가치가 동질적이라고 하더라도, 능률성, 형평성 등의 대안 평가기준에 따라 대안의 우선순위가 달라지는 것은 평가기준에 대한 가치판단을 하기 때문이다. 정책대안의 비용 효과가 각각 다양한 가치를 포함하고 있을 때 이들을 어느 정도 중요하다고 판단하거나, 대안별로 다양한 효과, 비용이 집계된 후에 대안평가기준(예를 들면 능률성과 형평성)이 각각 어느 정도 바람직하다고 판단하는 것은 가치판단으로서 사람들의 가치기준에 따라 다르다. 즉 주관적이다. 객관적으로 보아 어느 것이 더 가치 있다고 판단하기가 어렵다.

이와 같이 경쟁하는 다수의 정책대안 중에서 어느 것을 선택하는 것은, 언제나 가치판단 작용을 내포하고 있다. 그래서 주관적인 것이 된다. 결국 어느 대안이 공익을 위해서 가장 바람직한 대안인가를 판단하는 것은 주관적이다. 공익을 극대화시키는 것으로 알려진 정책내용은 객관적으로 존재하는 것이 발견되는 것이 아니라 주관적인 가치판단이 작동하는 정책결정과정에서 결정된다. 이런 측면에서 볼 때, 공익은 객관적으로 존재하는 것이 아니고 정책결정과정에서 결정되는 것이다.

## 3. 공익향상을 위한 정책과정의 합리화 - 슈버트의 세 가지 과정론 -

공익의 구체적 내용이 정책과정에서 결정된다면 이 내용이 진실로 전체의 이익(공익)에 도움이 되는 바람직한 것인지, 아니면 바람직하지 못한 내용이 될 것인지는 정책결정과정의 성격에 달려 있다. 정책결정과정이 합리적으로 되어 있으면, 바람직한 내용을 지닌 정책이 결정되는 것이다. 물론 불합리한 정책결정과정은 공익에 도움이 되지 못하는 정책을 산출할 것이다. 그러므로 과정론자들은 정책결정과정의 합리화방안에 초점을 두고 있다. 그리고 대부분의 과정론들이 민주주의적 과정을 가장 합리적으로 생각하고 논의를 전개하고 있다. 이하에서는 이러한 노력의 대표적인 예가 되면서 과정론적 공익론을 집대성한 슈버트(Schubert)의 주장을 보기로 한다.

슈버트는 1950년대 당시까지의 과정론적 공익이론을 크게 합리론, 이상론,

현실론의 세 가지로 나누었다. 21세기 현재의 시점에서 보면, 앞의 두 가지 이론은 크게 퇴색하였고, 현실론이 당연히 주류를 이루되 그 내용이 다양해졌다.

### 1) 합리론 - 간접민주주의적 공익론 -

합리주의이론(rationalist theory)은 간접민주주의 원리를 신봉한다. 먼저 정책결정자 또는 정부 위에 국민이 있다. 이 국민은 공공의지를 지니고 있는 최고의 주권자이다. "국민의 소리가 신의 소리다"라는 말에서 알 수 있듯이, 공익은 국민의 뜻이라는 것을 강조하려고 한다. 국민의 바로 밑에 정당이 있어서 이 정당이 국민의 공공의지를 정의하는 승화자(catalyst)역할을 한다. 그 다음에 의회가 있어, 공공의지를 법률로 번역하고 대통령은 행정관료들을 이끌고 이 법률을 충실하게 집행하도록 하며, 법관들을 이 법률을 지키도록 강제한다. 이런 식으로 결정되고 구체화되는 정책의 내용이 공익이 된다는 주장이다.

정당, 의회, 대통령은 국민의 의지를 충실히 따라 정책을 결정하되 국민의 뜻에서 어긋난 결정을 하게 되면 다음 선거에서 심판을 받는다. 즉 정치인들은 정책을 결정하되 정치적 책임을 지게 되는 것이다. 반면에 행정부의 관료들은 결정된 정책을 충실하게 집행하게 되므로 행정은 가치판단이 없는 기술적, 전문적 결정을 담당하게 된다. 한마디로 고전파 행정학에서 주장하던 '정치·행정이원론'의 논리를 그대로 적용하는 것이다. 여하튼, 정당-의회-대통령-행정관료 및 사법부로 연결하는 간접민주주의의 원리에 따라 국민의 의지를 정책내용에 구체화하면, 그 정책내용이야 말로 바로 공익이 된다는 주장이다.

그러나 행정에 의한 실질적인 정책결정이 대대적으로 이루어지는 행정국가화현상이 나타났고, 정책집행도 본질적으로 가치판단을 내포하는 정치적 성격을 지니고 있음이 밝혀지면서 정치·행정이원론은 붕괴하게 되었다. 정치적 책임을 지지 않는 행정관료들이, 정치적 결정에서 담당해야 할 가치판단과 정책결정을 담당한다는 사실이 밝혀지면서 간접민주주의의 원리가 무너지게 되었다. 또한 국민의 의지라는 신비적이고 애매한 개념으로는 국민이 무엇을 원하는지 정확하게 알 수가 없을 뿐만 아니라, 4년마다 한번 씩 선거를 통해서만 국민들에게 책임을 지는 정치인들의 정치적 책임만으로는 국민의 뜻을 정책결정에 제대로 반영할 수가 없다는 사실이 분명해 지면서 합리주의적 공익론은 설득력을 크게 상실하게 되었다.

### 2) 이상론 - 자연법과 양심 -

그래서 대신 등장한 것이 이상주의적 공익론이다. 이상론(idealist theory)은 국민의 의지나 공공의 의지 등이 추상적이고 구체적인 정책결정에 지침이 되지 못한다고 믿는다. 나아가서 공공(public)이나 대중은 부적절하고 무능한 정책근거로 생각한다. 대통령이나 의회가 결정한 현실의 정책이나 법률은 하위수준의 정책결정자에게 지침역할을 할 수 없는 불완전한 것이다. 자연법(natural law)만이 완전하기 때문에 정책결정이나 집행과정에서 재량을 행사하는 공직자는 자신의 선입견을 버리고 보다 상위의 법인 "양심"에 의존해야 한다. 구체적으로 보면, 국회의원은 선거구민들의 요구에 따르기보다는 독립적인 결정을 하고, 대통령은 신념에 따라 강력한 리더십을 행사해야 하며, 관료는 선량한 봉사자로서 양심에 따라 결정해야 공익이 달성된다는 주장이다.

행정과 관련된 이상주의적 공익론의 주장을 보면 다음과 같다. 대통령은 특수이익에 대신해서 국민 전체의 이익을 언제나 고려해야 한다. 또 변덕이 많고 단기적인 이해관계에만 매달리는 국민들의 요구에 따르는 약한 대통령이 아니라, 장기적인 국민의 이익을 고려하여 국민을 지도하는 강력한 대통령이 되어야 공익이 증진된다.

이상주의적 공익론은 공공봉사자로서의 행정관료들을 중요한 공익의 결정자로 본다. 이들의 태도와 행동이 공익에 결정적인 영향을 미친다고 보고, 바람직한 관료의 태도와 행동에 대하여 많은 논의를 하고 있다. 행정국가화가 심화되어 실질적인 정책결정권을 갖는 등 행정재량이 대폭 확대되었으므로 "자비로운 관료들이 민주국가의 파수꾼" 역할을 하는 시대가 왔다고 주장한다. 바로 행정국가화한 민주정치에서 수행되어야 할 행정관료의 역할에 관한 것을 공익의 이름으로 전개하고 있는 것이다.

이들이 행정관료에 대하여 기대하는 바는 크게 두 가지로 나눌 수 있다. 첫째, 관료들은 강력한 이익집단의 압력에 의하여 무시되기 쉬운 이익을 보호하여야 한다. 이들의 주장은 결국, 관료들이 비조직화된 집단, 혜택을 덜 받는 집단, 소비자들, 힘이 약한 집단(under-dogs)들을 위해서 강력한 사익에 대항하여 싸우는 수호자(champion)역할을 해야 한다고 주장하는 것이다. 관료들이 보호해야 할 집단이 말없는 조용한 다수, 즉 공중(public)인 경우에는 공익에 더욱 부합하게 된다.

둘째로, 행정관료들이 전문기술적 지식을 지니고 있으므로 이들을 최대한 활용하여 공익을 증진시켜야 한다. 재량을 지닌 창조적인 행정가는 공공지향적인 전문성(publicly-oriented expertness)을 지녀야 한다고 강조하고, 이 전문성을 "통일적인 공동체의 이상을 찾아 여기에 알맞은 해결책을 찾아내는 능력"이라고 지적하고 있다. 즉 관료들은 공동체의 이상을 실현하는데 필요한 전문성을 지녀야 한다는 것이다.

이상주의적 공익론은 이런 식으로 공직자들의 양심에 의존하고, 행정관료들의 전문성을 선용할 것을 강조한다. 정책결정자들이 양심적으로 공익을 위해서 일해주기를 희망하고 호소하는 이론인 셈이다. 그래서 이상주의론도 많은 비판을 면할 수가 없다. 한마디로 요약하면 '공직자를 어떻게 신뢰하는가' 또 '이들이 우리의 희망대로 움직이지 않으면 어떻게 할 것인가'라는 비판이다. 국회의원은 선거구민의 압력이나 청탁으로부터 독립적인 행동을 하여야 한다고 하지만 이들이 선거구민을 대표하지 않으면 누가 이를 대신 할 것이며, 무엇보다도 이들이 독립성을 강조하면서 이권에 좌우되면 타락한 민주주의가 될 것이다. 또 대통령이 강력한 신념을 갖고 여론에 휘말림이 없이 국민을 리드해야 공익이 달성된다고 하지만 공익을 내걸고 전쟁을 일으키는 히틀러나 무솔리니와 같은 독재자들을 고무시키는 이론이 될 수 있다. 관료들의 경우도, 조용한 다수를 보호한다는 명분을 내걸고 집단들의 정당한 요구를 거부한다거나 시급한 문제의 해결을 지연시키는 경우가 허다하다. 이상론의 이러한 문제들은 후진국에서 더욱 심각할 것이 틀림없고, 불행하게도 우리나라의 경우도 마찬가지이다.

### 3) 현실론

현실주의 이론(realist theory)은 공공의지나 공익은 일종의 신화라고 보는 회의론자들의 주장이다. 이들이야말로 공익실체설을 가장 강력하게 비판하는 사람들이다. 이들은 첫째, 합리주의자들이 주장하는 간접민주주의의 원리에 따른 정치적 책임확보가 공익을 보장할 것이라는 주장을 부정한다. 둘째, 공직자의 양심에 의존하려는 이상주의론도 현실주의자들의 눈으로는 위험하기 짝이 없는 주장으로 본다. 그래서 현실론은 정책이 실제로 결정되는 현실을 정확하게 먼저 이해하고 현실의 범위 내에서 실현가능한 공익확보 방안을 강구하자는 주장을 한다.

현실주의 공익론의 대표는 역시 이익집단론이다. 앞에서 검토되었지만, 이익집단론자들은 추상적인 개념의 국민이 구체적인 정책결정과정에서 대립되는 이익들을 지닌 집단들로 분해되는 현상을 중시한다. 모든 정치현상을 집단현상으로 보고, 사회도 집단들의 복합체로 생각한다. 정책은 갈등관계에 있는 이익집단들 간에 균형을 취하는 것이다. 조정의 결과로 등장한 공익도 결국은 부분 이익 또는 특수이익에 불과하다. 공익으로 결정된 것은 그래도 사회적 발전방향과 가장 잘 양립될 수 있는 특수이익이라고 본다. 예컨대 한국경제가 성숙단계에 접어들어 노동집약적인 경공업보다 자동차 등 중화학공업의 발전이 시급해졌을 때, 대기업들이 자동차육성정책을 강력하게 요구하였다고 해보자. 한편 앨범이나 스웨터를 가내수공업으로 생산하는 중소기업들은 자동차산업 육성 대신 수출에 커다란 기여를 하고 있는 자신들을 지원해 줄 것을 요구한다. 이 때 정부에서 자동차를 지원하기로 결정했다면, 이 정책은 국가발전과 방향이 같은 특수이익을 공익으로 결정한 것이라고 할 수 있다.

현실주의적 공익론을 전개하는 이익집단론자들은 공익의 실현을 위한 처방에서 의견이 갈라진다. 다원론으로 알려진 이익집단론은 미국사회가 다원적인 사회이므로 이익집단들의 상호견제와 다양한 정부에로의 통로를 통해서 강한 이익집단이 횡포를 부릴 수가 없다고 생각한다. 한편 이러한 순진한 낙관론과는 달리 강한 이익집단이 횡포를 부릴 가능성에 대비하여 공익확보방안을 제시하는 학자들이 많다. 이들을 보기로 한다.

먼저 강한 이익집단들이 횡포를 부리지 않으려면 모든 이익들에게 정책결정에 대한 참여가 가능하도록 통로를 확보해 주어야 한다는 주장이 있다. 한 걸음 더 나아가서 조직화되지 못하고 명백히 표명도 되지 않은 이익이나, 조용한 다수의 이익을 위해서, 또는 미약한 정치적 자원이나 부족한 시간 때문에 참여가 어려운 약자들의 집단을 위해서는 관료들이 대신 주창자 역할을 해야 한다는 주장이다.

현실주의자들 중에는 이익집단론과 달리 대통령과 행정관료에 대하여 좀 더 적극적인 역할을 기대하는 학자들도 있다. 이들은 국회상임위원회-이익집단-정부기관이 '철의 삼각'을 형성하여 하위정부 역할을 하는 현상을 우려한다. 즉 대통령이 헌법상 보장되고 있는 역할, 즉 전체 국민을 위해서 공익의 대변자 역할을 해야 하는데도 불구하고, 현실적으로 하위정부에 의하여 중요 정책내용이 결정되는 현상을 걱정하고 이에 대한 대비책을 주장하는 것이다.

한편 행정관료에 대해서도 여러 가지 요구가 있다. 공익이론은 특히 관료에게 중요한 실천적인 의미를 지니기 때문이다. 먼저 고전파행정학자들과 같이 관료들의 중립성을 강조하면서 행동의 기준으로 공익을 제시하는 입장이 있다. 전술한 바와 같이 이상주의적 공익론자들은 관료들이 양심에 따라야 하며, 특히 강한 이익집단들의 요구 속에서 무시되기 쉬운 조용한 다수의 이익, 약자의 이익, 미래의 이익들에 신경을 써야 하고, 관료들만이 지닌 전문적 기술을 창조적으로 발휘하여 최적정책대안을 탐색해야 한다고 주장한다. 현실주의자들은 여기서 한 걸음 더 나간다. 관료들의 양심에만 호소할 것이 아니라 한 걸음 더 나가서 조용한 다수, 약자, 미래의 이익들을 대변할 수 있는 제도적 장치를 마련해야 한다는 것이다. 바로 적법절차의 마련과 대표관료제의 정신을 구체화해야 한다는 주장들이 대표적이다.

Section

## 제 5 절 공익의 새로운 정의

현재와 같이 행정상의 가치들을 모조리 공익이라는 용어로 부르는 것은 혼란만 초래할 뿐이다. 공익은 현재의 시점에서 상식적으로 실무가들이 사용하는 의미를 중심으로 재정의 되어야 한다. 이와 관련해서는 현대적 의미의 공익개념이 처음에 일반적으로 통용되던 개념에서 출발하였음을 기억할 필요가 있다. 즉 초기에는 전제군주의 횡포로부터 국민들의 생명, 신체, 재산을 보호하기 위해서 자유권적 기본권을 공익의 주요 내용으로 주장하였던 것이다. 그 후에 과정론적인 공익론이 등장하면서 공익의 개념이 지나치게 팽창되었다. 이는 당시 상식적으로 통용되던 공익의 내용이 다양해서라기 보다는 학자들이 공익을 달성하기 위한 정책결정과정 자체를 공익이라고 명명하였고, 이로 인해 공익을 민주정치나 민주행정과 거의 동의어로 사용하였기 때문이다. 그러나 현재시점에서 보면 상식적으로 사용하는 공익이라는 개념은 이렇게 포괄적인 것이 아니다. 공익이라는 용어는 대강 다음과 같은 좁은 의미로 통용되고 있다.

첫째, 가장 좁은 의미로, 다수 또는 대중의 이익이라는 뜻이다. 이 의미는 반의어로 주로 사용되는데 일부 계층이나 특수집단의 이익이 아니라는 뜻으로 사용되고 있다. 그러므로 반드시 "전체"의 이익이 될 필요가 없다. 약사나 한의사라는 특수집단의 이익이 아니라 제3자인 약국 고객들의 이익이 공익이다. 폐수를 방출하는 공장들의 이익이 아니라 깨끗한 물을 소비하는 시민들의 이익이 공익이다.

둘째, 다수 대중 또는 전체의 이익을 지칭하더라도 정부활동의 "1차적 혜택"이 누구에게 돌아가는가에 판단의 기준을 두고 있다. 엄청난 숫자의 하류층과 노예를 동원하여 건립된 이집트의 피라미드는 4천년 후인 오늘날에 와서 그 노예들과 하류층들의 자손을 위해서 귀중한 관광자원이 되고 있다. 그렇다고 피라미드의 건설이 당시에 공익적인 사업이었다고 주장할 수는 없다. 1차적 혜택에 초점을 두면 2차 효과 등은 공익개념에 포함시키지 않는다. 대도시의 중고등학교를 개혁하여 교육혁명을 일으키면 시민에게 1차적인 혜택이 돌아가므로 공익이다. 그러나 타 지역 주민들이 대거 이주해 와서 도시가 더욱 팽창하여 교통문제나 공해문제가 더욱 심각해지는 2차 파급효과(보다 정확하게 표현하면 부작용)를 일으킨다. 그러나 이러한 2차 파급효과를 보고 중고등학교 개혁이 공익에 위배된다고 하지는 않는다.

셋째, 현재에 사용되는 의미로서의 공익은 정부활동에 의하여 제공되거나 또는 피해를 보게 되는 "이익"의 일종이다. 그래서 자유·평등 등의 기본적 인권을 보장하는 것이나 정의·박애 등의 사회적 가치를 공익으로 부를 필요는 없다. 신체의 자유를 침해하였다고 하여 공익을 침해하였다고 말하지는 않는다.

이상의 세 가지 측면을 종합하면 상식적으로 그리고 실무적으로 통용하는 공익의 개념이 개략적으로 잡힌다. 따라서 포괄적인 개념으로서의 공익이 지니고 있던 많은 이질적인 가치들은 각각 원래의 용어로 표현하는 것이 바람직하다. 예를 들면 이 대안은 "공익"을 기준으로 할 때 최선의 대안이라는 표현보다는 "능률성" 또는 "효과성"을 기준으로 할 때 최선의 대안이라는 표현이 훨씬 정확하다.

Section

## 제 6 절 행정의 지도원리와 행정이념

공익과 유사한 의미를 지닌 가치지만 아주 한정된 내용을 지닌 개념으로 행정이념이라는 용어를 행정학자들은 사용해 왔다. 행정의 이념은 흔히 행정의 지도원리라고도 불리는데, 행정활동이 보편적으로 추구해야 할 가장 중요한 가치를 말한다. 따라서 후술하는 능률성, 효과성, 형평성 등 행정의 지도원리 또는 행정이념이라고 불리는 것들은 공익의 중요내용이라고 볼 수도 있는데, 행정이 추구하는 주요 가치 중의 일부이다. 그리고 여러 가지 가치를 모두 포괄하는 의미의 공익보다도 구체적으로 행정활동을 지도할 수 있는 가치이기 때문에 실질적이고 중요하다. 행정을 담당하는 사람들이 이들을 극대화하기 위해서 노력해야 할 구체적인 가치들이다.

행정의 지도원리는 행정이 수행하는 정부기능 중에서 어느 것을 더욱 중시해야 하는지를 결정할 때에 따라야 할 기준이다. 또한 동일한 기능을 수행할 때 어떻게 기능수행 활동을 해야 하는가에 대한 지침이다.

## 1. 효과성

행정의 지도원리로서의 효과성은 목표달성의 정도를 의미한다. 정책의 근본 존재이유가 그 정책을 통하여 달성하고자 하는 목표에 있고, 이 목표를 달성하여 얻게 되는 효과를 중시하는 기준이다.

효과(effect)는 산출(output)과 구별된다. 산출 또는 산출물은 행정체제가 사회에 대하여 제공하는 것으로 정책활동 즉 행정활동의 결과로서 1차적으로 생산된 것이다. 예를 들면 건설활동의 결과로서 건설된 댐이 산출물이 된다. 한편 효과는 산출물이 사회에 대하여 제공하는 바람직한 결과(outcome)이다. 건설된 댐에서 농업용수를 공급하면 이것들이 효과라고 볼 수 있다. 그런데 농업용수는 물이 부족할 때 물을 공급함으로써 농작물 생산을 증가시키는 것을 목적으로 한다. 그래서 농산물이 증산되어야만 댐 건설의 효과가 있다고 주장하기도 한다. 즉 다음과 같은 효과들의 연쇄관계를 볼 수가 있다.

<그림 5-1>에서 보듯이 행정 또는 정책활동이 만들어 낸 산출물이 가져오는 효과는 1, 2, 3차 등으로 파급되는 연계관계를 지니고 있다. 이런 경우에 댐 건설의 목표를 충분한 농업용수의 공급으로 설정하게 되면 효과성(effectiveness)은 1차 효과를 얼마나 얻게 되었는가를 기준으로 한다. 그런데 댐 건설의 목표를 농산물 증산으로 설정하면, 증산된 농산물이 얼마인가가 효과성판

단의 기준이 된다. 즉 효과성은 행정(정책)목표달성의 정도를 의미하므로 목표를 어느 것으로 잡느냐에 따라 기준이 되는 효과가 달라지게 된다.

**그림 5-1** 행정(정책)활동과 산출물 및 행정(정책)효과

| 행정활동 | 산 출 물 | 1 차 효 과 | 2 차 효 과 | 3 차 효 과 |
|---|---|---|---|---|
| 댐건설작업 | 건설된 댐 | 공급되는 농업용수 | 증산된 농작물 | 농산물 가격안정 |

그런데 정책목표의 달성을 중시하는 효과성은 비용을 고려하지 않는 치명적인 약점을 가지고 있다. 아무리 효과를 많이 산출하는 대안이라도 비용이 너무 소모되면 바람직스럽지 못하기 때문이다.

1960년대부터 1980년대 중반까지 한국의 정부지도자들은 효과성을 지나치게 강조해온 경향이 있다. 그래서 엄청난 문제를 일으키기도 했다. 공장폐수가 아무리 쏟아져 나와도 값싼 수출품의 생산을 위하여 공장을 가동시켰고, 농민과 노동자의 인권을 탄압하여 임금상승과 쌀값 상승을 막아서 가격경쟁력을 향상시키는 목표를 달성하려고 했었다.

하지만 어떤 대가를 지불해도 좋으니 목표를 달성해야 한다는 효과성 제일주의가 타당한 경우도 있다. 전쟁 시 수천 명의 병사를 희생해서라도 국토를 방어해야 하는 경우 등이다. 전쟁이 아니라도 행정목표나 정책목표가 너무나 중요한 경우에는 어느 정도 희생이나 비용을 부담하더라고 반드시 달성되어야 할 것이다. IMF와 같은 경제위기를 극복하거나 국가안보에 중대한 위해가 예상되는 경우 이에 대비하는 것을 목표로 하는 경우 등이다.

## 2. 능률성

능률성은 효과성에 비용을 감안한 기준이다. 원래 능률성은 산출에 대한 투입의 비율을 의미한다. 즉

▶ 능률성 = $\frac{\text{산출(output)}}{\text{투입(input)}}$ = $\frac{\text{효과}}{\text{비용}}$

행정의 능률성은 행정체제가 산출한 산출물(output)을 위하여 국민들이 지불한 투입의 비율이다. 똑 같은 비용을 들여서 식수공급용 댐을 건설하는데 여러 후보지 중에서 A라는 지역에 건설하면 B지역에 건설하는 것 보다 많은 양의 식수를 공급할 수 있다면 A지역의 댐이 더 능률적이다.

행정의 능률성은 약간 다른 성격의 것이 포함되어 있어 이를 구분하여 논의할 필요가 있다. 즉 대안선택기준상의 능률(또는 결정기준상의 능률)과 내부관리상의 능률(또는 조직운영상의 능률)이다.

앞에서 본 댐 건설의 경우는 대안선택기준상의 능률이다. 한편, 조직내부관리상의 능률성은 과학적 관리론이나 고전파행정학에서 강조하는 능률성이다. 예를 들면 경찰행정조직을 분업화의 원리에 따라 구성하면 능률적이다. 범죄예방을 위한 순찰업무, 범죄 발생 후의 수사업무 등으로 나누고, 또 순찰의 경우는 담당지역을 나누어서 분담하도록 하며, 범죄수사도 사건마다 담당자를 팀으로 묶어서 맡기면 각자가 담당업무에 대하여 잘 알게 되므로(전문성이 강화되므로) 능률적이다. 또 능력 있는 자를 경찰관으로 채용하고 수시로 훈련을 시키면 전문성도 강화되어 능률적으로 수사나 범죄예방을 할 수 있다. 그래서 관리상의 능률은 보다 적은 인력과 예산을 들여서 가장 바람직한 결과를 얻는 것을 목적으로 한다. 조직론과 인사행정 등 전통적인 행정학의 주된 관심대상은 바로 이와 같은 관리상의 능률을 제고하는 것이었다.

그런데 대안선택기준상의 능률성을 최대로 반영하여 결정을 하기 위해서는 관리상의 능률을 향상시키기 위한 여러 가지 관리원칙이 필수적이다. 행정관료가 충분한 전문지식을 지니고 있어야만 능률성을 기준으로 하는 합리적 결정을 할 수가 있다. 이러한 전문가를 확보하기 위해서는 관료를 채용할 때 능력 있는 자를 선발하고 이들에게 적절한 훈련을 시키고, 동일업무에 계속 종사시켜서 경험을 축적하도록 해야 한다. 즉 실적주의적 인사행정이 전문가를 양성하는데 꼭 필요한 것이다.

문제는 적은 경비로 충분한 정보도 수집하지 않은 채 정책결정을 하다가 잘못된 판단으로 엄청난 손해를 보는 경우가 많다는 점이다. 바로 관리상의 능률을 추구하다가 대안선택기준으로서의 능률성을 상실하는 경우이다. 예컨대 관리상의 능률을 위하여 작은 정부운동을 하면서 연구직과 기획직을 대폭 축소하여 잘못된 정책결정을 하는 예가 허다하였다.

## 3. 공평성(형평성)

공평성은 헌법상의 평등에서부터 혜택을 받은 자가 비용을 부담해야 한다는 수익자부담의 원칙에 이르기까지 다양한 의미를 지니고 있는 개념이다. 그래서 평등, 형평, 공평, 정의 등의 용어가 혼용되고 있다. 여기에서는 이들을 수평적 공평성과 수직적 공평성으로 구분하여 설명하기로 한다.

수평적 공평성은 "같은 사람을 같이" 취급함을 의미한다. 다 같이 대한민국의 국민이므로 한 사람이 한 표씩 투표를 하는 경우가 전형적인 수평적 공평성이다. 즉 법률 앞에서의 평등이 바로 여기에 해당된다. 같은 사람을 같이 취급해야 공평(fair)하다는 상식에 해당되는 개념이다.

이에 반해 수직적 공평성은 "다른 사람을 다르게" 취급해야 공평하다는 것을 의미한다. 동일한 교육을 받더라도, 가난한 사람에게는 등록금을 적게 받거나, 극빈자의 병원 치료비를 정부가 부담하는 경우가 여기에 해당된다. 즉 국민은 능력 면에서 최상층에서부터 최하층에 이르기까지 수직적인 계층을 이루고 있는데, 상위층에 있는 국민보다 하위층에 있는 국민들을 도와 주는 것이 공평하다고 보는 경우이다. 수직적 공평성도 대안선택기준과 관리상의 기준으로 이용될 수도 있다. 우선 대안선택기준에 적용하는 경우를 보자.

위의 가상적인 예에서 능률성을 기준으로 후보지를 선택한다면, 당연히 A가 된다. 효과/비용 비율(B/C ratio)이 B나 C 후보지 보다 높기 때문이다. 그러나 A 후보지에 저수지가 건설될 때는 혜택을 보는 농가의 숫자가 100개인데 비해서 B는 500가구나 됨으로 B가 보다 공평한 대안이다. 즉 형평성을 기준으로 하면 B가 선택되는 것이다. 한편 효과성을 기준으로 한다면 C가 선

표 5-2 농업용 저수지 건설의 비용과 효과

| 후보지 | 건설비용 | 쌀증산효과 | B/C 비율 | 수혜농가 | 농가당 노동경지면적 |
|---|---|---|---|---|---|
| A | 50 억원 | 매년 4000석 (시가 100억원) | 2.0 | 100 가구 | 8000평 |
| B | 50 억원 | 매년 3000석 (시가 75억원) | 1.5 | 500 가구 | 1200평 |
| C | 100 억원 | 매년 6000석 (시가 150억원) | 1.5 | 400 가구 | 3000평 |

택될 것이다. 저수지 건설의 목표가 쌀 증산이고, 쌀 증산효과가 제일 크기 때문이다.

수직적 공평성은 관리상의 측면에서도 추구된다. 원래 관리측면에서는 능률성이 가장 중요하지만 행정은 이윤을 가장 중시하는 기업과 달라서 관리측면에서도 형평성, 즉 수직적 공평성을 확보하는 것이 중요하다. 대표관료제(representative bureaucracy)가 이러한 예에 속한다. 즉 관료를 채용할 때 국민들의 각계각층에서 골고루 선발하고, 승진이나 보직에서도 마찬가지의 원칙을 적용하는 것이다.

## 4. 민주성

행정의 민주성은 크게 서로 다른 두 가지 측면에서 논의되고 있다. 행정조직 내부의 민주성과 행정조직 외부의 국민들과의 관계에서의 민주성이 그것이다. 이 중에서 후자는 다음과 같은 세 가지 다른 의미를 가지고 있다.

첫째, 국민주권의 의미를 지닌 행정이다. 과거 신성군주설에 대립되는 개념으로서 국가의 주권은 국민들에게 있다는 개념이다. "국민의" 행정이라는 의미이다. 국가, 정부, 행정의 주인은 국민이며, 대통령, 국회의원, 행정관료들은 모두 국민들의 공복(公僕, public servant)이라는 상징적인 개념이다.

민주행정의 두 번째 측면은 "국민을 위한" 행정이다. 행정은 주인인 국민을 위하여 최선의 서비스를 해야 하는 도덕적 의무를 지니고 있다. 민주행정의 핵심을 "봉사성"으로 보는 경우가 여기에 해당되며, 고객중심적 행정이 주장하는 행정의 대응성(responsiveness)을 의미한다. 주로 집행과정에서 고객들의 다양한 요구를 반영하여 고객에게 보다 좋은 서비스를 제공하자는 주장이다. 흔히 소비자 중심주의, 고객제일주의, 시장중심주의 등으로 부르는 것으로서, 고객에게 좋은 서비스를 제공하면 행정의 민주성은 확보되는 것이다. 하지만 대응성의 강조는 행정의 일관성을 상실하여 형평성이 약화되거나, 관료들이 재량권 강화에 따른 횡포 가능성, 부패와 부조리 등의 문제가 나타날 수 있다.

민주행정의 세 번째 측면은 "국민에 의한" 행정을 의미한다. 아무리 이념상으로는 국민이 주인이라고 하더라도 현대의 국가들은 직접민주주의 방식으로 운영될 수가 없다. 그래서 간접민주주의의 원리에 따라 선출된 대통령이나 국회의원들의 뜻에 의하여 행정이 수행되어야 한다는 것으로서 바로 행정의 정치적 책임(accountability)을 강조하는 입장이다. 즉 행정관료는 주인인 국민들의 뜻에 따라 행정을 수행하려면, 국민들의 대표인 선출직 공직자들의 뜻을 따라야 한다. 이들 정치인들은 다음의 선거에서 국민들의 심판을 받아 정치적 책임을 추궁 당하기 때문에 국민들의 뜻을 충실히 반영하려고 노력할 것이라는 전제하에서 신분보장을 받는 행정관료들은 이들의 뜻을 따름으로써 간접적으로 국민에게 책임을 진다는 논리다. 이러한 행정책임의 논리는 대통령과 국회와 같은 정치기관에서 정책을 결정하고 행정은 이를 충실히 집행하는 경우에 민주행정의 이념이 달성된다고 본다. 하지만 선거, 정당, 정치활동 전반에 걸친 정치적 민주화가 선행되지 않는 상태에서 간접민주행정의 원리는 국민들의 뜻과는 전혀 다른 행정으로 몰고 갈 가능성이 너무나 크다. 또한 행정국가화가 심화되면서 행정이 실질적인 정책결정을 담당하게 되자, 대통령과 국회의 뜻을 충실히 따름으로써 행정의 민주성이 확보된다는 논리는 그 근거의 상당 부분을 잃게 되었다.

그래서 국민의 직접참여를 강조하게 되었다. 즉 '국민에 의한 행정'은 시민참여와 공동체주의와 관련이 있다. 즉 행정상의 결정에서(즉 정책결정이나 집행과정의 중요한 결정에서) 시민참여(citizen participation)를 통하여 국민에 의한 행정을 직접적으로 실현시키고자 하는 것이다. 여기서 말하는 시민은 특수한 이익을 대변하는 사람들이 아니다. 즉 이익집단이 아님은 물론이고, 자신의 요구만을 주장하는 고객도 아니다. 공정하고 객관적인 일반시민으로서 신행정학자들이 강조하는 공동체의식을 지닌 공동체의 구성원들이다. 그러나 자신의 이익과 직접적인 관계가 없어 공정성과 중립성을 보장할 수 있는 일반시민이 많은 시간과 노력을 들여서 행정상의 결정에 참여하기는 쉽지 않다. 그래서 공동체 구성원 모두가 참여할 수 있도록 시민들의 시민(civic)정신과 공동체의식을 강화시켜야 한다는 주장이 많이 있지만 사실 쉬운 일이 아니다.

## 5. 합법성

행정의 합법성이란 법률의 정신을 최대한 살리는 행정을 말한다. 한마디로 법치행정의 원리이다. 행정의 지도원리로서 법치행정을 검토하는 것은 특히 한국에서의 중요성 때문이다. 한국에서 절실하게 필요할 법치행정의 측면은 다음 세 가지로 구분하여 논의할 수 있다.

첫째, 국민들의 기본적 인권의 보장이 법치행정의 가장 중요한 목표이다. 민주주의 역사상에 처음으로 등장하였던 영국의 의회는 절대군주의 횡포를 방지하는 것에 그 주된 목적이 있었다. 즉 의회민주주의가 발전하여 민주정치가 확립되면서 국가나 정부도 침해할 수 없는 자연법적인(자연 또는 하늘로부터 받았으므로 어느 인간도 감히 침해할 수 없는) 국민의 기본권 개념이 확립되었다. 군주의 횡포는 행정관료 조직을 이용한 것이었으므로 행정이 법률을 충실히 준수하게 함으로서 기본권을 확실히 하려고 하는 것이 법치행정의 첫 번째 목적인 것이다.

둘째, 행정의 합법성은 행정으로부터 피해를 입는 국민들의 권리를 구제하는 것을 의미한다. 절대군주가 힘을 잃고 입헌군주제로 전환하여 민주화가 진행되면서 행정의 횡포를 막기 위해서 법률에 충실한 행정을 확보하고, 행정상의 피해에 대한 국민들의 권리구제를 보장하기 위해서 법학적인 연구가 필요했던 것이다.

셋째, 법치주의는 행정부패와 부조리를 방지하기 위해서 필요할 뿐만 아니라, 행정의 안정성과 일관성 및 이에 따른 예측가능성을 위해서도 필수적이다. 법률은 한 번 제정되고 나면 수정이나 개정이 쉽지 않다. 바로 이 때문에 법률로서 확정된 정책이나 제도는 장기적으로 존속할 가능성이 크다. 행정의 안정성과 일관성은 일반 국민들이 정부행동에 대하여 장기적인 예측을 가능케 한다.

이상과 같이 중요한 의미를 가진 합법성이 한국에서 준수되지 못한 주된 원인은 정통성이 약한 정권이 정권유지를 위해서 정치적 자유 및 신체의 자유를 무시하고 국민들의 권리이익을 침해하고도 적절한 구제를 하지 않는 탈법적 행정을 자행하였기 때문이다. 물론 1980년대 후반부터 본격화된 민주화의 결과 이러한 현상은 현저하게 감소되었다. 그럼에도 불구하고 그 잔재가 여전히 많이 남아 있다.

이들 탈법행정이 앞으로도 쉽게 없어지지 않을 것으로 보이는데, 그 이유는 법 규정의 내용이 현실과 괴리되어 있어서 형식주의와 선택적 법적용이 등장하기 때문이다. 예컨대 엄격하게 보건위생 법규를 적용하면 문을 닫아야 되는 음식점이 상당히 많다고 한다. 이와 같이 법규정대로 순응할 수 있는 능력을 갖춘 사람이 너무 적으면 그 규정은 현실과 지나치게 괴리된 형식적인 규정이 되고 만다. 위생시설의 지나친 완벽성과 과도한 청결수준을 요구하는 보건위생규정은 거의 모든 중소 음식점들의 순응능력을 초과하게 된다. 순응이 불가능하면 권리행사나 행동의 자유를 포기하는 것이 당연하지만, 사람들은 그렇게 행동하지 않는다. 어떻게든 규제를 면하기 위해서 규제관료들을 매수하려고 노력하게 된다. 이 과정에서 불법행정의 가능성이 증대하게 되는 것은 물론이다.

즉 법 규정이 현실과 괴리되면, 법의 적용은 형식적이 되고, 선택적이 된다. 여기서 한국행정의 가장 고질적인 문제인 비리와 부정이 싹트게 된다. 현실적으로 순응능력이 없는 대상집단들을 규정대로 하여 완전히 문을 닫게 하는 것보다는 적당히 눈감아 주고 뇌물을 받게 되는 것이다. 현실과 유리된 규정이 비합리적이라는 느낌 때문에 도덕적 죄책감이 없어서 부패와 부조리를 더욱 부추기게 된다.

## 요 약

공익(公益)은 공공(公共)의 이익이다. 공익(Public Interest)은 문자 그대로 보면, 사익(Private Interest)과 대립되는 개념으로서, 공적이익, 국가이익, 전체이익, 일반이익, 대중이익, 다수이익 등 추상적이면서도 너무나 다양한 내용을 지닌 용어로 표현되고 있어서 사용 시에 혼란이 오기 쉽다. 그래서 공익을 설명하는 다양한 이론을 이해할 필요가 있다.

공익을 설명하는 공익이론은 크게 개인주의적 과정론과 공동체적 실체론으로 구분된다. 먼저 공동체적 실체론에서는 다음 두 가지를 실체적 공익으로 보고 있다. 첫째, 공익의 실현을 위해서는 이를 가능하게 하는 상호협조와 규칙이 존재해야 하므로 사회에 존재하는 상호협조나 규칙을 공익의 실질적인 내용으로 보는 관점이다. 둘째, 전통적인 공익 실체설에서는 국민 개개인의 기본권을 보장하는 것을 공익의 핵심으로 본다. 어느 경우든지 공익실체설을 주장하는 사람들은, 공익은 사익의 합계로서가 아니라 본질적으로 사회가 추구해야 할 중요한 가치로 보는 것이다.

한편 과정론적 공익이론의 주장은 다음과 같이 세 가지로 구분된다. 첫째, 공익은 개인이익 또는 집단이익들의 집합에 불과하다. 둘째, 공익은 정책결정과정에서 결정된다. 셋째, 그러므로 공익의 극대화를 위해서는 결정과정을 합리화해야 한다. 먼저 공익은 사익의 합계에 불과하다는 주장은 이익집단론을 근거로 다원론자들이 주장하는 내용이다. 즉 공익은 국민"전체"의 이익이라고 하지만, 현실적인 정책결정과정을 보면, 국민전체가 아니라 일부 집단이익들의 합계에 불과하다는 주장이다. 예컨대 의약분업과 관련된 정책결정시 의사 아니면 약사집단의 이익이 반영되기 때문이다. 하지만 이에 대해서는, 공익에는 제3자가 얻게 되는 이익도 포함되어 있다는 비판이 제기된다. 많은 경우에 제3자가 '다수 대중'으로 등장하며 이들의 이익이야말로 공익이라고 볼 수 있기 때문이다. 의약분업 정책결정에 의사와 약사뿐만 아니라 일반국민의 이익이 반영되어야 하는 것이다.

또한 과정론적 공익론에서는 공익이 정책결정과정에서 만들어 지는 것이라고 생각하기 때문에 공익실현을 위해서는 정책결정과정의 합리화가 필요하다고 주장한다. 이는 실체론과 정면으로 충돌된다. 실체론에서는 공익은 객관적으로 존재하는 것이고, 정책결정자의 역할은 객관적으로 존재하는 공익을 발견해 내는 것이다. 그러나 과정론에서는 공익이 참여자들의 상호작용 속에서 결정되는 것이므로 정책결정자는 합리적인 결정으로 바람직한 공익을 만들어 내어야 한다고 주장한다.

공익의 구체적 내용이 정책과정에서 결정된다면 이 내용이 진실로 전체의 이익(공익)에 도움이 되는 바람직한 것인지, 아니면 바람직하지 못한 내용이 될 것인지는 정책결정과정의 성격에 달려 있다. 그러므로 과정론자들은 정책결정과정을 합리화 시킬 수 있는 방안을 마련하는 데에 초점을 두고 있다. 과정론적 공익론을 집대성한 슈버트(Schubert)는 1950년대 당시까지의 과정론적 공익이론을 크게 합리론, 이상론, 현실론의 세 가지로 나누었다.

첫째, 합리주의이론(rationalist theory)은 간접민주주의 원리를 신봉한다. 정당-의회-대통령-행정관료 및 사법부로 연결하는 간접민주주의의 원리에 따라 국민의 의지를 정책내용에 구체화하면, 그 정책내용이야 말로 국민의 의사가 반영된 것이기 때문에 바로 공익이 된다는 주장이다. 그러나 간접민주주의의 원리가 무너지고, 국민의 의지라는 애매한 개념으로는 국민이 무엇을 원하는지 정확하게 알 수가 없기 때문에 합리주의적 공익론은 설득력을 상실하게 되었다.

합리론에 대한 비판으로 대신 등장한 것이 두 번째 이상주의적 공익론(idealist theory)이다. 이상론은 합리주의 이론이 주장하는 것처럼 국민의 의지나 공공의 의지 등이 구체적인 정책결정에 지침이 되지 못한다고 믿는다. 또한 현실의 정책이나 법률은 불완전하고 자연법(natural law)만이 완전하기 때문에 공직자는 자신의 선입견을 버리고 보다 상위의 법인 "양심"에 의존해야 한다고 주장한다. 그러나 이상주의론도 비판을 면할 수가 없는데, 한마디로 요약하면 '공직자를 어떻게 신뢰하는가' 라는 비판이다.

마지막으로 현실주의 이론(realist theory)은 공공의지나 공익은 일종의 신화라고 보는 회의론자들의 주장이다. 현실주의 공익론의 대표는 역시 이익집단론이다. 이익집단론자들은, 정책은 갈등관계에 있는 이익집단들 간에 균형을 취하는 것이며, 이 결과로 등장한 공익도 결국은 부분 이익 또는 특수이익에 불과하다도 본다. 현실주의자들 중에는 이익집단론과 달리 대통령과 행정관료에 대하여 좀 더 적극적인 역할을 기대하는 주장들도 있다. 즉 대통령은 전체 국민을 위해서 공익의 대변자 역할을 해야 하며, 행정관료들도 중립성을 바탕으로 양심에 따라 강한 이익집단들의 요구 속에서 무시되기 쉬운 조용한 다수의 이익을 보호해야 한다는 것이다.

이상에서 논의한 바와 같이 행정상의 가치들을 모조리 공익이라는 용어로 부르는 것은 혼란을 초래하므로, 공익은 상식적으로 실무가들이 사용하는 의미를 중심으로 재정의(再定議) 되어야 한다. 첫째, 공익은 다수 또는 대중의 이익이라는 뜻이다. 둘째, 공익은 다수 대중 또는 전체의 이익을 지칭하더라도 정부활동의 "1차적 혜택"이 누구에게 돌아가는가에 판단의 기준을 두어야 한다. 셋째, 공익은 정부활동에 의하여 제공되거나 또는 피해를 보게 되는 "이익"의 일종이다. 그래서 자유·평등 등의 기본적 인권을 보장하는 것이나 정의·박애 등의 사회적 가치를 공익으로 부를 필요는 없을 것이다.

지금까지 설명한 공익과 구분되는 개념으로서, 행정의 이념 또는 지도원리는 행정활동이 보편적으로 추구해야 할 가장 중요한 가치를 말한다. 따라서 행정의 지도원리 또는 행정이념이라고 불리는 것들은 공익의 중요내용이며 행정이 추구하는 주요 가치 중의 일부이다. 또한 행정의 지도원리는 행정이 수행하는 정부기능 중에서 어느 것을 더욱 중시해야 하는지를 결정할 때에 따라야 할 기준이다. 이에는 효과성, 능률성, 공평성, 민주성, 합법성 등이 있다.

우선 효과성은 목표달성의 정도를 의미한다. 정책의 근본 존재이유가 그 정책을 통하여 달성하고자 하는 목표에 있고, 이 목표를 달성하여 얻게 되는 효과를 중시하는 기준이다. 반면에 능률성은 효과성에 비용을 감안한 기준이다. 즉 능률성은 행정체제가 산출한 산출물(output)을 위하여 국민들이 지불한 투입의 비율이다. 공평성은 다양한 의미를 지니고 있는 개념으로서, 여기에서는 이들을 수평적 공평성과 수직적 공평성으로 구분하였다.

다음으로 민주성은 크게 서로 다른 두 가지 측면에서 논의되고 있다. 행정조직 내부의 민주성과 행정조직 외부의 국민들과의 관계에서의 민주성이 그것이다. 이 중에서 후자는, 국민주권의 의미를 지닌 '국민의 행정',

국민에 대한 봉사성을 강조하는 '국민을 위한 행정', 행정의 정치적 책임을 강조하는 '국민에 의한 행정' 등 세 가지 다른 의미를 가지고 있다. 한편 합법성은 법률의 정신을 최대한 살리는 행정을 말한다. 한마디로 법치행정의 원리이다. 행정의 지도원리로서 법치행정에는, 첫째, 국민들의 기본적 인권의 보장, 둘째, 행정으로부터 피해를 입는 국민들의 권리 구제, 셋째, 행정부패와 부조리를 방지 및 행정의 안정성과 일관성, 예측가능성 제고 등 세 가지 의미가 포함되어 있다.

제 6 장

# 행정윤리론

§ 들어가는 말 §

행정은 능률성, 형평성, 합법성, 민주성 등의 지도원리에 따라 공익을 달성해야 할 책임을 지고 있다. 이러한 행정책임을 완수시키기 위해서 여러 가지 통제를 행하고 있다. 그러나 통제를 위해서는 행정관료가 행정책임을 완수했는지를 판단하여야 하는데, 이것이 쉽지 않다. 능률적인 행정수행 여부를 판단하기 위해서 성과를 측정하는 것이 어려운 것과 같다. 더욱이 행정의 지도원리나 공익의 각 요소들 간에는 앞에서 본 대로 모순과 충돌이 있다. 그래서 행정은 상황에 따라 가장 적절한 가치를 우선적으로 추구해야 한다. 정해진 틀에 따라 행정을 수행하는 것이 아니라 상황에 따라 행정공무원이 신축적으로 결정해야 한다. 이 때 행정관료가 재량권을 남용하지 않고 최선의 행동을 하려면 행정윤리가 확립되어 있어야 한다. 그러나 행정윤리의 구체적 내용이나, 이를 확보하기 위한 방법이 그렇게 간단하지가 않다. 이 장에서는 행정윤리의 의미에서부터 시작하여 그 내용과 확보방안을 검토하기로 한다.

◆ Section ◆

Section

제 1 절

# 행정윤리의 의미와 중요성

## 1. 행정윤리의 중요성 1

한국행정은 오래 전부터 심각한 딜레마에 시달려 오고 있다. 공직사회의 직권남용과 부패를 억제하기 위하여 행정통제와 감사 및 사정활동을 강화하면, 무사안일과 복지부동이 만연하게 된다. 공직사회가 의욕과 헌신적 자세로 일하게 만들기 위하여 통제와 감사활동을 약화시키면, 직권남용과 부패가 다시 고개를 든다. 이러한 원시적 딜레마가 아직도 한국의 공직사회를 괴롭힌다.

재량권을 남용하여 민원인을 괴롭히거나 뇌물을 받고, 심지어는 법규를 어겨서 부패행위를 하게 되면, 이를 막는 방법은 규정이나 규칙에서 정해진 행동만을 하도록 하는 수밖에 없다. 그래서 규정이나 규칙을 약간만이라도 어기면 가차 없이 처벌하고, 사전에 이런 부조리를 방지하기 위해서는 철저하게 행동을 감시하여야 한다. 이렇게 되면 공직자는 당연히 규정이나 규칙만 지키려고 노력한다. 불행하게도 규정이나 규칙은 모든 상황에 적합한 것이 아니라, 평균치나 한계치 등 몇 가지만 기준으로 삼기 때문에 규정과 규칙만을 지키게 되면 억울한 민원인도 발생하고, 국가적으로도 손실이 생기는 경우가 너무나 많다. 행정개혁론에서 자세히 보겠지만, 몇 백 달러짜리 기계를 사기 위하여 규정대로 절차를 밟으면 몇 개월이 소요되고, 그 기간 동안에 몇 천 달러어치의 손실을 보게 되는 수도 있다. 그래서 신공공관리에서는 물건 구매 절차나 예산 지출에 관한 규정 등을 과감하게 무시하고 기관장이 재량권을 행사하라고 주장한다. 미국이나 영국에서는 이 주장을 수용하고 있지만, 우리나라에서는 받아들이지 못한다. 그렇게 하면, 부패가 만연할까 걱정이 되어서이다.

우리나라는 공직자가 한 분야에서 전문가가 되는 것이 무척 어렵다. 특별한 예외가 있기는 하지만, 대부분의 경우에 동일한 계통의 업무를 오래 동안 담당할 수가 없기 때문이다. 동일한 지역에서 3~4년 이상을 두지 않고 다른 지역으로 전근을 시킨다. 심지어는 1년 만에 다른 지역으로 보내기도 한다. 업무의 성질이 다른 직위로의 순환보직은 더 일반적이다. 세금과 관련된 일을 하다가 금융관계 업무를 담당하기도 하고, 심지어는 대외경제협력을 담당하기도 한다. 기계 분야의 일을 맡다가 화학 분야의 일을 맡기도 한다. 인사행정론에서 자세히 보겠지만, 고위직으로 올라가면 여러 분야의 업무를 알아야 하기 때문에 일반행정가를 양성하기 위하여 순환보직이 필요한 경우도 많다. 그러나 우리나라는 정도가 너무 심하다. 한 자리나 같은 분야에 오래 근무하면, 이익집단과 유착하여 부정과 부패행위를 할 가능성이 크기 때문이다. 해결해야 할 문제는 분야 간이나 국가 간에 더 얽히고 더 복잡해지고, 국가 간의 치열한 경쟁이 일상화되면서 공직자의 전문성은 더욱 더 중요해지고 있는데, 우리 공직자들의 전문성은 날이 갈수록 약화되고 있다. 동일한 계통의 업무를 장기간 담당하면서 전문성을 강화하는 일이 아주 시급하다.

정치권이 혼란스럽고 시급히 해결해야 할 문제는 계속 악화되고 있기 때문에 전문성 있는 공직자의 의욕적이고 헌신적인 자세가 더욱 절실해지고 있다. 부패나 직권남용을 걱정하지 않고, 감사나 통제를 완화시키려면, 공직자의 윤리적 마음자세가 무엇보다 중요하다. 행정윤리를 확립하여 공직자가 스스로 자신을 다스리면서 업무를 수행하도록 해야 한다. 행정윤리가 절대적으로 필요한 이유이다.

## 2. 행정윤리의 의미

행정윤리란 행정가 또는 행정체제 전체가 지켜야 할 윤리이다. 윤리는 인간이 다른 인간과 관련한 행동을 할 때 지켜야 할 행동규범, 즉 인간적 도리(道理)를 말한다. 물리(物理)가 사물의 이치인 것처럼, 윤리는 인간관계의 이법(理法)인 것이다. 늙은 부모를 학대하여서는 안 된다든가, 이웃에게 피해를 끼치는 일을 해서는 안 된다든가 하는 것들이 모두 인간으로서 지켜야 할 도리이다. 마찬가지로 행정관료가 친구를 위해서 업무를 불공정하게 처리해서는 안

된다든가, 강자의 압력을 받아서 약자를 불공평하게 대우해서는 안 된다든가 하는 것들이 모두 윤리의 문제이다.

한편 행정윤리에는 행정가로서 지켜야 할 도리도 있지만, 자연인으로서의 인간이 지켜야 할 도리도 포함시키는 학자들이 많다. 행정관리의 능률성을 향상시키고, 정책과정의 민주성을 보장하여야 하는 의무로서의 윤리는 행정가로서 지켜야 할 성질의 것이다. 즉 관리상의 책임이나 정치적 책임을 완수해야 하는 윤리적 의무는 행정이라는 직업 때문에 발생하는 것이다. 일반적으로 민주국가에서의 행정관료는 시민보다 더 높은 수준의 윤리적 행동을 요구받고 있지만, 다른 사람에게 거짓말을 해서는 안 된다는 것은 행정가이든 일반시민이든 관계없이 동일하게 적용되는 윤리적 의무이다.

위의 예에서 보듯이, 행정윤리는 행정책임을 완수해야 할 도덕적 의무로 파악될 수도 있다. 즉 관리적 책임, 정치적 책임, 법적 책임을 완수하고, 또한 추가적으로 위의 어느 것에도 해당되지 않는 행정책임들을 완수해야 하는 것이 행정관료나 행정조직의 도리이기 때문이다. 즉 행정윤리는 윤리적 책임을 완수해야 할 도덕적 의무로서, 보통 공익을 달성해야 할 의무, 민주행정을 수행해야 할 의무, 헌법정신과 법규정을 준수해야 할 의무 등으로 규정하는 것이 일반적이다. 이러한 책임은 외적인 통제에 의한 책임추궁의 형태로 확보되기도 하지만 타인에 의한 강압이 아니라 관료 개인의 양심에 의하여 자발적으로 행정책임을 완수하도록 하는 것이 행정윤리의 역할이다. 다시 말해, 행정윤리의 규범적인 역할은 외부적 강제가 없더라도 자율적인 판단능력을 가진 행정관료들이 덕성을 갖추고 국민에게 바람직한 결과를 가져올 수 있도록 올바른 판단과 행동을 하면서 공직생활을 영위하게 하는 것이다. 원칙적으로 윤리적 책임을 이행하지 않으면 도덕적 비난의 대상은 되지만, 처벌을 수반하지는 않는다. 그러므로 책임이 중대하고, 책임완수 여부를 어느 정도 쉽게 판단할 수 있는 행정책임은 처벌을 책임확보 수단으로 채택한다. 그래서 보통은 책임이 중대할수록 법적 통제를 수반하는 법적 책임으로 전환된다. 이런 식으로 보면, 좁은 의미의 윤리적 책임은 책임완수 여부의 판단이 어렵거나, 책임의 중요성이 적은 경우이다.

## 3. 행정윤리의 중요성 2

반면에, 앞에서 보았듯이 책임이 중대하다는 사실만으로 타인이나 타 조직에 의존하여 강압적으로 행정책임을 확보하려는 것은 엄청난 부작용을 동반한다. 특히 법적 통제가 그러하다. 그러나 윤리적 통제는 관료 개인의 양심에 호소하여 행정책임을 확보하려는 것이기 때문에 부작용이 거의 없다. 물론 약점도 있다. 강압적 통제가 아니기 때문에 관료들의 자발적 노력에 의존하여야 한다는 점이다. 따라서 자칫하면 실효성이 없는 통제방법이 될 수 있다.

행정윤리가 중요한 또 다른 이유가 있는데, 윤리적 책임에서 자세히 논의되는 적극적 성격의 행정윤리이다. 이를 간단하게 살펴보면, 첫째, 법적, 정치적, 관리적 책임들이 상호 대립하는 경우에 바람직스럽게 우선순위를 결정하는 역할을 한다. 둘째, 중대하지만 현실적으로 경시되기 쉬운 책임을 중시하는 역할을 한다. 법적 책임에 압도되어 경시되기 쉬운 관리적 책임을 중시하여 감사에서 책임추궁을 당하는 한이 있더라도 예산의 전용으로 업무를 효율적으로 추진하려는 결정을 하는 것이 그 예이다. 그러나 이러한 윤리적 책임은 윤리나 양심의 적극적인 측면을 강조한 것으로서, 행정관료 들에게 많은 노력과 희생을 요구한다. 잘못되면, 모든 책임을 져야 하기 때문이다.

그러므로 학자들은 비교적 소극적인 측면에서의 윤리적 책임을 강조한다. 법적 정치적 또는 관리적 책임과 충돌하지 않는 범위 내에서, 즉 행동의 자유가 있을 때, 양심에 따른 행정행위를 해야 하는 의무를 윤리적 책임의 핵심으로 삼고 있다. 이하에서 다루어질 행정윤리에 관한 논의는 이러한 소극적 행정윤리를 중심으로 한다.

## 4. 행정윤리문제가 발생하는 맥락 =정책결정과 집행과정

행정관료가 재량의 여지를 지니는 경우는 행정활동이나 내부관리의 모든 측면에서 나타난다. 이러한 측면 중에서 특히 중요한 것이 국가사회에 직접적인 영향을 주는 행정활동, 즉 정책결정과 집행과정에서 발생하는 재량이다. 이 부분이 그 중요성 때문에 윤리론자나 정책학자들로부터 가장 많은 주목을 받아왔다.

정책과정에서의 재량은 가치판단을 수반하기 때문에 윤리적 문제를 지니게 된다. 정책결정은 정책목표와 수단들을 결정하는 행동이다. 그런데, 정책목표는 물론이고 정책수단도 그 자체가 가치의 집합체이다. 깨끗한 물과 공기를 확보하려는 환경정책의 목표는 우리가 바람직한 것으로 생각하는 가치(또는 가치 있는 것)이다. 정책수단을 위하여 지불되는 정책비용도 역시 그 자체가 가치이다. 깨끗한 물을 확보하기 위하여 공장건설을 허용하되 폐수정화시설을 설치하는 정책대안과 공장건설 자체를 금지시키는 정책대안 중에서 어느 하나의 대안을 선택한다면, 중요한 가치판단을 한 것이다. 이런 식으로, 정책목표와 수단을 결정하는 행동은 가치를 판단하는 행동이다.

제 1장에서 자세히 보았듯이, 정책과정상의 의사결정만이 아니라, 내부관리상의 의사결정에서도 행정관료들은 재량의 범위 내에서 끊임없이 가치판단을 하고 있다. 이 때 어떠한 가치를 더욱 중시하여 결정을 하는가는 행정관료의 가치판단에 의존하게 되는데, 관료들이 양심에 비추어 부끄럽지 않는 판단을 하여야 한다고 행정윤리는 요구하는 것이다.

# Section 제 2 절 행정윤리의 판단기준

## 1. 다양한 윤리기준

위에서 본 바와 같이, 행동선택에 재량(discretion)이 있는 경우에 행정관료는 어떻게 해야 하는가? 행정윤리는 여기에 대하여 행정가가 양심(conscience)에 따라서 행동선택을 해야 한다고 주장한다. 그러나 양심이라는 것은 개인의 주관적 심리상태에 따라 다르다. 따라서 개인의 양심은 윤리적 행동의 객관적 준거기준이 되지 못하는 것이다. 이리하여, 학자들은 여러 가지 행정책임이나 가치들이 대립되고 모순될 때 이들 간의 우선순위를 밝힐 수 있고, 행동선택의 자유가 있을 때 행동 간의 우선순위를 제시할 수 있는 윤리기준을 탐색하기 시작한 것이다.

그러나 개인마다 양심의 내용이 다르듯이 학자들이 강조하는 윤리기준도 다양하다. 지금까지 전개되어온 윤리철학자들의 논쟁은 근원주의(foundationalism)와 반(反)근원주의로 요약될 수 있다.

근원주의자들은 다양한 윤리기준들에 대한 비판적 검토를 통해 가장 기본이 되는 기준을 발견할 수 있다고 믿는다. 윤리기준은 흔히 윤리원칙 또는 원리(principle)라고 부르는데, 가장 기본이 되는 원리로부터 다른 원리들은 추론되거나 도출될 수 있다고 믿는다. 예를 들면 자비(benevolence)로부터 사랑이나 우애, 협조, 등등의 기준들이 도출될 수 있다고 믿는다. 그래서 근원주의에서는 가장 기본이 되는 원리를, 가능한 한, 단 하나의 기본원리를 찾고자 노력한다. 반면에 반(反)근원주의는 이러한 노력이 의미가 없다고 믿는다. 윤리적인 행동으로 간주되는 내용이 사회나 문화에 따라서 다르기 때문에 인류사회 보편의 기본적 원리는 존재하지 않고 상대적이라고 믿기 때문이다. 사회와 문화에 따라서 윤리기준은 달라진다는 것이다. 먼저 근원주의를 검토하고, 이어서 반근원주의, 즉 상대주의를 보기로 한다.

## 2. 근원주의적 윤리론

다양한 윤리기준들에 대한 비판적 검토를 통해 가장 기본이 되는 기준을 발견할 수 있다고 믿는 근원주의적 윤리론은 목적론적(teleological) 윤리론과 의무론적(deontological) 윤리론으로 대별된다. 목적론적 또는 결과론적(consequential) 윤리론은 행동자체가 어떠한 윤리기준에 의하여 윤리성을 판단 받는 것이 아니고, 행동의 결과가 윤리성을 판가름 하는 기준이 된다고 주장한다. 반면에 의무론적 윤리론은 행동이 가져올 결과에 의하여 행동의 윤리성을 판단하지 않고, 행동 자체가 윤리적 원칙을 준수하는가의 여부에 따라 윤리성을 판단한다. 이들 각각에 대해서 보다 자세히 검토해보면 다음과 같다.

### 1) 목적론적 윤리론-공리주의(공익주의)

앞에서 언급한 바와 같이 목적론적 또는 결과론적(consequential) 윤리론은 행동자체가 어떠한 윤리기준에 의하여 윤리성을 판단 받는 것이 아니고, 행동의 목적 내지는 결과에 의해 윤리적인지의 여부가 좌우된다고 본다. 거짓말을 하더라도 그것이 다른 사람의 재산을 빼앗을 목적이라면 비윤리적이 되지만, 국가이익을 위해서 적군에게 거짓말을 하는 것이라면, 얼마든지 윤리적이라는 주장이다. 그러나 목적론적 윤리론은 목적이 모든 수단을 정당화시키는 문제점을 지닌다. 이에 따라 독재자들이 국가이익의 명분을 걸고 개인들의 자유나 인권을 유린하는 결과를 초래할 수가 있다. 이러한 위험을 회피하기 위하여 목적론적 윤리론을 전개하는 학자들은 개인에게 피해를 주지 않는 윤리기준의 논거를 공리주의에서 찾고 있다.

공리주의는 개인의 행동이 결과적으로 전체에게 피해보다는 혜택을 더 많이 가져오는 경우에 윤리적이라고 판단한다. 이것은 사회생활을 하는 인간이 다른 사람에게 피해를 주지 않고 가급적이면 혜택이나 도움을 주는 것이 윤리적이라는 상식과도 일치하는 내용이다. 개인의 행동만이 아니라, 국정관리나 행정에서도 가급적 많은 국민에게 가급적 많은 즐거움(최대다수의 최대행복)을 결과적으로 발생시키는 행동이 윤리적이라고 공리주의는 답변한다.

공리주의의 논리를 행정활동에 적용하면, 효과성과 능률성이 윤리적 행정의 판단기준이 된다. 최대다수의 최대행복이라는 개념 중에서 최대행복이라는 측면을 검토하면, 이러한 성격이 두드러진다. 공리주의에서는 국민들 "전체"에게 가장 큰 기쁨(효과, 행복, 즐거움, 효용 등등)을 가져오는 정책대안이나 정부행동이 가장 바람직하다고 주장한다. 정책이 추진되면 효과도 나오지만, 동시에 이를 추진하기 위하여 지불하는 희생(즉 비용, 고통 등)도 초래하므로, 공리주의적 논리를 그대로 연장하면, 효용의 극대화는 이를 획득하기 위하여 지불되는 대가로서의 고통을 상쇄시키고도 남는 행복의 극대화를 의미하거나, 일정한 고통(희생)에 대비한 행복이나 효용의 극대화를 의미한다. 이런 식으로 비용-편익분석적 논리를 지닌 모든 정책분석의 논리는 공리주의적 기준을 정책대안 선택의 기준으로 채택한 것이다.

행정활동에서 가장 효과적이거나 능률적인 정책대안을 선택하여야 공리주의적으로 윤리적인 행정이 된다는 주장은 여러 측면에서 중요한 의미가 있다. 무엇보다도 공리주의의 주장대로 한다면, 정책문제를 해결하기 위하여 문제와 원인 간에 존재하는 인과관계에 대한 전문적 지식을 지니고, 정책수단이 추진되면 나타날 수 있는 결과를 정확히 예측하기 위하여 필요한 정보를 충분히 축적하고, 정치적 저항이나 반대를 해소시키면서 집행을 추진할 수 있는 능력을 갖추어야 윤리적인 행정이 된다. 행정이 지적 능력, 정치적 능력, 실행 능력을 갖추고 능률적인 행정을 추진하는 것이 행정윤리의 핵심이 된다는 것이 공리주의적 논리인 것이다. 즉 윤리문제가 능력문제로 전환된다. 공리주의에 의하면 국민들을 괴롭히는 정책문제를 적절히 해결하지 못하고, 많은 사회적 희생을 치르게 하는 무능한 행정은 비윤리적인 행정이 된다. 바로 위에서 지적한 바와 같이 소극적으로 부패하지 않고 거짓말하지 않은 행정만으로는 윤리적인 행정이 되지 못하고, 적극적으로 공익을 향상시킬 수 있어야만 윤리적인 행정이 되는 것이다.

공리주의는 목적론적, 또는 결과론적 윤리론을 대표하고 있지만 많은 문제점도 지니고 있다. 이를 간단히 정리해 보면 첫째, 무능력과 비윤리성이 혼동될 가능성이 있다. 행정가가 다소 무능하더라도 최선의 노력을 다 했다면 윤리적 행동을 한 것으로 볼 수 있는데, 공리주의에 따르면 노력한 결과가 신통치 못할 경우, 비윤리적이라는 비판을 받게 되는 것이다. 둘째, 목적을 위하여 수단을 가리지 않는 치명적인 약점이 있다. 수단으로서의 행동이 사회적인 통념에 비추어 비윤리적이면 아무리 목적이 가치 있는 것이라도 윤리적인 행동으로 정당화되기 힘들다. 셋째, 공리주의의 보다 큰 약점은 결과를 정확하게 예측하기 힘들다는 사실이다. 미래에 발생할 효과나 성과의 예측뿐 아니라 이미 발생한 효과의 측정도 어렵다는 사실은 최근 신공공관리론을 적용하는 과정에서 다시 밝혀지고 있다. 끝으로 공리주의적 윤리론의 가장 치명적인 약점은 배분적 정의(또는 형평성, 공평성)문제를 고려하지 못하고 있다는 점이다. 최대다수의 최대행복을 추구하는 것이 공리주의라고 하지만, 소수가 약자인 경우 최대다수의 최대행복이라는 공리주의의 원리는 심각한 배분적 정의의 문제를 야기하게 된다.

### 2) 의무론적 윤리론

목적론적 또는 결과론적 윤리론의 여러 가지 문제들을 극복하는 대안적 이론이 의무론적 윤리론(deontological ethics)이다. 의무론적 윤리론은 행동이 가져올 결과에 의하여 행동의 윤리성을 판단하지 않고, 행동 자체가 윤리적 원칙을 준수하는가의 여부에 따라 윤리성을 판단한다. "진실을 말하여야 한다", "합의는 준수되어야 한다" 는 등의 기준을 준수하면 윤리적 행동이 되고, 거짓말을 한다든가 약속을 깨뜨리면 비윤리적 행동이 된다고 주장하는 것이다. 인간은 거짓말을 하지 않아야 하거나 상대방과의 약속을 지켜야 할 도덕적 의무가 있으므로, 이를 준수하는 것이 윤리적이라는 주장이다.

의무론적 윤리론은 결과론적 윤리론이 지니는 약점을 회피할 수 있다. 행동의 결과가 전체 사회에 어떠한 영향을 미치는가에 따라서 행동의 윤리성을 판단하려면 결과를 예측하고 측정해야 되는 어려움에 부닥치게 되는데, 의무론적 윤리론은 결과를 고려하지 않기 때문에 이러한 어려움은 없다. 행정가가 객관적으로 최선의 대안을 선택하지 못했다고 하더라도 주관적으로 최대의 노력을 기울이면, 윤리적이 된다. 무능한 관료도 최선의 노력을 하는 것만으로도 윤리적이라는 평가를 받는다. 정책결정의 민주화를 위해서 시민참여 및 이해관계자의 요구투입을 보장하는 절차(입법예고제나 청문회 등 적법절차)를 밟아야 할 의무가 있을 때 이를 준수하면 정책결정은 윤리적 정당성을 얻게 된다. 행정가는 이러한 윤리적 원칙을 준수하기만 하면 되므로 아무런 이론상의 어려움이 없다. 또한 이는 우리의 상식에도 맞는 논리이다.

의무론적 윤리론은 현실적으로 행정의 윤리성에 적합한 논리를 많이 제공한다. 문제는 윤리적 행동의 원칙을 제시하는 것이 힘들다는 것이다. 설령 보편적으로 지켜야 할 다양한 원칙이 제시되더라도 이들 원칙들 간의 모순 대립이 발생하게 되는 경우, 어느 것을 우선해야 하는지를 명확히 제시하기 어려운 점이 있다. 상황에 따라 원칙들 간에 우선순위를 달리하게 되면, 상황을 나름대로 해석하여 비윤리적 행동도 윤리적이라는 주장을 할 수 있게 된다. 이렇게 되면, 윤리원칙은 원칙으로서의 생명을 잃게 된다. 이러한 결점을 극복하기 위하여 모든 상황에 적용할 수 있는 일원적 원칙, 단일의 원칙(예외 없이 적용될 수 있는)을 찾는 것이 많은 철학자들의 과제가 되었다.

칸트(Kant)는 인간이 보편적으로 지켜야할 단일의 원칙을 발견하려고 노력한 대표적인 학자이다. 칸트는 도덕적 규칙의 가치는 그 규칙을 준수하는 행동이 가져올 결과와는 전혀 관계가 없다고 본다. 즉 선하고 옳은 행동은 그것의 결과와는 관계없이 사람이 마땅히 따라야 할 도덕적 규칙을 준수할 때 이루어진다고 보는 것이다. 칸트는 이러한 도덕적 규칙을 단일의 원칙을 발견해서 이 단일의 기본원칙으로부터 다른 하위수준의 원칙들을 논리적으로 도출할 수 있다고 믿었다. 그러면 원칙들 간의 모순이나 갈등 문제도 없게 된다. 보다 상위 수준의 단일 원리로부터 논리적으로 다른 원칙들이 도출되기 때문이다.

칸트는 보편적 법칙(비슷한 상황에 있는 누구에게나 적용되는 법칙)이라는 공리로부터 '거짓약속을 해서는 안된다', '인간의 재능을 함양해야 한다', '어려움에 처한 사람을 도와야 한다'는 등의 윤리원칙을 도출하고 있다. 그러나 이 원칙들 간에 모순과 대립이 존재할 수 있고 이를 해결할 수 있는 원칙들 간의 우선순위에 대하여 공리는 아무런 답변을 주지 못하고 있다. 예컨대 어려움에 처한 사람을 돕기 위해서 거짓말을 해야 하는가와 같은 경우를 들 수 있다.

결국 칸트도 구체적인 상황에서 모순과 대립 없이 따라야 할 윤리원칙을 제시하는데 실패했다고 볼 수 있다. 의무론적 윤리론이 지니고 있는 한계점을 극복할 수 없었던 것이다. 그러므로 모순 대립되는 윤리원칙들 간에 어느 원칙을 우선해야 하는지, 어느 원칙을 우선할 때 다른 원칙들을 어떻게 처리해야 하는지 등에 대해서 인간은 선택의 여지를 지니게 된다. 행정가들은 재량권을 지니게 되는 것이다. 그렇다면 재량권을 지닌 행정가들이 어떻게 해야 하는가? 이들이 주어진 상황에서 가장 윤리적이라고 판단하는 행동을 하는 수밖에 없다. 그래서 행정가들이 윤리적으로 행동하게끔 덕성(virtue)을 함양해야 하는 것이다. 이것이 나중에 살펴볼 덕성이론이다.

20세기 후반기에 칸트의 의무론적 윤리론을 계승한 학자들이 등장하기 시작하였다. 그 대표적인 학자가 롤즈(John Rawls)와 로어(Rohr)이다. 롤스는 정의론을 통해서 정의(justice)의 내용(불평등이 가장 불리한 자들을 돕지 않는 한, 재화는 동등하게 배분되어야 한다)과 정당성(인간이 어떤 상황에 태어날지 모르는 무지의 장막 속에서 선택을 한다면, 이를 따를 것이다)을 원초조건과 몇 가지 전제조건에서 연역적으로 도출한다. 칸트가 보편적 법칙이라는 공리에서 출발하여 행동을 지도할 윤리원칙을 도출하는 것과 동일한 논리를 따른다는 점에서 롤즈의 정의론은 신칸트주의(Neo-Kantism)에 속한다.

롤즈의 정의론과 유사한 논리를 1960년대 말의 신행정학자들에게서 볼 수 있다. 이들 신칸트주의자들은 사회적 약자를 위한 형평성을 강조한다. 행정가들이 빈곤층, 조용하고 비조직화된 시민들의 편에 서야 윤리적이라고 주장한다.

한편 로어(John Rohr)는 미연방 헌법이라는 구체적인 실체에서 행정가들이 지켜야 할 다양한 윤리원칙을 도출하여 제시하고 있다. 로어는 미국헌법정신에 나타난 가장 중요한 가치는 평등·자유 및 재산이라고 보고, 이들 가치간에 모순이 있을 때는 대법원의 논리(헌법재판의 판결이유)를 따라야 한다고 주장한다.

그러나 무수한 행정사례별로 대법원이 헌법정신을 밝힐 수는 없으므로 대부분의 행정행위는 행정가들의 판단에 의하여 헌법정신을 밝혀야 한다. 결국 칸트에서와 마찬가지로 행정가들은 선택의 여지, 즉 재량을 지니게 된다. 그러므로 행정가의 품성이 중요해지고 다시 덕성이론으로 돌아간다. 아래에서 보게 되는 반 근원주의에서는 더욱 덕성이론이 중요해 진다.

## 3. 반 근원주의(反 根源主義) 윤리론

### 1) 반 근원주의로서의 상대주의의 등장

근원주의 윤리론은 행정윤리가 무엇이 되어야 하는가에 대하여 해답을 제시하는 장점이 있다. 국민들 전체에게 피해보다는 혜택이 더 많이 갈 수 있도록 행정을 해야 한다는 점, 즉 효과성이나 능률성과 같은 행정의 지도원리를 충실히 지켜야 윤리적이라는 점을 밝히고 있다. 의무론적 윤리론이 제시하는 원칙들은 다양하고 상호 모순되는 것들이 있기도 하지만 행정이 지켜야 할 중요한 가치들을(사랑, 사회적 정의, 신뢰, 진실 등) 제시한다는 점에서는 크게 공헌을 하고 있는 셈이다.

테리(Terry)와 같이 목적론적 윤리론과 의무론적 윤리론을 결합하여 책임있는 행정인을 담보하기 위한 공직윤리모형을 제시하고 있는 학자도 있지만, 목적론적(결과론적) 윤리론이나 의무론적 윤리론은 공통적인 약점이 있다. 두 가지 윤리론은 다 같이 모든 윤리원칙을 하나의 원리로부터 도출하는 근원주의적 성격을 지니고 있는데, 이것은 근원주의가 지닌 약점이다. 근원이 되는 근본원리(칸트가 말하는 maxim - 공리)의 정당성을 객관적으로 설득력 있게 제시하지 못한다는 점이다. 공리주의가 주장하는 최대다수의 최대행복이 왜 모든 윤리의 기준이 되어야 하는가? 왜 헌법정신을 근원적 기준으로 삼아야 하는가? 하는 등등의 질문에 대한 답변은 최종적으로는 〈논리적으로 자명하니까〉라든가, 〈인간의 존엄성〉이라든가, 〈우주의 섭리〉라든가 하는 형이상학적인 근원(foundation)으로 돌아간다. 추구하면 할수록 그 실체가 사라져 가는 준거기준(vanishing referents)인 셈이다.

더욱 심각한 문제는 이러한 기준이 국가와 사회의 여건에 따라 달라질 수가 있다는 사실이다. 공자가 제시한 인(仁)이 현대에 와서 윤리원칙들의 근원적 원리가 될 수 없듯이, 최대다수의 최대행복이 발전도상국에서 근원적 원리가 되기는 힘들다. 모두가 허리띠를 졸라매고 내일을 위해서 뛰고 있기 때문이다. 여기에서 시대와 지역에 따라 윤리원칙들이 다를 뿐 아니라 달라져야 한다는 상대주의가 등장하게 되는 것이다. 윤리적 상대주의(relativism)는 칸트 식의 보편법칙으로서의 윤리적 원리가 존재하지 않는다고 믿는다. 사회 문화적 맥락이 다름에 따라 사람들이 중시하는 가치가 달라지고, 이에 따라 인간이 지켜야 할 도리로서의 윤리원칙도 당연히 달라진다는 것이다.

1970년대 이후 행정윤리론에 영향을 크게 미친 반(反)근원주의는 크게 두 가지이다. 하나는 공동체주의 행정윤리론이고, 다른 하나는 탈현대적 윤리론이다. 공동체주의 행정윤리론과 탈현대적 윤리론은 윤리에서 추구하고자 하는 가치들이 순수이성과 같은 추상적 근거로부터 연원된 것이 아니라 다양하고 모순적인 요구와 다양한 이해관계가 상충하는 생활현장에서 도출되어야 한다는 점에서 공통적이다. 이들 양자를 크게 보면 상대주의 윤리론으로 볼 수 있지만, 후자는 상대주의를 훨씬 넘어서서 더욱 본질적인 측면에서 근원주의를 반대하는 철학적 포스트모더니즘(post-modernism)에 근거하고 있다. 먼저 전자를 먼저 검토한 후, 후자를 나중에 살펴보기로 한다.

### 2) 공동체주의 윤리론

윤리원칙이나 원리가 냉철한 이성에 의하여 논리적으로 도출되는 것이 아니라, 생활 속에서 시행착오를 거치며 형성된 것이라는 반(反)근원주의적 사고를 공동체라는 인간사회를 중심으로 더욱 심화시킨 이론이 공동체주의 윤리론이다. 공동체주의 윤리론은 멀리 아리스토텔레스에서 출발한다. 이들은 인간이 사회적 정치적 동물로서 인간의 발전(개인적 발전)은 질서가 잘 유지되는 공동체에서만 가능하다는 대전제를 지니고 출발한다. 고대 그리스의 아테네와 같은 도시국가(polis)에서 자유로운 시민들이 참여하여 직접민주주의를 운영하는 공동체가 혼란과 부조리 없이 질서 있게 움직이고 있으면 인간은 그 속에서 인간다운 인격을 갖춘 인간으로 발전해 갈 수 있다는 주장이다. 그러므로 이들은 자율적이고 합리적인 개인을 전제하는 근원주의와 달리, 원리가 아닌 맥락(context)으로부터 출발한다.

이러한 아리스토텔레스적 공동체적 윤리론은 지나치게 낭만주의적이고 이상주의적이라는 비판을 받아 왔다. 산업화와 도시화가 대대적으로 진행되면서 농촌사회와 같은 지역공동체는 해체되고, 도시 속에서 핵가족화 및 개인주의적 생활양식에 젖어 버린 현대인들은 이웃과 단절된 생활을 하여 왔다. 더욱이 정보화와 세계화가 대대적으로 진행되면서 소위 포스트모더니즘적 특징들이 심화되고 있다. 사회의 분화와 이질화는 더욱 가속되고 국가나 지역사회공동체는 형체만 남게 되었다. 이런 상황 속에서 고대 그리스적 도시국가의 직접민주주의나 독립 이전의 미국 동부에서 보는 촌락공동체적 사회를 만들고(또는 만들기 위해서) 덕성 있는 시민을 양성한다는 것은 지나치게 비현실적이고 낭만적인 생각이다. 더욱이 공동체주의를 지나치게 강조하면 전체주의적 독재를 옹호하게 될 가능성이 크다.

그리하여 아리스토텔레스적 공동체적 윤리론이 지닌 문제점을 극복하려는 새로운 공동체주의 윤리론이 몇몇 행정학자들에 의하여 시도되었는데 현상학과 하버마스의 비판철학에 영향을 받은 하몬(M. Harmon)이 대표적이다. 이들은 공동체가 언어를 통하여 서로 의사소통을 하는 과정에서 사회적으로 구성된 실체(constructed reality)라고 생각한다. 그러므로 의사소통이 지극히 중요한 공동체의 구성요인이 되는데 이러한 의사소통을 통해 인간은 서서히 윤리적이 되어 가는 것이다. 몇 가지 윤리원칙을 배우고 실천한다고 해서 갑자기 윤리적이 되는 것은 아니라고 주장한다.

하몬은 의사소통을 하는 개인 간의 관계로부터 출발하여 행정가의 윤리문제에 접근한다. 공동체는 개인들의 관계에 의하여 구성되므로 개인들의 면대면(面對面) 만남(face-to-face encounter)이 그 기초가 된다. 이러한 만남이 있으면 상대를 이해하고 배려할 수 있게 되어 상호주의(mutuality) 윤리가 발전한다. 이러한 만남에서 성실성과 진실성(authenticity)을 유지하면 상승작용을 일으켜서 공동체적 윤리의 발전기준이 만들어진다. 사회정의(Rawls 식의 정의)도 많은 사고를 통해 적용되는 것이 아니라, 오히려 상호주의에 의하여 발전되고 이해되는 것이라고 본다. 요컨대 사람들이 서로 얼굴을 맞대고 진실하게 이야기하며 생활하게 되면 상호이해와 배려에 바탕을 둔 상호주의적 윤리가 발전된다는 주장이다.

그러나 공동체적 윤리론은 여기에 치명적인 문제가 있다. 즉 공동체의 문제에 깊은 관심을 지니고, 문제해결을 위하여 얼굴을 마주하면서 상대의 어려운 사정을 배려하는 일은 너무나 어렵다. 개인의 생활이 너무나 바쁘기 때문에 시민정신을 지니고 공동체를 위하여 헌신적으로 시간과 정력을 투입할 능력과 의지가 있는 시민들은 희귀하다. 무엇보다 하류층은 경제적 능력이 없기 때문에 시간적 여유도 없다. 그러므로 하몬식 공동체이론이나 아리스토텔레스적 공동체이론 모두 비현실적인 것이다.

손익계산이 빠르고 공동체의 일 보다는 자신의 일에만 몰두하는 이기적 사람들로 하여금 공동체의 문제를 같이 해결해야 시민으로서의 의무를 다 하는 것이라는 의식을 가질 수 있도록 해야만 공동체주의 윤리론은 타당성이 있다. 즉 덕성 있는 시민, 시민정신이 투철한 시민을 양성해야 하는 것이다. 그래서 품성 및 덕성이론은 공동체주의에서 중요한 위치를 차지한다.

### 3) 탈(脫)현대주의적 행정윤리론

공동체주의 윤리론은 인류사회 전체에 적용될 수 있는 보편적 윤리원칙이나 기준을 부인하고, 특정사회 또는 특정문화에서 만이라도 타당한 국지적(局地的) 윤리기준을 발견하려고 한다. 그러나 탈현대주의적 윤리론은 이것마저 부인한다. 여기서는 공동체도 인위적인 것이라고 본다. 하몬과 같은 비(非)아리스토텔레스적 공동체주의자들도 공동체 자체가 인위적 구성물이라고 판단하는 것은 동일하다. 인간은 집단적 생활을 영위하는 사회적 동물일 뿐만 아니라, 집단에서의 대립과 갈등을 정치적으로 해결하는 정치적 동물이다. 이러한 인간들은 언어를 통하여 사회적 정치적 활동을 위하여 필요한 의사소통을 하면서 개인 간의 관계나 집단생활에 필요한 여러 가지 규칙이나 규범도 형성시켜 나간다. 그래서 사회적 실체(reality)로 보이는 공동체도 사회적 구성물일 뿐이다. 여기까지는 비(非)아리스토텔레스적, 또는 하몬식의 공동체주의자들과 탈현대주의자들 간에 큰 차이가 없다.

그러나 실천적 처방 측면에서 정반대의 주장을 한다. 공동체주의자들에 의하면, 바람직한 공동체생활을 위하여 윤리규범(Harmon의 상호주의, George Frederickson의 자비, Rawls의 정의 등등)을 확립하고, 이들 규범을 준수하기 위하여 구성원들의 덕성윤리를 함양하는 것이 공동체를 위해서 중요할 뿐만 아니라 성품이나 덕성의 함양은 인간다움을 완성시키는 것이기 때문에 공동체의 목적이기도 하다는 주장이다.

반면에 탈현대주의자들은 이러한 공동체주의에 정면으로 반대한다. 그들은 사회적 구성물들이 강자에 의한 약자의 지배를 정당화시키는 규범과 절차를 제도화시켜 놓은 것이라고 생각한다. 노사관계, 남녀관계, 인종관계, 심지어는 지구의 동서 및 남북관계 등등을 좌우하는 제도적 장치나 규범들이 모두 자본에 의한 노동의 지배, 남자에 의한 여자의 지배, 백인에 의한 유색인종의 지배, 서양에 의한 동양의 지배, 북쪽 선진국에 의한 남쪽 후진국들의 지배를 정당화시킨다고 생각한다. 그래서 탈현대주의자들은 이러한 규범이나 절차 등의 사회적 구성물을 해체(de-construct)하여 이 속에 숨겨진 자의적이고 정당성 없는 권력과 지배를 밝혀내려고 한다. 그래서 이들은 자본주의 체제만이 아니라, 사회주의체제의 문제점도 맹렬히 비판한다. 즉 사회주의가 평등한 인간사회의 건설이라는 목표를 내걸고 있지만, 역시 강자들에 의한 약자의 지배를 정당화시키는 도구로 전락했다고 주장한다.

그러나 탈현대주의자들의 주장은 대개 허무주의나 무정부주의로 끝난다. 누군가가 인위적으로 윤리규범이나 규칙을 만들면 반드시 강자가 약자를 지배하거나, 평균적 인간들이 평균에서 벗어난 인간들을 핍박하는 결과가 나오기 때문에 방임적 윤리(있는 그대로 내버려두는 - let it be)를 주장한다. 물론 나와 다른 사람(otherness)을 이해하고 문화적 다양성을 고무시켜야 한다는 주장에서는 타당성이 있다. 특히 정보화와 과학기술발전이 상승작용을 하면서, 사회 각 분야가 분화되고 이질화되어 가는 탈현대적 사회여건에서는 너무나 다양한 분야들을 포괄하려는 윤리원칙이나 규범 또는 이데올로기가 지니는 거대설화로서의 문제점이 심화되기 때문이다.

Section

# 제 3 절 행정윤리확보 방안

## 1. 윤리적 행동의 확보방안

원래 인간의 윤리적 행동은 크게 두 가지 방법에 의하여 확보된다. 이것은 개인이나 행정가나 아무런 차이가 없다. 첫째는 윤리적 도덕적 인간을 양성하여 덕성적 행정가가 스스로 윤리적인 행정활동을 하도록 하는 방법이다. 이러한 윤리적 행정활동을 방해하는 요소들을 제거하는 것도 비슷한 방법이다. 둘째는 윤리강령이나 공직자 윤리법 등을 통하여 윤리적 행동을 강제하는 것이다. 인간의 윤리적 행동은 성격과 환경에 의하여 결정되기 때문이다.

두 가지 방법은 상호 보완적으로 이용될 수가 있다. 현실적으로도 모든 국가에서 그렇게 하고 있다. 하지만 두 방법은 근본적으로 다른 성격의 주장을 하고 있다. 행정윤리가 본질적으로 개인의 자발적이고 내면으로부터 스스로 발휘되는 성격을 지니고 있음을 강조하는 학자들은 두 번째의 외적 통제방식에 의한 윤리적 행동의 확보는 윤리적 성격의 것이 아니라고 비판한다. 법적 통제에 의하여 윤리적 행동을 확보하기 때문에 합법성과 윤리성의 구분이 없어진다는 비판이다. 반면에 외적 통제를 주장하는 학자들은 윤리적 행정가를 양성한다는 것이 너무나 어렵다는 점을 지적하여 첫 번째의 방법이 탁상공론이라고 비판한다. 즉 외부적 강제가 없는 한 인간이 스스로 윤리적 행동을 하기는 어렵다는 것이다. 윤리적 인간을 양성하자는 주장은 주로 윤리철학자들에 의하여 주장되고, 외적 통제를 중시하는 입장은 법학자들에 의하여 주장된다. 전자가 인간은 근본적으로 덕성을 함양할 수 있는 선한 성품 요소를 지니고 태어나기 때문에 교육을 통해서 이러한 요소를 더욱 발전시킬 수 있다고 믿는다. 반면에 후자는 인간의 동물적이거나 본능적인 행동은 강력한 외부적 제재를 통해서만 통제가 가능하다고 믿는다.

인간이 원래 동물적 요소와 이성적 요소를 동시에 지니고 있기 때문에 양 주장은 각각 타당성이 있다. 그래서 현실적으로 모든 인간사회에서는 두 가지 방법을 동시에 사용하고 있는 것이다. 그러므로 우리도 양자를 다 같이 검토하여야 한다. 다만 윤리론의 핵심은 전자에 있으므로 이를 먼저 자세히 검토한다.

## 2. 덕성윤리론과 덕성함양론

### 1) 윤리원칙론의 문제점과 덕성윤리론

덕성(德性-virtuous character) 윤리론은 인간이 자발적으로 윤리적 행동을 하게끔 만드는 성격(character)이 존재한다고 믿는다. 그래서 이러한 덕성을 함양하여 윤리적인 행동을 확보하고자 한다. 이런 식의 덕성윤리론은 앞에서 검토한 윤리론의 문제점들 때문에 더욱 그 중요성이 부각된다.

앞에서 살펴보았듯이 근원주의(공리주의와 같은 목적론적 윤리론이나 칸트주의와 같은 의무론적 윤리론)는 하나의 기본원리(근원)로부터 윤리원칙들을 도출하려는 의도를 지녔으나 여러 가지 문제점을 지니고 있다. 한편 반근원주의로서의 탈현대주의는 허무주의적 방임을 초래하는 반면, 공동체주의는 공동체의 평균적 인간들에 의하여 타인을 억압하는 문제점들을 지니고 있다. 결국 윤리론의 어느 것도 만족할 만한 객관적 윤리기준을 제시하지 못한다. 그래서 타인이나 공동체의 강압에 의하지 않고 스스로 윤리적 행동을 하며(공동체적 윤리론의 약점을 극복하며), 일상적인 윤리기준들 간의 갈등이 있을 때(능률성을 강조하면 형평성이 손상된다거나, 죽어 가는 암환자를 위해서 거짓말을 해야 한다든가) 상황적 맥락에서 가장 윤리적인 판단을 할 수 있도록(의무론적 윤리론의 약점도 극복하는) 덕성 있는 인간을 육성하자는 덕성윤리론이 등장하게 되었다.

덕성윤리론은 덕성을 갖춘 개인이 자발적 판단에 의하여 윤리적 행동을 하도록 하는 것을 목적으로 삼기 때문에 외부적 압력에 의한 윤리행동의 강제를 배격한다. 이 때문에 덕성윤리론에서 말하는 윤리정신이야말로 진정한 의미의 윤리정신이다. 덕성윤리론은 성품(character)의 내면적 자질들을 계발하는(develop) 것을 강조한다. 덕성(virtue)은 원래 라틴어의 사람(vir)에서 연원된 것이다. 덕성은 그래서 충분하게 성숙된 인간의 기본적인 도덕적 성격을 의미한다. 그러므로 덕성윤리론은 인간의 자질을 향상시켜 인간다운 성품을 함양하는데 초점을 둔다. 덕성이 함양되면 인간은 아무런 외부적 압력이나 요구 없이도 윤리적 행동을 하게 된다는 것이다.

### 2) 덕성함양론

덕성윤리론은 인간의 자질을 향상시켜 인간다운 성품을 함양하는데 초점을 둔다고 하였다. 그렇다면 인간다운 성품을 함양시키기 위해서는 어떻게 해야 하는가? 첫째는 학습시켜야 할 덕성의 구체적 내용이 무엇인가? 즉 덕성의 요소가 무엇인가를 밝혀야 하고, 둘째는 어느 시기부터 어떤 방식으로 교육을 시켜야 하는가를 밝혀야 한다. 덕성의 요소 중에는 모순되고 대립되는 것들이 있지만, 중요한 것들을 밝혀내고 이들 중에서 상황(시대와 장소)에 따라 가장 절실하게 요구되는 것을 중점적으로 교육시켜야 하는 것이다.

#### (1) 덕성의 요소

먼저 덕성의 기본적인 요소는 무엇인가? 즉 윤리적 행동을 자발적으로 하게 만드는 인간의 성품은 어떤 것들인가? 이러한 성품이 무엇인지 알아야만 교육이나 훈련의 내용을 결정할 수 있다. 그런데 이러한 성품이 무엇이 되어야 하는가에 대한 답변이 학자들마다 다르다. 이것은 윤리원칙에 대한 견해가 다른 것과 본질적으로 동일하다. 신중성과 현명(prudence), 정의(justice), 용기(fortitude) 자제(temperance)를 지적하는 학자도 있다. 즉 덕성 있는 인간은 진리(정의)를 깊이 믿고, 그러나 지나치게 광신도적이 되어서는 안되며(자제), 그러면서도 원칙에 대한 타협을 거부하고(용기), 또한 이러한 원칙들의 수용을 극대화시킬 수 있는 전략을 선택할 줄 안다(현명)는 것이다.

그러나 윤리적 행동을 위한 성품의 요소 간에는 대립이 있다. 어려운 사람에 대한 배려를 하는 성품을 지닌 윤리적 인간이 장 발장을 숨겨주고 경찰에게 거짓말을(정직하지 못한 비윤리적 행동) 할 수 있는 성품을 지니고 있는 것과 같다. 이러한 덕성요소 간의 갈등 중에서 행정적으로 가장 문제가 되는 것을 두 가지만 지적하면 다음과 같다. 첫째, 도덕적이거나 윤리적인 사람이 흔히 잘못된 지도자를 위하여 충성을 바쳐서 많은 해악을 끼치는 경우이다. 히틀러를 열심히 도와서, 유태인을 대량 학살하는 경우가 그 예이다. 이러한 행동이 비윤리적인 것은 쉽게 판단되지만 잘못된 상사의 지시를 따르는 것이 윤리적인지 아닌지를 판단하기가 어려운 경우가 대부분이다. 그래서 덕성의 요소 중에 도덕적 지혜(현명함)가 필수적이라는 주장도 있다. 둘째, 지혜롭게 판단한 결과 상관의 명령이 명백히 비윤리적이라고 하더라도 상관의 명령을 거부하는 행동이 윤리적인지 아닌지 갈등이 있게 된다.

이러한 딜레마에 대하여 누구도 명쾌한 해답을 제시할 수는 없다. 현실적으로는 대립되는 윤리기준이나 덕성요소 중에서 어느 것도 지나치게 손상되지 않는 범위 내에서 상황에 따라 더욱 중요한 것을 존중하는 수밖에 없다. 그러나 한 사람이 정반대 관계에 있는 덕성요소를 동시에 함양하는 것은 논리적으로 모순이다. 그럼에도 불구하고 우리들은 모순과 대립관계에 있는 많은 덕성요소들을 동시에 함양시키려고 한다. 정직과 자비, 강직함과 온화함, 정의와 사랑 등등으로 서로 약간씩 모순대립 관계에 있는 덕성요소들을 어릴 때부터 교육시키려고 한다. 어느 것이 더욱 중요한 덕성요소인지를 판단할 수 없으므로 모두 교육시키는 방법이 안전한 방법이라는 생각 때문이다.

일반적으로 덕성을 함양한 사람은 그렇지 않은 사람보다 더욱 정직하면서도 자비로우며, 공정한 행동을 하는 것으로 짐작할 수 있다. 이 짐작이 맞다면 대립되는 덕성요소 중에서 어느 것이 보다 중요한 것인지, 어느 것이 더욱 본질적인지를 탐구할 필요성은 훨씬 감소된다. 중요할 것으로 여겨지는 덕성요소들을 모두 함양시키면 되는 것이다. 그러므로 앞에서 본 학자들도 대립과 모순의 관계를 크게 걱정하지 않고, 교육시켜야 할 중요한 덕성요소들을 탐구하려고 하는 것이다. 이를 전제로 덕성함양론이 전개되는 것이다.

### (2) 덕성교육의 시기와 방법

덕성함양론의 두 번째 과제는 덕성교육의 적절한 시기는 언제이며 덕성교육의 방법은 어떠해야 하는가 이다. 프로이드 심리학에 의하면, 인간의 성격은 유아기(3세 정도까지)에 결정적으로 형성된다고 한다. 만약 프로이드의 주장이 모두 옳다면, 윤리적 성격 또는 도덕적 성품의 함양은 엄청난 한계에 부닥친다. 윤리적 원칙이나 덕성의 요소들(정직, 사랑, 정의, 자비 등)은 사회생활을 충분히 하지 않은 인간이 이해하기 어렵기 때문에 3-4세 때에 이를 함양하는 것은 불가능하기 때문이다. 그러나 심리학자들 중에는 10세 전후하여 성격의 핵심이 형성된다는 주장을 하는 사람들도 있으며, 또한 성격의 모든 부분이 유아기에 형성되는 것은 아니라는 주장도 많다. 또한 도덕적 성격, 즉 덕성있는 성품은 나이가 들수록, 다시 말해 성인교육을 통해 더욱 함양된다는 실증적 연구가 많다.

어떠한 이유 때문에 성인교육이 덕성함양을 위해서 도움이 되는가? 어릴 때는 덕성교육이 크게 효과가 없는 것인가? 이 질문에 대한 답변은 왜 교육이 덕성함양에 필수적인지를 검토해야 알 수 있다. 교육을 받지 않으면 무엇이 윤리적 도덕적 행동이 되는지를 모르게 된다. 용기, 사랑, 자비, 정의 등의 의미와 이에 적합한 행동을 배우지 않고 알기는 무척 어렵다. 유가에서 주장하는 격물치지(格物致知) 이후에 수신제가(修身齊家)하고 치국평천하(治國平天下)한다는 표현이 이를 단적으로 나타낸다. 모르고는 윤리적 행동을 할 수 없다는 이야기다. 철이 든 사람이라도 인간으로서의 도리가 무엇인지를 배우지 않고는 알 수 없다. 기술적이고 전문적인 지식만을 배워 온 행정학과 학생 가운데 어떻게 해야 윤리적인 행정가가 될 수 있는지를 아는 학생들은 아주 드물 것이다. 부패나 부조리를 없애는 것이 행정윤리라고 생각하거나, 특혜적 행정행위를 금하고 재산공개를 하는 것 정도가 추가되는 것으로 생각하는 학생들이 대부분일 것이다. 그러므로 앞에서 본 바와 같이 의무론적 윤리론에서 주장하는 것이나, 공리주의적 윤리론, 공동체주의적 윤리론들을 이해하지 않고는 윤리적 행정행위가 무엇인지 알기 어렵다. 실제로 행정가들이 부닥치는 윤리적 문제를 이해해야만 높은 수준의 윤리적 도덕적 행동을 할 수 있다. 그러므로 덕성적 행정가를 양성하기 위해서는 먼저 윤리적 문제와 원칙들을 가르쳐야 하는 것이다.

### (3) 덕성함양 교육의 한계

윤리교육에 의하여 덕성이 함양되기 어렵다는 한계가 있다. 부단한 노력을 통해서 보다 높은 수준의 단계로 상승하게 되면 최고의 경지에 도달할 수 있지만 극히 어렵다. 예를 들면 석가는 오랜 고행 끝에 해탈하였으며, 공자도

70세에 이르러서야 비로소 경지에 도달할 수 있었다고 한다.

정상적인 인간이 아무리 노력해도 공자나 석가와 같은 성인이 될 수는 없기 때문에 행정가들의 덕성함양 노력도 본질적인 한계가 있다. 그래서 윤리성이 부족한 행정가들의 윤리적 행동을 확보하기 위해서 공식적 통제를 이용하는 것이 보편적인 현상이다. 공직자윤리강령이나 윤리법 등이 그러한 것들이다.

그러나 이들을 자세히 검토하기 전에 한 가지만 더 지적할 것이 있다. 공직자나 행정관료 들을 채용할 때 보다 덕성 있는 사람을 선발하여 행정윤리를 확보하려는 시도이다. 즉 채용시험에서 인성을 고려하자는 주장이다. 그러나 실현가능한 합리적 방법이 없는 것이 문제이다.

## 3. 윤리강령과 윤리법

### 1) 윤리강령의 본질과 윤리법과의 차이

많은 전문직업인들은 자신들의 윤리적 행동을 확보하기 위하여 윤리강령을 만들어 왔다. 히포크라테스의 선서를 기반으로 한 의사집단의 윤리강령이 전형적인 것이다. 형식적으로는 자발적 준수를 원칙으로 하지만, 실제로는 강력한 통제력을 발휘하기 때문에 윤리강령도 법규와 같이 취급된다.

윤리강령(codes of ethics)은 원래 전문직업에 종사하는 사람들이 윤리적 행동을 위하여 자발적으로 제정한 규칙이다. 미국의 의사회, 변호사회에서 채택하고 있는 윤리강령이 대표적인 것이다. 전문가집단이 양심적으로 최대의 노력을 기울여서 업무를 수행하여 고객에게 최선의 서비스를 제공하기 위해 만든 자율적인 규정이다. 윤리강령은 직업윤리의 내용을 밝히고 집단성원들에게 이를 준수하도록 요구한다. 일종의 규칙이기 때문에 이를 위반하는 자에게는 제재가 가해진다. 심지어는 자격증을 박탈하기도 한다. 이러한 제재를 통하여 구성원들이 윤리적 행동을 하게 함으로써 소비자나 국민들의 신뢰를 확보하게 된다. 그래서 전문가들의 바람직하지 못한 행동에 대하여 정부가 개입하는 것을 회피할 수가 있다.

전문집단의 윤리강령 중에서도 그 중요성이 큰 것은(예를 들면 소비자에게 치명적인 피해를 주는 잘못된 치료행위) 법규로서 그 준수를 강제하게 된다. 마찬가지로 행정가집단의 윤리강령 중에서도 행정부패와 같은 행동은 법규에 의하여 제재를 받도록 하고 있다. 우리나라는 행정윤리강령(우리는 윤리헌장이라고 부르고 있다)도 정부에서 일방적으로 결정하고 있기 때문에 처음부터 법규의 성격을 지니고 있지만 미국에서는 시 정부의 관리인연합회에서 1924년에 이미 스스로의 윤리강령을 제정하고 그 후 끊임없이 수정하면서 사용하고 있다. 그러면서도 중요한 문제인 행정부패 등에 대해서는 행정윤리법에서 규정하고 있다. 윤리강령에서 취급하는 것이라도 중요한 내용은 윤리법에서도 중복적으로 규정하는 것이다.

### 2) 행정윤리강령

행정윤리강령은 전문직업집단으로서의 행정가들이 행정윤리를 확보하기 위하여 자율적으로 결정한 행동지침이다. 미국에서 가장 오래된 시정관리연합회의 윤리강령은 1924년에 제정된 이후에 1987년까지 다섯 차례에 걸쳐 수정을 하였는데, 공익을 위하여 민주적(형평성과 정치적 책임의 확보)이고 효과적인 행정을 해야 하고, 이를 위해서 전문직업적 능력(지적, 정치적, 실행적 능력)을 향상시켜야 한다는 점에서부터 시작하여 개인적으로 명예롭고 정직하며 청렴한 행동을 할 것까지 망라되어 있다. 주목해야 할 것은, 마지막의 것을 제외하고는 그 어느 것도 이를 준수하고 있는지 여부를 쉽게 판단하기 어렵다. 그러므로 이를 어기는 행동에 대한 외부적인 제재를 가하기가 힘들다는 것을 알 수 있다. 따라서 행정가들로 하여금 이러한 행동을 하도록 권고하는 성격의 것으로 그 준수여부는 거의 완전히 개인들의 자율에 의존하게 되어 있다.

### 3) 행정윤리법규

#### (1) 국가공무원법상의 윤리법규

윤리규범의 강제적 성격이 더욱 강화되어 법적 효력을 지니게 되는 것이 윤리법규이다. 즉 이를 준수하지 않으면 법적인 제재를 가하여 처벌을 하게 되므로, 강제력이 뒷받침된 윤리강령이 윤리법규인 셈이다. 윤리법규는 윤리강령과 달라서 이를 지키지 않으면 처벌을 받기 때문에, 준수여부를 판단할 수 있을 만큼 구체적이어야 하며, 동시에 정상적인 사람들이라면 모두 지킬 수 있는 것이 되어야 한다. 그러지 못한 법규는 형식적인 것이 되어 현실적합성을 잃고 상징적인 것으로만 남게 된다.

우리나라의 경우 행정가들의 윤리적 행동을 확보하기 위한 법규정은 크게 두 가지로 나누어진다. 첫째는 공직자윤리법이나 형사법규 중에서 공직자에 대한 가중처벌규정 등으로 구체적인 성격을 지닌 것이고, 둘째는 일반 행정법규(국가공무원법이나 지방공무원법)중에서 공직자의 복무자세에 관한 규정으로 상당히 추상적인 성격을 지니고 윤리강령에 가까운 내용들이다. 후자부터 보기로 한다.

국가공무원법이 규정하고 있는 공직자의 복무자세는 상당히 다양한데, 이를 크게 두 가지로 나눌 수 있다. 신분상 의무와 직무상 의무가 그것이다. 이 구분은 전자가 개인적 활동이나 개인생활과 관련된 것이고, 후자는 업무수행과 관련된 것이다. 먼저 직무상 의무로는 (1) 법령을 준수하여야 하는 의무 (2) 성실하게 직무를 수행해야 할 의무 (3) 상관의 직무상 명령에 복종해야 할 의무 (4) 직장이탈금지의무 (5) 친절하고 공정하게 국민전체에게 봉사해야 할 의무 (6) 비밀엄수의 의무 (7) 청렴의 의무 등이 규정되어 있다. 이 가운데 두 번째와 다섯 번째 것을 제외하고는 모두 의무위반여부를 쉽게 판단할 수 있는 구체적인 내용을 지니므로 법규적 성격이 강하다. 이 중에서 청렴의 의무는 공직자윤리법에서 더욱 강조되고 있다.

공무원의 신분상 의무는 일반 시민으로서 당연히 향유할 수 있는 권리를 제약하거나, 일반시민들은 전혀 부담하지 않아도 되는 의무를 부담시키는 것을 말한다. 즉 공무원이라는 신분 때문에 부담해야 하는 의무 이다. 이에는 (1) 선서의무 (2) 외국정부의 영예나 증여를 받을 때 허가를 받아야 할 의무 (3) 품위유지의무 (4) 영리업무 및 겸직금지 (5) 정치운동금지 (6) 노동조합결성 등 집단행위금지 등이 규정되어 있다. 그러나 이들 의무들이 공무원에게만 특수한 것 같지만, 사실에 있어서는 민간의 직업윤리에서도 얼마든지 포함될 수 있는 것이 많이 있다. 한편 직무상의 윤리가운데 친절하고 공정하게 국민전체에게 봉사해야 할 의무와 청렴의 의무, 그리고 신분상의 윤리가운데 정치운동의 금지와 집단행위금지의 의무는 공직윤리가 가지고 있는 특수성을 반영하고 있다.

### (2) 공직자윤리법 - 재산공개, 이익충돌방지

일반 공무원법이 비교적 추상적인 윤리적 의무를 규정하고 있는데 비해서 공직자윤리법은 구체적인 내용들을 규정하고 있다. 추상적으로 규정된 것들중에서 시대적으로 절실한 것들을 구체화한 것이 공직자윤리법이다. 공직자윤리법은 시대적으로 중요하면서도 실현가능성 있는 윤리적 행동을 보다 명확하게 규정하고, 이를 어기는 자들을 처벌함으로써 그 준수를 확실히 보장하려는 것이다. 우리나라 공직자윤리법은 공직자의 부정한 재산증식을 방지하고 공무집행의 공정성 등 공익과 사익의 이해충돌을 방지하여 국민에 대한 봉사자로서 공직자의 윤리를 확립하는 것을 목적으로 하고 있다. 이를 위한 수단으로 일정한 직위의 공직자들에 대한 재산등록과 공개를 의무화하고 퇴직공직자의 취업제한에 관한 규정으로 주요 내용으로 하고 있는 것이다. 즉 공직자윤리법의 핵심적인 내용은 재산공개와 등록, 이익충돌방지를 위한 취업제한에 관한 사항인데 이들 중 두 번째의 것은 검토가 필요하다.

이익의 충돌(conflict of interest) 문제는 보다 광범위한 것이지만, 부패와 가장 관련이 있다. 이익충돌규칙은 공직자가 공익과 충돌되는 이익을 추구해서는 안 된다는 의무를 선언하는 규칙이다. 공무원이 공익을 손상시키면서 사익을 위해 행동하는 경우는 다양하다. 직위를 이용하여 확보한 고객을 개인사업의 고객으로 빼돌리는 행동, 비밀리에 추진되는 도시계획을 사전에 이용하여 토지를 확보하고 이득을 보는 행위 등, 그 이해관계가 명백한 경우만이 아니라, 행정적인 결정과정에서 공익보다도 개인적인 이익을 위하여 결정을 왜곡하는 행위 등이 모두 이익의 충돌행위에 포함될 수 있다.

그러나 현실적으로는 이익의 충돌에서 가장 명백한 부분인 취업문제를 그

대상으로 삼는다. 즉 자신의 업무와 관련된 다른 민간부문의 직위에 개인의 이익을 위해서 겸직하는 것을 금지하고, 자신이 담당하던 업무의 고객이나 정책대상집단의 직위에 취업하는 것을 금지하는 것이다. 규정에 위반되는 행동을 하는 특정 기업을 규제행정에서 너그럽게 단속하거나, 특정기업에게 특별한 혜택(정부지원자금이나 행정서비스의 제공에서)을 주어서 공익을 손상시키면서 자신이 공직에서 물러날 때에 취업을 하게 되는 것을 특별히 금지시키려고 하는 것이다.

퇴직 후의 취업제한은 재직 중의 부패행위를 방지하는 것만이 아니라 추가적인 목표도 지니고 있다. 퇴직한 공무원은 현직에 있는 후배나 동료들의 도움을 얻거나 행정조직의 분위기나 기밀사항을 쉽게 파악할 수 있다. 그래서 이러한 관계를 이용하거나 비밀사항 등을 근거로 하여 기업체는 미래에 대비하는 결정을 쉽게 할 수 있고 이 결정이 공익을 손상시킬 수도 있다. 경우에 따라서는 기업체가 확보한 정보를 행정조직에게 제공하고 이를 근거로 하여 기업체에게 유리한 결정을 유도할 수도 있다. 즉 로비활동을 하여 기업이 혜택을 보고 공익이 피해를 입는 경우도 있는 것이다. 이러한 것들을 회피하려는 것이 취업제한의 또 다른 목적이다.

우리사회에서 이러한 현상이 많은 국민들에게 알려지게 된 계기는 2014년 4월에 발생한 세월호 사태이다. 세월호 사태는 관료들의 무능력·무책임을 적나라하게 노출시킨 사태일 뿐만 아니라 퇴직한 일부 관료들이 산하기관과 민간회사에 진출하여 이들의 이익을 위해 활동한 결과, 국민의 안전이라는 공익을 해친 비극적인 사태였다. 이를 계기로 공직자윤리법을 개정하여 이익충돌에 관련한 내용을 보다 명백히 하고 공직자가 직무와 관련되었던 기관에 취업하는 것을 보다 엄격하게 제한하는 조치를 취하였다.

## 요 약

공직자의 윤리문제가 그 어느 때 보다 강조되고 있다. 일반적으로 윤리는 인간이 다른 인간과 관련한 행동을 할 때 지켜야 할 행동규범 내지는 도리를 의미한다. 이를 행정활동과 연관시켜 보면, 행정윤리란 행정가 또는 행정체제 전체가 지켜야 할 행동규범이다. 또한 행정윤리는 윤리적 책임을 완수해야 할 도덕적 의무로 파악되기도 한다. 행정책임은 외적인 통제에 의한 책임추궁의 형태로 확보되기도 하지만, 타인에 의한 강압이 아니라 관료 개인의 양심에 의하여 자발적으로 행정책임을 완수하도록 하는 것이 행정윤리의 역할이다. 다시 말해 행정윤리의 규범적 역할은 외부적 강제가 없더라도 행정관료들이 덕성을 갖추고 국민에게 바람직한 결과를 가져올 수 있도록 올바른 판단과 행동을 하면서 공직생활을 영위하게 하는 것이다.

그러면 행정에서 윤리의 문제가 발생하는 맥락은 무엇인가? 그것은 국가사회에 직접적인 영향을 미치는 행정활동, 즉 정책결정과 집행과정에서 나타나는 행정관료의 재량에 기인한다. 정책과정에서의 재량은 가치판단을 수반하기 때문에 윤리적 문제가 발생하게 된다. 정책결정은 정책목표와 수단들을 결정하는 활동이다. 정책목표와 수단을 결정하는 행동은 가치를 판단하는 활동이다. 이 때 어떠한 가치를 보다 더 중시하여 결정하느냐는 행정관료의 가치판단에 의존하게 되는데, 관료들이 양심에 비추어 부끄럽지 않는 판단을 하여야 한다고 행정윤리는 요구하고 있는 것이다.

이와 같이 행정윤리론은 행정관료가 재량적 상황에서 행동선택을 할 때, 양심에 따라 올바른 선택을 해야 한다는 점을 강조한다. 그러나 양심이라는 것은 개인의 주관적 심리상태에 따라 다르기 때문에 개인의 양심은 윤리적 행동의 객관적 준거기준이 되지 못한다. 이 때문에 학자들은 행동선택의 재량이 있을 때, 행동 간의 우선순위를 제시할 수 있는 윤리기준을 탐색하기 시작하였다. 하지만 개인마다 양심의 내용이 다르듯이 학자들이 강조하는 윤리기준도 다양하다. 지금까지 윤리철학자들의 논쟁에서 제시된 윤리기준은 근원주의적 윤리론과 반근원주의적 윤리론으로 요약될 수 있다.

먼저 근원주의적 윤리론은 다양한 윤리기준들에 대한 비판적 검토를 통해 가장 기본이 되는, 즉 근원이 되는 기준을 발견할 수 있다고 보는 견해이다. 근원주의적 윤리론은 목적론적 윤리론과 의무론적 윤리론으로 대별된다. 목적론적 또는 결과론적 윤리론은 행동자체가 일정한 윤리기준에 의하여 판단받는 것이 아니고, 행동의 결과에 따라 윤리성이 판가름 된다는 견해이다. 물론 이때에 행동의 결과가 윤리적인지를 판단하는 일정한 기준이 있다고 본다. 반면에 의무론적 윤리론은 행동이 가져온 결과에 의하여 행동의 윤리성이 판단되는 것이 아니고 행동자체가 윤리적 원칙을 준수했는가의 여부에 따라 윤리성이 판단된다고 보는 것이다.

반면에 반근원주의 윤리론은 행동을 판단하는 기본적인(근원적인) 윤리기준을 발견할 수 있다고 보는 근원주의적 윤리론에 반대하는 입장을 펼친다. 반근원주의 윤리론은 사회문화적 맥락이 다름에 따라 사람들이 중시하는 가치가 달라지고, 이에 따라 인간이 지켜야 할 도리로서의 윤리원칙도 당연히 달라진다고 본다. 즉 시대와 지역에 따라 윤리원칙이나 기준이 다를 뿐 아니라 달라져야 한다는 상대주의적 입장을 견지하는 것이 반근원주의 윤리론의 핵심이다. 1970년대 이후의 행정윤리론에 커다란 영향을 미친 반근원주의 윤리론은 공동체주의 행정윤리론과 탈현대적 윤리론으로 대별된다.

그런데 국민들에게 바람직한 결과를 가져올 수 있도록 올바른 판단과 행동을 하기 위해서 공무원들의 윤리적 의식과 행동이 필요하다. 이러한 윤리적 의식과 행동을 확보하기 위한 방안으로는 크게 두 가지가 있다. 첫째는 윤리적 도덕적 인간을 양성하여 덕성적 행정가가 스스로 윤리적인 행정활동을 하는 방법이다. 둘째는 윤리강령이나 공직자 윤리법 등을 통하여 윤리적 행동을 강제하는 방법이다. 두 가지 방법은 상호 보완적으로 이용될 수 있으며 실제로 대부분의 국가에서 그렇게 하고 있다.

행정윤리가 본질적으로 개인의 자발적이고 내면으로부터 스스로 발휘되는 성격을 가지고 있음을 강조하는 학자들은 행정윤리의 확보방안으로 덕성윤리론과 덕성함양론을 강조한다. 덕성윤리론은 인간이 자발적으로 윤리적 행동을 하게끔 하는 성격이 존재한다고 믿는다. 그리하여 이러한 덕성을 함양하여 윤리적인 행동을 확보하려고 한다. 학습을 통해 덕성을 함양시켜 윤리적인 행동을 확보하기 위해서는 학습시켜야 할 덕성의 구체적인 내용은 무엇인지? 어느 시기부터 어떤 방법으로 교육을 시켜야 하는지? 등에 대한 궁금증이 밝혀져야 한다.

하지만 인간의 내면적 자발성에 기초한 덕성윤리론과 덕성함양론은 윤리적인 행동을 확보하는데 본질적인 한계를 가지고 있다. 이 때문에 윤리성이 부족한 행정가들의 윤리적 행동을 확보하기 위해서 윤리강령이나 윤리법규와 같은 외적 통제 제도를 이용하는 것이 보편적인 현상이다. 윤리강령은 전문직업에 종사하는 사람들이 윤리적 행동을 위하여 자발적으로 직업윤리의 내용을 밝히고 집단성원들에게 이를 준수하도록 요구한 자율적인 규정이다. 윤리법규는 윤리규범의 강제적 성격이 더욱 강화되어 법적 효력을 지니고 있는 것으로 이를 위반할 경우 처벌을 가할 수 있도록 규정한 것이다.

# 제 7 장

# 행정조직관리

### § 들어가는 말 §

대통령이 심각하게 명령을 내렸는데도 일선 공무원들이 모른 체 하고 명령을 무시한다면 무엇이 잘못 된 것일까? 대통령이 엉터리 지시를 한 것인가, 아니면 복지부동하는 공무원들이 나쁜 사람들인가. 공익을 위하여 합리적으로 정책을 결정하고 효율적으로 집행하여 국가기능을 수행하려면, 무수한 사람들이 같이 노력해야 한다. 많은 사람들이 업무를 분담하여 효율적으로 일을 하려면 조직을 잘 짜야 하고, 열심히 일하도록 관리하여 조직전체가 역동적으로 움직여야 한다. 그런데 합리적으로 짜여진 행정조직의 틀과 효율적인 업무수행을 위하여 만들어진 여러 가지 방식들이 엉뚱한 부작용을 발생시켜서 최고책임자의 명령도 수행되지 않는 사태를 발생시킨다. 왜 그럴까? 해결책이 없을까? 이 장에서는 이 문제들을 숙고하는 기회를 갖기로 한다.

◆ Section ◆

Section

# 제 1 절 행정조직관리의 연구목적

우리는 앞에서 국가기능을 수행하기 위하여 정책을 결정하고 집행하여 공익을 달성하는 활동으로서 행정을 검토하였다. 이러한 활동을 위하여 많은 사람들이 협력해서 일하는 조직을 생성·관리하고, 사람들을 채용하고 퇴임시키는 인사관리도 해야 하며, 필요한 경비를 조달하여 배분하고, 정보를 수집·보관·공유해야 한다. 즉 행정의 제반 활동을 위하여 조직관리, 인사관리, 재무관리, 정보관리 등이 필요한데, 이들은 행정조직 내부에서 이루어지기 때문에 흔히 내부관리라고 부른다.

행정조직 관리 방식을 쉽게 이해하기 위해서 대통령이 국가기능을 수행하기 위해서 어떤 일을 할 것인지 살펴보자. 대통령이 행정부의 최상층부에서 하는 일은 장관이 하나의 부처를 맡아서 하는 일이나, 기관장이 공기업이나 다양한 공공기관을 운영하는 일이나 모두 성질상 동일하기 때문이다. 즉 조직의 최상층부에서 하는 일은 대부분 비슷하다. 대통령은 무슨 일을 하는가? 대통령은 행정부를 이끌고 행정기능을 수행하여 공익을 달성하는 최고의 지도자이며 책임자이다. 그러므로 대통령은 국토방위, 외교, 교육, 경제, 법무 등등 국가가 수행하는 기능에 대해서 최종적인 행정책임을 지닌다. 이 모든 기능수행에서 가장 공통적인 행정업무를 행정학에서 취급하고 각각의 기능의 경우 국방학, 국제정치학, 경제학 등에서 관련 정책인 국방정책, 외교정책, 경제정책 등의 연구를 수행한다. 행정학이 하는 연구는 행정부의 최상층부에 있는 대통령이 수행하는 국가 기능, 장관 이하 행정 각 부처에서 관할하는 기능을 검토하여 바람직한 업무수행방식을 탐색하는 것이다. 대통령이 각 기능에서 공통적으로 담당하는 업무는 고전파 행정학자들이 1930년대에 이미 자세히 논의하였다. 당시 대표적인 행정학자 귤릭(Gulick)은 대통령이 담당하는 기능을 POSDCORB로 정리하였다.

POSDCORB는 기획(planning), 조직화(organizing), 인사(staffing), 지휘(directing), 조정(coordinating), 보고(reporting), 예산(budgeting)의 첫 글자를 따서 만든 말이다. 귤릭은 이들이 행정조직의 최상층부인 대통령이 반드시 수행해야할 기능이며, 대통령을 돕기 위한 참모조직은 이에 따라 조직되어야 한다고 주장하고 있다. 그래서 당시의 기획기능을 위해서 국가자원위원회가, 인사를 위해서는 인사위원회가, 보고를 위해서는 국가비상위원회와 중앙통계원 그리고 예산을 위해서는 예산국이 설치되어 있다고 지적하고 있다. 그는 대통령의 업무가 과중하기 때문에 다른 기능도 참모조직을 만들어 맡겨야 한다고 주장하였다. 이들은 조직의 최고위층에서 해야 할 일이며, 관리론을 요약하는 개념이므로 자세히 검토하기로 한다.

대통령이 어떤 국가기능을 수행하든지 관계없이 공통적으로 기획(planning)을 우선 고려한다. 즉 미래를 내다보면서 각각의 기능수행을 위하여 무슨 일을 어떻게 해야 할지 계획을 세우는 것이 첫 번째 일이다. 경영학자들은 최근 조직의 지도자가 해야 할 첫 번째 일로서 조직이 추구해야 할 비전(vision)을 제시하고 있다. 기획은 비전은 물론이고, 정책의 기본내용, 추진전략 등을 포함하여 결정하는 것을 의미한다.

해야 할 일들을 설계하고 나면, 이 일을 담당할 조직을 만드는 것이 두 번째 작업이다. 그리고 사람을 선발하여 적절한 과업을 담당하게 한다(인사 staffing). 즉 팀을 구성하고 구성원을 충원시키는 것이다, 그리고 이들이 일하도록 지휘(directing)하고, 부하들 간에 업무추진에서 갈등과 대립이 있거나 협력의 필요가 있을 때 조정(coordinating)해주는 일이 다음에 할 일이다. 그리고 부하들이 일을 추진한 결과나 추진과정에서의 중요한 사안을 보고(report)받아 적절한 지휘를 하는 것이 다음의 일이다. 필요한 예산을 지원하는 것은 인사가 끝나고 나서 시작되기 때문에 사실상 지휘의 앞 단계에 필요하지만, 발음하기 쉽게 마지막에 배치한 것이다. 최근의 경영학자들이 조직의 장이 담당해야 할 일을 비전 제시, 다음에 정책과 방침의 구체화, 인사와 지휘로서 업무실현, 등을 제시하는 것과 본질적으로 동일하다.

이 중에서 기획업무는 정책결정과 집행과정에서 필수적인 일로 이미 검토한 분석적 결정의 논리와 비슷하므로 생략한다. 그리고 조직, 인사, 예산(재무)은 중요하고 내용이 많아서 별도의 장에서 취급하고, 지휘와 조정통제, 보고 등은 조직구조와 깊은 관계가 있으므로 조직관리의 일부로서 검토한다. 이것이 고전파행정학에서 확립한 내부관리의 핵심 내용이다. 물론 정보화가 진행되면서 정보관리가 지금은 필수적인 내부관리의 한 부분이 된 것이다.

Section

# 제 2 절 행정조직의 틀 짜기와 조직 내 갈등

## 1. 행정조직 설계 원리

모든 조직과 마찬가지로 행정조직도 업무분담에서부터 틀을 짠다. 대통령의 입장에서 보면 국토방위, 외교, 경제, 교육, 보건, 복지 등등의 업무로 나누어 각 부처에 분담한다. 국토방위를 하는 경우를 보면, 먼저 육지를 방어하는 일과 바다를 방어하는 일, 그리고 하늘을 방어하는 일로 나뉜다. 이 분업화작업은 육군 내부에서도 이루어진다. 즉 휴전선의 동쪽에서부터 서쪽 끝에 이르기까지 지역을 분담하여 사단별로 담당한다. 사단내부에서도 지역별로 각각 다른 연대가 분담하고 중대, 소대 등으로 다시 더 세분하게 된다. 그리하여 육군총사령관 밑에 군단과 군단장, 그 밑에 사단과 사단장, 그 밑에 연대와 연대장, 대대장, 중대장, 소대장 등과 같이 피라미드와 같은 모양으로 조직이 만들어 진다. 우리가 계층제(hierarchy)라고 부르는 삼각형 형태의 조직이 짜여 지는 것이다.

왜 총사령관이 모든 육군을 직접 지휘하면 안 되는가? 이는 한 사람이 너무 많은 부하를 지휘할 수 없기 때문이다. 사람은 능력의 한계가 있기 때문에 통솔할 수 있는 부하가 너무 많아서는 안 된다. 그렇다고 너무 적은 숫자만 지휘

한다면 피라미드가 너무 길어진다. 그래서 적절한 숫자의 부하를 지휘하도록 해야 한다는 것이 통솔범위의 원칙이다. 그래서 조직은 적절한 통솔범위를 지키면서 계층제를 만들어 업무를 분담하여 일을 추진한다. 이렇게 짜여진 모양을 조직의 구조라고 부른다.

행정조직은 거의 대부분 이러한 계층제적 구조를 지니고 있다. 계층제적 구조를 움직여서 업무를 수행하려면, 상관이 부하에게 명령 지시를 하고 부하들이 이를 충실히 수행하여야 하지만, 행정조직의 이러한 운영은 많은 요인에 의하여 제약을 받으면서 현실적으로는 여러 가지 복잡한 문제가 얽혀 있다. 행정조직론(조직관리론)은 바로 이러한 문제를 이해하고 해결책을 모색하여 행정조직이 효율적이고 민주적인 업무추진을 하도록 도움을 주는데 그 목적이 있다.

1930년대에 가장 많은 활동을 하였던 고전파행정학자들은 행정부처들을 조직할 때에 담당업무 성격만이 아니라 추가적인 요소를 고려하여야 한다고 주장하였다. 행정부처들이 국가기능을 분담할 때에는 업무성격만으로 담당하기가 어렵고, 하나의 부처 내부에서는 더욱 여러 가지 요인들을 고려하여 업무분담을 해야 한다. 이들 학자들은 이 중앙정부 차원에서의 업무분담원리를 부성화의 원리라고 불렀다. 부처(ministry)와 성(department)을 조직하는 원리라는 말이다.

부성화의 원리는 기본적으로 수행해야 할 행정기능과 업무, 업무수행절차, 장소, 고객 등이 동질적(homogeneous)이거나 상호연관성이 높을 경우 이를 한 조직으로 묶어 독립된 조직단위로 만든다는 것이다. 국방부와 교육부는 기능과 업무로 나누고, 국가보훈처는 고객을 중심으로 분업화시키는 식이다. 부성화의 원리로 대표되는 분화의 원리는 동질성과 전문성 등을 강조하며 특정한 부서가 독립적으로 분화하는 원칙이다. 분화의 원리가 적용된 사례로는 고용부가 주요 지방마다 지방특별행정기관을 만들어 각 지방에서의 관련 업무를 관장하도록 한 경우나, 기후변화나 에너지에 관한 정책적 중요성이 높아지면서 이와 관련된 새로운 독립부처를 생성되게 되는 경우이다. 한편 귤릭은 이렇게 조직 내 분화된 업무를 상호조정하기 위한 기제에도 관심을 기울여야 한다고 주장했다.

그리고 계층제를 만들 때에는 통솔범위의 원리를 지켜야 하고, 그러면서도 명령통일의 원리를 지켜야하기 때문에 계층의 숫자를 적절히 해야 한다고 주장하였다. 통솔의 범위(span of control)는 한 사람의 상급자가 효과적으로 관리할 수 있는 부하직원의 수이다. 조직이 핵심 목표를 달성하기 위해서는 분업화된 '하위 단위의 조정'이 필수적이지만, 관리자는 제한된 시간과 에너지를 가지고 있기 때문에 통솔의 범위가 제한적일 수밖에 없다. 귤릭은 한사람의 관리자가 효과적으로 통솔하고 감독할 수 있는 부하직원의 수는 6~10명으로 매우 제한적이라고 보았다. 그러나 통솔의 범위는 업무의 성격이나 관리자의 역량 등 상황에 따라 변할 수밖에 없다. 예를 들면 기획업무를 하는 부서와 집행업무를 하는 부서의 통솔의 범위는 매우 다르다. 기획업무를 하는 기관의 통솔 범위가 상대적으로 좁고 집행기능이 강한 청 단위 기관에서는 통솔의 범위가 상대적으로 넓다. 일반적으로 업무의 성격이 단순하고 업무성과나 업무과정이 명확할수록, 관리자의 관리역량이 높을수록, 정보시스템이 체계적으로 작동되어 정보흐름이나 정보 분석 그리고 소통이 용이하게 이루어질수록, 그리고 조직이 안정되고 일상화되어 있을수록 통제의 범위가 확장된다.

명령통일(unity of command)의 원리는 조직의 운영상 보고체계를 명확하게 하고 책임성을 확보하기 위한 중요한 원리이다. 한 사람이 여러 관리자로부터 명령을 받고 보고를 하게 되면 서로 다른 내용을 명령할 가능성이 커서 조직은 혼란에 빠지기 쉽다. 따라서 보고체계를 명확하게 하고 조직을 효율적으로 운영하기 위해서는 소위 직속상관이 한 사람으로 통일되어야지 분업화된 조직에서 혼란을 최소화하고 조직의 효율성을 담보할 수 있게 된다. 한편 정부조직과 같이 국민 전체의 공익을 수호하는 것을 목표로 하고, 이를 성취하기 위한 과정에서 구성원의 과업 책임성이 강하게 요구되는 조직에서는 단일하고 명확한 명령체계가 요구된다. 귤릭은 행정조직에서 명령통일의 원리가 지나치게 엄격하게 적용될 경우에 발생할 수 있는 조직의 경직성 등의 문제를 인정하였다. 그러나 그는 동시에 단일 명령체계가 작동하지 않을 경우에 발생할 수 있는 혼란, 비효율, 무책임과 같은 다양한 문제를 고려하면 상대적으로 명령통일의 원리를 적용하는 것이 조직의 책임성과 효율성에 매우 중요하다고 주장하였다. 이처럼 명령통일의 원리가 중요한 원칙임에도 불구하고 때로는 복수의 상관자의 지휘·감독을 받아야 하는 매트릭스 조직에서는 명령통일의 원리는 제한적으로 적용될 수밖에 없다. 또한 형식적으로는 명령통일의 원리가 적용되는 상황이라 하더라도 조직구성원이 자기가 속한 기관 외에 다른 조직과 정서적·연고적인 유대가 형성되어 있는 경우에도 명령통일의 원리가 작동하지 않는다. 예를 들면 특정한 기관에 파견된 공무원이 형식적으로는 현재 속한 기관에서 직속상관의 명령을 수령하고 지휘·감독을 받아야 하지만 실질적으로는 과거에 속했으면서 장래에 돌아갈 기관과의 유대감이 큰 경우에는 모 기관의 상관의 명령에 더욱 민감하게 움직인다. 이러한 경우에 명령통일의 원리에 위배되는 행태를 보이게 된다.

여러 사람이 힘을 합쳐 일을 하기 위해서는 분업을 하고 피라미드식 계층제를 만들어 적당한 수의 부하를 지닌 상관이 통일성 있는 지휘를 하여야 한다는 사실은 누구나 쉽게 이해할 수 있는 일이다. 대통령이 해야 할 일이 POSDCORB라는 것도 조금만 생각하면 수긍할 수 있는 일이다. 누구나 쉽게 동의할 수 있는 이러한 일들을 왜 당시 최고의 학자로 알려진 고전파 행정학자들이 소리 높여 주장하였을까?

당시의 절박한 정치적 필요 때문이었다. 그 이전에는 말할 것도 없지만, 1930년대 까지만 하여도 미국의 행정조직들은 뿔뿔이 흩어져서 의회의 상임위원회 지휘를 받고 법안을 만들고 예산을 얻어 업무를 추진하는 경우가 많았다. 그래서 대통령이 헌법상 부여받은 행정부의 최고책임자로서의 역할을 제대로 하지 못하고, 각 행정조직들이 독자적으로 추진하는 정책들 간 상호 모순과 충돌, 관리상의 중복과 낭비, 혼란 등이 극심했다. 그래서 대통령이 행정업무 모두를 관리 및 감독하는 체제가 바람직하지만, 대통령 개인도 능력의 한계를  지니기고 있기 때문에 일정한 숫자의 장관들만 직접 지휘·통제하는 수밖에 없었다. 즉 비슷한 국가기능을 수행하는 행정업무들을 느슨하게 묶어서 하나의 장관 밑에 두고 장관이 지휘 감독하게 한 것이다.

그러나 기관들의 입장에서는 이왕이면 장관을 통해 간접적인 지휘를 받는 것보다는 인사권자인 대통령의 직접 지휘를 받는 것이 여러 가지 측면에서 유리하기 때문에 장관의 명령에 제대로 반응하지 않았다. 여기에 의회의 상임위원들이 각자의 이익을 위해서 행정부의 조직관리에 가담하였기 때문에 행정기구의 통폐합과 같은 조직기구들의 합리화 과정은 엄청난 저항과 갈등의 대상이 되어 제대로 추진하기 어려웠다. 이에 합리적인 기구통폐합이 왜 필요한지를 학자들이 이론적으로 뒷받침하게 된 것이다.

즉 고전적 행정학자들은 대통령이나 조직의 최상층부의 담당역할이 POSD-CORB임을 강조하고, 대통령의 통솔범위가 적절해야 하므로 많은 기관들이 장관의 지휘를 받을 수밖에 없다고 주장한 것이다. 적절한 통솔범위를 지닌 계층제에 소속되는 기관들은 명령통일의 원리에 따라 대통령의 지휘 통제를 간접적으로 받게 된다. 이러한 이유로 인해 언뜻 보면 상식과 같은 계층제의 원리, 명령통일의 원리, 통솔범위의 원리 같은 주장이 가장 대표적인 학자들에 의하여서 주장될 수밖에 없었다.

## 2. 조직의 구조를 좌우하는 요인들

통솔범위를 적게 하여 한 사람의 상관이 지휘하는 부하의 숫자가 작아지면, 계층제는 홀쭉하면서 길게 된다. 조직의 제일 하층부에서는 해야 할 일을 한 사람이 담당할 만큼씩 분담하게 되므로 하층부에서 필요한 사람의 숫자는 일정하게 된다. 그런데 이를 지휘하는 상관이 많은 숫자를 거느리면 상관의 숫자는 적어도 되지만, 적은 부하를 거느리면 상관이 그 만큼 늘어나게 된다. 군대의 소대장과 대원을 예로 들면 50명의 대원을 소대장이 거느리면, 200명의 대원을 위해서 4명의 소대장만이 있어도 되지만, 25명만 거느리면 8명의 소대장이 필요하게 된다. 마찬가지로 10명의 소대장을 중대장이 거느리면 30개 소대병력에 중대장 3사람만 있어도 되지만, 5명의 소대장만 거느리면 6명의 중대장이 필요하게 된다. 소대장이 많아지면 중대장이 많아져야 하고, 중대장이 많아지면 연대장이 많아져야 하는 등 조직 최하층의 담당업무에 따른 인원이 일정한 경우에 상관이 거느리는 통솔범위를 좁게 하면, 계층은 많아지고 계층제는 홀쭉해지면서 중간단계의 관리자들의 숫자가 늘어나게 된다. 결과적으로 늘어난 중간관리자만큼 조직원의 숫자가 늘어나게 된다. 즉 조직구조에 따라 조직의 규모가 좌우되는 것이다.

조직을 연구하는 학자들은 조직구조가 어떤 요인에 의하여 좌우되는지에 많은 관심을 가졌다. 행정조직에 중요한 의미를 가지는 연구들만을 보면 다음과 같다. 레이니(Rainey)에 의하면 조직구조는 주로 조직의 규모(size), 담당업무(task), 업무를 처리하는 조직의 고유한 기술(technology), 그리고 조직환경 등에 의해 유기적으로 영향을 받는다.

먼저 조직의 규모가 커질수록 분업화에 의한 부서들이 늘어나고 이에 따라 계층제의 길이도 길어진다. 행정조직은 대규모 기업조직보다는 작지만, 대부분의 부처들에서 500~600명 이상의 구성원들이 중앙부서에서 근무하기 때문에 조직구조도 복잡하다.

업무(task)는 조직의 목표를 달성하기 위해 행해지는 전반적인 과업이나 직무를 지칭한다. 조직의 기술(technology)은 '과업 수행과정에서 사용되는 지식'이나, '업무의 곤란성과 다양성' 등으로 정의되고 있으며, 조직의 업무에 따라 기술의 종류가 구분될 정도로 업무와 상당히 밀접한 관련이 있다. 이는 특히 업무를 수행하는 방식과 연관되며 단위 업무들이 어떤 방식이나 절차를 통하여 처리되는지를 결정한다.

학자들에 따라서 과업을 수행하는 방식과 관련된 조직의 기술의 유형을 다양하게 제시하고 있다. 예를 들면 톰슨(Thomson)은 우편분류에서부터 배송까지 업무와 작업 과정이 순차적으로 의존적인 관계를 이루고 있는 연속기술(long-linked technology), 기초자치단체에서 사회복지프로그램 대상자로부터 신청을 받아 처리하는 것처럼 공통적 상호의존관계(pooled interdependence)를 형성하여 동일하거나 유사한 업무를 특정인이 처리하는 중개기술(mediating technology), 그리고 연구기관의 연구 활동이나 정책기획업무처럼 지속적으로 소통하고 연계하면서 상호의존관계 복합적인 기술이 집합되어 있는 집약기술(intensive technology)로 구분하였다.

표 7-1 톰슨의 조직기술 유형

| | 상호관계의 특징 | 사 례 |
|---|---|---|
| 연속기술<br>(long-linked technology) | 순차적 관계<br>(sequential)<br>interdependence | 우편업무 |
| 중개기술<br>(mediating technology) | 공통적 상호의존관계<br>(pooled interdependence) | 119 접수 처리 업무<br>사회복지프로그램 접수<br>처리 업무 등 |
| 집약기술<br>(intensive technology) | 상호적 상호의존관계<br>(reciprocal<br>interdependence) | 연구개발, 정책개발 업무 |

페로우(Perrow)도 조직기술에 대한 연구를 하면서 예외적 상황이 발생하는 빈도와 그러한 예외적 상황이 분석가능성, 즉 합리적이거나 체계적으로 해결할 가능성을 기준으로 조직기술을 네 유형으로 구분하였다. 예외적인 상황 발생 빈도가 낮고 분석가능성이 높은 경우에는 대체적으로 단순한 업무로 미리 예측이 가능하고 집행할 수 있는 정형적 조직기술(routine technology)이 사용된다. 이러한 경우에는 통상 집권성이 높고 매우 계층적인 구조를 형성하면서 통솔의 범위가 넓을 가능성이 높다. 반대로 예외적인 상황이 발생하는 빈도가 많고 분석가능성이 낮은 경우에는 연구조직과 같이 높은 전문성을 가진 개인이나 개별 단위조직이 문제를 해결하게 되는데 이런 경우에는 비정형적 조직기술(non-routine technology)이 적용된다. 이러한 조직은 상대적으로 분권화되어 있으며 유연한 조직구조를 가지고 있을 가능성이 높다. 한편 일상적 조직기술과 비일상적 조직기술의 중간에는 기예적 기술(craft technology)과 공학적 기술(engineering technology)이 있다. 기예적 기술은 예외적 상황발생 빈도는 낮고 분석가능성도 높은 경우에 적절하다. 정부의 예산분석과 같이 매우 반복적으로 일어나지만 예산상황에 따라서 개별적으로 처리해야 하는 경우이다. 반면 공학기술은 국세청의 세금관련 업무와 같이 예외적인 상황의 빈

도는 많으나 분석가능성이 높은 경우이다.

일반적으로 조직기술과 조직구조가 정합성을 보일수록 조직의 생산성이나 효과성이 상승한다. 예를 들면 비정형적 기술이 높은 업무를 수행하는 조직이 지나치게 집권적인 조직구조를 가지거나 공식성이 높아서 지나친 규정을 통하여 조직구성원들의 행태를 통제하려고 할 경우에 조직의 업무와 조직기술 그리고 조직구조의 정합성은 매우 낮게 된다. 이 경우에는 조직의 효율적인 운영을 저해하며 생산성을 제고하기 어렵다.

한편 조직환경도 조직구조에 매우 큰 영향을 미치는 요인이다. 이 부분은 맨 마지막 행정조직의 미래부분에서 논의할 것이다.

**표 7-2** 페로우의 조직기술 유형

| | 예외적 상황 발생빈도 높음 | 예외적 상황 발생빈도 낮음 |
|---|---|---|
| 분석가능성 높음 | 공학적 기술<br>(engineering technology)<br>특징: 다양한 상황이 발생하나 프로그램화가 용이한 업무<br>(세금관련 업무 등) | 정형적 기술<br>(routine technology)<br>특징: 예측이 가능한 단순반복적 업무<br>(우편배달, 노인돌보미 업무 등)<br>톰슨의 연속기술과 유사 |
| 분석가능성 낮음 | 비정형적 기술<br>(non-routine technology)<br>특징: 예측이 어렵고 전문성이 높은 업무 (연구개발, 정책개발 업무 등)<br>톰슨의 집약기술과 유사 | 기예적 기술<br>(craft technology)<br>특징: 예외적 상황이 발생하는 빈도는 낮으나 개별적 상황에 대처해야 하는 업무 (예산분석, 교육 업무 등) |

## 3. 조직목표들 간의 대립과 갈등조정의 어려움

조직의 틀을 짜는 출발은 분업이다. 그런데 업무를 분업화시키면 언제나 분업화된 업무들 사이에 복잡한 관계가 발생한다. 그 관계가 대립과 갈등을 야기할 수도, 상호 보완적일 수도 있다. 정부 각 부처들은 국가기능을 분담하여 수행하고 있다. 그런데 경제발전과 복지증진이 예산을 많이 얻기 위해 격렬한 대립과 갈등을 일으키는 것은 국가기능론에서 자세히 다룬 바 있다. 경제발전과 환경보호는 친환경적 산업에 관한 사안이 아닌 경우 대부분 갈등관계에 놓이게 된다. 반면에 교육은 인력의 생산성을 상승시켜 경제발전에 도움이 되며, 경제발전에 의한 소득증대는 세금부담능력을 증가시켜 자원이 필요한 다른 기능에 도움이 된다. 국가기능들 간에 갈등이 발생하면 최고결정권자는 이를 조정해 주어야 한다. 그리고 서로 도움이 되는 경우에는 시너지 효과를 얻게 상호 보완시켜 주는 것이 좋다. 이러한 일이 POSDCORB에서 지적한 조정(coordination)이라고 부르는 대통령의 업무이자 조직 최상층부의 업무이다. 물론 조정이 아주 중요한 경우는 업무상의 대립과 갈등이 발생한 상황이다. 조정이 되지 않으면 업무추진도 어렵고 갈등과 대립으로 혼란에 빠지기 때문이다.

그런데 이러한 조정문제는 조직의 상층부에서만 발생하는 것이 아니라 세세하게 분업화된 조직 하층부의 업무들 사이에서도 얼마든지 발생할 수 있다. 그러나 조직의 하층부로 가면 업무의 성격이 비슷하기 때문에 이러한 갈등을 조정할 필요성은 적은 반면, 상층부로 갈수록 그 필요성이 커지게 된다. 그리고 이러한 갈등 조정에는 근본적인 해결책이 존재하지 않는다. 따라서 조직내부에는 불안과 혼란의 가능성이 언제나 존재한다. 이와 관련하여 싸이먼(H. Simon)은 다음과 같은 탁월한 분석을 하였다.

원래 조직은 사회에 기여하는 공식적 목표를 지니고 있지만, 바깥에 알려지지 않는 조직 내부의 목적도 지니고 있다. 돈을 버는 기업이 품질 좋고 값싼 상품을 만들어 소비자의 후생을 향상시키는 목적을 지니고 있는가 하면, 회사의 주인인 기업주에게 많은 돈을 벌수 있게 해주고, 종업원들이 좋은 노동조건으로 오래 동안 근무할 수 있게 하는 등의 목표도 지니고 있는 것이다. 싸이먼 등은 기업조직인 회사가 얼른 보면 이윤극대화라는 단 하나의 목표를 지니고 있는 것 같지만, 면밀하게 관찰해 보면 여러 가지 상이한 목표들을 추구하고 있으며, 상이한 목표들을 통합하여 단일의 목표를 만드는 것은 불가능하다고 지적한다. 아주 단순한 예를 든다면 운동화를 만드는 회사에서 영업(판매담당)부는 시장 확대(즉 판매량의 확대)를 목표로 삼고 부지런히 노력하여 10만 켤레의 주문을 더 받아 왔다고 가정해보자. 회사의 모두가 좋아할 것 같지만 전혀 아니다. 생산부가 현재 보다 갑자기 100%가 늘어난 운동화를 생산하려면 기계, 근로자, 자재 등을 현재보다 두 배로 늘려서 생산해야 한다. 그러나 이 일들이 전혀 쉽지 않다. 아무리 노력해도 1년 후에야 생산설비를 갖추는 일이 가능할 것이기 때문에 그 이전에 무리하여 근로자들을 과로하게 만들어 납품 기한을 맞추는 수밖에 없다. 그 과정에서 운동화의 품질이 나빠질 수밖에 없을 것이고, 결국에는 회사의 이미지 손상과 영업손실이 발생하게 될 것이다. 이 사례는 우수한 품질의 운동화를 생산한다는 생산부의 목표가 영업부의 시장 확대 목표가 충돌하는 경우이다.

정부기구 내에서도 이러한 갈등이 발생하는데, 육군에서 최강의 탱크를 확보하여 육지방어를 극대화하겠다는 목표와 바다에서 가장 우수한 함정을 도입하여 해상방어를 극대화하겠다는 해군의 목표가 서로 상충할 수 있다.국토방위가 국군 전체의 조직목표라면, 육지방어의 최선은 육군의 목표가 되고, 해군의 목표는 바다방어의 최선을 기하는 것이다. 이 때 국군 전체를 하나의 조직으로 보면, 육군이나 해군은 각각 하위조직이라 부르고, 이들이 추구하는 목표는 하위목표라고 부른다. 각각의 하위조직들은 자신들의 목표가 가장 중요하다는 생각하기 때문에 하위목표달성을 최대화하려고 노력한다. 하위목표의 최대화는 흔히 부분 최적화(local optimization)라고 부르고, 국지적 합리성(local rationality)을 추구한다고 표현한다. 그런데 부분최적화의 합계가 전체 최적화가 될 수 없는 경우가 많고, 하위목표 간의 갈등이 있을 때는 어떻게 배합을 해야 전체 최적화가 되는지 알 수 없는 경우가 대부분이다. 정부의 기능 간에는 이러한 갈등이 언제나 존재하고, 행정조직의 하부로 내려가도 비슷한 문제들이 언제나 존재한다. 결국 동일한 업무만으로 구성되는 최하 단위에 가서야 이 문제가 최소화된다.

이렇게 하위 목표들 간에 갈등이 있을 때 상관은 어떻게 이를 조정하는가? 이는 싸이먼에 의하면 목표들을 추구하는 하위조직들 간에 타협하는 수밖에 없다고 한다. 상관이 조직 전체를 위해서 무엇이 최선의 선택인지를 알기가 너무나 어렵기 때문이다. 이것은 단순히 지적 능력이 부족해서 만이 아니라, 1년 후, 5년 후, 10년 후의 회사전체의 이익을 따지는 경우에 모두 다른 결정이 내려질 수 있기 때문이다. 즉 부분 최적화를 배합하여 전체 최적화를 달성하는 단 하나의 최선의 방법이 존재하지 않는 것이다. 그래서 대부분의 경우는 두 부서의 주장을 들어서 적당한 타협을 하게 된다. 서로 조금씩 양보하도록 하는 것이다. 위의 운동화 공장의 사례의 경우에는 2달 후까지 40% 증산하고, 6개월 후에는 80%, 8개월 후(1년후가 아니라)에는 100% 증산하는 식으로 타협하는 것이다. 이러한 결정이 이루어지면, 어느 한쪽의 주장도 원안 그대로 받아들이지 않기 때문에, 표면적인 갈등은 없어졌지만, 계속해서 불만과 갈등이 잠복하여 있게 된다. 이러한 상태를 갈등의 준해결(準解決-quasi resolution)이라고 부른다. 행정조직의 업무수행에서는 이러한 갈등의 준해결이 어디에서나, 그리고 언제나 존재한다. 그래서 상관은 언제나 이 갈등을 해소하고 조정해야 하는 압박을 받게 된다. 자칫 어느 한쪽의 부서가 개인적인 일로 미움을 받거나, 사랑을 받게 되면, 갈등조정이 편견에 흘러 갈등 해소에 실패하게 된다. 장관이나 대통령이 이러한 실수를 하게 되면 행정 전체가 타격을 입게 된다. 합리적인 조정은 언제나 무척 어려운 일이다.

## 4. 계선과 막료(참모)의 갈등과 비서실의 횡포 가능성

조직내부의 갈등은 여러 가지 원인으로 발생한다. 위에서는 하위조직들 간의 목표가 상이하여 발생하는 현상을 검토하였다. 이것에 못지않게 심각한 갈등이 계선과 막료 사이에 발생한다.

계선(line)은 기능수행을 위하여 최일선의 현장에서 업무를 분담하고 있는 말단 조직에서부터 위로 올라가면서 최상층부에 이르기까지 피라미드 식으로 짜여진 계층제 조직의 부분 부분에서 업무를 담당하는 자리 또는 그 자리에 있는 사람들을 말한다. 하나의 부처를 예로 들면 장관·차관·차관보·국장·과장·계장·계원으로 짜여진 계층제에서 각각의 직위나, 그 직위에 있는 사람들이다. 장관이 최고책임자로서 필요한 명령을 내리면 계층을 타고 내려오면서 말단의 최일선 계원이 직접 업무를 수행하는 조직이다. 일반적으로 조직이라고 하면 이 계선조직을 의미한다.

한편 막료(staff)는 흔히 참모라고 불리기도 하는데, 계선의 보조 직위나 보조직위를 담당하는 사람들을 말한다. 장관실에서 일하는 비서들이 대표적이다. 이들은 결재를 하지 않는다. 구체적으로 무엇을 해야 하는지를 결정할 때는 현장에서 일하는 제일 말단의 담당자가 의견을 내어 제시하고, 계장이 검토를 하여 수정하여 싸인을 하고, 과장이 또 이를 받아 자신의 의견으로 수정하여 싸인을 하고, 다음에 똑 같은 방식으로 국장, 차관보, 차관이 싸인을 한 후에 최종적으로 장관이 싸인을 하여 결재가 끝나는데, 이 과정에서 장관 비서는 물론이고 비서실장도 서명을 하지 않는다. 막료는 공식적 결재권이 없는 것이다.

그렇다면 막료는 왜 필요한가? 비서가 하는 가장 기초적인 일은 상사의 개인적 일을 도우는 것이다. 상사가 공식적 업무로 바쁘기 때문에 개인적인 일로부터 시작하여 전화 받기 등등을 한다. 그래서 행정조직에서는 국장부터 비서를 배치한다. 그러나 장관쯤 되면 이런 일들에 추가하여 사람을 만나고 행사에 참여하는 일들에 대하여 결정을 하고 일정표를 만드는 일 등이 중요한 업무로 추가된다. 그래서 장관실에는 보통 4~5명의 비서들이 있다. 이 뿐만 아니다. 장관은 국장 정도에서는 크게 부담이 되지 않는 중요한 일이 더 추가되는데 바로 POSDCORB를 담당하는 일이다. 그래서 이를 도우는 막료가 필요한데, 우리 행정부의 각 부처에 설치되어 있는 기획관리실이 그 일을 담당한다. 기획관리실에서 담당하는 기획, 예산, 법무, 감사 등등이 모두 참모업무에 해당되고, 행정기능을 직접 수행하는 국이나 과의 계선조직에서의 결재에는 권한이 없다.

막료는 계선의 업무에 대하여 보조적인 일을 하기 때문에 보조를 통하여 실질적인 영향력을 행사하고, 이는 흔히 계선의 업무에 대하여 간섭하는 형태를 지닌다. 그래서 계선으로부터 반발을 사고 갈등이 발생한다. 학생들에게 등록금을 지원하는 프로그램을 만드는데 예산실에서 돈이 없다고 하는 경우를 생각해보라. 법규에 어긋나기 때문에 할 수 없다든가, 도시의 장기계획에 어긋나므로 도로신설이 어렵다든가 하는 일 등은 모두 합리적인 간섭이지만, 일을 추진하는 계선으로서는 골치 아픈 일임에 틀림없다. 계선의 일에 간섭을 하여 발생하는 가장 심각한 문제는 대통령비서실과 행정 각 부처의 사이에서 발생한다.

청와대에 있는 대통령 비서실은 대통령의 참모조직이다. 각 부처에서 결정하고 집행하는 일에 대하여 결재권이 전혀 없다. 그러나 대통령이 결재를 하기 전에 이를 비서실에서 검토하여 대통령에게 의견을 제시한다. 대통령제를 택하고 있는 미국도 그렇지만, 우리나라의 대통령비서실은 상당히 많은 인원이 소속되어 각 부처의 업무를 분담하여 대통령을 돕는다. 외교안보, 경제, 교육문화, 보건복지 등으로 분담하고 각각 수석 비서관이 관장하며, 각 수석비서관 밑에 3-4 명의 비서관, 그리고 각각의 비서관 밑에 상당수의 행정관을 소속시켜서 각 부처들의 업무에 대하여 검토하고 의견을 대통령에게 제시한다. 이런 의견을 제시할 때 중요한 일은 수석비서관 회의에서 검토 논의하는데 일주일에 4번 정도는 비서실장이 주재하고, 한번은 반드시 대통령이 주재한다. 일이 발생하면 관련 수석들의 회의는 수시로 열리고, 대통령이 직접 관련 회의를 주재하는 경우도 많다.

이런 식으로 일하기 때문에 부처들의 중요한 안건은 거의 모두 비서실의 검토를 거치고, 당연히 비서들의 의견이 커다란 영향을 미칠 수밖에 없다. 부처의 담당자들과 비서들 사이에 서로 협조도 되지만 틀린 의견으로 갈등을 일으키는 경우도 많게 된다. 행정 각 부처에서는 현장을 정확히 모르는 대통령 비서실이 영향을 미치는 것을 걱정하지 않을 수 없다. 사실 비서실은 한 부처를 담당하는 사람이 많아야 3-4명이기 때문에 부처들의 현장에서 일어나는 일들을 정확하고 상세하게 알 수가 없다. 그래서 중요한 안건에만 집중하는 수밖에 없고, 더 본질적으로는 대통령의 통치철학에 맞추어 정책방향을 제시하고 여기에서 벗어나는 일들을 막아서 정부 전체가 일관성 있게 업무를 추진하는 것에 목표를 두어야 한다. 그리고 부처들 간의 갈등이 생길 때 이를 조정하는 일들을 해야 한다. 그야말로 대통령이 담당해야 할 POSDCORB의 핵심만을 취급하면서 정책집행에 대해서는 부처들을 지원하는 일들을 해야 한다. 그러나 현실적으로는 비서들이 부처의 일에 지나치게 개입하여 부처의 의욕을 꺾을 뿐만 아니라 현장의 실제를 모르면서 잘못된 결정을 하는 수가 많다. 그래서 대통령은 언제나 이러한 위험을 최소화하기 위해서 신경을 쓰지만 쉽지 않은 일이다.

비서실은 대통령의 일정을 조정하면서 만나는 사람들을 선별한다. 처리해야 할 업무도 많지만 너무나 많은 사람들이 대통령을 만나고 싶어 하기 때문에 장관들도 대통령을 만나기가 어렵다. 경제가 어렵기 때문에 경제부처를 담당하는 장관들이나, 국제관계가 중요하므로 외교담당 장관들만이 비교적 자주 대통령을 만나지만(그래도 일주일에 한 두 번이 고작이다), 장관 중에는 대통령을 1년에 한 두 번만 만나는 경우도 있다. 대통령에 따라 다르지만, 심한 경우는 임명장 받을 때 만나고 1년 동안 한 번도 대통령을 만나지 못하고 장관직을 그만 둔 경우도 있었다. 그래서 문고리 권력이라는 속어가 생긴 것이다. 사실은 이것만이 아니라 전화를 받고 답변을 하는 것도 모두 1차적으로는 비서의 몫이다. 대통령이 특별히 신경을 쓰는 경우라야 비서의 영향이 없어진다. 이러한 일들 때문에 대통령 비서실은 대통령의 권위를 악용하는 경우가 많아 언제나 주의를 요한다.

## 5. 중앙과 지방, 상층부와 하층부의 갈등 = 집권과 분권의 문제

이제 POSDCORB 중 D(directing-지휘)와 R(reporting-보고)를 검토할 순서이다. 조직의 최상층부에서는 하위조직들 간의 갈등도 조정하지만, 직접 업무에 대해서 무엇을 어떻게 할 것인지를 지시하고, 지시한 일들이 추진되면 결과나 추진과정에서 나타난 문제점 등을 보고받아서 결과를 확인하고 지시내용을 수정하는 등의 환류를 한다. 이 때 상충부에서 너무 깊이 개입하여 지나치게 세세한 지시를 하면, 하층부는 자발적인 업무추진을 하지 않고 융통성 없는 행정을 하게 되어 문제가 심각해진다. 반면 하층부에 모든 것을 맡기면 목표와 다른 엉뚱한 일을 하거나 심지어는 부패가 생기기도 한다. 그래서 권력을 상부에 집중하느냐의 여부는 많은 측면을 검토한 후에 신중하게 결정하여야 한다.

앞에서도 보았지만 하위조직들 간에 갈등이 생기면 상관이 조정을 해주어야 한다. 분담된 업무들 간 갈등이 많을수록 결정권은 상층부로 이동한다. 보다 일반적으로는 하층부에서 일을 잘 못 하면 권력은 상층부로 이동한다. 교육부에서 사교육억제방침을 정하고 담당국장이 부하인 과장에게 구체적인 방법을 만들어 오라고 지시를 하는 경우를 생각해 보자. 과장이 계장 이하 부하들과 상의하여 모든 것을 완벽하게 준비하여 보고를 하게 되면 국장은 과장을 믿고 모든 것을 맡겨도 된다. 과장과 계장 사이도 마찬가지이고, 장관과 국장 사이도 마찬가지이다. 부하가 일을 잘 하면 분권화가 이루어진다. 위에서 세세한 지시를 할 필요가 없다. 반대의 경우를 생각해 보면 집권화가 일어나는 이유를 알 수 있다.

부하가 일을 제대로 못하는 경우는 몇 가지가 있다. 첫째, 능력이 부족한 경우이다. 둘째, 상부의 정확한 뜻이 구체화과정에서 왜곡되기 쉬운 경우이다. 셋째, 부하가 일할 의욕을 가지지 못하는 경우이다. 힘든 일을 하기 싫어서 적당히 넘어가려는 경우이다. 넷째, 부패한 부하가 개인적 욕심을 지니고 목적과 다른 일을 하는 경우이다. 이러한 이유 중에서 셋째와 넷째 이유는 명백하게 분권화를 하지 않아야 하는 이유가 된다. 첫째 이유는 아주 특별한 경우로서 전문성이 강화된 관료제를 지닌 행정조직에서는 흔치 않은 경우이다.

문제는 둘째 이유인데, 통치철학이 다른 정권이 등장하거나, 특수한 경우에 발생한다. 우수한 학생에게 장학금을 우선적으로 지급하다가 좌파정권이 등장하여 가난한 학생들에게 우선적으로 장학금을 지급하는 원칙이 채택된다든가, 그 반대의 상황이 되는 경우이다. 일선 학교에서는 옛날부터 하던 방식으로 장학생을 선발하려는 경향이 강하고 더욱 심각한 경우에는 원래의 목적을 완전히 벗어나는 일이 벌어질 수도 있다. 예를 들면 경제위기가 발생하여 중소기업들이 자금부족으로 도산하는 것을 방지하기 위하여 은행을 통하여 중소기업들에게 자금지원을 하는데, 자금을 지원해야 하는 은행의 지점에서 지원자금으로 옛날 빚을 갚게 하고, 한 걸음 더 나아가서 만기가 도래한 대여금의 상환기한을 연장해 주지 않고 갚으라고 독촉하는 경우가 생긴다. 경제위기에 중소기업이 부도를 내고 은행 빚을 갚지 못하면 은행지점장의 책임이 되므로 무슨 수를 쓰든지 자금을 회수하려고 한다. 그래서 청와대에서 중소기업 긴급지원 자금을 마련하여 중소기업을 도우라고 지시한 경우에도 일선 은행에서는 정 반대로 긴급지원금을 주지 않는 것은 물론이고, 옛날에는 만기가 도래해도 지불연기를 해 주었지만 지금은 이를 허용하지 않고 돈을 거두어들이는 상황이 발생할 수 있다. 이러한 경우에는 정부의 상층부에서는 중소기업을 지원해 주고 있다고 큰소리치지만 현장의 중소기업들은 옛날보다 더 심한 은행 빚 독촉에 시달리는 상황이 전개된다. 이와 같은 상황을 타계하기 위해서는 상층부의 중앙집권이 당연히 필요하다.

그러나 중앙집권의 피해도 크다. 중앙이나 상층부는 정책이 실현되는 현장으로부터 멀리 떨어져 있기 때문에 발생하는 피해가 가장 크다. 특히 두 가지가 심각하다. 첫째, 현장의 변화가 심한 경우이다. 극단적인 예를 들어보자. 화재가 나기 시작했을 때 옆의 건물에 대한 대책을 세울 것인가를 결정하는데, 일일이 사무실에 있는 직속상관에게 전화로 보고를 하고, 이 상관은 또 위의 상관에게 보고를 하고, 또 그 위의 최종결정권자에게 보고를 하여 지시를 받아서 명령통일의 원칙에 따라 계층제를 타고 내려와서 최종적으로 현장 직원에게 지시가 전달된다고 상상해보라. 처음에는 바람이 불지 않아서 대책이 없어도 되겠다고 보고를 했는데, 얼마 후에 바람이 그 쪽으로 강하게 불어서 새로운 지시를 해달라고 보고를 하다가 또 바람이 그쳤다가 하는 경우라고 상상해 보라. 상황이 이렇게 극심하게 변화하는 경우는 전쟁터가 아니면 좀처럼 상상하기 힘들지만 최근에는 경제문제가 급하게 변동하는 경우가 많다. 이런 경우는 현장의 담당자가 상황 변화에 따라 기민하게 움직여야 된다. 둘째, 현장의 상황이 복잡하고, 여러 현장의 상황이 다양해서 일률적인 지시를 하기 어려운 경우이다. 현장에서 떨어진 중앙에서는 현장의 세세한 상황을 자세히 알 수 없기 때문에 여러 현장에 공통적으로 적용될 내용을 지시하게 되는데, 이것이 구체적인 현장에서 적실성이 없는 경우가 많다. 가난하면서도 성적이 3.0 이상 되는 학생에게 장학금을 주라는 중앙의 지시는 갑자기 아버지가 아파서 생활이 어렵게 된 학생이나, 성적이 2.99이면서 생활이 너무 어려운 학생을 구제할 수가 없다. 그러므로 이러한 경우는 중앙에서 큰 원칙만 정하고 세세한 내용은 현장의 상황에 적합하게끔 분권적으로 운영해야 한다. 규정이나 원칙이 너무 세세하면, 현장의 융통성을 살릴 수 없어 행정의 효율성이 크게 감소하는 것이다. 여기에 더하여 현장 실무자의 업무추진의욕을 감퇴시켜 효율성을 더욱 악화시킨다.

이상의 경우는 사기업에서도 당연히 통하는 원리인데, 행정조직에서 특별히 분권화가 이루어져야 하는 경우가 있다. 바로 행정의 민주화를 위해서이다. 업무 현장이 행정서비스를 제공받는 수혜자들과 직접 접촉하는 곳이고, 규제대상자들의 잘못된 행태를 단속하는 곳이다. 정책대상자들의 다양한 사정에 적합하게끔 행정활동을 하려면 중앙에서는 대강의 범위만 정하고 현장의 담당자들이 구체적인 결정을 하도록 해야 민주행정이 되는 것이다. 더욱이 일반 행정고객이나 규제대상자인 시민들은 행정조직의 상층부 사람들과 만나기 어렵기 때문에 상층부 사람들은 현장 시민들의 다양한 실상을 알 수가 없다.

요약하면 현장의 다양성과 동태성을 감안하여 세세한 지시를 중앙에서 내리지 말고 현장 실무자들에게 재량권을 허용하는 등 다양한 현장 사정에 적합한 융통성 있는 행정을 해야 하는 경우가 많다. 상부의 지시 대신 규정이나 규칙으로 현장의 실무자들을 통제하는 경우에도 마찬가지의 원리가 적용된다. 문제는 앞에서 본대로 현장의 실무자가 부패하거나 의욕상실로 헌신적인 업무수행을 하지 않는 경우인데 이는 행정 통제를 활용함으로써 극복하는 방법을 일반적으로 사용한다.

상관이 부하를 지휘 통제하더라도 부하들은 일탈행위를 하기 쉽다. 타락한 조직원들은 세세한 지시가 있어도 빠져 나갈 틈새를 악용하여 부패한 행동을 하게 되고, 선량한 조직원도 복잡하고 급변하는 현장에서 업무를 수행하다보면 재량권 남용을 하기 쉽다. 현장만이 아니라 상층부에서도 이러한 가능성은 언제나 있다. 그래서 행정공무원에 대하여 여러 가지 통제방법을 마련하고 있다. 최고책임자의 감독이나 감시 노력을 절약하기 위해서 여러 가지 제도적 통제장치를 마련하는 것이다.

Section

# 제 3 절 리더십과 조직행태

## 1. 지휘권의 근거

상관이 명령을 하면 부하가 열심히 명령대로 움직여야 업무가 추진된다. 그래서 대통령이 선거에서 공약한 사항을 최 일선 공무원들이 열심히 집행해야 국민의 뜻에 따른 민주행정이 되는 것이다. 그런데 부하가 상관의 명령이 잘못된 것이라고 생각하면 명령을 듣지 않을 수도 있다. 부하들은 어떤 경우에 상관의 명령을 거부하게 되는가? 반대로 어느 경우에 명령을 따르는가? 상관이 부하를 지휘하는 힘은 어디에서 나오는가?

부하로 하여금 명령을 따르게 하는 힘의 뿌리는 직위상의 권한이다. 줄여서 직권이다. 업무의 추진을 위해서 상관이 지휘를 하고 보고를 받으며 부하들 간의 갈등을 조정하기 위해서는 이러한 일을 할 때 부하가 따르게 하는 힘을 상관에게 부여한다. 그러므로 이 힘은 업무의 바람직한 추진을 위해서 부여하는 것이다. 이러한 근본목적과 다른 내용의 명령이 내려지면 부하는 이를 따를지 말지를 두고 고민하며 명령준수 여부를 결정한다. 가난한 학생에게 장학금을 지급하려는 목적을 지닌 사업을 추진하면서 일선에서 일하는 상관이 우수한 학생에게도 장학금을 지급하라는 명령을 내리면 부하는 고민을 하게 된다. 대부분의 부하들은 상관에게 잘못된 명령을 바꾸어달라고 건의할 것이다. 그런데, 장학금의 목적이 가난한 학생과 우수한 학생들을 지원하라고 애매모호한 목적을 지닌 사업의 경우에 상관이 90%는 우수학생에게, 10%만 가난한 학생에게 지급하라는 명령을 내려도 부하는 명령수정 건의를 할 가능성이 크다. 그러나 60%는 우수학생에게 40%는 가난한 학생에게 지급하라는 명령을 내리면, 부하는 선뜻 상관에게 다른 의견을 제시하기가 힘들 것이다. 55% 대 45%라고 하면 명령을 그대로 따를 것이다. 51% 대 49% 의 경우는 말할 것도 없다.

이런 식으로 직무상의 업무에 대한 직권명령은 명백히 합리성을 결여한 경우로부터 애매모호한 경우에까지 연속선상에 놓이게 된다. 애매모호한 경우는 상관의 명령이니까 그대로 수용하는 경우가 많다. 상관의 명령이 가장 합리적인 곳에서부터 어느 정도의 애매모호한 지점까지는 아무 의심이나 고민 없이 수용하게 되는데, 이 지역을 무관심영역(zone of indifference)이라고 부른다. 이 범위에 들어오는 명령은 아무런 관심 없이 무의식적으로 수용한다는 의미를 함축하고 있다. 상관을 신뢰하면, 이 영역은 넓어지게 된다.

상관의 명령을 의심 없이 수용하는 이유는 직권에 의한 명령이라는 근거가 뿌리에 있고, 여기에 상관에 대한 신뢰가 그 위에 자리 잡고 있기 때문이다. 그래서 동일한 직위에 있는 상관이라도 평소에 부하들로부터 신뢰를 받는 상관은 무관심영역이 넓게 된다. 그렇다면 평소의 신뢰는 어디에서 나오는가?

부하가 상관을 믿고 따르게 되는 이유는 다양하다. 평소에 애정을 지니고 따뜻하게 대해 주고 어려울 때 도와주는 경우, 도덕적으로 존경을 받는 경우 등등이 있지만, 무엇보다 직무에 관하여 상관의 결정을 신뢰하는 경우가 여기에서는 논의의 초점이다. 직무상의 신뢰는 전문적 권위가 가장 큰 요인이다. 특정 분야에서 문제해결을 할 수 있는 전문적 지식을 축적하고 있다고 믿으면, 그 사람이 내리는 명령은 쉽게 따르게 된다. 올바른 결정이라고 믿기 때문이다.

전문적 권위(professional authority)는 흔히 기능적 권위(functional authority) 라고도 불리는데, 교육을 통해서나 경험을 통해서 습득하게 된다. 그래서 직무에 필요한 대학전공이나 그 분야에서 얼마나 오랫동안 경험을 축적했느냐가 중요하다.

## 2. 리더십(Leadership)의 역할과 유형

상관이 직권과 전문적 권위를 지니고 부하들이 그 결정을 따라서 일을 하더라도, 부하들이 열심히 정성을 다해서 일을 하는가 여부는 또 다른 요인에 의하여 좌우된다. 부하들이 애정과 존경을 지니고 일하면 그 성과가 커진다는 것은 당연한데, 어떻게 하면 부하들이 자발적으로 그리고 헌신적으로 일하게 할 수 있는가? 이것이 바로 리더십 연구에서 밝히고자 하는 것이다.

리더십은 부하들이 자발적으로 지시내용을 수행하도록 하는 상관의 힘이다. 상관이나 지도자의 강제적이거나 강압적인 태도가 개입된다면 그것은 진정한 의미의 리더십이 아니다. 상관이 따뜻한 성품과 도덕성을 지니면서 업무 능력(전문적 권위를 포함한)을 갖추고 있으면 부하들이 자발적으로 열심히 일할 가능성이 커진다. 그래서 초창기의 리더십 이론은 리더의 성격이나 능력 등 자질에 대한 것이 많았다. 어떤 자질을 가진 자가 보다 바람직한 리더인지를 밝히려고 했던 것이다.

1950년대에 리더십에 대한 연구가 진행되면서 초기의 연구자들은 일반적인 조직원들과 달리 리더가 될 자질을 가진 자가 선천적으로 존재한다고 가정하고 그들의 공통적인 특성을 밝히는데 주력하였다. 이는 '특성이론'이라고 지칭되는데, 이에 따르면 리더가 될 자질을 가진 사람은 선천적으로 목표달성에 매우 열정적이며 매사에 자신감을 가지고 맡은 일에 강한 책임감을 가진다. 또한 조직에 위기상황이 발생했을 때 이를 극복하기 위해 필요한 인내력 또한 일반 조직원보다 크다고 밝혔다. 특성이론의 한계는 리더 개인의 선천적인 능력에만 의존하여 후천적인 개발 가능성을 무시하였으며, 리더와 조직원에게 발생할 수 있는 여러 가지 조직 내·외부적 환경을 고려하지 못하였다는 점이다.

뒤이어 등장한 '행동이론'은 실제적으로 리더가 조직 내에서 취하는 행동 유형 자체에 관심을 가지고 연구를 진행하였다. 이 이론에서는 지도자의 여러 행동패턴 중 과연 어떠한 행동이 조직 구성원들을 자발적으로 조직목표 달성을 위해 일하게 하며 만족시키는 지에 대해 주목하였다. 이 이론의 대표적인 학자로 언급되는 화이트(B. K. White)와 리피트(R. Lippit)는 리더십을 '권위형', '민주형', '자유방임형'의 세 가지 유형으로 구분하였다. 권위형 리더십에서는 조직의 의사결정권이 대부분 지도자에게 집중되어 있다. 조직 구성원들이 지도자의 결정에 순응하길 바라며 주로 명령과 지시를 통해 직무를 수행한다. 민주형 리더십에서는 권위형과는 반대로 조직 구성원들의 자유로운 의사소통과 합의가 조직의 의사결정에 반영되고, 인간관계에 초점을 두고 있다. 자유방임형 리더십에서는 의사결정권의 대부분이 전적으로 조직 구성원들에게 주어지는 경우이다. 행동 이론은 바람직한 리더의 행동 유형이 조직의 유형이나 상황적 환경에 따라 유동적으로 변화할 수 있는 것을 간과하는 것이 최대 결점이다. 즉 세 가지 유형으로 지나치게 단순화하여 복잡한 현대 조직에 적용하기에 한계를 가지는 것이다.

1970년대 이후 행동이론의 한계를 극복하기 위해 '상황이론'이 등장하였다. 피들러(F. E. Fiedler)에 의해 주창된 상황이론에서는 조직에서 모든 상황에 통용되는 이상적인 행동양식의 리더십이 존재하기보다, 조직의 유형이나 구체적인 상황적 환경에 따라 적절한 리더십의 유형이 달라진다고 생각했다. 우선 피들러는 LPC(least preferred coworker) 척도를 통해 리더십 유형을 과업지향적(task motivated) 리더와 관계지향적(relationship motivated) 리더로 구분하였다. 또한 리더가 리더십을 발휘하는 데에서 주요하게 영향을 받는 세 가지의 상황변수로서 리더에 대한 조직원의 신뢰·존경 여부, 과업이 명확하게 잘 조직되어 있는지에 대한 여부, 마지막으로는 리더에 대한 조직원들의 명령·지시 수용 여부를 정의하였다. 이러한 두 가지 정의는 상황의 호의성이라는 중요한 개념을 만들어내어 세 가지 상황변수에 따라 만들어진 각 유형별로 호의성의 정도가 달라진다. 예를 들어 상황의 호의성이 높거나 아주 낮은 경우에는 과업중심적 유형이 조직에 최선의 결과를 가져오지만, 상황의 호의성이 중간 정도인 경우에는 관계지향적 유형이 적절하다고 주장하였다. 즉 조직 구성원들이 리더를 신뢰존경하고, 과업이 명확하게 정의되었으며, 리더의 명령을 잘 수용하는 경우에는 과업중심적인 유형이, 세 가지 모두 어중간한 경우에는 관계지향적 유형이 유리하다는 것이다.

반면 하우스(R. House)는 동기부여의 기대이론을 바탕으로 하여 '경로-목표'이론을 주장하였다. 조직의 지도자가 리더십을 발휘하는 과정에서 구성원의 성취동기를 자극하여 목표를 달성할 수 있는 경로로 유도하는 것이 바람직하다고 보았다. 이외에도 리더가 조직구성원에 대한 신뢰를 바탕으로 이들을 완전히 장악하는 존재감이 전제될 때 발휘할 수 있는 카리스마적 리더십(charismatic leadership style), 문화 자체의 변혁과 조직의 욕구 체계를 변환하고자 하는 변혁적 리더십(transformation leadership), 리더와 조직원들 간의 교환거래에 바탕을 둔 거래적 리더십(transaction or exchange leadership)등의 유형이 존재한다.

리더십이란 지도자와 추종자의 관계에서 나타나는 현상이기 때문에, 리더십이 존재하면 리더를 추종하는 추종자들을 대상으로 한 팔로워십(followership)도 존재하기 마련이다. 리더와 추종자의 전통적인 관계에서 리더의 역할에 비해 추종자의 역할은 매우 수동적으로 인식되었다. 그러나 현대에 들어서는 이것을 매우 능동적으로 인식하고 있다. 일반적으로 팔로워십은 부하로서의 바람직한 특성과 행동을 포괄하는 개념이며, 지도자의 지시에 대한 순응뿐만 아니라 추종자들의 자율적이고 비판적인 사고에 근거한 합리적인 행동 또한 매우 중요하다.

켈리(R. E. Kelly)는 팔로워(추종자)의 부류를 1차원으로 적극성과 소극성, 2차원으로 독립·비판적 사고와 의존·비비판적 사고 등을 기준으로 삼아 효과적 추종자, 소외적 추종자, 양(羊), 예스맨 등으로 구분하였다. 그의 분류에 따르면 소외적 추종자(alienated followers)는 소극적이지만 독립·비판적으로 생각한다. 그들은 지도자와 일정한 거리를 두며 매우 수동적으로 행동한다. 양(羊, sheep)은 소극적이고 독립·비판적으로 생각하지 않으며, 리더의 지시대로 따른다. 이들은 조직에 가장 순응적인 존재들이다. 예스맨(yes people)은 적극적이지만 독립·비판적으로 생각하지 않는다. 이들의 잘못된 긍정적인 반응은 조직에 해가 될 수 있다. 마지막으로 효과적 추종자(effective followers)는 적극적이며 독립·비판적으로 생각하고 행동한다. 이들은 지도자나 조직에 가장 효과적이고 유익한 존재들이다

## 3. 다양한 관리방식

리더가 명령을 할 때 부하가 어떻게 대응하는가는 부하가 어떤 사람으로서 어떤 생각을 주로 하는가의 여부에 따라서 크게 다르다. 이러한 관점에서 부

하를 관리하는 방식 전체가 달라져야 한다는 이론들이 리더십 연구와 달리 오래전부터 논의되어 왔다.

이러한 논의 중 가장 오래된 것이 테일러(Taylor)의 과학적 관리(scientific management)이다. 학설사에서 검토하였듯이 테일러는 산업발전이 급속하게 이루어지던 20세기 초 생산성을 극대화시키는 것이 가장 중요한 과제였던 사회경제적 배경 하에서 과학적 관리법(scientific management)을 제시하였다. 실제 생산현장에서 노동자의 과업(task)을 단위로 생산과정을 세밀하게 살펴 전문화와 분업화를 통한 생산성 제고 방안을 제시하였다. 이러한 테일러의 과학적 관리이론은 시간과 동작 연구(time and motion studies)라는 대표적인 연구를 통하여 구체적으로 제시되었다. 노동자가 업무수행과정에서 구체적으로 하는 동작(motion)을 관찰하여 불필요한 동작을 제거하고, 과업수행에 필요한 동작만을 남긴 후 이들 동작을 수행하는데 필요한 시간(time)을 계산하였다. 물론 건강한 근로자가 무리 없이 동작을 할 때 소요되는 시간을 계산하고, 이를 근거로 하루의 작업량, 한 달의 작업량을 계산하여 평균적인 작업량을 수행하는 근로자에게는 평균적인 봉급을 주고, 작업량을 근거로 성과급제를 도입하려고 시도하였다. 그리고 수행해야 할 과업을 중심으로 업무를 세분화하고 동일한 과업을 반복적으로 수행하도록 하여 전문성을 향상시키고 필요하다면 교육 훈련도 실시하였다.

이런 식으로 생산성 극대화라는 조직의 목표를 달성하기 위하여 임금이라는 동기부여와 유인체계를 제시하고, 또 과업구조를 세분화하여 체계적으로 재정비하여 관리할 수 있는 기본 원칙을 제시하였다는 점에서 테일러는 과학적 관리이론의 아버지로 간주된다. 이러한 테일러의 과학적 관리론은 생산성 제고를 위한 유일한 최선의 방식(one best way)이 존재한다는 것을 전제한다는 점과 심리적 동기를 간과하고 임금과 같은 외적동기만을 강조하였다는 점에서 다음에 보는 인간관계론 등에서 큰 비판을 받는다. 뿐만 아니라, 노동자를 과업수행을 위한 기계와 같이 생각하여 노동자의 인간다운 노동조건을 무시하였다는 비판도 받았다. 과업수행에 불필요한 동작이라고 생각되는 행태들, 예를 들어 일하다가 나가서 담배를 피우거나, 동료들과 잡담을 하는 행동 등은 작업수행에 따르는 스트레스를 해소하거나 기분전환을 위해서 필요한 것일 수도 있는데, 이러한 행동을 금지하는 것은 당시로서는 커다란 저항을 불러일으킬 수밖에 없었다. 이리하여 테일러 시스템은 노동조합의 격렬한 저항에 부딪혔다.

한편 테일러가 살펴본 사례와 같이 단순노동이 아닌 매우 복잡한 과업을 수행하는 행정조직의 경우에 과학적 관리방식의 적용성이 제한적이라는 지적도 피할 수 없다. 그러나 조직을 구체적인 과업단위에서 세밀하게 연구하고 생산성 제고를 위한 다양한 훈련과 임금 등에 대한 조직운영원리에 대하여 현장의 시각에서 체계적으로 연구하고 방안을 제시하였다는 점에서 시사하는 바가 크다.

테일러의 과학적 관리방법이 지닌 비인간적 요소로 인한 약점을 보완하는 연구가 체계적으로 진행되었는데, 이는 과학적 관리방식이 수립되는데 주요한 역할을 한 호손 실험이다. 호손 실험은 1920년대 메이요(Mayo)와 뢰슬리스버거(Roethlisberger)가 약 10여년에 걸쳐 근로자를 대상으로 진행한 연구로, 기업에서 근로자의 작업 능률을 높이기 위해 고안한 것이다. 구체적으로 호손 실험은 조명실험, 계전기 조립 실험, 면접실험, 건반배선 조립 실험으로 구성되었다. 오랜 기간에 걸친 실험을 통해 이들은 심리적 만족, 집단에의 소속감과 참여 등이 작업능률에 직접적인 영향을 주는 요소라는 점을 밝히게 되었다. 또한 이제까지 조직의 공식적인 구조와 시스템을 주된 요인으로 보았던 것에서 벗어나 조직 내 비공식적 구조와 집단이 동기, 능률, 생산 수준에 영향을 준다는 점을 시사하였다. 따라서 호손 실험은 이후 과학적 관리론의 한계를 보완하는 인간관계론으로 발전하게 되었다.

인간관계론은 조직 구성원이 임금과 같은 물질적 요인 이외에도 감정, 심리 등의 요인에도 영향을 받는다는 것과, 조직 내 비공식적 집단이나 이를 통한 소속감, 유대감 등의 사회심리적인 요인이 조직의 성과적 측면에 영향을 미친다는 이론이다. 따라서 이러한 이론에 따르면 조직 내 대인 관계, 소속감, 만족감, 조직 내 소규모 집단 등이 중요한 조직 구조로 인식되기 때문에, 이를 적절히 통제하거나 형성하는 것이 조직에 긍정적이라고 보았다.

인간관계론에서 근로자가 봉급을 좀 적게 받더라도 동료를 배려하여 일의 속도를 늦춘다든지, 공식조직이 소집단에의 소속감을 중시한다든지 하는 발견은 조직구성원의 심리상태를 고려한 조직관리방식이 필요함을 절실하게 깨닫게 하였다. 그리하여 소위 동기이론이 체계적으로 논의되기 시작하였다. 대표적인 예가 맥그리거(McGregor)가 제시한 X이론과 Y이론이다. 'X, Y이론'은 매슬로의 욕구단계이론을 바탕으로 한 이론으로 인간 본성에 대한 가정을 근거로 한 인간관 연구의 일환이다. 맥그리거는 1960년 발간된 그의 저서 '기업의 인간적 측면(the human side of enterprise, 1960)'에서 인간의 본성에 대한 두 가지 상반되는 가정을 중심으로 'X, Y이론'을 제시하였다. 기본적으로 인간의 본성에 대한 부정적인 관점을 'X이론'으로, 긍정적인 관점은 'Y이론'으로 정립하였는데, 조직의 관리자(혹은 경영자)가 이러한 두 가지 가정에 따라 조직 구성원을 대하는 행동을 형성한다고 주장하였다.

'X이론' 하에서 조직의 관리자는 인간은 본래 일하기 싫어하고 책임을 회피하며, 변화보다는 안전을 꾀하며 명령지시에 순응하는 것을 좋아하는 존재로 가정한다. 따라서 이러한 가정 하에서는 조직원들의 행동을 감독·통제하는 관리전략이 제시되며(리더십도 권위형이 되고), 조직의 위험을 제거하기 위해 조직 구성원들에게 물리적인 위협이나 징계·해고 등과 같은 처벌조항 등을 활용한 운영방침이 허용된다.

반면 'Y이론'은 인간은 본래 조직의 목표 달성을 위해 자율적으로 자기 규제가 가능한 존재이며, 조직에서 발생하는 문제의 해결에 있어 상상력과 창의력을 발휘할 수 있는 존재로 가정한다. 또한 조직목표에 매우 헌신적인 성향을 지니고 있는 존재이며, 고차원적인 자아실현 욕구나 존경의 욕구는 헌신의 가장 강력한 동기이자 매우 중요한 보상이라고 가정한다. 이러한 가정 하에서는 조직의 목표와 개인의 목표를 유기적으로 조화하는 관리전략이 제시되며, 조직의 관리자는 개인에게 주어지는 과업이나 직무를 통하여 그들의 노력에 대해 충분한 보상으로 욕구를 충족시켜 주고, 조직 구성원이 발전할 수 있는 운영방침을 채택하여야 한다.

우리나라의 실제 조직에서는 X이론과 Y이론 중 어떤 이론이 더 적실성이 높을까? 물론 어느 한 이론이 더 적실성이 높다고 볼 수 없다. 그러나 자율적 책임성을 강조하는 조직일수록 Y이론이 훨씬 이론적 적실성이 높은 반면, 계층적 구조가 뚜렷하고 감시와 통제가 강한 조직일수록 X이론이 더 이론적 적실성이 높다고 볼 수 있다. 이는 리더십이 업무의 성격이나 조직의 구조적 특성과 많은 관련성이 있다는 점을 보여준다. 즉 업무가 매우 단순하거나 예측이 가능하여 정형적 기술을 활용하는 경우에 X이론을 적용할 수 있지만 업무의 성격이 주로 전문성을 요하거나 쉽게 통제할 수 없어서 비정형적 기술을 활용하는 경우에는 X이론을 적용하기는 어렵다. 또한 X이론과 Y이론에 대한 선호도는 부하직원의 입장과 관리자의 입장에서 달리 나타날 수 있다. 부하직원의 입장에서는 개인에게 자율성을 부여하고 각자 맡은 일을 스스로 처리할 수 있도록 유연한 조직관리방식을 택하는 Y이론적 관리방식을 선호하지만 관리자의 입장에서는 조직구성원의 자율적 규제기능의 현실적 한계를 인식하고 지속적으로 지시하고 확인하는 X이론적 관리방식을 선택하게 된다.

한편 오우치(Ouchi)는 1973년 일본 기업과 미국 기업을 대상으로 한 비교연구를 통해 미국에서 발전했으나 일본 기업의 특성을 지닌 조직을 'Z' 타입으로 정의하며, 이들이 지닌 공통점으로 종신고용, 완만한 평가와 승진, 수평이동식 순환보직제, 집단주의적 공동체를 꼽았다. 이들은 주로 집단적 의사결정과 책임을 중시하고 내적 통제방식을 적용한다고 설명한다. 우리나라 관료제의 특성상 'Z'타입적 특성도 많이 나타난다고 볼 수 있다.

## 4. 조직행태를 좌우하는 심리적 동기

왜 어떤 사람은 수동적이고 명령에만 따르고 어떤 사람은 정반대인가? 왜 봉급을 좀 적게 받더라도 동료가 곤란에 빠지지 않게 작업속도를 늦추는가? 사람에 따라서 왜 차이가 나는가? 이러한 질문에 대한 답변을 이해해야 조직구성원들을 관리하는 방식의 차이도 알 수 있다. 따라서 조직행동의 심리적 기초에 관한 이론들을 검토하기로 한다. 이들을 흔히 조직행태론 중에서도 동기이론으로 부르는데, 개인이 특정한 목표를 달성하기 위하여 조직의 구성원으로 참여하여 어떤 심리적 동기로 일을 하는지를 밝히려고 한다. 이 이론들은 동기의 내용(content)이 무엇인지에 관심을 가지는 내용론과 동기가 부여되는 과정(process)에 관심을 가지는 과정론으로 구분된다.

먼저 내용이론을 보기로 한다. 내용이론에는 매슬로의 욕구 5단계론(생리적 욕구, 안전욕구, 사회적 욕구, 존중욕구, 자기실현욕구)과 3단계로 인간욕구를 단순화시킨 앨더퍼의 ERG(existence, relatedness, growth) 욕구계층론(생존욕구, 관계욕구, 성장욕구) 등이 있다. 이러한 욕구이론은 인간의 동기를 촉발하는 것이 무엇인지, 즉 What에 대하여 관심을 갖는다. 예를 들면 공무원이 임금과 같은 경제적 요인이나 직업 안정성 때문에 동기부여가 되는지 아니면 자아실현과 같은 고차원의 동기 때문에 입직하고 공직을 수행하게 되었는지를 살펴보는 것이다. 최근 행정학에서 많이 연구되고 있는 공직동기(public service motivation)에 대한 연구도 이러한 조직행태론에서 다루는 중요한 부문이다.

**그림 7-1** 매슬로 욕구5단계이론, 앨더퍼 욕구3계층이론, 그리고 허쯔버그 동기이론 비교

| 매슬로 욕구 5단계론 | 앨더퍼 욕구 3계층론 | 허쯔버그 동기이론 |
|---|---|---|
| 자아실현욕구<br>존중적 욕구 | 성장 | 동기요소 |
| 사회적 욕구 | 관계 | 위생요소 |
| 안전적 욕구<br>생리적 욕구 | 생존 | |

매슬로의 욕구 5단계는 인간의 욕구가 중요도에 따라 단계별로 발전 및 전이된다는 이론이다. 그는 인간의 욕구가 생리적 욕구, 안전적 욕구, 사회적 욕구, 존중적 욕구, 자아실현 욕구 등 5단계로 구성되며, 가장 하위에서 상위에 이르기까지 하나의 욕구가 해결되면 다음 단계로 전이된다고 보았다. 만일 하위 욕구가 제대로 해결되지 않을 시, 상위 욕구로의 이전은 일어나지 않으며,

하위 욕구에 대한 중요성과 욕망이 가장 크고 주도적이다. 예를 들어 배고픔을 느끼는 사람에게는 식욕을 해소하는 욕구가 가장 크고, 이것이 해소되지 않으면 안전이나 관계 등의 다른 욕구는 일어나지 않는다.

앨더퍼는 매슬로의 욕구 5단계를 발전시켜 인간에게 생존 욕구(existence needs), 관계 욕구(relatedness needs), 성장 욕구(growth needs)라는 3가지 욕구가 있다고 설명하였다. 그는 매슬로와 마찬가지로 하위 욕구가 충족되었을 때, 상위 욕구를 더욱 필요로 한다고 보았지만, 좌절과 퇴행이라는 개념을 빌어 상위 욕구가 충족되지 못했을 경우, 오히려 하위 욕구의 중요성이나 욕망이 더욱 커진다는 점을 강조하였다. 앨더퍼의 ERG 이론에 따르면, 인간에게는 동시에 둘 이상의 욕구가 작용할 수 있고, 매슬로처럼 하위 욕구가 충족되어야만 상위 욕구로 이행되는 것이 아니라 상위 욕구의 결핍이 하위 욕구로의 퇴행으로 이어질 수도 있음을 알 수 있다.

한편 매슬로의 욕구 5단계 이론과 앨더퍼의 욕구계층 이론을 발전시킨 허츠버그(Herzberg)는 인간의 다양한 욕구가 사람에게 동기를 부여하게 되는 것을 위생요소와 동기요소로 구분하여 설명한다. 즉 어떤 요소들은 사람에게 직접적으로 동기를 부여하는 동기요소가 아니라 단지 동기를 저하시키는 위생요소라고 설명한다. 예를 들면 보수, 지위, 그리고 안전과 같은 요소가 직접적으로 개인에게 일을 열심히 하게 하는 동기요소라기보다는 이러한 요소로 일정한 기대를 충족시키지 못했을 경우에 개인의 동기를 저하시키는 위생요소라는 것이다. 이는 마치 건강한 환경을 위하여 미리 깨끗하게 위생처리를 잘 해야 하는 것과 마찬가지라는 것이다. 즉 위생에 아무리 신경을 쓴다고 하더라도 건강하게 만들지는 못하는 것처럼 위생요소를 아무리 제고한다고 하더라도 자동적으로 동기부여가 되는 것은 아니라는 설명이다.

허츠버그는 매슬로와 앨더퍼가 이야기한 고차원의 욕구요소인 성취나 조직 내의 인정 등이 동기요소라고 설명한다. 허쯔버그의 이론은 보수나 승진 그리고 직업의 안정성 자체가 공무원의 동기부여를 담보하는 데는 제한이 있으며 개인이 느끼는 공직에서 오는 보람, 성취감, 그리고 조직에서 받는 인정 등이 동기부여를 제고한다는 점을 시사해준다.

한편 동기내용이론은 조직을 어떻게 관리해야 하는 것이 좋은지에 대한 방향을 제시한다. 앞에서 설명한 맥그리거가 제시한 'X, Y이론'은 매슬로의 욕구단계이론을 바탕으로 한 이론으로 인간 본성에 대한 가정을 근거로 한 인간관 연구의 일환이다. 'X이론'과 'Y이론'을 비판하거나 두 유형과는 다르게 제시된 'Z이론'도 마찬가지이다.

무엇이 인간에게 동기를 부여하는가에 대한 관심이 동기이론의 내용이론이라고 한다면 어떻게 인간에게 동기가 부여되는가에 대한 관심은 동기이론의 과정이론이라고 볼 수 있다. 즉 인간에게 동기가 부여되는 심리적 과정을 살펴보는 것이 과정이론의 본질이다. 과정론의 핵심은 현대 조직행태론의 기초가 된 브룸(Vrooom)의 기대이론(expectancy theory)에서 찾을 수 있다. 브룸은 인간이 특정한 일을 성취하기 위한 노력을 기울이게 되는 것은 그 일에 대한 기대(expectancy)와 그 일을 얼마나 원하고 중요하게 생각하는 정도 즉 유인가(valance)에 달려 있다고 주장한다. 또한 노력을 기울여 달성한 1차적인 성과가 궁극적인 성취에 얼마나 도움이 될 것인가를 나타내는 수단성(instrumentality)에 따라서 동기부여의 정도가 다르다고 설명한다.

예를 들어 어떤 학생이 취업하기 위해 토익시험을 준비할 때 얼마나 많은 노력을 할 것인지를 브룸의 기대이론으로 설명하여 보자. 그 학생이 노력하는 정도는 토익시험을 준비하기 위하여 노력했을 때 실제 좋은 성적을 받을 수 있는 가능성이 높다고 인식할 때, 그리고 그 좋은 토익성적이 나올 때 원하는 취업을 할 수 있는 가능성이 높다고 생각할 때 더 많은 노력을 하게 될 것이다. 그리고 취업이 얼마나 본인에게 중요한지에 따라서 노력의 정도가 달라질 것이다. 공무원이 되기 위해 공무원시험을 준비하는 학생에게도 마찬가지로 적용해볼 수 있다. 즉 공무원시험을 준비하기 위하여 얼마나 동기부여가 되고 실제 노력을 기울일 것인지는 공무원이라는 직업이 본인에게 얼마나 중요한 것인지(유인가), 공무원시험을 준비하는 노력에 따라서 좋은 성적을 받을 수 있을 것인지(기대) 그리고 고득점을 받을 경우에 합격하여 내가 원하는 공무원이 될 수 있을 것인지(수단성)에 따라서 결정된다고 볼 수 있다.

Section

제 4 절

# 행정조직문화

## 1. 조직문화의 순기능과 역기능

사람은 많은 경우 개인적 욕구충족을 위하여 행동하지만, 직장의 분위기에 따라 행동하는 경우도 많다. 행정공무원도 마찬가지이다. 근무기강이 느슨하여 제멋대로 행동하는 사람들이 많은 조직도 있고, 엄격한 규칙에 의하여 경직된 분위기에서 조심스럽게 행동하는 사람들이 많은 경우도 있다. 일정한 분위기가 오랫동안 지속되면 조직원들의 행동만이 아니라, 가치판단이나 일반적 사고방식까지 좌우하게 된다. 이런 식으로 장기간 지속되는 분위기를 조직문화라고 부른다. 조직문화란 특정 조직의 구성원들이 지배적으로 공유하고 있는 사고방식, 가치관이나 태도를 지칭한다.

오랫동안 존속하는 조직은 대부분 특수한 조직문화를 지닌다. 사기업과 정부조직의 조직문화가 다른 것은 물론이고 정부조직에서도 부처들 마다 조금씩 조직문화가 다르다. 상명하복을 강조하는 경찰조직과 경제 관련 정책 문제를 해결해야 하는 경제부처들이 다를 뿐만 아니라 동일한 경제부처 중에서도 기획이나 예산을 담당하던 과거의 경제기획원과 집행업무를 주로 담당하던 건설교통부의 문화도 달랐다.

행정조직에서 조직문화를 논의하는 것은 긍정적인 것보다 부정적인 측면에서 논의하는 경우가 많다. 즉 행정업무 수행에 방해가 되는 조직문화를 걱정하고 이 조직문화의 부정적 영향을 감소시키기 위해서 검토하는 것이다. 그러나 조직문화는 여러 순기능과 역기능을 동시에 지니고 있다.

조직문화의 순기능을 보면, 조직 문화에 기반 한 행동양식을 제공함으로써 구성원들에게 심리적 안정성을 부여 할 수 있다. 그리고 조직문화에서 벗어나지 않는 행동을 하게 함으로서 조직구성원들의 행동을 예측할 수 있게 해준다. 상관이나 부하 모두에게 상대의 행동을 예측할 수 있게 하여 안정감을 지니고 업무수행을 할 수 있게 해준다. 조직문화에 일치하는 일정한 행동 양식은 구성원들로 하여금 조직에 대한 일체감도 높일 수 있다. 한걸음 더 나아가 조직 문화는 조직 구성원들에게 무엇이 바람직한 것인지, 무슨 일을 하는 것이 옳은 것인지에 대한 판단기준을 공유할 수 있게 한다. 이는 결과적으로 조직 목표와 부합하는 행동을 하도록 드러나지 않게 통제하는 매커니즘으로 작용할 수 있다. 조직문화는 구성원들의 가치 체계 속에 깊숙이 내면화되어 조직목표와 합치되는 의사결정을 하게끔 유도하기 때문이다.

긍정적인 효과도 많지만, 단점도 많다. 조직문화의 역기능은 일반적으로 매우 강력한 문화(strong culture)로 인해 야기되는 경우가 많다. 이러한 특성으로 인해 로빈스(Robbins)와 같은 학자는 조직문화를 매우 비판적으로 평가하기도 한다. 조직문화의 역기능적인 특성은 첫 번째, 제도화로 인한 혁신성의 저해이다. 조직의 강력한 문화를 기반으로 일정한 행동양식들이 명확하게 인식되고, 이로 인한 행동과 특성들이 습관화되거나 제도화될 수 있다. 결과적으로는 본래의 조직의 목적과 관계가 없는 조직 행동들도 함께 습관화되어 조직의 효과적 업무수행에 방해가 된다. 그리고 조직구성원들이 옳다고 무의식적으로 믿고 행동하기 때문에 새로운 상황에 필요한 조직의 혁신을 저해하며 변화에 대한 장애물이 될 수 있다.

두 번째, 다양성의 저해이다. 강력한 조직 문화는 구성원들에게 수용 가능한 가치를 통일시키거나 몇 개로 한정시키고 사고의 범위를 한정하여 지배적인 문화에 수렴하도록 압력을 가한다. 이러한 과정에서 조직구성원들의 인종, 나이, 성별, 장애 등과 다양성을 무시하게 된다. 세 번째, 강력한 조직 문화는 조직통폐합에 대한 장벽이 될 수 있다. 정부기관들의 통폐합이 시도되는 경우에 가장 큰 걸림돌이 된다.

최근 정부조직이 비판을 받는 측면을 조직 문화적 관점에서 살펴볼 수 있다. 그렇다면 정부조직의 문화적 속성을 보다 자세히 살펴보며 왜 그러한 정부조직문화가 형성될 수밖에 없는지, 그리고 이를 혁신하기 위한 방안은 무엇인지 모색하는 것이 매우 중요하다.

## 2. 행정조직문화의 병폐 1 - 레드테이프 -

17세기 영국에서 사용된 '레드테이프(red tape)'는 관청에서 규정집을 묶는 붉은 노끈에서 유래된 용어로 일반적으로 지나친 규정과 절차가 조직에 비합리적인 제약을 초래하는 현상을 의미한다. 우리말로는 관료제적 형식주의 혹은 문서주의로 번역된다.

원래 형식주의(formalism)는 조직구성원들의 행동을 바람직하게 하기 위하여 공식적인 규정이나 규칙을 지키도록 하는 것을 의미한다. 그런데 이것이 레드테이프를 발생시킨다. 레드테이프라는 심각한 부작용을 무릅쓰고 모든 조직은 규정이나 절차를 만들어 조직원으로 하여금 지키게 하고 있다. 왜 그런가?

첫째 업무의 효율성을 위해서이다. 표준운영절차(SOP, standard operating procedure)를 보면 이해하기 쉽다. 이것은 흔히 조직 내 매뉴얼(manual)과 유사한 것이다. 예를 들어 화재가 발생했을 때 소방서에서 소방서원들이 움직이는 행동을 상상해보라. 맨 처음 화재를 발견한 사람이 무조건 화재경보를 울리고, 화재 경보가 들리면, 일부 사람은 상황실로 가고 나머지는 모두 소방차로 뛰어 가서 운전하는 사람은 시동을 걸고 내비게이터를 열어 가는 장소를 입력시키고, 일부 사람은 소방호스를 점검하여 제대로 준비되어 있는지를 확인하고, 이러한 일련의 준비가 끝나면 소방차를 운전하여 화재 장소로 달려간다. 이렇게 각자가 맡은 일을 순서대로 빨리 해야 일이 제대로 진행된다. 대여섯 사람이 이리 저리 몰리면서 허둥지둥하지 않게 사전에 각자가 해야 할 일을 순서대로 하게끔 절차를 미리 마련해 두어야 한다. 만약에 소방 옷을 언제 입어야 하는지를 미리 정하지 않았다고 생각해 보라. 또 화재를 발견한 사람이나 신고를 받은 사람이 경보를 먼저 울려야 하는지 아니면 직속상관에게 보고를 먼저 해야 하는지를 정해 두지 않았다고 상상해 보라. 급박한 상황에서 혼란이 일어나고 일이 제대로 되지 않을 것이다. 어디가 아픈지 정확하게 알지 못하거나 어느 부서로 가야 할지 모르는 환자가 처음 종합병원에 들어왔을 때 노련하지 못한 안내원이 아무런 매뉴얼이 없이 혼자서 담당하는 경우를 예로 들 수 있다. 이처럼 연속적으로 해야 할 일들을 순서대로 정해 둔 것이 운영절차인데, 일의 순서를 가장 잘 정하고, 해야 할 일들을 가장 합리적으로 할 수 있는 방법을 정한 것이 표준적인(standard) 운영절차이다. 이 내용이 자세하게 만들어져 있으면, 병원의 안내를 처음 담당하는 원무원도 합리적으로 일을 하게 될 것이고, 소방서에 처음 입사한 서원들 여러 명이 움직여도 합리적으로 협동이 될 것이다. 다른 규정이나 규칙들도 비슷한 역할을 한다.

규정이나 절차는 비전문가들이 업무를 추진해도 어느 정도 전문성을 보장해주는 역할을 하는 것이다. 전문적인 업무도 상세하게 규정이나 절차로 분해하면, 비전문가들도 일을 처리할 수 있는 경우가 많은 것이다. 그러므로 아무도 경험하지 못하여 경험자나 전문가가 없는 경우에도 비상사태가 발생 시 제대로 대응할 수 있게 해준다. 비상사태에 대비한 매뉴얼(manual)이 있어야 한다고 강조하는 이유이다.

둘째, 이러한 이유 때문에 조직의 구성원들은 각각 부서에서 업무를 추진하지만, 규정이나 절차에 따라 행동하기 때문에 규정이 적용되는 상황에서는 규정대로 행동할 것으로 예측하거나 기대할 수 있다. 규정이나 절차는 조직 구성원의 행동을 기대하여 구성원들 간의 협동을 가능하게 하고, 조직 외부 사람에게는 조직원들의 행동을 예측하게 해 주는 역할도 한다.

셋째, 행정조직에서는 이들보다 더욱 중요한 기능이 있다. 규정과 절차를 공식화하면, 행정공무원들의 행동에서 객관성과 공정성을 확보하고 비공식적인 횡포를 억제하는 안정장치가 될 수 있다. 객관적으로 명시화된 규정이나 절차가 없으면, 공무원들이 재량권을 남용할 가능성이 있기 때문이다. 심할 경우 정부조직의 부정부패가 발생하게 된다. 만일 대학교 정문 앞에서 술집을 열겠다고 제출한 민원서류를 아무런 규정 없이 담당 공무원이 결정하도록 한다면 공무원은 민원처리를 빌미로 부정부패를 행할 가능성이 높아질 수 있다.

규정과 절차를 공식화하여 얻게 되는 위와 같은 순기능이 있음에도 불구하고, 레드 테이프라는 중대한 문제를 발생시킨다. 첫 번째로 레드테이프는 공무원의 책임성을 저해한다는 비판이 크다. 대학교 정문 앞에서 술집을 열기 위해 이를 허가해 달라는 민원이 왔을 때 자문위원회에서 심의하여 가부를 결정하기로 한 규정을 무시하고 구청장이 허가를 한다면, 대학교에서 엄청난 항의를 하고 민원인의 뇌물을 받고 허가한 것인지를 검찰에서 조사하기 시작할 것이다. 반대로 자문위원회의 심의도 없이 구청장이 허가를 거부하게 되면, 민원인이 시민의 권리를 무시했다고 고소할 수 있다. 공식화된 규정과 절차를 어기면 법적인 문책을 당하는 수도 있다. 그러므로 공무원들은 규정과 절차를 지키려고 한다. 한 걸음 더 나아가서 규정과 절차를 지키기만 하면 누가 무슨 비난을 하여도 규정과 절차 때문에 어쩔 수 없다고 변명할 수 있다. 책임을 지지 않기 위하여 규정이나 절차만 지키려고 한다.

문제는 절차와 규정이 지나치게 강조될 경우 달성하고자 하는 목표는 뒷전으로 밀리고 규정이나 절차만 준수하려는 경향이다. 목표와 수단이 뒤바뀌는 현상이다. 과거 정부가 정보화를 대대적으로 추진하던 때 정보통신부에서 지원하여 전자시스템을 갖춘 특별한 건물을 대학교에 지어서 홍보를 하려고 했던 경우였다. 그런데 규정에 의하면, 건축비가 60억 정도이므로 중소건축회사만 입찰 자격이 있었다. 당시 우리나라 최고의 건축회사 두 곳에서 20여 억원을 더 들여서라도 시범적 건축물로 건축하여 자신들의 업적으로 하겠다는 의견을 내었으나 규정상 중소기업에 맡길 수밖에 없었다. 결과적으로 전자분야에 대한 전문기술도 없는 중소건축회사가 맡았다가 건물을 망쳐 버린 경우가 있었다. 1990년대 초에 실제로 서울대학교에서 벌어진 일이다. 정보화 시범 건물로 대학에 건축하여 정보화를 좀 더 빨리 추진하겠다는 목표는 뒷전으로 밀리고 규정을 앞세우는 상황이 벌어진 것이다. 이러한 목표와 수단의 도치(뒤바뀌는)되는 현상은 결과적으로 국민의 공익을 위한 봉사라는 정부 조직의 존재 목적 자체에 대한 책임을 약화시킨다.

둘째, 절차와 규정을 지나치게 강조하고 이를 어길 경우에 처벌을 강화하는 행정통제가 심해지면, 공무원들은 규정만 지키는 복지부동 현상이 심해진다. 이는 중요하므로 아래에서 다시 논의할 것이다.

셋째, 규정과 절차가 복잡할수록 부패의 가능성이 커질 수도 있다는 비판이다. 까다롭고 복잡한 절차를 핑계로 민원인들을 괴롭히면서, 규정의 흠집을 악용하거나 비밀리에 약간의 규정을 위반하는 식으로 부정을 저지르고 뇌물을 받을 가능성이 언제나 존재한다. 최근에는 많이 좋아졌지만 민원인들이 고통을 호소하는 경우가 과거에는 너무나 많았다.

민원인들을 괴롭히는 가장 큰 문제는 규정과 절차가 자세할수록 융통성 없는 행정이 된다는 점이다. 이것이 레드 테이프의 네 번째 문제이면서 국민들(민원인들)에게 가장 큰 고통을 주는 문제이다. 성적 2.95점을 받고 가정사정이 너무 어려운 학생에게 장학금을 주어야 하는데, 장학금 지급 규정이 집안이 어렵고 성적이 크게 나쁘지 않는 학생에게 장학금을 줄 수 있다는 식으로 약간 추상적으로 정해져 있으면 장학금을 주어도 된다. 그러나 성적이 3.00점 이상이라야 된다는 식으로 자세하게 규정되어 있으면 이 학생은 장학금을 받을 수 없다. 모든 민원인들에게 적합한 규정을 만들려면 너무나 규정이 많아지고, 이것이 오히려 융통성을 감소시켜서 많은 문제를 만들게 된다. 한편 너무 추상적이 되면 공무원의 재량이 커지게 되는데, 이는 자칫 부정과 부패로 연결되기 때문에 그러지도 못한다. 결국 추상적인 규정으로 융통성을 살릴 수 있도록 하여 민원인들의 고통을 없애주되, 공무원들이 부정과 부패를 하지 않도록 하는 제도적 장치와 공무원들의 윤리의식이 절실한 것이다.

다섯 번째로는 변화에 대한 반발이 크다는 점이다. 급변하게 변화하는 현대환경에서 민간조직과 비교하여 상대적으로 정부 조직이 거대하고 비효율적인 조직으로 비판받고 있다. 선진국의 정부 혁신론자들은 관습과 절차로 인한 레드테이프를 정부혁신의 최대 걸림돌로 간주하고 있다. 이것 또한 레드테이프 현상으로 인해 변화에 보다 유연하게 적응하지 못하는 데에 기인할 수 있다. 규정과 절차는 한번 정하면 쉽게 고치지 못하기 때문이다. 너무 쉽게 고치면 사람들이 알지 못하거나 정확하게 이해하지 못하여 큰 혼란이 따르기 때문이다.

많은 학자들이 민간조직에 비해 정부조직에서 레드테이프 현상이 더 두드러지는지에 대해 규명하고자 하였고, 그러한 현상의 원인과 이를 혁신할 방안에 대해 끊임없이 고민하고 있지만 확실한 정답을 도출하기는 쉽지 않다. 한 가지 분명한 것은 거대한 조직일수록 해야 할 업무가 복잡하고 많고, 이에 따라 지켜야 할 규정과 절차가 복잡하고 많기 때문에 레드 테이프도 심해진다는 점이다. 동시에 행정부가 하는 일은 모두가 국민들 개개인에게 많은 영향을 미치기 때문에 공정성과 합법성을 보장하기 위해서 규정과 절차가 많을 수밖에 없다는 점이다.

가장 좋은 해결책은 규정과 절차를 대폭 없애고 그러면서도 공무원들이 재량을 최대한으로 발휘하여 공정하고 합리적으로 업무를 추진하는 것이다. 그러기 위해서는 공무원들의 준법정신과 윤리규범준수가 필수적인 것이다. 이것이 바로 공무원들의 소명의식이 절실한 이유이다.

## 3. 행정조직문화의 병폐 2 - 무사안일주의 - - 공무원의 정치적 중립과 신분안정에서 나온 부작용 -

민간조직과 정부조직을 비교할 때 주로 언급되는 것이 바로 조직원의 신분보장으로 인해 파생되는 여러 속성들, 그 중에서도 공무원의 신분보장으로 인한 정부 조직의 안정성과 이로 인해 파생되는 무사안일주의와 복지부동 문제이다. 그런데 공무원의 신분보장은 훨씬 더 중요한 공무원의 정치적 중립을 위해서 부여된 것이다.

민간조직과 다르게 국민의 기본권과 관련하여 정부조직의 구성원인 공무원에게 특별히 요구되는 가치가 있다. 바로 일반 국민들이 누리는 정치참여권을 제한하는 정치적 중립성이다. 이는 공무원 채용과 승진 등 인사관리 과정에서 어떠한 정치적 개입이 있어서는 안 되며, 또 공무원은 오로지 국가와 국민을 위해 봉사하여야 한다는 당파적 중립성을 뜻한다.

공무원의 정치적 중립성은 제1장의 행정학설사에서 자세히 보았듯이 미국에서 1883년 펜들턴 공무원법(Pendleton Civil Service Act)이 제정되며 요구되었다. 당시 미국 사회에 만연했던 공무원 제도의 엽관제(spoils system)의 폐해로 인해 인사행정에 대한 정치적 개입을 탈피하고, 실적제(merit system)로의 전환을 위한 법안이었다. 해당 법의 주요 골자는 선거에 대한 공무원들의 입후보 금지, 특정 정당에의 선거자금 지원 금지, 특정 정당에의 직위보유 금지, 공무원 조합의 정치활동과 선거운동 금지 등이다. 우리나라도 미국과 같이 법령의 규정에 의하여 공무원의 정치적 중립을 헌법에 명시하고 있다.

이러한 헌법에 따라 공무원의 신분보장은 법적으로 정해져서 함부로 고치지 못하게 하고 있다. 국가공무원법에는 "공무원은 형의 선고·징계처분 또는 법이 정하는 사유에 의하지 아니하고는 그 의사에 반하여 휴직·강임 또는 면직을 당하지 아니 한다"(국가공무원법 68조)라고 규정하여, 공무원의 신분을 강력히 보장하고 있다. 이는 정부조직의 특성상 정치적 영향력에 노출될 수 있는 공무원의 신분적 독립성을 유지하고자 하는 장치이다. 바로 현대적 행정학이 출발할 때 윌슨교수 등이 실적주의 확립을 위해서 강조하던 목적이다. 이로 인해 공무원들의 신분은 정권 교체에 영향을 받거나 정치적 변동에 휩쓸리지 않고, 또한 동일한 정권 하에서도 정당한 이유 없이 부당한 대우를 받지 않는다. 이렇듯 공직의 안정성을 담보하고 예측 가능성을 확보하는 것은 이를 통하여 국가 전체의 안정성과 국민에 대한 봉사의 질을 높이는 데 있어 매우 중요하다. 인사행정은 이러한 목적을 위해서 해야 할 일들을 자세히 논의한다.

공무원의 정치적 중립은 여러 순기능을 지닌다. 첫 번째로 정권 교체나 급격한 정치적 변동과 관계없이 행정의 안정성과 계속성을 유지할 수 있으며, 실적제에 기반 한 관리를 통해 행정의 전문성을 확보할 수 있다. 또한 정치적 세력을 포함한 외부적 환경에 치우침 없이 행정의 공평성을 제고할 수 있다. 행정의 능력과 민주성을 확보하기 위한 장치인 것이다. 마지막으로는 조직 외부 관점에서 보면 공무원에 대한 국민의 신뢰를 확보할 수 있다.

다양한 순기능에도 불구하고 공무원의 정치적 중립성은 정부조직을 지나치게 관료화 시킨다는 비판이 존재한다. 관료화의 문제는 베버(Weber)에 의해 처음 제기되었다. 베버는 서양의 근대화 과정을 '합리화'의 과정으로 해석하는데, 민간조직과는 달리 정부조직에서의 합리화에 근거한 행동들은 관료제라는 제도를 통해 발전하였고, 이 과정에서 지나친 관료화로 인한 문제를 야기한다고 보았다. 합리화와 관료화의 과정에서 효율성, 정확성, 예측 가능성 등과 같은 합리화의 목표 자체를 추구하며 이로 인해 과도한 위계화, 지나친 규칙과 규정, 자율성과 창의성을 허용하지 않는 비인격적 조직문화가 형성될 가능성이 높다고 판단하였다. 결과적으로 국가와 국민들을 위한 공익의 실현과 같은 숭고한 가치를 훼손시킬 수 있다.

또한, 정부조직의 안정성이 과도할 경우 나태한 행동과 복지부동이 야기될 수 있다. 공직자의 강력한 신분보장으로 인해 무사안일주의에 빠지거나 고의적으로 업무를 태만하게 하여도 이에 대한 처벌이나 해임이 매우 힘들기 때문이다. 위에서 강력한 지시나 명령이 없으면 적당히 일하고 말썽 없이 지내려고 하는 분위기가 쉽게 발생할 수 있다. 일반적으로 복지부동(伏地不動)이란 엎드릴 복, 땅 지, 아닐 부, 움직일 동 으로 문자 그대로 땅에 엎드려 꼼짝 않고 움직이지 않는 상태를 의미한다. 이는 본래 위급한 전시상황에서 땅에 몸을 낮추고 움직이지 않음으로써 은폐하는 것을 의미하는 용어에서 비롯되었다.

왜 공무원이 무사안일주의에 빠지고 복지부동하게 되는가? 열심히 일을 하여도 제대로 보상을 받지 못하는 보상체계와 지나치고 잘못된 행정통제가 가장 큰 두 가지 원인이다. 첫째 보상체계문제이다. 아무리 일을 열심히 해도 일을 하지 않고 빈둥거리는 동료들과 봉급이 같다면, 일하는 의욕이 생기기 어렵다. 사고가 생기지 않도록 적당히 시간을 보내는 무사안일주의에 빠지기 쉽다. 물론 앞에서 본대로 사람에 따라서는 봉급이나 다른 사람들의 인정여부와 관계없이 헌신적으로 일하는 사람도 있지만, 이러한 사람은 숫자가 적다. 그래서 많은 사람들이 안일하게 시간을 보내면, 헌신적인 사람도 영향을 받게 된다. 그래서 성과급제도가 나오게 된 것이다. 민간 기업체와는 달리 업무의 성과를 측정하는 것도 어렵고, 업무의 난이도와 책임의 경중 등이 다양하기 때문에 성과급제가 행정조직에서는 제대로 수용되지 못하였다. 나중에 검토되겠지만 신공공관리에서 공직사회의 성과급제를 시도하고 있으나 수용이 무척 어렵다.

## 4. 행정조직문화의 병폐 3 - 복지부동 -<br>- 지나친 행정통제가 산출한 부작용 -

더욱 심각한 것은 잘못된 행정통제이다. 원래 행정통제는 공무원들이 부정부패나 재량권 남용 등의 문제를 일으키지 않도록 감시와 처벌을 하는 활동이다. 행정통제는 부처내부의 감사관실에서 행하는 내부통제가 있으나, 같은 기관장 산하에서 이루어지기 때문에 영향력이 약하다.

외부통제는 조직 외부의 기관이 담당하기 때문에 그 강도도 강하고, 결과처리도 엄격하다. 외부통제에는 정치적 통제로서 국회가 주로 담당하는 것이 있고, 사법적 통제로서 법원 검찰이 담당하는 것이 있다. 정치적 통제는 국민들이 원하지 않는 정책내용이나 집행에 대하여 국회의원들이 국정감사 때나 예산심의 때에 그 잘잘못을 따지는 형태로 진행된다. 원래 국민들은 다양하고 정책으로 혜택을 보거나 피해를 보는 집단이 다르기 때문에 결국 피해를 보거나 혜택을 받지 못하는 사람들을 대변하는 결과가 된다. 그래서 이러한 정치적 통제는 야당이 주로 담당한다. 그러나 경우에 따라서는 여당의원들도 본인의 선거구민을 위하여 특정 사업에 대하여 비판을 한다. 이 정치적 통제는 장관이나 차관 등 정무직들에게 신분상의 영향을 주기도 하지만 직업공무원들이 이 때문에 신분상 불이익을 받는 경우는 거의 없다.

사법적 통제는 전혀 다르다. 주로 검찰, 그리고 초기에는 경찰들이 공무원들이 법규를 위반하여 저지르는 비리나 부정을 감시하고 처벌하는 형태로 진행된다. 법적인 책임을 추궁하기 때문에 심한 경우에 형사처벌을 받고 파면을 당하며, 약한 경우에도 벌금, 감봉 등의 처벌을 받는다. 그러므로 사법적 통제는 공무원들에게는 가장 무서운 통제가 된다.

내부통제와 외부통제의 중간쯤에 감사원에 의한 행정통제가 있다. 원래 감사원이 행정부로부터 독립되어 있으면 전형적인 외부통제에 해당되지만, 우리나라와 같이 대통령 소속으로 된 경우에는 외부통제라고 보기가 어렵다. 여하튼 감사원의 감사활동에는 직무감찰과 회계검사의 두 종류가 있다. 회계검사는 공무원들이 공금을 횡령하거나 낭비하는 것을 조사하여 처벌하는 것으로 엄격한 회계규정을 적용하여 그 위반여부를 판단한다. 직무감찰은 공금과 관련 없이 공직수행을 하는 과정에 불법이나 부정 비리가 있는지를 조사하여 처벌하는 것이다. 공금횡령이나 낭비가 심하거나 직무수행상의 비리가 심각할 때는 검찰에 의뢰하여 형사처벌을 하도록 한다.

행정통제는 어느 것이나 행정의 잘못을 바로잡기 위해서 수행하는 활동인데, 이것이 흔히 정도를 지나쳐서 행정활동을 위축시킨다. 즉 무사안일을 불러오고, 복지부동을 발생시킨다. 규정이나 규칙은 보편적으로 지켜야 하는 원칙을 내용으로 지니고 있다. 값비싸고 중요한 기계를 구입하는데 적어도 두 달 정도 입찰 공고를 한 후에 매입을 결정하라는 규정이 있다. 오랜 기간 공고하여 더 품질 좋고 값싼 제품을 골라서 사기 위한 규정이다. 그런데 외국에서 아주 좋은 제품을 빨리 사야만 하는 경우가 생기면 어떻게 해야 하겠는가? 이런 경우에 2개월을 기다려서 좋은 제품을 놓쳐 버리더라도 규정을 지켜야 처벌을 면할 수 있다.

엄격하게 규정이나 절차를 지키지 않으면 처벌을 받게 되는 경우에는, 누구라도 적극적으로 일을 할 수가 없다. 10가지 일을 열심히 하여 9가지는 성공하고 한 가지의 결과가 좋지 못한 경우에 그 하나 때문에 처벌을 한다면 누가 적극적으로 일을 하겠는가? 이러한 일들이 실제로 우리나라에서 벌어지고, 최근에는 더욱 심해졌다. 그래서 대통령이나 장관이 특별히 명령을 내리지 않는 한 아무리 바람직한 일이라도 규정에 어긋나면 공무원들은 절대로 움직이지 않는다. 복지부동이 나타나는 것이다.

여기에 더하여 고위직의 변동이 자주 일어나는 경우에는 더욱 심한 복지부동이 나타난다. 장관이 바뀌거나 대통령의 임기가 끝날 때가 가까워지면 소위 레임덕(lame duck)이라는 현상이 심각해진다. 대통령의 명령이라고 열심히 수행하다가 다음 대통령이 업무자체를 폐기하거나 무시해버리면 담당 공무원은 신분상 불이익을 받게 되기 때문에 복지부동적 행태가 벌어지는 것이다. 한편 새로운 대통령이 집권한 초기에도 복지부동이 발생한다. 지금 새로운 집권세력의 장·차관들이 추진하는 일들이 과연 앞으로도 계속 추진될 것인지가 불확실하기 때문이다. 새 정부 초기의 조직개편이 있으면 더욱 불확실해진다. 새로 임명되는 장·차관이나 대통령 비서들이 확실하게 자리잡기를 하려면 상당한 기간 동안 조정이 있기 마련이다. 이 기간이 길수록 복지부동은 심해진다.

공무원들이 아무리 소명의식을 지니고 열심히 일을 하려고 하여도 행정통제가 지나치면 복지부동하는 수밖에 없다. 그래서 행정통제를 담당하는 기관의 공직자야말로 소명의식을 반드시 지녀야 한다.

## 5. 행정조직문화의 병폐 4 - 전문성과 조직비대화(파킨슨의 법칙) -

현재 국내외적으로 경제적 환경이 악화되었기 때문에 곳곳에서 기업들이 구조조정을 통하여 인원을 감축하고 있다. 따라서 정부나 공공 조직도 이러한 기조에 따라 작은 정부를 지향하고 있으나, 과거에는 정부 조직의 끊임없는 확대가 문제가 되었다. 1980년대부터의 신공공관리의 채택에서부터 시작하여 각 국 정부들이 정부조직축소를 시도하고 있지만, 자칫하면 확대로 갈 수 있는 경향을 행정조직도 많이 생태적으로 보유하고 있다. 그래서 이를 간단하게 검토할 필요가 있다.

현재 우리가 지니고 있는 정부조직(행정조직)은 근대 국가로 들어서면서 그 모습을 갖추기 시작하였다. 19세기 말 유럽과 미국 등과 같은 선진 국가들에서는 산업화와 도시화가 진행되면서 국가기능이 사회 곳곳에서의 양적으로 급격하게 팽창되었다. 동시에 산업화로 인한 소득증대가 세수증대를 가능하게 하여 정부예산 증대가 이루어졌다는 사실은 제2장 국가기능론에서 자세히 검토하였다. 이렇게 기능증대와 예산증대가 과연 바람직한가를 두고 다양한 논쟁이 일어났고, 이러한 기능증대의 원인을 밝히기 위한 연구도 증가하였다. 19세기 말에 활동한 바그너 등의 재정학자가 대표적이다. 이러한 학자들이 활동하던 당시에는 이렇게 팽창되고 복잡한 행정업무를 담당해야 하는 공무원들이 선거에서 당선된 정치인에 의하여 채용되거나 면직되는 일이 자주 일어났다. 이러한 엽관제의 폐해를 개선하고 공무원들의 전문성을 제고하기 위한 노력의 일환으로 윌슨과 같은 초기 행정학자들이 당시의 행정 기능 팽창과 그 원인 등에 관한 연구를 활발히 수행했다는 점은 위의 행정학설사에서도 다룬 바 있다.

그런데 엽관제가 실적주의 직업관료제로 바뀐 후에도 행정조직은 지속적으로 팽창하였고 효율성이 기대에 미치지 못한다는 비판이 일어났다. 따라서 이를 검토하고자 다양한 연구들이 수행되었는데, 그 중 대표적인 논리로서 조직

비대화에 따른 비효율성의 원인을 찾고자 하는 파킨슨의 법칙(Parkinson′s Law)이 거론된다. 영국의 역사학자이자 경영학자인 파킨슨(Parkinson)은 2차 세계대전 당시 영국 해군 사무원으로 근무한 경력을 근거로 1955년 영국 「이코노미스트」 지에 사회생태학적 관점에서 정부조직의 증대에 대한 이론을 발표하였다. 그는 수학적인 검증단계를 거쳐 공직자의 수가 업무량과 관계없이 증대되는 현상을 발견하였다. 그는 이를 설명하기 위해 부하배증의 법칙과 업무배증의 법칙을 주장하였다.

첫 번째 법칙인 부하배증의 법칙은 공직자(공무원) 수는 해야 할 일의 양이나 중요도와 관계없이 승진을 위해 증가한다는 것이다. 상급공무원으로의 출세를 위해서는 부하의 수가 늘어나야하기 때문이다. 부하배증의 법칙에서 발생하는 문제는 공무원의 수가 늘어난 만큼 성과가 증가하는 것이 아니라는 데에 있다. 오히려 각자에게 할당된 업무가 줄어든 만큼 천천히 비효율적으로 업무를 처리하게 된다. 이 부분은 예산확대가 과거와 같이 쉽지 않고 구조조정이 일반적으로 수용되는 신공공관리 시대가 되면서 그 타당성이 많이 약화되었다.

파킨슨이 주장한 두 번째 법칙은 업무배증의 법칙이다. 이는 공무원의 수가 증가하게 되면 그에 따른 파생적인 업무가 창출되어, 본질적인 업무 양에 대한 변화가 없더라도 지속적으로 업무 배증이 이루어진다는 것이다. 이러한 업무 배증은 다시 일자리를 늘리게 되고 늘어난 일자리는 또다시 업무 배증을 가져오게 되는 순환적 구조가 발생한다. 파킨슨의 법칙에 의하면 관료제 하에서의 정부조직은 그 몸집을 불리려는 양적 확대 현상을 지속하며 이는 비효율성의 증대로 이어질 가능성이 높다.

두 번째 법칙은 자칫하면 발생할 가능성이 있기 때문에 주의해야한다. 이유는 간단하다. 공무원이 헌신적으로 일을 열심히 할수록 완벽을 기하기 위해 노력하게 되고, 자기가 담당하는 업무의 중요성을 더욱 깊이 자각하게 된다. 무의식 중에 앞의 분권화논리에서 본 국지적 합리성(local rationality)을 추구하게 된다. 그래서 중요한 일을 완벽하게 하기 위해서는 부수적으로 해야 할 일이 많아지는 것이다. 사실 파악도 좀 더 자세히 많이 하고, 가치판단을 제대로 하는지를 알기 위해서 많은 이해관계자들의 의견도 듣게 되고, 경우에 따라서는 그 방면의 전문가들도 만나게 되는 것이다. 지금은 예산사정이 너무 어려워서 이러한 이유 때문에 인원을 늘리지는 못하지만, 반대로 인원부족을 핑계로 적당하게 일하는 풍조도 생길 수 있음을 자각해야 한다.

Section

# 제 5 절 행정조직의 미래

## 1. 조직환경 변화와 조직구조

조직환경의 변화는 조직에 다양한 영향을 미친다. 특히 환경이 복잡하고 동태적으로 변화하면 조직은 안정성이 깨어지기 때문에 이를 극복하기 위하여 유연해져야 한다. 즉 환경변화의 속도가 빠르고 예측이 어려울수록 조직구조는 보다 유연하고 분권적이어야 한다.

특히 불확실한 미래 환경에 대하여 선제적으로 대처하기 위해서는 정형화된 조직기술보다는 비정형화된 조직기술을 보다 적극적으로 활용하고 유연한 조직운영을 위하여 기계적인 조직(mechanical organizations)에서 유기적인 조직(organic organizations)형태로 변화해 나가야 한다. 위 그림에서 제시한 바와 같이 빠른 조직환경 변화의 불확실성이 높아지는 환경에서 조직구조는 점차 집권성과 공식성을 낮추고 불필요한 규정을 줄여 레드테입을 줄여나가야 한다. 한편 이러한 조직환경에서는 계층적 구조를 점차 줄여서 수직적 계층을 감소시키고, 반면 전문화를 높여 수평적 분업화는 증가될 가능성이 높다. 수평적 분업화가 증가하면 개별 부서간의 칸막이를 낮추고 협업과 조정이 더욱 중요해진다.

한편 그레이너(Greiner)는 조직성장의 여섯 번째(마지막) 단계를 논의하면서 네트워크 조직에 관심을 둔다. 조직이 위기를 극복하기 위하여 내부적 해결책을 찾기보다는 외부적인 해결책을 모색할 수 있다고 주장한다. 예를 들면, 창의성을 내부적으로 담보하기 어려울 경우 외부조직으로부터 조달하기 위하여 타조직과의 협력을 강화하는 네트워크 전략을 모색할 수 있다는 것이다. 이러한 네트워크형 조직은 전통적 관료제의 특징인 위계적 구조보다는 수평적 협력관계를 구성하는 것을 특징으로 한다. 위계적 구조에서는 최고관리자에 의하여 모든 의사결정이 일방적으로 이루어지는 상명하달식 커뮤니케이션에 의존하였으나, 수평적 네트워크 체제에서는 조직의 모든 구성원이 모두 커뮤니케이션의 자율적 주체가 되고 많은 정보를 공유함으로써 보다 유연한 조직을

**표 7-3** 레이니가 제시한 조직환경 변화속도와 예측가능성

| | 조직환경 변화속도 (느림) | 조직환경 변화 속도 (높음) |
|---|---|---|
| 조직환경 예측가능성 (높음) | 조직안정성이 높음<br>정형화된 조직<br>기계적 조직(mechanical organization)의 전형적 환경<br>정형적 조직기술(routine technology) 적용<br>조직구조: 집권성, 공식성, 레드테입이 높음. 수직적 복잡성은 높고 수평적 복잡성은 낮음. | 공학적 기술 (engineering technology) |
| 조직환경 예측가능성 (낮음) | 기예적 기술 (craft technology) 적용 | 조직안정성이 낮음<br>조직의 환경적응력이 중요<br>유기적 조직(organic organization)의 전형적 환경<br>비정형적 조직기술 (non-routine technology) 적용<br>조직구조: 집권성, 공식성, 레드테입이 낮음. 수직적 복잡성은 낮고 수평적 복잡성(전문성)은 높음 |

운영할 수 있게 된다. 정보통신기술은 수평적 네트워크(horizontal network)를 이어주는 역할을 하는 한편, 관계형성, 의사소통, 신뢰형성을 통하여 참여자들 사이에서 사회자본(social capital)을 형성할 수 있도록 매개적 통로를 형성한다. 따라서 정보통신기술의 발달로 인하여 노드(node) 중심의 조직기능이 관계(link) 중심의 조직기능으로 대체되고 모든 조직이 커뮤니케이션의 주체가 되어 자율적인 행위자가 되어 관계를 형성한다.

## 2. 행정조직의 미래

위에서 본 복잡하고 동태적이며 불확실한 환경이 미래의 행정조직에서는 더욱 심해질 것이다. 정부조직과 관련한 이해 관계자의 수가 늘어나고, 행정환경에서 고려해야 할 요소 또한 점차 증가할 것이다. 이러한 상황에서의 미래 예측가능성은 더욱 불투명해 질 수 있다. 하지만 정부조직은 과거부터 기본적으로 중요하게 여겨졌던 공공가치를 실현하면서도, 동시에 다양한 변화에 대하여 빠르게 적응해야 한다는 필요성을 지속적으로 요구받는다.

그렇다면 미래의 정부조직은 어떠한 방향으로 나아가야 하는가? 우선은 정치 환경이 강하게 작용하여 관료의 정치화가 빠르게 진행되는 상황에서도 정부조직의 안정성이나 정치적 중립을 유지할 수 있는 방안을 모색해야 한다. 정부조직은 대통령이 임명한 임명권자와 정치적 중립을 지켜야 하는 공무원으로 이루어진 특수한 형태이다. 법으로 공무원의 신분을 보장하고 국민의 참정권을 침해함에도 불구하고 공무원의 정치적 중립성을 명시하는 근본적인 이유가 바로 여기에 있다. 민간 조직과는 달리 특수한 형태의 정부조직에서는 필수적으로 요구되어지는 사안이나, 과도할 경우 복지부동이나 무사안일주의에 빠질 수 있으며, 지나친 관료화의 문제가 발생할 수 있다. 따라서 미래의 정부조직에서는 과연 이러한 행정가치들의 최적의 조합은 무엇인지에 대해 고민해야 한다. 모든 행정가치들은 민간조직과 구분되는 정부조직의 특수성으로 인해 발생하였고, 각각의 행정가치들은 순기능을 지닌다. 몇몇 행정가치들은 과도하게 강조될 경우에는 문제가 될 수 있지만 적절한 행정환경이 유지된다면 오히려 정부조직을 위기에서 탈출시킬 수 있는 수단으로 활용될 수 있다. 문제가 발생하였다고 하여 관련 가치를 대체할 수 있는 새로운 행정적 가치를 발견하려 하기보다는 적정한 수준이 무엇인지에 대한 깊은 고민을 바탕으로 정부조직을 지속적으로 발전시켜 나가야 할 것이다.

새로운 조직 운영원리의 필요성은 급격한 행정환경 변화와 행정의 복잡화에 따라 보다 유연한 조직운영에 대한 필요성이 대두되면서 더욱 절박해진다. 그리고 정보통신기술의 발달은 수평적 커뮤니케이션을 촉진시킴으로써 상하관계가 명확히 규정되는 직책과 보고단계에 따른 계층제(office hierarchy)가 점차 퇴색하고, 위계적 구조 내에서 또는 때때로 위계적 구조를 탈피하여 조직구성원 상호간의 커뮤니케이션을 강조하는 네트워크 관계가 점차 중요해졌다. 이처럼 정부조직의 성장과 행정환경의 변화에 따라 새로운 조직 패러다임의 전환이 요구되는데 이를 간단히 정리하면 <표 7-4>와 같다.

전통적인 조직은 조직 환경과 상호작용을 하면서 지속적인 변화를 경험하기보다는 다른 조직과 구분되는 명확한 경계를 가지고, 고유한 조직적 특성과 기능을 유지하였다. 따라서 전통적인 정부조직에서는 고유한 정체성을 가지고 안정적으로 주어진 기능을 수행하는 것이 조직성패의 중요한 요소가 되었다.

**표 7-4** 정부조직의 패러다임 전환

| 특 징 | 전통적 정부조직 패러다임 | 새로운 정부조직 패러다임 |
|---|---|---|
| 조직구조 | 위계적 구조<br>(hierarchical structure)<br>보고체계를 통한 위계적 통제와 노드 (node)가 중요 | 수평적 네트워크적 구조 (horizontal network)<br>자율적 역량과 수평적/수직적 연계(link)가 중요 |
| 조직환경 | 폐쇄적 체계<br>(closed system) | 개방된 체계<br>(open system) |
| 조직의 기능 | 분절적/전문적 기능 | 연계적/통합적 기능 |
| 책임성 제고 | 명확한 조직간 경계와 위계구조를 통하여 책임성 제고 | 자율과 성과관리를 통하여 책임성 제고 |

그러나 새로운 정부조직에서는 고정된 특징과 기능보다는 조직 환경의 변화에 능동적으로 반응하면서 조직의 기능을 유연하게 변화시키는 것이 조직발전의 중요한 요소가 된다.

또한 조직구조에 있어서도 많은 변화를 경험하고 있다. 전통적 관료제의 특징인 위계적 구조가 점차 약화되고 있다. 전통적 조직의 구조적 특징은 명령과 보고의 체계가 명확히 구분되는 위계적 체계에 있다. 위계적 체계를 통하여 조직은 책임과 권한의 소재를 정확하게 구분하고 조직의 효율성과 효과성을 제고한다. 특히 위계적 조직에서는 최고관리자에 접근할수록 보다 장기적인 시각을 가지고 조직의 전략과 목표를 세우며 더욱 많은 책임성을 가지도록 요구받는다. 위계적 조직구조를 가진 조직은 보편적으로 의사결정이 빠르고 권한과 책임의 소재가 분명하며 단순하고 반복적인 임무를 효과적으로 처리하는 반면 복잡하고 역동적인 새로운 조직환경 속에서 유연하게 대처하지 못하는 한계점을 가지고 있다.

반대로 수평적 네트워크는 전통적인 위계적 구조에 비하여 명령과 보고체계가 매우 약하게 구성되어 있지만 조직환경의 변화에 보다 능동적으로 유연하게 대처할 수 있다는 장점이 있다. 위계적 구조에서는 최고관리자에 의하여 모든 의사결정이 일방적으로 이루어지고 상명하달식 커뮤니케이션에 의존하지만 수평적 네트워크 체제에서는 조직의 모든 구성원이 커뮤니케이션의 자율적 주체가 되고 많은 정보를 공유함으로써 보다 유연한 조직이 가능해진다. 즉, 전통적 조직에서는 조직 내에서 정보를 관장하고 집중된 권력을 가진 관리자가 노드(node)가 되어 조직의 중심에서 절대적 중요성을 갖지만 새로운 조직패러다임에서는 각 조직들이 형성하고 있는 연계(link)가 보다 중요해진다.

전통적 관료조직에서 추구한 기능적 전문성과 업무별 책임성으로 인하여 조직 간 경계의 벽이 두꺼워짐으로써 조직 간의 정보교류가 차단되고 조직의 효율성이 저해되는 역기능이 나타나게 된다. 이러한 역기능을 해결하기 위하여 새로운 조직패러다임에서는 분절적인 기능수행보다는 조직의 기능이 다른 조직의 기능과 연계되고 통합됨으로써 조직 간 정보공유와 협력이 더욱더 중요시된다. 조직 간 정보의 흐름을 촉진하고 유기적인 조직 간 협력구조를 구축함으로써 위계적 통제와 경계구분을 통한 책임구조를 탈피하고 자율과 연계원리를 중심으로 정부조직을 운용할 필요성이 대두되었다. 이에 따라 조직내부적 통제를 중심으로 조직구성원의 책임성을 제고하던 전통적인 위계적 조직 중심의 책임기제보다는 점차 개별 공무원의 성과를 상시적으로 점검하고 분석할 수 있는 통합적인 성과관리시스템과 조직단위에 자율성을 부여하여 성과를 제고하는 자율적 책임기제구축을 모색하게 된다.

## 요 약

행정관리는 국가기능 수행과 정책 수행과 공익 달성을 위하여 조직·인사·재무·정보 등을 관리하는 제반의 과정을 의미하며, 행정조직을 제대로 이해하기 위해서는 행정조직 설계의 원리뿐만 아니라 이로부터 파생된 문제점, 다양한 관리방식 및 조직문화 등을 종합적으로 파악할 필요가 있다.

행정조직을 설계하는 가장 기본적인 원리로는 부성화의 원리와 계층제와 통솔범위의 원칙과 명령통일의 원칙을 들 수 있다. 부성화의 원리는 기본적으로 수행해야 할 행정기능과 업무, 업무수행절차, 장소, 고객 등이 동질적이거나 상호연관성이 높을 경우 이를 한 조직으로 묶어 독립된 조직단위로 만든다는 것이다. 한편 계층제를 구성하며 통솔범위의 원칙과 명력통일의 원칙을 지켜야하기 때문에 계층의 숫자를 결정하는 것도 매우 중요한 사항이다. 통솔범위의 원칙은 한 사람의 상급자가 효과적으로 관리할 수 있는 부하직원의 수를 적절히 해야 한다는 원리이다. 명령통일의 원리는 조직의 운영상 보고체계를 명확히 하고 책임성을 확보하기 위해 중요한 원리이다.

조직설계원리를 적용하여 행정조직의 효율성을 제고하고자 하지만 현실에서는 다양한 문제점이 노정된다. 예를 들면 조직목표들 사이의 대립과 갈등조정의 어려움, 계선과 막료의 갈등과 비서실 횡포 가능성, 중앙과 지방, 상층부와 하층부의 갈등으로 인한 집권과 분권의 문제 등이 있다. 조직이 분업화됨에 따라 업무들 간 갈등과 대립이 일어날 수밖에 없고, 이는 Simon이 설명한 만족과 타협을 통한 갈등의 준해결(quasi resolution) 상태로 조정될 수 있다. 또한 계선과 막료의 갈등은 계선의 업무를 보조하다보면 실질적인 영향력을 행사하거나 계선의 업무에 간섭하기 때문에 일어난다. 마지막으로 상층과 하층의 갈등은 조직 최상부에서 하위조직 간 갈등을 조정하고 업무 지시·보고를 받는 과정에서 흔히 일어날 수 있다. 이때 업무 및 갈등 조정을 위하여 집권화를 필요로 하나, 현장의 변화가 심하고 상황이 복잡한 경우 분권화가 필요하다

행정조직 운영에서 중요한 요소들로는 리더십, 관리방식, 그리고 조직문화를 들 수 있다. 리더십은 부하들이 자발적으로 지시내용을 수행하도록 하는 상관의 힘이다. 수많은 학자들이 리더십에 관하여 연구하였는데, 연구의 경향은 비교적 리더 개인의 자질이나 특성에 집중하는 특성이론에 조직 유형이나 상황에 따라 적절한 리더십이 다르다는 상황이론으로 점차 변화해왔다. 특성이론은 리더가 될 자질을 가진 자들은 선천적으로 존재한다고 가정하고, 그들의 공통 특성을 밝히는데 주력하였다. 학자에 따라서 리더가 조직 내에서 취하는 행동을 '권위형', '민주형', '자유방임형'의 세 가지 유형으로 구분하기도 하고 상황에 따라 적절한 리더십 유형이 달라진다고 보는 상황이론을 제시하기도 한다.

행정 조직의 다양한 관리방식으로는 과학적 관리와 인간관계론을 들 수 있다. 테일러(Tayor)는 시간과 동작에 관한 연구를 통해 생산성을 극대화시키기 위하여 과업구조를 세분화하고 임금이라는 동기부여와 유인체계를 설정하는 과학적 관리론을 정리하였다. 그러나 과학적 관리론이 내적동기의 중요성을 간과하고 노동자의 인간다운 노동조건을 무시했다는 비판을 받았고 복잡한 과업을 수행하는 행정조직에는 적용하는데 한계를 지닌다. 이후 호손실험을 통해 얻어진 조직 구성원의 심리적 만족, 집단에의 소속감과 참여라는 중요한 측면을 강조하는 인간관계론이 등장하였다. 또한 맥그리거(McGregor)가 제시한 X이론과 Y이론은 Maslow의 욕구단계이론을 바탕으로 인간 본성의 부정적 관점을 X이론과 긍정적 관점의 Y이론을 통해 관리자와 조직구성원의 행태를 형성한다고 구분하여 보기도 하였다.

조직 내에서 일어나는 구성원들의 행태를 설명하는 대표적인 이론들은 동기이론으로 개인이 특정한 목표를 달성하기 위하여 이루어진 조직의 구성원으로 참여하여 어떠한 심리적 동기로 일하는지 밝힌다. 이는 동기의 내용을 중심으로 살펴보는 내용론과 동기가 부여되는 과정에 관심을 가지는 과정론으로 구분된다. 내용이론에는 매슬로의 욕구5단계론, 앨더퍼의 ERG 욕구계층론, 허쯔버그의 동기이론, 그리고 맥그리거의 'X, Y이론'이 있다.

조직의 주요한 구성요소 중 하나는 조직문화이다. 조직문화는 순기능과 역기능을 가진다. 순기능은 조직문화에 기반한 행동양식을 제공함으로써 구성원들에게 심리적 안정성을 부여하고 조직문화에 기반한 행동을 하게 됨으로써 조직구성원들의 행동을 예측할 수 있으며 조직에 대한 일체감도 높일 수 있다. 그러나 이에 비해 조직문화가 갖는 역기능은 제도화로 인한 혁신성과 다양성의 저해이다. 정부 조직문화의 대표적인 문제점은 레드 테이프, 무사 안일주의, 복지부동, 그리고 조직 비대화이다. 우선 레드 테이프가 일어나는 이유는 업무의 효율성을 제고하기 위하여 매뉴얼과 같은 규정과 규칙을 만들어 구성원들의 행동의 예측가능성과 공정성을 높이기 때문이다. 그러나 이로 인한 부작용으로는 공무원의 책임성 저해, 복지부동 심화, 부패 가능성 상승, 융통성 결여 등을 들 수 있다. 다음으로 무사 안일주의는 공무원의 정치적 중립과 신분안정으로부터 나온 부작용으로 이들이 무사안일에 빠지거나 고의적으로 업무를 태만히 하더라도 처벌이나 해임이 어려운 문제에서부터 비롯된다. 또한 복지부동은 행정의 잘못을 바로잡기 위해 수행하는 행정통제가 지나칠 때 일어날 수 있는 부작용아다. 마지막으로 파킨슨(Parkinson)이 설명한 부하배증의 법칙과 업무배증의 법칙을 통해서도 알 수 있듯이 업무량과 관계없이 조직 규모가 비대해지는 현상이 일어났다.

레이니(Rainey)는 조직 환경의 변화 속도와 예측가능성에 따라 조직 구조, 조직 기술, 조직 안정성에 차이를 보인다고 설명한다. 변화속도가 낮고 예측가능성이 높을수록 조직 안정성이 높고 정형화된 조직이 되며, 정형적 조직기술 적용이 가능하다. 또한 조직 구조는 집권성, 공식성, 관료적 형식주의가 높아진다. 이에 비해 조직환경 변화속도가 빠르고 예측가능성이 낮을수록 조직 안정성이 낮기 때문에 환경 적응력이 매우 중요해지고 비정형적 조직 기술을 적용할 필요가 있다. 특히 조직 구조는 집권성, 공식성, 관료적 형식주의가 낮고 전문성이 높은 특성을 지닌다. 미래환경에 대응하기 위하여 비정형적 조직 기술이 필요하고 전문성을 갖출 필요가 있음을 시사한다. 또한 정부조직의 안정성과 정치적 중립을 유지하고 행정가치들 간 최적의 조합을 고민해야 한다. 조직 구조 측면에서는 수평적 네트워크 구조, 조직 환경 측면에서는 개방된 체계, 조직 기능 면에서는 연계·통합적 기능을 필요로 하며, 자율과 성과관리를 통하여 책임성을 제고할 필요가 있다.

# 제 8 장
# 인사행정

§ 들어가는 말 §

"인사가 만사다"라는 말이 있다. 모든 일의 성패는 사람에 의하여 결정된다는 말이다. 아무리 조직을 합리적으로 구성하고, 훌륭한 리더십을 행사하여도 조직구성원들이 제대로 일을 하지 못하면 아무런 소용이 없다. 정부는 국민들이 원하는 재화와 서비스를 공급하고 기업과 개인의 활동을 규제하는 등 다양한 국가기능을 수행하고 있다. 그런데 이러한 활동은 결국 사람, 즉 공무원에 의해서 수행되고 있다. 그러므로 적합한 인재를 채용하여 이들이 최선의 노력을 다해 업무를 수행하도록 적절하게 관리해야 한다. 인사행정은 바로 정부조직 내에서 활동하고 있는 인적자원을 관리하는 활동을 말한다. 즉 정부의 목표달성에 필요한 인력을 충원하고 유지하며, 이들의 역량을 지속적으로 발전시키고, 사기를 제고하는 등의 일련의 활동을 의미한다. 이 장에서는 인사행정과 관련된 일련의 활동을 살펴보기로 한다.

◆ Section ◆

Section

# 제 1 절 인사행정제도

## 1. 인사행정의 목적

인사행정에서는 어떠한 사람을 공무원으로 채용하고, 어떤 기준으로 승진을 시키고, 보수를 줄 것인가 등등에 대하여 결정을 하여야 한다. 무엇을 기준으로 할 것인가? 업무달성을 위한 능력이 가장 중요한 기준이 된다. 능력이 있으면, 문제를 제대로 해결하고 비용이 적게 들게 행정업무를 추진하는 방법을 알게 된다. 즉 능률적인 행정을 할 수 있다. 그러나 바람직한 행정을 위해서는 이것만이 전부가 아니다. 능률성을 위하여 우수한 두뇌를 지니고 태어나서 좋은 교육을 받아 능력이 있는 사람들만을 공무원을 채용한다면, 가난하고 능력이 부족한 계층의 고통을 이해하거나 이들을 위한 정책추진을 하기가 어렵다. 바로 행정의 형평성이 희생될 수 있다. 한걸음 더 나아가서 공무원들이 각계각층의 국민들의 의사를 대변할 수 있다면 더욱 바람직할 것이다. 즉 민주성이 인사행정의 또 다른 목적이 될 수 있다. 행정기능이 더욱 복잡해지고 증가하면서 이러한 형평성, 민주성의 목적이 더욱 중요해지고 있다.

그런데 공익이론과 행정의 지도원리를 검토할 때 자세히 보았듯이 행정의 능률성, 형평성, 민주성 등은 서로 보완적일 때보다도 모순·갈등관계에 있는 경우가 더욱 많다. 능률성을 위해서 형평성을 희생해야 한다든가, 민주성을 위해서 능률성이 저해된다든가 하는 경우이다. 이들 다른 가치기준이 인사행정이 추구해야 할 목적이 되기 때문에 어느 것을 중시하는가에 따라 채용, 승진, 보수결정 등의 방법이 달라진다. 그러므로 어느 기준을 중시하는가에 따라 인사제도 전체가 달라지는 것이다.

역사적으로 보면 몇 가지 인사제도가 각각 다른 목적을 지니고 운영되어 왔다. 그때그때의 시대적 요청에 따라 다른 목적을 지닌 인사제도를 채택하여 온 것이다. 인사행정을 이해하기 위해서는 이들 제도를 먼저 검토하는 것이 좋다.

## 2. 인사제도 1 : 정실주의와 엽관제

정실주의(patronage principle)는 인사권자가 자기와 가까운 사람, 즉 학연, 지연, 혈연 등의 관계에 있거나 친한 사람들을 공무원으로 채용하고 관리하는 제도이다. 한편 엽관제(spoils system)는 인사권자와의 정치적인 연고관계나 정치적 충성도를 기준으로 공무원을 임용하는 제도로서, 선거에서 이긴 쪽이 자기 지지자들 중에서 공무원을 임용하는 제도이다. 능력이나 합리적인 요인을 고려하기보다 개인적인 이해관계 등 비합리적인 요소를 고려하여 관직을 임용하는 것을 보통 정실주의라고 규정하는데, 이렇게 보면 정실주의는 엽관제를 포함하는 넓은 의미로 이해할 수 있다.

정실주의는 영국의 특수한 정치발전 과정에서 생겨난 제도로서, 절대군주국가 시절 관료는 군주의 사용인으로서 군주를 위하여 충성을 바치는 존재였다. 이후 민주주의의 발달과 함께 절대군주국가가 입헌군주국가로 변화함에 따라 관료의 지위와 신분도 변하게 되었다. 즉 17세기 시민사회가 형성되면서 중산층에 의해 구성된 의회는 행정권을 대표하는 군주와 대립하게 되었다. 이에 따라 군주가 가지고 있던 관료지배권이 의회로 넘어 오게 되었으며, 의원들은 자신들과 개인적인 연고가 있는 사람들을 관직에 임용할 수 있는 기회를 갖게 되었다. 공무원의 임용이 의원들의 개별적인 청탁에 의해 이뤄진 것이다. 정실에 의해 임용된 관료들은 정권이 교체되더라도 대폭적인 인사 경질은 없었고 일단 임용된 관료에게는 신분이 보장되어 당시 영국의 공직은 종신적 성격을 띠었다.

미국에서 엽관제적인 경향이 두드러지게 나타난 것은 잭슨대통령 이후이다. 당시의 미국연방정부는 북동부 출신의 가문 좋은 상류계층이 지배하고 있었으며, 이로 인해 상류층의 공직독점에 대한 일반국민들의 불만이 고조되기에 이르렀다. 이러한 상황에 불만을 품은 서부개척민 중심의 하류계층의 지지를 바탕으로 대통령에 당선된 잭슨은 북동부 상류계층에 독점되어 있던 공직을 서부개척민을 포함한 일반대중들에게 개방하기 위해 엽관제를 전면적으로 도입하였다. 이 인사에서의 획기적 전환은 흔히 '잭슨식 민주주의'(Jacksonian democracy)의 상징으로 불린다. 그는 모든 공직은 건전한 상식을 갖춘 사람이면 누구나 수행할 수 있을 정도로 단순하기 때문에 특정인이 공직을 오랫동안 점유하는 것은 역기능이 더욱 크다고 지적하면서 공직의 대중화를 추진하였다.

잭슨 이후 미국의 대통령들은 엽관제를 수용하여 1880년대 까지 계속된다. 즉 선거에서 이긴 집권당은 공직을 전투에서 획득한 전리품(spoils)으로 생각하고 이를 자신들의 지지자에게 나누어 준 것이다. 이렇게 보면, 선거는 전리품으로서 공직을 사냥하는 것과 같다고 하여 관직사냥, 즉 엽관이라는 말이 나오게 된 것이다. 여기서 보듯이 미국의 엽관제는 개인적 연고관계에 기초하고 있는 정실제와는 다르다. 즉 선거에서 이겨 다수 국민의 지지를 받은 집권정당이 공직을 지지자들에게 개방함으로써 관료제의 민주주의를 확보하는 인사원리로 채택된 것이었다.

이와 같이 정실주의와 엽관제는 비슷한 것 같지만 역사적 배경과 원리가 전혀 다르다고 할 수 있다. 따라서 정실주의는 긍정적인 측면을 찾기 어렵지만 엽관제는 다음과 같은 점에서 정부관료제의 민주화에 기여한 것으로 평가되고 있다. 능력위주로 공무원을 임용하면 특수한 계층이 독점하기 쉬운 공직을 일반 대중에게 공개함으로써 정부관료제의 민주화에 기여하는 것이다. 그리고 선거를 통해 집권한 정치지도자의 국정지도력을 강화하여 국민의 지지를 받는 선거공약이나 공공정책의 실현을 용이하게 해 주는 등 정부관료제의 정치적 대응성을 높여 줄 수 있다. 한마디로 행정의 민주화에 기여하는 제도이다.

이러한 장점에도 불구하고 19세기 후반기가 되면서 엽관제는 많은 폐단을 드러내어 실적주의 수립을 위한 행정개혁운동이 전개되었다. 시대상황이 바뀌면서 엽관제의 장점보다 단점이 큰 문제가 된 것이다.

미국이 1860년대 남북전쟁 이후 고도성장을 계속하면서 산업화 도시화가 심화되고, 이에 따라 철도, 도로, 교량, 상하수도 등의 건설이 대대적으로 진행되자 행정업무 수행에도 전문성과 능률성이 요구되기 시작하였다. 그러나 엽관제는 정당에 대한 충성이라는 전문성이나 능력 이외의 기준을 공직임용에 적용하여 행정의 비능률과 낭비, 무능이 극도에 달했을 뿐만 아니라 행정의 공정성도 보장할 수 없다. 그리고 정권이 바뀌면 새로운 집권당이 자신들의 사람으로 관료를 대규모로 교체하여 행정업무의 계속성, 안정성, 일관성 등이 훼손된다. 그리고 무엇보다 정당의 소수 간부들이 선거에 출마할 후보자의 결정권 등을 독점하고 이를 이용하여 관료들을 장악하게 되어 매관매직, 뇌물수수 등 정치부패 행정부패가 극도에 달하게 되어 많은 지식인들을 분노하게 만들어 진보주의(progressive) 운동이 대대적으로 전개되었다.

이와 같은 문제점 때문에 미국에서 실적주의가 수립된 1880년대 중반 이후에는 엽관제적인 임용은 급속히 약화되었다. 그러나 엽관제는 행정민주화에 기여하는 역할 때문에 여전히 어느 정부에서나 중요한 인사관리 원칙의 하나로 지속되고 있다. 선거에 의해 당선된 지도자와 집권당은 엽관제를 통해 자신들의 정치이념과 철학을 구현할 수 있는 인물을 공직에 임용하여 관료에 대한 통제력을 강화하고 국민들에 대한 행정의 대응성을 높이도록 하고 있는 것이다. 다만 오늘날 엽관제적 임용은 과거와 같이 광범위하게 적용하는 것이 아니라 대통령이 직접 임명하는 장관과 같은 고위직이나 특별한 신임을 요하는 직위 등, 소위 말하는 정무직에 한해 제한적으로 허용하고 있다.

## 3. 인사제도 2 - 실적주의와 직업공무원제도 -

실적주의(merit system)는 정실주의와 엽관제 아래서 인사행정에 가해진 개인적 연고와 정당의 간섭을 배제하고, 오로지 능력과 자격 위주로 공무원을 임용하며, 또 정권의 교체와는 관계없이 공무원으로 하여금 행정사무에 전념할 수 있도록 신분을 보장하는 공무원 제도이다. 이와 같은 실적제는 공무원이 집권당의 시녀가 아니라 '국민 전체의 봉사자'임을 강조하며, 또 공무원의 임용은 공개경쟁시험을 통해 이루어지는 것을 중요시하고, 공무원의 정치적 중립과 신분보장을 주장하고 있는데 특징이 있다.

영국의 정실제와 미국의 엽관제로 대표되는 공직임용제도는 19세기 후반

들어 큰 변화가 나타났다. 먼저 영국에서 변화가 시작되었는데, 산업혁명에 성공한 영국은 급격한 경제발전에 따라 행정기능의 확대·강화가 요구되었다. 그러나 정실주의에 따라 필요 이상으로 공무원 수가 증대되어 갔고, 예산 낭비, 무능한 공무원의 배출과 능률성의 저하 등 갖가지 폐단이 생겼다. 정실주의에 의해 임용된 능력 없는 공무원들로는 도저히 새로운 행정수요에 대응할 수가 없었다. 그리하여 영국에서는 이러한 비능률적이고 부패된 공무원제도를 타파하기 위하여 일대 개혁 운동이 일어나기 시작하였으며, 1870년에 실적주의에 입각한 근대적 공무원 제도가 도입되면서 정실주의가 폐지되었다.

영국의 인사행정 개혁운동은 미국으로도 파급되어 엽관제도의 타파를 부르짖는 행정개혁 운동이 정치적 진보주의 운동의 일환으로 전개되었다. 당시 미국에서도 앞에서 본 바와 같이 엽관제의 폐해가 극심하여 1883년 펜들턴법이 제정되었고, 이로서 실적주의 공무원 제도의 초석을 마련하였다. 대통령이 되기 전 교수로서의 윌슨이 이러한 개혁을 뒷받침하기 위하여 정치·행정 이원론을 주장하고 고전파행정학을 창도하였음은 제1장에서 자세히 보았다.

실적주의는 엽관제와 정실주의의 폐해를 극복하기 위해 등장한 제도인 만큼 이들 제도에 비해 다음과 같은 장점을 갖고 있다. 첫째, 실적주의 인사행정은 공직에 취임할 수 있는 기회를 누구에게나 균등하게 보장한다. 객관적인 채용기준을 설정하고 시험을 실시하여 규정된 자격을 구비하고 시험에 합격하면 누구나 공무원이 될 수 있으므로 공직취임의 형평성을 보장한다. 둘째, 시험에 합격하거나 객관적 조건에 합당한 자만이 공무원이 될 수 있으므로 정치적 연고나 부정한 방법을 통해서 공무원이 되고자 하는 자를 배제할 수 있다. 따라서 실적주의는 공무원의 자질향상에 기여할 수 있으며, 이는 결과적으로 행정업무의 능률을 제고할 것이다. 셋째, 정권교체와 관계없이 자격을 갖춘 공무원들이 지속적으로 업무를 수행함으로써 행정의 계속성을 유지하는데 도움이 된다. 또한 이러한 공무원의 신분보장은 직업적 안정성을 유지시키고 행정의 전문화를 촉진한다. 넷째, 공무원의 정치적 중립성이 보장되어 어떤 정당이 집권하더라도 당파성을 배제할 수 있다.

하지만 실적주의는 공무원의 정치적 중립성과 신분보장을 강화하는 직업공무원제의 요소와 결합되어 심각한 문제를 일으킨다. 이는 직업공무원제를 검토한 후에 논의하기로 한다.

직업공무원제(career civil service system)는 정부조직에 종사하는 것이 공무원들의 전생애(全生涯)에 걸친 직업으로 될 수 있도록 마련된 인사제도를 말한다. 즉 젊은이들이 공직에 들어가 능력을 발휘하고 이에 따라 서서히 상위계급으로 승진을 하며 평생을 보내는 인사제도를 직업공무원제도라고 한다. 따라서 직업공무원제는 일반적으로 계급제, 폐쇄형 임용체제를 전제로 한다. 이러한 점에서 직업공무원제는 공무원의 신분과 지위를 중시하고 변화보다는 안정을 지향하는 전통적 관료제의 구성원리에 부합하는 제도이다.

폐쇄형 임용제도는 공직의 위계상 제일 아래 계급에 채용되어 승진을 하여 위의 계급으로 올라가도록 하고, 중간단계에서는 채용을 하지 않는 제도이다. 그러나 완전한 폐쇄는 바람직하기 않기 때문에 예외를 두는데, 최하계급인 9급부터 공직을 시작하되 예외적으로 5급에 행정고시로 채용되는 경우가 대표적이다. 전통적으로 6급 이하 9급까지를 서기직, 5급 이상을 관리직으로 구분하여 관리직에는 외부로부터 고급인력을 일부 채용하는 것이다. 물론 나머지 대부분의 자리는 밑에서부터 승진을 시키되 능력 있는 자를 확보하기 위해서 어려운 시험을 치는 등 까다로운 승진조건을 충족해야 한다. 뿐만 아니라 특수한 분야에는 특별한 전문가를 중간 단계에서 채용하기도 하고, 나중에 보겠지만 고위직에 개방형 임용제도를 도입하기도 한다.

직업공무원제와 실적주의는 공통적인 요소를 많이 지니고 있지만 실적주의가 곧 직업공무원제는 아니다. 즉 실적주의는 공직을 젊은이들에게만 개방할 필요가 없으며 외부로부터의 임용도 가능한 반면, 직업공무원제는 젊고 유능한 인재가 임용되는 것이 중요한 요건이며 원칙적으로 외부임용을 배제하고 내부 승진이 적용되어야 한다는 점에서 차이가 있다. 일반적으로 실적주의는 직업공무원제를 수용한다.

직업공무원제는 공무원 신분이 보장되며, 공무원집단의 일체감과 단결심 그리고 공직에 대한 봉사정신이 강화되는 장점이 있다. 그리고 동일한 공무원들이 정권변동에 관계없이 계속 근무하므로 행정의 안정성 및 계속성을 유지할 수 있다. 따라서 사회가 안정적이고 행정의 역할이 소극적이며 행정업무가 단순한 상황에서는 보수적인 직업공무원제가 그 역할을 잘 수행할 수 있다.

반면 직업공무원제는 다음과 같은 문제점을 가지고 있다. 첫째, 신분보장 때문에 직업관료들이 현상유지적·보수적이 되어 동태적인 환경에의 적응력이 약하고 변화와 개혁에 저항하는 경향이 있다. 가장 논란이 심한 문제가 신분보장 때문에 공직에 대한 민주적 통제가 어려워 공무원집단이 특권집단화 하거나 관료주의화를 초래할 수 있다는 지적이다. 신분보장을 하려면, 관료가 선거에 개입하거나 정치활동으로 특정 세력을 지지해서는 안 된다. 정치활동을 하게 되면, 집권당이 바뀔 때 반대자는 물러나야 하기 때문이다. 그래서 정치적 중립을 유지해야 한다. 문제는 새로운 집권당이 국민에게 선거공약으로 내건 정책들을 추진하면서 과거의 정책을 폐기하거나 수정할 때 발생한다. 이 문제는 중요하므로 다음에서 자세히 검토할 것이다.

관료들의 현상유지적 태도나 관료주의화 하는 문제점은 사회가 분화되고 발전할수록 더욱 두드러지게 나타난다. 또한 사회가 민주화되고 국민들의 요구에 대한 대응성 요청이 강화될수록 직업공무원제의 폐단은 더욱 커진다. 그러나 이러한 문제점에도 불구하고 실적주의와 직업공무원제는 어느 나라에서나 인사행정의 근간이 되고 있다. 동시에 이러한 문제점들을 완화하기 위하여 실적주의 인사행정을 기본으로 하되 운용에 있어서는 신축성을 강화하여 대표관료제 도입, 엽관제 임용의 확대, 정치적 중립의 완화 등이 이뤄지고 있다. 그리고 한걸음 더 나아가서 개방성과 전문성 및 성과주의를 기반으로 하는 새로운 인사체제를 확립하여 기존 직업공무원제의 비효율성과 비합리성을 극복하기 위한 노력이 시도되고 있다. 후술하는 개방형임용제도, 성과급제도와 고위공무원단제도 등이 이에 해당한다.

### 4. 인사제도 3 - 대표관료제 -

이상적으로 말하면, 대표관료제(representative bureaucracy)란 사회를 구성하는 모든 사회집단들이 한 나라의 인구 전체에서 차지하는 수적 비율에 따라 정부관료제의 직위를 차지하도록 하는 제도를 말한다. 즉 관료를 채용할 때 국민들의 각계각층에서 골고루 선발하고, 승진이나 보직에서도 마찬가지의 원칙을 적용하는 것이다. 한마디로 관료조직이 국민을 대표할 수 있도록 하자는 취지이다.

능력 있는 자를 선발하여 성과에 따라 승진을 시키는 실적주의제도와는 달리 대표관료제는 능력이 없거나 성과를 낼 수 없는 자라도 특정 계층 출신이나 특수집단(예를 들면 미국에서 흑인) 출신을 채용하고 승진시키는 제도이다. 즉 대표관료제는 인종, 성(姓), 직업, 계층, 지역 등 여러 기준에 의해 분류되는 국가전체의 부문별 인구를 골고루 관료로 흡수하여 관료제 내에 민주성과 형평성을 확보하려는 의도에서 주장되는 제도이다. 따라서 사회의 다양한 집단들 간의 불평등의 폐해가 클수록 대표관료제가 진가를 발휘할 수 있을 것이다. 반대로 우리와 같이 국민들의 동질성이 강한 경우에는 그 필요성이 약화된다.

대표관료제에서는 특정집단 출신의 관료가 자신이 속한 집단의 이익만을 강조하여 집단이기주의의 폐해가 나타날 수가 있다. 무엇보다도 대표관료제는 능력이나 자격을 기준으로 하는 것이 아니므로 행정의 전문성과 생산성이 저하될 수 있으며, 소수집단의 공직진출을 보장한 결과 다른 대규모 집단의 공직진출이 제한되는 역차별의 가능성도 있다. 그러므로 미국에서도 흑인 등 소수인종이나 여성들을 위하여 몇 개의 직위에만 적용하고 있다.

## 5. 인사제도 4 - 계급제와 직위분류제 -

인적자원을 효과적으로 관리하기 위해서는 정부가 하는 일, 즉 공직을 적절한 기준으로 분류할 필요가 있다. 유사한 성격의 공직을 묶어서 동일하게 취급하는 것이 직무를 하나하나씩 별도로 관리하는 것 보다는 훨씬 더 효과적이기 때문이다. 따라서 정부조직 내에 있는 수많은 직무를 일정한 기준과 원칙에 따라 분류하고 배열하고 있다. 공직분류의 가장 오래되고 일반적인 방법이 계급제(rank classification)인데, 미국에서는 직위분류제(position classification)를 채택하고 있다. 전자는 공무원이라는 사람을 중심으로 분류하는 방법이고, 후자는 직무의 특성에 따라 분류하는 방법이다.

### 1) 계급제

우리나라는 먼 옛날 삼국시대부터 계급제를 채택하여 왔다. 현재는 최하계급의 9급부터 최고계급의 1급까지 9계급으로 나누고 있다. 계급제는 공무원이 갖고 있는 학력, 경력, 능력 등 인적 특성을 기준으로 하여 사람들의 상대적인 지위에 따라 계급을 구분하는 제도이다. 그래서 동일한 계급에 속한 사람들은 그들이 수행하는 직무의 성격과 무관하게 모두 동일한 자격과 능력을 갖춘 것으로 간주된다. 예를 들면 5급은 중앙정부의 계장직을 맡고 4급은 과장직을 맡아 5급 이상은 모두 관리직급에 해당한다. 이렇게 사람을 중심으로 계급을 구분하는 것은 아주 오래 전부터 시작되었는데, 주로 직업의 분화가 심하지 않았던 농경사회의 전통을 가진 영국, 독일, 프랑스, 그리고 중국 일본 등 아시아의 여러 국가에서 채택하고 있다.

계급제에서는 계급 간의 경계가 엄격히 구분되어 있고, 각 계급에 대한 사회적 평가와 보수에 있어서도 분명한 차이를 둔다. 즉 각 계급에 따라 학력이나 경력 등에 차이가 있고 어느 하나의 계급에 임용이 되면 근무하는 동안 그 계급에 머무르고, 다음 단계로의 승진은 까다로운 절차를 거쳐야 한다. 보통 9급에서 6급까지는 연한이 차면 승진하지만, 6급에서 5급(관리직)으로 승진하려면 어려운 승진시험을 치는 경우가 일반적이었는데, 최근에는 근무성적 등을 고려하여 승진시키기도 하지만 아주 어렵게 통제한다.

계급제는 직무의 종류나 성격과 관계없이 일정한 능력을 가진 사람을 채용하므로 폭 넓은 일반적 교양능력을 가진 사람을 채용할 수 있으며, 공무원의 근무를 특정한 직위에 국한하지 않기 때문에 여러 부서로 옮겨 다니면서 근무할 수 있으므로 신분안정과 장기적인 경력발전에 기여할 수 있다는 장점이 있다. 그래서 폐쇄형적 제도에 적합하다. 하지만 계급제는 일반능력자 위주로 인사를 하여 이들이 계서제의 상위 직급을 차지하게 되면서 특수 분야의 전문가들이 소외되는 결과를 초래할 수 있으며, 이는 행정의 전문성 제고에 지장을 초래할 수 있다. 바로 이 때문에 직위분류제적 장점을 살려보고자 노력하는 것이다. 이 문제는 중요하므로 아래에서 다시 논의할 것이다.

### 2) 직위분류제

직위분류제는 공무원인 사람이 아니라 공무원이 행하는 일, 즉 직무 자체의 특성을 기준으로 직위를 분류하는 제도이다. 기획재정부에서 하는 업무를 예산, 세제, 금융 등으로 나누거나, 농수산부에서 하는 직무를 농산물, 수산물, 축산물 등으로 분류하여 각각의 업무에 전문가를 배치하려는 제도이다. 그래서 축산물 업무를 담당하기로 된 직위에 채용된 공무원은 평생 축산물 관계의 업무만 담당하기로 하는 제도이다. 농산물 중에도 식량, 과일, 채소 등이 또 다른 종류의 직위로 분류될 수도 있다.

뿐만 아니라 수직적인 분류도 필요하다. 동일한 축산물 업무를 담당하는 직위 중에서도 업무의 중요성과 책임의 경중에 따라 상하 관계를 만들기도 하는데, 예를 들면, 동일한 축산물을 담당하는 직위라도 전체를 책임지고 관리를 하는 상위직도 있고, 낮은 수준에서 작은 범위의 업무를 맡아서 일해도 되는 직위로 분류하는 것이다. 그리고 박사학위를 받고 오랫동안 연구를 하여 그 방면에 전문적 능력이 우수하다고 평가된 사람은 보다 무거운 책임을 지고 전체를 이끄는 직위인 팀장을 맡기고, 수의학과를 갓 졸업하고 입사한 공무원은 말단에서 작은 범위의 일을 하도록 하는 것이다. 이런 식으로 직위분류제는 직무의 특성이나 차이를 기준으로 유사한 것을 수평적으로 묶고, 직무의 난이도나 책임성이 유사한 것을 수직적으로 묶어서 분류한다.

여기서 짐작할 수 있듯이 직위분류제는 직무의 성격에 따라 그 분야에 적합한 지식과 능력을 갖춘 사람을 임용하는 제도이기 때문에 외부인사의 임용이 자유롭다. 따라서 계급제에 비해 개방적이다.

직위분류제는 20세기 초 미국에서 발달하여 다른 나라에 전파되었다. 미국은 농업사회를 배경으로 하는 신분제 사회의 계급의식이 존재하지 않았고, 실적주의의 발달에 따라 직책을 수행할 수 있는 전문지식과 기술을 요구하게 되었으며, 실적주의인사제도 수립 당시에 유행하던 과학적 관리법을 통해 직무

분석과 직무평가가 가능하게 된 점 등이 미국의 직위분류제 발달에 많은 영향을 미쳤다. 즉 직무분석을 통하여 각각의 직위에서 담당해야 할 일을 명확히 해야 하고, 직무평가를 통하여 어떻게 얼마만큼 일을 했는지를 알아야 적합한 봉급 등을 결정할 수가 있기 때문이다.

직위분류제는 폐쇄적인 계급제와 달리 어느 직급에서나 외부인사를 채용하기 쉬운 개방형의 장점을 지니고 있을 뿐만 아니라 각 직위가 요구하는 자격요건을 확실히 밝혀 임용시험, 인사배치 등에 필요한 합리적인 기준을 제공하므로 각 직위에 맞는 적임자를 임용·배치할 수 있다. 수의사 자격만으로도 되는 자리인지, 아니면 박사학위를 획득하고 얼마 간 연구업무를 한 경험이 있어야 하는 자리인지를 확실히 정해두기 때문에 적임자를 찾는데 합리적이다. 또한 직무의 내용과 자격요건이 명확하게 규정되어 있기 때문에 근무성적 평정을 위한 객관적 기준을 제시할 수도 있다. 뿐만 아니라 각 조직 단위의 권한과 책임의 한계를 분명히 하여 하위조직들 간의 불필요한 갈등을 피할 수 있다. 축산관계문제는 축산분야에서, 과일관계 문제는 과일분야에서 책임지는 것이다.

그러나 직위분류제는 사람보다는 직무를 중심으로 하기 때문에 치명적인 문제점들이 있다. 전문성을 강조하는 직위분류제는 공무원의 안목을 편협하게 만들 수 있으며, 일반적 관리능력을 가진 행정가의 양성을 방해하는 것이 가장 기본적인 문제점이다.

수의사로서 언제나 가축들의 질병문제 만을 취급하게 되면, 품질 좋은 가축을 생산하기 위한 작업은 모르게 되고, 축산에서 언제나 문제가 되는 사료 확보에 대해서는 전혀 알지 못하게 된다. 우리나라는 옥수수와 같은 축산사료가 언제나 부족하기 때문에 이에 대한 대책이 축산국에서 마련되어 민간 축산업자들을 지원하게 되는데, 가축질병만 담당하는 수의사 출신은 20~30년을 근무해도 축산에 대한 온갖 업무를 관장해야 하는 축산국장 역할을 하지는 못한다. 축산국장은 축산에 대한 좁은 분야의 전문가가 아니라 여러 방면에 대한 지식을 갖추어야 한다. 한마디로 국장은 일반행정가가 되어야 한다. 심지어는 과장 정도만 해도 일반행정가가 필요한 경우가 많다. 국장, 차관보, 차관은 말할 것도 없이 일반행정가가 되어야 하는 것이다.

### 3) 계급제와 직위분류제의 융합

분야별 특수전문가(specialist)와 일반행정가(generalist)의 육성은 전혀 다른 경로를 밟아야 한다. 전자는 대학 대학원 등에서 특수분야에 집중된 교육을 받아야 한다. 건축전문가, 기계전문가, 의사, 수의사, 약사 등등이 대표적이다. 그리고 이들이 평생을 그 일만 담당하면서 봉급은 증가되어도 국장이나 차관보로는 승진하는 못한다. 이것이 직위분류제의 치명적인 약점이다. 일반행정가는 정반대로 사회과학 전반에 걸쳐서 교육을 받고 어느 한 부분은 깊이 알지 못하지만 중요한 부분에 대해서 기초를 터득한 후에 여러 가지 일들을 골고루 담당하면서 일반적인 행정을 터득하는 것이다. 그래서 이들은 금융업무를 담당하다가 조세업무도 담당할 수 있게 순환보직을 시키는 것이다. 행정고시를 통하여 선발한 사람들을 여러 분야에 골고루 순환을 시켜서 일반행정가를 육성하는 것이 계급제의 장점이다. 그러나 이미 보았듯이 계급제는 특수전문가를 채용하거나 육성하는 데는 어려움이 있다.

이와 같이 계급제와 직위분류제는 그 역사적 배경이 다르고 각각 장단점이 있으므로 이 두 제도는 상호보완적으로 활용되고 있다. 즉 계급제를 채택하고 있는 나라는 행정의 전문화를 도모하기 위해 특별한 분야에서는 직위분류제적 요소를 도입하여 특수전문가를 채용하고 있다. 그리고 직위분류제를 채택하고 있는 나라는 지나친 직무 분화에 따른 행정의 신축성과 통합성의 결여를 보완하기 위해 일정한 범위 내에서 순환보직을 시키는 식으로 계급제적 요소를 도입하고 있다. 한마디로 양 제도의 단점을 극복하고 장점만을 취하려는 노력을 기울이고 있는 것이다.

Section

제 2 절

# 인사행정의 주요 업무와 기능

정부 내 인적자원을 관리하는 인사행정의 주요과정과 활동은 관점에 따라 다양하게 제시되고 있으나, 보통 인력계획, 공직구조 형성, 임용, 능력발전, 동기부여, 통제 등으로 구분된다. 이중에서도 가장 중요한 기능은 적합한 인재의 충원, 지속적인 능력발전, 높은 사기와 근무의욕의 유지 등 세 가지라고 할 수 있다. 따라서 여기에서는 이들을 중심으로 설명하고자 한다.

## 1. 임 용

임용은 신규채용・승진임용・전직・전보・겸임・파견・강임・휴직・직위해제・정직・강등・복직・면직・해임 및 파면을 말한다(공무원임용령 제2조). 즉 임용이란 정부조직에서 사람을 선발하고 일정한 직위에 배치하거나 제외시키는 모든 활동을 말한다. 임용은 정부조직 밖에서 필요한 사람을 선발해 쓰는 신규채용, 즉 외부임용과 정부조직 안에서 사람을 이동시키는 내부임용으로 나누어 볼 수 있다.

### 1) 외부임용

외부임용은 새로운 공무원을 선발하여 채용함을 의미한다. 공개경쟁채용과 특별채용이 있지만, 실적주의제도하에서는 전자가 원칙이다. 다만 후자는 특수한 직무분야에서 공개경쟁이 불필요하거나 적절하지 않을 때 일정한 요건을 갖춘 자를 선발하는 것이다.

앞에서도 지적했지만, 폐쇄적인 직업공무원제도(실적주의제도에서는 일반적인 형태이다)하에서는 신규채용이 공직자의 질을 결정한다. 사람을 처음에 잘 선발해야 하는 것이다. 채용된 후에 아무리 공직훈련이나 교육이 훌륭해도 선발된 공직자의 자질이 나쁘면 거의 효과를 보지 못 한다. 그러므로 행정고시나 9급 시험이 중요한 것이다.

우수한 공직자는 업무처리능력이 우수해야 할 뿐만 아니라, 헌신적으로 일을 하는 적극적 자세가 필요하고, 윤리·도덕적으로 건강해야 한다. 이러한 사항은 오래 동안 같이 생활을 해야 겨우 알 수 있거나, 그나마도 응시자가 의도적으로 행동을 평소와 달리 하면 판단하기가 어렵다. 더욱이 두 가지는 객관적으로 평가하기가 어려운데, 공직시험은 모든 자격자들의 관심사이기 때문에 주관적인 평가는 논란의 대상이 된다. 그래서 능력만을 평가하게 되는데, 그나마도 전문적 지식을 테스트하는 정도에 그친다. 더욱이 능력에는 전문적 지식만이 필요한 것이 아니다. 후술하는 행정능력론에서 보겠지만, 정치적 능력, 실행적 능력이 모두 신공공관리 시대에는 절실하게 필요한 능력인데, 이런 능력도 테스트하기가 매우 어렵다. 그래서 지적 능력만을 기준으로 적격자를 선발해야 하는 약점이 심각하다. 채용 후의 교육과 훈련에서 보강하는 수밖에 없지만, 근본적인 한계가 있다.

신규채용에는 또 다른 한계가 있다. 민주국가에서는 모든 국민들에게 공직취임의 기회를 주는 것이 원칙이고 민주행정을 위해서도 바람직하지만 직무를 처리할 수 있는 능력을 갖춘 자를 우선적으로 채용하여야 하는 딜렘마이다. 물론 자격요건을 최소화 하여 일반 국민들에게 최대한 공직 취임 기회를 확대하는 방식을 채택하지만, 능력위주의 선발이 언제나 우선되어야 하는 딜렘마이다. 행정업무가 단순하고 안정적인 행정환경에서는 민주성을 강화해도 되지만 업무가 복잡하고 역동적인 환경에서 행정업무의 실패가 너무나 중대한 피해를 끼치게 되는 경우가 많으므로 능력위주의 채용을 하지 않을 수 없다.

### 2) 내부임용

내부임용은 정부조직 안에서 공무원들을 다른 자리로 옮기는 인사업무를 말한다. 수직적 이동과 수평적 이동이 핵심이다.

공무원을 수직적으로 이동시키는 내부임용으로는 승진, 강등이 있다. 승진은 하위 직(계)급에서 상위 직(계)급으로 이동하는 것을 말한다. 9급에서 8급으로 승진이 되는 경우는 보수는 증액되지만, 업무의 변화가 거의 없는 경우가 대부분이다. 그러나 6급에서 관리직인 5급으로 승진되면 보통은 중앙정부의 계장으로서 부하를 거느리고 계원 전체가 하는 업무를 총괄하여 지휘하고 감독하는 일을 맡게 된다. 그래서 승진을 하게 되면 업무자체도 더욱 어려워지고 책임이 커진다. 그러므로 당연히 보수도 증액된다. 원래 동일한 계급에서도 일정 연한이 되어 호봉이 올라가면 보수도 증가되지만(이를 승급이라고 부른다), 승진은 보수증액이 당연히 수반된다.

이러한 승진제도는 민간기업에서도 비슷하다. 그래서 조직원들은 공사를 막론하고 승진하는 재미로 출근한다고 해도 과언이 아니다. 따라서 구성원의 동기를 유발하고 사기를 진작시키는 수단으로서 가장 중요한 수단이 된다. 당연히 공정하게 승진시키는 일이 아주 중요한 인사원칙이 되는 것이다.

반면 정반대의 개념인 강등은 상위 직(계)급에서 하위 직(계)급으로 이동하는 것으로서, 중징계 종류 가운데 하나이다. 파면이나 해임으로 직장에서 퇴출시키는 처벌 다음으로 강력한 징계가 된다.

공무원을 수평적으로 이동시키는 내부임용으로는 전직, 전보, 겸임, 파견 등이 있다. 동일한 계급 또는 등급에서 다른 자리로 수평이동 하는 것을 말하는데, 중고등학교를 담당하는 국에서 근무하다가 대학국으로 이동하는 것이 이에 해당한다. 축산과장에서 원예과장으로 옮기는 경우에서 보듯이 전혀 다른 성격의 업무를 새로이 맡게 되는 경우가 많다. 바로 앞에서 말한 일반행정가를 양성하기 위해서 다양한 업무분야로 순환시켜서 보직을 맡기는 것이다.

순환보직은 원래 편협한 특수 전문가를 양성하는 대신에 전체를 이해할 수 있는 일반행정가를 양성하여 하위조직 간의 갈등과 대립을 방지하고, 전체목적을 위한 행정을 추진하기 위해서 필수적이다. 더욱이 보다 상위의 직책을 담당시키기 위해서도 그 상위 직책이 관장하는 업무를 골고루 맡아 보는 것이 바람직하다. 그러나 한 사람이 일정 분야의 모든 업무를 골고루 담당할 수는 없으므로 중요한 몇 가지만을 담당시킨다. 다른 업무를 새로 담당하면 그 업무를 정확히 알기 까지는 시간이 소요되므로, 순환보직은 보통 2~3년의 기간을 두고 이루어지는데, 최근의 한국 정부에서는 너무 빨리 자리를 바꾸는 경향이 있다. 업무를 정확하게 알 수 있을 때쯤에 자리를 바꾸는 폐단이다. 한 자리에 오래 있으면 이해관계자들과 유착이 될 가능성이 크다는 이유도 있지만 인사권자들이 인사권을 남용하는 악습도 큰 원인이다.

## 2. 교육훈련

교육훈련(education and training)은 공무원에게 직무수행 상 필요한 지식과 기술을 연마하고 업무태도를 개선시키기 위한 활동을 말한다. 공무원으로서 업무를 수행할 때 부족한 부분을 채용 후에 습득시키는 활동이다. 과거에는 주로 지식과 기술을 습독시키는데 초점을 두었으나, 최근에는 잠재적인 능력을 종합적으로 개발하여 개인의 발전도 부수적으로 도와주는데도 관심을 두고 있다. 채용 시에 고려하지 못한 헌신성과 도덕적 건전성을 보충하는 교육훈련도 필요하지만 이를 위해서는 장기간이 필요하고, 단기적인 효과를 얻을 수 있는 적절한 방법이 없다는 문제가 있다.

교육훈련을 통한 직무수행 능력의 향상은 근무실적의 개선에 기여하여 행정서비스의 질을 향상시킨다. 또한 교육 훈련은 개인차원에서도 직무수행에 대한 자신감을 높여 근무의욕을 고취하며, 장기적으로 개인의 경력발전에도 기여한다. 교육훈련을 받는 기간에는 일자리를 떠나기 때문에 자리가 비게 되어 다른 사람을 쓸 수 있는 여유가 생긴다. 반대로 교육을 받는 사람은 예비인력으로서 결원이 생길 경우 인력지원이 가능하게 하는 부수적인 효과도 있다.

그러나 공무원들은 일반적으로 교육 훈련을 기피하는 경향이 강하다. 직장을 떠나 직무수행을 중단하게 되므로 발생할 지도 모르는 불이익을 걱정하거나, 직무수행과정에서 맺게 되는 인관관계가 단절되는 것을 싫어하기도 한다. 그래서 과거에는 교육 훈련을 받을 대상을 결정하는데 어려움이 많았다. 과거에는 인사권자가 싫어하는 공무원을 직무로부터 배제하는 수단으로 교육을 보내는 경우가 흔히 있어서 이러한 공무원들의 걱정이나 거부감이 일반화되어 있었으나 지금은 많이 개선되었다. 그리고 개인적 발전이나 휴식을 위해 장기간의 교육을 선호하는 사람도 많아졌다.

신규채용자들은 새로운 직책을 담당하기 위해 필요한 적응훈련(orientation training)을 받는다. 소속 직장 전체의 성격과 업무 상황을 알려주고 직무수행에 필요한 기초지식을 습득하게 한다. 가장 중요한 훈련은 특수한 전문성을 필요로 하는 업무를 담당할 공무원들에게 시행하는 것인데, 정부에 고유한 경찰, 소방업무 등은 일반교육기관이나 민간기업에서는 배울 기회나 경험을 쌓을 수가 없기 때문에 이에 관련된 직무를 수행할 사람들에게 사전에 실시한다.

미국의 뉴욕시에서는 지방경찰로 선발되면, 6개월의 훈련과정을 거쳐서 최종적으로 합격자를 선발하는 식으로 교육훈련과 신규채용의 두 가지 기능을 동시에 수행하고 있다. 6개월의 채용훈련에서는 경찰이라는 특수한 직업에 대한 소개, 필요한 정보나 기술도 가르치지만 더욱 중요한 것은 경찰업무에 따르는 신체적 위험, 불필요한 모함이나 오해 등등에 대해서 자세히 소개하고 선배들의 경험담을 들으면서 경찰업무의 어려움을 이해하도록 한다. 여기에 더하여 경찰업무에서 얻을 수 있는 보람과 자부심도 다양한 방법을 통하여 알려 준다. 그리고 최종적으로 이러한 직업을 가질 것인지에 대해서 선택을 하도록 한다. 과거에는 대강 절반 정도가 포기한다고 했는데, 지금은 높은 경쟁률로 선발되며 처우도 많이 개선되고 있다. 어쨌든 경찰업무의 어려움과 보람을 정확하게 이해하도록 하여 소명의식을 지니고 헌신적으로 일할 경찰을 선발함과 동시에 이들에게 경찰업무를 알도록 교육을 시킨다.

여기서 알 수 있듯이 교육훈련은 전문지식만이 아니라, 공직에 대한 적극적이고 의욕적인 태도를 지니게 하는 것이 아주 중요하다. 문제는 이러한 태도를 교육을 통하여 습득시키기가 어렵다는 점이다. 한걸음 더 나아가서 도덕적 윤리적 자세를 지니도록 교육하는 것은 무척 어렵다. 공직자로서 소명의식과 자부심을 지니고 일할 수 있는 마음자세를 습득시키는 것이 정말 중요한 일이지만, 또한 아주 어려운 일이다.

채용이 된 후에 공직을 담당하면서 재직자훈련을 받는데 흔히 보수교육(補修教育)이라고도 하며, 재직공무원들을 대상으로 새로운 지식이나 기술 또는 법령의 내용을 습득시키고 근무태도와 가치관을 개선시키기 위해 정기적 또는 수시로 실시한다. 관리직으로 승진하는 사람들에게는 부하를 지휘감독하기 위하여 원만한 인간관계를 유지하고 지도역량을 잘 발휘할 수 있는 방법들을 터득시키는 교육훈련을 한다. 고위 공무원에게는 정책결정과 지휘관리에 필요한 능력을 향상시키는 훈련을 하기도 하는데, 직무분야의 업무에 필요한 기술적 능력 보다는 조직체의 관리에 필요한 포괄적이고 광범위한 능력을 키우도록 훈련시킨다.

또한 고위관리직은 신공공관리 시대에 접어들면서, 외부 민간조직이나 시민단체들과의 협력과 지원을 얻는 일이 중요해지고, 정보화가 진행되면서 시민들의 직접적 참여나 정치의 행정에 대한 개입과 통제가 강화되는데, 이를 적절히 관리할 수 있는 정치적 능력이나 외부지원획득 능력이 절실히 요구된다. 그럼에도 불구하고 이러한 능력을 획득할 수 있는 교육이나 훈련이 거의 이뤄지지 않고 있는 점은 개선되어야 할 것이다.

## 3. 동기부여

### 1) 사 기

훌륭한 공직자는 능력도 있어야 하지만, 헌신적으로 열심히 일해야 한다. 의욕을 지니고 일해야 한다. 사기는 근무의욕의 한 표현으로서 일에 대한 동기와 같은 의미이다. 공무원이 그 직책을 수행하는 과정에서 보람을 느끼고 성실히 근무해야 행정성과가 오를 것은 당연하다. 그래서 근무의욕을 고취시켜 나가는 사기관리가 중요한 것이다.

사기를 높이려면 동기를 부여해야 한다. 그러므로 사기 관리를 위해서는 동기부여의 과정을 이해할 필요가 있다. 조직관리론에서 보았듯이 매슬로는 인간의 욕구를 생리, 안전, 사회적 관계, 존경, 자아실현 등 다섯 가지로 구분하였으며, 허츠버그는 이를 동기요인(motivator)과 위생요인(hygiene factor)이라는 개념으로 재정리하였다. 동기요인은 일의 성취나 자아실현 등과 관련된 것들이며, 위생요인은 보수나 인간관계를 포함한 작업환경과 관련된 것들이다. 동기요인은 적극적인 업무동기를 유발하지만 위생요인은 적극적인 동기의 발생보다는 소극적인 불만해소에 그친다는 것이다. 그래서 이를 불만요인라고도 부른다. 즉 요인이 충족되지 않으면 사기가 떨어지지만, 충족된 일정 수준 이상 이후에는 더 증가시켜도 사기가 향상되지 않는다.

기대이론은 동기의 과정을 분석한 이론으로서, 인간의 일에 대한 노력은 그것이 가져오는 보상에 대한 기대와 관련이 있다는 것이다. 보상가능성이 있을 것으로 기대하면 노력을 하고, 그 성과에 대한 보상이 공평하다고 인지하면 만족을 얻고, 이는 다음의 노력에 영향을 미치게 될 것이다. 따라서 사기관리에서는 공무원들의 합리적인 기대 수준에 비춰 공평한 보상을 제공하는 것이 중요하며, 사기관리를 위한 공평성의 원칙이 강조된다.

### 2) 고충처리 및 제안제도

사기관리를 위한 인사행정 수단에는 고충처리, 제안제도 그리고 보수와 관련된 제도들이 있다. 일단 여기에서는 고충처리와 제안제도를 보기로 한다.

고충처리는 조직구성원이 직장생활과 관련하여 제기하는 고충을 심사하고 그 해결책을 강구하는 활동이다. 즉 고충처리는 공무원이 자신의 불만을 해소하기 위한 장치로서 자신의 의견을 고용주인 정부에 적극적으로 피력함으로써 심리적 만족감을 제고한다. 공무원 고충처리규정에 의하면 심사대상은 근무조건, 인사관리 및 기타 신상문제이며, 이의 처리는 각급 고충심사위원회에서 이뤄진다. 고충심사위원회의 결정은 그 효력의 기속력은 없으나, 결정 결과에 따라 임용권자에게 고충해소를 위해 노력할 의무를 부과한다.

이와 유사한 제도로서 소청심사제도가 있다. 소청심사제도는 징계처분이나 강임・휴직・직위해제 또는 면직처분과 같이 의사에 반하는 불이익을 받은 공무원이 그에 불복하여 이의를 제기하는 경우, 이를 심사해서 구제하는 절차이다. 소청은 그의 의사에 반해 불리한 처분을 받은 공무원이 위법적 사항에 한해 제기할 수 있으며, 위법사항이 아닌 부당한 사항은 고충처리의 대상이 된다.

제안제도는 고충처리제도와 마찬가지로 공무원 자신의 의견을 고용주인 정부에 피력한다는 점에서 공통점을 가지나, 단순히 불만을 제기하는데 그치는 것이 아니라 조직운영이나 업무 개선에 관한 창의적인 의견을 제안한다는 점에서 차이가 있다. 즉 제안제도는 공무원의 창의적 의견과 고안을 장려하고 개발하여 행정에 반영함으로써 행정의 능률화와 경비의 절약을 기하며, 공무원의 문제해결 능력의 증진을 목적으로 시행되는 제도이다. 또한 제안제도는 공무원의 성취의욕을 자극해 사기앙양을 도모하며 그 결과로 행정의 개선에 기여하게 하는 제도이다.

### 3) 보 수

공무원도 직장인으로서 일을 하고 봉급을 받는다. 그러므로 담당하는 일에 따라 적절한 보수를 지급하는 것이 원칙이다. 동일노동에는 동일임금을 지급하는 원칙이 적용되어야 하지만, 민간기업과는 달리 여러 가지 요인에 의하여 이 원칙이 적용되지 않는 경우가 대부분이다.

먼저 정부업무는 비슷한 노동의 비교치를 찾는 것이 힘든 경우가 많아서 시장가격의 적용이 어렵다. 예컨대 정부 내에는 경찰, 군인, 소방 등과 같이 민간에서는 볼 수 없는 직무가 많기 때문이다. 직책에 따른 시장가격의 결정이 어렵기 때문에 민간기업 보수의 평균치를 기준으로 보수를 결정하는 것이 일반적이다. 그러나 이 경우에도 공무원과 민간기업의 직종이 다르고 직급이 다양하기 때문에 기준치의 설정이 어렵기는 마찬가지이다.

공무원 보수의 전체적인 수준은 민간기업의 보수수준에 비해 낮은 편이다. 이 이야기는 같은 대학에서 같은 공부를 하고 비슷한 성적을 가진 졸업생들을 비교하면, 민간 기업에 취직한 사람들의 봉급이 더 높은 경향을 가진다는 말이다. 공무원 보수는 국민의 세금으로 지급되기 때문에 인상을 억제하는 여러 요인이 복합적으로 작용하기 때문이다.

공권력을 직접 행사하는 직책을 담당하는 공무원들에 대해서는 공권력 행사에 따르는 여러 가지 이점을 감안하여 보수는 낮아도 된다는 인식이 작용하기도 하는데, 공권력행사와 직접관련이 없는 직책에 대해서도 비슷한 인식을 국민들이 하고 있다. 이러한 공무원의 비민주적이고 권위주의적 행태에 대한 악감정은 현재는 많이 없어졌지만, 국민들의 관료주의에 대한 거부감이 완전히 없어지지 않는 한 이 요인에 의한 보수에서의 불이익은 계속될 것이다. 이와 관련하여 정반대의 인식도 있다. 직권을 남용하여 부정을 저지르는 사태를 방지하기 위하여 보수를 넉넉히 주고 부정은 철저하게 처벌해야 한다는 생각인데, 이러한 사고가 확산되고는 있지만 부정처벌은 철저히 하되 보수는 올릴 필요가 없다는 식의 생각이 더욱 일반적이다.

여기에 더하여 공무원들의 보수가 인상되면 민간기업에서도 보수인상의 압박을 받는다. 그래서 공직보수 인상을 반대하게 된다. 어려운 경제상황이 일상화된 2000년대 초부터(IMF사태 극복시기) 기업들의 재정상태가 나빠져서 보수인상을 억제하면서 더욱 공직보수의 인상에 대한 압력이 커졌다.

민간기업의 보수는 근로자와 사용자 간의 합의에 의해서 결정되므로 노동조합의 임금인상투쟁으로 국가경제 전체가 어려워도 재정상태가 좋은 개별기업에서는 임금인상이 있게 된다. 그러나 공무원은 노동권 행사에 제약을 받고 있어서 보수 결정이 상대적으로 불리하고, 더욱이 대부분의 기업들이 재정상태가 나빠서 임금인상이 어려우면 공무원들은 고통분담 차원에서 제일 먼저 임금인상을 자제하라는 압박을 받게 된다.

임금인상이 어려우면 보수가 많은 고위직보다 하위직들의 보수 수준이 지나치게 낮을 수 있으므로, 경제가 어려우면 고위직에게는 인상을 최소화하고 하위직에게는 보수를 어느 정도 인상해 준다. 소위 하후상박(下厚上薄)원칙이다. 물론 고육지책이지만, 여기에도 문제가 있다. 상·하위 직급 간의 보수의 차이가 어느 정도 있어야만 능력도 발전시키고 열심히 일을 해서 승진하려는 의욕을 불러일으키기 때문이다. 기대이론에 의하면, 보수수준이 동기부여의 중요한 요인이 된다. 만일 상하 간의 보수격차가 적으면 당장에는 평등한 지급으로 보이지만 유인체계로서는 매력이 적을 것이다. 또한, 상당한 기간 동안 근무하여 상급직으로 승진할 때쯤에 생활비가 훨씬 더 드는 연령대에 드는 경우가 많다. 애들을 대학에 보내고 결혼을 시키는 연령에 도달하는 경우이다. 그러나 경제가 어려운 상황이 계속되므로 상하 간에 보수 차이가 클 수도 없고,

보수차이를 크게 하면 하위직이 피해를 보게 되므로 보수의 상대적인 차이를 적절하게 유지하는 것이 무척 어렵다.

### 4) 연 금

과거에 공직사회의 보수가 민간에 비해서 많이 낮았을 때 이를 보완하던 것이 연금제도였다. 즉 지금은 적게 받지만 민간에서는 없는 퇴직 후 연금을 받아 편안하게 생활할 수 있다는 기대 때문에 공직자들은 낮은 보수를 문제 삼지 않았던 것이다. 그런데 최근에는 고령화가 심각한 재정위기를 불러 올 것이라는 판단 때문에 퇴직 후 수령할 연금 액수를 대폭 삭감하려는 정부와 이를 반대하는 공무원들의 갈등이 발생하였다. 다행이 심각한 갈등이 상당기간 계속되었으나 파국을 면하고 조정되었는데. 연금 수령액수는 상당히 삭감되었다. 공직자들에게 심리적 타격도 주고 근무의욕에도 악영향을 준 것은 틀림없다. 다만, 경제상태가 계속 나쁘고, 취업이 더욱 어려워지고 있기 때문에 공직의 상대적 매력이 크게 손상입지 않는 것이 다행이다.

여기서 알 수 있듯이 연금은 공무원에 대한 사회보장제도의 하나로서 장기간에 걸쳐 충실히 근무한 대가를 퇴직 후에 금전적으로 보상받게 하는 제도이다. 그래서 연금은 공무원에게는 사회보장의 기능을 하며, 정부 입장에서는 공무원에 대한 사기 앙양을 통해 근무성적의 향상을 유도하는 효과가 있다. 연금은 장기근무에 대한 대가로 지급되기 때문에 퇴직연금이 중심이 되지만 근무 중의 장애로 인한 손실 및 재해로 인한 손실에 대한 보상 기능도 한다.

연금제도의 운영은 나라마다 다양하게 나타나는데, 영국과 같이 기여금 없이 성실한 근무 후에 국가부담으로 받게 하는 경우와, 미국과 우리나라와 같이 일부는 본인의 기여금으로, 일부는 국가가 부담하는 혼합형이 있다.

Section

제 3 절

# 공무원의 행동규범

## 1. 신분보장

옛날에도 공직자가 되는 것이 봉급이 조금 낮아도 퇴직 후에 연금을 받는다는 장점과 정년 때 까지 신분보장을 받으며 근무할 수 있다는 장점 때문에 사기업보다 선호하는 사람들이 많았다. 가늘고 길게 산다는 농담이 있었다. 최근에는 경제의 어려움이 계속되고 일자리가 부족해지면서 조기퇴직이 일상화되자 공직자의 신분보장이 아주 귀중한 장점이 되었다. 공직이 더욱 인기가 있게 된 것이다. 왜 공무원에게 신분보장을 강하게 하는가? 이 때문에 발생하는 문제는 없는가?

공무원의 신분보장이란, 공무원은 법에 정하는 사유에 의하지 않고는 신분상의 불이익을 받지 않도록 보장해 주는 것을 의미한다. 정년(보통 60세 전후)까지 안심하고 직무에 전념하도록 하여 의욕적으로 근무하도록 하기 위한 것이다. 평생직장에 대한 애착과 자부심도 근무의욕을 높이는데 도움이 된다. 또한 장기적으로 근무할 때 필요한 전문지식을 경험과 교육 훈련 등을 통하여 습득하도록 유도하는 효과도 있다.

왜 공직자에게는 민간기업보다 강한 신분보장을 하는가? 불합리한 이유로 공직자들에게 신분상의 불이익을 주지 못하게 하기 위함이다. 그래서 법률로서 정한 사유이외에는 공직자의 신분상 불이익을 주지 못하게 하는 것이다. 왜 이런 조치가 필요한가? 정권이 바뀌는 경우에 새로운 집권세력이 미운 공직자를 처벌하지 못하게 하려는 것이 가장 큰 이유이다. 여기에 더하여 동일한 정권이 계속되더라도 인사권자가 여러 가지 불합리한 이유로 공직자를 처벌할 수가 있다. 인사권자가 정치적 이유나 다른 불합리한 이유로 공직자를 괴롭히는 일이 없어야 안심하고 열심히 일할 수 있다. 개인 기업에서는 불합리한 인사를 하면 조직원들의 의욕적인 근무 분위기를 파괴하기 때문에 당장 기업에 피해가 온다. 당연히 기업의 주인들은 이러한 불합리한 인사를 하지 않게 되지만, 공직은 잘못된 인사로 인한 피해가 쉽게 파악되지 않는 경우가 대부분이다. 공공서비스의 질을 평가하는 시장기능이 없이 때문이다.

실적주의제도가 등장할 때쯤에는 공직자를 쉽게 바꾸어 전문성이 없는 사람들이 공직을 담당하여 발생시킨 행정상의 무능, 낭비, 부패 등등이 너무나 심각하여 정치적 중립을 전제로 공무원들의 신분을 보장시키게 된 것은 누누이 지적되었다. 그리고 여기서 한걸음 더 나아가서 직업공무원제도가 정착된 것이다.

그러나 지나치게 강한 신분보장은 공무원들로 하여금 무사안일주의 복지부동 등을 발생시키고, 민원인에 대한 서비스제공이나 이해관계자의 요구수용에서 대응성 부족, 고객우선적 업무추진의 상실 등 관료주의적 행태를 발생시킨다. 이들은 이미 조직론에서 자세히 검토한 바와 같은데, 신분보장은 지나치게 강하면 통제가 어렵고 지나치게 약하면 자율성을 잃게 되므로 적정한 수준에서의 보장이 필요하다.

그러므로 대부분의 국가에서는 신분 보장을 제한하는 제도가 동시에 운영되고 있다. 징계와 감원이 대표적이다. 첫째, 징계로서 신분상의 불이익을 줄 수 있는데, 공무원이 의무를 위반하는 경우에 가하는 제재를 말한다. 즉 징계는 공무원이 맡은 바 직무를 더 성실하게 수행하고 행동규범을 준수하게 하기 위한 통제활동이다. 징계는 단순한 범법행위나 직무태만의 결과를 처벌하는 것만 의도하는 것은 아니며 그러한 사유가 발생하게 된 원인을 파악하고 시정하는 목적도 동시에 가지고 있다.

우리나라 공무원법에 의하면, 징계의 사유를 법령의 위반, 직무상의 의무 위반만이 아니라 근무태만, 위신 손상행위 등도 징계사유가 되게 하고 있다. 견책이나 감봉 같은 약한 징계만이 아니라 파면도 할 수 있다.

둘째, 징계의 사유에 해당하지 않으면서도 공무원의 신분상의 제약을 주는 경우가 있는데, 감원이 이에 해당한다. 민간기업에서 구조조정을 통해 감원을 하듯이 공직도 환경변화에 따라 불필요한 인원을 감원할 수 있다. 감원은 개인에게는 아무런 사유가 발생하지 않았음에도 불구하고 정부의 사정에 의해 퇴직하게 되는 것이다. 그래서 감원은 신분상의 불안을 야기하는 가장 중대한 원인이 된다. 따라서 불가피한 사정으로 감원을 하는 경우에도 그 기준을 명백히 정해 어느 정도 예측 가능하도록 해야 하며, 해당자가 부당하다고 여기는 경우에는 소원(訴願)의 기회를 주어야 한다.

## 2. 정치적 중립

공무원의 신분보장은 정치적 중립을 전제로 한다. 선거에서 어느 한 쪽을 편들었다가 다른 편이 이겨서 정권을 잡게 되면, 그 공무원은 사표를 내고 나가야 한다. 이유는 간단하다. 대의제 민주주의에서는 선거에서 이긴 쪽이 약속한 정책이나 사업이 국민들이 선택한 것이고, 공무원들은 이를 충실히 수행해야 민주행정이 된다. 반대정당을 지지한 공무원은 집권당의 정책을 성실히 수행하지 못할 것이라는 생각을 많은 국민들이 하기 때문에 집권당의 지지자나 추종자에게 자리를 내주고 떠나야 하는 것이다.

그러나 이러한 생각에 반대되는 이론도 있다. 논리적으로 생각해보면, 다른 정당을 지지했다고 하더라도 집권당의 정책이나 사업을 충실히 집행할 수도 있다. 선거는 선거고, 업무는 별개로 생각하는 경우이다. 그래서 공무원의 정치적 중립이란 공무원이 정치에 개입하지 않는다는 의미가 아니고, 어느 정당이 집권하든 공평하게 자신의 힘을 다하여 차별 없이 봉사하는 것을 의미하는 것으로 해석한다. 즉 부당하게 정파적 특수이익과 결탁하여 공평성을 상실하거나 정쟁에 개입하지 않는 공평성 및 비당파성을 견지하는 것을 말한다. 이를 위해서 공무원에게 허용되는 정치활동의 참가를 제한시킨다는 논리이다.

선거는 선거고 업무는 업무라는 사고는 인간행동에 대한 근본적인 오해에서 출발한다. 선거운동을 열심히 한 공무원이 반대정당의 정책이나 사업도 충실히 집행할 수 있는 감정 없고, 그야말로 '영혼 없는' 비인간적 합리인이라는 전제를 하는 것이다. 인간은 이렇게 기계와 같은 냉혈적 동물이 아니다. 해야 한다고 생각하는 사업이나 정책에 대하여 애정과 집착을 지니고 있는 경우가 많고 또 그렇게 하도록 정부가 유도해야 한다. 헌신적이고 사명의식을 지닌 공직자가 될수록 그렇다. 그러므로 공무원은 선거 때 지나치게 한쪽 편을 들어서는 안 된다.

여기에 더하여 엽관제적 피해를 우리는 언제나 걱정해야 한다. 그래서 우리나라는 공무원의 정치활동 자체를 제한하고 있다. 요컨대 공무원의 정치적 중립은 엽관주의의 폐해를 극복하기 위한 것이며, 실적주의에 따라 인사에 대한 정치적 간섭으로부터 공무원을 보호해 행정의 안정성과 전문성을 확보하기 위한 방법이다.

실적주의가 확립된 현대사회에서 정치적 중립성은 너무도 당연한 것이지만 최근 들어 이에 대한 비판도 제기되고 있다. 즉 공무원은 숫자도 상당할 뿐만 아니라 대부분 교육수준도 상대적으로 높고 사회의 중추적 기능을 수행하고 있는데, 이러한 공무원이라는 유권자 집단이 정치적 활동에 제약을 받고 있으며 참정권이 제한되는 것은 민주정치 원리와 모순된다는 것이다.

그럼에도 불구하고 우리나라에서는 공무원의 정치적 중립이 아주 중요하다. 정권이 바뀔 때 공직사회의 불안이 너무 크기 때문이다. 집권세력이 공무원들의 신분보장을 철저히 유지하고 공무원들은 편파적 태도를 지니지 않도록 최대한 노력해야 한다. 결론적으로 보면 정치적 중립은 공직수행에서 당파적 편파성을 버리고 중립적으로 정책이나 사업추진에 헌신해야 함을 의미하는데, 이를 위해서는 선거에서의 중립성이 무엇보다 중요하다.

## 3. 공무원단체

공무원들이 정치적 활동은 제한을 받는 것이 당연하지만 자신들의 공통적 문제를 해결하기 위하여 공무원단체를 결성하는 것은 별다른 문제이다. 공무원단체는 공무원들이 자주적으로 단결해 근로조건의 유지개선과 복지증진, 기타 경제적·사회적 지위 향상을 목적으로 조직하는 단체이다. 광의의 공무원단체에는 여러 목적을 지닌 다양한 공식·비공식집단과 자생집단까지 포함시킬 수 있으나, 좁은 의미의 공무원단체는 공무원노동조합을 의미한다.

공무원단체는 공무원의 복지증진과 사기제고를 도모하고, 이를 통해 행정능률의 향상 및 행정발전에 기여할 수 있는 장치로서, 현대 인사행정에서 그 의미가 크다고 할 수 있다. 종래에는 이를 도외시 한 채 공무원단체 자체를 인정하지 않으려는 태도를 취한 적도 있으나 이제는 공무원단체가 수행하는 다음과 같은 기능을 감안하여 보다 적극적인 접근이 필요하다.

첫째, 공무원단체는 압력단체의 기능을 수행한다. 공무원들은 공무원단체를 통해서 그들의 집합적인 의사를 개별적인 관리자, 단위 행정기관, 행정부, 입법부, 사법부 및 국민들에게 표시할 수 있다.

둘째, 공무원단체는 공무원집단의 욕구충족 기능을 수행한다. 공무원들의 복지증진, 집합적인 의사표시, 친목활동 등을 추구함으로써 귀속감, 성취감, 연대의식 등의 사회적 욕구를 충족시켜 준다. 이러한 과정과 활동들은 공무원들의 사기를 높이고 행정능률의 향상에 기여할 수 있다.

셋째, 공무원단체는 행정의 민주화 기능을 수행한다. 공무원단체는 공무원과 관리층 간에 쉽게 접근할 수 있는 쌍방적인 의사전달 통로를 제공할 수 있다. 공무원단체는 관리층과 대화와 협상을 통해 상호 이해를 증진시키고, 관리층의 횡포를 통제함으로써 대내행정의 민주화와 행정발전에 기여할 수 있다.

넷째, 공무원단체는 공무원들의 올바른 직업윤리 확립과 자질 향상에 기여할 수 있다. 공무원단체는 공무원들이 직업적인 행동규범으로부터 이탈되는 것을 막는 사회적 제어장치로서의 기능을 수행하고, 직업윤리 확립과 자질향상을 위한 교화활동을 전개할 수 있다.

공무원단체는 이상과 같은 긍정적인 기능도 수행하지만 문제점도 발생할 수 있다. 즉 공무원단체가 지나치게 자신들의 기득권만을 유지하기 위해 노력한다거나 국가사회 전체적인 차원에서 추진되는 혁신적 조치에 저항하는 경우에는, 혁신에 저항하는 기득권 집단으로 사회적 비판에 직면하게 될 수도 있다.

Section

제 4 절

# 신공공관리론적 인사제도의 개혁

1990년대에 선진 여러 국가들은 신공공관리적 정부혁신을 시대정신의 아이콘으로 삼아 대대적으로 추진하였는데, 그 핵심요소의 하나가 공무원인사제도의 개혁이다. 우리나라의 경우도 IMF체제를 경험하면서 국가경쟁력의 차원에서 공무원의 역량강화가 중요한 시대적 과제가 되었다. 이러한 배경 하에서 김대중 정부 이래 신공공관리론적 인사혁신이 지속적으로 이루어지고 있다. 공무원의 임용과 관련하여서는 그동안 폐쇄적 인사체제에서 개방형인사제도를 도입하고 고위직 인력관리의 개선을 위해 고위공무원단 제도를 도입하였다. 한편 성과위주의 인력운영을 위해 직무성과계약제를 도입하고 보수의 측면에서는 연봉제와 성과상여금제도를 도입하였다.

## 1. 고위공무원단

1978년 미국이 공무원개혁법의 제정을 통해 고위공무원단제도를 도입하였고, 영국과 캐나다, 뉴질랜드, 호주 등이 뒤따르면서 정부혁신의 중요 수단으로 확산되기에 이르렀다. 우리나라에서도 상당기간 동안의 논의를 거쳐 2006년 7월에 실·국장급 공무원을 대상으로 고위공무원단제도를 도입하였다.

정부 모든 부처들의 고위 공직자들을 하나의 집단으로 간주하여 이를 고위공무원단이라고 부른다. 우리나라는 중앙부처의 3급(국장이나 국장보)이상 1급(차관보나 실장)까지의 경력직 공무원들을 통합하여 공무원단을 만들었다. 이들 실·국장들은 실적주의의 적용을 받는 경력직 공무원들이 승진할 수 있는 최고의 직위들이며, 장차관들의 정무직과 일반 행정관료들을 연계하는 중상위 관리직들로서 행정조직에서 가장 핵심적인 역할을 담당한다. 정부의 핵심역량에 해당되는 고위관료들이다.

과거에는 부처 내에서 폐쇄적으로 고위직 공무원이 임용되었는데, 즉 하나의 부처에 입사한 공무원들은 승진을 통하여 그 부처 내의 고위직으로 임명되었다. 대부분은 일정 기간이 지나면 근무연수에 따라 서열이 정해지고 실·국장으로 승진하는 것이 관례였다. 타 부처의 고위직으로 임용되는 경우는 정부의 특별조치에 따라 이루어지는 아주 예외적이었다. 그리고 과장급 공무원이 국장으로 승진 임용되는 경우에도, 별도의 교육이나 평가절차 없이 임용되는 사례가 많았다. 그러나 고위공무원단제도가 도입된 이후에는 고위공무원단에 포함된 모든 부처의 고위공무원들이 하나의 자리를 두고 경쟁하여 임용될 뿐만 아니라 민간의 전문가들도 얼마든지 응모하여 경쟁할 수 있게 되었다. 또한 과장급의 공무원이 국장으로 임용되기 위해서는 후보자 교육과 역량평가 등을 거쳐서 임용되도록 하여 능력과 역량을 강화하는 방식으로 변화하였다. 무엇보다도 능력이 있어야 임용되기 때문에 고위공직자 개개인이 능력발전에 신경을 쓰게 되었다. 그리고 임용된 이후에는 성과와 책임을 강조하는 방식으로 인력을 관리하고 있다. 즉 성과평가를 통하여 관리책임을 물어 재계약을 하는 등 다음 임용에 활용하고 있다.

이러한 고위공무원단 제도는 여러 가지 효과를 가져 왔다. 첫째, 연공서열이 아니라 직무성과에 의한 인사관리가 어느 정도 확립되었다는 점이다. 고위직 임용에 연공과 서열보다 업무수행과 관련한 능력요소가 가장 중요한 기준으로 활용 된다 그래서 고위공무원들이 핵심역량 개발과 문제해결능력 개발에 노력하게 만들었다. 아울러 각종 성과 및 평가정보가 고위직 인사운영에 실질적으로 반영되기 시작했다. 둘째, 민·관간, 부처간 칸막이를 뛰어넘는 개방과 경쟁의 확대를 들 수 있다. 개방형과 공모형 직위에 민간인 지원자와 타부처 응모자가 상당수 지원하여 경쟁을 통하여 충원됨으로써 고위공무원 임용에 있어 개방과 경쟁의 분위기를 정착시켰다. 셋째, 이에 따라 부처의 집단이기주의적 편협한 사고가 고위공직자들 사이에 약해지고 있다. 정부에서 언제나 문제가 되는 것이 부처할거주의인데, 고위직에 갈수록 국가 전체 차원에서 정책을 입안하고 결정 및 집행하는 것이 중요하기 때문에 이 효과도 크게 평가될 만 하다.

그러나 아직도 이 제도는 제대로 운영되지 못하고 있다. 고위공무원단제도의 도입으로 민간전문가가 고위공직자로 임용될 수 있는 통로가 마련되었으나, 실제 유능한 민간전문가의 지원이 부족한 것으로 나타났다. 일정한 기간 동안만 임용되어 그 다음의 신분상 불확실성이 가장 큰 원인이지만, 해결이 쉽지 않다. 무엇보다도 성과평가와 성과관리가 합리적으로 이루어지지 않고 있다. 고위공무원의 성과평가가 제도 도입 초기의 절대평가에서 나타난 온정주의적 관대화 경향을 개선하기 위해 상대평가로 바뀌긴 하였으나 연공 순으로 이루어지는 관행이 불식되지 않은 것으로 보고되고 있다. 이 문제는 다음에서 다시 논의될 것이다.

## 2. 개방형직위제도

개방형인사제도는 폐쇄형인사제도와 대비되는 제도로서 외부에서 능력 있는 사람을 일정기간 동안 어느 계급이나 채용하도록 하는 제도이다. 다시 말해 일정기간 동안 계약직으로 채용하였다가 그 기간이 끝나면 사임하도록 하여 정부관료 조직을 외부 사람에 의하여 충원되는 것이 가능하도록 개방하는 제도이다. 신분보장을 받는 직업관료가 아니라 외부인사가 관료조직을 드나들게 하는 제도라는 점에서 개방형인 것이다.

이 제도는 공직에 외부의 전문가를 유치해 행정의 전문성을 강화하는 것이 가장 큰 목적이다. 앞에서도 보았지만, 폐쇄적 계급제에서는 일반행정가를 양성하는 장점이 있지만, 특수 전문가는 양성하기가 어렵다. 또한 외부 전문가와 경쟁을 통하여 개방형직위에 임용하게 되어 공무원의 능력 향상에 기여한다는 목적도 지니고 있다.

개방형직위제도는 1999년에 도입되어 그동안 공직의 경쟁력과 전문성을 제고시키는 등 적지 않은 성과가 있었다. 고위직은 연공서열에 따른 승진인사에 의해 직위가 부여되는 것이 관행이었는데, 고위공무원단제도의 도입과 개방형 임용제도의 도입이 결합되어 공직의 내외를 불문하고 직위에 적합한 인재를 공개적으로 선발하게 되어 공직의 개방에 따른 경쟁력이 촉진되는 긍정적인 효과를 가져왔다.

뿐만 아니라 개방형 직위에 적합한 사람을 임용하고 계약기간 중에도 지휘 감독하기 위해서는 직무성과를 평가해야 하기 때문에 성과중심의 가치관을 공직사회에 확산시키는데 도움을 준다. 여기에 더하여 공개경쟁을 통한 고위직 임용은 과거의 비공개적 인사와 달리 공정성과 투명성을 제고시킨다. 민간으로부터 고위직을 채용함으로서 민간의 다양한 시각을 행정에 반영하게 됨으로써 행정의 민주성에도 기여하게 된다.

그러나 이 제도 또한 아직 제대로 운영되지 못하고 있다. 기본적으로 직업이동성이 낮고 유연성이 부족한 우리나라 노동시장의 특성에다가 개방된 직위의 보수수준이 민간부문에 비해 낮고, 임용기간 종료 후의 신분에 대한 불안감이 매우 크다는 점 등이 그 원인이다. 이는 앞에서도 언급된 문제들이다.

## 3. 성과중심의 인사관리

### 1) 전통적인 근무성적 평정제도

전통적으로 공무원들이 수행하는 정부의 업무는 가시적인 성과를 파악하는 것이 어렵다고 인식되어 성과보다는 과정과 법적 책임성의 준수여부를 중시하였다. 그래서 공무원들의 근무성적도 이러한 관점에 의하여 평가되고 인사관리에 활용되었다. 그러다가 1980년대부터 신공공관리가 유행하면서 성과위주로 전환하는 추세를 보이고 있다. 먼저 전통적인 근무성적평정제도를 검토한다. 기억해야 할 것은 성과평가가 어려워서 아직도 전통적인 방법에 크게 의존하고 있다는 사실이다.

근무성적평정(performance evaluation or appraisal)은 조직구성원의 개인적 능력과 근무성적, 가치관 및 태도 등을 평가하는 것을 말한다. 평가결과는 승진 및 보수 결정, 교육훈련 등 인사관리의 중요한 자료로 활용된다. 구성원의 근무실적과 직무 수행능력을 측정하여 인사에 반영하는 근무성적평정제도는 피평가자의 동기 유발을 통해 조직 전체의 생산성을 높이는데 주된 목적이 있다.

무엇을 평가하느냐는 평정의 목적과 피평정자의 직급 및 직무내용에 따라 다른데, 보통은 자질, 행동, 성과 등 세 가지로 구분된다. 자질 위주의 평정은 주관성이 개입되기 쉬우므로 전통적인 근무성적평정에서도 객관적 성과를 중시하는 결과 위주의 평정제도가 일반적이다.

그러나 현실의 근무성적평정은 직근(바로 위의)상관과 차상위 상관이 주로 평가하는데, 평가 결과를 승진이나 승급(같은 계급 내에서 봉급만 인상되는 호봉 승진)에 활용하게 되므로 피평가자에게는 아주 중요하다. 그래서 평가가 공정하지 못하다거나, 잘못되었다는 비난이 언제나 따른다. 이를 방지하기 위하여 평정결과를 공개하게 되는데 공정성을 제고하고, 피평정자로 하여금 자기발전의 계기를 마련해 준다는 좋은 취지를 가지고 시행되는 것이다. 그렇지만 공개는 평정자와 낮은 평가를 받은 피평정자 간의 불화를 조성하며, 성적이 불량한 피평정자의 사기를 저하시킬 수 있다. 또한 우리의 공직풍토에서는 평가자가 모두에게 좋은 평가를 하여서 점수가 비슷하게 만드는 경향이 있다. 더 심각한 것은 승진이나 승급에 필요한 연한을 채운 사람들을 좋은 점수를 주어서 연공서열에 따라 평가성적이 결정되고, 결과적으로 연공서열에 의한 승진과 승급을 정당화해주는 수단으로 전락한다. 우리나라에서는 특히 공직사회 내에서의 화합과 평화를 강조하는 분위기가 강하여 근무성정평정은 제대로 기능을 수행하기 못한다. 너무나 근무성적이 나쁜 사람을 경고하는 효과만 있다고 볼 수 있다.

### 2) 성과중심 인사관리의 도입배경

신공공관리에서 도입된 성과중심의 인사관리는 전통적 근무성적평정에서 평가하였던 여러 가지 요소들을 모두 삭제하고 오로지 성과만을 평가하려고 한다. 즉 과거에는 공무원들이 수행하는 정부업무의 경우에는 그 가시적인 성과를 파악하는 것이 어렵다고 인식하여, 성과보다는 과정과 법적 책임성의 준수여부를 중시하였다. 이에 따라 공무원들에 대한 보상체계도 계급과 연공서열에 바탕을 두는 것이 일반적이었다. 그러나 1980년대 후반부터 영국과 미국을 중심으로 추진되어 온 정부혁신과정에서 정부의 업무수행에 대해서도 성과중심의 평가를 강조하게 되었다. 성과중심 인사관리는 정부업무를 수행하는 공무원들로 하여금 성과지향적인 사고와 행동을 유도하기 위해 임용, 승진, 보수 등의 제반 인사관리에서 활동의 성과를 적극적으로 반영하려는 것이다.

우리나라도 1990년대 말 IMF 경제위기를 겪으면서, 공직사회의 경쟁력을 강화하고 창의적이고 열심히 일하는 분위기를 조성하기 위해서 첫 단계로 종전의 연공급 보수체계 대신에 성과급 보수체계를 도입하는 방안이 논의되었다.

### 3) 연봉제와 성과상여금제도의 도입

이에 따라 1999년부터 국장급 이상 공무원에게는 종래의 호봉에 기초한 봉급대신에 연봉을 책정하여 지급하기 시작하였으며, 2000년부터는 호봉의 승급대신에 전년도의 업무성과를 평가하여 연봉을 조정하는 성과급적 연봉제를 시행하게 되었다. 한편 개방형직위에 임용되는 일반계약직 공무원의 경우, 연봉액의 상한을 규정하지 않음으로써 민간의 우수한 인재를 적극적으로 공직에 유치할 수 있도록 하였다.

연봉제와 함께 성과급의 일환으로 도입된 제도는 성과상여금제도이다. 성과상여금제도는 종래의 특별상여수당제도를 확대하는 형식으로 도입되었다. 특별상여수당제도는 근무실적이 뛰어난 10%의 공무원에게 봉급액의 50% 내지 100%를 차등하여 지급하던 제도로서 1995년에 도입되어 성과상여금제도가 도입되기 전까지 시행되었다. 특별상여수당제도는 지급대상이 10%에 불과하고 지급액도 적어 인센티브로서의 역할을 제대로 수행하지 못한다는 지적이 있었다. 2001년도부터 본격적으로 도입된 성과상여금제도는 지급대상범위를 전체 직원의 70%에 적용하고 지급률의 격차를 50%~150%로 결정하여 시행되었다.

그러나 2001년에 시행된 성과상여금제도는 결과적으로 30%의 공무원이 성과상여금을 지급받지 못하여 조직내 위화감이 조성되었으며 성과평가가 잘못되었다고 비판하면서 성과상여금제도의 폐지를 주장하며 반납운동이 전개되기도 하였다. 또한 많은 부서에서 올해에는 A가 상위평가를 받고 내년에는 B

가 상위평가를 받도록 하는 식으로 평가를 실질적으로 무효화하기도 하는 등으로 평가제도를 마비시켰다. 문제는 많은 공직업무의 성과 자체를 쉽게 평가하기 어렵다는 근본적인 벽에 부닥치고 있는 점이다. 업무성과를 객관적으로 측정할 수 있는 제도적 장치가 미흡한 상태에서 성과급제도가 도입됨으로써 상당한 혼란을 초래하고 있는 셈이다.

### 4) 직무성과계약제의 도입

직무성과계약제는 장·차관 등 기관의 책임자와 실·국장, 과장 간에 공식적인 성과계약(performance agreement)을 체결하여 성과목표 및 지표 등에 관하여 합의하고 당해연도의 "직무성과계약"에 의해 개인의 성과를 평가하고 평가결과를 성과급, 승진 등에 반영하는 성과평가시스템이다.

직무성과계약제는 각각의 조직이 우리의 고객은 누구이며, 조직은 무엇을 하기 위해 존재하는가에 대한 근원적인 물음에서 출발하여, 조직의 사명(mission)과 중장기적인 전략목표를 설정하는 것으로부터 시작된다. 이를 바탕으로 조직목표에 연계되는 관리자들의 성과목표를 설정하고, 성과를 어떤 평가지표를 통해 측정할 지를 계약하는 방식을 도입한 것이다. 이것은 종래의 목표관리제와 직무성과관리제를 근간으로 한 것으로 2005년도부터 도입되었다.

아직까지 짧은 시행경험으로 인해 가시적인 제도도입의 성과를 평가하기에는 아직 이르나 부하평가에 대한 관리자의 책임이 증가하고, 직무수행의 목표의식이 분명해지고 일에 대한 긴장감이 높아졌으며, 조직목표 및 성과에 관한 정보의 축적이 이루어지고 있는 것으로 평가되고 있다. 그러나 아직까지 각 부처가 자율성이 강한 평가업무를 실시할 수 있는 전문적인 능력이 제대로 갖추어 졌다고 보기 어려우며, 평가지표의 타당성 등에 의문이 해소되지 않고 있다.

### 5) 신공공관리론적 인사제도개혁의 함의

신공공관리론은 이 책의 제11장에서 자세히 검토하겠지만, 성과위주의 관리를 하려는 근본적인 목적을 지니고 있다. 그래서 시장과 같이 경쟁을 도입할 수 있는 경우에는 경쟁으로서 성과를 향상시키려고 하고, 경쟁도입이 어려우면 조직내부관리의 변화 등을 통하여 성과를 향상시키려고 한다. 성과위주의 인사관리가 바로 그 일종이다. 그러나 나중에 보겠지만 신공공관리에 의한 경쟁도입이나 성과위주의 관리가 많은 부작용을 만들기도 한다. 성과지상주의는 공공부문에서 적용되어야 할 공익, 형평성, 민주성 등의 지도원리를 일정부문 훼손하는 결과를 초래할 수밖에 없다. 더욱이 신공공관리론적 지도원리를 도입하더라도 선행적인 조건이 어느 정도 충족되어 있는지를 면밀히 따져서 순차적으로 적용하는 지혜를 발휘해야 할 것이다. 성과평가의 방법과 수용이 되지 못한 상태에서 성과급제도의 도입이 그러하다. 즉 객관적 평가가 가능한 부분을 확인하고 평가시스템의 구축 한 후에 도입하는 지혜를 지녀야 한다. 그렇지 못한 경우 엄청난 부작용과 많은 시행착오를 감수해야 한다.

## 요 약

인사행정에서 어떠한 사람을 공무원으로 채용하고, 어떤 기준으로 승진을 시키고, 보수를 줄 것인가 등등에 대하여 결정을 할 때 기준이 되는 것과 관련하여, 역사적으로 몇 가지 인사제도가 각각 다른 목적을 지니고 운영되어 왔다. 우선 정실주의는 인사권자가 자기와 가까운 사람, 즉 학연, 지연, 혈연 등의 관계에 있는 사람들을 공무원으로 채용하고 관리하는 제도이며, 엽관제는 인사권자와의 정치적인 연고관계나 정치적 충성도를 기준으로 공무원을 임용하는 제도이다. 반면 실적주의는 개인적 연고와 정당의 간섭을 배제하고, 오로지 능력과 자격 위주로 공무원을 임용하며, 또 정권의 교체와는 관계없이 공무원으로 하여금 행정사무에 전념할 수 있도록 신분을 보장하는 공무원 제도이다.

또한 직업공무원제는 정부조직에 종사하는 것이 공무원들의 전생애(全生涯)에 걸친 직업으로 될 수 있도록 마련된 인사제도를 말한다. 대표관료제란 사회를 구성하는 모든 사회집단들이 한 나라의 인구 전체에서 차지하는 수적 비율에 따라 정부관료제의 직위를 차지하도록 함으로써 공직기회 제공의 형평성을 부여하기 위한 제도를 말한다.

인적자원을 효과적으로 관리하기 위해서는 정부가 하는 일, 즉 공직을 적절한 기준으로 분류할 필요가 있는데, 이에는 계급제와 직위분류제가 있다. 계급제는 공무원이 갖고 있는 학력, 경력, 능력 등 인적 특성을 기준으로 하여 사람들의 상대적인 지위에 따라 계급을 구분하는 제도이며, 직위분류제는 공무원인 사람이 아니라 공무원이 행하는 일, 즉 직무 자체의 특성을 기준으로 직위를 분류하는 제도이다.

정부 내 인적자원을 관리하는 인사행정의 주요과정과 활동은 관점에 따라 다양하게 제시되고 있으나, 가장 중요한 기능은 적합한 인재의 충원, 지속적인 능력발전, 높은 사기와 근무의욕의 유지 등 세 가지라고 할 수 있다. 우선 임용은 신규채용·승진임용·전직·전보·겸임·파견·강임·휴직·직위해제·정직·강등·복직·면직·해임 및 파면을 말한다. 즉 임용이란 정부조직에서 사람을 선발하고 일정한 직위에 배치하거나 제외시키는 모든 활동을 말한다. 임용된 공무원들은 재인기간 동안 적절한 교육과 훈련을 통해 능력을 개발하고 업무에 대한 인식과 태도를 개선시킬 필요가 있다. 즉 교육훈련은 공무원에게 직무수행 상 필요한 지식과 기술을 연마하고 업무태도를 개선시키기 위한 활동이며, 공무원으로서 업무를 수행할 때 부족한 부분을 채용 후에 습득시키는 활동이다.

훌륭한 공직자는 능력도 있어야 하지만, 헌신적으로 열심히 일해야 한다. 공무원이 그 직책을 수행하는 과정에서 보람을 느끼고 성실히 근무해야 행정성과가 오를 것은 당연하다. 그래서 근무의욕을 고취시켜 나가는 사기관리가 중요한 것이다. 사기를 높이려면 우선 동기를 부여해야 한다. 사기관리에서는 공무원들의 합리적인 기대 수준에 비춰 공평한 보상을 제공하는 것이 중요하다. 또한 사기관리를 위해서는 고충처리, 제안제도 등이 잘 갖춰져야 한다. 고충처리는 조직구성원이 직장생활과 관련하여 제기하는 고충을 심사하고 그 해결책을 강구하는 활동이다. 제안제도는 고충처리제도와 마찬가지로 공무원 자신의 의견을 고용주인 정부에 피력한다는 점에서 공통점을 가지나, 단순히 불만을 제기하는데 그치는 것이 아니라 조직운영이나 업무 개선에 관한 창의적인 의견을 제안한다는 점에서 차이가 있다.

공무원도 직장인이므로 담당하는 일에 따라 적절한 보수를 지급하는 것이 원칙이다. 동일노동에는 동일임금을 지급하는 원칙이 적용되어야 하지만, 민간기업과는 달리 공직에서는 여러 가지 요인에 의하여 이 원칙이 적용되지 않는 경우가 대부분이다. 연금은 공무원에 대한 사회보장제도의 하나로서 장기간에 걸쳐 충실히 근무한 대가를 퇴직 후에 금전적으로 보상받게 하는 제도이다.

공무원이 책임감을 가지고 자신의 능력을 발휘하려면 일정한 신분보장이 필요하다. 공무원의 신분보장이란, 공무원은 법에 정하는 사유에 의하지 않고는 신분상의 불이익을 받지 않도록 보장해 주는 것을 의미한다. 그러나 지나치게 강한 신분보장은 공무원들로 하여금 무사안일주의 등을 발생시키고, 민원인에 대한 서비스제공이나 이해관계자의 요구수용에서 대응성 부족 등 관료주의적 행태를 발생시킨다. 그러므로 대부분의 국가에서는 신분 보장을 제한하는 제도가 동시에 운영되고 있다. 또한 공무원의 신분보장은 정치적 중립을 전제로 한다. 정치적 중립은 공직수행에서 당파적 편파성을 버리고 중립적으로 정책이나 사업추진에 헌신해야 함을 의미한다. 한편 공무원들은 스스로의 권익향상을 위해 단체를 결성할 수 있는 권리를 가진다. 공무원 단체는 공무원들이 자주적으로 단결해 근로조건의 유지개선과 복지증진, 기타 경제적·사회적 지위 향상을 목적으로 조직하는 단체이다. 광의의 공무원단체에는 여러 목적을 지닌 다양한 공식·비공식집단과 자생집단까지 포함시킬 수 있으나, 좁은 의미의 공무원단체는 공무원노동조합을 의미한다.

한편 1990년대에 선진 여러 국가들은 신공공관리적 정부혁신을 시대정신의 아이콘으로 삼아 대대적으로 추진하였는데, 그 핵심요소의 하나가 바로 공무원인사제도의 개혁이다. 우리나라의 경우도 신공공관리론적 인사혁신이 지속적으로 이루어지고 있는데, 이와 관련된 대표적인 제도들에는 고위공무원단, 성과 중심의 인사관리, 직무성과계약제등이 있다.

우선 고위공무원단은 정부 모든 부처들의 고위 공직자들을 하나의 집단으로 간주하여 통합 관리하는 제도이다. 우리나라는 중앙부처의 3급(국장이나 국장보)이상 1급(차관보나 기획실장)까지의 경력직 공무원들을 통합하여 공무원단을 만들었다. 한편 개방형인사제도는 외부에서 능력 있는 사람을 일정기간 동안 어느 계급이나 채용하도록 하는 제도로서 행정의 전문성을 향상시키고 폐쇄적인 행정문화에 활력을 제공하기 위해 도입되었다.

성과중심의 인사관리는 전통적 근무성적평정에서 고려하였던 여러 가지 요소들을 모두 삭제하고 오로지 성과만을 평가하는 제도이다. 이 제도는 정부업무를 수행하는 공무원들로 하여금 성과지향적인 사고와 행동을 유도하기 위해 임용, 승진, 보수 등의 제반 인사관리에서 활동의 성과를 적극적으로 반영하려는 것이다. 이에 따라 호봉승급 대신 전년도 업무성과를 평가하여 연봉을 조정하는 성과급적 연봉제와 성과상여금제도를 시행하게 되었다. 마지막으로 직무성과계약제는 장·차관 등 기관의 책임자와 실·국장, 과장 간에 공식적인 성과계약을 체결하여 성과목표 및 지표 등에 관하여 합의하고 당해 연도의 "직무성과계약"에 의해 개인의 성과를 평가하고 평가결과를 성과급, 승진 등에 반영하는 성과평가시스템이다.

# 제 9 장

# 재무행정

§ 들어 가는 말 §

정부가 국방·외교·교육·복지·경제 등등의 국가기능을 제대로 수행하기 위해서는 업무를 담당해야 하는 사람들이 능력과 의욕을 갖추어야 할 뿐만 아니라, 이들이 공동노력으로 일하기 위한 조직이 합리적으로 관리되어야 한다. 그리고 이에 더하여 필요한 예산을 적절히 마련하여 지원하여야 한다. 필요한 돈은 국민들이 세금으로 부담해야 하지만 누가 얼마만큼 부담해야 하는가가 논란의 대상이 될 뿐만 아니라, 한정된 예산으로 어느 기능에 얼마만큼 배정해야 하는지도 갈등과 대립의 대상이 된다. 그래서 이들은 정치적으로 결정되는데, 그러면서도 보다 적은 돈으로 보다 많은 서비스를 생산할 수 있도록 배정해야 하는 분석적-합리적 노력이 병행되어야 한다. 이 장에서는 예산이 어떻게 결정되고 집행되는지, 그리고 그 과정에서 논란이 되는 이슈가 무엇인지 검토하기로 한다.

◆ Section ◆

Section

# 제 1 절 예산의 기능과 변화

## 1. 예산의 기능

〈해야 할 일은 태산 같은데 돈은 너무 부족하고..〉 정부살림살이를 한 줄로 표현한 말이다. 부족한 일자리를 만들기 위해서 벤처기업들을 지원하고, 사회적 기업도 만들고, 의지할 곳 없는 노인들의 생계를 지원하고, .. 등등으로 돈이 들어가는 일들은 너무 많다. 그러면서도 옛날부터 해온 국방 교육 외교 활동을 등한시해서도 안 된다. 정부에서 돈을 지출하는 일들을 보면 모두가 정부에서 해야 하는 중요한 국가 기능들이다. 이들을 위해서 한 해 동안 돈을 어떻게 마련하고 지출할 것인지를 계획한 것이 예산이다. 그래서 예산이 담당하는 가장 중요하면서도 1차적인 기능은 국가기능, 즉 행정기능을 수행하여 국민들에게 서비스를 제공하는 것이다.

국가기능수행을 위한 자금배분에서 가장 중요한 기준은 효율성이다. 언제나 부족한 자금으로 많은 일을 해야 하기 때문에 지켜야 할 기준이다. 자금을 지원하는 납세자들은 조세부담능력에 따라 세금을 내지만 국가기능수행으로부터 얻게 되는 효과는 필요한 사람들에게 배분된다. 국방이나 외교활동과 같이 모든 국민에게 효과가 배분되는 공공재가 있는가 하면, 보육비 등과 같은 복지비는 필요한 국민에게만 효과가 있다. 그러므로 납세자는 자신이 내는 세금에 상응하는 효과를 배분받지는 않게 되어 세금인상에는 언제나 불만이 있기 마련이다. 더욱이 납세자는 국가의 주인인 국민들 중에서 중요한 부류에 해당되기 때문에 국회의원선거나 대통령선거 등 대표자를 선출하거나 예산을 결정하는 과정에서 정치력이 클 수밖에 없다. 그래서 예산의 결정에서 적은 비용으로 보다 많은 일을 하라는 요구가 강하게 된다. 효율성은 그래서 예산배분과정에서 가장 중요한 행정원리(이념)이 되는 것이다.

수혜자 입장에서는 정부 서비스가 무료이기 때문에 언제나 보다 많은 지출을 요구한다. 지역구를 지닌 국회의원들이 지역구 사업을 끊임없이 요구하는 것이 대표적인 사례이지만, 국방, 외교, 경제 등등 어느 하나도 예산이 넉넉하다고 생각하는 분야는 없다. 결과적으로 예산은 계속 팽창하여 각국이 모두 재정위기에 봉착해 있다.

예산의 두 번째 역할, 또는 기능으로 정치적 기능을 둘 수 있다. 소득 재분배를 통하여 국민통합에 기여하는 것이 대표적이다. 예산은 수입(세입)과 지출(세출)로 구성되는데 세입의 대부분을 차지하는 세금징수에서 고소득층으로부터 많은 세금을 걷고 일정 소득 이하의 국민에게는 면제를 하면서 복지비 지출 등으로 저소득층의 생활을 지원한다. 여기에 더하여, 낙후된 지역을 지원하는 등으로 지역통합도 추구한다. 이런 일들은 정치의 핵심인 국회에서 지역대표나 직종대표인 국회의원들이 예산결정과정에 영향력을 행사하면서 추구한다. 이러한 정치적 기능에서 가장 중요한 기준은 공평성(형평성)이다. 그래서 일정한 예산이 창출하는 효과의 극대화 이외에도 예산이 누구에게 얼마나 배분되는가에 관심을 가지며 이러한 배분이 공평하게 이루어지지 않은 경우에는 이의 시정을 위한 재분배정책을 수행한다.

기능수행에서의 효율성을 위해서는 합리적-분석적 결정논리가 적용된다. 즉 전문가들의 분석에 의하여 예산이 배분되어야 하는 것이다. 그러나 공평성을 추구하는 정치적 기능은 협상과 타협을 하는 정치적 과정을 겪게 된다. 현실의 예산배분은 행정부의 준비를 거쳐서 국회에서 최종적으로 결정하기 때문에 정치적 결정이며, 이 과정에서 얼마만큼 분석적-합리적 논리가 적용되는가가 쉽게 답하기 어려운 문제이며, 그래서 언제나 논란의 대상이 된다.

예산(재정)은 국가기능수행지원기능과 정치적 기능 외에도 경제안정화기능을 담당한다. 케인즈(Keynes) 경제학에 따르면 경기가 침체되었을 때에는 재정적자로 정부수요를 창출함으로써 경기를 활성화하고, 경기가 과열되었을 때에는 재정흑자로 정부수요를 축소함으로써 경기를 안정화시킨다. 즉 경제가 어려울 때에는 적자재정으로 경기를 활성화시키고, 경기가 좋을 때 흑자재정으로 빚을 갚으면 단기적으로는 균형재정이 파괴되지만 경기주기 단위로 보면 균형재정이 이루어질 수 있다는 것이다. 그러나 선진국들의 수십 년 동안 재정정책의 결과인 최근의 GDP 대비 국가채무가 OECD 국가들의 평균이 100%를 넘고 일본은 200%가 넘고 있는 점을 볼 때 균형재정에 관한 케인즈의 예측은 실제와는 상당한 괴리를 보인다. 즉 경기가 좋아졌을 때 흑자를 내어서 빚을 갚을 생각을 하지 못하고 계속 재정지출을 확대한 것이다. 정치인에 대한 케인즈의 인간관이 과도하게 낙관적이었기 때문인 것으로 보인다.

## 2. 우리나라 예산기능의 변천

1950년대까지 우리나라는 독립을 이루자마자 발생한 6.25전쟁으로 인하여 전국토와 산업시설 등이 초토화되어 피폐해진 경제환경 하에서 국세나 지방세를 징수할 상황이 못 되었기 때문에 미국의 원조를 중심으로 재정을 운영할 수밖에 없었다. 공무원들의 봉급을 제때에 주지 못하는 상태였으니 예산규모도 극히 적어서 재정의 역할은 대단히 미미하였다. 1961년 무능한 정부를 비판하며 등장한 5.16 군부세력이 당시 쿠데타의 정당성을 국가경제개발에 둘 정도로 우리 경제상황은 열악하였고, 국가재정도 재정수입의 절반 이상이 미국의 원조로 충당되는 형편이었기 때문에 재정의 가장 중요한 역할은 국민들에게 원조물자를 효율적으로 배분하는 것이었다.

그러나 이러한 소극적인 재정의 역할은 경제개발을 최고의 국가목표로 설정한 1960년대 초부터 극적으로 변화된다. 당시 정부주도의 개발을 추진한 박정희 정부는 1961년부터 5년 단위의 경제개발계획을 수립하고 추진해 나갔다. 이에 따라 재정은 자연스럽게 경제개발 5개년 계획의 연차별 계획을 성공적으로 수행하기 위해서 필요한 다양한 역할을 담당하게 되었다. 이를 위하여 1961년에 일제 식민지시대의 일본식 재정법을 폐지하고 예산회계법을 제정하였고, 1963년에는 지방자치법의 한 개 장에 불과하였던 지방재정에 관한 사항을 규율하기 위한 지방재정법을 제정하였다. 예산회계법은 특별회계에 기업회계 원칙 적용, 계속비 제도의 도입 등을 통해서 정부의 정책이 목표를 달성하는데 필요한 예산 및 회계적인 지원 및 회계질서의 확립을 추구하였고, 지방재정법은 지방재정운영의 기본원칙, 건전재정의 원칙, 지방재정운영에 필요한 일반적인 사항을 규정함으로써 당시의 문란한 재정질서를 바로 잡고자 하였다. 정부는 이러한 국가재정과 지방재정 관련 제도적 기반을 정비한 후에 경제개발계획 지원을 위하여 경제개발 재원의 확보와 산업정책적 목적을 위한 세제개편을 지속적으로 시행해 나갔다.

전형적인 빈곤한 농업경제에서 해방 이후의 혼란과 6.25사변의 파괴로 인하여 경제개발계획의 추진이 시작되던 때는 세계에서도 손꼽히는 가난한 경제였다. 당시의 수출상품은 가발이나 농산품 등 노동집약적 상품들이 대부분으로 매우 취약한 경제체질을 그대로 노정하고 있었다. 이러한 상태에서 제3차 경제개발 5개년 계획기간(1972-1976)에는 6개의 전략산업(철강, 전자, 석유화학, 조선, 기계, 비철금속)을 육성하기로 하였는데, 경공업 위주 경제성장에서 선진국을 향한 중화학공업 중심의 불균형 성장전략으로 대전환을 하게 되었다. 이 전략의 덕택으로 우리나라는 21세기에 접어들면서 선진대열에 합류할 수 있게 되었는데, 이 전략은 경제적 전략으로서만이 아니라 군사적 요인에 의하여서도 필요한 것이었다. 베트남 전쟁에서 뼈아픈 교훈을 얻은 닉슨대통령이 1970년 2월 아시아에서의 미국의 군사적 보호를 더 이상 제공하지 않겠다는 내용의 선언(닉슨독트린)을 발표하고, 실제로 그해 7월에 주한미군의 일부를 철수시키는 등의 군사적 환경변화가 자주국방의 필요성을 강조하게끔 만든 것이었다. 국내시장이 협소한 상태에서 수출을 전제로 추진한 중화학공업은 후진국적 낮은 경쟁력으로 해외진출이 어려워 정부가 재정을 집중적으로 투입하지 않을 수 없게 만들었다. 수출기업에 각종 세제혜택 및 금융지원을 제공한 것이다.

중화학공업육성을 위한 대대적인 정부의 지원은 1970년대의 두차례의 석유파동으로 인하여 큰 어려움을 겪게 되었다. 인플레이션과 경기침체가 함께 발생하는 스태그플레이션을 경험하게 되었는데, 정부의 대대적인 지원을 줄이면서도 기업을 살려야 하는 딜레마에 봉착하게 되었다. 1980년대 초에 등장한 전두환 정부는 인플레이션을 잡기 위하여 강력한 재정긴축정책을 효과적으로 시행함으로써 성공적으로 물가안정을 달성할 수 있었다. 1970년대의 중화학공업에 대한 집중적인 재정투자와 1980년대 초의 재정긴축의 배경 하에서 다행스러운 세계경제의 변화가 우리 경제에 커다란 도움을 주었다. 1980년대 중반에 찾아온 '3저 현상', 즉 저달러, 저금리 및 저유가가 수출을 획기적으로 증가시키면서 우리 경제의 유례 없는 호황을 가져왔다.

그러나 이러한 호황에 따른 과도한 자신감은 재정수입 증대로 인한 재정규모의 확대, OECD 가입, 세계화 등의 부작용으로 인하여 결국 1990년대 말에 외환위기를 초래했다. 금융부문에서 촉발된 경제위기를 극복하기 위해서 재정이 금융권의 부실을 떠안으면서 그동안 건실하게 유지해왔던 건전재정이 허물어지게 되었다. 이 위기 이후의 우리 재정은 계속적인 적자를 면하지 못하고 있다.

Section

# 제 2 절 예산결정론

## 1. 예산결정론의 출발

적자재정은 세계적인 현상이다. 재정수입보다 더 많은 지출을 계속하기 때문이다. 국방 교육 외교 경제 복지 등등 수행해야할 국가기능은 끊임없이 팽창하는데 조세부담 능력이 따라 가지 못하기 때문이다.

국가기능 중에 어느 것이 크게 팽창하였는가? 학자들은 절대적인 팽창규모가 큰 기능이 무엇인가 보다는 상대적으로 어느 기능이 보다 증가가 큰가에 관심을 두었다. 국가를 주도하는 통치이념이 좌인가 우인가에 따라 크게 변화가 있는 경제개발비와 복지비의 상대적 증가율, 또는 복지비의 증가에 대하여 관심을 두었다. 핵심적 관심은 상식적으로 말하듯이 과연 좌파정부가 복지비를 크게 증가시키는가? 라는 질문이었다. 한걸음 더 나아가서 복지비지출을 좌우하는 요인들은 무엇인가? 였다. 연구결과는 약간 의외적인 측면을 보여주었다. 즉 정치적 요인이 중요하지만 정당간의 경쟁과 같은 정치적 요인은 영향이 미미한 반면, 좌우간의 통치이념상의 차이는 비교적 큰 영향을 미친다는 것이었다. 한 걸음 더 나아가 산업화 도시화 등의 사회 경제적 요인이 더욱 근본적인 영향을 미치고, 이들이 좌우하는 테두리 내에서 정치적 요인이 영향을 미친다는 것이었다. 이러한 국가기능간의 자원배분을 근본적으로 좌우하는 요인에 대한 연구결과는 제2장의 국가기능론에서 자세히 검토하였다.

정책결정요인론, 구조결정론, 산출연구 등으로 불리는 이상의 연구는 1950년대부터 미국의 재정학자들이 주도하고 1960년대부터 정치-행정학자들이 가세하여 연구된 결과인데, 주류 행정학계에서는 이들과는 전혀 다른 관점에서 예산결정과정을 연구해 왔다. 지금부터 우리가 검토하는 예산결정론은 예산배분에서 어느 국가기능에 얼마만큼 자원을 배분하는가가 아니라, 해마다 이루어지는 예산결정이 어떤 식으로 진행되는지에 관심을 둔다. 전자가 국가기능으로 혜택을 보는 집단이나 세력의 영향력을 강조하는데 비해서 후자는 특정집단이나 세력이 아니라 정책결정에 참여하는 사람들이 어떤 식으로 예산배분결정을 하는지를 설명하려고 한다. 후자는 부족한 정보와 인지능력을 지닌 인간들이 복잡하기 짝이 없는 예산을 나름대로 합리적으로 결정하려는 행태를 그려내려고 한다. 그래서 현실의 예산결정이 이루어지는 모습을 알리려고 한다.

예산의 결정에 관한 이러한 연구는 1940년까지 거슬러 올라간다. 미국의 정치학자였던 키(V.O. Key)는 "어떠한 근거로 X 달러를 B사업 대신에 A 사업에 배분하도록 결정하는가"하는 지극히 당연한 의문을 던지고, 이에 대한 이론적 해답을 구하기 위해서 응용경제학을 활용할 것을 촉구하였다. 이에 대해서 루이스(V. Lewis)는 예산의 결정은 경합하는 요구 가운데 한정된 자원을 배분하는 것이기 때문에 대체 용도 간의 기회비용, 추가적인 투입(한계비용)에 따라 발생하는 한계효용, 공통목표 달성에 대한 대안 간의 상대적 효과성 등 후생경제학적 개념을 이용해서 효율적으로 결정하는 것이 바람직하다는 대답을 내어 놓았다.

예산의 바람직한 결정방식에 관한 루이스의 이론과는 달리 버크헤드(J. Burkhead)는 예산의 실제적인 결정방식에 관한 이론들을 제시하였다. 즉 예산은 경제학적인 개념을 이용한 경제학적 분석의 결과에 따라 결정되는 것이 아니라, 실제로는 다양한 이해관계 세력들 간의 협상, 압력행사 등을 통한 정치적 과정의 산물이라는 것이다. 대통령, 국회의원, 관료, 이익단체, 시민단체 등 정부 및 사회의 제 세력 간의 상호작용의 결과라는 것이다. 물론 버크헤드류(類)의 예산결정이론은 예산이 정치적으로 결정되는 것이 바람직하다고 명시적으로 주장하는 것이 아니라 현실적으로 그렇게 되고 있다는 것을 설명하는 실증이론이라는 점에서, 경제학적 분석이 규범적으로 바람직한 예산결정을 위해서 택해야 하는 결정방식이라고 주장하는 루이스의 규범적 이론과는 다르다.

이처럼 정치・행정학계에서는 예산결정에 관해서는 초창기부터 경제적 효율성을 중시하는 모형과 정치적인 형평성을 중시하는 두 가지의 흐름이 존재했는데, 대별하여 전자를 총체주의 예산결정이론으로, 후자를 점증주의 예산결정이론으로 부른다. 총체주의이론은 최고의 효율성을 달성하기 위하여 필요한 분석방법론과 일반적으로 예산결정과정이 갖추어야 할 조건을 제시하는데, 정치적 성격을 띠는 점증주의적 예산결정과 반대되는 효율적인 예산결정의 조건과 방식을 내용으로 한다. 점증주의이론은 정책결정론에서 검토하였던 싸이몬과 린드블롬의 이론을 예산결정에 적용하여 윌다브스키가 수립한 이론으로 실제의 예산결정이 정치적 합리성을 추구하고 있다는 점을 설명하는 이론이다.

## 2. 총체주의이론

경제적 합리성, 즉 효율성을 추구하는 총체주의이론은 주어진 예산으로 극대의 사회후생을 달성하는 것을 가능하게 하는 예산결정이 이루어지기 위해서는 합리적인 절차를 반드시 거쳐야 한다는 전제 하에서 합리적인 절차의 내용을 제시한다. 이렇게 보면 총체주의이론은 예산결정의 현상을 설명하는 이론이라기보다는 일종의 아이디얼 타입(ideal type)으로서 예산결정에서 효율성의 극대화라는 목표를 달성하기 위해서 따라야 할 이상적인 방식을 제시한다. 정책결정론에서 자세히 검토한 합리모형의 가장 대표적인 예이다.

총체주의이론은 정책결정자가 합리적으로 정책을 결정하기 위해서 따라야 할 분석적 절차와 방식을 제시한다. 그래서 합리모형이 타당하기 위해서 필요한 여러 가지 전제조건이 충족되는 경우에 가장 잘 적용할 수 있는 방식이다. 예를 들면, 대안의 중요한 결과는 다 예측할 수 있다든지, 분석적 결정에 필요한 충분한 시간과 경비가 있다든지 하는 전제조건 등이다. 현실의 예산결정에서는 이러한 조건들이 충족되기 어렵지만 가능한 한 합리모형의 논리대로 예산을 결정하도록 노력해야 한다는 점을 강조하는 이론이다.

이러한 의도를 지닌 총체주의 이론은 효율적인 예산배분을 추구하는 예산결정자는 다음의 5개 단계를 거쳐서 예산을 결정하여야 한다고 주장한다. 이 단계는 정책결정론에서 자세히 검토한 바와 같은데, 간단하게 되풀이 하면 다음과 같다.

첫째, 문제를 확인하고 이 문제의 해결이라는 목표를 설정하는 단계이다. 하나 하나의 예산사업을 통해서 해결하고자 하는 문제 혹은 달성하고자 하는 목표가 분명히 하는 단계이다. 둘째, 목표를 달성하기 위해서 가능한 대안을 광범위하게 탐색하는 단계이다.

셋째, 각각의 대안을 추진하였을 때 나타나게 될 결과를 예측하는 단계이다. 이때의 결과는 사업에 소요되는 비용과 그 대안이 가져오게 될 긍정적 및 부정적인 효과를 포함한다. 다리를 건설할 때 설계도에 따라 건설비용을 추정하고, 다리 건설로서 교통이 얼마만큼 편리해지는지를 예측하는 것이다.

넷째, 대안들의 분석결과를 비교하는 단계이다. 이때의 분석방법으로 주로 비용-편익분석(cost-benefit analysis)이 활용된다. A지구에 저수지를 건설하면 쌀 증산효과가 1년에 10억원어치가 되고, 같은 건설비용으로 B지구에 건설하면 쌀 증산효과가 11억 원이라면, 능률성 기준으로 B지구의 저수지 건설이 우수하다고 평가하는 것이다. 그런데 정부의 사업은 이렇게 계산이 단순한 경우는 드물고, 대부분이 여러 가지 효과와 비용(사회적 효과와 사회적 비용, 그리고 부수효과와 부작용등)이 들어가고 이들을 계량화하기 어렵기 때문에 평가는 극히 어렵다. 더욱이 능률성만이 아니라 이와 전혀 다른 형평성 등도 평가기준으로 동시에 고려해야 하기 때문에 이미 정책결정론에서 검토한 바와 같이 분석적인 결정이 극히 어렵다.

다섯째, 예산결정자가 분석결과를 기반으로 최선의 대안을 선택하여 예산을 배분하는 단계이다. 그러나 대안의 평가가 마무리되면, 이 단계는 거의 자동적이 되지만 대립되는 대안평가 기준들이 있으면 정치적인 타협으로 대안선택과 예산배분이 이루어지는 수밖에 없다.

총체주의 예산결정이론은 이러한 방식으로 예산결정이 이루어질 때 가장 효율적인 예산이 결정되기 때문에 이런 식으로 결정하도록 노력해야 함을 강조한다. 그런데 효율성도 크게 보면 두 가지가 있고, 총체주의 이론에서 강조하는 분석적-합리적 결정은 기술적 효율성을 추구하는 경우에 비교적 적용이 쉽지만, 배분적 효율성을 위해서는 큰 역할을 하기 어렵다.

예산의 배분적 효율성은 다시 거시적 효율성과 미시적 효율성으로 구분된다. 거시적 효율성은 국가 전체의 자원을 정부부문과 민간부문으로 배분하여 사용할 때 가장 높은 산출을 창출하는 배분상태에서 달성된다. 이 때 정부부문에 배분된 자원이 예산이 된다. 정부에서 보다 많은 업무를 담당하여 조세도 더 많이 받는 경우와 그렇지 않은 경우에, 사회 전체적으로 어떻게 배분하는 것이 사회후생을 극대화하느냐의 문제인데, 이것을 합리적-분석적으로 결정하는 것은 극히 어렵다. 미시적 효율성은 부문 혹은 부처 내 예산의 배분적 효율성을 의미한다. 즉 교육부에서 추진하는 대학교육의 발전을 위한 예산지원과, 중고등학교, 초등학교, 유치원이나 유아원 등등에 지원하는 예산이 어떻게 배분되어야 교육효과가 극대화되느냐의 문제이다. 이 또한 분석적 결정이 어려움은 쉽게 이해된다.

기술적 효율성은 개별 사업단위에서 가장 적은 예산으로 가장 높은 효과를 창출하는 경우에 달성되며 생산적 효율성이라고도 한다. 바로 도로건설이나 저수지 건설에서 어느 지구를 선정하느냐의 문제이며, 분석적-합리적 결정이 비교적 쉽게 적용될 수 있는 경우이다.

## 3. 점증주의이론

점증주의 예산결정이론은 합리적 의사결정모형의 한계를 지적한 싸이먼의 개인적 의사결정이론에서 출발하였다. 싸이몬은 당시 당연하게 여겨졌던 합리적 의사결정모형이 의사결정자를 경제인(economic man)으로 가정한 것이 비현실적임을 지적하고, 현실적 인간은 인지적 능력의 한계를 지닌, 즉 제약된 합리성을 지닌 행정인(administrative man)임을 전제로 의사결정을 설명해야 한다고 주장하였다. 경제인과는 달리 행정인은 인지적 능력의 한계를 가지고 있기 때문에, 만족할만한 대안탐색에 그치는 등의 현실적 의사결정을 설명하였다.

린드블롬은 싸이몬이 개인적 의사결정모형으로 제시한 제한적 합리모형을 정치적 성격을 갖는 정책결정자의 정책결정에 적용하였다. 즉 첫째, 인간의 인지능력, 시간, 경비의 부족으로 인하여 정책결정자는 모든 가능한 대안을 탐색하는 것은 불가능하고, 둘째, 상황에 대한 충분한 정보수집도 불가능하며, 셋째, 상황이 복잡하고 동태적이면 이러한 악조건이 더욱 악화되기 때문에 극도의 불확실성 하에서 대안을 탐색하고, 넷째, 대안의 결과도 예측을 해야 하는 의사결정자는 결국 시행착오를 거치는 정책결정을 시도하여, 다섯째, 최선이 아닌 만족할만한 대안을 선택한다는 점을 강조하였다. 그래서 결과적으로 정책은 현재의 것에서 약간 씩 변화되는 내용(increment)으로 결정한다는 것이다. 이는 정책결정론에서 살펴 본 바와 같다.

이러한 점증주의적 정책결정론에 입각하여 윌다브스키는 점증주의적 예산결정이론을 제시하였다. 그리고 결과적으로 보면, 점증주의적 정책결정은 예산분야에서 가장 설득력 있게 적용된다. 그는 예산결정이 기본적으로 정부라는 틀 안에서 지적 능력이 부족한 다양한 행위자들 간의 정치적 상호작용에 의해서 이루어진다는 점을 명백히 하고, 결과적으로 올해의 예산은 지난해의 것에 약간 식 첨가되는 식으로 결정된다고 설명하였다.

점증주의적 예산결정이론은 실제 예산편성에 있어서 총체주의이론이 제시하는 정교한 분석은 어렵고 많은 경우에 불가능하다고 주장한다. 대안의 결과예측을 위한 정확한 분석모델이 확보되기도 어렵고, 설사 그러한 분석모델이 있더라도 결과예측에 필요한 데이터가 확보되기 어려울 수도 있으며, 시간이 지남에 따라 상황이 변경되어 이전의 예측이 모두 부정확해질 수 있기 때문에 바람직하지 않다고 주장한다. 따라서 실제 정책결정자는 합리적인 예산결정절차 대신에 점증주의적인 규칙을 채택하여 예산편성의 합리성을 추구한다고 주장한다.

즉 예산결정의 복잡성을 극복하기 위하여 정교한 분석 대신 다음의 4가지 계산의 보조수단을 사용한다는 것이다. 첫째, 예산결정은 경험적이다. 즉 예산결정과정에서 전혀 새로운 사업은 거의 다루지 않는다. 즉 전년도 사업에서 크게 다르지 않은 사업들이 주로 분석의 대상이 되는데, 이러한 사업들은 이미 사업효과에 대한 자료를 확보하고 있고, 이 사업의 규모를 약간 증액시키는 방향의 예산결정의 효과에 대한 예측의 부담이 적다는 것이다. 둘째, 예산결정은 단순화된다. 예산결정을 할 때, 대안의 탐색이나 각 대안의 효과분석에 있어서 현재의 대안과 크게 다르지 않은 대안들을 중심으로 탐색하고, 중요한 몇 가지 현재와 달라진 부분의 효과만을 예측하는 방식으로 분석의 부담을 줄일 수 있다. 셋째, 행정인(administrative man)인 예산관료는 극대화(maximization) 대신에 만족화(satisficing)을 추구한다. 따라서 슬쩍 비껴나고(get by), 문제를 회피하며(avoid trouble), 최악을 피하는(avoid the worst) 전략을 채택함으로써 예산결정의 복잡성을 극복한다는 것이다. 넷째, 전년도 예산을 기본으로 하고, 약간 증가시키는 수준의 점증적 예산을 채택한다는 것이다. 왜냐하면 예산의 대부분은 과거 결정의 산물에 불과하기 때문이다.

여기에 더하여 예산과정에서의 행위자들의 행태가 점증주의를 채택하게끔 한다. 즉 분석적-합리적 방식이 한계에 부닥쳐서 객관적으로 정당화할 수 있는 합리적 예산배분이 불가능하기 때문에 예산기관은 지난해의 예산을 근거로 약간씩 증액된 한도액을 집행자에게 제시하게 되는데, 예산을 집행하는 사업의 담당자들은 언제나 예산부족을 호소하면서 다음 해의 예산에서는 크게 증액해 줄 것을 요구한다. 예산기관이 삭감할 것을 알기 때문에 집행자들은 필요 이상으로 부풀려서 예산을 요구하는데, 반대편에 있는 예산기관에서는 크게 부풀렸다는 사실을 짐작하고 요구액을 대폭 삭감하려고 한다. 그리하여 각 부처의 국이나 과에서 부풀려서 요구한 예산을 부처의 기획예산실에서 대폭 삭감하려고 하고, 밀고 당기기를 거쳐서 합의하여 제안한 부처의 예산을 중앙예산기관에서는 삭감하려고 한다. 이는 국회에서 상임위원회가 자신들의 관장 부처 예산을 부풀리고, 예산결산특별위원회에서 삭감하는 것과 동일하다.

원래 국회의 설립 목적 중의 하나가 국왕이 함부로 조세를 거두어 낭비하는 것을 방지하는 것이었으므로 그 전통에 따라 많은 선진국에서는 행정부가 요구한 예산을 국회는 삭감하고 있다. 그리고 이러한 역할을 행정부 내부에서는 중앙예산기관이 담당하고 있다. 예산의 증액은 세금의 증가를 의미하기 때문에, 행정부에서도 선거에서 정치적 책임을 지는 수상이나 대통령은 납세자의 지지나 저항을 고려하여 국고수호자의 역할을 해야 하지만, 또 다른 편으로는 공약사업이나 국가적 중요 사업을 추진하기 위해서 예산증액을 요구할 필요성도 있어서 수상이나 대통령은 어려운 선택을 해야 한다. 그러나 지금까지 선진국들의 예산이 증액일로를 걸어서 각국이 모두 재정위기에 봉착한 사실을 보면 국고수호자의 역할이 제대로 되고 있지는 않다고 볼 수 있다.

여하튼, 예산요구자와 예산배분기관 간의 밀고 당기기에서 객관적이고 합리적인 배분의 방식을 찾지 못하기 때문에 지난해의 예산에서 약간씩 증액시키는 방식을 채택하게 된다.

점증주의적 예산결정은 위에서 검토한 바와 같은 결정자들의 지적 능력의 부족에 따른 합리성의 제약만이 아니라, 예산배분에서의 정치적 협상 때문에도 불가피하다. 모든 정책이나 마찬가지로 현재의 예산도 많은 참여자들의 대립과 갈등 속에서 상호협의와 타협을 통해서 결정된 것이므로 현재의 예산을 크게 바꾸는 것은 새로운 갈등과 대립을 초래하여 또 다시 복잡한 타협의 과정을 겪어야 한다. 더욱이 새로운 사업이 추가되거나, 특정 사업에 대한 예산을 크게 증가시키게 되면, 한정된 예산총액 때문에 다른 사업을 축소시켜야 한다. 기존 예산의 감축은 당해 수혜집단에게 커다란 피해를 가져오게 되므로 격렬한 저항이 따른다. 그러므로 이미 추진되고 있는 현재의 예산사업에서 약간씩 증액시키는 결정이 모두를 행복하게 하지는 못할지라도 모두를 불행에서 건져낼 수는 있다. 그래서 짧은 시간 내에 한정된 예산총액을 배분해야 하는 예산결정자들은 약간씩의 증액을 하는 점증주의적 결정으로 예산과정의 평화를 유지하려고 한다. 하나의 돼지 밥통(pork barrel)에서 여러 마리의 돼지들이 서로 머리를 부닥치면서 밥을 먹지만 큰 싸움 없이 나누어 먹는 것과 비슷하다. 결과적으로 기존의 예산에 없던 새로운 사업은 채택되기가 무척 어렵고, 사업주도자들은 초기 연도에는 아주 작은 예산 액수만을 요구하여 해가 지나면서 증액시켜나가는 전략을 사용하게 된다. 그야말로 점증주의를 〈야곰 야곰주의〉라고 부를 수 있다.

그리고 점증주의는 총체주의적 합리모형에 비하여 예산상의 결정을 분산시키고 분권화를 추구하기 때문에 바람직하다고 한다. 의회의 최종결정을 담당하는 예산위원회나, 행정부의 예산을 최종결정하는 중앙예산기관 등이 총체주의적 분석결과에 따라 예산을 배분한다고 생각해 보라. 국방부에서 최신 전투기를 구입하려는 사업과 보건복지부에서 노인복지를 증가시키려는 사업의 어느 것에 얼마만큼 예산을 배분해야 하는가를 각각의 사회복지향상 효과를 예측하여 판단한다고 가정해 보라. 이것이 불가능함은 쉽게 이해가 된다. 그래서 기존사업도 증액만이 아니라 신규사업과 같이 근본부터(zero base) 효과예측을 하고 비교평가하기 보다는 기존 예산을 기본(base)으로 인정하고 증액되는 부분에 대하여 과거와 다른 점 등을 집중적으로 분석하되, 국가전체적(총체적)인 관점에서 비교하지 않고, 그 사업과 유사한 사업들의 증액부분과 비교하는 점증주의적 방식이 현실적으로 가능할 뿐만 아니라, 예산결정체제 내의 각 부처들이 분권적으로 결정할 수 있게 한다. 그리고 중앙예산기관은 행정부 전체의 새로운 사업들을 비교하고, 의회에 가서는 상임위원회에서 또 다시 소관부처의 사업만을 검토하는 식으로 분할적 결정을 가능하게 한다. 결과적으로 예산결정체제의 최종산물인 차년도 예산은 현년도 예산에서 소폭 증가한 수준에서 결정되는 것이 현실적으로 가능한 방법일 뿐만 아니라, 미국식의 다원적 분권체제에 적합하다는 것이다.

이러한 점증주의적 예산결정이론은 1960년대의 호황 덕분에 풍족한 세수를 즐기던 미국의 예산결정현상에 대한 탁월한 설명을 제공하였다. 당시 미국은 신규사업을 위한 재원의 배분이 가능한 완화된 희소성의 상태에 있었기 때문에 일반적으로 전년도 예산이 인정되고 행위자들 간의 정치적 협상에 의해서 신규 사업에 대한 예산배분도 이루어졌다. 총체주의적 예산결정이론의 핵심적 목표인 효율성의 중요성이 상대적으로 낮았기 때문에 가능한 일이었다.

**표 9-1** 총체주의적 예산결정이론과 점증주의적 예산결정이론의 비교

| | 총체주의 | 점증주의 |
|---|---|---|
| 목표와 수단의 순서 | 목표와 수단의 순차적 결정 | 목표와 수단이 동시에 결정 |
| 목 표 | 경제적 합리성 | 정치적 합리성 |
| 행 태 | 극대화(maximizing) | 만족화(satisficing) |
| 인간형 | 경제인(economic man) | 행정인(administrative man) |
| 대안의 탐색 | 모든 대안을 탐색 | 일부 대안만을 탐색 |
| 효과의 분석 | 모든 효과를 분석 | 일부 효과만을 분석 |
| 대안탐색과 분석의 순서 | 모든 대안 탐색 후 분석 | 대안 별 순차적 탐색 및 분석 |
| 결정의 방식 | 집권적 | 분권적 |
| 분석의 대상 | 전면적인 분석 | 일부 사업에 대한 분석 |
| 계산의 도구 | 정교한 분석방법 | 경험, 단순화, 만족화, 점증예산 |
| 결 과 | 재정수요 변화에 따른 예산 | 전년도보다 소폭 증가한 예산 |

그러나 1970년대 오일쇼크로 인한 스태그플레이션은 미국 정부가 수십 년간 불황 때마다 전가의 보도처럼 휘두르던 적자예산 편성으로 해결하기 어렵게 만들었고, 미국 정부 예산도 감축예산의 편성이 불가피하게 되었다. 이러한 예산결정체제를 둘러싼 경제환경의 변화에 따라 다시금 예산의 효율성이 강조되게 되었고, 예산의 감축이 필수적인 환경 하에서는 기본 예산이 인정될 수

없었기 때문에 기관 간의 관계도 변화하는 모습을 보이게 되었다. 결과적으로 전년도 예산의 소폭 상승으로 상징되는 점증주의 예산은 그 설명력을 잃게 되었을 뿐만 아니라 사회·경제적 환경의 변화에 둔감하다는 그 보수성으로 인하여 규범적으로도 비난받는 처지에 놓이게 되었다.

## 4. 다중합리성이론

1990년대 초중반부터 예산결정과정의 복잡성을 인정하고 예산결정에 나타난 참여자들의 행태를 설명하고자 하는 새로운 시도가 다중합리성이론이라는 명칭으로 제시되었다. 써마이어(K.M. Thurmaier)와 윌로우비(K.G. Willoughby)는 예산결정과정의 참여자 가운데에서 중앙예산기관의 예산분석가들에 초점을 맞추고 이들이 어떠한 시간에 어떠한 정보를 획득하며, 당시의 정치·경제·사회·재정적 환경이 어떠하고, 행정기관의 장이 어떠한 생각을 갖는가에 따라서 개별 사업단위의 예산 배분이 결정된다고 주장한다.

이들은 킹던의 정책의제설정이론에 입각해서 예산과정에도 다양한 예산결정의 흐름, 수많은 결정자들, 결정의제들 그리고 예측이 가능하거나 불가능한 결정기회들이 존재한다고 주장한다. 또한 루빈(I. Rubin)의 '실시간 예산(real time budgeting)' 개념을 받아들여서 예산은 서로 다른 특성을 갖는 세입, 세출, 균형, 집행, 과정 등 다섯 개의 의사결정 흐름 간의 상호작용을 통해서 결정된다는 점에 동의한다. 이처럼 킹돈과 루빈의 두 이론을 통합해서, 중앙예산기관의 분석가들은 다중적인 환경 하에서 예산에 관한 결정을 내리게 되고 예산과정의 서로 다른 여러 단계에서 이러한 다양한 환경에 영향을 받아 분석가들로 하여금 다른 결정 틀과 역할 선호를 활용하도록 한다고 주장한다. 그 결과, 분석가들은 예산결정을 할 때 정치적 요소와 경제적 요소에 대해서 다른 가중치를 부여하며 이 과정에서 물론 재정상태도 영향을 주게 되는데, 이들의 역할은 단순히 계산하는 데 그치는 것이 아니라 직관적인 판단을 하게 된다는 것이다.

즉 분석가들은 단순히 분석가에 그치는 것이 아니라 반대자, 통로, 촉진자,

정책분석가, 옹호자 등 다양한 역할을 담당하며, 정치적·법적·사회적 효과성과 기술적·배분적 효율성 등 다양한 합리성을 추구하게 된다. 이때 예산일정에 쫓기는 예산분석가들은 정보의 획득이나 분석에 있어서 시간적 한계에 노출되어 있고, 그들의 제안이 성공하기 위해서는 그들의 분석과 제안이 어느 단계에서 이루어져야 할 것인지에 대한 전략적 판단을 해야 한다. 이를 위해서는 어떻게 기회의 창을 잘 포착해서 그들의 예산결정이 받아들여지게 할 것인가에 대한 이해를 정확하게 하고 있어야 한다.

결국 다중합리성 이론은 중앙예산기관을 수많은 흐름의 소용돌이로 파악하고, 이 가운데서 예산분석가, 주지사, 주의회 등 수많은 참여자들이 정치·경제·사회·재정적 환경 하에서 수많은 정보들을 이용해서 기회의 창이 열릴 때를 기다렸다가 분석적 고려뿐만 아니라 정치적인 고려까지 다 해서 만든 자신들의 제안을 적시에 내놓음으로써 예산결정에 영향을 미치고자 한다는 것이다. 그러나 이 이론은 연구자들이 개념틀로 제시하고 있는 그림이 계속 수정되고 있다는 점에서 아직까지 충분히 정교한 이론으로 구축되어 있다고 보기 어렵고, 일부 명제에 있어서는 동의반복적인 측면도 있는 등 한계가 있는 것으로 판단된다.

Section

## 제 3 절 예산과정

### 1. 예산과정 개관

예산은 편성, 심의의결, 집행 그리고 결산 및 회계검사 등 매년 반복되는 네 가지 단계를 거친다. 예산은 일반적으로 3년을 주기로 하나의 과정이 끝나게 되는데, 예컨대 2015년 예산은 2014년에 정부가 편성하고, 국회가 심의·의결하며, 2015년 동안 집행되고, 2016년에 결산 및 회계검사가 이루어진다. 그 결과, 2015년에는 2014년도의 예산의 결산 및 회계검사, 2015년도 예산의 집행 그리고 2016년 예산의 편성 및 심의가 이루어지는 예산 중첩성의 특성이 나타난다.

원칙적으로 예산편성과 예산집행은 행정부가 담당하고, 예산심의와 결산 및 회계검사는 국민의 대표인 국회가 담당함으로써 행정부와 국회 가운데 일방이 전적으로 예산과정을 독점하지 못하도록 하고 있다. 이는 첫째, 예산의 초안은 실제 집행을 하게 될 행정부가 작성하고 둘째, 예산은 최종적으로 국민의 대표가 결정하도록 하며 셋째, 집행결과는 국민의 대표인 국회가 확인하는 등, 견제와 균형의 원리 및 재정민주주의의 원칙이 적용된 결과이다.

## 2. 예산편성

서구에서 의회가 존재하지 않던 시대에는 예산을 포함한 모든 재정관리활동이 왕을 중심으로 한 행정부에서 이루어졌다. 왕권의 횡포로부터 국민의 인권을 보호하기 위하여 의회가 성립되면서 조세에 대한 동의와 함께 예산에 대한 감독 감시권도 의회가 지니게 되었다. 그러나 예산의 집행은 국가기능수행을 직접 담당하는 행정부가 맡을 수 밖에 없고, 집행부서에서 예산을 편성하는 것은 당연하게 보아, 편성권도 행정부가 지니게 되었다.

예산편성은 행정부가 다음 회계연도의 세입을 추정하고 이를 필요한 사업에 배정하는 세출 계획을 수립하는 활동이다. 세입예산은 차년도 경제성장률 등 다양한 경제변수들을 고려하여 추정하게 되는데, 예측에 불과하기 때문에 회계연도 종료 후의 결산 결과 확정되는 실제 세입과는 상당한 차이를 보일 수 있다. 재정지출을 늘리고 싶은 정부·여당이 경제성장률을 낙관적으로 예측함으로써 세입 및 세출예산의 규모를 확대하고자 하고, 야당은 이에 반대하는 모습을 흔히 보게 된다. 세입예산은 예측의 성격을 갖기 때문에 세출예산에 비해서 상대적으로 중요성이 낮다.

세입예산은 차년도 경제상황이 가장 큰 변수가 되어 정부의 의지가 작용할 여지가 상대적으로 적은 반면, 세출예산은 행정부가 차년도 사업계획을 확정짓는 수단으로 정부의 의지가 반영된 산물이다. 사업 또는 정책이 부처에 의해서 결정되었더라도 예산이 수반되는 경우에는 그에 소요되는 경비가 예산에 반영되어야 비로소 해당 사업 또는 정책이 결정되었다고 할 수 있다. 이처럼 세출예산에는 정부의 정책의지가 담겨 있기 때문에 정부의 통치이념, 지향하는 정책방향, 강화하고자 하는 분야/부문에 따라 달라지고, 이로 인하여 의견을 달리하는 야당이나 언론 혹은 이익단체/시민단체들과의 갈등을 빚을 수 있다.

세출예산의 편성은 행정부 내에서 중앙예산기관이 주도하여 부처가 요구한 예산을 사정하는 절차를 거치게 되지만, 이 과정에는 다양한 제도적 장치가 마련되어 있다. 우선 예산이 갖는 단년성의 한계를 극복하기 위하여 5년을 단위로 하는 국가재정운용계획이 수립된다. 중앙예산기관이 주도하여 수립되는 이 계획은 분야 별로 매년 이루어지게 될 재정투자에 관한 계획이 포함한다. 이러한 계획에 따라 재정투자가 이루어질 때 달성할 수 있는 성과들이 계량지표로 제시되고, 회계연도 개시 120일 전까지 예산과 함께 국회에 제출된다.

기획재정부 예산실은 국가재정운용계획의 수립과정에서 정부 전체의 차년도 예산규모와 분야 별 및 부처별 예산규모를 개략적으로 파악하고 부처의 한도액을 결정하여 예산편성지침과 함께 통보한다. 크게 보면, 하향식 예산편성방식(top-down budgeting)이지만, 한도액 내에서는 부처가 편성한 예산 가운데 기존사업에 필요한 예산은 대부분 인정되며, 신규사업만 예산실의 엄격한 사정을 받게 된다는 점에서 우리나라에서는 총액배분자율편성제도라고 불린다.

각 부처의 재정담당관실은 부처 내의 여러 사업부서들이 제출한 예산요구를 한도 내로 맞추기 위해서 암묵적으로 사업의 우선순위를 정하고 우선순위가 낮은 사업의 예산요구는 부처 예산에 반영하지 않는다. 이때의 우선순위 결정에는 물론 대통령이나 장관의 관심 여부와 당시 사회적 요구 등이 영향을 미친다. 이렇게 결정된 부처의 예산요구는 하향식 예산제도가 처음 도입된 2000년대 중반에 비해서 대부분 기재부가 정한 한도액을 더 많이 초과하는 경향이 있다. 그 결과, 기획재정부는 하향식 예산편성의 취지대로 부처의 예산을 대체로 인정하는 대신 전통적인 사업 별 삭감 방식을 활용하는 경향이 있다.

기획재정부 예산실의 예산사정과정에서 가장 확실한 제약은 예산이 부족하다는 것이다. 예산의 공급은 한계가 있는데, 예산의 수요는 그 한계를 넘어서기 때문에 예산실과 부처 간에는 갑과 을의 관계가 형성될 수밖에 없다. 사업의 전문가인 부처는 예산의 전문가인 예산사정관을 설득하기 위하여 수많은 자료를 제공하고 치밀한 논리를 개발하는 등의 노력을 기울인다. 이 과정에서 부처는 학연, 지연, 혈연을 동원하고, 예산사업의 혜택을 입게 되는 고객들의 정치적 영향력을 이용하는 등의 노력을 기울인다. 부처는 사업의 중요성을 강조하고 사업예산의 증액을 주장하는 '소비자'의 행태를 보이는 반면, 예산사정관은 재정건전성의 중요성을 강조하고 예산의 삭감을 주장하는 '절약자'의 행태를 보이는 등 서로 다른 지향성을 보인다. 그러나 대통령이 한편으로는 공약의 실행을 원하고 다른 한편으로는 균형재정을 원하는 '수문장'(국고수호자)의 지향성을 갖기 때문에 정부의 예산요구는 어느 일방으로 치우치지 않게 된다.

이렇게 마련된 정부 예산안은 시도지사와의 협의와 당정협의 등을 거치게 되며, 국무회의의 심의와 대통령의 서명으로 최종 확정되고, 회계연도 개시 120일 전까지 국회에 제출한다. 예산안과 함께 사업별 설명서, 성과계획서, 성인지예산서, 조세지출예산서 등을 함께 제출한다.

## 3. 예산심의

국민의 대표기관으로서의 국회가 예산의 심의를 담당하는 것은 사업을 수행하기 위하여 예산을 지출하는 정부를 견제하기 위한 것이다. 즉 행정부가 불필요한 사업을 하는지, 예산을 흥청망청 쓰지 않는지 등을 국회는 국민의 시각에서 검토하고, 적절하지 않은 사업이나 예산의 규모를 조정한다. 따라서 국회는 기본적으로 삭감지향성을 갖는데, 이는 조세법률주의가 국민의 대표인 국회에게 조세의 세목과 세율의 결정권을 부여한 것과 동일한 맥락이다. 국회는 이러한 예산심의를 통해서 사실상 정부 정책 및 사업의 최종 결정권을 갖는다.

국회의 예산심의는 다양한 변수에 의해서 영향을 받는다. 우선 정부형태에 따라 입법부와 행정부가 견제와 균형을 이루도록 설계되어 있는 대통령제 하에서는 의회에 의한 예산심의가 상당히 적극적으로 이루어지고 이 과정에서 예산의 수정이 많이 이루어진다. 반면에 의회의 다수당이 내각을 구성하는 내각책임제 하에서는 심의는 치열하게 이루어질 수는 있으나 최종적으로는 정부안이 수정되는 경우가 거의 없다. 수상·장관·차관 등의 행정부 수뇌집단이 모두 여당 국회의원 중에서 선정된 당원이기 때문이다.

그리고 의회의 증액권한이 인정되는지 여부, 대통령의 거부권이 허용되는지 여부 등에 의해서도 예산심의의 모습이 달라질 수 있다. 우리나라는 대통령 중심제 국가로서 국회의 증액 또는 신비목의 설치가 원칙적으로 허용되지 않고, 대신에 국회의 예산의결에 대한 대통령의 거부권이 허용되지 않는다. 미국처럼 의회가 제한 없이 심의·의결할 수 있는 나라에 비해서 의회의 예산수정권이 약하지만 실제로는 국회의 승인을 받고자 하는 정부가 대체로 국회의 증액 요구에 동의해주기 때문에 우리 국회도 예산수정권한이 크다고 볼 수 있다.

우리나라 국회에서의 예산심의는 상임위원회가 소관부처의 예산을 심의하는 예비심사와 예산결산특별위원회가 심의하는 종합심사로 구성되어 있으며 순차적으로 심의가 이루어지고 있다. 상임위원회에서는 부처예산에 대한 심의가 이루어지는 반면, 예산결산특별위원회는 정부 전체의 예산에 대한 심의가 이루어진다는 점에서 다르다. 소관 부처 사업에 대한 이해도가 높고 소관 부처와 긴밀한 관계를 맺기 마련인 상임위원회에서는 부처의 사업예산을 삭감하기보다는 증액하는 지향성을 가지고 있기 때문에 예산결산특별위원회는 중앙예산기관이나 마찬가지로 전체예산을 보면서 예산을 삭감하는 역할을 맡는다.

정부가 요구하는 예산규모는 점차 커져서 2016년에는 400조원에 육박하고 있기 때문에 정부에 의한 예산낭비를 막기 위해서는 국회에서의 충실한 예산심의가 필수적이다. 그러나 국회의원들은 정치인으로 소관 부처의 사업의 전문가라고 볼 수 없다. 따라서 국회의 예산심의가 충실하게 이루어지기 위해서는 의원을 보좌하는 인력의 전문성 및 역량의 강화가 필수적이다. 이러한 분석적-합리적 능력을 보강하기 위하여 2003년에는 국회예산정책처가 설립되었다. 예산정책처의 적극적인 활동으로 국회에 의한 예산심의가 보다 구체적·분석적·효과적으로 이루어지고 있다. 그러나 예산정책처장의 임기가 정해져 있지 않기 때문에 여야의 다수당이 바뀔 때마다 기관의 수장이 바뀌게 되고, 그에 따라 정파적인 이해관계에 휘둘릴 가능성이 있다는 비판을 받고 있다.

예산결산특별위원회는 사실상 정부예산을 최종적으로 결정하는 위치에 있기 때문에 그 역할이 매우 중요하다. 특히, 예산결산특별위원회에 소속된 예산안조정소위원회는 세입과 세출의 숫자를 일치시키는 작업을 하는 과정에서 소소한 사업들의 조정이 가능하기 때문에 지역구사업의 예산 반영을 추구하는 국회의원들에게 매우 막강한 영향력을 미친다. 그 때문에 예산과정에서 가장 정치성이 높은 위원회로 알려져 있으며, 합리적인 예산결정을 저해하는 대표적인 사례로 비판받고 있다.

## 4. 예산집행

예산의 집행은 전통적으로 국민의 대표인 국회가 의결한 내용에 따라 행정부가 수행하는 활동으로서 수동적이고 기계적인 성격을 갖는다. 이는 재정의 수납과 지출은 납세자인 국민의 동의가 있어야 한다는 원칙에 따른 것으로, 행정부는 예산서에 나타난 의회의 의도를 최대한 반영하여 예산을 집행하는 것이 바람직한 것으로 여겨져 왔다.

이러한 맥락에서 등장한 입법부 우위의 예산원칙은 통제지향성을 갖는 것으로 이를 가장 잘 나타내는 것은 용도, 금액 및 기간에 대한 제한을 내용으로 하는 예산한정성원칙이다. 세출예산의 경우, 행정부는 국회가 정한 예산의 목적의 범위 내에서 지출해야 하고, 예산 액수를 초과해서 지출해서는 안 되며, 당해 회계연도 내에 지출해야 한다는 원칙이다. 예측의 성격을 강하게 띠는 세입예산의 경우는 주로 기간에 대한 한정성이 중요한 의미를 갖는다. 또한 한 해 동안의 모든 세입과 세출은 빠짐없이 예산에 계상되어야 한다는 예산완전성원칙은 정부의 모든 세입 및 세출 관련 활동이 국민의 대표에 의한 통제를 받아야 한다는 것을 강조하고 있다.

이러한 통제지향의 예산원칙은 행정이 복잡해지고 환경이 급격히 변동함에 따라 비효율을 초래할 가능성이 높아져서 그 타당성에 의문이 제기되었다. 즉 통제지향의 예산원칙의 고수는 행정부의 자의적인 예산집행은 막을 수 있었지만 최대 12개월까지 발생하게 될 예산심의와 예산집행 간의 시차로 인하여 상황의 변동에 적합한 새로운 정책/예산의 집행이 오히려 바람직한 결과를 낳을 수 있게 된 것이다. 따라서 행정부에게 어느 정도 필요한 수준의 재량을 부여하고 그에 대한 책임을 지도록 하는 것이 바람직하다는 새로운 의견에 따라 다양한 예외조치들이 등장하게 되었다.

예산의 용도를 회계연도 중 집행과정에서 변경할 수 있도록 하기 위한 제도로 이용과 전용이 있다. 이용은 장, 관, 항 등 입법과목 상의 변경이 필요한 경우에 국회의 승인을 얻는 경우이지만, 전용은 국회의 승인이 필요 없는 경우로서 입법부 우위원칙의 중대한 예외이다.

예산의 기간을 당해연도 이후로 연장함으로써 회계연도독립원칙의 예외로 인정되는 제도로서 이월이 있는데 여기에는 명시이월과 사고이월이 있다. 명시이월은 세출 예산 중 경비의 성질상 연내에 그 지출을 끝내지 못할 것이 예측되는 때에는 그 취지를 세입세출예산에 명시하여 미리 국회의 승인을 얻은 후에 다음 연도에 사용할 수 있도록 하는 제도이다. 다년간의 기간이 필요한 사업들의 경우이다. 사고이월은 불가피한 사유로 인하여 연도 내에 지출하지 못한 경비인데 다양한 원인들의 경우에 인정되고 있다.

예산의 금액을 초과해서 집행하는 것은 원칙적으로 가능하지 않으나, 예외적으로 수입대체경비가 허용된다. 수입대체경비는 정부가 특별한 역무나 시설을 제공하고 그 대가로서 비용을 징수하여 사용할 수 있는 경비이다. 예컨대 외교부의 여권발급수요가 예상을 크게 뛰어 넘어서 예산이 부족한 경우에 여권발급수수료 수입으로 부족한 경비를 충당할 수 있도록 하는 것이다. 이는 예산의 금액 한정성에 대한 예외가 됨과 동시에 정부의 모든 수입은 국고로 귀속되고 필요한 경비는 세출예산의 형식으로 성립된 경우에 한해서 지출할 수 있다는 예산통일의 원칙에 대한 예외에 해당하기도 한다. 그래서 국회나 중앙예산기관에서는 가급적 억제하려고 한다.

예산의 집행에 있어서 기획재정부는 중앙예산기관으로서 국회를 대리하여 각 부처의 예산지출을 관리하는 역할을 담당한다. 예를 들면 국회가 의결한 예산을 기간 별로 배분하여 각 부처에 예산과 자금을 배정하고, 각 부처의 전용 요청을 승인하는 등인데, 특히 예산배정상의 시기조정을 통하여 상당한 영향력을 발휘한다. 1/4분기 혹은 상반기 안에 예산지출을 집중하는 조기배정을 통하여 침체된 경기의 회복을 추구할 수 있고, 특정사업의 배정을 연도 말에 배정함으로써 사업수행을 지연시킬 수도 있다.

## 5. 결산 및 회계검사

결산과 회계검사는 예산과정의 마지막 단계로서 정부 예산집행의 결과는 감사원에 의해서 회계검사를 받고, 이에 입각해서 국회는 결산심의 및 의결을 수행함으로써 예산주기가 종결된다. 감사원의 회계검사는 법령위반사항의 적발 등 행정부 내의 자체적인 통제행위로서의 성격 뿐만 아니라 국회에 의한 결산심사의 기초자료 제공으로서의 성격도 갖는다.

### (1) 결 산

결산은 한 회계연도 내에서 세입예산의 모든 수입과 세출예산의 모든 지출을 확정하는 활동이다. 정부는 결산을 통하여 1회계연도 동안의 정부의 세입예산과 세출예산의 집행의 책임에서 벗어나게 된다. 결산이 끝나면 행정부처들은 예산과 관련된 책임을 완수하는 것이다. 세입결산은 회계연도 기간 내의 세입에 대하여, 그리고 세출예산은 세출에서 얼마나 예산과 차이가 발생했는지를 검토하게 된다. 이처럼 결산은 정부의 재정 활동 결과에 관한 다양한 정보를 제공하여 다음의  예산편성 및 예산심의과정에서 활용되도록 하는 매우 중요한 기능을 지니고 있다.

기획재정부는 각 부처의 결산자료를 정리하여 국가결산보고서를 작성하고 대통령의 승인을 얻어 감사원에 제출한다. 감사원은 국가결산보고서를 검사하고 그 결과를 기획재정부에 보내면 기획재정부는 그 결과를 반영한 국가결산 보고서를 국회에 보고하고, 국회는 이를 심의·의결한다.

결산 결과 지출보다 수입이 많아서 돈이 남게 되면 이를 순세계잉여금이라고 부르는데, 재정건전성의 유지가 매우 중요하게 된 최근에는 국가채무 감축을 위하여 사용할 수 있도록 하여 국회나 정부가 추가경정예산을 편성하거나 다음연도 세입에 이입하는 것에 제한을 받도록 하였다.

### (2) 회계검사

정부의 회계검사는 결산의 전제가 되는 수입과 지출에 관한 기록의 정확성을 확보하기 위하여 감사원이 비판적 검토를 수행하는 활동이다. 전통적인 회계검사는 예산집행의 합법성을 내용으로 하는 정부의 회계책임 확보에 초점을 맞추었다. 이는 대리인인 공무원들이 주인인 국민의 세금을 쓰는 주인-대리인 관계가 성립되기 때문에 적절한 통제장치가 없이는 도덕적 해이의 발생가능성이 높다고 본 것이다. 즉 규정에 어긋나는 지출을 통제하기 위한 것이다.

그러나 합법성을 위한 통제가 예산의 횡령 또는 방만한 지출을 방지할 수는 있으나, 예산을 효율적으로 사용하는 것을 보장하지는 않는다. 오히려 그 반대의 경우가 흔히 나타난다. 미국 국방부의 군사기지 담당 부차관보였던 밥스톤은 군사기지에서 100달러쯤 하는 증기배출관이 새면 일주일에 50달러어치의 증기가 새어나가는데, 이것을 구매기관의 부패를 막고 가장 저렴하게 구입하기 위하여 중앙집중식 조달제도를 통하여 구매하게 되면 1년이 걸려서 98달러 정도에 구매할 수 있기 때문에 2달러 절약하기 위해서 3,000달러 값어치의 증기를 흘려보내는 낭비를 하게 된다는 점을 지적하였다

이러한 문제를 해결하기 위하여 최근에는 회계검사의 초점을 성과에 두고 투입물 구입을 위한 지출상의 통제를 완화하는 것을 내용으로 하는 성과감사로의 방향전환이 이루어지고 있다. 즉, 회계규정 상에는 일정금액 이상의 증기배출관 수리비의 경우에 복잡한 공개입찰과정을 거쳐서 지출하도록 되어있지만, 6개월이나 소요되는 공개입찰과정을 거치지 않고 업체를 선정하여 증기누수를 막아서 경비를 절약하였다면, 회계규정위반에 대한 책임을 묻지 않

는다는 취지이다. 전통적인 회계검사가 오류와 부정의 적발 등 합법성을 강조함으로써 방만한 지출로 인한 낭비를 막고자 하는 합법성(legality)과 경제성(economy)에 중점을 두었다면, 최근의 회계검사는 산출물을 강조하는 효율성(efficiency)와 효과성(effectiveness)에 중점을 두는 것이다. 이렇게 할 때 사소한 절차를 무시하거나 재량규정을 확대 해석하여 비용절감이나 산출물의 극대화를 위하여 노력한 경우에는 가급적 책임을 묻지 않는다는 것이다.

우리나라 감사원은 회계검사만이 아니라 직무감찰도 하는 특이한 기관이다. 직무 감찰은 공직자들이 회계상의 부정이나 잘못만이 아니라 일반 행정업무 수행에서의 잘못도 감사하여 처벌할 수 있도록 하는 제도이다. 원래 국무총리실에 이 기능을 수행하는 부서가 있지만, 감사원에도 추가적으로 이 기능을 부여하여 공직사회의 부패와 부정을 막으려고 한다. 그 취지로 보아 잘못이 없을 뿐만 아니라 한국의 실정에서 꼭 필요한 일이다. 문제는 직무감찰의 범위를 확대하여 정책결정 자체를 감사하는 정책감사를 시도한 것이다.

### (3) 직무감찰과 정책감사

2000년대 어느 때 부터인가 확실치 않지만, 대한민국 감사원이 정책감사를 시작하여 심한 부작용을 초래하고 있다. 행정부에서 대통령이 최종 책임을 지면서, 정치적 결단으로 추진하는 각 종 정책적 사업에 대하여 그 타당성을 감사한다는 것이다. 대립과 갈등을 거치면서 타협과 결단으로 정치적 책임을 지는 정치인들과 정무직들이 결정한 내용을 정치적 책임도 전혀 지지 않는 감사원이 사후에 평가하는 논리에 전혀 맞지 않는 행동을 하는 것이다. 감사원의 인력이 부족하여 전문적 능력도 없이 평가하는 것도 문제이지만, 소위 전문가들을 동원하여 자문을 받는 것도 정치적 결정을 전문적 결정으로 오해하는 심각한 잘못이다. 더욱이 급변하는 정책환경 속에 여론몰이식 평가를 하여 엄정하고 객관적이어야 할 사정기관이 인기영합적 정치에 휘말리게 되어 정부체제 전반의 역할분담에서 파행적인 문제를 만들고 있다. 절대로 해서는 안 될 일이다.

회계검사의 방식에는 내부감사와 외부감사가 있다. 내부감사는 교육부의 감사관실에서 교육부 국이나 과를 감사하는 것으로서 같은 기관장 밑에 있기 때문에 객관성 측면에서 약점이 있다. 감사를 받는 사람들이 같은 조직의 동료이기 때문에 더욱 인정이 끌리기 쉽다. 반면에 업무를 잘 알고 정보를 쉽게 획득할 수 있어서 사실을 정확하게 파악할 수 있다는 장점이 있다. 외부감사는 감사 대상기관 외부에 있는 기관이 감사를 수행하는 것으로서 부처에 대해서 감사원이 감사를 하는 것이 대표적이다. 외부감사는 내부감사와 정반대되는 장단점을 지닌다.

한편 대통령의 소속하에 있는 감사원이 부처들을 감사하는 것은 크게 보면 내부감사라고 볼 수 있다. 미국의 회계검사원은 국회에 소속되어 있으므로 우리의 경우에 비해서 독립성과 자율성을 지닌 외부감사를 할 수 있다. 물론 외부감사의 약점도 지닌다. 우리나라의 감사원도 국회에 소속시켜야 한다는 주장도 있지만, 미국과 달리 우리는 직무감찰권을 감사원에 주고 있기 때문에 신중한 검토가 필요하다. 더욱이 미국에서도 의회 의원들이 지나치게 많은 감사요구를 하여 회계검사원도 업무과다에 시달리기도 하지만, 행정부처들도 의원들의 비위를 거스르지 않으려는 비합리적 행태를 보이는 경우가 있어서 더욱 신중한 검토가 필요하다.

Section

## 제 4 절 예산개혁론

모든 행정제도나 규정이 그렇듯이 예산제도도 끊임없이 수정과 보완을 하게 된다. 여기서는 크게 변화를 일으킨 예산개혁을 보기로 한다. 1970년대까지 이루어진 예산의 형식(format)에 관련된 미국의 예산제도개혁과 1980년대 이후 이루어진 신자유주의에 입각한 영연방국가들의 예산제도 개혁들이다.

## 1. 1980년대 이전의 예산개혁

알렌 쉬크는 1890년대 초 이후 1960년대까지 미국의 예산제도가 통제(control), 관리(management) 및 계획(planning) 등 3가지 방향(orientation)을 추구하였다고 주장하면서 예산제도에 대한 연구를 활성화시켰다. 미국 예산제도의 변천을 설명한 탁월한 논문인데, 여기서는 이 연구의 틀에 따라 통제지향적인 품목별 예산제도, 관리지향적인 성과주의예산제도 및 계획예산제도를 중심으로 설명하고, 1970년대 이후에 등장한 감축지향의 영기준 예산제도를 추가로 검토한다.

### (1) 품목별 예산제도(Line-Item Budgeting System: LIBS)

1900년도 초반의 미국 행정은 엽관제의 폐해로 정치·행정이원론이 주장하는 부정, 비리, 부패 등이 만연해 있었고 정부의 무능과 비효율의 개선이 가장 시급한 과제로 부상해 있었다. 미국의 뉴욕시는 이러한 문제를 해결하기 위하여 1907년 예산을 지출대상 별로 분류해서 편성하는 품목별 예산제도를 도입하였고, 1912년에 태프트를 위원장으로 하여 대통령 직속으로 설치된 '능률과 절약을 위한 대통령위원회'의 건의로 연방정부에도 도입되었다.

품목별 예산제도 하에서는 지출대상 별로 예산을 편성한다. 품목은 정부가 예산으로 구입하고자 하는 대상이라고 할 수 있는데, 인건비와 여비, 토지매입비와 건설비 등등으로 표시한다. 특정한 품목에 대한 지출액수를 예산에서 정해 두기 때문에 정해진 구체적인 용도 이외에는 지출할 수 없고, 그 액수를 넘길 수도 없다. 그러므로 예산이 제대로 지출되었는지를 확인하려면 품목별 지출만 검사하면 된다. 정치인으로서 행정의 전문성이 약한 의회 의원들도 누구나 쉽게 행정부의 낭비나 횡령을 파악할 수 있기 때문에 쉽게 행정부를 통제할 수 있다. 이러한 장점 때문에 품목별 예산제도는 국회의원들이 강력하게 선호하는 제도가 되었고, 예산지출의 방만한 운영을 방지하여 관료의 도덕적 해이를 방지하는 것은 예산제도가 갖추어야 할 가장 기본적인 속성이기 때문에 지금까지 대부분의 국가에서 유지하고 있다.

반면에 지출대상별로 나열하는 품목별 예산은 그 예산으로 어떤 사업을 하고자 하는지, 그 사업을 왜 하고자 하는지에 대한 정보는 제공해주지 않는다는 치명적인 단점을 갖는다. 교육부에서 인건비, 출장여비 등등을 얼마 지출하고 있다는 것을 보아서는 인건비를 받은 사람들이 대학교육을 지원하는지 보육학원을 지원하는 일을 하는지를 알 수 없다. 하나의 부서에서는 무수한 사업들을 추진하는데, 어느 사업에 얼마만큼의 인원이 배정되는지 등등은 품목별 예산에서 알 수 없다. 그 결과 정부의 예산사업을 국민들이 이해하기 어렵고 따라서 예산에 대한 국민의 지지를 확보하기도 어려운 단점을 갖는다.

또한, 예산을 직접 사용하는 부처의 입장에서는 예산의 품목별 지출한도 만큼 지출하는 것에 관심을 갖기가 쉽기 때문에 사업의 성과나 결과에 대한 관심이 약해진다. 국회가 행정부 예산의 통제를 하는 데는 도움이 되지만 지출로서 얻게 되는 성과, 즉 국민들에 대한 서비스에 대해서는 무관심해 질 수 있다.

### (2) 성과주의 예산제도(Performance Budgeting System: PBS)

성과주의 예산제도는 예산을 사업 별 혹은 활동 별로 분류하여 편성하는 예산제도이다. 지출품목별로 짜여진 예산제도와는 달리 시민이나 의회가 예산을 쉽게 이해할 수 있도록 돕는다. 또한 품목별 예산제도가 관료의 방만한 재정관리에 대한 통제라는 소기의 목적을 달성하는 것에는 효과를 나타냈지만 성과를 함께 고려하지 않는 한계점을 보완하였다. 이러한 이유로 쉬크(Schick)은 성과주의 예산제도를 관리지향의 예산제도로 파악하였다.

성과주의 예산제도는 1913년 뉴욕시 리치먼드 구에서 원가예산제도(cost data budget)를 시행한 것을 그 기원으로 삼고 있으며, 1947년부터 활동을 개시한 제1차 후버행정개혁위원회의 건의 이후에 제정된 예산회계절차법(1950)에 의해서 본격적으로 연방정부에 도입되었다. 이 시기는 정부의 활동이 비약적으로 확대되고 예산의 규모도 급격히 증가하던 시기로서, 기존의 통제지향적 품목별 예산제도로 비용을 절감하는 것보다, 사업에 대한 효율적인 관리를 통하여 보다 큰 효과를 얻는 것이 보다 큰 실질적 비용의 절감을 결과적으로 가져온다고 판단하였다.

성과주의 예산제도에서는 활동(activities) 또는 산출(outputs)이 예산편성 단위 및 업무단위가 되어서 각각의 업무단위 별로 단위원가에 업무량을 곱해서 예산이 결정된다. 1km 도로 건설, 1km 도로 청소, 파출소의 순찰활동 1회에 각각 돈이 얼마씩 드는지를 밝히고, 100km을 위하여 예산 0000달러, 500km 도로청소를 위하여 예산 00000달러 --- 이런 식으로 예산을 편성하는 것이다. 만일 통상적인 범위를 넘어선 수준으로 단위의 단위원가가 증가하거나 업무량이 감소하면 비효율적인 예산이 되는 것이다. 예산당국은 그에 대한 원인을 규명하는 등 해당 단위업무 예산의 효율성 제고를 위한 노력을 시작할 수 있다. 뿐만 아니라 성과주의 예산제도 하에서는 업무단위의 성과지표를 수립하고, 그 성과지표를 평가하여 업무단위의 효율성 및 효과성 제고에 활용할 수 있다.

성과주의 예산을 위해서는 적절한 업무단위가 개발되어야 한다. 예산 계산의 기초가 되어야 하기 때문에 계량화가 가능하여야 하고, 업무 단위로 계산이 이루어지기 때문에 단위업무의 동질성이 높아야 하며, 연도 간의 비교가 가능하도록 가급적 여러 회계기간 동안 존속하여야 하는데 적절한 업무단위의 개발이 쉽지 않다.

성과주의 예산제도는 업무단위에 대한 성과지표를 수립할 것을 요구하고 있는데, 이때의 성과로서 주로 산출 혹은 활동 관련 지표들이 채택되었다. 그리고 바로 이 점이 1980년대 이후 추구된 신공공관리에서의 성과주의 예산과 다르다. 신공공관리에서 강조하듯이 산출이나 활동이 반드시 업무단위가 추구하는 목적을 달성하고 업무의 효과를 보장하는 것은 아니다. 예컨대 파출소에 의한 순찰횟수를 늘린다고 해서 반드시 범죄율이 낮아지는 것은 아니며, 대학 졸업자들의 숫자가 많다고 해서 반드시 그 사회에서 필요로 하는 지식을 갖춘 졸업생들이 배출된다고는 볼 수 없다.

### (3) 계획예산제도(Planning-Programming-Budgeting System: PPBS)

정부의 활동이 급격하게 확대되는 과정에서 다년도 사업들이 많이 등장하게 되었는데 1년을 단위로 하는 기존의 단년도 예산제도는 단년도 위주의 효율성을 추구하는 한계를 갖는다는 인식이 생기게 되었다. 이를 극복하기 위하여 제안된 계획예산제도는 중장기적인 기획과 단기적인 예산제도를 사업을 중심으로 연계시키는 예산제도이다. 즉 5개년, 10개년 의 계획을 수립하고 이 계획의 내용으로 채택된 사업들에게 예산을 배분하는 식이다.

이 제도는 1950년대에 미국의 랜드연구소에서 국방부에 적합한 예산제도로서 개발되었고, 이를 케네디행정부의 맥나마라 장관이 국방부에 도입하였다. 케네디 행정부에 뒤이은 존슨행정부가 연방정부 전체로 확대 도입하였다가, 닉슨행정부 때 폐기되었다. 그러나 여전히 국방부에서는 이 제도의 몇몇 요소를 활용하는 것으로 알려져 있다.

계획예산제도가 폐기된 가장 핵심적인 이유는 전형적인 총체주의적 접근을 택했다는 점이다. 즉 목표를 명확히 설정하고, 그 목표를 달성하기 위한 대안들을 탐색하고, 그 가운데 가장 효율적인 대안을 결정하는 것이다. 이를 위하여 계획예산제도는 비용편익분석을 통하여 정부가 다년도 사업을 수행할 때 중장기에 걸쳐서 발생하는 수익과 비용을 모두 파악하도록 함으로써 가장 효율적인 대안을 찾을 수 있도록 한다. 즉 비용편익분석에서 우수한 사업들을 채택하여 예산을 배분하는 전형적인 분석적-합리적 예산결정방식을 채택한다.

계획예산제도는 더욱 의욕적인 접근을 시도하였는데, 개별 사업 단위의 기술적 효율성뿐만 아니라 정부의 가용재원 전체 혹은 부처 전체 예산의 배분적 효율성도 추구하였던 것이다. 부처 혹은 정부 전체의 모든 사업을 하나의 시스템처럼 파악하고 그것에 최고의 효율을 가져다주는 하위시스템(sub-system)을 구축하고자 하였다. 각각의 하위-시스템들이 그 자체만으로는 최고의 효율을 가져오지 못할 수도 있지만 여타 하위-시스템들과 조합을 이루었을 때 시스템 전체로는 최고의 효율을 가져올 수 있도록 구축하는 것이다. 마찬가지로 하위-시스템 내의 개별 사업대안 선정에 있어서도 사업 단위로서 최적대안을 추구하기보다는 전체로서의 하위 시스템에 최적화된 대안을 추구한다는 것이다. 해군을 하나의 시스템으로 보면, 태평양지구, 대서양지구 등등이 하위-시스템이 되고, 태평양지구에서의 방위를 위하여 항공모함 몇 척, 순양

함 몇척, 등등을 해야 가장 효율적인 태평양지구방위가 될 뿐만 아니라 한걸음 더 나가서 모든 해군전체의 효율성을 극대화할 수 있게 예산을 배분하는 식이다.

계획예산제도는 미국의 예산제도에 경제적 합리성을 강화시키는 효과를 가져왔다. 그런데 계획예산제도 하에서의 최종 예산결정이 이루어지기 위해서는 시스템 전체를 대상으로 분석이 이루어질 필요가 있었다. 그런데 시스템 전체의 분석은 개별 부처 혹은 부서의 사업담당자들이 할 수 있는 성질의 일이 아니었다. 정부 전체 혹은 부처 전체의 자료들을 다 수집해서 가장 최상층부에서 분석이 이루어질 수밖에 없었고, 그 결정은 복잡한 방법론을 적용하여 계산해 낸 분석가에 의해서 이루어지게 되었다. 사업담당자들은 단순히 자료 제공자에 불과할 뿐이었다.

이렇게 초래된 예산결정의 집권화는 종전에 예산결정에 참여했던 대부분의 참여자들을 예산결정에서 소외시켰고, 여기에는 사업담당자들 뿐만 아니라 예산의 최종 결정권을 쥐고 있는 국회의원들도 포함되었다. 국회의원들도 자신들이 이해하기 어려운 방법론에 의해서 계산되어 제시된 예산을 받아들일 수는 없었다. 헌법에 의해서 주어진 예산승인권을 제대로 행사할 수 없게 되었기 때문이다. 이러한 이유들로 인하여 국회의원들은 시스템적으로 분류되어 제시된 예산서 대신 종전처럼 조직별, 기능별로 분류된 예산서를 제출받아서 예산을 심의하였다. 이로 인하여 계획예산제도 하의 시스템적인 예산서와는 별도로 국회 심의를 위한 예산서를 만들게 되었는데, 이로 인한 행정력의 상당한 낭비는 계획예산제도의 폐지를 주장하는 중요한 근거가 되기도 하였다.

그리고 대학교육, 중고등교육, 초등교육 등등의 사업을 이런 식으로 효율성 기준으로 예산을 배분하거나, 대학교육지원에서 우수연구에 대한 지원사업과 가난한 학생에 대한 장학금 사업 지원 간에 효율성 기준으로 예산을 배분할 수는 없다. 이런 예에서 볼 수 있듯이 조직 전체의 목적(국토방위)이 하위조직들에도 그대로 적용되는 국방예산과 달리, 다양한 목적을 지닌 하위조직을 지닌 일반 행정부서에서는 배분적 효율성을 시도하는 것은 극히 어렵다.

PPBS는 결국 분석의 어려움이 심각하고, 분석적 방법의 적용이 어려운 업무들이 많고, 분석적방법의 적용에 따르는 비용이 과다하며, 예산집행자들이 배제되고 소외되었으며, 무엇보다도 최종예산결정권자인 의원들이 강력히 반대하여 실패하게 되었다.

### (4) 영기준 예산제도(Zero-Base Budgeting: ZBB)

영기준 예산제도는 민간기업에서 활용되던 제도를 당시 카터 조지아 주지사가 조지아 주정부에 도입하였고, 대통령에 당선된 카터 대통령이 1970년대에 미국 연방정부에 도입하게 되었다. 이 제도도 역시 예산편성의 효율성을 추구하기 위하여 도입된 것이지만, 명칭처럼 기존의 예산배분은 모두 무시하고 원점에서 예산을 다시 편성하는 것을 의미하는 것은 아니다. 점증주의예산이론이 지적하는 바와 같이 기존의 예산에 의한 기득권자들이 있고, 예산배분을 위한 정확한 모델이나 정보가 부족한 상황에서는 기존 예산을 모두 무시하는 것은 사실상 불가능하다. 다만 영기준 예산제도는 기존의 계획예산제도가 사업대안의 타당성 검토를 통해서 예산 반영 여부를 결정한 것과는 달리 복수의 금액대안을 검토하여 금액의 삭감까지도 가능하게 한다는 점에서 약간 과장된 명칭을 붙인 것으로 이해될 수 있다. 과거에는 기존 예산의 삭감은 거의 예외적이었기 때문이다.

영기준 예산제도에서는 계획예산제도와 달리 사업부서가 예산결정권한을 갖는 조직단위가 된다. 이때의 사업부서가 계의 수준일 수도 있고, 과의 수준일 수도 있으며, 국의 수준일 수도 있다는 점에서 매우 탄력적인 운영을 가능하게 하고 있다. 의사결정단위가 사업의 우선순위를 결정하고 이에 대한 예산을 편성하게 되는데, 의사결정단위의 상급부서는 여러 의사결정단위가 결정한 사업에 대해서 동일한 작업을 반복한다.

의사결정부서에서는 우월한 사업대안들을 모아 의사결정패키지를 만든다. 사업대안들 마다 사업의 목표, 사업의 내용, 사업의 편익과 비용, 업무량과 성과목표 등이 있으며, 이러한 정보는 기존의 성과주의 예산제도와 계획예산제도에서와 유사한 특성을 갖는다. 그러나 의사결정패키지에는 금액대안에 관련된 정보도 포함되는데, 사업대안마다 3개 내외의 금액수준을 제시한다.

이처럼 특정 의사결정단위에게 사업대안이 3개가 있고, 3개의 금액대안을 두고 있다면, 이 의사결정단위는 9개의 사업-금액대안들 간의 우선순위를 결정하게 된다. 금액대안은 통상적으로 최저수준, 현행수준, 증액수준 등으로 구분하여 제시된다. 영기준예산제도의 가장 큰 장점은 최저수준이라는 금액대안을 명시적으로 대안으로 인정하고 고려한다는 점이다. 최저수준이 선택된다면 당연히 감액이 이루어지고 이렇게 감액된 사업에 대해서는 점증주의이론이 적용되지 않으며 결과적으로 기존의 예산관행이 인정되지 않는다는 점에서 석유파동에 따른 재정압박을 해소하기 위하여 예산감축을 추구하던 미국 연방정부에는 큰 도움이 될 것으로 인식되었다.

또한 계획예산제도와는 달리 영기준예산제도는 기존의 사업담당자들에게 예산결정권한을 부여하였고, 예산편성과정이 그다지 어렵지 않았으며, 탄력적인 적용을 허용하였기 때문에 행정부 내에서 상대적으로 저항이 적었다는 점도 이 예산제도의 큰 장점으로 부각되었다.

그러나 다른 한편으로 영기준예산제도는 다음과 같은 비판을 받게 되었다. 우선 사업대안과 금액대안을 모두 검토하다 보니 대상이 되는 대안의 숫자가 너무 많아졌고 이로 인하여 과도한 인력 및 시간이 소요되었다. 그리고 대안의 우선순위 결정에 있어서 이렇다할만한 분석방법이나 기준 혹은 이와 관련된 지침을 주지 않았기 때문에 주먹구구식의 우선순위 결정이 이루어졌다는 비판을 받았다. 게다가 이 예산제도를 도입했던 조지아 주정부나 미 연방정부의 예산이 기대한 만큼 삭감되지 않았고 예산의 팽창을 억제하는 데 그다지 효과적이지 못했다는 조사결과가 나오게 되어 제도 자체의 실효성에 대한 의문이 제기되었다.

## 2. 1980년대 이후의 예산개혁

1970년대에는 석유위기로 인하여 전세계적인 경기침체와 인플레이션이 동시에 발생하는 스태그플레이션이라는 새로운 현상을 경험하게 되었으나, 이 문제의 해결을 위한 효과적인 처방이 제시되지 않았기 때문에 많은 국가들이 경기침체에서 벗어나기 어려웠다. 이러한 배경 하에서 1980년대에는 영국과 미국을 중심으로 보수적인 정부가 들어서서 시장 중심의 신자유주의적 행정관리, 소위 신공공관리적 기법들을 행정에 도입하였다. 이들 국가에서는 감세, 규제완화, 민영화 등이 시도되었으며, 영연방국가인 호주와 뉴질랜드에서도 영국의 영향을 받아서 유사한 개혁이 이루어졌다. 이들 행정개혁은 제11장에서 자세히 검토되므로 여기서는 예산제도개혁으로 중요한 중기재정계획, 하향식예산제도 및 성과주의예산제도를 살펴보기로 한다.

### (1) 중기재정계획

중기재정계획은 한 해씩 예산을 편성 결정하는 단년도 예산의 한계를 극복하기 위하여 등장하였다. 단년도 예산 하에서는 예산편성에 포함되는 사업들의 중장기적 충격을 고려하지 못하기 쉽기 때문에 재정적자의 누적과 지속적인 국가 채무의 증대가 초래될 가능성이 많다는 점이 고려된 것이다. 이와 함께 중장기적 거시재정목표와 그것을 달성하기 위한 예산을 국민들에게 공표하여 공공업무의 팽창을 억제하기 위하여 시민의 참여 및 통제를 강화하기 위한 것이었다.

중기재정계획은 영국에서는 1980년에 중기재정전략의 형식으로 발표되었고, 뉴질랜드에서는 1994년 재정책임법(fiscal responsibility act)의 제정 이후 이와 유사한 제도를 도입하였다.

이러한 중기재정계획의 첫 번째 목표는 중장기 동안의 예산정책의 일관성을 확보하기 위한 것이다. 이를 위하여 수개년 동안 어떻게 재정목표들을 달성할 수 있을 것인가에 관하여 명시적으로 밝힌다. 두 번째 목표는 예산의 안정화 기능을 강화시키고 예산과정에 있어서의 안정성을 확보하는 것이다. 이러한 목적을 달성하기 위해서는 중기목표를 달성하게 하는 총지출 수준의 한도액과 지출스케줄이 수정될 수 없는 확정적인 것으로 받아들여져야 하지만, 환경의 변화에 따른 수정이 불가피한 경우가 많기 때문에 대부분의 국가들에 있어서 매년 경제 및 예산사정에 따라 지출수준을 조정할 수 있도록 허용하고 있다. 뉴질랜드나 우리나라도 탄력적 조정을 허용하고 있다.

중기재정계획 하에서는 중기재정계획에 관한 결정이 부처 간 예산배분결정이 된다. 중기재정계획이 정해지고 나면, 부처들에게 배분되는 지출 한도가 대체적으로 결정되기 때문에 이후에 지출한도와 상이한 결과를 초래하는 부처간 재분배과정은 힘들어진다. 이처럼 중기재정계획이 예산절차에 전형적으로 가져오게 되는 질서와 안정성은 의사결정비용을 절감하게 한다는 장점이 있다.

### (2) 하향식 예산제도

예산의 편성은 전통적으로 상향식(bottom-up) 원칙에 입각해 운용되었다. 즉 모든 부처가 필요한 예산을 중앙예산기관에 요구하면 중앙예산기관이 이를 취합하여 가용재원의 범위 내에서 우선순위에 따라 자원을 배분하는 방식을 유지해 왔다. 이 과정에서 중앙예산기관장과 부처 장관 간의 협상과 설득, 조정과 타협 과정을 거쳐서 예산삭감이 이루어지지만 새로운 사업이나 기존 사업의 확장계획이 모두 예산요구서에 포함되어  재정지출을 확대하는 경향을 초래하였다. 이러한 문제점을 극복하기 위해, 스웨덴, 영국, 뉴질랜드 등의 국가에서는 중앙예산기관이 각 부문별·부처별로 예산의 총액을 할당하고 각 부처는 그 범위 내에서 최적의 정책과 사업을 선택하도록 자율을 부여하도록 하는 하향식 예산편성제도를 채택하였다.

하향식 예산제도의 기본이념은 실제 사업부서에 권한을 부여하는 '신공공관리'와 일맥상통한다. 이는 정부 전체의 예산규모나 각 부처 혹은 부문의 예산규모는 배분적 효율성을 극대화하는 방향으로 내각 전체 차원에서 결정하되 개별적인 부처 혹은 부문의 예산배분권한은 해당 부처 혹은 부문을 담당하는 부처의 장관에게 부여하는 분권화된 관리체계에 해당하는 것이다. 스웨덴은 수상이 스톡홀름 교외의 수상 별장에서 내각의 구성원들과 함께 난상토론을 통하여 부문 및 부처 간의 예산배분을 결정하는 방식을 사용하고 있다고 한다. 우리나라도 노무현정부가 유사한 방식으로 각 부처 별 지출한도액을 결정하고, 그 한도 내에서는 원칙적으로 부처가 스스로의 우선순위에 따라 예산을 편성하도록 허용한 바 있다. 다만 이 경우에도 신규사업과 부처 이기주의에 의한 예산은 중앙예산기관이 개입할 수 있도록 하였다.

하향식 예산편성제도는 다음과 같은 장점을 가졌다. 첫째, 정부 전체의 예산을 의식적으로 부문 별 혹은 부처 별로 배분하는 공식적인 과정을 거침으로써 점증주의적 경향을 지양하고 정부 예산의 배분적 효율성을 제고하는 효과를 가져올 것으로 기대되었다. 둘째, 이로 인하여 예산편성과정에서 중앙예산기관과 부처 간의 소모적인 예산게임에 드는 시간과 비용을 대폭 절감할 수 있었다. 셋째, 부처가 자신에게 주어진 자율적 예산편성권한을 행사하면서 부처 내의 사업우선순위 결정 등에 있어서 역량을 제고할 수 있었다. 반면에 우리나라의 경우, 실제 제도의 시행과정에서 중앙예산기관의 관여가 여전히 잔존하는 경우가 많아서 실제로는 분권화의 효과가 크지 않았고, 행정부 내에서 결정된 부문별 또는 부처별 지출 한도액이 국회의 예산심의과정에서 변경되는 것이 불가피하여 행정부에 의한 지출한도액의 결정 및 배분적 효율성의 추구가 근본적인 한계를 갖는 것으로 나타났다.

### (3) 성과주의 예산제도

1980년대 이후에 나타난 신공공관리의 특징 가운데 하나는 분권화와 함께 분권화에 따른 결정에 대해서 책임을 묻는다는 것이다. 분권화는 사업담당부서가 실질적인 예산결정권을 행사하고, 중앙예산기관의 간섭을 최소화한다는 의미이다. 즉 어떤 품목에 얼마만큼을 엄격한 규정에 따라서 지출하는가 등등에 대한 통제를 축소하는 것을 의미한다. 이러한 분권화는 관료들의 부정과 낭비를 초래할 가능성이 있으므로, 이와 동시에 산출물(outputs) 또는 결과(outcomes)등 성과를 확보하도록 함으로서 성과에 의한 통제를 강화하려는 것이다. 성과가 나쁘면 다음 예산에서 당연히 불이익을 받게 한다. 이처럼 예산의 효율성 제고를 위해서 투입물에 대한 통제 대신 성과에 의한 통제를 추구하는 예산제도를 성과주의 예산제도라고 한다.

신공공관리에서 채택한 이러한 성과주의 예산제도는 영국에서 1982년 재무관리개혁이 그 시초라고 할 수 있는데 중앙예산기관은 부처의 조직목표, 전략목표, 성과목표 등을 관리하고 그 성과를 다음 예산편성에 반영하였다. 미국에서는 1993년에 새로이 성과관리제도를 도입하여 부처의 성과를 관리하였고 이를 예산에 반영하였다.

1980년대의 성과주의 예산제도도 성과지표를 통한 성과관리에 나선다는 점은 동일하지만, 몇 몇 측면에서는 1950년대에 시도된 성과주의 예산제도와는 약간 다르다. 첫째, 과거의 성과주의 예산제도는 비용의 정확한 산정을 통해서 예산액수를 도출하는 것에 초점을 맞추고 있었지만 최근의 성과주의 예산제도는 예산액수의 도출에는 별다른 관심이 없고 성과의 관리에만 초점을 맞춘다. 둘째, 과거의 성과주의 예산제도는 성과를 주로 산출(outputs)에 한정했지만, 최근의 성과주의 예산제도는 산출을 넘어서 결과(outcomes)로 파악하는 경향이 있다. 셋째, 과거의 성과주의 예산제도는 예산제도에 국한해서 개혁이 추진되었지만, 최근의 성과주의 예산제도는 예산제도 뿐만 아니라 인사제도 및 회계제도의 개혁과 동시에 추진되는 것을 특징으로 하고 있다.

성과주의 예산제도 하에서 중앙예산기관은 부처에 예산을 교부하고 부처는 그 예산을 효율적으로 사용하여 스스로 수립한 성과지표의 목표치를 달성하는 것이 기본적인 틀이기 때문에 이 제도가 성공하기 위해서는 적절한 성과지표의 개발이 필수적이었다. 그러나 이 성과지표의 개발이 아주 어렵다.

성과지표에는 산출 또는 활동을 측정하는 지표와 결과를 측정하는 지표가 있는데, 산출지표 혹은 활동지표는 측정이 비교적 용이하고 부처의 투입노력과 성과지표 간의 직접적인 연계가 있다는 장점이 있지만, 목표와의 연계성이 비교적 미약해서 성과측정의 타당성이 미흡하다는 단점이 있다. 반면에, 결과지표는 목표와의 연계성이 매우 높고, 그래서 성과를 제대로 나타낸다는 장점이 있지만, 측정이 상대적으로 쉽지 않고 투입노력 이외에도 다양한 환경변수들이 성과에 작용하기 때문에 책임을 묻는 것이 적절하지 않을 수 있다는 단점이 있다. 예를 들면 특정 경찰서에서 범인을 얼마나 체포했는가, 순찰을 얼마나 자주 돌았는가 등이 산출지표나 활동지표가 되는데, 그래서 그 지역에 얼마나 범죄가 줄었는가가 결과지표가 된다. 쉽게 짐작할 수 있듯이 특정 지역의 범죄가 감소하는 것은 경찰의 힘만이 아니다.

Section

## 제 5 절

# 세 입 론

정부의 활동을 지원하기 위해서는 정부도 수입이 필요하다. 즉 예산을 위해서는 세입이 필요한 것이다. 중앙정부의 세입은 거의 대부분이 국세로부터 발생하는 수입이다. 이는 지방자치단체의 수입 가운데 30% 내외만이 지방세 수입이고 나머지는 중앙정부 혹은 상급 자치단체로부터의 이전수입과 세외수입으로 구성된다는 점에서 다르다.

국세는 2013년 결산 기준으로 201조 9천억 원으로 이 가운데 내국세가 168조 8천억 원으로 대부분을 차지하고 있으며, 내국세는 소득세, 법인세, 부가가치세 등이 대부분을 차지하고 있다.

조세의 징수는 전통적으로 정부가 강제적으로 국민으로부터 재산을 빼앗아 가는 권력작용으로서 절대군주 하에서는 매우 자의적으로 이루어지는 것이 일반적이었다. 그러나 시민계급이 성장하면서 왕권을 제한하여 조세는 국민의 대표인 의회가 제정하는 법률에 의해서만 부과할 수 있게 되었다. 우리나라도

**표 9-2** 조세부담률 (단위 : 조원)

| | | 2007 | 2008 | 2009 | 2010 | 2011 | 2012 | 2013 |
|---|---|---|---|---|---|---|---|---|
| 경상GDP | | 1,043.30 | 1,104.50 | 1,151.70 | 1,265.30 | 1,332.70 | 1,377.50 | 1,429.40 |
| 조세 | 계 | 205 | 212.8 | 209.7 | 226.9 | 244.7 | 257 | 255.7 |
| | (조세부담률,%) | 19.6 | 19.3 | 18.2 | 17.9 | 18.4 | 18.7 | 17.9 |
| | 국세 | 161.4 | 167.3 | 164.5 | 177.7 | 192.4 | 203 | 201.9 |
| | 지방세 | 43.4 | 45.5 | 45.2 | 49.2 | 52.3 | 53.9 | 53.8 |

민주국가의 예에 따라 헌법 제59조에서 '조세의 종목과 세율은 법률로 정한다'(조세법정주의)고 규정하고 있다.

조세는 정부의 활동을 위하여 반드시 필요하지만, 그 성격상 대부분의 납세자들은 조세의 납부를 극도로 싫어한다. 2015년에 한국조세재정연구원에 의해서 이루어진 우리나라 국민들의 납세의식 조사에 따르면 '가능하면 조금이라도 줄이고 싶다'와 '빼앗기는 기분이 들어서 내고 싶지 않다'가 각각 응답자의 42.7%와 10.2%를 차지해서 절반이 넘는 응답자들이 부정적인 납세의식을 나타냈다. 이러한 인식의 추이는 안정적이지는 않으나, 2015년의 조사 결과에 나타난 인식이 2010년의 조사결과에 나타난 인식보다 더 부정적인 것으로 나타났다.

이러한 납세에 대한 거부감은 조세의 부담자와 조세의 수혜자, 즉 정부의 지출로부터 혜택을 받는 사람들이 서로 일치하지 않기 때문에 발생한다. 이러

**그림 9-1** 세금납부에 대한 의견

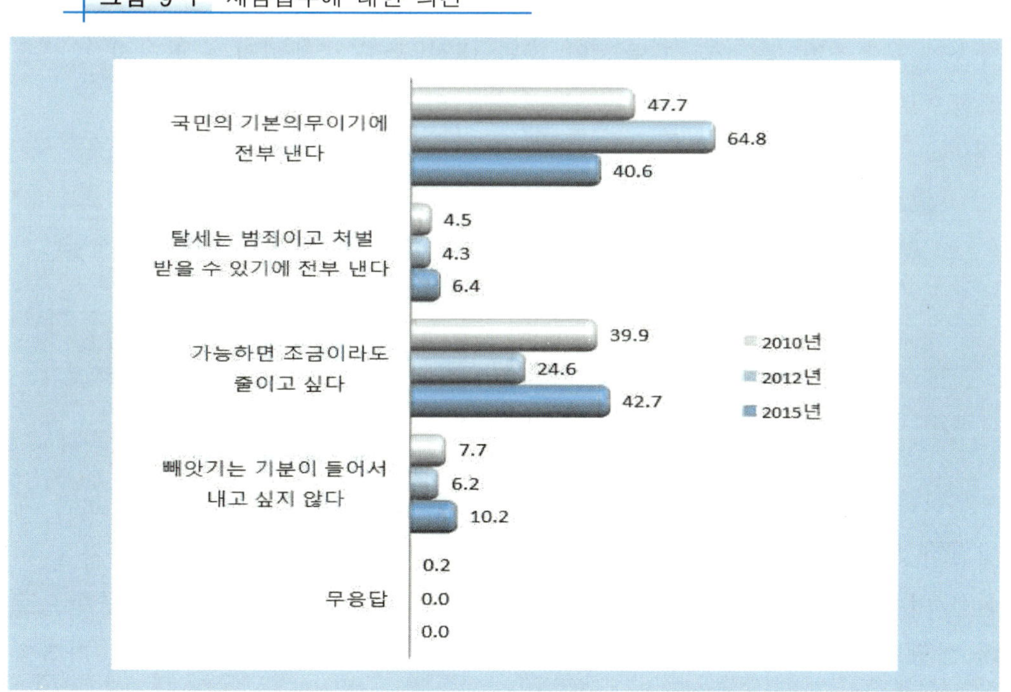


자료: 박명호. 2015. 우리나라 국민들의 납세의식 조사. 한국조세재정연구원

한 현상은 소득의 격차가 큰 사회일수록 더 두드러지는 경향을 보인다. GDP 대비 조세부담이 50%에 육박하는 북구의 복지국가들의 국민들이 살인적인 조세부담에도 불구하고 별다른 저항 없이 납세의 의무를 다한다. 이는 빈부의 차이가 적어서 대부분의 국민들이 세금을 납부하고, 국민들이 내는 세금으로 교육, 육아 등에 소요되는 필수적인 경비들을 국가가 제공할 뿐만 아니라 젊어서 소득이 있을 때 세금을 내고 퇴직 후 연금 이외의 소득이 없을 때 정부로부터 받기 때문에 세대 간의 형평성 차원에서 공평하다는 인식이 있기 때문이다. 제2장의 국가기능론에서 자세히 보았듯이 복지주의적 통치이념이 보편적으로 수용되고 있기 때문이다.

전세계적인 불경기로 인하여 대부분의 선진국들은 물론 우리나라도 저성장의 덫에 걸려 있다. 이러한 저성장은 소득 및 소비의 위축을 가져와서 조세 수입의 증가율을 저하시킨다. 반면에 불경기로 인한 복지수요의 증가와 추가적인 복지정책 강화로 인하여 지출의 수요는 급격하게 증가하고 있다. 그 결과 정부의 조세수입과 지출의 격차가 크게 벌어지게 되었는데 우리 정부는 이를 지출의 구조조정 등 보다 효율적인 방법 대신 국채 발행이라는 편리한 방식을 택함으로써 재정적자를 급속하게 늘려가고 있다.

**표 9-3** 주요국의 조세부담률(2014)

| 국 가 | 한국 | 미국 | 일본 | 노르웨이 | 스웨덴 | 핀란드 | 덴마크 |
|---|---|---|---|---|---|---|---|
| 조세부담률 | 24.3 | 25.4 | 30.3 | 40.5 | 42.8 | 43.7 | 47.6 |

자료: Revenue Statistics 2015. OECD.

우리나라는 고도성장기에 재정관리를 효과적으로 하였기 때문에 비교적 재정건전성이 높은 상태를 유지하고 있으나, 외환위기 때 대규모 재정적자를 시현한 이후 지속적으로 경상지출을 위한 순수한 의미의 재정적자가 급증함으로써 상당한 우려를 낳고 있다. 이러한 추세를 약화시키기 위해서 40년 가까이 유지되던 예산회계법을 2007년에 폐지하고 새로 제정된 국가재정법에 재정건전성의 기조 정착을 위한 다양한 제도적 장치를 도입하였으나 이 추세를 역전시키는 데에는 실패한 것으로 보인다.

**표 9-4** GDP 대비 국가채무비율 추이

| | 1997 | 2002 | 2007 | 2012 | 2015 |
|---|---|---|---|---|---|
| 국가채무(조원) | 60.3 | 133.8 | 299.2 | 443.1 | 590.5 |
| GDP(조원) | 530.4 | 761.9 | 1043.3 | 1377.5 | 1558.6 |
| GDP 대비 국가채무 비율(%) | 11.4 | 17.6 | 28.7 | 32.2 | 37.9 |

자료: e-나라지표, 통계청.

국채 발행은 현세대의 소비를 위하여 후세대에게 부담을 지우는 행위이다. 철도, 공항, 항만 등과 같이 중장기적인 편익이 발생하는 대규모 사업들은 그로 인하여 후세대들도 함께 편익을 누릴 수 있다는 점에서 국채로 발행하여 중장기적으로 갚아나가는 것이 공평하다. 그러나 각종 복지지출을 위해서 공채를 발행하게 되면 현 세대의 편익을 위한 소비적인 지출의 재원조달 부담을 후세대에게 떠넘기는 것이 되기 때문에 세대간 형평성을 저해할 수 있다. 이러한 이유로 인해서 학계에서는 공채 발행 대신 세율의 인상 등을 통해서 복지에 소요되는 비용을 충당하자는 주장이 제기되고 있다.

이러한 주장은 법인세 인상과 부가가치세 인상의 두 가지로 구분된다. 법인세 인상을 주장하는 측은 이명박정부가 경기회복을 위하여 27.5%(지방세 포함)였던 법인세의 최고세율을 24.2%(지방세 포함)로 낮추는 등의 특혜를 주었는데 경기회복에 별다른 효과를 내지 못하였으므로 되돌려야 한다는 주장이다. 이에 대해서 우리나라의 법인세 최고세율(지방세 포함 27.5%)은 OECD 회원국 가운데 19위로 중간수준이지만 전체 세수에서 법인세가 차지하는 비중은 14%로 OECD 국가 가운데 세 번째로 높고, 법인세 인상은 기업의 투자 및 고용 위축을 불러와서 경기회복을 저해할 수 있으며, 자본 유치를 위한 국가 간 경쟁에서 불리한 입장에 놓이게 될 것이기 때문에 복지재원 조달을 위한 바람직한 대안이 될 수 없다며 반대하는 주장도 있다. 실제로 한국조세재정연구원의 자료에 따르면 OECD 국가들은 과거 20여년 간 경쟁적으로 법인세율을 평균 10% 정도 인하해왔다.

이처럼 법인세 인상에 반대하는 학자들은 대안으로서 부가가치세 인상을 주장한다. 한국조세재정연구원의 보고서에 따르면, 우리나라의 부가가치세율은 1977년 도입 이후 10%로 고정되어 왔으며, OECD 평균인 18.9%(2013년 기준)보다 낮고, 회원국 전체에서 가장 낮은 4번째 국가에 속한다. 그리고 이 보고서는 인구구조의 급속한 고령화로 인하여 고소득층에 속하는 고령가구의 비중이 매우 높고 점차로 증가할 가능성이 높다는 점에서 소득보다 소비가 경제적 능력 및 생활수준을 더욱 잘 나타낼 것으로 판단하였다. 그러나 법인세 인상을 주장하는 학자들은 부가가치세가 소득 수준이 낮은 계층에 더 높은 부담을 주는 역진성을 갖는다는 점을 들어서 반대한다. 이에 대해서는 지속적인 토론을 통하여 국민적 공감대 형성이 이루어진 이후에 결론이 날 것으로 보인다.

Section

## 제 6 절 공공기관과 공기업

### 1. 공공기관의 성격

공공기관은 공적 영역에 속하고 있으나 정부가 직접 수행하는 것이 비효율적인 기능들을 담당하기 위하여 별도의 기관으로 설립된 것이다. 도로, 철도, 지하철, 전기, 수도 등등이 모두 이러한 공공기관에 의하여 운영되고 있다.

이러한 기능들이 워낙 다양하다 보니 공공기관들도 그 담당하는 기능에 따라 다양한 특성을 갖는 것이 불가피하다. 한국도로공사, 코레일, 한국전력공사와 같이 공공재를 공급하는 기관이 있는가 하면, 환경보호공단이나 국민건강보험공단 등도 있다. 그러나 모든 공공기관들은 공공성과 효율성을 동시에 추구한다는 공통점을 갖는다. 문제는 공공성과 효율성은 서로 상충되는 경우가 많기 때문에 관리에 어려움이 있다.

먼저 공공성의 성격부터 보기로 한다. 개인들이 소비하는 자동차와 달리 고속도로는 사람들이나 화물이 이동하는 수단으로 많은 국민들이 혜택을 보고 있다. 즉 공적인 성격을 지닌다. 그런데 고속도로는 하나의 지역에서 많은 기업이 여러 노선을 건설하여 경쟁적으로 서비스를 제공하는 것이 아니라, 하나의 노선을 건설하여 공공기관이 독점적으로 관리한다. 그러므로 편리하고 안전하게 운행할 수 있도록 도로의 질을 관리하는 것에서부터 통행료를 얼마나 받을 것인가 등등에 대한 결정을 공공기관에서 마음대로 결정할 수 있다. 질이 나쁜 서비스를 제공하면서 비싼 통행료를 받게 되면 국민들이 피해를 입게 된다. 당연히 민주정부에서는 이런 일들이 없도록 여러 가지 규정을 만들어 통제한다. 과거에는 이러한 기관들을 모두 정부가 직접 관리하였다.

그런데 공공성을 추구하기 위해서 정부가 갖추어 놓은 수많은 내부규제들은 신속한 업무처리를 저해하고, 가장 효율적인 방식으로 관리하는 것을 불가능하게 만든다. 그래서 정부조직으로부터 독립시킨 별도의 조직을 만들어서 이러한 정부의 내부규제에서 비교적 자유롭게 공적 업무를 처리할 수 있도록 하려는 것이다. 그러면서도 공적인 성격을 살리는, 즉 공공성과 효율성을 동시에 추구하여 두 마리 토끼를 모두 잡고자 시도하는 것이다. 과거에는 철도, 우편, 전기 등등이 모두 행정부의 일부 조직으로 관리되었으나, 이들이 모두 별도의 공사·공단으로 독립되어 운영되는 것이 모두 이러한 목적 때문이다.

## 2. 공기업의 수익성과 형평성

효율성의 추구는 공공기관 중에서도 공기업으로 불리는 사기업과 유사한 성격으로 지니는 경우에 더욱 강조된다. 철도, 도로, 전기, 수도 등등이 모두 그러하다. 이들은 많은 국민들에게 혜택을 주는 공공재를 생산하여 공급하는 기관으로서 자동차, 주택을 제공하는 사기업이나 마찬가지로 효율적으로 관리될 것이 기대된다. 그래서 정부조직에서 요구되는 회계규정 등이 모두 완화되어 적용된다. 정부조직에서는 국회의 세세한 부문별 품목별 예산통제를 받고 자세한 회계규정을 지켜야 하지만 이들 공기업은 효율성을 위해서 세세한 통제를 받지 않는다.

그럼에도 불구하고 대부분의 공기업들이 엄청난 적자를 내어 정부의 재정적 지원을 받는 것이 문제가 되어 왔다. 즉 세금으로 공기업의 적자를 메우는 상황이 오래 동안 지속되어 왔다. 적자를 내지 않으려면 두 가지를 해야 한다. 첫째는 경영상의 경비를 감축시키는 것이고, 둘째는 수입을 증가시키는 것이다. 한마디로 수익성을 높이는 것이다.

그런데 수익성을 높이는 쉬운 방법으로 요금을 인상하면, 이용자 모두가 피해를 본다. 즉 공익성이 손상을 입게 된다. 경비를 절약하기 위해서 사용하는 쉬운 방법이 형평성을 손상시키는 경우가 있다. 산간벽지에 살고 있는 아주 적은 숫자의 사람들을 위해서 전기선을 설치하게 되면 전기료수입보다 훨씬 많은 경비가 들어간다. 이런 경우 전기사업의 경비를 줄이려고, 산간벽지에는 전기선을 설치하지 않으면 산간벽지의 사람들이 혜택을 받지 못 한다. 수돗물의 경우에 달동네에 수도선을 설치하지 않는 경우 등이 모두 똑 같이 사회적 약자들에게 불이익을 주는 것이다.

그러므로 이러한 경우를 방지하기 위하여 정부는 공기업이 공공서비스를 제공할 때 최대한 사회적 약자에게 피해를 가지 않도록 규정한다. 뿐만 아니라 누진적 요금제를 채택하여 많은 전기나 물을 사용하는 사람들에게는 높은 요금을 적용하고 적은 양을 사용하는 저소득층에게는 낮은 요금을 적용한다. 고소득층으로부터는 생산원가보다 많은 요금을 받아서 저소득층이 부담하는 원가보다 적은 요금에서 나오는 부족한 수입을 충당하도록 한다.

그렇다면 어떻게 경비를 감축시키고 수입을 증가시키는가? 수입의 증가는 근본적인 한계가 있다. 공공서비스는 필요한 만큼만 사용하도록 하는 것이 원칙이기 때문이다. 그러나 철도 서비스와 같이 민간 버스나 항공기와 경쟁을 하는 경우에 보다 질높은 서비스와 낮은 가격으로 보다 많은 이용자를 확보하여 수입을 증가시키는 방법이 있다. 에너지원으로서 전력회사나 가스공사 같은 경우도 비슷하지만, 대부분의 공기업은 이러한 경우가 아니다. 수돗물 공급과 같이 독점적이고 경쟁하는 다른 사기업도 전혀 없는 경우가 대부분이다.

## 3. 공기업과 공공기관의 효율성 제고노력

더욱이 공공기관 중에 공기업은 숫자가 아주 적은 편이다. 통상적으로 자체수입액이 총 수입액의 절반 이상이 되는 경우에 기업성을 갖는다고 보고 있는데, 우리나라 공공기관의 운영에 관한 법률도 공기업을 '직원 정원이 50인 이상이고, 자체수입원이 총 수입액의 2분의 1 이상인 공공기관 중에서 기획재정부 장관이 지정한 기관'으로 정의하고 있다. 현재 이 법률의 규율을 받는 우리나라의 공공기관은 총 323개로서 30개의 공기업과 90개의 준정부기관 그리고 203개의 기타공공기관으로 구성되어 있다.

그렇다면 공기업이 아닌 다른 공공기관은 어떻게 경영의 합리화를 기할 수 있는가? 공공기관의 숫자가 많고, 이들이 적자운영으로 재정자금의 지원을 많이 받기 때문에 적자감축노력이 절실하다. 방법은 경비를 감축하는 것이다. 즉 효율적 경영을 하는 것이다.

공공기관은 정부에 대해서 책임을 지고 있지만 정부가 방치하면 효율성에서 많은 문제가 발생한다. 공공기관의 임직원들은 정부의 통제를 피해서 최대한 자신들의 보수 및 복리후생을 확보하고자 노력하기 쉽다. 대부분의 공공기관들은 독점적인 지위를 누리고 있는 경우가 많고, 공공성 확보를 위하여 원가보다 낮은 수준의 요금을 부과하는 경우도 많아서 당기순이익 등 계량적인 지표를 통해서 공공기관의 효율성을 측정하는 것이 쉽지 않다. 건강보험공단이나 환경보호공단과 같이 수익성과 관계가 없는 기관들은 효율성을 측정하는 것이 무척 어렵다.

그래서 효율성과 관계있는 여러 가지 지표들을 만들고 이 지표에 얼마만큼 충실하게 경영을 하는지를 전문가들이 평가하는 제도를 도입하였다. 즉 우리나라는 100명이 넘는 전문가들을 동원하여 매우 구체적인 수준에서 공공기관의 경영상태를 평가하는 공공기관 경영평가제도를 도입한 것이다. 특히 공공기관 평가제도는 업무추진에 필요한 물자나 사람 등의 투입이나 일하는 과정에 대한 통제 대신 결과에 대한 통제를 추구하였다. 그리고 이 평가결과를 공공기관 임직원의 성과급과 직접적으로 연계시켜 신공공관리이론이 제시하는 성과관리를 제도화시켜 놓았다. 이 부분에 대해서는 제11장의 신공공관리론에서 다시 검토될 것이다.

그러나 이러한 평가제도만으로 공공기관의 효율성이 크게 제고되기는 어렵다. 공공기관경영이 복잡하고 전문적 지식이 없이 판단하기 어려운 내용이 많을 뿐만 아니라 다양한 공공기관이 있어서 경영상의 정보가 쉽게 확보되기도 어렵다. 그래서 시민단체나 외부전문가들이 공공기관을 비판적으로 평가하기 위한 정보공개의 차원에서 정부는 인터넷 상에 공공기관의 주요 정보를 공시하는 알리오시스템(www.alio.go.kr)을 구축하였다.

이러한 조치들로 공공기관이 도덕적 해이를 보일 여지가 많이 줄어들기는 했지만 여전히 공공기관의 방만한 경영행태가 남아 있기 때문에 이명박정부와 박근혜정부는 아예 공공기관들의 매각 혹은 공적 영역의 민간 개방 등을 통하여 공공기관의 영역 축소를 추진하고 있다. 여기에는 공공기관의 비효율 뿐만 아니라 적자 공공기관에 대한 정부의 재정지원에 따른 부담도 배경으로 작용하고 있다. 즉 비효율적인 경영행태를 보일 뿐만 아니라 공공성을 추구하는 과정에서 원가보다 낮은 수준의 요금을 받는 공공기관들이 초래하는 적자를 정부 재정이 감당하기 쉽지 않다는 문제의식이다. 그러나 이러한 시도는 공공성과 수익성의 충돌을 가져 올 가능성이 크기 때문에 논란이 심하고, 시행을 보지는 못하고 있다.

## 요 약

정부 예산은 자원배분기능, 소득재분배기능 그리고 경기조절기능 등 다양한 기능을 수행한다. 첫째, 예산은 사회의 각 분야에 자원을 배분하는 기능을 수행하며, 이러한 활동은 경제적 효율성의 극대화를 목표로 한다. 둘째, 예산은 경제 주체들의 경제활동의 결과로 나타나는 경제주체 간 소득 혹은 자원의 분배상태를 보다 공평하게 하는 재분배기능을 수행한다. 셋째, 정부는 경제의 침체 혹은 과열에 대해서 적자재정 혹은 흑자재정을 통해서 경제안정화를 추구한다. 우리나라 예산기능은 시대에 따라서 원조물자 분배 등의 소극적 역할에서 경제개발 주도의 적극적 역할로 변화하여 왔다.

여러 부문 간에 예산을 어떻게 배분할 것인가를 규명하는 것은 재무행정론의 매우 중요한 연구주제이다. 1940년에 키(Key)는 "어떠한 근거로 X 달러를 B사업 대신에 A 사업에 배분하도록 결정하는가"하는 의문을 던졌다. 이 질문 이래로 예산이 경제적 효율성을 극대화하는 방향으로 결정되어야 한다는 총체주의이론과 인간의 인지적 능력의 한계와 예산의 정치적 성격으로 인하여 정치적으로 결정되어야 한다는 점증주의이론이 등장하였다. 최근에는 1990년대 초중반부터 예산결정과정의 복잡성을 인정하고 예산결정에 나타난 참여자들의 행태를 설명하고자 하는 새로운 시도가 다중합리성이론이라는 명칭으로 제시되기도 하였다.

예산은 편성, 심의의결, 집행 그리고 결산 및 회계검사 등 매년 반복되는 네 가지 단계를 거친다. 예산은 일반적으로 3년을 주기로 하나의 과정이 끝나게 되는데, 예컨대, 2015년 예산은 2014년에 정부가 편성하고, 국회가 심의·의결하며, 2015년 동안 집행되고, 2016년에 결산 및 회계검사가 이루어진다. 그 결과, 2015년에는 2014년도의 예산의 결산 및 회계검사, 2015년도 예산의 집행 그리고 2016년 예산의 편성 및 심의가 이루어지는 예산 중첩성의 특성이 나타난다.

원칙적으로 예산편성과 예산집행은 행정부가 담당하고, 예산심의와 결산 및 회계검사는 국민의 대표인 국회가 담당함으로써 행정부와 국회 가운데 일방이 전적으로 예산과정을 독점하지 못하도록 하고 있다. 이는 첫째, 예산의 초안은 실제 집행을 하게 될 행정부가 작성하고, 둘째, 예산은 최종적으로 국민의 대표가 결정하도록 하며, 셋째, 집행결과는 국민의 대표인 국회가 확인하는 등, 견제와 균형의 원리 및 재정민주주의의 원칙이 적용된 결과이다.

모든 행정제도나 규정이 그렇듯이 예산제도도 끊임없이 수정과 보완을 하게 된다. 알렌 쉬크는 1890년대 초 이후 1960년대까지 미국의 예산제도가 통제(control)를 지향하는 품목별 예산제도, 관리(management)를 지향하는 성과주의예산제도 및 계획(planning)을 지향하는 계획예산제도 등으로 개혁이 이루어졌다고 주장하였다. 1970년대의 석유파동 이후에는 연방정부의 재정적자를 줄이기 위해서 예산편성을 제로베이스에서 할 것을 주장하는 감축지향의 영기준예산제도의 도입이 이루어졌다.

1970년대에는 석유위기로 인하여 전세계적인 경기침체와 인플레이션이 동시에 발생하는 스태그플레이션이라는 새로운 현상을 경험하게 되었다. 그러나, 이 문제의 해결을 위한 효과적인 처방이 제시되지 않았기 때문에 많은 국가들이 경기침체에서 벗어나기 어려웠다. 이러한 배경 하에서 1980년대에는 영국과 미국을 중심으로 보수적인 정부가 들어서서 시장 중심의 감세, 규제완화, 민영화 등 신공공관리적 기법들을 행정에 도입하였다. 영연방국가인 호주와 뉴질랜드에서도 영국의 영향을 받아서 중기재정계획, 하향식예산제도 및 성과주의예산제도 등의 예산제도개혁이 이루어졌다.

전세계적인 불경기로 인하여 대부분의 선진국들은 물론 우리나라도 저성장의 덫에 걸려 있다. 이러한 저성장은 소득 및 소비의 위축을 가져와서 조세 수입의 증가율을 저하시킨다. 반면에, 불경기로 인한 복지수요의 증가와 추가적인 복지정책 강화로 인하여 지출의 수요는 급격하게 증가하고 있다. 그 결과, 정부의 조세수입과 지출의 격차가 크게 벌어지게 되었는데, 대부분의 국가들이 이를 지출의 구조조정 등 보다 효율적인 방법 대신 국채 발행이라는 편리한 방식을 택함으로써 재정적자를 급속하게 늘려가고 있다. 우리나라도 GDP 대비 국가채무가 1997년에는 11.5%이던 것이 2015년에는 37.9%로 급격하게 높아졌다.

공적 영역에 속하고 있으나 정부가 직접 수행하는 것이 비효율적인 기능들을 담당하기 위하여 도로, 철도, 지하철, 전기, 수도 등의 공공기관을 별도로 설립한다. 모든 공공기관들은 공적인 기능 수행이라는 공공성과 재화 또는 서비스의 생산 및 판매라는 기업성을 동시에 추구하여야 한다. 이 과정에서 공공성과 수익성은 서로 상충되는 경우가 많기 때문에 관리에 어려움이 있다. 수익성은 효율성의 추구를 요구하지만 어떤 경우에 있어서는 공공성은 효율성을 희생시키면서 공공성을 추구해야 하기 때문이다. 공공성과 기업성 간의 상충 때문에 공공기관의 평가가 쉽지 않으나, 정부는 경영평가, 정보공개 혹은 민영화를 시도하고 있다.

# 제 10 장

# 정보관리와 전자정부

10

§ 들어가는 말 §

컴퓨터와 정보통신기술의 결합과 급속한 발전은 인류사회에 혁명적인 변화를 가져왔다. 10여명의 인력이 한 달 동안 계산하던 것을 컴퓨터는 0.1초안에 정확하게 계산해낸다. 손톱만한 칩 속에 100만권의 도서를 저장한다. 인공지능의 개발로 100년 후에는 사이보그가 인간을 노예로 만든다고 한다. 인류가 인공지능에 의하여 멸종될 수도 있다고 한다. 이러한 기술적 변화가 행정에는 어떤 충격을 주는가? 신속하고 정확한 서비스로 봉사하고 시민의 요구에 보다 적극적으로 대응하는 등 순기능이 있는 반면 부작용도 많다고 한다. 이 장에서는 정보통신기술이 가져온 행정관리상의 변화를 살펴보기로 한다.

◆ Section ◆

Section

# 제 1 절 전자정부의 수용과 발전

## 1. 정보통신기술과 전자정부

오늘날의 행정은 정보통신기술(information and communication technology: ICT)과 분리해서 생각할 수 없을 정도로 정보통신기술에 대한 의존도가 점차 높아지고 있다. 정부 내부의 단순한 행정업무는 물론 대국민 행정서비스에 이르기까지 정보통신기술은 행정의 효율성과 행정서비스의 품질을 제고하는 데 중요한 역할을 담당한다. 전통적 행정학에서 논의하던 조직·인사·재무관리에 더하여 정보관리가 핵심적인 행정관리 부문으로 등장하였다. 특히 단순한 전산통계기술을 계기로 시작한 정보통신기술이 클라우딩, 빅데이터 그리고 소셜미디어에 이르기까지 빠르게 발전함에 따라 정부는 다양한 분야에서 이를 적극적으로 활용하기 시작하였다. 이리하여 정보통신기술의 발달은 단순히 정부내부의 업무효율성을 제고하기 위한 행정정보화뿐만 아니라 다양한 대국민 서비스 제공을 위하여 추진된 전자정부(e-government) 그리고 국민의 참여를 활성화시킬 수 있는 전자거버넌스(e-governance) 또는 사이버거버넌스(cyber-governance)로의 변화를 촉진시키고 있다.

이러한 흐름에 따라 행정학에서도 정보통신기술과 관련된 새로운 행정현상과 일련의 변화에 대하여 더욱 많은 관심을 가지게 되었다. 특히 인터넷과 함께 소셜미디어 그리고 모바일통신기술이 보다 확대·발전되면서 과거 정부내부의 행정처리를 중심으로 연구된 행정정보체계론적 또는 공공정보관리론적(public management information system) 시각에서 벗어나 인터넷을 통한 공공서비스 제공뿐만 아니라 국민의 참여와 국민과의 소통을 지원하는 등 정부조직 외적 영역으로 다양하게 진화해나가고 있다. 본 장에서는 정부가 정부조직 안팎으로 공공의 목적을 위하여 정보통신기술을 활용하는 제반분야를 광의적으로 총칭하는 전자정부의 주요 내용과 발전 그리고 행정에 미친 영향 등에 대하여 살펴보고자 한다.

## 2. 정보통신기술의 발달

정보통신기술은 정보기술(information technology)과 통신기술(communication technology)을 총칭하는 것으로서 컴퓨터의 일반적인 하드웨어와 소프트웨어를 포함하는 정보기술과 여러 가지 통신기술이 융합된 광의적 의미로 사용된다. 17세기 파스칼에 의해서 수동적인 계산기가 고안된 뒤 1940년대에 처음으로 전자 컴퓨터가 미국에서 만들어지고 드디어 1950년대에 유니박(UNIVAC)이라는 상업용 컴퓨터가 몇몇 큰 기업을 중심으로 사용되었다. 이러한 초보적 컴퓨터 기술이 점차 발달하여 1970년대 마이크로칩이 개발되면서 컴퓨터와 통신기술이 혼합한 네트워킹(networking)이라는 개념이 등장하였고 디지털시대의 큰 획을 긋는 기초가 다져졌다. 1980년대 후반을 거쳐 1990년대에 이르러 본격적으로 인터넷이 보편화되기 시작하였으며 인류는 혁명적인 디지털 시대를 맞이하게 되었다.

하지만 1980년대 말부터는 초보적인 정보통신기술의 활용에서 벗어나 보다 구체적인 공공서비스 제공과 조직 내 효율성 향상을 목적으로 하는 본격적인 정보통신기술의 응용단계로 접어들게 되었다. 이러한 정보통신기술의 응용은 특히 1990년대 이후 서비스 전달 측면에 있어서 기술의 역할이 중요하게 인식되는 계기를 제공하였다. 즉, 정부조직의 내부적인 기술응용(back-office applications) 중심이었던 행정정보화의 틀을 벗어나 인터넷 기반 대민업무를 위한 기술응용(front-office applications)이 중심이 되어 국민에게 공공정보와 공공서비스를 제공하는 전자정부의 발전을 촉진하게 되었다. 이처럼 정보통신을 활용한 정부영역이 시민의 참여와 시민과의 소통을 활성화하는 장으로 발전함에 따라 e-정부는 e-거버넌스의 개념으로 확장되었다. 그 결과, 정보통신기술은 행정의 효율성과 효과성을 제고하는 전통적인 관리적 영역뿐만 아니라 민주성과 참여성을 향상시키기 위한 수단으로 보다 적극적으로 활용되기 시작하였다.

한편 페이스북, 트위터 등 소셜미디어가 활성화되면서 소위 인터넷 활성화의 초창기를 의미하는 Web 1.0 시대에서 Web 2.0 그리고 Web 3.0 시대로 진화하게 되었다. 특히 공공조직은 최근 정보의 개방, 공유 그리고 협력을 강조하는 형태로 변화하였다. 예를 들어, 미국의 오바마 정부는 개방정부 이니셔티브를 추진하고 우리나라의 경우에도 박근혜 정부가 정부3.0을 추진하는 등, 정보통신 기술은 정부 사업의 목표 달성을 위한 핵심적 수단으로 자리 잡았다. 구체적으로는 지난 2013년 이후 정부는 공공데이터를 시민들에게 제공함으로써 산업 육성과 시민들의 삶의 질 제고에 기여하고 있다. 예를 들어 서울특별시 교통정보센터에서는 대중교통의 위치, 속도, 출발, 도착 등에 관한 다양한 정보를 시민들에게 제공하고 있고, 워크넷을 통해 민간의 일자리정보를 신속하고 정확하게 제공하고 있다. 또한 기상청에서는 시민들의 스마트폰에서 쉽게 활용할 수 있는 앱을 이용하여 각종 날씨와 관련한 정보를 주고 받는다. 오늘날에는 초연결망사회에 진입하면서 정보통신기술을 활용한 시민의 참여와 소통이 더욱 활발해지고 있으며 시민이 단순하게 정책에 대한 의견을 제시하는 수준에 그치는 것이 아니라 정부를 대신해 구체적인 정책문제의 해결에 적극적으로 참여하는 소위 크라우드소싱(crowd sourcing)의 단계에까지 이르게 되었다.

## 3. 전자정부의 발전단계

정보통신기술의 발전과 함께 진화한 전자정부의 발전단계를 정리하면 크게 행정정보화형 전자정부 단계, 행정서비스형 전자정부 단계, 참여형 전자정부 단계, 그리고 공동생산형 전자정부 단계 등 네 단계로 구분할 수 있다.

이러한 전자정부 발전단계는 기존의 전자정부 발전단계(일방적 소통단계, 쌍방적 소통단계, 서비스 단계, 통합단계, 정치참여단계)와 달리 실제 전자정부의 핵심내용과 전자정부의 새로운 추세인 크라우드 소싱과 같은 공동생산형 전자정부를 반영한다는 점에서 차이점을 갖는다. 기존의 전자정부 발전단계는 단순한 일방적 소통방식으로부터 정치참여에 이르기까지 단순한 소통방식에서 쌍방향적 소통방식으로, 단순한 의사전달에서 서비스 전달로, 개별적인 방식에서 통합적인 방식으로, 행정부문에서 정치부분으로 발전하는 방향을 제시하여 준다는 점에서 의미를 지닌다. 그러나 최근 전자정부의 발전방향인 시민참여형 그리고 공동생산형 전자정부의 구체적인 발전단계를 체계적으로 제시하지 못하였다는 한계를 안고 있다. 본 장에서는 기존의 전자정부 발전단계의 한계점을 극복하는 한편 최근 전자정부의 내용과 발전방향을 반영하기 위하여 행정정보화형 전자정부 단계, 행정서비스형 전자정부 단계, 참여형 전자정부 단계, 그리고 공동생산형 전자정부 단계를 포함하는 전자정부의 네 단계 발전단계를 제시한다.

첫 번째 단계는 정부내부 행정업무의 효율성을 제고하기 위한 기초적인 행정정보화 단계이다. 행정정보화는 특히, 부처 내(intra-agency), 정부 부처 간(inter-agency), 그리고 정부 간(inter-government)에 수행되는 행정업무를 신속하고 정확하게 수행하기 위하여 정보통신기술을 활용하는 것을 말한다. 초기 자동화 단계였던 1970년대에는 메인 프레임 컴퓨터를 활용하여 간단한 행정 사무를 기록하고 보관하거나 재무 회계를 관리하는 수준이었다. 그러나 이러한 단순한 정보화도 행정의 업무추진에 커다란 변화를 가져왔다. 과거의 수작업에 비해서 획기적인 행정 데이터의 정확성, 엄청난 분량의 정보저장과 보관, 분석 및 처리의 신속성이 가능해진 것이다.

이러한 첫 번째의 행정정보화 단계는 주로 행정정보체계론(public management information system)을 중심으로 논의되었으며 관리적 효율성이 가장 중요한 행정가치라 할 수 있다. 그런데 G2G(정부 대 정부) 부문인 행정정보화 체제는 지속적으로 발전되어 행정효율성뿐만 아니라 정부의 지식관리시스템으로 성장하였다. 그 예로 우리나라의 온나라시스템(on-nara system)은 정부 내에서 업무를 처리하는 시스템으로 문서관리, 지식관리, 전자결재 등을 포함한 종합행정업무시스템으로 볼 수 있다.

우리나라는 다양한 민원서비스와 행정서비스를 제공하기 위한 지속적인 노력의 일환으로 온나라시스템(on-nara BPS: business process system)을 구축하였다. 이는 공직사회의 근무 방식을 근본적으로 개선하기 위한 목적에서 공공기관의 업무처리 절차를 통합하고 표준화하고, 이를 체계화한 업무시스템이다. 노무현 정부 하에서 행정자치부는 기능분류시스템과 성과관리시스템, 그리고 인사정보조회시스템과 고객관리시스템과 연계·통합한 HAMONI(통합행정혁신시스템: harmonized model of new innovation)의 운영 결과를 바탕으로 2007년 1월부터 54개 중앙부처에 온나라시스템을 보급하기 시작하였다.

행정자치부 자료에 나타난 온나라 시스템의 특징은 크게 세 가지를 들 수 있다. 첫째, 정책에 관련된 모든 의사결정을 온라인으로 처리할 뿐만 아니라, 그 결과를 기록하고 관리한다. 둘째, 주요 정책의 추진실적을 관리할 수 있도록 단위과제별로 추진 상황을 분석하고 피드백 할 수 있는 틀을 제공한다. 셋째, 업무 과정에서 생성되는 여러 보고서들과 활동 실적 등을 보관하고 관리한다. 각 부처가 수행한 업무의 세부사항을 모두 기록하고 공유함으로써 이를 이후 비슷한 정책에 대한 참고자료로 사용한다.

두 번째 단계는 인터넷 발전과 함께 정부의 대국민 공공서비스 제공을 중심으로 발전한 온라인서비스 전자정부이다. 이 단계에서는 주로 원스톱 서비스를 위하여 정부포털을 구축하고 다양한 대민행정서비스를 쉬는 시간 없이, 즉 24시간-7일-365일 제공하는 것을 목적으로 한다. 우리나라의 경우 주민자치센터에 직접가지 않고도 '민원24'를 통하여 국민이 언제든지 온라인으로 주민등록등본이나 출입국증명서 등과 같은 서류를 발급받을 수 있으며, 국세청의 세금 조회 및 납부사이트인 홈택스 시스템을 통하여 편리하게 소득세 신고를 할 수 있는 것도 온라인 행정서비스의 중요한 예라고 볼 수 있다. 이러한 대민서비스 중심의 전자정부단계에서는 행정의 효율성과 함께 행정서비스의 효과성과 국민의 만족도가 매우 중요한 행정가치로 고려되었다.

온라인을 통한 세금신고서 작성은 전자정부 서비스의 발전 모습을 보여주는 대표적인 사례 중 하나다. 국세청은 2002년 4월, 세금 관련 민원(사업자등록증명 및 납세증명, 부가가치세의 전자고지·납부, 원천세·주세·특별소비세에 대한 전자신고 시범운영, 휴대전화를 통한 부가가치세 신고·고지·환급안내 서비스 등)을 인터넷을 통하여 처리할 수 있는 '홈택스' 서비스를 시작하였다. 이 서비스는 기존에 오프라인에서 제공되던 세무 서비스를 온라인으로 옮겨놓았을 뿐만 아니라, 세액 자동계산서비스, 모바일 전자 신고 프로그램, 인터넷 신고납부서비스 등 여러 가지 부가서비스들을 창출하였다.

한편 우리나라 전자조달사업 중 하나인 나라장터(G2B)는 2002년 개설된 범정부적 전자조달사업으로서 입찰공고 및 조달정보제공, 입찰참가자격 관련 시스템, 제안서 제출 시스템 등을 갖추고 있다. 이는 전자조달 포털사이트의 대표적인 사례로서 실시간 정보 공개, 표준화된 업무처리를 통한 투명성과 공정성을 제고시키는 등의 효과를 가져왔다. 전자조달사업의 운영으로 입찰 전 과정에 걸쳐 조달기업과 공공기관 업무에 있어 약 8조원의 거래비용이 절감되었다는 추계가 있었다. 또한 국민권익위원회 조사에 따르면 조달 정보의 실시간 공개와 표준 절차에 따른 업무처리로 조달 행정의 투명성이 개선되어 조달 청렴도도 2002년 6.8점에서 2013년 7.92점으로 상승하였다. 뿐만 아니라 공공입찰 정보의 통합 공고를 통해 중소기업의 입찰참여기회를 확대하고 마케팅 비용을 절감하여 전체 등록조달기관 중 중소기업의 비중이 90% 이상을 차지해 중소기업의 정부조달 참여 확대와 경쟁력 제고에 기여하였다는 평가를 받고 있다.

세 번째 단계는 국민을 단순히 행정서비스의 객체인 수혜자로 인식하는 것을 넘어서 국민을 행정의 주체로서 정책결정에 참여하는 것을 강조하는 전자거버넌스의 단계이다. 다시 말해, 전자거버넌스는 참여적 전자정부(participatory e-government)의 성격을 띠고 있는데, 정부는 전자거버넌스를 통해 행정의 효율성이나 효과성 제고하는 차원을 넘어서 정치적 차원의 참여성과 절차적 민주성을 확보하고 국민과의 소통의 장을 마련하고자 노력하고 있다. 우리나라의 범정부 대표 온라인 소통창구인 '국민신문고'나 서울시의 '천만상상 오아시스'와 같이 국민이 온라인 소통의 장에서 특정한 정책이나 다양한 공공 이슈에 대하여 자신의 입장과 의견을 개진하고 정부는 제도적으로 국민의 목소리를 경청할 수 있도록 시스템을 마련한 것도 전자거버넌스의 예라고 할 수 있다. 참여형 전자정부는 주로 정부가 참여를 강조하며 국민의 요구를 빠르게 파악하여 정책에 반영하려는 대응성(responsiveness)을 제고하기 위한 정부의 노력이 반영된 것으로 볼 수 있다.

예를 들면 국민권익위원회에서 운영하는 국민신문고는 한국의 모든 행정기관(중앙, 지자체, 교육청, 해외공관), 사법부, 주요 공공기관과 연계하여 정부에 대한 모든 민원·제안·신고와 정책토론 등을 인터넷을 통해 신고하고 처리하는 범정부 민원통합처리시스템이다. 국민신문고는 자동분류시스템을 구축하여 민원과 제안 처리에 가장 적합한 기관으로 전송하여 국민이 해당기관을 직접 찾아야하는 불편함을 해소하였다. 중복 및 반복 민원 역시 시스템에 의해 병합처리 되고 2차 민원에 대한 직접 조사로 이어짐으로써 행정력의 낭비를 방지하고, 민원에서 더 나아가 제도 개선으로 이어져 효과성을 높이고 있다. 또한 민원접수자는 민원처리의 전 과정을 웹사이트를 통해 조회할 수 있으며 이메일과 휴대폰 SMS를 통해 실시간으로 처리과정을 안내받을 수 있다. 이 덕분에 최근 민원신청의 지속적인 증대에도 불구하고 처리속도를 단축하는 성과를 내고 있다.

네 번째는 최근에 논의되고 있는 크라우드 소싱 단계로 국민의 참여가 단순한 의사표현에 그치지 않고 행정서비스를 공동으로 생산하는 차원으로 발전한 공동생산형 전자정부(coproduction e-government)이다. 이 단계에서는 행정주체 간의 공유, 참여, 그리고 협력 등이 강조되는데, 국민은 단순한 행정서비스의 수혜자가 아니라 공동생산자로 참여하는 소위 생산자적 소비자(prosumer)의 위치에 서게 된다. 하나의 예로 경기도의 버스일정 정보를 활용하여 앱을 직접 개발한 고등학생의 경우를 들 수 있으며, 이를 통해 클라우드 소싱 단계에서의 국민의 지위와 역할을 확인 할 수 있다. 최근 정부 3.0을 강조하는 박근혜 정부가 국민이 다양한 비즈니스 모델을 개발할 수 있도록 공공데이터를 활용할 수 있게 하고, 행정서비스를 제공하는 것을 장려하는 일련의 조치도 공동생산형 전자정부를 지향하는 예라고 볼 수 있다. 또한 미국의 오바마 정부가 "challenge.gov" 프로그램을 통하여 각 부처가 해결해야 할 다양한 정책문제를 제시하고 포상금을 걸어 국민에게 해결책을 구하는 일련의 정책도 공동생산형 전자정부에 해당한다.

오바마 정부는 온라인을 통해 다양한 부처가 공공정책문제를 제시하고 시민들에게 해결책을 묻는 창구를 마련하는 chall- enge.gov를 2010년도에 본격적으로 활성화시켰다. 제안된 해결책 중 가장 우수한 대안에게는 상금을 수여하는 등의 인센티브를 제공함으로써 시민들의 참여를 촉진시키고 있다. 한 예로, 건강정보기술 관련 국가조정관실(Office for the National Coordinator for Health Information Technology)에서는 70,000$의 상금이 걸렸던 '환자의 안전사고 대책 공모전'를 통해 여러 다양한 학문 분야에 걸친 환자 안전사고관련 해결책이 담긴 보고서를 발간한 적도 있다. 2010년 9월 첫 시행 이후 2015년 2월에 이르기까지 72개의 정부기관이 참여하여 390개의 아이디어 공모가 이루어졌으며 이러한 플랫폼의 활용은 행정의 혁신과 민관의 협력을 도모하고 지속적으로 확장하는 데에 일조할 것으로 기대되고 있다.

표 10-1 정보통신기술발전과 전자정부 발전단계

| 발전단계 | 내 용 | 주요 가치 | 국민 | 사 례 |
|---|---|---|---|---|
| 행정정보화 단계 | 행정업무 효율성<br>정부내부 중심(G2G) | 효율성 | 외부인 | 행정정보시스템<br>온나라 시스템 |
| 행정서비스형 전자정부 단계 | 행정서비스 제공<br>G4C(Gov't for Citizen)<br>G2B(Gov't to Business) | 효과성<br>만족도 | 고객 | 민원 24<br>홈텍스<br>전자조달 |
| 참여형 전자정부 단계 | 국민의 참여와 소통<br>C2G(Citizen to Gov't) | 참여성<br>민주성<br>대응성 | 정치적 주체 | 국민신문고<br>천만상상오아시스 |
| 공동생산형 전자정부 단계 | 정부와 국민 공동 생산자<br>GNC(Gov't and Citizen) | 협력, 참여<br>공유, 공개 | 프로슈머<br>협력자 | Challenge.gov |

## 4. 정보통신기술의 수용과 확산

다른 기술과 마찬가지로 새로운 정보통신기술이 개발되면 몇몇 조직에 의하여 해당 기술이 수용되고 다른 조직으로 확산된다. 그러나 이 과정이 쉽고 순탄한 것은 아니다. 많은 정부가 효율적 행정을 위하여 정보통신기술을 수용하려고 노력하지만 적지 않은 반대에 부딪히게 되고, 자원의 부족 등으로 지지부진한 경우가 많다. 따라서 어떤 조직이 더 빠르게 새로운 기술을 수용하는지, 그 기술은 어떻게 확산되는지, 그리고 수용된 기술은 실제 조직 내에서 제대로 활용되는지 등을 파악하는 것이 실천적인 목적을 위해서 중요하기 때문에 이와 관련한 연구가 대대적으로 진행되었다. 그래서 대부분의 연구들은 다른 공공기관과 비교해, 전자정부가 더 발달하고 활성화된 부처와 지자체는 어떠한 특성을 가지고 있는지를 분석하여 어떠한 조직적 특성이 정보통신기술의 수용과 확산에 어떻게 영향을 미치는지를 파악하려고 했다.

정보통신기술의 수용과 확산에 대한 연구들은 기존의 국가·지역·산업 발전을 과정에서의 기술 개발과 확산이 어떻게 이뤄졌는지에 대한 연구 결과들을 응용해 논지를 전개하였다. 즉 기존의 기술개발, 수용, 확산에 관한 다양한 연구결과들을 응용하여 정보통신기술과 전자정부의 도입과 확산을 분석하는 것이다. 구체적으로 특히 정보시스템관리(management information system)분야에서는 데이비스(Davis)가 기술수용모델(technological acceptance model: TAM)을 발표한 이후 정보통신기술의 수용과 확산과정을 단순한 기술결정론적 시각에서 벗어나 사용자가 느끼는 유용성(usefulness)과 용이성(ease of use)을 강조하는 연구가 지속적으로 이루어졌다. 예를 들면 벤카테쉬 (Venkatesh)와 데이비스(Davis)는 기존의 기술수용모델이 인간의 행위에 영향을 미치는 외부의 사회적 요소를 포함하지 못한다는 한계를 보완하고자 하였다. 기술 수용성 정도를 효용성 및 인지도와 사용 의도성으로 측정하였고, 이를 다시 각각 사회적 영향과정과 인지적 도구과정을 대표하는 변수라고 설명하였다. 그들은 사회영향과정을 나타내는 변수로 주관적 규범(subjective norms), 자발성(voluntariness), 이미지(image)를 살펴보았고 인지적 도구과정으로 직무 연계성(job relevance), 결과물 품질(output quality), 결과 시사성(result demonstrability), 용이성 인지도(perceived ease of use)를 포함하여 분석하였는데, 이러한 외부변수들이 기술수용성에 영향을 미친다는 것을 발견하였다. 한편 강력한 정치적 지원이 있거나, 조직의 상층부가 수용에 적극적이거나, 수용을 주도하는 혁신주도집단의 헌신적인 노력이 있는 경우에 정보통신기술이나 전자정부서비스의 수용이 성공할 가능성이 커진다.

우리나라의 경우에는 상대적으로 정보통신기술이나 전자정부 연구에서 수용과 확산이론이 크게 중요하게 다루어지지 않는다. 중앙정부가 행정정보화나 전자정부 관련 계획을 일률적으로 세우고 집행하기 때문에 정부부처나 지자체별 전자정부의 수준 차이가 존재하지 않기 때문이다. 우리나라는 1980년대까지는 각 부처 별로 컴퓨터를 구입하는 등 정보화에 대한 구체적인 전략이 부재한 상황이었으나 1987년 국가기간전산망 기본계획이 수립된 이후 매 5년 주기로 국가정보화를 위한 전략계획이 수립·추진되었다. 특히 국가기간전산망 사업을 통해 행정, 금융, 교육, 연구, 국방 분야의 전산망을 구축하였다. 이러한 국가기간전산망사업은 1995년 정보화촉진기본법이 제정된 이후 정보화촉진기본계획, 2008년 국가정보화기본법 제정과 함께 국가정보화기본계획으로 발전되었으며 이러한 기본법과 기본계획에 따라 일률적으로 행정정보화와 전자정부가 추진되었다. 한 마디로, 우리나라는 1980년대 이후 정부 전체의 차원에서 대대적으로 정보화를 추진하여 성공한 대표적인 사례로서, 정치적인 강력한 지원과 혁신주도집단의 헌신적인 노력이 밑받침이 된 경우라고 볼 수 있다.

Section

## 제 2 절 정보통신기술이 행정관리에 미친 영향

### 1. 전자정부의 관리적 효과

전자정부는 컴퓨터의 발달과 정보통신기술에서의 인터넷의 보편화가 결합되어 나타나 현상이다. 따라서 각자가 행정관리에 미치는 효과와 양자가 결합되어 미치는 효과 등이 복합적으로 나타나서 행정관리를 혁명적으로 바꾸고 있다. 가장 두드러진 변화는 첫째, 업무의 효율화와 신속화가 가능해짐에 따라 업무를 수행하는데 소요되던 인력과 비용이 큰 폭으로 감소하였다. 둘째, 컴퓨터와 정보통신기술의 발달로 인하여 대국민서비스의 질적 수준이 높아지고 행정의 대응성이 향상되는 효과를 거두고 있다. 마지막으로 정보통신기술의 발달은 조직 내 관료적 형식주의나 '번문욕례'(red tape)를 약화시키고 조직 직무 성과에 긍정적인 영향을 미친다. 이를 좀 더 구체적으로 보면 다음과 같다.

먼저 컴퓨터의 개발로 정보의 저장 및 분석에서 혁명적 변화가 일어나고 있는데, 많은 양의 정보를 정확하고 신속하게 저장하고 분석하는 과정이 과거 인간이 수행하던 작업을 대체하면서 여러 가지 관리상의 효과를 발생시킨다. 과거 쌀이 부족하던 시절에 가을이 되면 쌀의 생산량을 파악하는 일이 정부의 아주 중요한 과업의 하나였다. 수확기에는 현금이 필요한 농민들이 대량으로 쌀을 시장에 공급하기 때문에 쌀 가격의 폭락을 막기 위하여 정부는 일정한 양을 수매하였다가 봄철의 식량공급이 부족할 때에 쌀 가격이 폭등하는 것을 방지하기 위하여 수매했던 쌀을 시장에 판매하였다. 수매량을 얼마로 할 것인지를 결정하기 위해서 쌀 생산량을 대략이라도 파악해야 하기 때문에 전국 곳곳의 군이나 시에서 그 지역의 생산량을 추정해서 중앙에 보고를 하면, 이를 집계하여 생산량을 추정하고 수매량을 결정하였다. 컴퓨터와 인터넷이 없었을 때에는, 이 작업을 전국 곳곳에서 전화로 보고를 하면 중앙에서 종이에 받아 적고 이를 지역별로 집계하고 전체적 집계를 하는 방식으로 수행했다. 집계는 주산으로 하다가 전산기계가 발명되면서 상황이 나아지기는 했으나 많은 인력이 매달려서 작업을 하여야 했다. 그런데 이러한 보고가 한 번만이 아니라 추수기간 전, 추수기간 내, 추수기간 후 등 여러 차례에 걸쳐서 이루어지는데 이는 생산량을 보다 사실에 가깝게 파악하기 위해서다. 이러한 작업을 컴퓨터와 인터넷을 활용해 처리하게 됨으로써 쌀의 생산량을 파악하는 일이 이전에 비해 얼마나 수월해졌는지를 쉽게 상상할 수 있다.

또한 정보 통신기술의 발달이 컴퓨터의 발달과 결합되면서 행정서비스의 수준이 높아지고 시의적절한 대응을 하게 되었다. 특히 대민 행정서비스와 같은 행정의 외적 활동에 정보통신 기술이 본격적으로 이용되기 시작한 계기는 바로 1990년대 이후 급속하게 발달되어온 인터넷과 같은 혁신적인 기술을 정부가 적극적으로 활용하기 시작하면서부터이다. 전자정부의 도입으로 내부의 행정관리 기능을 향상시킬 뿐만 아니라 행정의 긍정적인 외부적인 효과가 나타날 것이라 기대할 수 있다. 즉 상호작용의 특성을 가지고 있는 전자정부서비스(예: 온라인 자동차 등록 갱신, 세금신고, 조달입찰)를 통해 서비스 사용자들의 거래비용과 기회비용이 감소할 것으로 기대하고 있다. 국세청 홈택스 서비스가 가장 대표적인 사례이다. 국세청 홈택스는 시민들이 세금과 관련한 다양한 민원서비스를 인터넷을 통해 직접 처리할 수 있는 프로그램으로, 기존 세무업무를 담당하던 정부기관에서 할 수 있는 민원서비스 뿐만 아니라 세액 자동계산, 모바일 전자신고, 인터넷 신고납부 등이 가능하다. 이러한 프로그램을 통해 세금 관련 업무를 담당하던 공무원들에게는 직접적으로 시민과 접촉하여 처리해야 할 민원 업무가 감소하고, 인터넷 상에서 업무가 진행되기 때문에 관련 자료가 데이터화되는 과정에서 신속성과 효율성이 증가한다. 뿐만 아니라 시민의 입장에서는 직접 담당 정부기관에 방문하는 수고를 더는 한편, 필요한 서류를 자택이나 직장에서 해결한다는 점에서 편리하다.

정보통신기술의 발달은 조직 내 관료제적 형식주의를 약화시키는데 도움이 되기도 한다. 기존 선행연구에서는 정보통신기술의 발달이 관료제적 형식주의를 줄일 수 있다고 보았다. 관료제적 형식주의는 동기와 생산성을 저하시키는 조직 풍토를 만들어내고 혁신을 받아들이는 내부적 과정을 방해함으로써, 조직 혁신과 생산적 잠재력을 감소시켜 조직에 부정적인 영향을 미친다. 따라서 이러한 과정을 해결하기 위하여 조직 내부에서는 인트라넷이나 전자결재시스템 등을 활용하고 있다. 또한 많은 연구들은 실제로 정보통신기술의 발달이 조직의 수직적 계층별로 불필요한 결재와 보고서들을 제출해야 하는 단계를 거쳐야하는 등의 관료제적 형식주의를 감소시켰는지에 대해 관심을 갖고 있다. 선행연구들은 조직 내부의 인트라넷과 같은 정보통신기술의 발달이 관료제적 형식주의를 감소시킨다고 밝힌 바 있다. 우리나라의 경우에도 전자결자나 전자 업무관리시스템이 활성화되면서 대면보고의 중요성이나 관료제적 형식주의는 다소 줄었다고 볼 수 있다.

물론 정보통신기술의 발달이 조직관리 측면에서 긍정적인 효과만을 가져오는 것은 아니다. 정보통신기술의 발전이 업무의 효율성과 신속성을 높이긴 하나, 예전에 고려하지 못했던 다양한 문제들을 수반한다는 점을 확인할 수 있다. 예를 들면 새로운 행정업무시스템이 구축되었을 때, 이를 활용하고 관리하기 위하여 조직의 구성원들은 새로운 학습 과정을 거쳐야 한다. 또한, 인터넷을 활용한 시스템의 경우 보안 상 문제가 발생할 가능성이 높기 때문에 시스템 활용에서 또 다른 업무 규칙이나 방식이 생기기 쉽다. 정부 기관이나 민간조직 모두 개인정보를 활용하는 사례가 빈번해지면서 이에 관한 다양한 규정, 규칙, 내부적 운영 절차를 마련하는 것은 물론, 각종 보고서의 종류도 증가하기도 한다. 결과적으로 발전한 정보통신기술을 도입하는 것이 조직 관리적 효과를 높이는 것은 사실이나, 관료제적 형식주의를 해소하거나 조직적 성과를 제고하는 만병통치약은 아니다.

## 2. 정보통신기술이 가져온 조직 상의 변화

정보통신기술의 활용이 조직 관리적 측면에서 긍정적인 변화를 가져온 만큼, 조직의 규모, 구조, 문화 등의 측면에도 영향을 주었다. 정보기술과 조직 변화의 관계에 관한 설명은 크게 정태적 · 결정론적 관점과 동태적 · 상호작용적 관점으로 나뉜다. 정태적이고 결정론적인 입장은 정보기술과 조직 변화 사이에 직접적이면서도 하나의 방향성을 지닌 인과관계가 있다고 보는 관점이다. 이러한 입장에서 주로 보는 이론은 기술결정론과 조직결정론이 대표적이다. 이 두 가지 이론은 정태적이고 결정론적이라는 공통점에 근거하긴 하나, 기술이 조직 변화에 영향을 미친다는 관점과 조직이 기술변화를 활용한다는 관점으로 서로 상반된 입장을 취한다. 이에 반해 동태적이고 상호작용적인 관점은 조직 변화에는 정보기술 이외에도 다양한 영향요인이 있다고 보는 입장이다. 이런 입장의 연구는 관리적 측면, 전략, 문화 등과 같은 조직 내부적인 요인과 정보기술, 사회구조나 법과 같은 제도적 구성 등 조직 외부적인 요인이 서로 상호작용을 이룰 때 조직에 유효한 영향을 줄 수 있다고 본다.

정보통신기술과 조직 변화에 관한 다양한 관점에도 불구하고 정보통신기술이 발달할수록 조직 규모가 전반적으로 감소하였다는 것이 일반적인 견해이다. 과거 다양한 업무를 처리하는 데에서 막대한 인력과 시간이 필요했다면, 현재의 발전된 정보통신기술로 인해 대폭 축소된 인력과 시간만으로도 업무를 수행할 수 있는 것이다. 한 예로 인구주택총조사의 경우, 조사자가 전체 인구를 대상으로 하여 조사하는 방식이기 때문에 과거에는 시간, 비용, 그리고 인력이 많이 소모되었을 뿐만 아니라 일정한 정도의 기술 발달이 이루어지기 이전에는 조사 자체가 불가능한 업무이기도 했다. 그러나 현재에는 인터넷을 통해 면접자가 직접 조사표를 작성하는 방법이 활용되고 있고, 조사자가 취합한 자료는 컴퓨터를 통해 전산처리하기 때문에 과거에 비해 시간, 비용, 그리고 인력을 절약할 수 있다. 또한 정보통신기술의 발달로 인하여 조직 내부의 네트워크가 활발해지는 계기가 마련되었고, 국세청 홈텍스, 나라장터와 같은 정보시스템이 개발되면서 인터넷을 통한 업무 처리가 원활해졌다. 따라서 과거에 비해 적은 인력과 부서만으로도 업무가 가능해진 것이다.

그러나 세부적인 조직 규모 측면을 살펴보면 특정 업무나 부서의 규모는 오히려 커지는 것을 확인할 수 있다. 조직에서 정보통신기술의 시행은 조직 구성원의 수를 감소시킬 수 있어 조직 규모를 축소하는데 영향을 주지만 특정 조직 수준에서는 조직 구성원의 수를 줄이거나 늘릴 수 있다. 즉 정보화 관련 프로그램이나 시스템을 다루거나 자료화·정리·분석을 담당하는 부서의 경우 오히려 관련 인력을 늘리거나 부서를 새롭게 개설되기도 한다. 오늘날 대부분의 조직들이 보안 관련 시스템을 활용하고 이를 담당하는 부서를 새롭게 만들었다. 따라서 과거 많은 인력이 담당하던 단순 업무의 경우 정보통신기술을 통해 대체하여 조직 규모가 줄어들지만, 새로운 기술과 이로 인해 일어날 수 있는 부가적인 문제들을 전담하는 부서가 증가한다고 할 수 있다. 그리고 과거에는 불가능하던 일을 새로운 기술을 이용하여 추가적으로 수행하면서 담당 인원이 늘어나기도 하는 것이다.

정보통신기술의 발달은 조직 구조적 특성과 결부되어 조직 규모에 영향을 주기도 한다. 특히 의사결정과정의 집중화가 정보통신기술의 발달과 결합되어 조직 규모에 영향을 미치는 것이다. 이와 관련하여 혹자는 의사결정과정이 집중화된 조직에서는 중간 관리자가 감소하나, 분산된 조직에서는 반대로 증가할 수 있다고 보았다. 즉 의사결정과정이 집중화되어 있다면 중간 관리자는 복잡한 의사결정이 아닌 정보의 교류나 일상적이고 비교적 단순한 의사결정에 참여한다. 따라서 이 과정을 정보통신기술이 대체할 수 있기 때문에 중간 관리자의 수가 줄어들 수 있다. 이와 반대로 의사결정과정이 분산된 조직에서는 중간 관리자가 개별 구성원들의 의사결정에의 참여를 보장하는 역할을 담당하기 때문에 그 수가 증가한다. 이처럼 의사결정과정이라는 조직 구조적 특성으로 인하여 동일한 정보통신기술의 발달에도 불구하고 조직 규모에 미치는 영향이 달라지는 것이다.

또한 정보통신기술은 조직 구조적 측면에 직·간접적인 영향을 미친다는 견해도 존재한다. 특히 조직 구조적 특성인 복잡성, 공식화, 집권화는 정보통신기술이 활용되는 과정에 영향을 주기도 하지만, 정보통신기술에 의해 영향을 받기도 한다. 컴퓨터 기술과 정보통신기술의 발달로 인하여 정보화 과정이 신속하고 정확하게 이루어지며, 정보통신기술이 비교적 일상적인 의사결정을 대체하게 되면서 조직구조의 집권화가 더욱 강해지는 경향이 있다는 것이다. 또한 한 연구에 의하면 정보통신기술이 조직 구조의 특성 중 복잡성과 분권화를 높이지만 공식화에 대해서는 별 다른 영향을 미치지 않는 것으로 나타났다. 이러한 결과는 다양한 정보통신기술이 조직 내에 도입되면, 이를 관리하거나 연계된 부서가 늘어나면서 이를 관리하고 조정하는 과정이 늘어날 수 있기 때문에 복잡성과 분권화가 높아질 수 있다는 것을 보여준다.

Section

제 3 절

# 전자정부와 행정의 민주화

## 1. 행정의 책임성과 대응성 제고

행정현상의 정치적 접근을 강조하는 연구들은 정보통신기술을 단지 행정의 관리적 가치를 증가시켜주는 수단으로만 생각하지 않고 대표성, 책임성, 대응성 같은 행정의 민주적 가치를 실현할 수 있는 기회로 보고 있다. 즉 정보통신기술이 민주행정에 미치는 긍정적 효과를 파악하려는 노력은 정보통신기술을 통해 조직 내의 집합적 이익을 실현하고 관료들로 하여금 외부기관에 대한 정치적 책임성뿐만 아니라 시민들에 대한 대응성을 진작시킬 수 있는 가능성에 관심을 기울이고 있다.

먼저 행정의 책임성 제고이다. 정부통신기술은 정보의 공유와 투명성을 강화시켜 행정기관이 상위 감사기관이나 국민의 대의기관과 같은 외부조직에 대한 책임성을 강화될 것이라고 짐작할 수 있다. 실제로 정보통신기술은 행정 내부의 의사소통이나 정보교환을 원활하게 하여 상층부에 대하여 관리책임을 충실히 이행하도록 할 뿐만 아니라 외부의 행정기관이나 감사기관과 필요한 정보교환, 업무보고, 의사소통 등을 촉진하는데도 아주 유용하게 이용되어 왔다. 일반 사기업에 비해 정부조직은 외부 정치기관의 영향을 많이 받고 있기 때문에 내부의 관리적 책임뿐만 아니라 오히려 외부 기관들의 행정적·정치적 요구들에 대한 적절한 책임을 더 중요하게 고려해야하는 특성이 있다. 정보통신기술이 바로 외부의 이러한 요구에 대한 효과적인 수단으로 이용되고 있다.

정보통신기술의 이용은 시민에 대한 행정 관료의 대응성을 향상시키기 위한 민주행정적 도구로서도 중요한 역할을 한다. 예를 들어 지방정부의 컴퓨터 사용으로 많은 양의 정보를 쉽게 관리할 수 있게 되면서 시민들의 정보요청에 대해 보다 쉽고 자세하게 그리고 신속하게 대응할 수 있게 됐다. 또한 최근 인터넷의 보급은 정부로 하여금 시민들의 각종 서비스 요구에 대한 대응성을 제고시키고 있다. 동시에 시민들이 정부의 웹사이트 등을 통해 행정의 의사결정과정에 참여함으로써 정부와의 의사소통의 기회를 더 많이 제공받음에 따라 보다 적극적인 행정의 대응성을 기대할 수 있는 기회로 여겨지고 있다. 전자정부의 웹사이트와 이메일 같은 정보통신기술을 이용한 정부의 대응성 향상 노력은 일반 시민들이 정부정보에 쉽게 접근할 수 있도록 할 뿐만 아니라, 물리적·심리적인 장벽을 낮춰 지방정부의 선출직 공무원은 물론 관료와의 의사소통을 촉진하기 때문이다.

그러나 이러한 대응성에는 작지만 본질적인 한계도 있다. 최근 Pew 재단의 '인터넷과 미국인들의 생활'(Pew Internet & American Life) 프로젝트 보고서들은 정보통신기술과 행정의 대응성의 문제에 관해 몇 가지 시점을 주고 있다. 예를 들어 미국시민들이 어떻게 정부 웹사이트나 전자메일 등의 정보통신기술을 이용해 정부와 접촉하는지를 연구한 호리건의 연구에 따르면 정부 웹사이트는 미국 시민들이 정부와 접촉할 때 전화 다음으로 가장 많이 이용하는 수단이고 인터넷을 이용하는 시민들이 그렇지 않은 시민들보다 더 많이 정부와 접촉을 하고 있는 것으로 나타났다. 하지만 일반 시민들이 실시간 상호작용이 요구되는 복잡한 문제를 해결하려 할 때에는 공무원에게 전화를 하거나 그 행정기관을 직접 방문하여 그 문제를 처리하는 것을 선호하고 전자정부 웹사이트나 전자메일은 그렇지 않은 문제를 해결하는데 이용하는 것으로 나타났다. 즉, 새로운 정보통신기술이 점점 일반 시민들과 정부를 연결해주는 수단으로 이용되어 대응성을 높여주는 측면이 있음에도 불구하고, 일반시민들은 여전히 전화와 같이 전통적인 통신수단을 이용해서도 정부와 접촉하기 때문에 정부는 새로운 정보통신기술뿐만 아니라 기존의 통신수단들을 보완적으로 활용해야 할 필요가 있다는 점을 보여준다.

## 2. 행정의 대표성과 시민참여

민주행정을 위하여 관료조직의 구성원인 관료들이 국민 각 계층이나 지역

등을 대표할 수 있게끔 충원되어야 한다는 주장이 과거부터 있어왔다. 이러한 대표관료제 이론은 관료제의 인적 구성과 관련하여 다양한 외부의 이해관계들을 반영하려는 시도인데, 실적관료제와 크게 모순되기 때문에 그 실현이 거의 불가능하였다.

그러나 정보통신기술이 대표성에 미치는 영향에 대한 연구는 약간 시각을 달리하여 연구되어 왔다. 즉 정보통신기술과 관련된 행정의 대표성 문제는 정보통신기술의 도입과 이용과정에서 주로 내부의 이해관계가 어떻게 반영되고 있는가에 초점을 두고 연구되어 왔다. 다시 말해 행정의 정치적 접근 관점에서는 정보통신이 조직 구성원 사이의 권력관계에 미치는 영향을 중요하게 다루어 왔다. 권력을 획득하고 유지하기 위한 수단으로 정보통신기술의 이용을 이해하려는 연구들은 다양한 이해관계를 가진 조직의 구성원들이 정보통신기술 이용에 대해 자원을 획득, 유지하고 확장하는 수단으로 혹은 자신들의 집단적인 이익을 반영하기 위한 수단으로 보고 있다.

그런데 1970년대와 80년대에 크래머(Kraemer)와 동료학자들이 수행한 지방정부의 컴퓨터 사용에 관한 연구에 따르면 지방정부의 컴퓨터 기술 도입은 광범위한 이해관계 집단들의 이익을 반영하기 보다는 기존의 엘리트집단들의 권력을 더욱 강화시키는 결과를 가져왔다. 이들은 지방정부의 컴퓨터 도입은 최고 지도층으로의 권력이동을 가속화하는 계기가 되었다는 사실을 경험적인 연구를 통해 발견하였다. 이는 앞에서 본 대로 집권화가 행정조직 내부에서 일어난다는 견해를 지지하는 연구이다. 이러한 현상이 나타나는 것은 과거 현장이나 조직말단부에서 장악하고 있던 정보를 정보통신기술에 의하여 여과없이 생생하게 조직의 상층부에서 파악할 수 있게 되어 정보독점이나 보유로 인한 힘이 조직하부에서 상부로 이동하기 때문이다. 행정조직의 하층부의 영향력이 강화되는 것이 민주행정이라고 보는 전통적인 관점에서 보면, 민주행정에 역행하는 현상이다. 이러한 권력강화모델(reinforcement politics model)은 최근의 연구에서도 계속 확인되고 있는데, 예를 들어 벨라미(Bellamy)의 연구에 따르면 교정행정 시스템의 재조직화 과정에서 기존의 지배적인 권력집단은 시스템을 통해 생산되는 정보의 형태와 해석 방법 등을 통제하여 결과적으로 정보시스템을 그들의 정치적 재원의 획득수단을 강화하는데 이용하였다고 한다.

반면에 정보통신기술이 발달함에 따라서 보다 많은 사람들이 정보를 공유하게 된다는 주장은 권력강화 모델을 부정한다. 즉 동원모델(mobilization model)은 정보통신기술의 발달이 정보를 상대적으로 적게 가진 집단의 정보 접근성을 높여줌으로써 집단 간의 지식격차나 정보격차를 줄이게 되어 결국 분권화와 대표성에 더욱 도움이 될 것이라고 주장한다. 앞에서 이미 지적했듯이 정보를 독점하거나 전문성을 이용하여 영향력을 독점하던 집단으로부터 비전문적 관리계층이나 타 분야의 조직 및 단체 등으로 광범하게 정보와 전문적 지식이 공유되면, 결국 행정부서로부터 시민단체, 이익단체, 비전문부서, 타 정부조직으로 영향력이 분산되어 결과적으로 행정의 분권화가 진행된다. 결국 행정조직 내부에서는 집권화의 가능성이 커지지만, 외부로는 권력분산이 이루어지고, 외부의 의견이나 영향을 받는 외부와의 접촉부분-즉 조직하층부- 이 행정조직 내부에서도 보다 큰 영향력을 행사하게 된다.

이상과 같은 정보의 분산과 영향력의 분산은 외부집단의 행정에 대한 참여와 동반하는 경우가 많다. 즉 행정에 대한 시민, 각종 단체의 참여가 증가하는 것이다. 실제로 행정참여와 밀접한 관련이 있는 정치참여가 증가한다는 보고도 있다. 호리간(Horrigan), 가레트(Garrett), 레스닉(Resnick) 등의 연구에서 시민들은 인터넷을 이용하여 정치관련 정보를 얻고 이메일을 이용하여 선출직 정치후보자들이나 다른 시민들과 상호작용하면서 일련의 정치과정에 직접 참여하고 있는 것으로 나타났다. 특히 온라인 정치뉴스를 보는 많은 시민들은 인터넷이 중요한 정보를 제공하고 이러한 정보들은 선거에서 투표결정에 영향을 주고 있다고 생각하고 있었다. 최근 소셜미디어를 다루는 연구를 통해 소셜미디어를 많이 사용하는 사람일수록 정치적 참여를 보다 적극적으로 하는 경향도 확인되는 등 소셜미디어 환경이 개인의 정치적 행태 변화에 미치는 영향에 대한 관심이 높아지고 있다.

## 3. 소셜미디어로 인한 정치참여 활성화

소셜미디어(social media)는 행정 및 정치참여를 폭발적으로 증가시킬 뿐만 아니라, 심각한 각종 문제를 발생시키므로 이에 대한 자세한 검토가 필요하다. 우선 최근 전자정부의 성격과 범위가 소셜미디어의 등장에 따라서 크게 변화하고 있다. 소셜미디어는 개인의 생각과 경험에 대해 표현하고, 정보를 습득하고 공유하는 과정을 통하여 인간관계를 형성하는 온라인 플랫폼으로 쌍방향 소통기술에 기반하여 텍스트, 이미지, 오디오, 비디오 등 다양한 컨텐츠를 다른 사람들에게 전달하고 공유하는 과정에서 발생하는 사회적 상호작용을 총칭하는 용어이다. 소셜미디어의 등장은 개인이 다수의 다른 사람들과 맺는 온라인 연결성을 폭발적으로 확산시켰으며 이로 인하여 정치, 사회, 경제, 문화 현상 등 다양한 방면에서 많은 변화가 일어나게 되었다.

특히 소셜미디어는 정치 참여의 증대와 새로운 정치 문화를 형성하는 데 일조하였다. 소셜미디어에 참여하는 사람들이 증가하고 소셜미디어의 빠른 정보 공유 특성이 결합하면서 사람들 사이에 자유로운 의견교환과 적극적인 여론 형성이 가능해졌다. 이를 통해 궁극적으로는 정책 아젠다에 영향을 주는 정책 참여가 활발하게 일어나게 됐다. 소셜미디어가 행정의 정책결정에 대한 시민 참여를 증가시키는 등, 강력한 영향을 미치게 된 것이다. 소셜미디어의 정치적 영향력은 이집트의 사례가 뚜렷하게 보여준다. 2011년 30년간 장기 집권한 무바라크 대통령의 퇴진을 요구하며 시작된 반정부 시위가 대표적이다. 즉 권위주의적이고 비민주주의적인 사회에서 시민들이 정부의 통제를 벗어나 반정부적인 여론을 형성하는 과정에서 소셜미디어가 시민들의 공감대를 넓혀나가는 데 매우 중요한 역할을 하였던 것이다.

비단 시민들만 소셜미디어를 활용하여 정치 활동에 참여하는 것이 아니라, 정치인들 역시 정치적 소통의 창구로 소셜미디어를 적극적으로 활용하는 모습이 나타나게 되었다. 이러한 현상이 두드러지게 나타난 예로 2011년 서울시장 보궐선거를 들 수 있다. 트위터 등 소셜미디어를 보다 활발하게 사용했던 박원순 후보가 나경원 후보를 이기고 서울시장에 당선되었는데 소셜미디어 분석 자료에 따르면 박원순 후보와 나경원 후보의 소셜미디어 이용률이 선거 득표율과 비례하는 결과를 낳았다고 한다. 이 두 개의 연관성은 가설적 추론이지만 이를 통해 소셜미디어 상에서의 소통량 및 어조와 선거와의 관계는 상당히 유의미하다고 판단할 수 있다. 한편 정부도 기존의 정부 웹사이트나 블로그를 통하여 국민과 소통하던 것에서 벗어나 소셜미디어를 적극적으로 활용하고자 노력한다.

Section

제 4 절

# 전자정부의 역기능

## 1. 소셜 미디어와 인포데믹스

한편 소셜미디어의 활성화는 사회적 부작용을 유발하기도 한다. 가장 큰 원인은 소셜미디어를 통한 정보의 빠른 전파력이다. 트위터의 정보 중 절반은 8분 이내에 확산된다는 연구결과가 있는 것을 고려하면, 소셜미디어가 가진 정보확산의 위력이 향후 정치적, 경제적 사회적으로 중요한 영향을 미칠 것이라 예측할 수 있다. 소셜미디어의 신속성에 더하여, 용이성과 개방성이 결합되어 사실과 다른 정보가 확산될 때 개인적인 측면과 사회적인 측면에서 심각한 문제를 초래한다. 특히 소셜미디어를 통해 유통되는 다양한 정보에 대한 신뢰가 정부에 대한 신뢰보다 높아지면서 정부가 제공하는 정보가 제대로 수용되지 않을 경우에 매우 심각한 상황이 발생한다. 이를 정보(information)와 전염병(epidemics)를 합쳐 만들어진 신조어인 인포데믹스(infordemics) 문제라고 한다. 인포데믹스는 부정확한 정보가 전염병처럼 빠르게 확산되어 생기는 다양한 사회적 병리현상을 말한다. 특히 확인되지 않은 정보가 소셜미디어를 비롯한 다양한 온라인매체를 통하여 확산될 경우 사실과 상관없이 여론을 형성하거나 사회적 불안을 초래하는 경우에 합리적 정책결정을 어렵게 만들 수 있다. 특히 정부의 공식적인 발표와 소셜미디어에서 빠르게 전파되는 여론이 다를 경우에 결정된 정책의 집행이 심각하게 방해받는 것은 물론이고, 새로운 정책결정도 합리적으로 수행하기 어려워진다. 예를 들면 2008년 경제위기 당시에 한 개인이 미네르바라는 필명으로 리먼브라더스 발 경제위기에 대한 예측과 함께 관련 정보를 온라인에 올리면서 큰 사회적 파장을 일으켰던 미네르바 사건은 온라인상에서 전달되는 정보의 사회적 영향력을 보여준 대표적인 사례이다. 천안함 사건 당시에도 출처가 다양한 온라인으로부터의 정보는 때때로 정부의 공식적인 입장에 반하는 경우가 많았으며 이러한 경우, 정부에 대한 부정적 여론이 형성되어 정부의 정책결정과 집행을 어렵게 만들었다. 즉 소셜미디어를 통한 다양한 정보의 공유나 건강한 여론형성이라는 긍정적인 측면을 벗어나 지나친 병리적 인포데믹스 현상으로 나타날 경우에 엄청난 사회적 비용(비합리적 정책결정과 정책결정 지연 및 집행의 어려움 등)이 발생하게 되는 것이다.

한편 정부가 특정한 정책을 구체적으로 결정하기 전에 디지털 포퓰리즘으로 인하여 정부가 합리적인 정책을 결정하기 어려워진 경우도 소셜미디어의 병리적 현상에 해당한다. 디지털 포퓰리즘은 인포데믹스와 밀접한 연관이 있다고 볼 수 있는데 왜곡된 정보에 따른 병리적 여론이 합리적인 대의민주주의를 위협함으로써 민주주의의 원칙이 깨어지는 경우를 말한다. 정보의 사실여부가 판명되기 전에 무비판적으로 소셜미디어에 유통되는 정보가 디지털 포퓰리즘을 형성하게 되는데, 특정한 이해집단이 의도적으로 이를 악용할 경우에 민주주의가 변질될 위험이 있을 수 있다. 특히 소셜미디어에서 유통되는 정보가 단순하고 극단적이며 감정에 호소하는 경향이 높을수록 더 쉽게 대중 선동으로 이어질 위험성이 높으며, 이럴 경우 공론장 형성에 기여할 것으로 기대했던 인터넷과 소셜미디어의 역할이 민주주의의 도구가 아니라 인기와 분위기에 편승하는 포퓰리즘 정책의 정당성 획득 도구로 전락할 가능성이 높다. 정책결정과정에의 포퓰리즘 유입은 특정 이해관계자 집단의 정책선호가 대중적 여론으로 포장되어 정책결정자의 의사결정에 영향을 미치게 됨으로 인하여 근시안적이고, 충동적인 정책결정을 할 가능성이 높아질 수 있다.

결론적으로 다양한 아이디어와 의견 형성이 장점으로 꼽히는 소셜미디어의 이면에는 사회구성원들이 대척점에서 대립하고 갈등하는 소위 집단극화(group polarization)라는 부작용이 존재한다. 온라인상에서 개인이 원하는 것만 보고, 만나고 싶은 사람들만 만나는 경향은 집단극화현상을 촉진시킨다. 특히 이러한 현상은 정치문제와 관련하여 두드러지는데, 정보 접근도가 높아지면서 개인이 필요로 하고 관심을 가지고 있는 다양한 정보를 손쉽게 접할 수 있게 되었다. 즉 유권자로서 시민들은 전통적 매체에서는 접하지 못했던 상세한 정치 관련 정보를 온라인상에서 접하게 되고, 더 나아가 자신의 이해관계에 맞는 정보를 보다 용이하게 구하는 선택적 정보접촉(selective exposure to information)을 하게 된다. 그 과정에서 시민들은 자신과 비슷한 견해와 취향을 가진 사람들과 커뮤니티를 이루고 그 안에서 소통을 하게 되는데, 그 안에서도 의견의 강도에 따라 온건 세력과 강경 세력으로 나뉘게 되고 정당한 이유와 근거를 가진 온건 세력과 달리 무비판적 의견을 가진 강경 세력은 무차별적으로 온건한 의견들을 공격하게 된다. 그 결과 온건한 의견을 가진 사람들은 점점 공격을 피해 침묵하게 되고, 강경 세력이 다수의 의견을 대표한다고 인지한 구성원들은 자신의 가치관보다 집단의 가치관을 중시하는 성향을 띠게 된다. 결국 이로 인해 의견의 다양성이 사라지고 강경 세력의 주장만 두드러지는 제한된 공론장이 형성된다.

뿐만 아니라, 소셜미디어에서의 간편하고 신속한 정보전달 방식은 쌍방향 소통이라는 장점과 달리 일방적인 정보 알리기와 무비판적 수용이라는 결과를 낳기도 한다. 공공영역에 있어서 정부의 홍보 위주의 SNS 활용은 정부 정책에 대한 시민들과의 이성적이고 합리적인 의사소통을 가로막아 대화의 부재를 유발하고 공론장을 축소시키는 결과를 초래한다. 이러한 문제를 해결하기 위해서는 정부가 국민으로부터 신뢰를 회복해야 한다. 신뢰가 전제되지 않는 한 정부가 제공하는 정보가 신뢰받을 수 없으며 왜곡된 정보의 확산이나 이로 인한 디지털포퓰리즘을 극복하기 힘들기 때문이다. 인포데믹스 문제에 관심을 가지고 있는 체렌슨(Cherenson)는 신뢰만이 인포데믹스를 사전에 예방하는 가장 강력한 예방주사라고 주장하면서 지속적으로 온라인상에서 생성·유통·공유되는 정보를 모니터링하면서 부정확한 정보에 대해서 빠르게 대응할 것을 주문한다.

## 2. 전자정부와 법적문제

인포데믹스의 문제는 전자정부의 극단적인 부작용의 하나이지만, 이 외에도 주의해야 할 몇 가지 문제점이 더 있다. 전자정부의 역기능으로서 다음으로 지적할 것은 법적인 측면에서 시민이나 사회에 끼치는 피해이다. 역기능이든 순기능이든 관계없이 정보통신기술이 행정의 법적 가치에 주는 함의에 관한 논의들은 비교적 덜 활발히 이루어지고 있다. 그리고 법적 접근을 시도하는 연구들은 정보통신기술이 법적 가치를 향상시키는데 도움이 되는 도구로서 취급하기보다는 부정적인 영향을 염려하는 경향이 강하였다. 특히 정보통신기술과 법적가치에 관한 논의는 주로 개인의 프라이버시, 지적재산권, 정보접근권, 적법절차를 중심으로 이루어져왔다.

인터넷의 발달로 인해 정보수집과 교환이 급속히 증가되는 반면, 이에 따른 안전장치들이 뒤따르지 않아서 프라이버시와 지적재산권과 같은 개인의 권리를 침해 받을 수 있는 가능성이 높아지고 있다. 정보통신기술이 야기하는 법적 가치의 침해에 관해 스토우어스(Stowers)는 온라인을 통한 개인정보의 유출과 이에 따른 프라이버시의 침해의 가능성을 정보화 시대의 중요한 정책적 현안으로 지적하면서 현재 전자통신 개인정보 보호법(electronic communication privacy act)과 저작권 보호법(copy right act of 1976)등을 통한 프라이버시 침해 방지정책을 강조하였다.

정당한 법절차 원칙(procedural due process)은 개인의 권리를 보호하기 위해 정부가 행하는 일련의 정책과정과 행정과정에 모두 적용되어 온 민주적 장치이다. 특히 정당한 법절차 원칙은 행정 전반에 걸쳐서 공무원이 시민들의 개인권리를 침해하는 것을 방지하고 보호하기 위해, 개인에게 불이익을 줄 수 있는 공무원의 소청심사나 행정소송과 같은 일련의 행정과정에 적용되어 왔다. 일부 학자들은 행정정보시스템을 이용하여 내부 운영과정을 자동화하는 과정에서 그 시스템이 부정확한 개인 정보에 바탕하고 있으면 행정 내부 운영과정에 적용되는 정당한 적법절차의 원칙이 훼손되어 개인의 권리를 침해할 수 있다고 우려하였다. 예를 들어 미국의 한 연구에 따르면 범죄행정시스템의 근간이 되는 정부 간 기록시스템의 관리소홀로 인해 여러 법정기관으로부터 수집된 불완전하고 부정확한 정보들이 통합되는 문제가 발생했다. 불완전한 정보들로 만들어진 새로운 정보를 기반으로 법정행정이 집행되면서 무죄추정의 원칙과 같은 중요한 개인의 권리가 침해되는 상황이 발생했다. 우리나라의 경우에도 개인의 다양한 정보(가족, 장애자 등급, 재산 등과 같은)가 행정처리과정에서 공유되는 과정에서 개인 정보 수집이 정당한 적법 절차를 거치지 않음으로써 개인의 권리가 훼손될 수 있는 가능성이 높아짐에 따라서 관련된 개인 정보수집에 대한 동의절차를 받는 등 다양한 대책이 마련되고 있다.

## 3. 정보격차와 보안문제

정보격차는 지역 내 계층 간 정보격차와 지역 간 정보격차의 문제를 들 수 있다. 먼저 계층 간 정보격차문제를 보기로 한다. 과거 노동력, 자본 등이 산업사회 발전의 원동력이었듯 정보와 정보통신 기술은 21세기 정보화 사회의 발전에 있어 필수적인 재화이다. 부익부 빈익빈의 원리로 정보화 사회의 이점을 누릴 수 있는 집단은 더 많은 정보의 수집과 창출을 통해 정보통신기술의 발전으로 입게 되는 혜택이 증대되는 한편, 이러한 기회가 보다 적게 주어지는 집단에게는 정보 불평등의 문제가 심화되는 정보격차(digital divide)가 발생한다. 정보취약계층은 디지털 경제사회에서 여러 가치창출과 참여의 기회를 박탈당하고 전자정부 기반의 공공서비스를 충분히 누리지 못하는 새로운 유형의 소외계층으로 분류할 수 있다. 그들은 1차적으로 정부에서 제공하는 각종 정보를 상대적으로 느리고 적게 접할 수밖에 없으며 2차적으로 각종 공공기관에서 제공하는 민원서비스나 원스톱 서비스 등을 활용하지 못해 삶의 질을 개선하고 생활의 효율성을 증진시킬 기회를 상대적으로 적게 갖게 된다. 뿐만 아니라 온라인 투표 등에 참여하기 어려워 정보취약계층의 목소리는 사회 여러 분야에 적용될 기회마저 잃게 된다. 예를 들면 전자정부가 장애인들의 접근성을 충분히 보장하지 못하면서, 이들을 위한 정보 및 서비스가 제때 제공되지 못하는 정보의 불평등 문제가 발생하고 있다.

이와 관련하여 UN은 정보격차와 전자정부간의 상관관계 평가를 위해 국가별 전자정부 평가에 획기적 변화를 주었다. 이른바 '웹 측정 지수'를 기존의 전문적 평가자가 아닌 일반 시민들의 실제 검색 속도와 노력 정도를 기준으로 산출하여 전자정부의 사용성을 평가·반영한 것이다. 이러한 측정방식 도입은 전자정부 사이트를 모든 사용자에게 접근 용이하고 활용 가능하도록 설계함으로써 정보격차를 최소화시키고, 공공성은 증대시킬 필요성을 강조하고 있다.

보안의 문제 역시 전자정부의 중요한 쟁점이다. 전자정부는 정부의 정치, 행정 업무에 있어서의 비효율성을 개선하고 투명하고 민주적 과정의 확보를 통해 서비스의 질 개선과 신뢰도 제고에 일조하고 있다. 하지만 이 과정에서 국민들의 광범위한 개인정보가 수집, 활용됨으로써 앞서 언급하였듯이 사생활 침해의 위험이 높아지고 있어 이에 대한 우려의 목소리도 커지고 있다.

더욱이 2015년 3월 '클라우드 발전법'이 통과되면서 공공기관의 자료들을 PC가 아닌 클라우드에 저장하여 공유하는 시스템을 구축하게 되었다. 이러한 업무 시스템을 통해 보고서 등의 업무자료와 업무용 소프트웨어들이 클라우드에 통합되어 보관된다. 또한 현장에서 원격으로도 활용할 수 있도록 공동저장과 공동 활용이 가능한 온나라 시스템을 구축하고 각 기관으로 확대할 예정이다. 하지만 이러한 플랫폼의 경우, 정부의 데이터가 민간 클라우드에 이관될 때 중요 문서가 유출될 가능성이 있기 때문에 보안의 문제는 더더욱 중요한 사안이 되었다. 금융기관의 해킹으로 개인정보가 유출되고 그로 인한 금융사기 등의 피해를 입은 경험이 있는 국민들로서는 민감하고 거부감을 느낄 수 있는 부분이기 때문에 정부는 국제적 기준에 맞는 보안 수준을 갖추고 법 조항을 정비하여 관리함으로써 신뢰 구축을 위해 나아가고 있는 전자정부의 운영이 또 다른 불신을 낳는 일이 없도록 해야 할 것이다.

Section

제 5 절

# 개방적, 협력적, 그리고 통합적 전자정부로의 발전을 위한 과제

최근에 전자정부는 공개, 협력, 통합 정부를 촉진시키는 중요한 도구로써 강조되어왔다. 많은 연구자들과 실무자들이 e-정부와 e-거버넌스를 여전히 혼용하고 있으나, 사실 두 용어가 강조하고자 하는 지점은 매우 다르다. 즉 e-정부와 e-거버넌스를 구분하는 사람들은 e-정부가 전자정부시스템을 통해 정책결정과정에서 시민과 시민사회와의 상호작용 및 소통을 촉진시킴으로써 e-거버넌스로 진화했다고 주장한다. e-정부는 공공정보와 공공서비스를 제공할 수 있는 ICT나 ICT의 백오피스(back-office) 어플리케이션에 집중하는 경향이 있는 반면, e-거버넌스는 e-정부가 확장되고 진보된 버전으로서 보다 공개적이고 협력적이며 통합적인 정부를 만들기 위한 시민참여, 숙의민주주의 그리고 시민과 시민사회의 상호작용적 관계를 지원하는 e-참여를 강조한다. e-거버넌스는 보통 정부, 비영리기구, 민간이 포함되어 영역 간 상호교류를 강조하는 장이 되기 때문에 온라인 시민참여를 통한 정부와 시민 사이의 상호교류는 e-정부가 아닌 e-거버넌스 만의 고유한 특성이라 할 수 있다.

전자정부의 참여와 상호작용의 수준을 측정하기 위해서 UN 전자정부조사는 "전자정부 참여도(e-participation)"라는 지표를 개발했다. "전자정부 참여도"는 "정보공유", "전자상담", "전자정부를 통한 결정"이라는 세 가지 하위 지표를 포함하고 있다. 이러한 노력은 무엇이 참여도, 상호작용, 투명성을 구성하는지, 그리고 상호 간 관계의 특성은 어떠한지에 대하여 보다 나은 이론을 구축할 필요에 의해 만들어졌다. 예를 들어 투명성은 외부 요소를 감시하고 내부업무의 결정과 성과를 평가할 수 있는 정보의 공개를 의미하고, 참여는 시민과 정부의 정책 결정과정에서 이루어지는 이해관계자들의 참여를 의미하는데 위의 지표들을 통하여 참여가 투명성을 이끌어내지만 그 역의 관계는 성립하지 않는다는 두 개념 간의 관계를 파악할 수 있다. 즉 조직 내부를 자세히 감시할 수 있는 능력을 가진 것이 의사결정과정에서 외부인의 참여로 반드시 이어지는 것은 아니다. 이는 공공기관이 외부의 참여자들과 함께 의사결정을 하고자 한다면, 많은 정보를 공개함으로써 외부 참여자들이 정책에 효과적으로 기여할 기회를 제공할 필요가 있음을 드러낸다.

소셜미디어 도구들은 이해관계자와 정부 간 소통, 협력과 거버넌스를 용이하게 한다. 그러나 소셜미디어를 활용한 정부 활동을 페이스북 페이지와 같은 소셜미디어 계정의 존재 여부로 설정하는 것은 실제 정부와 이해관계자 간의 관계에 대한 척도라기보다 잠재적 가능성에 대한 척도라고 할 수 있다. 미국의 지방정부기관에 대한 최근의 연구를 살펴보면 기관의 88%가 소셜미디어 채널을 가지고 있었는데 그 중 91%가 정보전달용으로 사용되고 있었다. 하지만 그 중 45%만이 서비스 품질에 대한 피드백을 얻기 위한 용도로 사용되고 있었고, 60%는 내부적 업무 협력에, 66%는 외부 관계자의 참여를 용이하게 하기 위한 용도로 사용되고 있었다. 이러한 연구결과는 아직 소셜미디어 도구들을 정부의 활동 전반에 적용하고 일반화하는 일이 어렵다는 사실도 보여준다. 실제로 백 오피스 업무에서의 소셜미디어 활용이나 정부의 소셜미디어 활용에 대한 시민들의 관점에 대한 연구는 매우 부족한 실정이다.

정부가 모으고 축적한 데이터와 외부 기관들이 실제로 필요로 하는 데이터와 정보 사이에는 큰 차이가 있다. 공개데이터와 개방형 정부라는 이니셔티브는 투명성, 공개와 참여에 대한 많은 자극이 되었지만 시민들의 기대를 충족시키기에는 어려웠다. 정부가 공개하는 공개와 시민들의 정보에 대한 수요 간에 존재하는 차이에 주목한 연구들은 기술의 한계 때문에 정부가 공개한 정보들이 e-거버넌스를 충족시키는 데에는 부족하다고 밝혔다.

e-정부에서 e-거버넌스로의 개념적 확대는 개방형정부 이니셔티브를 수용하고 있으며 이는 정보통신기술을 통해 민주적 원칙을 지키고 심화하고자 하는 정부의 노력을 보여주고 있다. 그러나 정보통신기술에 대한 부족한 이해와 지식으로 인해 나타나는 공공기관들의 현 모습들은 정보통신 기술의 실질적 활

용을 위한 상당히 많은 연구와 이해가 더 필요함을 보여준다. 이를 위해서는 공무원과 시민들이 효과적이고 효율적으로 실무와 조직의 가치에 기술을 접목시킬 수 있도록 최소한 초기 e-거버넌스 정책에 착수했던 공공관리자들의 경험들을 보다 상세히 수집, 분석하고 소통할 필요가 있다.

## 요 약

현대행정에 있어서 정보통신기술의 발전이 가져다 준 변화의 바람은 실로 지대하다. 정보통신기술을 활용한 행정업무의 전산화나 다양한 전자정부서비스뿐만 아니라 최근에는 클라우딩과 빅데이터 활용과 같은 새로운 분야가 등장하고 있다. 이러한 변화는 과거 정부가 국민들에게 일방적으로 서비스를 제공하는 행정체제와는 질적으로 다른 '유비쿼터스(ubiquitous)' 형태의 행정체제를 실현시킴으로써 다양한 통신매체를 활용하여 언제 어디서나 행정서비스를 제공할 수 있도록 했다. 한편 온라인을 활용한 국민의 참여와 소통을 강조하는 전자거버넌스(e-governance)로의 발전도 가시화되었다.

전자정부를 논의함에 있어 가장 먼저 살펴보아야 할 요체는 바로 정보통신기술의 발전과정이다. 초기의 정보통신기술은 컴퓨터의 하드웨어와 소프트웨어를 활용한 정보기술과 다양한 전자기기를 활용하여 원거리 의사소통을 실현하는 통신기술의 융합에서 시작되었으며 이후 기술의 발전에 따라 급속도로 그 의미가 확장되고 강화되었다. 오늘날의 정보통신기술은 단순히 정보의 개방 및 서비스 전달에 활용되기 보다는 정보의 공유를 통한 다양한 협력관계 창출, 시민의 참여와 소통을 통한 행정의 민주성 강화와 같은 범사회적 행정체계를 형성하는데 주로 활용되고 있다. 미국 오바마 정부의 개방정부 이니셔티브(Open Government Initiative)나 우리 정부가 추진한 정부 3.0도 관련 사례라고 할 수 있다.

정보통신기술의 발전과정에 따라 전자정부가 가지는 의의 및 운영형태 또한 다르게 나타나는데 이를 각각 분류하면 행정정보화형 전자정부, 행정서비스형 전자정부, 참여형 전자정부, 공동생산형 전자정부로 총 네 가지 단계로 구분해 볼 수 있다. 이러한 분류방식은 전자정부의 발전과정에 대한 종전의 연구가 단순히 의사소통 및 서비스전달방식을 설명하는 것에만 치중하고 있다는 약점을 극복하고 전자정부 자체의 형태변화를 효과적으로 설명할 수 있다는 장점을 가지고 있다.

한편 정보통신기술이 현대행정관리에 활용된 측면과 영향력을 살펴보면 다음과 같다. 첫째, 전자정부의 관리적 효과를 들 수 있는데 컴퓨터와 인터넷을 활용한 행정관리형태는 업무의 효율화와 신속화를 가능하게 만들었으며 국민에 대한 행정의 대응성이 향상되는 효과를 이끌어 냈다. 또한 공공조직에서 발생하는 다양한 부작용을 완화시켰으며 조직의 직무성과 향상에도 긍정적인 영향을 미쳤다. 둘째, 공공조직의 규모 및 구조, 문화 차원의 변화를 들 수 있다. 현대공공조직은 정보통신기술의 활용을 통해 과거와 달리 자원의 효율적 활용을 이끌어 낼 수 있으며 조직의 구성형태나 과업의 특수성에 따라 조직의 규모를 유동적으로 조정할 수 있다. 또한 조직 내 권력구조형태 및 조직의 구조적 특성을 긍정적으로 변화시키는 데에도 정보통신기술은 용이하게 활용되고 있다.

현대행정환경에 있어 전자정부의 발달은 행정의 민주화로 대표되는 책임성과 대응성, 대표성에도 긍정적인 영향을 주었다. 특히 행정의 책임성과 대응성 측면에서 살펴볼 때, 정보통신기술의 발전은 정부운영에 대한 시민들의 적극적인 개입과 감시를 가능하게 하였으며 공공조직내의 집합적 이익을 구현하고 관료들의 정치적 책임성을 증대시키는데 커다란 영향을 끼쳤다. 또한 공공조직 스스로가 시민들에 대한 대응성 향상을 위해 다양한 대안을 모색하는 계기를 마련하였다. 더불어 소셜미디어와 인터넷을 활용한 다양한 형태의 시민참여를 가능하게 함으로써 행정의 대표성을 강화하고 민주행정을 가능하게 하는 성과를 보였다. 하지만 전자정부에서 활용되는 다양한 장점에도 불구하고 오늘날의 정보통신기술은 그 활용여하에 따라 커다란 사회적 혼란을 야기할 수 있는 불안요인으로 작용할 수 있다. 특히, 소셜미디어를 통한 시민사회의 적극적인 참여는 필연적으로 무분별한 정보의 수용을 야기하며 이는 자칫 부정확한 정보의 확산에 따른 사회 붕괴 현상인 인포데믹스(infordemics)를 초래 할 수 있다. 또한 정부의 정책결정과정에서 정보의 사실여부가 확인되지 않은 채 무비판적인 지지나 반대를 일삼는 이른바 디지털 포퓰리즘의 발현은 전자정부가 행정의 대표성을 빙자한 특정 이해집단의 정치적 도구로 전락할 수 있다는 심각한 위험성을 가지고 있다. 이 밖에도 전자정부의 기술적 발전에 미치지 못하는 법적장치의 구현실태와 정보격차로 인한 사회구성원간의 양분화, 특정 사안에 대한 보안문제는 전자정부가 가진 대표적인 역기능이다.

전자정부는 문명의 이기를 활용한 현대행정의 정수라 할 수 있다. 최근의 전자정부는 단순히 정보의 활용과 공개를 뛰어넘어 시민과의 협력과 통합으로 대표되는 e-거버넌스를 지향하고 있다. 하지만 현재 전자정부체계에서 적극적으로 활용되고 있는 소셜미디어 도구가 아직까지는 단순히 정부와 이해관계자 간의 정보전달에만 치중하고 있다는 점은 아직 소셜미디어 환경 속에서 전자정부는 여전히 미완성이며 지속적으로 해결해야 할 숙제로 남아있다.

# 제 11 장

# 행정개혁 신공공관리 행정능력론

11

### § 들어 가는 말 §

기구를 통폐합하고 부패와 부조리를 제거하는 것이 전통적인 행정개혁이었다. 그러나 1980년대부터 선진제국을 휩쓸고 있는 신공공관리주의적 행정개혁은 행정체제 전반의 관리측면을 모두 개혁대상으로 삼고 있다. 한국도 1990년대 후반부터 영향을 받기 시작했는데, 신공공관리주의적 행정개혁은 너무나 다양한 내용을 포괄하고 있어서 상당한 혼란이 계속되고 있다. 그런데 이러한 여러 가지 새로운 일들을 담당해야 하는 행정은 의욕과 능력부족으로 고통을 받고 있다. 과거에는 전문지식을 갖추고 리더십을 행사하여 일을 추진하는 실행능력으로 충분하였기 때문에 조직관리, 인사관리 등을 통하여 전문성을 강화하려는 노력을 하여 왔다. 그러나 최근에 그 중요성을 더하고 있는 민간과의 협력을 성공적으로 추진하기 위해서는 새로운 능력이 필요하다. 게다가 시민들의 요구가 직접 행정에 전달되고, 정치권의 인기위주 선동이나 무책임한 요구로 인하여 행정인들의 정치적 능력이 중요하게 되었다. 이 장에서는 이러한 측면들에 관해서 살펴보기로 한다.

◆ Section ◆

Section

# 제 1 절 행정개혁

## 1. 행정개혁의 범위와 대상

행정개혁(administrative reform)은 행정을 의도적으로 개선하는 활동이나 과정을 의미한다. 방만하게 난립되어 있는 행정부처들을 통폐합하거나 규모를 축소하여 인원을 감축시키는 등이 대표적인 행정개혁으로 알려져 있다.

전통적인 행정개혁은 1950년대까지의 미국에서 전형적으로 볼 수 있듯이 조직구조의 변경이 핵심적인 대상이었다. 무수하게 난립되어 있는 행정기관들을 대통령의 지휘감독체계 속에 묶어 계층제적 조직을 만들었던 1930년대까지의 미국행정개혁의 주된 관심이었다. 단순한 통합만이 아니라 통합과 더불어 규모를 축소하기도 한다. 이러한 조직구조변경은 조직을 구성하는 최소단위의 기능을 분석하여, 비슷한 기능은 통합하고, 기능수행에 필요한 직위의 숫자를 판단하여 존속시킬 직위를 결정한다. 보통의 경우에 직위의 감축을 통해서 규모축소가 이루어진다.

행정업무의 수행방식을 크게 변경시키는 경우도 있다. 일선관리자의 재량권을 확대시키거나, 일선관리자를 제약하는 내부통제 규칙(인사 예산 회계처리 등 등에서)을 감축하는 것들이다. 또는 정반대로 관료들의 횡포와 낭비를 방지하기 위하여 행정절차법이나 행정윤리법을 제정하여 업무수행의 방식을 크게 제약하기도 한다. 성과주의예산제도(PBS), 계획예산제도(PPBS), 영기준예산제도(ZBB) 그리고 최근에는 총액예산제도 등 재무관리방식을 개혁도 하려는 시도도 끊임없이 계속되었다.

원래 전통적으로 진행된 행정개혁은 조직구조를 대상으로 한 것이 가장 많고, 관리방식을 대상으로 한 개혁 중에서는 인사관리, 재무관리가 많았다. 다음으로 행정낭비와 횡포를 방지하기 위한 규정과 규칙에 의한 업무수행방식을 개혁하는 것이 있어 왔다. 그러나 1980년대 이후의 신공공관리론적 행정개혁에서는 이상의 것 이외에도 업무수행방식과 절차만이 아니라 조직문화, 심지어는 정책내용과 밀접하게 얽혀 있는 행정기능조차도 행정개혁의 이름으로 변화시키려고 하고 있다. 즉 행정전반에 걸친 대변혁을 시도하는 것이다. 그래서 신공공관리론은 자세히 검토해야 한다.

## 2. 행정환경의 변화와 행정이념의 변화

원래 이러한 대변혁은 자주 시도되는 것이 아니다. 이러한 대변혁은 행정환경의 대변화에 따른 기존의 행정패러다임과 행정이념이 변화하여 나타나는 결과이기 때문이다. 그래서 행정개혁의 대상이 크게 변화하는 것은 행정을 지배하는 이념의 변화 때문으로 볼 수 있다.

현대행정학의 본산인 미국의 경우를 중심으로 보면 1880년대부터 1930년대의 고전파 행정학이 정립되던 시기까지, 실적주의 도입을 위한 행정개혁운동이 채택했던 지도적인 행정개혁이념은 능률성이었다. 19세기 후반에 가속화된 산업화와 도시화가 무수한 행정과제를 만들어 내어 기존의 정실주의적 인사제도로서는 감당하기 어려운 행정문제가 누적되었다. 즉 정치권과 결탁된 무능한 관료로서는 행정문제를 해결할 수가 없었던 것이다. 무능한 관료에 의한 행정낭비와 더불어 행정상의 부패 때문에 행정은 너무나 값비싼 것이 되었다. 이 때문에 낭비와 횡령으로부터 국고를 수호하고 전문적인 관료에 의한 능률적인 관리가 절실했던 것이다.

뉴-딜 정책을 대대적으로 추진하던 1930년대부터는 정책의 실질적인 결정을 담당하는 전문적인 행정관료들의 횡포를 방지하기 위한 민주적 통제가 필요해지면서 민주성이 다시 행정이념으로 부상하였다. 실질적인 정책결정권을 장악하게 된 관료들에 대한 민주적 통제를 강조하기 위하여 정책결정과정에서 이해관련자들의 참여를 보장하기 위한 행정절차법(1945년)의 도입이 대표적인 개혁이다.

1960년대에는 흑인폭동의 충격 속에서 저소득층의 인간다운 생활을 보장하기 위하여 복지사업들을 대대적으로 추진하게 되고, 이를 위해서 행정업무의 수행과정에서 형평성을 강조하는 신행정학이 등장하게 된다. 형평성을 지도이념으로 하는 행정개혁은 흑인을 비롯한 소수인종을 관료로서 채용하는 대표관료제적 인사관리개혁으로 구체화되었으며 소외 받던 여성들에게도 관료제로의 진입 기회를 확대하였다. 이러한 인사관리의 개혁은 1990년대 초에 이르러 이들 사회적 소외집단에 대한 관료제내부에서의 승진기회 확대로 이어지고 있다.

1970년대 초반 닉슨 대통령의 워터게이트(Watergate) 사건은 전임 존슨대통령의 월남전 전황에 대한 계속적인 거짓말과 결합되어 정치인과 정부에 대한 신뢰를 극도로 추락시켜 행정통제와 감시를 위한 개혁을 강화시켰다. 또한 대대적으로 추진된 복지사업비의 불법적 수령이나 관리상의 문제점이 크게 부각되면서 행정윤리법이 대폭 강화되고, 직무감찰관을 각 기관에 배치하면서 회계처리 규정을 강화하는 등 법적인 행정통제가 더욱 증가되었다.

1980년대부터 대대적으로 추진된 신공공관리론적 행정개혁에서는 능률성이 절대적인 지도이념으로 재등장하였다. 신공공관리론은 경제적인 필요성에서 주로 등장하였기 때문이다. 1970년대의 미국경제는 어려운 상황에서 벗어나기 힘들었으므로 민간경제의 활성화를 위한 조세감축과 정부개입축소가 주장되어 왔는데 1980년대에 들어 무역적자가 엄청난 규모로 누적되자, 국제경쟁력을 강화하기 위한 민간경제의 활성화는 더욱 절실해졌다. 여기서 정부규모감축을 통한 경비축소, 정부개입축소와 공정경쟁을 위한 규제완화 등이 주장되어 왔는데 여기에 더하여 누적된 재정적자는 위기감을 더욱 고조시켰다. 그리하여 정부의 규모를 대폭 축소시키면서도 행정업무를 능률적으로 처리하는 정부를 만들어야 한다는 주장(작지만 강한 정부)이 설득력을 얻게 되었다. 그 방법은 결국 치열한 경쟁 속에서 살아남기 위해 능률성을 절대적 지도이념으로 삼고 있는 민간기업의 관리방식을 도입해야 한다는 것이었다.

더욱이 1970년대에 심화된 정부불신은 정부의 규모축소 주장에 더욱 큰 힘을 실어주게 되었다. 또한 경제위기와 재정적자에 허덕이던 영국을 비롯하여 뉴질랜드 등의 행정개혁이 미국의 신공공관리론자들에게 커다란 힘이 되었다.

그리하여 정부의 규모를 축소하면서도 민간기업의 경영방식을 도입하고 시장주의적 경쟁원리를 행정서비스 생산에도 대대적으로 도입하려는 신공공관리론적 행정개혁이 선진제국을 풍미하게 된다. 즉 케인즈 이래 주춤했던 스미스적인 자유주의를 부활하여 민간경제를 활성화하기 위해서 정부규모를 감소시키려는 신자유주의적 능률성이 행정개혁을 지배하게 된 것이다.

## 3. 한국의 행정개혁의 특징

우리나라는 해방이후에 새로이 정치체제를 구축하면서 행정조직도 설치되었기 때문에 미국과는 약간 다른 형태의 행정개혁이 있어 왔다. 전반적으로 다음과 같은 개략적인 특징을 지닌다.

첫째, 1950년대부터 1970년대 말 까지는 일종의 제도형성기이다. 그래서 근대적 실적관료제가 구축되는 과정이다. 1950년대는 혼란과 절대빈곤에서 국가가 형성되는 시기였으므로 시행착오를 거치면서 새로운 기구나 제도가 자리잡기 시작하였고, 1960년대부터 대대적으로 추진된 경제발전을 뒷받침하기 위하여 실적관료제가 구축되었다. 그리하여 현재의 행정체제가 그 틀을 잡게 된 것이다. 물론 1950년대에도 인원감축이 시도된 흔적도 있고, 1970년대 중반을 전후하여 부조리 척결을 위한 개혁도 있었으나, 실질적인 효과를 의도하였다고 보기는 어렵다.

둘째, 그러므로 현대적 의미의 행정개혁(즉 이미 구축된 행정체제를 상황변화에 따라 수정하는 의미로서의)은 1980년대 전두환 정권의 감축개혁에서 시발된다. 실질적인 개혁이 없었던 노태우 정권을 거쳐서 김영삼 정권시기에 본격적이고 대대적인 행정개혁을 추진하였는데, 조직개편만이 아니라 법·제도적 개혁 등 그 대상도 광범위하게 되었다. 김대중 정권에서는 신공공관리주의적 개혁을 시도하여, 개혁의 대상은 더욱 확장되었다. 그러나 전반적으로 보아, 개혁의 성과를 확인하기가 어렵다. 개혁만 하고 결과를 체계적으로 분석하는 노력이 너무나 부족하기 때문이다.

셋째, 한국에서의 행정개혁도 정치적 대립과 갈등 속에서 이루어진다. 감축개혁의 경우에는 미시적 정치가 두드러지게 나타나는데, 부처의 고객집단이 저항을 하는 경우도 간혹 있지만 주로 부처의 관료들이 감축규모를 줄이기 위한 노력을 한다. 한편 거시정치적 차원에서 집권세력의 정권이익을 위한 개혁도 흔히 있었는데 국민들의 인기를 얻어 정권의 정통성을 강화시킬 목적이나 관료를 장악하려는 목적이 두드러진다. 1950년대의 인원감축, 1970년대의 서정쇄신운동, 1980년대 초의 감축개혁 등이 대표적인 예이다. 한편, 김영삼 정권에서 대표적으로 나타나듯이 개혁의 내용보다 개혁의 시기를 인기관리 수단으로 자주 이용하는 양태도 있다.

넷째, 개혁의 준비를 충분히 하지 않고 지나치게 의욕적인 개혁을 추진하여 큰 성과를 얻기가 어려울 것으로 짐작되는 경우도 많다. 권총을 들이 대고 감축을 한 경우는 대부분 정권말기에 가서 원상회복이 되거나, 오히려 더욱 규모가 팽창하는 현상마저 나타난다.

## 4. 인기영합주의적 행정개혁

행정환경이 급변하여 기존의 행정패러다임으로는 무수한 행정문제를 해결할 수 없다고 광범위한 합의가 이루어지면 집권층은 이를 수용하는 수밖에 없다. .카리스마적 인기를 누리던 루즈벨트 대통령마저도 집권초기의 방만한 행정운영을 변화시키라는 개혁요구에 굴복하고 말았다. 물론 이러한 행정개혁은 바람직한 일이다. 문제는 이러한 필요가 없음에도 진행되는 행정개혁이다.

1980년대 이후에는 세계 곳곳에서 합리적이지 못한 이유 때문에 행정개혁이 추진되어 많은 부작용을 만들고 있다. 정권 이익을 위해서 추진하는 경우이다. 집권세력이 관료를 장악하기 위하여 조직개편이나 이를 통한 인원감축을 추진하는 경우이다. 관료들은 인원감축에서 살아남기 위해서, 또는 감소된 상위직으로 경쟁자를 물리치고 승진하기 위하여 정권담당자에게 충성하지 않을 수 없기 때문이다. 물론 이런 식으로 비합리적인 정권이익을 위해서 추진하는 인원감축이나 조직개편은 엄청난 피해를 끼친다. 실적관료제의 근본을 흔들어 행정능력을 크게 손상시키기 때문이다. 우리나라의 행정개혁에서는 이러한 경우가 흔히 있었다.

더욱 심각한 것은 개혁의 필요성이 약한 경우에 오로지 인기를 위해서 추진하는 행정개혁이다. 관료들에 대한 불신이 팽배한 것을 기화로 선거 때마다 행정개혁이나 정부규모 축소를 공약으로 내걸고, 관료 때리기를 하는 것은 이미 선진국에서도 전문가들 사이에 커다란 우려의 대상이 되고 있다. 그래서 행정 전문가가 아닌 일반시민들은 행정에 대한 불신이 강하고, 규모축소가 미운 관료들을 몰아낸다는 생각에 지배되어 행정능력을 결정적으로 손상시킨다는 생각을 하지 못한다. 정권의 주도집단도 행정의 전문가가 아닌 정치인들이 대부분이므로 이러한 논리를 정확히 모른다. 이런 상태에서 일반시민들의 인기만을 고려하는 행정개혁을 집권자들이 추진하기 쉽다. 아주 잘 못된 일이다.

Section

# 제 2 절 신공공관리

## 1. 시장주의(경쟁원리와 고객주의)

1980년대부터 세계적으로 유행하는 신공공관리의 가장 핵심적인 지도원리는 시장주의(market orientation)이다. 시장주의는 공공서비스의 생산(정부에서 재화나 용역으로 제공하는 서비스만이 아니라 규제를 통하여 제공되는 서비스 포함)에서 공공적인 결정과 집행에 의존하지 않고 가격을 매개로 움직이는 시장의 원리에 의존하려는 것이다. 그러므로 정부가 개입하지 않고 중요한 경제문제를 시장에 의하여 해결하려는 자유방임적 사상의 부활이라고 보아서, 신공공관리를 신자유주의적 관리라고 부르기도 한다.

가격을 매개변수로 하여 움직이는 시장은 충분한 조건이 갖추어지면 즉 완전경쟁의 조건이 갖추어지면 가장 능률적으로 자원배분을 한다. 휴대전화의 공급이 부족하고 텔레비전은 남는다면 전화기의 가격은 상승하고 텔레비전의 가격은 하락하여 전자의 공급이 증가하고 후자의 공급은 감소하여 후자의 생산을 위하여 투입되던 자원이 전자의 생산으로 이전된다. 이런 식으로 가격이 매개체가 되어 사회 전체의 필요가 더 많은 상품 쪽으로 자원이 이전되어 자원이 가장 적절하게 사용된다. 가격이 매개적인 역할을 하여, 작게 보면 개별 상품의 수요와 공급을 조절하고, 크게 보면 사회 전체적으로 자원을 적절하게 배분한다.

가격을 매개로 시장에서 자원의 최적배분이 일어나는 현상은 정치적 결정에 의한 행정서비스의 공급에서는 볼 수 없다. 대학교육을 위하여 얼마나 예산을 투입하고 범죄예방을 위하여 얼마나 자원을 투입할 것인지를 결정하는 것은 둘 다 시장에서 가격에 의하여 결정되는 것이 아니다. 어느 것의 공급이 더 부족한지를 판단하는 것은 예산결정에 영향을 미치는 관료, 정치인, 이익집단, 민간단체 등등의 타협과 조정을 통해서 이루어진다. 소비자들인 국민들 전체의 의사를 가격으로 표현할 수가 없기 때문이다. 현실적으로는 정치적인 힘이 강한 자들이 보다 큰 영향을 미쳐서 예산은 결정된다.

가격을 매개로 하여 수요와 공급을 일치시키는 시장원리는 수요자와 공급자가 다수가 있고 서로 경쟁하는 경우에 타당하다. 이러한 시장주의적 경쟁원리를 정부 서비스의 공급에도 적용하려는 것이 신공공관리의 가장 큰 특징이다.

한편 시장 메카니즘을 이용하려는 신자유주의적 공공관리론에서 경쟁원리에 못지않게 중요한 것이 고객주의이다. 시장의 경쟁은 보다 싼 가격으로 보다 좋은 품질의 상품을, 보다 많이 판매하려는 기업들간의 투쟁이다. 보다 많은 판매는 보다 많은 고객을 의미하므로 경쟁은 기업들로 하여금 고객을 왕으로 모시게 한다. 그러므로 시장주의를 행정 서비스 제공에 도입하는 것은 행정서비스를 소비하는 고객, 즉 시민이나 국민들을 왕으로 모신다는 의미가 된다. 고객주의는 그러므로 "국민을 위한 행정"이라는 민주적 원리를 다른 형태로 표현한 것이다.

민간기업과는 달리 정부는 독점적 공급자인 경우가 많기 때문에 수요자의 원하는 내용의 서비스를 공급하지 않아도 수요는 대체로 있게 마련이고, 수요가 없다 하더라도 예산을 정부가 제공하기 때문에 운영이나 존립에 문제가 생기는 경우는 많지 않다.

## 2. 정부경비축소와 경제개입의 축소 - 대처 및 레이거노믹스적 신자유주의 경제 -

### 1) 대처 정부

1980년대 초부터 시작된 작은 정부운동은 미국과 영국에서 보수적 지도자에 의하여 거의 동시에 추진되기 시작하였다. 먼저 영국은 2차 세계대전 후부터 국력이 약화되기 시작하여 1970년대에 이르러 회복불능이라는 비판이 많았을 정도가 되었다. 드디어 1976년도에 IMF에 구제금융을 신청하는 치욕을 겪게 되었다. 한국보다 영국이 20여년 먼저 홍역을 치룬 셈이다. 오랫동안 세계최강을 자랑하던 나라가 이 지경이 되었으니 국내에서 반성과 개혁의 요구가 거세질 것은 당연하다. 경제위기를 발생시킨 가장 큰 원인은 노동조합과 방만한 복지정책이라는 주장이 강력해지고 이러한 보수적인 분위기를 타고, 1979년 총선거에서 노동당정부를 물리치고 대처(Thatcher)수상의 보수당 정권이 등장하였다.

대처정부는 경제의 부활을 위하여 노동조합의 동맹파업을 줄이고, 복지비를 감소시키려고 하였다. 파업을 최소화시켜서 기업의 투자의욕을 높일 뿐만 아니라 복지비 등 정부경비를 축소하여 그만큼 세금을 감면시키는 신보수주의적 정책을 통하여 민간투자의 증가를 유도할 수 있을 것으로 판단하였다. 여기에 더하여 민영화나 규제완화를 통하여 정부의 경제에 대한 개입을 줄이고, 민간경제를 활성화시키려는 노력을 병행하였다. 말하자면 기업이 보다 자유스럽게 활동할 수 있는 아담 스미스적인 자유방임주의 경제정책을 다시 부활시켰기 때문에 신자유주의적 경제정책이라고 부른다. 사회적 약자를 위한 복지비 등을 감소시키는 보수주의적 정책을 추진함으로서 노동조합과 야당인 노동당의 격렬한 반대와 지식인들의 비난을 받았지만, 대처 수상은 철혈정치를 통하여 영국병을 치료하는 기초를 만들었다.

### 2) 레이건 행정부

한편 미국의 경우도 영국과 유사하다. 레이건(Reagan)이 대통령으로 당선된 1980년의 미국은 영국과 비슷하게 경제적인 어려움에 봉착하고 있었다. 오랫동안의 불경기 끝에 닥친 제2차 석유파동(1979년)으로 실업률은 상승하고 무역적자는 심각한 수준으로 치닫기 시작하고 재정적자도 엄청나게 증가하였다. 한편 국민들은 조세저항운동을 일으키고, 정부능력에 대한 불신감도 강력해졌다. 이러한 정부불신과 경제위기 속에서 레이건 행정부의 작은 정부 운동이 등장하게 된 것이다. 레이건 행정부는 대처정부와 마찬가지로 정부경비의 축소와 정부의 민간활동에 대한 개입을 축소함으로써 민간경제의 활성화를 도모하려는 신자유주의적 경제정책을 추진하였다. 진입규제를 완화하여 기업들의 경쟁을 자극하고, 복지비 등의 정부경비를 줄여서 기업의 세금부담을 경감함으로써 투자를 자극하려고 하였다. 물론 투자증가는 실업감소로 연결되어 복지문제가 해결된다는 보수주의적 논리를 제시하였다.

## 3. 민영화와 민간위탁

### 1) 민영화

정부가 담당하던 서비스를 시장주의적 경쟁원리에 따라 제공하는 방법으로 민영화와 민간위탁이 많이 이용되고 있다.

민영화(privatization)는 공기업이나 정부업무를 민간기업에게 담당시키는 것이다. 주로 공기업을 민간기업에게 매각하는 형태로 추진되는데 영국에서는 1980년대에 급박한 재정위기를 극복하기 위한 수단으로도 이용되었다.

공기업의 민영화는 정부의 지출을 감소시키기 위하여 추진되는 경우가 더 많다. 대부분의 경우에 공기업은 적자운영을 면치 못하는데 이러한 적자는 물론 정부가 조세수입으로 충당시켜야 하였다.

적자에 허덕이는 공기업을 민간기업이 인수하는 이유는 무엇인가? 한마디로 능률적인 운영으로 흑자경영을 할 수 있다는 자신감 때문이다. 실제로 민영화

이후에 흑자로 반전한 경우가 많다. 흑자경영의 비결은 여러 가지이다. 가장 핵심적인 요인은 대대적인 인원감축이다. 즉 불필요한 업무를 없애고 과잉인력을 제거하여 느슨하게 운영되던 조직을 빈틈없이 조여서 필요한 업무만을 최소한도의 인원으로 수행하는 것이다. 1910년대에 테일러가 과학적 관리운동을 주장하던 것과 유사한 내용으로 조직규모와 인원을 감축하는 것이다. 흔히 구조조정으로 불리는 이러한 감축운동은 당연히 노동조합의 격렬한 저항에 부닥치게 된다. 세계 모든 국가에서 공기업의 민영화가 검토되면 노동조합이 언제나 강력한 저항을 하여 왔다.

공기업의 경우에 적용되는 까다로운 규정과 절차를 없애고 탄력적인 운영을 할 수 있는 것이 민영화의 또 다른 장점이다. 원래 공기업은 정부가 담당하던 업무를 기업의 형태로 전환하여 운영함으로써 경영상의 능률을 향상시키려는 목적으로 만들어진 것이다. 정보통신부의 전화국 업무가 한국통신으로 공기업화한 것이나, 교육부에서 관장하던 국정교과서 인쇄 업무를 국정교과서주식회사로 바꾼 것이 모두 그러한 이유에서이다. 일반 행정업무에서와 같이 까다로운 회계규정을 적용하는 것이 경영상의 재량권을 너무나 속박하여 능률을 기할 수 없다는 것이 그 주된 이유였다. 공기업의 민영화는 여기서 한 걸음 더 나가는 것이다. 즉 민간기업이 행정부나 국회의 감독이 없이 움직이는 것과 같이 공기업을 완전히 정치로부터 해방시키는 것이다.

### 2) 민간위탁

민간위탁(contracting out)은 정부가 민간에게 제공하는 서비스를 민간기업에게 위탁하여 제공하도록 하는 제도이다. 이 때 민간기업들이 경쟁하여 입찰하도록 하고 정부가 그 중에서 선정하여 공급을 의뢰하는 계약을 맺도록 하는 것이다. 계약기간이 끝나면, 정부는 또 다시 경쟁입찰을 통하여 새로운 기업을 선정할 수 있다. 뿐만 아니라, 계약기간 중에도 계약 조건에 위반되면 선정된 기업을 바꿀 수 있다.

민간위탁은 1980년대 이후 세계적으로 몇 가지 업무에 공통적으로 적용되어 왔다. 대표적인 것이 쓰레기 수거작업인데, 과거에는 우리나라도 시청의 청소국이나 대도시의 경우는 구청의 청소과에서 일용잡급직 인부를 직접 고용하여 담당하여 왔으나, 1990년대 말에는 민간기업에게 담당시키는 것이 보편화되고 있다. 대규모 사무실의 청소업무나 경비업무도 대표적인 예가 되고 있다.

사실은 경쟁 입찰에 의한 민간위탁(contracting out)은 과거부터 여러 분야에서 적용되어 오던 일이다. 군수물자를 민간기업에게 의뢰하여 생산하도록 하는 경우, 상하수도 건설이나 고속도로, 지하철, 댐, 저수지 건설 등의 경우가 모두 그러하다.

또한 처음부터 경쟁입찰적인 성격 없이 출발한 민간위탁도 많다. 고아원, 양로원, 정신병자수용, 장애인보호소 등과 같은 복지분야에서 그 예를 많이 볼 수 있다. 이들 복지 서비스는 현대복지국가 이념이 수용되기 이전까지 민간의 상부상조에 의하여 제공되는 것으로 인식되어 주로 교회 등 종교단체의 자선사업에 의존하였다. 정부가 계약에 의하여 복지서비스를 제공하는 것이 아니라 형태상으로는 민간이 자원하여 자선사업을 하는 경우이므로 정부는 지원을 하되 특별한 문제가 없는 한 최소한도의 감독만 하게 된다. 이러한 상태를 악용하여 고아나 노인들을 착취하는 악질적인 고아원, 양로원, 장애자 수용소들이 많다. 자원봉사정신은 전혀 없이 정부의 지원금을 횡령하는 복지시설들이 생겨나는 것이다.

### 3) 시장주의와 능률향상, 그리고 공익성

민영화가 과연 의도했던 능률성의 향상을 가져 왔는가?

경쟁원리가 적용되는 분야에서는 비교적 능률향상이 있었다는 실증적 연구가 많다. 1980년대 이후 가장 많은 주목을 받은 분야가 쓰레기 수거이다. 쓰레기 수거작업을 지역별로 분할하여 많은 업체들이 응찰하는 공개입찰을 통하여 업체를 선정하고 일정기간(1년이나 2년 동안) 담당시켰다가 다음에는 또 다시 경쟁입찰을 하는 방법을 통하여 경쟁원리를 도입한다.

요약하면 민영화나 민간위탁은 서비스 공급에서 경쟁원리가 적용되는 경우에 능률을 향상시킨다. 문제는 공익성이 저해된다는 사실이다. 민영화 이전의 공기업들이 대부분 적자에 허덕이고 있었다는 지적을 했다. 그렇다면 정부는 왜 적자에 허덕이는 공기업을 계속 운영해 왔는가? 그 이유는 공기업이 제공하는 서비스의 공익성 때문이다. 그러므로 공기업을 민영화한다는 것은 그 공익성을 포기한다는 것을 의미한다. 바로 이 공익성의 포기가 민영화나 민간위탁의 가장 큰 문제점으로 지적되고 있다. 특히 공기업이 제공하는 서비스 제공의 형평성이 중요한 경우에 문제가 심각하다.

형평성문제야말로 시장주의적 경쟁원리를 적용하려는 신자유주의적 공공관리에서 가장 치명적인 약점이다. 이윤을 목적으로 경쟁시장에서 서비스를 공급하는 민간기업은 이윤의 극대화를 위하여 생산비를 최소화하고 판매수입을 극대화하려고 한다. 이 생산비의 최소화를 위하여 저소득층을 희생시키는 경우가 많은데 이 문제는 생산과 서비스전달을 위한 하부시설이 요청되는 경우에 심각해진다. 대규모의 건설공사를 통하여 전기선이나 전화선을 지하에 매설하는 경우, 상수도관이나 하수도시설을 설치하는 경우 등이 그 예이다. 도심에서 멀리 떨어져 있거나 달동네에 이들을 설치하는 비용은 엄청날 것이다. 만약에 이들을 민영화하고 철저하게 경쟁원리에 맡긴다면, 달동네에 사는 사람들은 엄청난 고통을 당할 것이다.

## 4. 내부규제완화, 성과주의와 사명지향적 정부의 구축

### 1) 능률성확보를 위한 내부규제완화와 분권화

신공공관리론자들은 행정서비스 제공에 경쟁원리를 최대한으로 도입하여 능률향상을 도모하고자 한다. 경쟁원리를 도입할 수 없는 경우에는 일선관리자들에게 자율성을 최대한 부여하고, 이들이 기업가적인 관리를 하여 능률을 향상할 수 있다고 주장한다. 경쟁원리의 도입이나 일선관리자의 자율성강화가 능률을 향상시키므로 적은 인원과 예산으로도 옛날과 동일한, 또는 더 좋은 서비스를 할 수 있다고 주장하는 것이다.

일선관리자의 자율성 강화는 두 가지 측면에서 접근된다. 첫째는 내부규제완화로서, 일선관리자나 관료들의 바람직하지 못한 행태를 통제하기 위하여 만들어 둔 각종의 예산, 인사 관계 규정을 대폭 폐지, 축소하는 것이며, 둘째는 이들에게 보다 적극적으로 의사결정권을 부여하는 분권화를 추진하는 것이다. 전자는 객관적인 규정과 규칙에 의한 통제를 완화하는 것이며, 후자는 규정과는 별개로 상급자나 상급기관에 의한 결정권의 중앙집중 및 인적 통제를 완화시키려는 것이다. 후자는 신국정관리(new governance)에서 좀 더 검토하기로 하고, 전자부터 보기로 한다.

내부규제완화는 지나친 내부통제의 피해를 극복하고자 주장된 것이다. "100달러 짜리 증기배출관이 새면, 일주일에 50달러 어치의 증기가 새어 나간다. …… 그런데 새것을 사기 위해서 규정대로 절차를 밟으면, 1년이 걸린다. …… 규정대로 하면, 2-3달러 정도 싼 증기배출관을 살 수 있다. 그러나 일주일에 50달러의 증기가 새어 나가면 1년 동안의 낭비는 3,000달러 정도나 된다." 얼마나 바보 같은 낭비인가? 그런데도 불구하고, 이런 사실을 알고 있는 일선관리자들은 절차나 규정을 무시하면 감사에서 처벌을 받기 때문에 아무런 조치를 취하지 않으려고 한다. 감사담당자들이 이런 사실을 알아도 소용없다. 규정대로 감사를 해야만 감사책임을 다 할 수 있기 때문이다. 규정이 존재하는 한 어쩔 수 없는 것이다. 규정이 낭비를 강요하고 있는 것이다. "사람이 아니라 제도가 잘못 되어 정부가 비능률적으로 움직인다"는 주장은 바로 이런 상황 때문에 나온다. 내부규제완화는 바로 이러한 상황을 변화시키려고 규정을 대폭 축소하려는 것이다.

왜 강력한 통제와 규제가 나왔는가? 행정의 민주성 확보와 관료들의 부조리한 행태를 방지하기 위해서이다. 상관은 부하관료들이 국민의 뜻에 따라 충실히 정책을 집행하도록 지휘하고, 부조리나 비리를 저지르지 못하도록 감독, 감시하게 된다. 이 때 무수한 관료들을 직접 감독, 감시할 수 없으므로 규정과 규칙을 만들어 이를 준수하게 함으로써 간접적인 통제를 한다. 규정이나 규칙을 어기는 관료만 처벌하면 되므로 통제는 훨씬 쉬어진다.

그런데 이러한 장치와 규정들이 지나치게 많아지면서 문제가 발생하기 시작했다. 미국도 1880년대 이후 진보주의 시대에 정치인과 행정관료들의 부정과 비리를 방지하기 위한 갖가지의 규칙과 규정을 만들었다. "…… 결과적으로,

미국의 우체국은 영어사전분량의 규정집이 있고, 뉴욕시의 교육위원회는 사전 2권 분량의 규정집이 있다." 물론 이를 다 알고 있는 우체국 직원이나 교육관계담당자는 아무도 없을 것이다. 우리나라도 대동소이할 것이다. 더욱이 우리의 경우는 현실과 괴리되어 있는 규정이 너무도 많다. 여하튼 "부정직한 5%를 통제하기 위하여 95%를 좌절시키는 형식주의를 만들어 두고 있는 셈이다. 내부규제는 조직, 인사, 재무 등 관리의 3대 분야 별로 추진된다. 가장 많은 비판의 대상이 되고 있는 것은 예산의 지나친 경직성과 조달규정의 비현실성이다.

### 2) 사명지향적 관리

규정과 규칙을 대폭 축소하면, 관료들은 무엇을 기준으로 업무를 수행할 것인가? 여기에 대하여 신공공관리주의자들은 조직의 목표, 조직의 미션(사명-mission)을 강조한다. 즉 사명지향적으로 업무를 수행해야 한다는 것이다. 뒤집어서 말하면 조직의 사명, 목표, 임무를 제대로 수행하기 위해서 방해가 되는 과다한 규정들을 대폭 축소해야 한다. 그러나 이것이 새로운 주장은 물론 아니다. MBO(Management by Objectives, 목표관리)가 옛날부터 조직의 목표를 강조해 왔고, 블라우(Blau) 같은 사회학자들은 1950년대부터 목표와 수단의 도치현상을 관료제의 가장 큰 문제로 지적하였다. 행정조직문화에서 가장 머리를 아프게 만드는 레드 테이프와 복지부동과 같은 부조리현상이다. 공공관리주의자들의 공적은 이러한 사명중심의 조직을 구성하는 방법을 체계적으로 제시하고, 이를 위해서 과도한 규칙과 규정을 대폭 완화해야 함을 설득력 있게 주장하면서, 이들을 고객주의나 기업가적 정부와 연결시켜서 전반적으로 규칙과 규정대신에 사명과 고객을 위한 행정관료제를 만들 것을 주장하고 있다는 점이다.

사명지향적(mission-oriented) 관리는 조직이 수행해야 할 사명달성에 모든 노력을 집중시킨다. 조직관리의 측면에 이를 적용하면, 조직이 담당하고 있는 여러 가지 업무들을 사명달성이라는 목적에 비추어 재검토한다. 이 작업을 핵심전략이라고 부르는데, 불필요한 업무는 폐지하고 그 업무를 담당하는 직위

(하위조직)를 제거한다. 또 민간에게 이양시키는 것이 바람직하면, 민영화, 민간위탁 등의 방법으로 민간에게 넘긴다. 이러한 정신을 예산관리에 적용하면 조직의 사명달성을 위해서 가장 효과적인 방법으로 경비를 사용하여야 한다. 예산항목에 정해진 대로가 아니라, 목표달성을 위해서 필요한 시기에 필요한 부분에 경비를 자유스럽게 지출하여야 하는 것이다. 인사관리에서도 마찬가지다. 가장 효과적으로 사명을 달성하기 위하여 필요한 전문가를 마음대로 채용하고 이들의 업무를 결정하며(즉 보직을 결정하며) 업적에 따라 보수를 차별화하여야 한다. 즉 예산 및 인사상의 제 규정이나 규칙들에 얽매이지 않고 목표달성을 위하여 최선의 방법에 따라 예산과 인사관리를 해야 하는 것이다. 여기서 알 수 있듯이 사명지향적 관리는 효과성을 극대화하는 관리이다.

### 3) 성과주의와 성과측정의 어려움

그러나 규정을 없애면 행정이 제대로 일을 하고 있는지를 의회가 어떻게 확인할 수가 있는가? 부처들이 과연 목표를 달성하고 있는지를 대통령은 어떻게 알 수 있는가? 바로 성과(performance)를 점검함으로써 알 수 있다. 사명지향주의는 과도한 규칙과 규정을 준수하게 하는 대신에 수행해야 할 사명, 즉 목표를 달성하게 하고 이의 결과인 성과를 점검하여 관료들을 통제하려는 것이다.

먼저 인사관리에서는 성과를 보수의 기준으로 삼으려고 한다. 성과급제가 바로 그것이다. 전통적으로 보수는 직급과 근무연수에 의하여 결정되는 호봉제를 채택하여, 개인의 업적과는 직접적인 관계가 없었다. 일을 많이 하여 업적을 내는 사람이나 적당히 하는 사람이나 차이가 없었다.

성과주의를 예산관리에 적용한 것이, 신공공관리론자들이 주장하는 성과지향적(performance-oriented)예산제도이다. 성과가 좋으면 예산배분에서 혜택을 주어 인센티브로 삼는다는 주장이다. 특히 책임운영기관(agency)의 경우에는 기관장인 관리자에게 총액예산을 인정하고, 성과를 평가하여 보너스를 지불하거나 예산을 증액시키는 제도를 주장하고 있다.

성과를 확보하기 위하여 인사나 예산통제를 대폭 완화시키는 대표적인 경우로서 책임운영기관(agency)이 있다. 정부는 계약에 의하여 기관장 또는 관리자를 임명하되, 기관장에게 성과달성을 위하여 인사, 예산상의 재량권을 주고, 대신에 성과에 대한 책임을 지도록 한다. 이러한 논리는 책임운영기관이 아니라도 하급 기관에게, 또는 부처에게 재량권을 대폭 부여하는 경우도 마찬가지다. 재정자금(국민의 세금)과 사람을 마음대로 쓰게 하는 대신에 성과를 내어야 하는 것이다. 계약대로의 성과를 내지 못하면 예산총액을 삭감 당하고, 재계약은 물론 안 된다. 경우에 따라서는 벌금을 물게 할 수도 있다. 성과가 좋으면 보너스를 받을 수도 있다. 성과가 모든 것을 결정한다.

그러므로 성과를 정확하게 평가하는 것이 성과주의의 성공을 좌우하는 핵심 요소이다. 그러나 성과평가가 쉽지 않다. 먼저 성과라는 개념 자체가 불분명하다. 성과와 관련하여 신공공관리론자들이 가장 고심하고 있는 개념이 산출(output)과 결과(outcome)중 어느 것을 성과로 보느냐에 관한 것이다.

예에서 보듯이 행정활동의 직접적인 결과물이 산출이다. 그러나 이 산출은 결과를 위한 중간단계에 해당되고, 결과야말로 행정활동의 목적임을 알 수 있다. 국민들의 세금으로 저수지를 건설하는 것은 저수지 자체가 중요해서가 아니라, 이를 이용하여 비가 적게 올 때 농업용수를 공급하여 쌀을 증산시키기 위해서이다. 경찰에게 봉급을 주면서 치안을 담당

**그림 11-1** 행정활동의 산출 및 결과

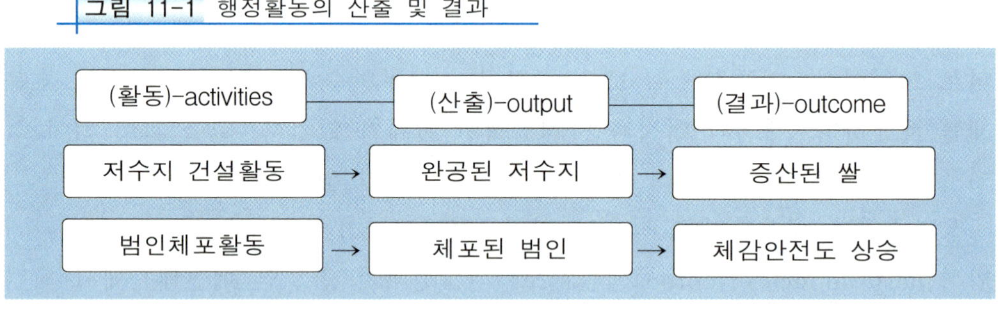


시키는 것은 범인을 체포하는 것이 중요해서가 아니라, 그렇게 함으로써 국민들을 범죄로부터 해방시키기 위해서이다. 그러므로 행정활동의 진정한 성과는 국민들을 위하여 결과를 만들어 내는 것이다. 즉 결과를 성과로 보아야 하

는 것이다.

결과를 성과로 강조하게 되면 행정기관들이 결과확보를 위해서 노력하게 되는 커다란 장점이 있다. 대표적인 예가 지역사회경찰화(community policing)이다. 미국의 슬럼가에서는 아무리 마약범이나 강도를 체포하여도 끊임없이 범죄가 발생하는데, 방식을 완전히 바꾸어, 경찰이 슬럼가의 주민과 한 식구가 되어 슬럼가의 주민들이 모두 경찰과 같은 생각과 행동을 하도록 하려는 것이다. 지역사회 전체를 경찰이 되도록 하려는 것인데 만약 이것이 성공한다면 마약범죄나 강도범죄 자체가 감소하여 진정한 치안이 확보될 것이다. 범죄가 많이 발생할수록 경찰은 보다 많은 인원, 장비, 차량, 활동비를 요구하고 배당받을 것이므로 범죄예방에는 오히려 관심이 적다고 신공공관리자들은 비판한다. 실패하는 자에게 더욱 많은 예산을 주는 잘못된 인센티브가 작동하고 있다고 비판한다. 그래서 신공공관리자들은 경찰활동의 성과를 범죄감소에 두고, 이에 따라 모든 보너스나 예산지급을 한다면 경찰은 범죄예방을 위한 모든 수단(지역사회경찰화를 포함해서)을 동원할 것이라는 주장이다. 이러한 주장은 타당성이 있다. 많은 행정활동에서 활동의 목표를 분명히 하고, 목표달성결과를 성과로 취급하여 이를 기준으로 성과급, 기관의 보너스 및 예산액수를 결정하면 과거와는 전혀 다른 성과주의적 행정관리가 등장할 것이다.

그러나 결과(outcome)는 행정활동과 관계없는 많은 요소들에 의하여 영향을 받는다는 치명적인 단점이 있다. 아무리 좋은 행정활동을 하더라도 결과가 아주 나빠질 가능성이 큰 것이다. 그래서 결과에 따라 보상을 하는 것은 극히 불공평할 가능성이 크다. 범인수사를 정말 잘하는 전문가들이 모여 있어도, 범죄가 끊임없이 발생하는 우범지역(미국의 슬럼가)의 경찰서는 언제나 예산이나 보너스에서 손해를 볼 것이다. 반대로 선량한 중산층들이 모여 사는 지역사회의 경찰서는 아무 일 하지 않고도 보너스 타고 예산도 많이 받을 수 있다. 즉 행정기관의 통제범위를 벗어나는 사건이나 변수들에 의하여 너무나 큰 영향을 받을 수 있는 것이 결과라는 변수이다. 이러한 문제를 해결할 수 있는 방법의 하나로서 공간적인 비교를 하지 않고, 시간적으로 과거에 비교하는 방법이 있으나 근본적인 해결책은 되지 못한다.

그래서 결과보다는 산출이 기관의 노력에 의하여 결정적으로 좌우되기 때문에, 즉 산출이 행정활동의 성실성을 비교적 충실히 반영하기 때문에 이를 기준으로 하여 성과급, 보너스 등을 결정하려는 입장을 많은 국가들이 채택하고 있다. 인간이 성실하게 최선을 다해서 노력을 하면 결과는 잘 될 것으로 믿고, 그 노력에 대해서 보상을 하려고 한다. 다른 경찰서보다 범인체포율이 높으면 보다 전문적인 수사관들이 보다 많은 노력을 한 것으로 판단해도 좋은 것이다.

성과주의는 성과의 개념문제에 못지않게 측정문제도 치명적인 약점으로 알려져 있다. 행정서비스의 경우는 비교적 쉽다. 저수지 건설이나, 교육서비스, 노령자나 고아 보호 등이 그렇다. 그러나 여기에도 문제는 있기 때문에, 1998년 말 현재로 영국의 138개 책임운영기관 중에서 43개만이 기관목표의 계량화에 성공하였다. 규제행정의 경우는 더욱 심각한 문제가 있다. 산출을 성과로 보더라도 그 계량적 측정 자체가 쉽지 않거나 측정결과가 의미가 없는 경우가 많다. 교통위반 적발건수를 교통경찰의 성실한 근무를 나타내는 지표로 보기가 어려운 것과 같다. 보건 위생분야, 건축분야 등의 규제에서도 동일한 문제에 부딪힌다.

성과지표는 계량적인 성격을 띠고 있어야 공정하고 객관적인 기준으로 성과주의 관리의 기둥역할을 할 수 있다. 그러나 위에서 본 바와 같이, 성과지표의 여러 가지 어려움 때문에 성과주의는 한계에 부딪히고 있다. 결국 비교적 성과측정이 쉽고 계량적 지표가 업무수행의 성실성과 우수성을 잘 표현한다고 볼 수 있는 서비스 제공부문의 집행분야에 적용하고 있다. 즉 영국이나 뉴질랜드에서처럼, 책임운영기관에게 주로 적용하는 것이다.

## 5. 거버넌스(Governance)

### 1) 정부-민간의 공동역할

현재의 행정기능은 정부기관, 준정부기관, 비정부 민간조직, 시민단체, 민간기업, 자원봉사자 등이 공동으로 수행하고 있는 경우가 많다. 대도시 교통문제 해결이 대표적이다. 많은 정부 및 공공조직과 준공공조직, 민간업체들이 참여하여 해결하고 있다. 지하철, 버스, 마을버스, 택시, 기업의 출퇴근 버스 등이 모두 동원되어 교통 서비스를 제공한다. 대중교통수단인 지하철이나 버스는 행정구역을 가로질러 노선이 설정되기 때문에 지방정부들 간의 협조가 필수적이다. 지하철의 경우는 공기업의 형태로 운영되므로 지방정부의 감독과 통제를 받지만 어느 정도 기업적 자율성을 지닌다. 한편 버스는 민간회사들이 운영하고 있으나, 정부의 노선설정을 받아들이면서 운행하고 있다. 택시는 노선설정과는 관계없지만 소비자인 승객에 대한 서비스제공의 측면에서 정부가 정한 규칙을 따른다. 그리고 이들 교통수단들이 종합적 틀에 의하여 운영되기 위해 관련주체들의 공동노력이 필수적이다. 이런 식으로 많은 정부기관, 준정부기관, 민간기업이나 개인들이 대도시 교통문제라는 공공문제해결을 위해서 일정한 규칙을 지키면서 협력하고 있다. 이와 같이 현대의 공적 문제는 정부만이 아니라 많은 비정부조직과 민간인들의 협력으로 해결하고 있다. 흔히 준정부 및 비정부조직(QUANGO: quasi autonomous non-governmental organizations) 또는 제3부문(third sector)으로 부르는 조직이나 개인들이 과거 한때 정부가 담당했던 업무들을 담당하고 있는 것이다.

이들이 중요한 역할을 담당하므로, 정부가 국정을 관리하는 방법도 달라지고 있다. 이렇게 달라진 정부의 역할과 역할수행방법을 묶어서 거버넌스(신국정관리)라고 부른다.

우리나라에서는 최근에 이상과 같은 역할에 추가하여 더 많은 역할을 수행하려는 비정부조직(NGO)이 대거 등장하고 있다. 정부 대신 환경법규의 준수상태를 점검하여 과다하게 폐수를 방류하거나 공기를 오염시키는 업체를 적발하는 역할을 하거나, 정부기관들의 행정비리나 부조리를 감시하는 역할을 하기도 한다.

### 2) 거버넌스의 세 가지 요소

1990년대부터 일반적으로 사용된 신 국정관리(new governance)라는 개념은 "새로운"(new) 국정관리이다. 그러나 요즈음은 새로운 이라는 단어도 빼고 국정관리라는 용어보다 영어를 그대로 사용하여 거버넌스라고 부른다.

거버넌스는 크게 세 가지 측면이 있다. 첫째, 정부기관만이 아니라 많은 비정부조직이나 기관들이 공공서비스 공급에 참여하고, 둘째, 이들 사이에 계층제적이 아닌 서비스 연계망이 형성되고, 셋째, 연계망의 구성 조직들은 서로 신뢰의 기반 위에 협조하는 관계를 유지한다.

거버넌스의 가장 큰 특징은 두 번째 요소이다. 즉 계층제적인 위계가 없는 많은 정부 및 비정부 조직과 개인들의 연계망(network)이 공공 서비스의 공급을 담당한다는 점이다. 대도시 교통 서비스 제공을 위하여 행하는 새로운 버스노선 설정과 버스요금 결정의 예를 들면 서울시와 인근 도시 및 경기도 지방정부의 교통담당 내부조직들이 중심이 되어 중요한 결정을 하겠지만, 버스회사를 비롯한 위에서 본 무수한 민간 참여자들도 영향을 미친다. 더욱이 실제로 교통서비스를 제공하는 단계에 가면 비정부조직이나 개인들이 중심적 역할을 담당한다. 정부가 아무리 교통요금을 낮추고 싶어도 이들의 실질적인 협조 없이는 불가능하다. 그래서 위계적 명령복종관계가 없는 비교적 수평적인 관계의 무수한 조직이나 개인들이 상호작용하면서 커다란 집단을 형성한다. 이러한 집단의 참여자들 전체는 상호작용을 통하여 느슨하지만(loosely coupled) 일종의 상호연결된 관계를 맺게 된다. 바로 이러한 상호연결 관계를 연계망이라고 부른다.

이 연계망은 사회적·싸이버네틱적 체제로서 이러한 체제가 공공서비스 공급을 위하여 수행하는 모든 활동을 거버넌스라고 부를 수도 있고, 또 이러한 연계망이 올바른 서비스 공급을 할 수 있도록 정부가 관리하는 것을 거버넌스라고 부를 수도 있다. 어느 경우이든 결과적으로 연계망에 초점이 있다는 점에서 차이가 없다.

연계망을 구성하고 있는 정부나 민간조직들은 이타적인 경우도 있지만 대부분이 이기적으로 움직인다. 그런데 이러한 이기적인 조직들이 왜 서비스의 공동생산에 참여하는가? 참여를 통해서 달성하고자 하는 목표 또는 이익이 존재하기 때문이다. 시정부는 교통서비스를 시민에게 제공하려는 목표 때문이고,

버스회사는 고객들로부터 요금을 받기 위해서이며, 지하철건설업체는 정부로부터 건설비를 받기 위해서이다. 그리고 연계망에 참여한 조직이나 개인들은 상대편에게 무엇인가를 제공하고 그 대가로서 자신의 목적을 달성한다. 즉 교환을 하는 것이다. 자신의 이익이나 목적을 위하여 불가피하게 일어나는 교환이야말로 연계망의 구성원들 사이에 상호의존(inter-dependence)을 필수적이게 만든다.

상호의존적인 교환의 필요성이 있으면, 명령이나 외적인 강압(계층제의 상관으로부터나 시장 메카니즘에 의한 고객으로부터의 압력)이 없더라도 이기적인 자율적 구성원들 사이에 자발적인 조정이나 협조가 발생할 수도 있다. 이 때문에 어느 하나의 정부기관이 커다란 노력을 하지 않더라도 무수한 정부기관에 의해 얽히고 설켜 있는 범죄문제, 교통문제 등이 해결된다.

그러나 연계망 속의 구성원들 활동이 객관적으로 보아 공익을 충실히 달성하고 있다고 보기는 어렵다. 민간건설업체는 구체적인 건설현장에서의 여러 가지 상황에 대한 정보가 부족하고 건설기술에 대해서도 전문성이 부족한 정부담당기관을 속여서 최대한의 건설 이익을 획득하려고 한다. 정부지원금을 받아 고아원이나 양로원을 운영하는 민간단체도 마찬가지다.

그런데도 이익극대화적인 게임이 파멸에 이르지는 않는다. 게임의 규칙이 사전에 정해져 있기 때문이다. 여기에 더하여 지나치게 피해를 보는 집단은 연계망에서 탈퇴할 수도 있다. 따라서 연계망이 붕괴될 수도 있다. 그러므로 게임의 규칙이 허용하는 범위 내에서도 상대방에게 지나친 피해를 주는 교환을 강요하는 것은 손해가 된다. 개개 구성원들의 목적을 최소한도로 달성하는 것이 연계망 존립의 기초가 되는 것이다. 그리고 이러한 기초 위에 가급적 포저티브 섬(positive sum) 게임 또는 윈-윈(win-win) 게임을 시도하는 것이 장기적으로 도움이 된다. 이 사실이 구성원들 사이에 형성되는 신뢰(trust)의 기본요건이 된다. 즉 구성원들은 아무리 심한 게임을 하더라도 상대방이 자신의 목적은 최소한도로 달성하는 것을 방해하지 않을 것이며, 가급적이면 좀 더 많은 혜택을 다 같이 얻을 수 있도록 상대편도 희망할 것이라는 신념이나 기대 때문에 상대방을 신뢰한다. 여하튼 연계망의 활동에서 신뢰가 기초가 된다는 것은 누구든지 지적하고 있다.

### 3) 서비스연계망의 문제점

서비스연계망은 유기체적 체제와 비슷한 속성을 지니고 있어서 스스로 조직화하면서 자율적으로 움직이는 경향이 있다고 한다. 정부 서비스를 공급하기 위하여 참여기관이나 조직들로 만들어진 연계망은 일단 만들어지면 정부의 의지와 관계없이 스스로 변화하고 스스로 활동하는 속성을 지니게 된다는 것이다. 이러한 속성 때문에 서비스 연계망은 다음과 같은 문제를 지니고 있다.

첫째, 서비스 공급을 여러 조직과 기관들이 관여하여 추진하기 때문에 나타나는 분절화(fragmentation)가 집행에 대한 통제를 상실하게 한다. 민영화나 민간위탁 등이 대대적으로 추진된 영국에서 사회복지분야가 심각한 어려움에 있다고 한다. 행정기관이 강력한 통제력을 가지는 우리나라도 다수의 행정기관이 연계망에 포함되면, 마찬가지의 현상이 나타난다. 대도시 교통체제에서 보듯이 많은 지방정부들이 관여하게 되면, 이들 기관에 대한 주관 행정기관의 통제력은 극히 약하게 된다.

둘째, 연계망이 지나치게 복잡하여 조타(steer)하는 것이 어렵다. 중앙정부가 방향잡기를 위해서 정책조정을 해야 하지만, 위에서 본 연계망의 자기조직화경향만이 아니라 정보부족문제가 심각한 장해가 된다. 즉 연계망 속의 정부-민간 조직들 간에 복잡하게 얽힌 관계나 이들의 움직임에 대해서 정확하게 알 수가 없다. 중요한 결정권을 하위조직으로 이양하고 민간에게 보다 많은 역할분담을 할수록 중앙정부는 정보의 부족에 허덕인다. 자율적인 공-사 조직들이 중앙정부에게 필요한 시기에 필요한 만큼 정보를 제공하지도 않기 때문이다. 결국은 막연한 짐작으로 방향잡기를 하고 정책을 조정하게 된다. 그러면서도 중앙정부는 스스로 통제도 불가능한 이러한 연계망의 활동이 잘못되면 책임을 져야 한다.

셋째, 정부가 최종책임을 져야 하는 것은 틀림없지만, 진정한 책임소재를 밝히기가 어렵다. 많은 자율적인 공·사 조직들이 협동하여 서비스를 공급하게 되므로 결정의 숫자도 많고 하나 하나의 결정에 참여하는 구성원도 많다. 제공되는 서비스는 그야말로 무수한 참여자에 의한 공동생산(co-production)이다. 문제가 발생하면 어느 누구에게 책임이 있는지를 밝힐 수가 없다. 결과적으로 아무에게도 책임을 지울 수 없기 때문에, 처음부터 누구도 책임있게 행동하지 않게 된다.

서비스연계망에서 공공서비스의 제공을 담당하는 부분이 계속 증가되기 때문에 이들이 지닌 문제를 그대로 방치할 수가 없다. 서비스 제공에서 문제가 발생하면 최종책임은 당연히 정부가 져야 하므로 정부는 연계망을 가장 바람직스럽게 관리하여야 한다.

위에서 본 서비스연계망의 문제를 해결하기 위해서는 두 가지를 생각할 수 있다. 첫째, 자원의 배분을 가장 중요한 유인책으로 활용하는 것이다. 수평적 관계에 있는 자율적인 구성원들의 자발적인 협조를 위해서 필수적이다. 둘째, 게임의 규칙과 규범을 서비스의 효율적 제공에 적합하도록 만드는 것이다. 이를 위해서 구성원들의 권리만이 아니라 역할, 의무 등을 분명히 하고, 덕성 있는 시민과 이타적인 참여자를 양성할 수만 있다면 많은 도움이 될 것이다.

Section

# 제 3 절 행정능력론

## 1. 행정능력향상= 행정관리론의 궁극적 목적

우리는 이제까지 내부관리에 대한 행정조직론, 인사행정론, 재무행정론, 그리고 정보관리론을 검토하여 왔다. 그리고 이들을 개혁하기 위한 행정개혁론과 1980년대 이후의 신공공관리론도 살펴보았다. 이 모든 관리론들은 행정이 국가기능수행을 제대로 하기 위한 능력을 향상시키는데 초점을 둔 것이다. 자체적으로 능력향상이 어려우면, 외부의 힘을 빌리는 신공공관리방식을 채택하는 식이었다.

바람직한 핵심적 행정능력이 무엇인가는 정책학에서 연구가 되어 왔다. 바람직한 정책결정을 위해서 전문성이 필요하고, 정책집행을 위해서는 집행의 설계능력, 자원동원능력, 외부지지획득능력 등을 논의하여 왔다. 그러나 정책학에서 연구되고 있는 행정능력을 체계적으로 검토하고, 이를 향상시키기 위하여 행정관리에서 무엇을 어떻게 해야 하는지를 연구하지 않았다. 전문성 강화에 초점을 두어 온 미국행정학을 답습한 결과이다. 그러나 한국은 정책수단의 구체적인 내용은 말할 것도 없고, 정책목표에 해당되는 행정기능의 우선순위 등도 행정이 실질적으로 결정하고 있으므로 전문성에 못지않게 행정의 민주성을 확보할 수 있는 정치적 능력이 너무나 중요하다. 더욱이 능률성 향상을 위한 관리는 민주성 향상을 위한 관리와 모순되는 경우가 많다. 인사관리에서 실적주의적 인사관리와 엽관제적 인사관리가 충돌하는 경우가 대표적이다. 설상가상으로 최근에는 행정에 대한 정치적 통제와 침투가 지나쳐서 정치적 합리성을 확보하기 위한 행정의 노력이 심각한 과제로 등장하였다. 그러므로 정치적 능력을 포함한 행정능력에 대한 체계적이고 종합적인 연구가 더욱 절실하다.

## 2. 행정능력과 행정이념(지도원리)

행정활동(정책결정과 집행)에서 필요한 행정능력에는 크게 세 가지가 있다. 첫째는 지적 능력(창의성과 전문성), 둘째는 정치적 능력, 그리고 셋째는 실행능력이다. 이들을 <그림 11-2>로 요약할 수 있다.

아래 그림에서 보듯이 지적능력은 전문지식과 정보 및 창의성으로 구성되고, 이들은 정책목표와 정책수단의 결정에 분석적 합리성을 부여한다. 한편 지적능력은 실행능력에도 커다란 도움을 주어 양자가 결합되어 행정활동(정책결정과 집행)을 위하여 넓은 의미의 능률성(효과성과 능률성)을 확보한다. 한편, 정치적 능력은 정책결정에 정치적 합리성을 부여하고 정책집행을 위한 정치적 지지(정치 및 민간부문의 지원)를 확보해 준다. 정치적 능력과 실행능력은 결합되어 행정활동에 넓은 의미의 민주성(민주성, 형평성, 합법성)을 부여한다. 행정학에서 가장 중시해 온 행정이념 또는 행정의 지도원리라는 가치(능률성과 민주성)는 행정능력이 확보되어야만 달성될 수 있는 것이다. 이하에서는 행정능력을 좀 더 구체적으로 검토한다.

그림 11-2 행정능력의 종류와 행정이념

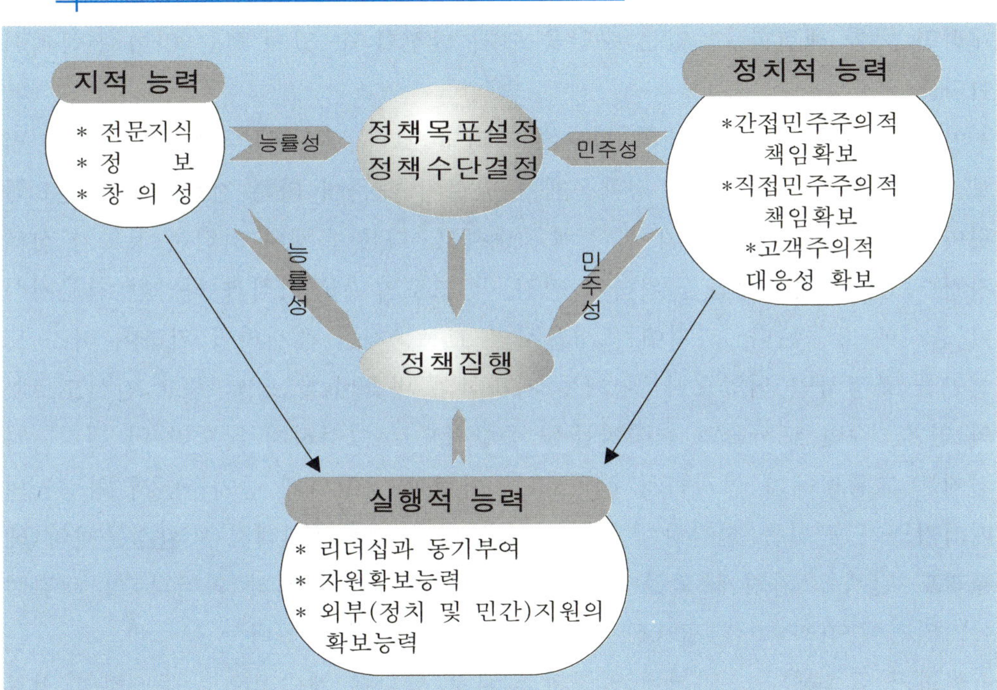


## 3. 행정능력의 종류 1 - 지적 능력 -

### 1) 지적 능력의 종류 1 - 전문지식 -

넓은 의미의 지적 능력은 전문지식과 정보 및 창의성으로 구성된다. 보통 전문지식과 정보축적을 합쳐서 전문성으로 부르고 있다. 지적 능력은 행정능력 중에 가장 중요한 것이며, 21세기의 지식혁명시대에는 행정능력을 결정적으로 좌우하고, 결과적으로 국가의 운명도 결정한다.

좁은 의미의 전문지식은 정책문제를 해결하기 위하여 필요한 원인과 결과사이의 인과관계에 관한 이론을 습득하고 있는 정도를 말한다. 공급이 증가하면 가격이 하락하고 공급이 감소하면 가격이 상승하는 관계는 공급과 가격의 인과관계에 관한 이론이다. 이러한 이론을 알고 있으면, 환율이 갑자기 상승할 때에 이를 원상태로 하락시키기 위해서 금융당국이 보유하고 있는 외환을 시장에 대량으로 공급하면 된다는 판단을 쉽게 할 수 있다. 환율 상승이 정책문제라면 이를 해결할 수 있는 수단을 쉽게 발견할 수 있게 하는 것이 전문지식이다.

이러한 전문지식은 문제의 성격에 따라 다르다. 즉 전문지식은 행정기능별로 다른 것이다. 분야별로 정책문제가 다르기 때문에 다른 전문지식이 필요한 것이다. 그런데 정책문제가 점차 복잡해지고, 다른 문제와 얽히는 정도가 심해지기 때문에  문제해결을 위하여 점점 더 고도의 전문지식과 다양한 전문지식이 동시에 요구된다. 과거에는 서울시의 교통문제를 해결하기 위하여 버스 노선만을 조정하면 되었으나, 이제는 지하철과 마을버스 노선, 주요 간선도로와의 연계, 주변 도시들의 교통망들을 종합적으로 고려하지 않으면 안 된다. 과거에는 교통공해가 심각하지 않았으나, 차량이 엄청나게 증가하면서 차량들의 배기가스가 공기를 심각하게 오염시키게 되자 교통문제해결은 환경문제의 해결과도 관계를 가지게 되었다. 이처럼 해결해야할 문제의 파악과 그 해결이 어려워짐에 따라 이에 필요한 전문지식도 복잡해지고 있다.

변화가 급속해지고 과거에 없었던 새로운 상황이 계속적으로 등장하고 정보화나 기술발전이 새로운 미래의 가능성을 열면서, 그리고 급속한 세계화가 국가간의 치열한 경쟁을 유발하고 있기 때문에 필요한 전문지식의 깊이와 정도도 크게 증가되었다. 새로운 상황에서 국가 전체는 무엇을 해야 하는지, 유전자혁명을 위하여 정부가 생명공학 분야를 어떻게 해야 하는지, 우주개발은 과연 정부에서 해야 하는지 등등을 결정하려면 해당 분야에 대한 심도 있는 전문지식이 있지 않으면 안 된다.

### 2) 지적능력의 종류 2 - 정보 -

정보의 축적도 마찬가지이다. 넓은 의미의 전문성에는 정보의 축적도 포함되는데, 이것이 정보화시대에 더욱 중요해 졌다. 사실은 정보가 전문지식보다 더 중요한 시대에 접어들고 있다. 정보관리가 지식관리(knowledge management)의 핵심이 되는 시대에 접어 든 것이다. 그래서 정보관리론이 크게 중요해지고 있다.

정보는 정책결정이나 집행에서 필요한 사실에 대한 기초자료에서부터 분석을 거친 것들이 모두 포함된다. 바이오 제품의 미국시장에 대한 수출액수와 같은 기초자료에서부터, 이 액수가 지난해에 비해서 감소되고 있는 경향을 분석한 내용이나, 감소된 원인을 분석한 것들이 모두 바이오 산업지원을 위한 정책결정에 필수적이다. 뿐만 아니라 미국정부의 바이오산업에 대한 정책방향과 미국기업들의 동향도 알고 있어야 바이오 산업육성을 위한 정책을 올바로 결정할 수 있다. 즉 정책결정이나 집행에 필요한 정보는 처리단계별로 보면, 기초자료수준에서부터 고도의 분석을 거친 것까지 다양하고, 내용을 보면 분야별로 국내외의 민간부문과 정부의 움직임에 대한 것까지 다양하다. 정책결정이나 집행에 필요한 모든 사항이 정보의 내용이 되는 것이다. 이러한 정보의 양과 질에 따라 정책내용의 합리성이 좌우된다. 정보의 축적이 바로 결정의 합리성을 치명적으로 좌우하는 것이다.

### 3) 전문지식과 정보의 축적방법

정보의 축적은 무척 어렵고 그 때문에 엄청나게 중요하다. 어려운 정보축적을 성공적으로 수행하는 국가는 국제경쟁에서 이기고, 그렇지 못한 국가는 패배하는 것이 지식혁명시대에는 필연적인 사실이다. 홍수와 같이 몰려 들어오는 정보를 체계적으로 정리하는 작업이 너무나 어렵고, 저장하는 작업도 쉽지 않기 때문이다.

한편 필요한 전문지식을 습득하기 위해서는 초기에 일정한 시간을 투입하는 것이 중요하다. 그래서 대학이나 대학원에서 새로운 이론들을 공부하는 것이다. 이후에는 새로운 이론을 추가적으로 습득하면 된다. 그러나 정보는 끊임없이 새로운 것이 흘러들어 온다. 끊임없이 시간과 노력을 투입해야 올바른 정보축적이 된다.

그러므로 정보는 조직적 차원에서 축적되고 관리되어야 한다. 새로운 정보가 끊임없이 들어 올 뿐만 아니라 최근에는 너무나 변화속도가 빨라지고 있기 때문에 정보홍수의 시대가 전개되고 있다. 개인으로서는 도저히 감당할 수 없는 정보가 몰려들기 때문에 정보의 분류, 정리, 활용을 위한 정교한 장치가 있어야 하고, 행정인력이나 시간의 대부분을 여기에 투입하지 않으면 불가능한 일이다.

그러나 우리나라는 순환보직으로 인하여 같은 부서에 근무하는 기간이 1-2년에 불과하기 때문에 행정기관에 정보가 축적될 가능성이 매우 낮은 편이다. 컴퓨터를 활용한 정보관리가 시도되고 있으나, 아직 초기단계로서 여기에 축적되는 정보는 매우 제한적이다. 이러한 문제점을 각 부처는 정부출연 연구기관과 관련 전공의 학자들을 도움이 받아서 해결하고 있다. 즉 공무원은 잠깐 근무하다가 떠나지만 연구기관과 학자들은 동일한 주제로 평생 연구하기 때문에 정책문제의 배경, 특성 및 정책의 추이 등에 관해서 정통하다. 이처럼 우리나라는 정부, 정부출연 연구기관 및 학계로 구성되어 있는 각 분야의 정책공동체가 활성화되어 있기 때문에 이들이 공무원들의 정책문제의 이해 부족을 보완하고 정책대안의 수립 등에 크게 기여함으로써 순환보직으로 인한 전문성 부족을 완화하고 있다.

### 4) 지적 능력의 종류 3 - 창의성 -

창의성 또는 창의력은 새로운 것을 만들어 낼 수 있는 힘이다. 새로운 것을 창조하는 능력은 새로운 정책의 집행방법의 탐색에서도 필요하고, 정책결정과정에서 새로운 정책수단을 개발하는 데도 필요하다. 바람직한 미래상을 비전(vision)으로 제시하고, 이를 위해서 새로운 중간목표 정책수단, 집행방법 등을 제시하는데 필요한 능력이 창의성이다. 비전 제시나 이를 위한 새로운 변화를 추구할 수 있는 능력은 전문지식과 정보의 충분한 뒷받침이 필수적이지만, 이외에도 창의력과 같은 능력이 추가적으로 필요한 것이다. 과거에 경험해 보지 못한 새로운 상태를 상상할 수 있는 능력이 없으면 불가능하다. 상상력, 직관력, 예견력, 예감 등등의 능력을 동원하여 새로운 것을 만들 수 있는 능력은 분야별 전문지식과는 분명히 구분되는 능력으로 이것이 창의력이다.

미국연방정부에서 제시하고 있는 고위공무원(국장급 이상)의 제 1 자격 요건이 변화선도력이다. 새로운 것으로의 변화를 위해서 비전을 제시하고 이를 구체화시키는 능력을 강조하고 있는 것이다. 캐나다는 미국과 거의 동일하고, 다른 선진국들에서도 이와 비슷한 내용을 강조하고 있다. 원래 이들 선진민주국가들은 의회중심적이고 민간주도를 뒷받침하는 소극정부적 성격을 지니고 있는데, 이러한 선진국가들에서 조차도 변화를 주도할 수 있는 능력을 갖추어야만 고위공무원이 될 수 있다고 정부가 공식적으로 표명하고 있다. 아직도 정부가 적극적인 역할을 하고 행정이 주도하는 한국행정의 경우는 말할 것도 없다.

### 5) 지적 능력의 향상노력

지적 능력이 너무나 중요하기 때문에 과거부터 행정의 내부관리는 이를 강화하고 축적하기 위하여 모든 노력을 집중시켰다. 또 이 때문에 정통파행정학이 내부관리를 무엇보다 중요하게 취급하여 온 것이다. 전문성은 행정의 효과성과 능률성을 결정하는 가장 핵심적인 요인이기 때문에 현재도 능률성위주의 행정관리론에서 중심부를 차지하고 있다. 전문성(전문지식 및 정보)축적을 위해서는 분업화에 따른 업무의 분담 등 조직관리, 실적관료제적 인사관리 및 체계적인 정보관리가 중요하다. 즉 조직관리, 인사관리, 정보관리가 전문성확보를 위해서 결정적이다.

## 4. 행정능력의 종류 2 - 정치적 능력 -

### 1) 정치적 능력의 중요성과 종류

아무리 지적으로 합리적인 정책이라도, 국민적 합의를 확보할 수 없는 정책은 실현가능성(이것은 다음에 보는 실행능력을 좌우한다)이 약할 뿐만 아니라, 그 자체가 바람직하다고 볼 수 없다. 민주국가에서의 정책은 지적·분석적인 측면에서 합리적이어야 할뿐만 아니라 정치적으로 합리적이어야 하는 것이다. 분석적 합리성은 넓은 의미의 능률성을 지향하고 정치적 합리성은 넓은 의미의 민주성을 지향하기 때문이다.

정치적 능력은 대립되고 모순되는 이익들을 조정하여 정책 속에 통합시킬 수 있는 능력이다. 즉 정치기능을 수행할 수 있는 능력이다. 국민들은 원래가 다양한 이해관계와 선호기준을 지니고 있으므로 정책목표는 물론이고 정책수단과 집행방법에서 서로 대립되거나 모순되는 주장과 요구를 하게 된다. 특히 정책목표와 정책수단을 결정하는 과정에서 더욱 심하다. 이러한 정책결정과정에서 자신들의 이익이나 선호가 치명적인 영향을 받기 때문이다. 대립되는 이익과 선호들을 정책과정(특히 정책결정과정)에서 조절하여 반영하는 것은 정치가 담당할 기능이다. 조절결과가 모두에게 영향을 미치고, 불공평하게 조절될 수 있기 때문에 아무에게나 맡길 수 없는 것이다. 그러므로 국민들이 선출한 대표자들에게 담당시키고, 이들이 잘못한다고 판단되면 다음 선거에서 낙선시키는 식으로 책임을 묻고 있는 것이다. 즉 대의제적 간접민주제도를 채택하여 국회나 대통령에게 정책결정권을 주게 된 것이다. 그러나 행정국가화가 진행되면서 행정에 의한 실질적인 정책결정이 많아지고, 이에 따라 행정의 민주성 확보가 문제가 되고 있다. 한국은 중요한 정책을 행정이 주도하여 결정해 왔으므로 더 말할 필요도 없다.

더욱이 우리나라에서는 1990년대부터 민주화가 대대적으로 진행되면서 국회나 정치권이 정책결정을 결정적으로 좌우하는 경향이 강화되었다. 그럼에도 불구하고, 과거에 정책결정을 실질적으로 독점해 온 행정이 제도권정치와 정책결정권을 어떻게 분담할 것인지를 알지 못하여 시행착오를 거듭하고 있다. 즉 간접민주주의적 제도의 정신을 최대한 반영하면서 정책결정과 집행을 할 수 있는 능력이 부족한 것이다. 여기에 더하여 최근에 폭발한 시민참여와 인터넷을 통한 정치적 요구의 증가는 행정을 더욱 혼란에 빠뜨리고 있다. 즉 직접민주주의적인 시민참여를 정책과정에서 수용할 수 있는 능력이 부족한 것이다. 설상가상으로 국회의 활성화와 시민참여가(즉 간접민주주의적 참여와 직접민주주의적 참여가) 거의 동시에 진행되면서 어려움을 가중시키고 있다. 이러한 어려움을 극복하려면, 간접민주주의적 정치책임 확보와 직접민주주의적 정치책임확보를 병행시킬 수 있는 행정의 정치적 능력이 필요하다.

최근에는 정치권이 대혼란 속에 빠져서 과도한 행정통제와 잘못된 정치침투가 행정을 무능력과 혼돈 속으로 몰고 있다. 양극화와 취업난이 악화되면서 사회 전체가 불안 불신 불만에 시달리고, 이 때문에 횡행하는 극단적 인기주의와 선동 등 정치적 부조리가 정치적 합리성을 크게 훼손시키고 합리적인 정치인들을 좌절시키고 있다. 이러한 정치적 혼란 속에 행정은 갈 길을 잡지 못하고 무사안일이나 복지부동이라는 최악의 행정부조리에 시달리고 있다. 민주행정이 무엇이 되어야 하는지, 이를 위해서 행정이 정치적으로 어떻게 대응해야 하는지 등을 심각하게 고민해야 한다.

### 2) 행정의 정치적 능력 향상을 위한 행정(내부)관리

민주적 행정을 위한 정치적 능력은 통치체제 전반에 걸친 제도적 요소에 의하여 결정적으로 좌우되지만, 이 부분은 행정학의 범위를 넘어 서는 주제이다. 내부관리적 차원에서 정통파행정학이 취급하여 온 것을 보면 두 가지를 지적할 수 있다.

첫째, 대표관료제의 정신에 따라 국민 각계각층의 출신들을 골고루 관료로 채용하고 승진이나 보직에서도 배려를 하게 되면, 행정의 정치적 능력이 향상된다. 미국에서 최근 흑인 등 유색인종과 여성을 채용에서만이 아니라 승진에서도 배려를 하고 있는 것이 대표적인 예이다. 다만 한국은 미국과 같은 이질적인 문화와 역사를 지닌 다양한 인종으로 구성된 국가가 아니므로 대표관료제의 필요성은 비교적 적다.

둘째, 실적주의와 대립되는 엽관제적 요소이다. 엽관제(정실주의)는 미국의 잭슨 대통령에 의하여 19세기 초반에 공식적으로 채택된 제도이다. 동부의 실력자나 귀족 출신들이 장악하고 있던 연방정부의 관직을, 대통령선거에서 자기를 지지해 준 서부개척민들과 같은 하류층에게도 개방시키기 위하여 도입된 제도이다. 대통령선거에서 지지해준 국민들의 뜻을 행정에 반영시키려면, 지지해준 국민들 중에서 골고루 사람을 뽑아 행정업무를 맡겨야 한다는 논리이다. 그러나 엽관제는 시간이 흐르면서 타락하게 되어, 1880년대에 이를 방지하기 위한 실적주의가 등장하게 되었다.

그런데도 불구하고 엽관제(정실주의)가 민주성과 연결되어 있기 때문에 민주적 정치제도가 존속하는 한 쉽게 사라지지 않는다. 그래서 100여년 후인 1980년대에 다시 강력하게 미국행정에 영향을 미치기 시작했다. 즉 레이건(Reagan) 대통령이 1970년대까지 추진된 복지주의적 정책으로부터 정부개입 축소와 작은 정부운동으로 통치이념을 대대적으로 전환시키면서, 자신의 통치이념을 추종하는 사람들을 대거 행정조직의 상층부에 배치시켰던 것이다. 레이건이 대통령에 당선된 것은 국민들이 레이건의 통치이념을 지지한 것이므로 국민의 의지를 행정에 반영시키기 위해서 고위직에 추종자들을 많이 임명한 것이다. 이들이 집권세력의 의지를 실현하기 때문에 행정전체의 정치적 능력은 강화되는 것이다. 그러나 그 부작용으로 전문관료들이 위축되고, 전문성의 축적보다는 집권세력의 눈치를 보면서 단기적으로 성과를 내는데 노력을 기울이는 관료들이 늘어나게 되는 문제가 생긴다. 한마디로 전문성을 해치는 것이다. 우리나라에도 심각한 문제가 되었다.

## 5. 행정능력의 종류 3 - 실행적 능력 -

아무리 분석적 합리성과 정치적 합리성을 지닌 정책을 결정하여도 이를 실현시키지 못하면 아무런 소용이 없다. 실행적 행정능력은 집행능력이므로, 집행활동을 위한 능력들의 집대성이다. 그러므로 그 중요성은 더 논의할 필요조차 없다.

실행적 능력을 좌우하는 요소는 너무나 많다. 바람직하지 못한 정책은 처음부터 집행이 어려울 뿐만 아니라, 집행되어도 문제를 일으킨다. 그러므로 분석적 합리성을 위한 전문성의 결정요인이나, 정치적 합리성을 위한 정치적 능력의 결정요인이 모두 실행적 능력을 좌우한다.

분석적 능력(특히 전문성)을 좌우하는 내부관리요소 중에서도 부하들에게 동기부여를 하면서 움직이게 하는 리더십이 무엇보다도 중요하다. 또한 신공공관리적 방법이나 MBO나 TQM(Total Quality Management) 등 전통적인 관리 방식도 실행능력을 결정적으로 좌우한다. 헌신적인 관료들이 목표달성을 위해서 열심히 움직이는 것이 실행능력의 핵심이기 때문이다. 마찬가지로 적절한 예산배분이 행동력을 뒷받침해야 한다. 이런 식으로 행정조직의 내부관리는 동태적 관리를 통하여 실행능력을 좌우하는 결정적인 요소이다. 정통파행정학이 여기에 집중적인 연구를 하게 된 것은 너무나 당연한 일이다.

한편 정치적 능력을 좌우하는 요소들도 정책의 민주성을 확보시켜 정책집행의 첫 번째 조건을 충족시킨다. 그 중에서도 신공공관리론(new public management)에서 강조하고 있는 고객에 대한 대응성(responsiveness)과 공동체주의적 참여 등은 바람직한 행정서비스의 생산과 전달에 결정적인 역할을 한다. 이들을 적절히 처리할 수 있는 능력이 넓은 의미의 정치적 능력에 포함된다.

**그림 11-3** 행정능력과 행정관리

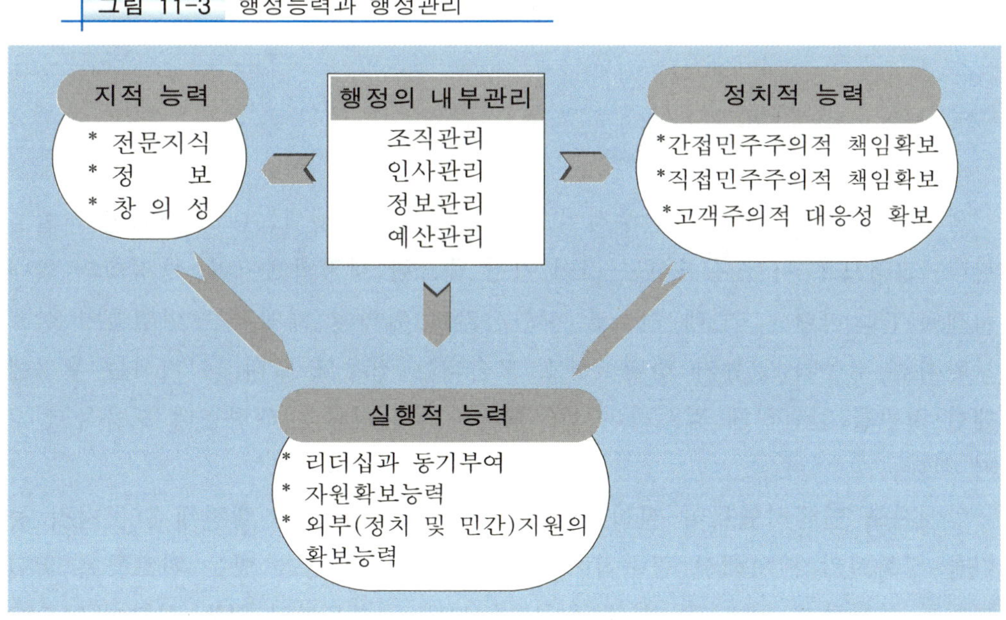

또한 거버넌스(new governance)에서 핵심으로 취급하고, 신공공관리론에서도 강조하고 있는 민간과 정부에 의한 행정서비스 공동생산은 또 다른 유형의 실행적 행정능력을 요구한다. 이 능력은 정치적 성격보다는 관리적 성격이 강한 능력이므로 실행적 능력의 또 다른 측면으로 볼 수 있다. 1980년대부터 신공공관리주의에 의하여 행정역할의 상당한 부분이 민간에게 이양되면서(민영화, 민간위탁 등을 통해서) 정부만이 아니라 준정부 및 비정부민간조직(QUANGO's)에 의한 행정문제해결이 확대되었다. 공기업과 같은 준정부조직, 종교단체를 포함한 각종 봉사단체, 환경보호나 소비자 보호를 위한 공익집단, 영리목적의 민간기업, 지역사회와 같은 공동체 등이 모두 공적 문제를 해결하기 위하여 공동으로 또는 개별적으로 활동하고 있다. 민간에 의하여 운영되는 고아원, 양로원, 재활원 등만이 아니라, 정부의 위탁으로 쓰레기를 수거하는 민간업체 등이 모두 그러한 예이다. 이들의 힘을 동원하고, 공동체 구성원들의 적극적 참여에 의한 공적 문제해결과 공동체발전을 도모할 수 있는 행정의 능력이 아주 중요하게 된 것이다. 이들을 적절히 관리하여 공적 문제를 바람직하게 해결하는 것이 새로운 국정관리의 요체이며, 이를 관리할 수 있는 능력이 실행적 행정능력의 아주 중요한 부분을 차지한다.

## 6. 행정능력 간의 관계

행정능력은 정책활동이 민주적이고 능률적으로 수행되는데 결정적인 역할을 한다. 그러므로 이를 강화하는 것이 가장 중요한 행정과제이며, 행정학의 최대과제이기도 하다. 그런데 이들을 강화시키기 위하여 채택하는 방법들이 상호보완적인 경우가 있는가 하면, 상호 모순되는 경우도 있다. 여기서는 후자에 대한 것만을 간단하게 검토하여 한국행정의 딜레마를 이해하는데 도움을 얻고자 한다.

앞에서도 언급하였듯이 실적주의제도를 도입하는 것은 행정체제의 지적 능력을 강화시키기 위해서 필수적이다. 그러나 신분보장을 받는 관료들은 국민의지를 실현하려는 대통령의 통치이념을 그대로 수용하지 않는 경향이 있으므로, 대통령의 추종자들을 임명하는 엽관제(정실주의제도)가 행정의 민주성을 증가시킨다는 점은 이미 지적했다. 이 문제는 실적주의제도에 의한 능률성과 엽관제(정실주의)에 의한 민주성의 충돌로 알려져 있다. 이것을 행정능력의 측면에서 볼 수도 있다. 즉 실적주의제도에 의하여 신분보장을 강하게 받는 직업관료들보다는 집권세력의 중심부에서 움직이는 정치적으로 임명된 고위관료들이 집권당의 요구나 국회의 요구를 취급할 수 있는 능력이 크다. 즉 지적 능력을 위한 실적제보다 엽관주의가 정치적 능력을 증가시킨다.

마찬가지로 지적 능력은 끊임없이 전문지식을 축적하고 정보를 처리하는 지성인적 관료를 양성할 것을 요구한다. 그러나 실행능력은 불굴의 의지를 지니고 강한 추진력으로 몰아 부치는 행동형을 요구한다. 즉 전문가를 양성하는 인사관리나 훈련과 행동가를 양성하기 위한 인사관리나 훈련은 서로 대립된다.

또 실행능력과 정치적 능력 간에도 비슷한 예가 많다. 대통령의 뜻을 충실히 따르면서 집권세력과의 협조관계를 원만히 유지해야 간접민주주의적인 정치적 책임을 확보하는 정치적 능력이 향상된다. 그러나 반대로 일선현장에서는 상황에 따라 재량권을 행사하면서 상층부와는 관계없이 움직여야 정책집행

**그림 11-4** 행정능력 간의 상호 모순

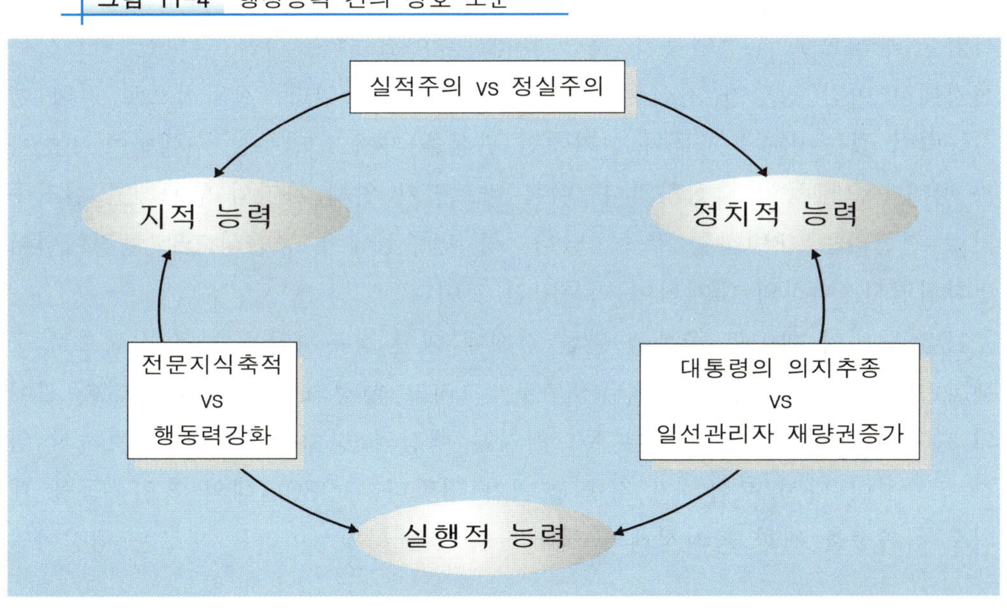

은 효율적으로 된다. 양자는 충돌하는 것이다. 한편 정치적 능력은 민주성과 동일한 내적 모순을 지니고 있다. 직접민주주의적 참여집단과 국회의원들이 서로 상반되는 주장을 하는 경우는 직접민주주의적 책임확보 능력과 간접민주주의적 책임확보 능력이 충돌하는 경우이며, 고객이 전혀 다른 요구를 하게되면, 대응능력과도 모순이 되는 것이다.

이러한 예들을 간단하게 정리하면 위의 그림과 같다.

## Section 제 4 절 행정개혁·행정이념·행정능력 간의 관계

행정환경이 크게 변화되면, 행정이념이 변화되고 이에 따라 행정관리가 바뀌어야 한다. 즉 행정개혁이 따르는 것이다. 미국의 경우에 이러한 변화가 분명하게 나타난다. 1880년대에 등장한 실적주의 운동이 대표적이다. 당시 미국에서는 고도성장이 계속되면서 과거에 없었던 도로건설, 상하수도건설 공공사업을 중심으로 행정업무가 복잡해지고 많아졌는데, 이를 담당할 관료들은 선거에서 이긴 정당이 자신들의 지지자들로 충원하였다. 결과적으로 전혀 행정능력이 없는 비전문가들이 선거에만 관심을 가지고 업무를 수행하여 비능률과 낭비, 부패 등이 극심하였다. 이를 바로잡기 위해 과거의 엽관제를 실적주의로 전환하는 대변화를 추구하였다. 즉 민주성에서 능률성으로 행정이념이 변화되면서, 행정의 대개혁이 이루어진 것이다.

1930년대의 대공황 극복을 위한 경제에 대한 정부개입을 뉴딜 정책으로 구체화하면서, 소극정부에서 적극정부로, 그리고 행정의 정책결정에 대한 관여의 증가로 행정국가화 현상이 두드러지자 행정의 정치적 책임을 확보하기 위한 민주성이 다시 부활하여 각종 조치가 따랐다. 1960년대의 흑인폭동을 계기로 하류층을 위한 복지정책의 대대적 추진은 형평성이라는 새로운 행정이념을 등장시켰고, 이에 따라 대표관료제, 시민참여 등을 위한 조치가 뒤따랐다. 닉슨 대통령의 사임으로 촉발된 정치지도자와 행정에 대한 불신이 적법절차를 강화하는 합법성의 이념을 촉발시켰다.

1980년대에 들어서서 경제위기와 재정위기를 극복하기 위해 능률성이 다시 전면에 등장하여 신자유주의적 신공공관리를 촉발시켰다. 신공공관리는 전통적인 행정개혁과 달리 정부기능 자체를 조정하기 까지 하는 개혁을 추진하였다. 정부기능의 일부를 민영화나 민간위탁으로 민간에게 넘겨서 경쟁원리를 적용하여 능률성을 확보하고, 행정의 자율성을 통한 능률향상을 위해서 규칙과 통제를 완화하려고 시도했으며, 이를 위해서 성과주의적 관리를 시도하고 있다.

한편 민간과 정부가 공동으로 업무를 추진하는 거버넌스 개념이 도입되어 대도시 교통문제를 해결하기 위하여 시정부와 인근 지차체, 지하철 공사, 버스 회사, 택시업자 등등이 모두 협력하는 서비스 연계망이 주목을 받고 있다. 서로 경쟁하면서도 협력해야 하는 서비스 연계망의 참여자들을 관리하는 행정의 책임은 무겁고, 역할 수행은 과거에 보지 못한 행정능력과 역할을 요구하고 있다.

그런데 이러한 여러 가지 새로운 일들을 담당해야 하는 행정은 의욕과 능력 부족으로 고통을 받고 있다. 과거에는 분야에 대한 전문지식을 갖추고 리더십을 행사하여 일을 추진하는 실행능력으로 충분하였기 때문에 조직관리, 인사관리 등을 통하여 전문성을 강화하려는 노력을 하여 왔다. 그러나 거버넌스에서 보듯이 수평적 관계에 있는 조직이나 기관들의 힘을 모아 업무를 공동으로 추진해야 하는 일은 전혀 다른 능력을 요구한다. 더욱이 인터넷의 보급으로 시민들의 요구가 직접 행정에 전달되고, 국회를 비롯한 정치권이 인기위주의 선동이나 무책임한 요구 등의 타락한 정치로 고통을 받으면서 그 영향이 행정에 그대로 전달되어 행정인들의 정치적 능력이 중요하게 되었다.

전문성을 중심으로 하는 지적 능력과 민주성을 확보하기 위한 정치적 능력이 서로 대립되는 경우가 많고, 현장에서의 실행능력은 또 다른 측면을 지니고 있어서 상황을 더욱 어렵게 만들고 있다. 서로 대립되는 능력 중에서 무슨 능력을 더욱 강화시켜야 하는지 판단조차 어렵다. 우선은 이러한 대립관계를 정확히 이해하고, 행정인의 직무나 상황에 따라 가장 절실한 능력을 우선적으로 강화하는 수밖에 없다. 혼란에 빠진 행정을 바로잡기 위해서는 무엇보다 갈등과 대립상태에 있는 실태를 정확하게 이해하는 것이 가장 중요하다.

## 요 약

행정개혁(administrative refor)은 행정을 의도적으로 개선하는 활동이나 과정을 의미한다. 방만하게 난립되어 있는 행정부처들을 통폐합하거나 규모를 축소하여 인원을 감축시키는 것, 관료들의 횡포와 낭비를 방지하기 위하여 행정절차법이나 행정윤리법을 제정하여 업무수행의 방식을 크게 제약하는 등 행정업무의 수행방식을 변경시키는 것 등이 있다. 그러나 1980년대 이후의 신공공관리론적 행정개혁에서는 이상의 것 이외에도 업무수행방식과 절차만이 아니라 조직문화, 심지어는 정책내용과 밀접하게 얽혀 있는 행정기능조차도 행정개혁의 이름으로 변화시키려고 하고 있다.

원래 이러한 대변혁은 자주 시도되는 것이 아니다. 이러한 대변혁은 행정환경의 대변화에 따른 기존의 행정패러다임과 행정이념이 변화하여 나타나는 결과이기 때문이다. 그래서 행정개혁의 대상이 크게 변화하는 것은 행정을 지배하는 이념의 변화 때문으로 볼 수 있다. 미국의 경우, 1880년대부터 1930년대까지의 행정개혁운동이 지도적인 행정개혁이념으로 채택했던 능률성부터, 1980년대 이후 정부의 규모를 축소하면서도 민간기업의 경영방식을 도입하고 시장주의적 경쟁원리를 행정서비스 생산에도 대대적으로 도입하려는 신공공관리론적 행정개혁까지 다양하게 등장하였다.

우리나라에서는 1950년대부터 1970년대 말 까지는 일종의 제도형성기이다. 그래서 근대적 실적관료제가 구축되는 과정이다. 1950년대는 혼란과 절대빈곤에서 국가가 형성되는 시기였으므로 시행착오를 거치면서 새로운 기구나 제도가 자리잡기 시작하였고, 1960년대부터 대대적으로 추진된 경제발전을 뒷받침하기 위하여 실적관료제가 구축되었다. 1990년대 김영삼 정권시기에 본격적이고 대대적인 행정개혁을 추진하였는데, 조직개편만이 아니라 법·제도적 개혁 등 그 대상도 광범위하게 되었다. 김대중 정권에서는 신공공관리주의적 개혁을 시도하여, 개혁의 대상은 더욱 확장되었다.

행정환경이 급변하여 개혁이 필요할 때 등장하는 행정개혁은 바람직하다. 그러나, 모든 개혁이 다 여기에 해당하는 것은 아니다. 개혁의 필요성이 약한 경우에 오로지 인기를 위해서 추진하는 행정개혁도 있다. 관료들에 대한 불신이 팽배한 것을 기화로 선거 때마다 행정개혁이나 정부규모 축소를 공약으로 내걸고, 관료 때리기를 하는 것은 이미 선진국에서도 전문가들 사이에 커다란 우려의 대상이 되고 있다. 그래서 행정 전문가가 아닌 일반시민들은 행정에 대한 불신이 강하고, 규모축소가 미운 관료들을 몰아낸다는 생각에 지배되어 행정능력을 결정적으로 손상시킨다는 생각을 하지 못한다.

조직구조 중심의 행정개혁이 1980년대부터 크게 변화되어, 선진제국에서는 행정체제 전반에 걸친 개혁이 대대적으로 진행되고 있다. 한국도 1990년대 후반부터 커다란 영향을 받기 시작했다. 그러나 신공공관리주의적 행정개혁은 너무나 다양한 내용을 포괄하고 있어서 엄청난 혼란이 계속되고 있다. 더욱이 전통적 행정체제를 근본적으로 바꾸려는 시도를 하고 있으므로 혼란은 더욱 심하다. 뿐만 아니라 새로이 등장하는 개념인 신국정관리가 혼란을 가중시키고 있다.

1980년대부터 세계적으로 유행하는 신공공관리의 가장 핵심적인 지도원리는 시장주의(market orientation)이다. 시장주의는 공공서비스의 생산(정부에서 재화나 용역으로 제공하는 서비스만이 아니라 규제를 통하여 제공되는 서비스 포함)에서 공공적인 결정과 집행에 의존하지 않고 가격을 매개로 움직이는 시장의 원리에 의존하려는 것이다. 그러므로 정부가 개입하지 않고 중요한 경제문제를 시장에 의하여 해결하려는 자유방임적 사상의 부활이라고 보아서, 신공공관리를 신자유주의적 관리라고 부르기도 한다.

1980년대 미국과 영국에서 동시에 등장한 보수정권은 신공공관리의 맥락에서 작은정부운동을 추진하였다. 1970년대에 겪은 경제위기를 극복하기 위하여 정부의 기능을 보다 효율적인 민간에게 넘겨주거나 계약을 통하여 대행하도록 하거나, 내부규제를 완화하여 하부조직이 스스로 일을 처리할 수 있도록 재량을 부여하거나, 성과에 의한 관리를 추구하였다. 이와는 별개로 1980년대에 많은 비정부조직이나 기관들이 공공서비스 공급에 참여하고, 이들 사이에 서비스 연계망이 형성되고, 이들은 서로 신뢰의 기반 위에 협조하는 관계를 유지한다는 것을 내용으로 하는 신국정관리(new governance)가 등장하기도 하였다.

그러나 서로 경쟁하면서도 협력해야 하는 서비스 연계망의 참여자들을 관리하는 행정의 책임은 무겁고, 역할 수행은 과거에 보지 못한 행정능력과 역할을 요구하고 있다. 그런데 이러한 여러 가지 새로운 일들을 담당해야 하는 행정은 의욕과 능력부족으로 고통을 받고 있다. 더욱이 인터넷의 보급으로 시민들의 요구가 직접 행정에 전달되고, 국회를 비롯한 정치권이 인기위주의 선동이나 무책임한 요구 등의 타락한 정치로 고통을 받으면서 그 영향이 행정에 그대로 전달되어 행정인들의 정치적 능력이 중요하게 되었다.

전문성을 중심으로 하는 지적 능력과 민주성을 확보하기 위한 정치적 능력이 서로 대립되는 경우가 많고, 현장에서의 실행능력은 또 다른 측면을 지니고 있어서 상황을 더욱 어렵게 만들고 있다. 서로 대립되는 능력 중에서 무슨 능력을 더욱 강화시켜야 하는지 판단조차 어렵다. 우선은 이러한 대립관계를 정확히 이해하고, 행정인의 직무나 상황에 따라 가장 절실한 능력을 우선적으로 강화하는 수 밖에 없다. 혼란에 빠진 행정을 바로잡기 위해서는 무엇보다 갈등과 대립상태에 있는 실태를 정확하게 이해하는 것이 가장 중요하다.

제 12 장

# 행정의 역할과 공직자의 소명

12

§ 들어가는 말 §

지금까지 국정관리의 중핵이 되는 행정이 부닥친 여러 가지 이슈와 해결책, 그리고 현실적 어려움들을 검토하고, 이들을 해결하기 위한 관리방식과 공직자의 능력 및 마음자세 등을 살펴보았다. 이것들을 익히고 체득하여 국정업무를 올바르게 수행했으면 하는 것은 저자들만의 바람이 아니다. 불안과 좌절에 고통 받는 무수한 국민들에게 희망을 주기 위하여 필수적인 조건이기 때문이다. 이 장에서는 이때까지 논의한 것들을 정리하여 공직자가 헌신적인 자세로 국정업무를 수행하는 것이 얼마나 중요한지를 밝히고, 소명의식을 지녀달라고 호소하는 말로서 끝을 맺고자 한다.

◆ Section ◆

## 1. 행정의 중요성

사람은 살아가기 위해 직업을 가진다. 공직자들은 국가기능을 수행하는 직업을 가지고 있다. 그리고 공직자의 이 직업은 너무나 중요하다. 그러나 우리는 이 사실을 흔히 잊고 살아간다. 군인들이나 국방부의 사람들이 업무를 소홀히 하여 외적이 침입한다면 어떠한 일들이 벌어지겠는가? 옛날 원나라나 청나라가 침략하여 국토를 유린하였을 때, 임진왜란 때 얼마나 많은 국민들이 목숨을 잃고 삶의 터전을 파괴당하여 고통스러웠겠는가? 일본제국주의가 식민지배 할 때의 치욕과 고통은 어떠했겠는가? 6.25동란 때의 처참함과 동족상잔의 비극적 사건들은 또 어떠한가? 이러한 비극이 또 다시 발생할 수 있다. 지금도 중동이나 중앙아시아 쪽에서는 비극적 전쟁으로 무수한 사람들이 고통을 당하고 있다. 국토방위의 중요성은 두말할 필요가 없다. 2015년 여름 메르스 사태로 많은 사람들이 희생되고 희생의 위협에 시달렸다. 무서운 전염병을 예방하고 극복하는 보건직 공직자들의 업무도 너무나 소중하다. 무수한 사람들이 일자리를 얻지 못하여 괴로움을 당하고 있을 때, 국가경제를 올바로 이끌어나가야 하는 경제업무는 또 얼마나 절박한가?

이렇게 생각해 보면 정부에서 담당하는 국가기능 하나 하나가 너무나 소중한 것임을 알 수 있다. 소중하기 때문에 국가가 공직자를 채용하여 세금으로 봉급을 주면서 일을 맡기고 있는 것이다. 이러한 기능을 잘 수행하여 많은 국민들에게 혜택을 주고 후손들에게도 좋은 유산을 물려줄 수 있다면 얼마나 보람 있고 자랑스러운 일인가? 많은 직업 중에서 이러한 직업을 담당하게 된 것은 얼마나 선택되고 축복받은 일인가? 그런데 .... 이렇게 귀중한 역할수행에 엄청난 재앙이 닥쳤다.

## 2. 삼권분립과 국가기관간의 역할분담, 그리고 파멸적 역할대행

국가기능을 수행하게 되면 사람들에게 각기 다른 영향을 미친다. 효과를 얻는 사람은 혜택을 보게 되지만 비용을 부담하거나 피해를 보는 사람들은 희생을 하게 된다. 그리고 이 효과와 희생이 여러 사람들에게 다르게 분포되기 때문에 보다 많은 혜택을 얻으려하거나 보다 적은 희생만 감당하려고 끊임없이 갈등과 대립이 발생한다. 어린애들을 위한 보육비를 정부에서 지원하게 되면 애들을 가진 부모들은 혜택을 보지만 어린애가 없는 노인들은 관계가 없다. 노인복지비의 경우는 정반대가 된다. 국토방위는 모든 국민에게 같은 혜택이 돌아간다고 하더라도 군대에 입대하는 청년들과 그의 가족들이 보다 많은 희생을 하게 된다. 또한 국가의 기능수행에는 경비가 반드시 소모되고 이 경비 충당을 위하여 부담하는 세금은 소득수준에 따라 차이가 크다. 불만과 갈등이 생길 수밖에 없다. 그리하여 국가기능 중에 어디에 우선순위를 두어야 하며 얼마만큼의 지원이나 희생이 있어야 하는지는 대립과 갈등의 대상이 된다.

그래서 국민의 대표기관이 결정해야 한다. 즉 정부가 결정해야 한다. 민주주의 국가에서는 정부기관을 나누어서 역할분담을 시키고 서로 견제하도록 하고 있다. 국민들의 선거에 의하여 선출된 국회의원들이 중요한 방침을 결정하고 행정부가 이를 구체화하여 집행하며 사법부는 이들 업무수행의 합법성을 판단한다. 그러나 국가기능이 다양화해지고 팽창되면서 전문성을 지닌 행정부가 실질적으로 정책결정까지 주도하는 행정국가화 현상이 심화되었다. 행정부에서 정치기능을 수행하게 되었다. 이러한 행정국가화 현상은 모든 정치세력이 행정부의 결정에 개입하는 것을 당연한 것으로 생각하게 만들었다. 국민들의 생활에 영향을 미치는 중요한 결정이기 때문에 시민참여가 당연한 것으로 인식되고, 시민단체 이익집단 개인들이 인터넷 등 모든 수단을 동원하여 영향을 미치려고 노력한다. 물론 공식적인 정치기능의 수행자인 국회의원들도 당연히 행정부의 결정에 영향을 미치고 있다. 한 마디로 행정국가화 현상이 심화되면서, 행정은 모든 세력에게 개방되어 영향을 받게 되었다. 행정은 더 이상 전문성을 근거로 국가기능 수행의 주도자 역할을 하지 못하고, 무수한 세력으로부터 영향과 공격을 받게 되었다.

이러한 세력들 중에 국회가 가장 광범위하고 구체적인 내용에 이르기까지 강력한 영향을 미치고 있다. 국회는 더 이상 국가기능 수행의 기본적 방침만을 결정하는 기관이 아니다. 정책집행의 구체적인 내용에 이르기까지 다양한 방법으로 영향을 미친다. 표면상으로는 대의제민주주의가 크게 발전되어 행정의 민주화가 이룩된 모습이다. 그러나 여기에는 엄청난 문제가 잠재되어 있다. 과도한 정치력이 행정의 전문성에 기초한 합리적 결정을 파괴할 가능성이다.

선거구민의 요구사항을 국가정책에 반영하는 것은 민주주의를 실현하는 방식이다. 그렇지만 가장 바람직한 결정은 정치적인 중요 요구를 행정의 전문성과 결합시켜서 정책을 올바르게 결정하는 것이다. 어느 한쪽이 지나치면 언제나 문제가 발생한다. 행정권력이 비대한 경우에는 행정부 수뇌집단이 권력을 남용하여 국민들의 인권을 유린하고 부패하여, 전제군주 시대부터 무슨 일이 있어도 방지해야 하는 민주주의의 적이 되었다. 그러나 사회적-정치적 민주화가 진행되면서 이러한 문제는 많이 개선되었다. 이제는 정치권력이 행정의 전문성을 억누르면서 발생하는 비능률과 혼란 문제가 위험수준을 훨씬 넘고 있다. 국가발전을 파멸로 이끌 수 있는 위험수준이다.

## 3. 국정환경의 대악화 - 3불사회의 심화 -

되돌아보면 20여 년 전 까지만 하여도 우리는 희망과 낙관이 지배하는 사회에서 살았다. 기적적 고도성장 이후의 경제는 성숙기에 접어들어 안정적 성장을 계속하고, 오랫동안 권위주의적 체제 속에서 고통스럽던 정치는 드디어 민주화의 장도를 성공적으로 달리고 있었다. 나라 전체가 선진국을 향하여 성공적으로 발전하는 것으로 보였다. 그리고 그 후에도 비록 1998년의 IMF 사태와 2008년의 글로벌 금융위기 등 몇 차례의 위기가 있었으나 어렵게 고비를 넘기며 얼마 전에는 선진국으로 진입하여 국제사회에서의 위상도 크게 향상되었다. 그러나 불행하게도 지금은 많은 것이 잘못된 방향으로 변하고 있다. 20년 전의 낙관과 희망이 충만하던 분위기가 지금은 불확실한 상황 속에서 비관적인 미래 때문에 고통 받는 암울한 분위기로 변화되고 있다. 갈수록 심화되는 양극화, 대학졸업생들의 취업난, 퇴직을 강요당하는 중년들의 고통, 격렬한 경쟁으로 인한 피로와 불안, 가정불화와 가정파탄, 이 모든 것들 때문에 발생하는 학교폭력 등 청소년들의 각종 부조리한 행동, 해결의 실마리를 찾기 어려운 교육문제 등등, 그리고 이들 문제를 해결할 수 없다는 패배감, 그리고 무엇보다도 이들 문제가 미래에 개선될 가능성이 전혀 보이지 않는다는 좌절감 등이 사회 전체를 짓누르고 있다.

무엇이 잘못 되었는가? 새로운 정권이 등장할 때 마다 장밋빛 약속을 했는데 상황은 전혀 좋아지지 못하고 더욱 악화되고 있다. 도대체 어떤 일들이 국정관리에서 벌어지고 있는가? 이를 이해하기 위해서는 한국사회의 대 변화를 먼저 검토해야 한다.

한국사회는 21세기에 접어들면서 탈현대사회의 전형적인 부조리에 시달려 왔다. 〈3불 사회〉라는 병리현상이다. 불안, 불만, 그리고 불신이 가득 찬 사회이다. 왜 이런 사태가 벌어졌을까? 1990년대 초부터 인류사회를 휩쓸고 있는 정보화, 세계화, 과학기술발전의 급속한 진전이 서로 맞물려서 만들어낸 병리현상이다.

세계화는 정보통신기술의 발달에 힘입어 경제 문화 등 사회 각 분야에서 대대적으로 진행되면서 인간의 생활을 편리하고 풍요롭게 만드는 혁명적 변화를 이끌었다. 그러나 이러한 밝은 면과 더불어 어둡고 고통스러운 병리현상을 만들었는데, 경제적 측면에서의 세계화가 부조리적 병리현상에 가장 큰 영향을 미쳤다. 1990년대에 접어들어 독일이 통일되고 동서냉전체재가 붕괴하면서 자유무역이 확대되어 기업들 간의 경쟁이 치열해지고, 경쟁력강화를 위하여 생산비절감과 제품의 품질향상을 위하여 사람 대신 컴퓨터와 로봇의 사용이 급격하게 증가되었다.

과학기술의 발전은 자동기계, 로봇, 컴퓨터의 성능을 급속도로 향상시키고 이들의 제작비를 크게 낮추게 하여 이들의 사용을 더욱 증가시키게 되었다. 이 변화는 인건비 절감을 위한 구조조정과 맞물려 질 좋은 일자리를 급격하게 감소시켜서, 일자리를 얻지 못한 대학졸업생과 구조조정에서 밀려 나온 중년 실업자들이 크게 증가되었다. 원래 좋은 일자리는 중산층의 터전이므로 이들의 감소는 이 자리를 차지해야 할 중산층이 없어지고 대신 하류층이 증가하는 것을 의미한다. 결과적으로 사회는 소수의 상류층과 다수의 하류층이 양극화되는 불안한 구조를 지니게 되고 만다.

생계수단인 일자리를 얻지 못하면 사람은 불안에 시달릴 수밖에 없다. 본인만이 아니라 옆에서 이를 보는 부모 형제 친한 친구들 모두가 불안하다, 무엇보다 본인은 너무나 고통스럽다. 일자리를 얻지 못한 사람들이 많은 사회는 전체가 〈불안〉에 시달린다. 더욱이 지금의 상황이 개선될 가능성이 보이지 않는다. 그럴듯한 직장을 얻어 지금의 고통이 사라지리라는 희망이 사라지고 암담한 미래가 더욱 좌절감을 부추긴다. 어두운 그림자가 사회 전체를 휘감고 있다.

현재의 고통과 미래에 대한 좌절감속에 심리적 불안은 당연히 〈불만〉의 불씨가 된다. 일자리를 오랫동안 구하지 못하거나, 중년퇴직 후에 여러 가지 사업들에 실패하여 그나마 모았던 퇴직금마저 잃게 되면, 가정은 파탄으로 치닫고 본인은 극도의 좌절감에 시달린다. 처음 몇 년간은 스스로의 잘못으로 자책하지만, 시간이 흐를수록 자신을 도우지 못하는 주변을 원망하고, 자신을 그런 상태로 몰아넣었다고 믿게 되는 사회 전체에 대하여 저항의식을 지니게 된다. 모든 것이 불만스럽게 된다.

가까스로 일자리를 구했거나 지키고 있는 사람도 불만스럽기는 마찬가지이다. 옛날에는 세 사람이 하던 일을 한 사람을 내보내고 두 사람이 하게 되면 적당한 휴식과 가족과의 생활이 줄어들고 일에만 파묻히게 된다. 더욱이 기업에서 시작된 격렬한 경쟁이 모든 부문으로 확산되어 경쟁적으로 성과를 내기 위한 과도한 업무가 육체적으로만이 아니라 정신적으로도 모두를 피폐하게 만든다. 불만에 싸인 생활의 연속이 일상화된다.

여기에 더하여 인터넷이나 TV 등 언론매체나 영상물 등을 통하여 나보다 잘 살거나 즐거운 사람들의 행태를 언제나 보게 된다. 남의 고통은 알 수 없고 보이지도 않기 때문에 나 자신이 더욱 비참해 보인다. 이 모든 것이 모두를 불행하게 하고 불만에 시달리게 만든다.

정보화의 대대적인 진전은 〈불신〉이라는 전혀 다른 문제를 파생시킨다. 과학기술발전, 치열한 경쟁 등으로 사회의 분야마다 급속한 변화가 일상적으로 진행되면서 엄청난 양의 정보가 생산된다, 그래서 자신의 분야에서 일어나는 변화를 따라잡기 위하여 매일 매일 많은 정보를 소화해야 한다. 그야말로 정보홍수에 휩쓸려서 정신을 차리기 어렵게 된다. 결과적으로 다른 분야의 변화에 관심을 가질 시간도 없고 이해할 수 있는 능력도 없다. 과거에는 비슷한 인접분야에서 벌어지는 일들을 쉽게 이해할 수 있었지만 지금은 전혀 아니다. 결과적으로 사회는 각 분야별로 커다란 장벽이 둘러싼 독립영토와 같이 되어 다른 분야와는 소통을 하기 어렵게 된다. 마치 중세시대에 다른 영토로 도망치지도 못하고 흉포한 봉건영주의 지배를 받던 봉건사회와 같다고 하여 이를 전자봉건주의(electro-feudalism)라고 부르기도 한다. 정보화가 가져온 공동체의 분해현상을 말하는 것이다. 이러한 상황에서는 다른 분야의 사람들의 말을 이해하지 못하고 싸움이 벌어지면 어느 쪽이 나쁜지 좋은지도 판단하기 어렵다. 당연히 어느 쪽의 말도 쉽게 믿을 수 없다. 불신사회가 뿌리박게 되는 것이다. 정보화의 대대적 진전으로 사람들이 컴퓨터를 통하여 정보수집이나 취미활동을 하는 시간이 많아지고 다른 사람과 대면접촉을 하는 기회가 급속도로 감소하고 있다. 그래서 일면으로는 다른 사람과의 신뢰를 구축할 기회가 줄어들고, 타면으로는 자신이 좋아하거나 관심 있는 것만 취사선택하여 정보를 수집하게 되어 사실판단의 객관성을 약화시키고 편향성을 강화시킨다.

이런 상태에서 어느 쪽의 말을 믿느냐는 정확한 사실에 따르지 않고, 전혀 다른 기준(누가 어디서 어떻게 말하느냐)에 따른다. 예를 들면 우리나라에서는 정부 소속 사람이 말하는 것은 잘 믿지 않으려고 한다. 정부에 대한 불신이 원래부터 강하기 때문이다. 일제식민지 정부가 국민을 속인 것은 말할 것도 없지만 해방이후의 혼란기, 개발독재시대와 1980년대 후반의 권위주의 정권시절까지 정부는 너무나 자주 국민들에게 거짓말을 해 왔다. 정부에 대한 불신은 사실과 다른 거짓말 때문만은 아니다. 정부의 능력에 대한 불신도 사태를 더욱 악화시킨다. 국민신뢰를 많이 받던 선진국들도 지금은 정부불신으로 시달린다. 예를 들면 독일은 1970년대 경에는 정부를 신뢰하는 국민들이 60~70%에 달했지만, 지금은 30% 내외 수준이라고 한다. 일자리부족 문제를 비롯한 경제문제를 국민들이 원하는 수준만큼 해결하지 못했기 때문이다.

불안, 불만 그리고 불신이 결합되면, 최악의 국정환경이 된다. 이러한 사회는 쉽게 분노의 사회(angry society)가 되고 분열된 사회가 된다. 자신은 힘들게 살아가는데, 불공정하게 자리를 차지하고 잘 살고 있다든가, 자신에게 부당하게 피해를 입힌다고 믿게 되면, 분노를 참지 못 한다. 자신의 불행이 사회의 책임이라고 생각되면, 사회와 정부 전체에 대하여 분노한다. 정부에서 결정한 정책이 자신에게 피해를 주면, 공익을 위하여 어쩔 수 없이 추진된다는 사실을 이해시키려는 노력도 아무런 소용이 없다. 일자리가 없어서 불안하고 고통스러운 생활이 계속되면, 남의 입장을 이해한다든가 배려하려는 마음의 여유가 없어진다. 지나친 경쟁으로 과도한 업무에 시달리는 사람들도 마찬가지다. 당연히 정부의 정책은 집행이 잘 되지 않는다.

이러한 상태에서는 사실을 있는 그대로 믿기보다는 자신에게 호의를 지닌 사람들의 말을 그대로 믿게 된다. 호의가 아니라도 자기와 비슷한 처지에 놓인 사람들의 말을 믿는다. 자신과 다른 계층, 자신과 다른 배경을 지닌 사람들의 말은 아무리 진실이라도 자신과 같은 편이라고 믿는 사람들과 충돌하면 그 사실을 절대로 믿으려고 하지 않는다. 이성적 판단보다 감정적 동류의식이 공동체를 갈갈이 찢어 놓고, 이해관계가 충돌되는 집단들 사이에 적대적 관계가 형성되어 상호이해와 배려, 타협의 정신은 사라지게 된다.

분노의 사회, 동류가 아닌 집단에 대한 적대적 의식 등은 불안 불만 불신과 결합되어 파멸적인 국정환경을 만들어 낸다. 특히 외부인주도정치의 폐해와 선동정치가 극단적으로 나타나고, 정부정책은 일관성을 잃고, 사회 전체가 퇴락의 길로 빠져든다.

## 4. 외부인 주도정치(Outsider-Politics)와 선동정치의 횡행

정치체제의 내부에서 잔뼈가 굵어져 국정의 핵심부분에서 역할을 담당했던 직업정치인이나 고위관료 등을 정치체제의 내부인(insider)이라고 부른다면 정치체제의 변두리에서만 맴돌거나 정치-행정 경험이 적은 사람들을 외부인이라고 부를 수 있고, 이들이 주도하는 정치를 외부인 주도정치라고 부른다. 1980년대에 접어들어 세계적으로 외부인 주도정치 현상이 나타났는데 미국에서는 1976년에 대통령에 당선된 지미 카터와 그 이후의 로날드 레이건이 대표적이고, 거의 같은 시기에 등장한 오스트레일리아의 멀로니 수상, 캐나다의 트뤼도 수상, 일본의 호소카와 수상 등이 대표적인 외부인이다. 그 이후 외부인 주도정치는 선진국에서 일상화되었고, 클린턴, 부시, 오바마에 이어 2016년 말에는 트럼프 같은 극단적인 외부인이 미국대통령에 당선되었다.

레이건 대통령의 경우에서 두드러지지만 외부인 주도정치는 변화가 절실한 시기에 그 변화를 획기적으로 이끄는 장점도 있다. 그래서 일률적으로 나쁘다는 것은 아니다. 그러나 대부분의 경우는 장점보다 단점이 훨씬 많고, 이를 1980년대 중반부터 학자들이 걱정하기 시작하여 외부인 주도정치라는 용어를 사용하게 된 것이다.

외부인 주도정치의 단점은 외부인이 국정관리의 어려움을 정확하게 모른다는 사실 때문에 발생한다. 앞에서 자세히 보았듯이 국가 간, 기업 간 경쟁이 격렬해지면서 컴퓨터와 로봇이 사람들의 일자리를 빼앗아가고, 대졸생들의 미취업, 조기퇴직자들의 급격한 증가, 이에 따른 가정불안과 파탄, 청소년들의 정서불안과 학교폭력, 사교육비가 증가만 되는 교육문제, 저소득층의 급격한 증가에 따른 정부부담의 급증 등등의 문제가 무수한 국민들을 고통 속에 빠뜨리게 되었다. 이러한 문제는 모두 그 해결이 아주 어렵고, 서로 복잡하게 얽혀져 있다. 여러 가지 해결책을 시도해 보지만 기대와는 달리 해결은 거의 되지 않는다. 그러나 외부인들은 이러한 사실을 정확하게 모른다. 몇 가지 정책들을 추진하면 문제가 해결될 것으로 믿고, 문제가 해결되지 않는 것은 기성 내부인들이 기득권을 유지하기 위하여 이러한 정책을 열심히 추진하지 않기 때문이라고 생각한다. 심한 경우에는 부패한 내부인들이 기득권 세력과 한패거리가 되어 변화에 저항하기 때문이라고 생각한다. 그리하여 내부인들은 대부분 타락하고 부패한 집단이라고 믿는 외부인들도 등장한다.

사실은 많은 국민들이 기성정치인들, 특히 중요한 역할을 한 경험이 있는 내부인들을 신뢰하지 않기 때문에 외부인을 선거에서 지지하고, 결과적으로 이들이 정치를 장악하게 되는 것이다. 문제를 해결하지 못하는 정부, 그리고 그 정부를 주도하는 내부인들의 능력과 의도에 대한 강한 불신이 외부인을 선출하여 국정을 담당시키게 된 것이다.

그렇기 때문에 외부인 주도정치는 쉽게 인기위주의 선동정치로 가게 된다. "이러한 정책을 가지고 이런 식으로 국정을 운영하면 문제를 해결할 수 있는데, 타락한 기성 내부인 들이 기득권과 결탁하여 이를 추진하지 않기 때문에 여러분들이 고통을 당하고 있다. 나를 선출해 주면, 내가 이를 해결하겠다." 라고 시민들이 좋아할 만한 정책대안을 들고 나와서 선전하게 된다. 오랫동안 일자리 부족과 복합적인 문제로 고통을 받은 유권자들은 외부인들의 주장을 반신반의 하면서도 지지하게 된다. 사정을 정확하게 아는 내부인들이 그렇게 간단한 문제가 아니라는 것을 아무리 합리적으로 설득하고 떠들어 보아도 고통 받는 사람들에게는 호소력이 없다. 그래서 언론에서 취급도 해 주지 않는다. 문제해결이 어려운 것은 이해하지만 외부인이 그 문제를 해결해줄 가능성이 조금이라도 있을지 모른다고 생각하는 유권자는 외부인을 지지한다. 이리하여 포퓰리즘(populism)이 횡행하게 된다. 물론 포퓰리즘이 외부인 주도정치에서만 나타나는 것은 아니다. 국민들이 알 수 없는 문제에 대해서는 누구나 쉽게 포퓰리즘의 유혹에 빠질 수 있다. 그러나 외부인 주도정치가 횡행하면 포퓰리즘이 위력을 발휘하게 된다. 선거경쟁에서 밀리는 내부인이 인기위주의 정책을 주장하면, 지식인들의 맹렬한 비난 때문에 득보다 실이 크다. 외부인은 '본인이 잘 모르니까 저런 주장을 한다.'라고 어느 정도 용서를 하지만, 내부인이 그런 주장을 하게 되면 알면서도 거짓말을 하는 정치 사기꾼이 되어버리기 때문이다. 그래서 포퓰리즘이 횡행하면 내부인이 승리할 가능성은 아주 작아진다. 물론 외부인도 집권세력에 가담하고 나면, 얼마 지나지 않아 내부인으로 낙인찍히고 외부인 주도정치는 악순환을 되풀이 하게 된다.

외부인 주도정치의 가장 큰 위험은 포퓰리즘이 선동정치로 변하는 경우이다. 실현성이 약하지만 인기 있는 정책대안을 공약으로 내세우는 외부인들은 이 정책대안이 지금 추진되지 않는 것이 내부인들이 기득권세력과 결탁하여 반대하기 때문이라고 믿는다. 여기서 한걸음 더 나가서, 무수한 사람들을 고통받게 만드는 이러한 문제를 해결하는데 반대하는 사람들은 개인이익만 생각하는 이기적이고 파렴치한 사람들이라고 믿게 된다. 그래서 위험한 결론이 나오게 된다. 즉 저러한 사람들은 사회의 공적(公敵)이고 도태되어야 하는 사람들이다. 그러나 상대편은 정반대로 주장한다. 저렇게 인기만 좇는 정치인들 때문에 문제가 해결되지 않고 많은 사람들이 고통을 당한다고 주장한다. 그리하여 상호비난과 대결 속에 적개심이 심화되고 파멸적인 증오의 정치가 싹트게 된다. 고통 받는 사람들은 어느 한쪽에 서서 상대편을 희생양으로 삼아 파멸적 정치를 더욱 악화시킨다.

국가정책에서 각자의 이해관계가 다르기 때문에 서로 대립할 수 있지만 상대편의 입장을 이해하고 배려하면서 타협과 조화를 기하는 민주정치의 기본이 무너지고, 상대편을 억누르고 탄압하여 지배하려는 적대적 정치, 심한 경우에는 상대편을 타도하려는 증오의 정치가 민주정치를 파멸적 위기로 몰고 가게 된다. 20여 년 전부터 우리나라만이 아니라 미국과 같은 모범적 선진국에서도 여당과 야당이 싸우게 되면, 절대로 타협하지 않고 중요한 이슈는 아무것도 합의를 보지 못하는 상태가 지속되고 있는데, 이러한 양보 없는 대결의 밑바닥에는 증오의 정치가 도사리고 있는 것이다.

여기서 보듯이 외부인 주도정치는 쉽게 선동정치, 증오의 정치로 타락하게 되어 대의제 민주주의(representative democracy)의 기초가 붕괴된다. 투표를 통하여 대표자를 선출하고, 이들이 나를 대신하여 이해관계가 충돌하는 상대편과 타협하고 공익적 관점에서 정책을 결정하면, 나에게 피해가 오더라도 내가 뽑은 대표가 결정한 것이므로 이를 받아들이는 것이 대의제 민주주의의 기본운영방식이다. 그런데 나에게 아주 작은 피해가 오더라도, 타도되어야 할 상대에게 양보한 것이므로 절대로 수용하지 못한다고 항의하고, 그러한 정치인은 나의 대표가 아니라고 생각한다. 선거구민 100사람 중에 95-96명은 조용히 있는데 4-5명만이 격렬하게 반대해도 국회의원은 반대자에게 끌려가기 마련이다. 이것이 여당과 야당이 서로 대립하면 아무런 결정을 하지 못하는 근본 이유이다. 결과적으로 중요한 정책이나 개혁은 제때에 합의를 얻지 못하여 표류하게 되고, 정책으로 해결하여야 할 문제는 시간이 갈수록 계속 악화된다. 심각한 많은 문제들이 이러한 상태에서 사회를 파멸로 몰고 가고 있다.

## 5. 일관성 있는 국정추진의 중요성

국민들이 정부와 기성정치인인 내부인을 불신하고 국정운영에서는 아마추어에 가까운 외부인에게 기대를 거는 이유는 전자가 거짓 약속을 많이 하였기 때문이다. 그런데 거짓 약속을 하게 된 것은 의도적이라기보다 약속한 일들을 성공적으로 추진하지 못하여 결과적으로 거짓이 되어버린 경우가 대부분이다. 왜 성공을 하지 못하는가? 국민들이 고통 받는 문제를 정책적으로 해결할 것을 약속하는데 문제해결이 너무나 어렵기 때문이다.

정부의 기능이 확대되면서 국민들의 정부에 대한 기대도 증가되었다. 과거에는 정부가 하지 않았던 일들을 정부가 해줄 것으로 기대한다. 무엇보다 심각한 것은 정부가 해결해 주리라고 기대하는 문제들이 더욱 복잡해지고 해결이 어려워진 사실이다. 얼른 보면 간단할 것 같은 문제도 해결을 위한 업무들은 숫자도 많고, 업무들이 서로 복잡하게 얽혀지는 것이 대부분이다.

정책집행론에서 자세히 보았지만, 미국 연방정부가 의욕적으로 추진한 오클랜드 지역의 실업자 구제사업이 대표적이다. 1966년도에 샌프란시스코 옆의 중소도시 오클랜드에서 흑인, 히스패닉 등 소수인종 실업자를 구제하기 위하여 연방정부에서 2,300만 달러를 투입하여 비행기 격납고, 항만시설 등을 건설하고, 추가로 160만 달러를 민간에 대출하여 총 3,000개의 일자리를 만들려고 계획하였다. 4년 뒤에 조사한 결과는 겨우 500여개의 일자리를 만들었고, 예산의 대부분이 집행도 되지 못하였다. 시민들의 열렬한 환영과 지식인들의 전국적인 관심 속에 추진된 이 사업이 이런 식으로 끝난 것은 커다란 충격이었다.

실업자 구제라는 목적을 위해서 간단한 몇 가지 사업을 추진하기 위하여 당시로서는 엄청난 금액을 투입한 것이 이렇게 실패로 끝나게 된 근본 이유는 집행과정에 너무나 많은 기관과 개인이 참여하여 영향을 미쳤기 때문이다. 연방정부에서는 주관기관인 경제개발처(EDA) 뿐만 아니라 회계감사원(GAO), 노동부, 해군성 등이 관여하였고, 오클랜드 시정부, 오클랜드 항만청, 지역 공공사업체, 은행, 흑인공동체 등 다양한 지역행위자들도 참여하였다. 이렇게 다양한 연방정부와 지역의 참여자들이 정책의 목표와 내용에 대하여 서로 다르게 인식하였고 상이한 편익을 추구하였기 때문에 집행기관이 이들의 입장을 조율하고 협조를 구하는 데 많은 시간과 에너지를 소모할 수밖에 없었다. 사태를 가장 악화시킨 것은 핵심적 참여자들이 빈번하게 교체되었는데, 특히 경제개발프로그램을 수립할 때 중추적인 역할을 하였던 연방정부 EDA 국장이 이 정책이 집행되던 중에 사임하고 다른 사람으로 교체되었다. 새로 부임한 담당자가 당초의 정책목표를 새로운 관점에서 이해하고 과거의 진행 방식을 대폭 변화시키려 하였다. 몰론 지지부진한 집행을 새로운 분위기로 전환하려는 의도를 지니고 추진한 것이었겠지만 그 과정에서 기존의 참여자들과 적지 않은 갈등을 겪고, 이전에 힘들게 구축하였던 지지연합이 붕괴되었다. 당연히 과거의 지지자들이 적대자로 전환되고 처음부터 집행 추진동력을 구축하는 것보다 훨씬 더 어려워졌던 것이다. 시간이 흐르면서 참여기관의 담당자들이 계속 바뀌고, 추진체제는 힘을 잃고 허덕지덕할 수밖에 없었던 것이다.

이 실패사례는 2010년대 대한민국의 국정운영에서는 중요한 교훈을 준다. 간단한 정책문제도 해결을 위해서는 많은 기관이나 사람들이 참여하고 이들 간의 협조가 너무나 어렵다는 교훈이다. 그리고 이러한 상황에서 추진주체가 인내심과 추진력을 지니고 사업이 완료될 때까지 헌신적으로 매달리지 않으면 사업은 실패로 끝난다는 사실이다.

불행하게도 우리를 괴롭히는 많은 정책문제들은 문제의 원인이나 해결방법이 위에서 본 실업자 구제사업과 같이 간단한 것이 아니다. 훨씬 더 복잡하다. 대도시 교통문제, 학생들의 교육문제, 일자리문제, 금융정책문제 등등 어느 하나 복잡하고 해결이 극히 어려운 문제가 아닌 것이 없다. 국가의 미래를 암담하게 만드는 사회문제들은 모두가 해결이 극히 어렵다. 어디에서부터 손을 써야 할지 모를 정도로 모든 문제들이 얽혀서 상황을 악화시키고 있다.

이러한 상황을 돌파하는 방법은 하나뿐이다. 복잡하게 얽힌 문제의 원인들을 분석하여 올바른 해결책을 발견하고, 이 해결책을 열심히 그리고 꾸준히 추진하는 것이다. 사실 해결책을 찾는 것은 그렇게 힘든 일이 아니다. 그러나 그러한 해결책을 채택하려면 이해가 엇갈리는 집단들 간에 오랜 시간을 두고 합의점을 찾아내야 한다. 정치권이 크게 변화해야 한다. 사실은 행정부 내부에서 정치권과 관계없이 결정하는 사업이 아주 많다. 정치권에서 모처럼 합의를 하였거나 행정부 내부에서 결단을 내렸더라도 결정된 정책은 현장에서 실행해야 한다. 그러나 앞의 예에서 본 대로 이 실행이 너무나 어렵다. 집행주체가 오랜 기간의 고통을 감내해야 하는 인내심과 불굴의 의지로서 추진해야 한다.

가장 중대하고 힘든 일자리창출 문제의 경우를 예로 보면, 프로젝트 하나 하나가 모두 오랫동안의 숙성기간이 필요하다. 지난 2010년도에 아랍에미리트로부터 300억 달러에 가까운 엄청난 규모의 원전건설을 수주 받게 되었다고 원자력전공계통의 학생들과 교수들이 크게 기뻐한 적이 있다. 일자리가 생기기 때문이다. 그러나 이 사업이 성공적으로 추진되어 많은 일자리가 생기려면, 꾸준한 노력과 장기간의 인내가 필요하다. 자금조달, 관리주체의 결정과 관리체계의 구축에서부터 위치선정과 시행업체선정, 그리고 기자재와 확보에 이르기까지 본격적인 작업의 시작으로 많은 일자리가 만들어지기 까지는 해야 할 일이 너무나 많다. 일하는 방식이나 주체를 둘러싸고 갈등과 대립도 일어난다. 업무의 하나 하나가 모두 잠재적 반대와 적대세력을 지니고 있다. 그래서 해야 될 업무 하나 하나가 많은 노력을 기울여야 할 뿐만 아니라, 시간도 많이 소요된다. 오랜 기간의 준비과정에서 정권이 바뀌거나 정치적 상황이 달라져서 원래의 약속을 지키지 않는 사태가 우리 쪽이나 저쪽에서 발생할 수 있고, 자금조달에 큰 역할을 하기로 된 주체가 어려움에 봉착할 수도 있다. 이러한 예기치 못한 사태가 업무 하나 하나에 다 발생할 수가 있다.

추진하던 사업이 실패하면, 많은 피해가 발생한다. 결과를 바라고 시간이나 자금을 투입한 사람들의 피해는 물론이고 사업의 성공을 전제로 다른 일을 해보려고 계획한 사람들도 타격을 입는다. 이러한 피해는 구체적 사업이 아니라 큰 범위에 영향을 미치는 정책의 경우는 더욱 심하다. 정권이 바뀔 때마다 정책이 바뀌거나 심지어는 새 장관이 새로운 정책을 추진하면 혼란은 더욱 심해진다. 한때 선진국의 문턱에 갔던 아르헨티나가 몰락하였을 때 그 원인에 대하여 남미경제를 오랫동안 관찰한 허쉬만(A. O. Hirschman)은 정권이 바뀔 때마다 기존의 정책을 뿌리부터 뽑고 정반대의 정책을 추진하는 과정에서 어느 정책도 결실을 맺지 못하고 실패에 빠졌다고 지적하였다. 그리고 이러한 정부정책의 실패가 되풀이 되면서 국민들은 정부의 정책은 언제나 실패하게 되어있다는 심리상태(이를 허쉬만 교수는 '실패병'이라고 불렀다)에 빠지게 되었고, 정부의 정책에서 요구하는 바와는 전혀 반대의 행동을 하게 되어 국정전체가 파멸로 치닫게 되었다고 지적하였다. 이러한 극단적인 사태가 우리나라에서 발생하지는 않겠지만, 힘들게 결정한 정책을 뒤바꾸고 귀중한 사업을 폐기하는 일이 되풀이 되면 문제는 악화되고 정부의 신뢰는 추락하고 무엇하나 제대로 추진되는 일이 없어진다. 모르는 사이에 사회는 파멸의 길로 치닫게 된다.

일자리 부족이 더욱 심해지면서, 사회의 부조리를 악화시키기 때문에 정권의 통치이념과 관계없이 모든 정부는 일자리 창출에 매달린다. 그러나 일자리 창출을 위하여 추진되는 정책이나 사업은 앞에서 본 원전수주사업이나 마찬가지로 꾸준히 인내심을 가지고 오랫동안 추진해야 비로소 열매가 맺힌다. 적어도 4~5년, 길면 8~9년이 소요된다. 그런데 정권이 바뀌거나 장관이 바뀌어 전임자가 추진하였던 사업을 폐기하고 새로이 시작하면, 모든 것이 허사가 된다. 일자리는 만들어지지 못하고, 사업추진과정에서 투입된 시간과 노력, 자금 등은 모두 허사가 된다. 문제는 해결되지 못하여 고통 받는 사람들은 더욱 괴롭고, 피해와 실망, 좌절감만 남게 된다. 일관성 있는 사업, 일관성 있는 정책이 없으면, 희망이 없다.

물론 모든 정책이나 사업을 정권이 바뀌었는데도 그대로 추진할 수는 없다. 부작용이 커서 계속하면 국가적 손실이 너무 크거나, 심지어는 새로운 정권의 통치이념과 정면으로 충돌되는 경우 등은 변경이 불가피하다. 그러나 대부분의 정책이나 사업은 통치이념과 관계가 없거나 아주 약하고, 국가적 손실이 너무 큰 정책은 이미 결정권자들이 수정하거나 폐기하는 경우가 대부분이다. 그렇지 않는 정책이나 사업이 대부분인데 이들은 꾸준히 일관성 있게 추진해야만 희망이 있다.

## 6. 정책과 사업의 일관성 파괴

그런데 당연히 일관성 있게 추진해야 할 정책이나 사업들이 너무나 쉽게 뿌리째 뽑힌다. 집권세력의 권력자 한 두 사람이 뽑는 것이 아니다. 무수한 사람들이 합세하여 뽑는다. 도대체 무엇이 잘못되었는가?

원래 사업이나 정책은 반드시 의도하는 효과도 있지만, 지불해야 할 대가도 있다. 불행하게도 많은 경우 효과는 서서히 시간이 흐르면서 나타나고, 대가는 당장 지불해야 한다. 지금 당장 효과가 나타나지 않기 때문에 정부가 효과도 없는 정책이나 사업을 추진하고 있다고 착각하기 쉽다. 심한 경우에는 정부가 열심히 정책을 추진하고 있어도 아무것도 안하고 있는 것으로 착각하기도 한다. 더욱이 미래에 얻게 될 효과는 불확실하기 때문에 미래의 수혜자들은 소극적 지지를 보내는 대신, 지금 당장의 희생으로 고통을 받는 피해집단은 격렬하게 반대하기 마련이다. 정부에 대한 신뢰가 약하기 때문에 중-장기적 계획으로 인내심 있게 추진해야 하는 사업이나 정책에 대하여 효과가 성숙도 되기 전에 심한 반대에 부닥친다.

정부에 대하여 비판적인 성급한 지식인들이 여기에 가세하여 정책에 대하여 반대하고, 정부에 대한 비난을 계속한다. 원래 문제의 원인이나 결과 등의 내용도 이해하기 어렵지만, 이를 극복할 사업이나 정책은 더욱 이해하기 어렵다. 그러므로 전문성을 지니고 오랫동안 이를 담당한 공직자가 아니면 쉽게 오해나 곡해를 하게 된다. 전문적 지식이 부족하여 정확한 판단을 하기 어려운 대부분의 국민들이 정책에 대한 비난과 비판을 쉽게 수용하는 것은 전혀 이상한 일이 아니다. 더욱이 이미 오랫동안 여러 가지 문제로 고통을 받아 온 많은 국민들은 장기간의 숙성기간을 참아내지 못 한다.

이러한 상황을 정책의 반대자들은 최대한 이용한다. 설상가상으로 아마추어 외부 정치인들은 여기에 더욱 힘을 실어 준다. 이들은 오늘날의 정책문제가 그들의 생각과 같이 쉽게 해결되지 않으며, 장기간의 인내심을 지니고 꾸준히 추진해야 겨우 해결의 실마리가 잡힌다는 사실을 정확하게 모른다. 그리하여 자신들이 담당하면 새로운 정책이나 사업을 새로운 방법으로 추진하여 문제를 해결할 수 있다고 선동한다. 그리하여 오랫동안 고통에 시달리는 많은 사람들이 지금의 정책이 아니라 새로운 것이 추진되면 조금이라도 나아지지 않을까 하는 기대를 지니게 된다. 지금 추진되고 있는 정책이나 사업을 뽑아내고 새로운 것을 추진해야 한다는 유혹에 빠져 든다.

이러한 유혹이 국민들에게 확산되는 것에는 정책비판과 비난에 앞장서는 야당과 비판적인 지식인들이 언제나 주도하지만, 집권당의 경우도 대통령이나 고위정무직이 바뀌면 마찬가지의 현상이 벌어진다. 새로운 정부가 들어서거나 새로운 지도자가 등장하면, 국민들은 이들에게 과거에는 해결 못한 문제를 어느 정도 해결해 줄 것으로 기대한다. 과거와는 다른 방식으로 해야 문제가 해결될 것으로 막연히 짐작한다. 그래서 새로운 정부에서는 과거와 다른 방식으로 다른 내용의 정책을 추진해야 하는 것으로 착각한다. 그래서 새 대통령은 과거 정부의 정책을 폐기하거나, 추진방식을 바꾸거나, 하다 못하면 이름이라도 바꾸어야 많은 사람들의 기대에 부응하는 것으로 느끼게 된다. 더욱이 비판적인 지식인들을 포함하여 많은 국민들이 싫어하고 국가적으로도 손실이 큰 것으로 오해와 곡해를 받는 중장기적인 사업이나 정책들은 뿌리째 뽑아야 국민들의 뜻에 맞는 민주적 국정운영이라고 생각한다. 심지어는 그렇게 해야 애국적인 국정관리라고 착각까지 하게 된다. 여기에 전임자와 차별전략을 써야 인기를 얻는다는 약간의 정략적 판단이 결부되면, 〈임기 초기에는 무조건 전임자를 욕해라〉라는 농담이 현실화된다.

대통령의 자리에 앉게 되면 누구나 국가를 위하여 모든 것을 바쳐서 일하게 된다. 그러나 아무리 헌신적인 마음자세를 지녀도, 이러한 오해나 착각에서 완전히 벗어나는 것은 무척 어렵다. 더욱이 모든 중요한 사업이나 정책을 본인이 관장할 수는 없기 때문에 핵심참모들의 역할도 치명적이다. 지도자 본인은 몇 가지 부분에서 사태를 꿰뚫어 볼 수 있어도 많은 사업들을 보좌해야 하는 핵심참모나 장차관들은 그렇지 않는 경우가 많다. 지도자 본인이 자세가 올바르지 않거나 상황을 정확하게 모르는 경우는 두말할 필요도 없다. 집권세력 모두가 오해나 착각, 정략적 곡해 속에 빠져 들게 되는 것이다. 이리하여 많은 국민들의 오해, 외부정치인들의 착각, 비판자들의 정략적 곡해 등이 결합되어 합리적인 정책이나 사업도 폐기되는 운명이 된다.

## 7. 공직자의 역할과 공직사회의 수난

이러한 착각과 오해, 정략적 곡해 등을 정확하게 파악하고 있는 사람들이 담당부서의 공직자들이다. 이들이 중심을 잡고 일을 처음부터 끝까지 차질 없이 추진해야 한다. 공직자들이 주도하여 온갖 어려움이 닥쳐도 꾸준히 추진해야 한다. 강력한 세력이 방해하면 이와 싸워야 하고 정치인들을 이해시키며 여론이 나빠지면 지식인들도 설득해야 한다. 이렇게 일관성 있게 추진할 위치에 있는 사람은 정부 내에서도 소관부서의 직업공무원 등의 공직자들뿐이다.

다른 정부기관들은 모두 구조적인 한계가 있기 때문에 6~7년 이상의 중장기에 걸쳐서 일관성 있는 업무추진을 하기 어렵다. 대통령비서실은 말할 것도 없고, 장관이나 차관 등 정무직 들은 모두 한시적인 책임을 지고 있는 사람들이다. 임기가 끝나면, 하고 싶어도 아무 일도 할 수 없는 사람들이다. 더욱이 정무직들은 정권의 통치철학에 맞추어 일을 해야 하기 때문에 대통령이 바뀌면 미묘한 통치방식상의 차이도 업무의 영속적인 추진에 치명적인 타격을 가할 수 있다. 선거에서 책임을 지는 정치인들과 대통령에게 책임을 지는 행정부의 정무직들은 단기적이고 단편적인 시각에 사로잡히기 쉽다. 물론 대통령이나 핵심참모들 중에는 중장기적인 시각으로 정략적 고려 없이 국익을 위하여 헌신하는 사람들도 있다. 그러나 통찰력을 지니고 헌신적으로 일하는 예외적인 경우는 많지가 않다. 국회의 상임위원들 역시 마찬가지이다. 개인적으로 보면 훌륭한 국회의원도 많다. 그러나 우리나라의 경우는 국회의원이 장기간 동일업무를 담당할 수 있는 제도적 장치나 관행이 없다. 더욱이 국회의원들은 지역구 현안에 몰두하게 되어 국가적 차원에서 종합적인 시각으로 업무를 추진하기가 어렵다. 그래서 소관업무를 담당하는 공직자, 직업관료 만이 이 일들을 종합적이고 장기적인 시각으로 추진할 수 있다. 물론 담당자는 인사교체로 바뀔 수 있지만, 소관부서가 없어지지 않는 한 공직자들이 일관성을 지니고 업무를 추진할 수가 있다.

그러나 공직사회는 이렇게 막중한 사명을 담당할 태세가 전혀 되어 있지 않다. 〈공무원은 영혼이 없다〉라는 이야기가 흔히 나온다. 상관이 바뀌어 전임자와 다른 정책이나 사업을 지시하면 기존의 것을 팽개치고 시키는 대로 한다는 뜻이다. 사실 통치철학이 다른 새로운 정권이 등장하면 과거의 정책을 버리고 새로운 정책을 추진하는 것이 선거를 통하여 표출된 국민의 의견을 따르는 것이기 때문에 이런 경우에 영혼이 없다는 말은 극히 비민주적인 발언이다. 그러나 자세히 검토해 보면, 인기를 위해서 내걸었던 선거공약은 기존의 올바른 정책이나 사업을 폐기하여 극히 나쁜 결과를 가져오는 경우가 대부분이다. 집권세력이 외부인인 경우, 오해나 착각, 그리고 오랫동안의 인내를 감당하지 못하는 사람들의 무분별한 요구에 떠밀려 내걸게 된 공약이 너무나 많다. 그래서 기존의 정책을 뒤흔드는 지시를 상관의 지시라는 이유로 따라가면 그야말로 영혼이 없는 공직자가 되는 것이다.

과거 20~30여 년 전에는 신화적인 공무원들이 각 부처마다 있었다. 중요한 정책을 주도하고, 장관의 잘못된 지시를 거부하고, 심지어는 대통령의 지시까지 거부하면서, 장관을 설득하여 올바른 국정관리를 분야 분야에서 담당하던 소명의식이 충만했던 공직자들이 제법 있었던 것이다. 불행하게도 지금은 이런 공직자가 있다는 소식이 잘 들리지 않는다. 반대로 정치권에 줄을 대려는 고위공직자들이 흔히 보인다는 우울한 소식이 들린다.

정반대의 비난도 심각하다. 공직사회의 복지부동문제이다. 복지부동현상은 전혀 다른 성격의 두 가지가 있다. 첫째는 정권이 바뀌어 새정부가 들어서면서 공직사회가 복지부동한다고 비난하는 경우이다. 자신들의 공약사항을 추진하는데 공직사회가 적극적으로 움직이지 않는다고 비판하는 것이다. 이 경우에는 무턱대고 공직사회의 소극적 행동을 비난해서는 안 된다. 경우에 따라 다른 것이다. 과거 영국에서 노동당정부가 등장하여 보수정권과 다른 정책을 추진하려고 했을 때 고위공직자들이 움직이지 않고 심지어는 저항을 한 경우가 있었다. 이런 경우에는 공직사회가 통치철학이 다른 정부를 탄생시킨 국민들의 뜻을 저버린 비민주적 행동으로서 당연히 비난을 받아야 했다. 그러나 통치철학이 크게 다르지 않은 경우는 물론이고, 통치철학과 관계가 없거나 약한 정책 및 사업을 심각한 검토 없이 폐기하고 다른 정책이나 사업을 추진하려고 할 때는 공직자가 당연히 복지부동해야 한다. 앞에서 누누이 지적했듯이, 무조건 새로운 것을 찾으려는 행태는 국가 전체를 파멸로 몰고 간다.

심각하게 문제가 되는 복지부동은 정권교체나 지도세력 교체와 관계없이 평소에 나타나는 복지부동이다. 그리고 이러한 복지부동이 2010년대에도 더욱 심각해지고 많은 국민들을 괴롭힌다. 공직자들이 자신의 안위에 급급하고 조직을 위한 헌신적인 자세가 사라져 가고 있는 것이다. 공익을 위하여, 전체를 위하여 개인적인 어려움을 마다않고 헌신적으로 일하는 공직자가 없어져 간다. 그리하여 규정상 자신이 해야 할 일만 하고, 과외로 새로운 일은 절대로 하지 않으려는 풍조가 만연한다. 공직사회 전체가 복지부동의 부조리 속으로 함몰되고 있는 것이다.

과거에는 공직자들이 권한을 남용하거나 악용하여 부정과 부패를 일삼는 경우가 많았다. 당연히 도와주어야 할 민원인들을 괴롭히면서 나쁜 짓을 해서 국민들의 지탄을 받았다. 그래서 선거 때만 되면 기구축소로 공직자의 숫자를 감축하고, 권위주의적 공직사회를 개혁하여 관료들을 혼내주겠다는 것이 인기 있는 공약이었다. 그러나 민주화가 대대적으로 진행되면서, 공직사회의 부패와 권위주의적 행태는 크게 줄어들었다. 이제는 반대로 아무 일도 하지 않고 몸만 도사리는 풍조가 공직사회를 지배한다. 전체의 분위기가 한쪽으로 기울면 그렇지 않은 공직자도 어쩔 수 없이 휩쓸리게 되어 있다. 그래서 적극적으로 열심히 일을 해도 성공의 가능성이 적은 일자리 창출과 같은 사업들은 뒤로 밀리고, 사정당국의 법망을 교묘하게 피할 수 있는 은밀한 부조리에 탐닉하는 경우도 생긴다.

과거에 신화적 선배들을 지녔던 대한민국의 공직사회가 왜 이렇게 국민들의 지탄만 받는 초라한 모양이 되었는가? 몇 가지 요인들이 복합적으로 작용한 결과이다.

가장 큰 요인은 잘못된 행정통제이다. 최근에 와서 계속 논란이 되고 있지만, 감사나 감찰활동이 지나치게 자신들의 논리에만 충실하여 행정업무를 마비시키는 경우가 너무나 많다. 사업을 추진하다 보면 상황에 따라 재량을 지니고 판단해야 하는 경우가 많다. 법 규정에 따라야 되는 규제정책의 경우가 아니라, 적극적으로 일자리를 만들기 위해서 새로운 일들을 추진하는 경우에는 실패를 무릅쓰고 창의적으로 업무를 추진해야 하는 경우가 많다. 새로운 일을 10개 해서 7~8개만 성공해도 사기업체에서는 칭찬받지만, 행정에서는 1개만 잘못해도 가차 없이 처벌하는 것이 오늘날 감사원이나 검찰청에서 흔히 범하는 잘못이다. 일을 잘못 했으면 이를 적발하고 처벌해야만 자신들의 책임을 다한다는 생각 때문이다. 소극적인 규제업무를 법 규정으로 세세히 통제하는 경우에 적용할 논리를 새로운 것을 창조해야 하는 업무에도 그대로 적용하려는 잘못 때문이다. 여기에 인기영합적 정치인들이 가세하여 창의적인 업무를 추진하는 공직자들을 더욱 괴롭힌다.

이상과 같은 정치권의 인기영합적 선동이나 사정기관의 오도된 행정통제에 대해서 일반 지식인, 언론 등의 태도가 공직자들에게 적대적인 경우가 대부분이다. 공직자들은 사면초가에 빠져 있다. 지식인이나 언론에서도 깊이 성찰해야 한다.

우리의 공직자들이 최근에는 설상가상으로 여러 가지 다른 악조건들 때문에 괴로움을 당하고 있다. 행정부가 세종시로 옮겨 가면서 벌어지는 공직자들의 고통과 행정관리체계의 붕괴는 이미 극한상황에 가까워지고 있다. 연금 삭감 때문에 사기가 떨어지고, 〈관피아〉에 대한 비난으로 더욱 위축되고 있다. 과거에는 공직자들의 부패나 횡포가 많은 국민들을 분노하게 만들었는데, 이 분노가 지금 와서 후배 공직자들에게 치명적인 타격을 가하고 있는 것이다. 많은 공직자들이 이제는 어쩔 수 없이 직장생활을 하는 불쌍한 직장인으로 전락하였다. 너무나 취업이 어려운 시대이기 때문에 그나마 평생직장을 얻었으니 다행이라고 생각하면서 살아가는 셈이다. 그러나 이러한 모든 이유에도 불구하고 공직자의 소명의식을 되살리려면, 스스로 획기적인 노력을 해야 한다는 점을 지적하지 않을 수 없다.

## 8. 공직자의 소명

공직자들이 중장기적인 업무를 일관성 있게 추진하지 못하고 더욱이 위축된 분위기 속에 복지부동을 하게 되면, 지금과 같은 혼란 속에서 국가와 사회를 지탱할 주춧돌이 무너져 가는 것이나 다름없다. 어떻게 해서든 이들이 사명감을 지니고, 의욕적으로 문제를 해결하기 위한 노력을 하도록 해야 한다. 인기영합적 선동을 억제하면서 정치인들의 잘못된 인식을 바로잡도록 해야 하고, 왜곡된 행정통제도 바로잡아야 하며, 일반 지식인들이나 언론의 태도도 바로잡아야 한다. 공무원들의 사기를 죽이는 설상가상적인 조건들도 최대한으로 바로잡도록 해야 한다. 이것들이 우리의 지식계층에서 해 주어야 할 첫 번째 일이다. 이 첫 번째 일들은 이미 곳곳에서 많은 사람들이 걱정하고 지적하고 있지만 더 많이 노력해야 한다.

그러나 이러한 일들을 하려면 공직자 스스로도 변화해야 한다. 먼저 지식인들을 설득하고, 잘못된 정치권의 개입이나 상부의 지시를 거부할 수 있는 능력, 특히 전문성을 키워야 한다. 자기 분야에서 문제와 해결책에 대해서 가장 잘 알고 있어야 한다. 그래야 다른 사람들을 설득할 수 있다.  그리고 행정능력론에서 되풀이 하여 지적했듯이, 개방된 행정환경에서 외부의 지지와 이해를 얻을 수 있는 실행능력을 키워야 한다. 물론 고통스럽게 마음자세도 바로잡도록 해야 한다. 청렴하고 공정한 자세로 다른 사람의 신뢰를 얻어야 한다. 그리고 이 변화를 명분으로 삼아야 공무원들의 사기를 올리기 위한 여러 사람들의 노력이 효과를 더 얻을 수 있다. 그리고 우리를 괴롭히고 있는 문제들을 중장기적 시각으로 꾸준히 추진해 주어야 한다. 인내심을 지니고 국민들을 설득하고, 아마추어 정치인들의 오해나 곡해를 바로잡으며, 정치인들의 구조적으로 지니고 있는 단편적이고 단기적인 시각을 교정하고, 경우에 따라서는 자기희생을 각오하고 부패한 정치세력의 정략적 결정이나 영향력 행사에 과감하게 맞서야 한다. 담당부서의 헌신적인 공직자들이 열정과 사명의식을 지니고 설득하면 다른 생각을 지닌 상관도 생각을 바꿀 수 있다. 밑에서 짐작하기보다 훌륭한 장관이나 대통령도 많다. 얼마만큼 열심히 전문성을 지니고 설득하느냐에 달려있다. 공직자들이 희생과 고통이 따르는 순교자적인 행동을 하여야만 우리의 형제, 자매, 후손들에게 밝은 미래를 약속할 수 있다. 공직자들만이 우리의 미래를 맡길 수 있는 직책을 담당한 유일한 사람들이다.

공직자들은 깊이 생각해야 한다. 인간은 누구나 직업을 얻어서 가족을 부양하며 살아간다. 모든 직업이 다른 누구에겐가 필요한 일들이다. 그래서 직업에는 귀천이 없다. 그러나 직업에 귀천은 없지만, 중요성의 차이는 있다. 많은 사람들에게 엄청난 영향을 미치는 직업도 있고 주변의 몇몇 사람에게만 도움을 주는 직업도 있다. 공직자들이 담당한 행정업무는 국가기능의 일부를 수행하는 일이다. 앞에서 누누이 말했지만, 국방 치안 경제 교육 복지 보건 등등 모두가 국민들에게 광범위하고 심각한 영향을 미치는 일들이다. 그래서 이 일들을 제대로 추진해야만 우리의 미래가 밝아진다. 우리의 형제, 자매, 아들, 딸, 손자, 손녀 등등이 희망을 갖고 살아 갈 수 있다. 이런 일들을 훌륭하게 수행하는 일은 얼마나 보람 있고 자랑스러운 일인가? 이런 일을 직업으로 삼아 평생을 보낼 수 있다는 사실은 얼마나 큰 행운인가? 자신에게 닥칠 수 있는 불이익을 감수하면서도 잘못 되고 부패한 영향력과 맞서는 일은 얼마나 용기 있고 정의로운 일인가? 이렇게 행정을 수행하게 되면 자부심과 긍지를 지니고 일생을 살아갈 수 있을 것이다. 혼자서만 형극의 짐을 지고 가시밭길을 간다고 생각하지 마시라. 헌신적인 선구자가 등장하면 지지하는 동료가 있기 마련이고, 뜻 있는 후배들이 가세하여 조직 전체의 분위기를 바꿀 수도 있다.

공직자들이여 생각해 보시라!!! 직업이란 것이 자신의 결정과 노력으로 선택한 것이지만, 일생을 지나다 보면 자신의 선택에 의해서라기보다는 운명적으로 주어진 것임을 깨닫게 된다. 하늘이 운명적으로 나에게 내려 준 소중하고 흔하지 않는 임무의 수행에 대하여 소명의식을 지니는 것이 당연하지 않겠는가? 나에게 주어진 소명을 성실히 수행하여 동료, 친구, 친지들에게 떳떳하고, 후배, 후손들에게 희망을 주며 살아가는 것이 자부심과 보람을 느끼는 의미 있는 일생이 되지 않겠는가? 현실에 좌절하고 고통 받는 무수한 사람들과 미래의 실오라기 같은 희망이라도 붙들어보려는 국민들의 절박한 염원을 담아 공직자들에게 간곡하게 부탁드린다.

# 찾아보기

ㄴ



ㄷ

ㄹ



ㅁ

ㅅ

ㅇ

ㅈ

ㅊ

ㅎ

# 참 고 문 헌

## 제 1 장


정정길(2003). 행정학의 새로운 이해, 대명출판사

Christopher Pollitt(2016). Advanced Introduction to Public Management and Administration. Edward Elgar Publishing

Gregory J. Inwood(2012). Understanding Canadian Public Administration: An Introduction to Theory and Practice. Parson Education Canada

Michael E. Milakovich | George J. Gordon(2008). Public Administration in America (10th). Wadsworth Pub Co.

Haroon A. Khan(2008). An Introduction to Public Administration.

University Press of America

H. George Frederickson(2010).Social Equity and Public Administration: Origins, Developments, and Applications. M.E. Sharpe

James E. Pittman(2009). 21st Century Issues in America: An Introduction to Public Administration Theory and Practice

Jay M Shafritz E. W. Russell Christopher Borick(2015). Introducing Public Administration(Edition 8). Routledge

Marc Holzer & Richard W Schwester(2015). Public Administration: An Introduction(Edition 2). Routledge

Michael Anthony Tarallo(2012). Public Administration: Key Issues Challenging Practitioners. Author House

Peters, B Guy & Jon Pierre(2007).Handbook of Public Administration: Concise Paperback Edition. SAGE

Sabine Kuhlmann Hellmut Wollmann(2014). Introduction to Comparative Public Administration: Administrative Systems and Reforms in Europe. Edward Elgar Publishing

Stella Z. Theodoulou & Ravi K. Roy(2016). Public Administration: A Very Short Introduction. Oxford University Press

## 제 2 장


권혁주. (1998). ‘영국 복지개혁의 소득재분배 효과: 쎄처 정부시기를 중심으로(1979-1991). 『한국행정학보』, 32(1), 27-43.

김일영. (2000). 1960년대 한국 발전국가의 형성과정. 『한국정치학회보』, 33(4), 121-143.

Acemoglu, D., Robinson, J. A. (2012), Why nations fail: the origins of power, propsperity and poverty, London: Profile.

Brazer, H. (1959). ‘City Expenditure in the United States’. New York: NBER.

Esping-Andersen, G. t. (1990). The Three Worlds of Welfare Capitalism. Cambridge, UK: Polity Press.

Fabricant, S. (1952). The trend of government activity in the United States since 1900. New York: National Bureau of Economic Research.

Fukuyama, Francis (2004), State-building: Governance and world order in the 21st Century, Cornell University Press.

Johnson, C. (1987). "Political Institutions and Economic Performance: the government-business relationship in Japan, South Korea, and Taiwan," in F. C. Deyo (ed.), The political economy of the new Asian industrialism, Cornell University Press.

Kennedy, Paul (1988), The Rise and Fall of the Great Powers: economic change and military conflict from 1500 to 2000, London: Unwin Hyman.

Marshall, T. H. (1964), Class, citizenship and social development: essays, Garden City. N. Y.: Doubleday.

OECD. (2005). Health at a Glance: OECD indicators 2006. Paris: OECD.

OECED. (2014). Social Expenditure Update. Paris: OECD.

Ringen, S. (1987). The Possibility of Politics: a study in the political economy of the welfare state. Oxford: Clarendon Press.

Stephens, J. D. (1979). The transition from capitalism to socialism. London: Macmillan.

Tilly, Charles (1975), ‘Reflections on the History of Eurpoean State-Making, in Tilly, C. (1975), The Formation of National States in Western Europe,

Princeton: Princeton University Press.

## 제 3 장

정정길 · 최종원 · 이시원 · 정준금 · 정광호(2010). 정책학원론. 대명출판사.

Allison, Graham, and Philip Zelikow. 1999. Essence of Decision: Explaining the Cuban Missile Crisis. 2nd edition. New York, NY: Addison-Wesley Longman.

Anderson, James E. 2011. Public Policymaking: An Introduction. 7th edition. Boston, MA: Wadsworth Publishing Company.

Bachrach, Peter, and Morton S. Baratz. 1962. "Two Faces of Power." American Political Science Review 56(4): 947-952.

Bendor, Jonathan, and Thomas H. Hammond. 1992. "Rethinking Allison's Models." American Political Science Review 86(2): 301-322.

Cobb, Roger W., and Charles D. Elder. 1983. Participation in American Politics: The Dynamics of Agenda-Building. 2nd edition. Baltimore, MD: Johns Hopkins University Press.

Cobb, Roger, Jennie-Keith Ross, and Marc H. Ross. 1976. "Agenda Building as a Comparative Political Process." American Political Science Review 70(1): 126-138.

Cohen, Michael D., James G. March, and Johan P. Olsen. 1972. "A Garbage Can Model of Organizational Choice." Administrative Science Quarterly 17(1): 1-25.

Cyert, Robert M., and James G. March. 1963/1992. A Behavioral Theory of the Firm. Englewood Cliffs, NJ: Prentice Hall.

Dahl, Robert A. 1961. Who Governs? Democracy and Power in an American City. New Haven, CT: Yale University Press.

Hunter, Floyd. 1953. Community Power Structure: A Study of Decision Makers. Chapel Hill: University of North Carolina Press.

Kingdon, John W. 1984/1995. Agendas, Alternatives, and Public Policies. 2nd edition. New York: Addison Wesley Longman, Inc.

Lasswell, Harold D. 1951. "The Policy Orientation." in Daniel Lerner and Harold D.

Lasswell (eds.), The Policy Sciences: Recent Developments in Scope and Method. Stanford, CA: Stanford University Press.

Lindblom, Charles E. 1959. "The Science of 'Muddling Through'." Public Administration Review 19(2): 79-88.

Lindblom, Charles E., and Edward J. Woodhouse. 1992. The Policy-Making Process. 3rd edition. Englewood Cliffs, NJ: Prentice Hall.

Lowi, Theodore J. 1964. "American Business, Public Policy, Case-Studies, and Political Theory." World Politics 16(4): 677-715.

Sabatier, Paul A. 2007. Theories of the Policy Process. 2nd edition. Boulder, CO: Westview Press.

Simon, Herbert A. 1945/1976. Administrative Behavior: A Study of Decision Making Processes in Administrative Organization. 3rd edition. New York, NY: Free Press.

Simon, Herbert A. 1983. Reason in Human Affairs. Stanford, CA: Stanford University Press.

Stone, Deborah. 2012. Policy Paradox: The Art of Political Decision Making. 3rd edition. New York, NY: W W Norton & Company.

## 제 4 장

정정길 · 최종원 · 이시원 · 정준금 · 정광호(2010), 정책학원론. 대명출판사.

Anderson, James E. 2011. Public Policymaking: An Introduction. 7th edition. Boston, MA: Wadsworth Publishing Company.

Dunn, William N. 2012. Public Policy Analysis: An Introduction. 5th edition. New York, NY: Routledge.

Elmore, Richard F. 1980. "Backward Mapping: Implementation Research and Policy Decision." Political Science Quarterly 90(4): 601-616.

Lipsky, Michael. 1980. Street-Level Bureaucracy: Dilemmas of the Individual in Public Services. New York, NY: Russell Sage Foundation.

Nakamura, Robert T., and Frank Smallwood. 1980. The Politics of Policy Implementation. New York, NY: St. Martin's Press.

Pressman, Jeffrey L., and Aaron Wildavsky. 1973. Implementation. Berkeley, CA: University of California Press.

Sabatier, Paul A., and Daniel A. Mazmanian. 1981. “Implementation of Public Policy: A Framework of Analysis.” In Daniel A. Mazmanian and Paul A. Sabatier (eds.). Effective Policy Implementation. Lexington, MA: Lexington Books.

Stone, Deborah. 2012. Policy Paradox: The Art of Political Decision Making. 3rd edition. New York, NY: W W Norton & Company.

Weimer, David L., and Aidan R. Vining. 2011. Policy Analysis: Concepts and Practice. 5th edition. New York, NY: Routledge.

## 제 5 장

백완기(1996), 한국행정학의 기본문제들, 서울: 법문사

백완기 (2007). 한국행정과 공공성. 한국사회와 행정연구, 18(2): 1-22.

안병영·정부권·한상일. (2007). 한국의 공공부문: 이론, 규모와 성격, 개혁방향. 춘천: 한림대학교 출판부

윤수재·이민호·채종헌 편. (2009). 「새로운 시대의 공공성 연구」. 서울: 법문사.

정정길(2003). 행정학의 새로운 이해, 대명출판사

Accenture. (2008). Accenture Global Cities Forum: Exploring People's Perspectives on the Role of Government. Institute of Public Service Value. Accenture.

Ben, S.I. & Gaus, G.F. (1983). The Liberal Conception of the Public and the Private, in Ben & Gaus(eds.), Public and Private in Social Life, 31-65, London & Canberra: Croom Helm; New York: St. Martin's Press, 1983.

______. (1983). The Public and the Private: Concepts and Action. Public and Private in Social Life, ed. Benn, S.I.

Bozeman, B. (1987). All Organizations are Public. San Francisco: Jossey-Bass.

Bozeman, Barry. (2007). Public Values and Public Interest. Georgetown University Press.

Cochran, Clarke E. (1974). Political Science and "The Public Interest.". The Journal of Politics, 36: 327-355.

Farmer. (1995). The Language of Public Administration: Bureaucracy, Modernity and Postmodernity. The University of Alabama Press.

Fox, C. J. & Miller, H. T. (1995). Postmodern Public Administration: Toward Discourse. Thousand Oaks; SAGE Publications.

Frederickson, H. George. (1997). The Spirit of Public Administration. Jossey-Bass

Publishers.
Goodsell, C. T. (2006). A New Vision for Public Administration. Public Administration Review . 66(4): 623-635
Haque, M.S. (2001). The Diminishing Publicness of Public Service under the Current Mode of Governance. Public Administration Review, 61(1): 66-82.
Held, Virginia. (1986). 공익과 사익. 강영기, 이상용(역). 서울: 박영사. The Public Interests and Individual Interests 1971. Basic Books.
Ho, Lok-sang(2013), Public Policy and the Public Interest, Taylor and Francis
Jorgensen Toben B. and Bozeman, Barry. (2007). Public Values: An Inventory. Administration and Society . 39(3): 354-381
McSwite, O.C., (1997). Legitimacy in Public Administration: A Discourse Analysis. Thousand Oaks: SAGE Publications.
Schubert, Glendon. (1960). The Public Interest: A Critique of the Theory of A Political Concept. Glencoe, Illinois: The Free Press.
Wamsley, G. & Zald, M. (1973). The Political Economy of Public Organizations. Lexington: Lexington Books.
Weintraub, J. (1997). The Theory and Politics of the Public/Private Distinction. Weintraub & K. Kumer(eds.). Public and Private in Thought and Practice: Perspectives on a Grand Dichotomy, 1-42. Chicago/ London: The University of Chicago Press.

## 제 6 장

권영철(1999). 미국행정부 공무원의 윤리행동준칙. 한국행정연구원
유종해(2010). 행정의 윤리. 박영사
정정길(2003). 행정학의 새로운 이해, 대명출판사
최순영(2007). 공직윤리제도의 문제점과 개선방안. 한국행정연구원
한국부패학회(2004). 부정부패의 논리와 행정윤리. 한국학술정보

Adams & Danny Balfour(2015). Unmasking Administrative Evil. M.E. Sharpe
Bruce Willa Marie, (2008). Classics Of Administrative Ethics. Westview Press
Cooper Terry L. & Donald C. Menzel(2013). Achieving Ethical Competence for Public Service Leadership. M.E. Sharpe
Frederickson George & John A. Rohr(2015). Ethics and Public Administration.

Routledge
Frederickson George & Richard K Ghere(2014). Ethics in Public Management (Edition 2). Routledge
Menzel Donald C. (2012). Ethics Management for Public Administrators: Leading Donald C Menzel(2016). Ethics Management for Public and Nonprofit Managers: Leading and Building Organizations of Integrity(Edition 3). Routledge
Michael Martinez J. (2009). Public Administration Ethics for the 21st Century. ABC-CLIO
Sharp Brett, Grant Aguirre, Kenneth Kickham(2016). Managing in the Public Sector: A Casebook in Ethics and Leadership(Edition 2). Routledge

## 제 7 장

김윤권. (2012). 정부 조직관리의 자율성과 책임성에 관한 연구 정부기관법인화, 특별지방행정기관, 책임운영기관을 중심으로. KIPA 연구보고서 2012- 03.
민진. (2009). 조직관리론, 대영문화사.
이종수. 윤영진 외 (2012). 새행정학. 대영문화사.
한국행정학회조직학연구회. (1999). 정부조직구조연구. 대영문화사

Buchanan, J. M. (1975). The limits of liberty: Between anarchy and Leviathan (No. 714). University of Chicago Press.
Chandler, R. C., & Jack, C. Piano (1982). THE PUBLIC ADMINISTRATION DICTIONARY.
Fiedler, F. E. (1967). A theory of leadership effectiveness. New York: McGraw-Hill Company.
House, R. J., & Mitchell, T. R. (1975). Path-goal theory of leadership (No. TR-75-67). WASHINGTON UNIV SEATTLE DEPT OF PSYCHOLOGY.
Kimberly, J. R. (1976). Organizational Size and The Structuralist Perspective: A Review, Critique, and Proposal. Administrative Science Quartery. 21, 577-597.
Kelley, R. E. (1988). In praise of followers. Harvard Business Review.
McGregor, D. (1960). The human side of enterprise. New York, 21, 166.
Osborne, D., & Gaebler, T. (1992). Reinventing goverment. How the Entrepreneurial

Spirit Is Transforming the Public Sector, New York, Plume.
Rainey, H. G. (1983). Public Agencies and Private Firms Incentive Structures, Goals, and Individual Roles. Administration & Society, 15(2), 207-242.
Rainey, H. G. (2014). Understanding and Managing Public Organizations. San Francisco: Jossey Bass.
Robbins, S. P. (1983). Organization Theory: Structures, Designs, And Applications, 3/e. Pearson Education India.
Robins, S. P. (1998). Organization Behavior, 10th ed. Englewood Cliffs, New Jersey; Prentice-Hall, Inc.
Thomson J. D. 1967). Organizations in Action. New Jersey: MaGraw-Hill Company.

## 제 8 장

강성철 외(2014), 새인사행정론, 서울: 대영문화사
남궁근외. (2000). 고위공무원개방형임용제도, 서울: 나남.
박천오 외(2014), 현대인사행정론, 서울: 법문사
오석홍(2009), 인사행정론, 서울: 박영사
유민봉, 임도빈(2009), 인사행정론: 정부경쟁력의 관점에서, 서울:박영사
정정길 외(2005), 행정의 시차적 접근, 서울:박영사
정재명. (2006). 주요국의 공무원 인사제도에 관한 연구. 서울: 한국행정연구원.

Klinger, D. E., J. Nalbandian, & J. E. Lorens(2009), Public Personnel Management: Contexts and Strategies (6th ed.), Prentice-Hall
Patton W. D. et al.(2002), Human Resource Management: The Public Service Perspective, Boston: Houghton Mifflin Company
Shafritz, J. M., Rosenbloom, D. H., Riccucci, N. M., Naff, K. C., & Hyde, A. C. (2001). Personnel management in government: Politics and process. New York: Marcel Dekker.
Shafritz, J. M., Russell, E. W., & Borick, C. P. (2007). Introducing public administration
(5th ed.). New York: Pearson Longman.
Berman, E. M., Bowman, J. S., West, J. P., & Van Wart, M. (2006). Human resource management in public service: Paradoxes, processes, and problems (2nd ed.) Thousand Oaks, CA: Sage.

## 제 9 장

김재훈 · 박재완 · 최진혁. 2004. 주요국가의 예산회계제도개혁 사례연구. 한국행정연구원.
박명호. 2015. 우리나라 국민들의 납세의식 조사: 한국조세재정연구원.

Government Accounting Office. 1997. Performance Budgeting: Past Initiatives Offer Insights for GPRA Implementation. Report to Congressional Committees GAO/AIMD-97-46.
Key, V.O. 1940. "The Lack of a Budget Theory." American Political Science Review 34: December 1137-40.
Lewis, V. B. 1952. Toward a Theory of Budgeting. Public Administration Review 12:1 42-54.
Lindblom, C.E. 1959. Muddling Through. Public Administration Review 19:1 79-88.
Shick, A. 1966. "The Road to PPB: The Stages of Budget Reform." Public Administration Review 26:4 243-258.
Simon, H.A. 1957. Administrative Behavior, 2nd ed.. New York: Macmillan.
Thurmaier and Willoughby. 2001. Policy and Politics in State Budgeting. M.E. Sharpe.
Wildavsky. A. 1964. The Politics of the Budgetary Process. Boston: Little Brown.

## 제 10 장

김성근, 양경훈 공저. (1998). 「경영정보관리」. 서울: 문영사
장덕진, 김기훈. (2011). 한국인 트위터 네트워크의 구조와 동학. 「언론정보연구」, 48(1): 59-86.
정국환, 문정욱, 문명재, 이삼열, 나태준. (2005). 「공공 정보화 관련 조직적 · 관행적 요소 의 분석」. 정보 통신 정책 연구원.
정충식. (2015). 「2015 전자정부론」. 서울경제경영.
조달청. (2015). 「조달사업통계」.
한국정보화진흥원. (2011). 미디어 패러다임 변화에 따른 정부의 소셜미디어 커뮤니케이션 방향.
―――――― (2011). 스마트 사회 실현의 충분조건, 소셜미디어 활성화를 위한 소셜미디어 부작용 유형 분석 및 대응방향.

행정자치부. (2015). 「온나라 시스템 보급기관 현황」.

Bellamy, Christine. (2000). The Politics of Public Information Systems. In Handbook of Public Information Systems, edited by David Garson. New York: Marce lDekker, Inc.

Bozeman, Barry and Bretschneider, Stuart. (1986). Public Management Information Systems: Theory and Prescription. Public Administration Review 46(Special Issue): 475-487.

Cherenson, Michael. (2013). The Major Global Threat Beyond Flu... Infodemics. Are You Ready? http://scgadv.com/major-global-threat-flu-infodemics- ready/

Davis, F. D. (1989). Perceived Usefulness, Perceived Ease of Use, and User Acceptance of Information Technology. MIS Quarterly 13(3): 319-340

de Oliveira, G. H. M., & Welch, E. W. (2013). Social media use in local government: Linkage of technology, task, and organizational context. Government Information Quarterly, 30(4): 397-405.

Fountain, Jane. (2001). Build ing the Virtual State: Information Technology an dInstitutional Change. WashingtonD.C: Brookings Institution Press.

Horrigan, John B. (2004). How Americans Get in Touch with Government(Pew Internet & American Life Project). [accessed February 17, 2008].

Horrigan, John B., Kelley Garrett and Paul Resnick. (2004). The Internet and Democratic Debate(Pew Internet & American Life Project). [accessed February 17,2008].

Markus, M. L., and Robey, D. (1988). Information technology and organizational change: causal structure in theory and research. Management science, 34(5), 583-598.

Moon, M. Jae. (2002). The Evolution of E-government among Municipalities: Reality or Rhetoric? Public Administration Review 62(4): 424-432.

Pinsonneault, Alain and Kenneth L. Kraemer. (1997). Middle Management Downsizing: An Empirical Investigation of the Impact of Information Technology. Management Science 43(5): 659-679.

Stowers, G. N. (1996). Moving Governments On-Line: Implementation and Policy Issues. Public Administration Review 56(1):121-124.

UN. (2012). United Nations e-Government Survey 2012.

Venkatesh, Viswanath and Fred Davis. (2000). A Theoretical Extension of the

Technology Acceptance Model: Four Longitudinal Field Studies. Management Science 46(2): 186-204.
Welch, Eric W., and Sanjay K. Pandey. (2007). E-Government and Bureaucracy: Toward a Better Understanding of Intranet Implementation and Its Effect on Red Tape. Journal of Public Administration Research and Theory 17: 379-404.
West, M. Darrell. (2004). E-Government and the Transformation of Service Delivery and Citizen Attitudes. Public Administration Review 64(1): 15-27.

## 제 11 장

정정길(2003). 행정학의 새로운 이해, 대명출판사

Gulick. L. 1937. Note on the Theory of Organization. Gulick, L. & L. Urwick(eds.). 1937. Papers on the Science of Administration. 1-46. New York: Columbia University.
Kettl, D. 2014. Politics of the Administrative Process 6th Ed. CQ Press.
Knott, J. & Miller, C. 1987. Reforming Bureaucracy: The Politics of Institutional Choice. Pearson.
Light. P. 1997. The Tides of Reform. New Haven: Yale University Press.
Osborne, D. & Gaebler, T. Reinventing Government: How the Entrepreneurial Spirit is Transforming the Public Sector. Plume.

## 〈 저자소개 〉

### ◆ 정정길 (鄭正佶)

서울대학교 법과대학 (법학사)
서울대학교 행정대학원 (행정학 석사)
미국 미시간대학교 대학원 (정치학 박사)
제6회 행정고등고시 합격
서울대학교 행정대학원 원장 역임
서울대학교 대학원장 역임
한국행정학회 회장 역임
울산대학교 총장 역임
대통령실장 역임
한국학중앙연구원 원장 역임
현 서울대학교 행정대학원 명예교수
현 미국행정한림원 (NAPA) 종신회원
현 울산공업학원 이사장

정책결정론, 대명출판사
대통령의 경제리더십, 매일경제신문사
50년대 지방자치(공저), 서울대 출판부
행정학의 새로운 이해, 대명출판사
정책학원론(공저), 대명출판사
행정의 시차적 접근(공저), 박영사
중도실용을 말하다(공저), 랜덤하우스

### ◆ 이시원 (李時遠)

부산대학교 사회복지학과 졸업(행정학사)
서울대학교 행정대학원 졸업(행정학 석사)
서울대학교 대학원 졸업(행정학 박사)
한국지방정부학회 회장
경상대학교 대학평의원회 의장
현 경상대학교 사회과학대학 행정학과 교수

행정학개론(공저), 법문사
수도권과 비수도권간의 지역격차(공저), 도서출판 한울
관리행동론(역), 도서출판 금정
일본의 정책과정(공역), 대영문화사

### ◆ 정준금 (丁俊錦)

서울대학교 사회교육학과 (문학사)
서울대학교 행정대학원 (행정학 석사)
서울대학교 대학원 (행정학 박사)
미국 시카고대학교, 플로리다주립대학교 방문교수
한국지방정부학회 회장 역임
한국행정학회 부회장 · 한국정책학회 부회장 역임
울산대학교 기획처장 · 정책대학원장 역임
현 울산대학교 행정학과 교수

정책학원론(공저), 대명출판사
환경정책론, 대영문화사
행정의 시차적 접근(공저), 박영사
한국사회와 행정개혁(공저), 법문사
환경과 사회(공저), 대영문화사

### ◆ 김재훈 (金載勳)

서울대학교 경제학과 (경제학사)
서울대학교 행정대학원 (행정학 석사)
미국 플로리다 주립대학교 행정정책대학원 (행정학 박사)
한국행정연구원 수석연구원 역임
현 서울과학기술대학교 행정학과 교수

작은정부론(공저), 부키
한국의 재정 60년: 건전재정의 길(공저), 매일경제신문사
재무행정론(공저), 법문사
지방세제사(공저), 한국지방세연구원

### ◆ 권혁주 (權赫周)

서울대학교 정치학과 (정치학사)
서울대학교 대학원 (정치학 석사)
영국 옥스퍼드 대학교 (정치학 박사)
성균관대학교 국정관리대학원 교수 역임
유엔사회발전연구소 연구조정관 역임
한국행정학보 편집위원장 역임
현 Global Social Policy 공동편집위원장
현 서울대학교 아시아개발연구소 부소장
현 서울대학교 행정대학원 교수

The Korean State and Social Policy, Oxford University Press
Transforming the Developmental Welfare State in East Asia, Palgrave
"Poverty Reduction and Good Governance"
"Economic Development and Poverty Reduction in Korea"
"정책수단의 정치적 성격"
"보편적 복지에 대한 규범론적 분석"

◆ 문명재 (文命在)

연세대 정치외교학과 (정치외교학사)
경희대 평화복지대학원 (정치학 석사)
미국 텍사스주립대 존슨대통령정책대학원 (정책학 석사)
미국 시라큐스대학교 맥스웰대학원 (행정학 박사)
미국 콜로라도주립대, 텍사스주립대 교수 역임
International Review of Public Administration 편집장 역임
현 미국행정학회 국제위원장, 한국행정학회 연구부회장
현 미국행정한림원(NAPA) 종신회원
현 연세대학교 행정학과 교수

Public Administration in East Asia - Mainland China, Japan, South Korea, and Taiwan(공편), Taylor & Francis Group
Korea and the World: Contemporary History and its Implication(편저), 한국현대사박물관
한국대통령리더십과 국가관리(편저), 법현사
"The Evolution of Internal IT Applications and e-Government Studies in Public Administration: Research Themes and Methods,"(공저)

◆ 김두래 (金斗來)

고려대학교 정경대학 행정학과 (행정학사)
고려대학교 대학원 행정학과 (행정학 석사)
미국 뉴욕주립대학교 정치학과 (정치학 석사)
미국 미시간주립대학교 정치학과 (정치학 박사)
한국행정학회 국제협력위원장, 연구이사, 편집이사 역임
현 고려대학교 정경대학 Politics, Economics & Law 주임교수
현 고려대학교 정책대학원 감사행정학과 주임교수
현 고려대학교 행정학과 교수

"아시아 국가의 정부관료제 통제 비교: 유형화를 위한 경험적 탐색"
"정부관료제의 민주적 책임성: 한국의 제도적 조건에 대한 공간이론적 분석"
"Local Government Policy Diffusion in a Decentralized System: Childbirth Support Policy in South Korea"
"Do Local Policy Networks Deter the Race to the Bottom in Environmental Regulation? The Case of South Korea"
"Political Control and Bureaucratic Autonomy Revisited: A Multi-Institutional Analysis of OSHA Enforcement"

새로운 패러다임 행정학

2017년 1 월 25 일 초판 인쇄
2017년 1 월 25 일 초판 발행
2019년 2 월 10 일 2판 발행

저 자 정정길
이시원 · 정준금 · 김재훈 · 권혁주 · 문명재 · 김두래
발행자 이 철 구
발행처 大明出版社
서울특별시 종로구 삼봉로 68 4층
〈등록〉 제300-1970-1호〔구:제1-82호〕
〈전화〉 (02)734-8210 · 8211 / FAX (02)737-8211
E-mail : LCGDAE@chol.com

정가 35,000 원 ISBN 978-89-5774-334-8 93550